**에듀윌과 함께 시작하면,
당신도 합격할 수 있습니다!**

오랜 직장 생활을 마감하며 찾아온 앞날에 대한 막연한 두려움
에듀윌만 믿고 공부해 합격의 길에 올라선 50대 은퇴자

출산한지 얼마 안돼 독박 육아를 하며 시작한 도전!
새벽 2~3시까지 공부해 8개월 만에 동차 합격한 아기엄마

만년 가구기사 보조로 5년 넘게 일하다, 달리는 차 안에서도
포기하지 않고 공부해 이제는 새로운 일을 찾게 된 합격생

누구나 합격할 수 있습니다.
시작하겠다는 '다짐' 하나면 충분합니다.

마지막 페이지를 덮으면,

에듀윌과 함께
공인중개사 합격이 시작됩니다.

15년간 베스트셀러 1위
에듀윌 공인중개사 교재

탄탄한 이론 학습! 기초입문서/기본서/핵심요약집

기초입문서(2종)　　　기본서(6종)　　　1차 핵심요약집+기출팩(1종)

출제경향 파악, 실전 엿보기! 단원별/회차별 기출문제집

단원별 기출문제집(6종)　　　회차별 기출문제집(2종)

다양한 문제로 합격점수 완성! 기출응용 예상문제집/실전모의고사

기출응용 예상문제집(6종)　　　실전모의고사(2종)

---

* 2023 대한민국 브랜드만족도 공인중개사 교육 1위 (한경비즈니스)
* YES24 수험서 자격증 공인중개사 베스트셀러 1위 (2011년 12월, 2012년 1월, 12월, 2013년 1월~5월, 8월~12월, 2014년 1월~5월, 7월~8월, 12월, 2015년 2월~4월, 2016년 2월, 4월, 6월, 12월, 2017년 1월~12월, 2018년 1월~12월, 2019년 1월~12월, 2020년 1월~12월, 2021년 1월~12월, 2022년 1월~12월, 2023년 1월~12월, 2024년 1월~12월, 2025년 1월~10월 월별 베스트, 매월 1위 교재는 다름)
* YES24 국내도서 해당분야 월별, 주별 베스트 기준

합격을 위한 비법 대공개! 합격서&부교재

이영방 합격서
부동산학개론

심정욱 합격서
민법 및 민사특별법

임선정 합격서
공인중개사법령 및 중개실무

김민석 합격서
부동산공시법

한영규 합격서
부동산세법

오시훈 합격서
부동산공법

신대운 합격서
쉬운민법

심정욱 핵심체크 OX
민법 및 민사특별법

오시훈 키워드 암기장
부동산공법

핵심 테마를 빠르게 공략하는 단기서

이영방 합격패스 계산문제
부동산학개론

심정욱 합격패스 암기노트
민법 및 민사특별법

임선정 그림 암기법
공인중개사법령 및 중개실무

김민석 테마별 한쪽정리
부동산공시법

오시훈 테마별 비교정리
부동산공법

시험 전, 이론&문제 한 권으로 완벽 정리! 필살키

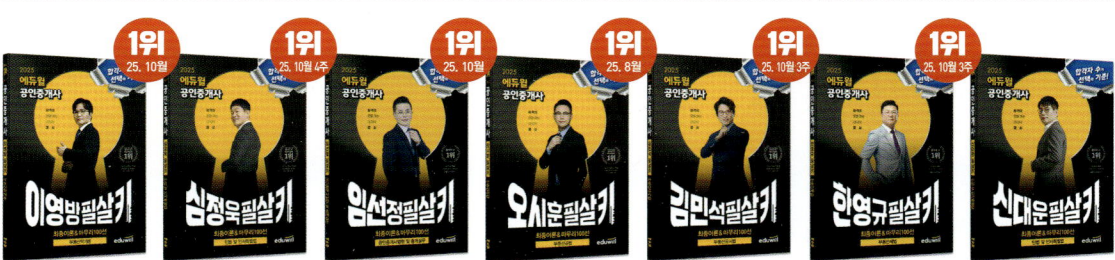

이영방 필살키 심정욱 필살키 임선정 필살키 오시훈 필살키 김민석 필살키 한영규 필살키 신대운 필살키

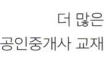

더 많은
공인중개사 교재

공인중개사, 에듀윌을 선택해야 하는 이유

9년간 아무도 깨지 못한 기록
합격자 수 1위

합격을 위한 최강 라인업
1타 교수진

공인중개사

합격만 해도 연 최대 300만원 지급
성공 DREAM 지원금

업계 최대 규모의 전국구 네트워크
동문회

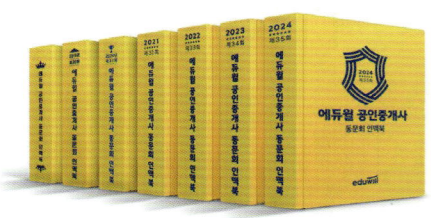

* 2023 대한민국 브랜드만족도 공인중개사 교육 1위 (한경비즈니스)
* KRI 한국기록원 2016, 2017, 2019년 공인중개사 최다 합격자 배출 공식 인증 (2025년 현재까지 업계 최고 기록) * 에듀윌 공인중개사 과목별 온라인 주간반 강사별 수강점유율 기준 (2024년 11월)
* 성공 DREAM 지원금 신청은 에듀윌 공인중개사 VVIP 프리미엄 성공패스 수강 후 2027년까지 공인중개사 최종 합격자에 한해 가능합니다. (상세 내용 홈페이지 유의사항 확인 필수)

1위 에듀윌만의
체계적인 합격 커리큘럼

합격자 수가 선택의 기준, 완벽한 합격 노하우
온라인 강의

① 전 과목 최신 교재 제공
② 업계 최강 교수진의 전 강의 수강 가능
③ 합격에 최적화 된 1:1 맞춤 학습 서비스

합격을 꿈꾼다면, 오늘은 용어부터! **필수용어집** 신청

최고의 학습 환경과 빈틈 없는 학습 관리
직영학원

① 현장 강의와 온라인 강의를 한번에
② 시험일까지 온라인 강의 무제한 수강
③ 강의실, 자습실 등 프리미엄 호텔급 학원 시설

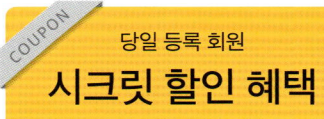 

설명회 참석 당일 등록 시 **특별 수강 할인권** 제공

친구 추천 이벤트

"친구 추천하고 한 달 만에
920만원 받았어요"

친구 1명 추천할 때마다 현금 10만원 제공
추천 참여 횟수 무제한 반복 가능

※ *a*o*h**** 회원의 2021년 2월 실제 리워드 금액 기준
※ 해당 이벤트는 예고 없이 변경되거나 종료될 수 있습니다.

친구 추천 이벤트
바로가기

자세한 내용이 궁금하다면 1600-6700
* 2023 대한민국 브랜드만족도 공인중개사 교육 1위 (한경비즈니스)

eduwill

공인중개사 1위

합격자 수 1위 에듀윌
7만 건이 넘는 후기

고○희 합격생

부알못, 육아맘도 딱 1년 만에 합격했어요.

저는 부동산에 관심이 전혀 없는 '부알못'이었는데, 부동산에 관심이 많은 남편의 권유로 공부를 시작했습니다. 남편 지인들이 에듀윌을 통해 많이 합격했고, '합격자 수 1위'라는 광고가 좋아 에듀윌을 선택하게 되었습니다. 교수님들이 커리큘럼대로만 하면 된다고 해서 믿고 따라갔는데 정말 반복 학습이 되더라고요. 아이 둘을 키우다 보니 낮에는 시간을 낼 수 없어서 밤에만 공부하는 게 쉽지 않아 포기하고 싶을 때도 있었지만 '에듀윌 지식인'을 통해 합격하신 선배님들과 함께 공부하는 동기들의 위로가 큰 힘이 되었습니다.

이○용 합격생

군복무 중에 에듀윌 커리큘럼만 믿고 공부해 합격

에듀윌이 합격자가 많기도 하고, 교수님이 많아 제가 원하는 강의를 고를 수 있는 점이 좋았습니다. 또, 커리큘럼이 잘 짜여 있어서 잘 따라만 가면 공부를 잘 할 수 있을 것 같아 에듀윌을 선택했습니다. 에듀윌의 커리큘럼대로 꾸준히 따라갔던 게 저만의 합격 비결인 것 같습니다.

안○원 합격생

5개월 만에 동차 합격, 낸 돈 그대로 돌려받았죠!

저는 야쿠르트 프레시매니저를 하다 60세에 도전하여 합격했습니다. 심화 과정부터 시작하다 보니 기본이 부족했는데, 교수님들이 하라는 대로 기본 과정과 책을 더 보면서 정리하며 따라갔던 게 주효했던 것 같습니다. 합격 후 100만 원 가까이 되는 큰 돈을 환급받아 남편이 주택관리사 공부를 한다고 해서 뒷받침해 줄 생각입니다. 저는 소공(소속 공인중개사)으로 활동을 하고 싶은 포부가 있어 최대 규모의 에듀윌 동문회 활동도 기대가 됩니다.

다음 합격의 주인공은 당신입니다!

더 많은 합격 비법

* 본 합격수기는 실제 수강생의 솔직한 의견을 포함하고 있습니다. (이벤트 혜택을 제공받았음)
* 에듀윌 홈페이지 게시 건수 기준 (2025년 10월 기준)
* 2023 대한민국 브랜드만족도 공인중개사 교육 1위 (한경비즈니스)

부동산학개론 3회독 플래너

합격을 위한 나의 목표!

※ 1회독 완료: ____월 ____일까지   2회독 완료: ____월 ____일까지   3회독 완료: ____월 ____일까지

단 원		1회독	2회독	3회독
PART 1 부동산학 총론	CHAPTER 01 부동산학 서설			
	1절 부동산학의 이해	✔	☐	☐
	2절 부동산학의 연구대상과 연구분야	☐	☐	☐
	3절 부동산학의 이념	☐	☐	☐
	4절 부동산활동과 현상	☐	☐	☐
	CHAPTER 02 부동산의 개념과 분류			
	1절 부동산의 개념	☐	☐	☐
	2절 부동산의 유형 및 분류	☐	☐	☐
	CHAPTER 03 부동산의 특성			
	1절 토지의 특성	☐	☐	☐
	2절 건물의 특성	☐	☐	☐
PART 2 부동산학 각론	CHAPTER 01 부동산경제론			
	1절 부동산의 수요·공급이론	☐	☐	☐
	2절 부동산의 경기변동이론	☐	☐	☐
	CHAPTER 02 부동산시장론			
	1절 부동산시장	☐	☐	☐
	2절 입지 및 공간구조론	☐	☐	☐
	CHAPTER 03 부동산정책론			
	1절 부동산문제	☐	☐	☐
	2절 부동산정책	☐	☐	☐
	CHAPTER 04 부동산투자론			
	1절 부동산투자이론	☐	☐	☐
	2절 부동산투자분석 및 기법	☐	☐	☐
	CHAPTER 05 부동산금융론 (부동산금융·증권론)			
	1절 부동산금융	☐	☐	☐
	2절 부동산증권	☐	☐	☐
	CHAPTER 06 부동산개발 및 관리론			
	1절 부동산이용 및 개발	☐	☐	☐
	2절 부동산관리	✔	☐	☐
	3절 부동산마케팅	☐	☐	☐

단 원			1회독	2회독	3회독
PART 3 부동산 감정평가론	CHAPTER 01 감정평가의 기초이론	1절 감정평가의 개요	☐	☐	☐
		2절 감정평가의 분류	☐	☐	☐
		3절 감정평가의 원칙과 특징	☐	☐	☐
		4절 감정평가 관련 법령과 용어 정의	☐	☐	☐
	CHAPTER 02 부동산가격이론	1절 부동산가격(가치)의 일반이론	☐	☐	☐
		2절 가치형성요인	☐	☐	☐
		3절 지역분석과 개별분석	☐	☐	☐
		4절 부동산가격(가치)의 제 원칙 (부동산평가의 원리)	☐	☐	☐
	CHAPTER 03 감정평가의 방식	1절 감정평가 3방식의 개요	☐	☐	☐
		2절 원가방식(비용접근법)	☐	☐	☐
		3절 비교방식(시장접근법)	☐	☐	☐
		4절 수익방식(소득접근법)	☐	☐	☐
		5절 물건별 감정평가	☐	☐	☐
		6절 감정평가의 절차	☐	☐	☐
	CHAPTER 04 부동산가격공시제도	1절 지가의 공시	☐	☐	☐
		2절 주택가격의 공시	☐	☐	☐
		3절 비주거용 부동산가격의 공시	☐	☐	☐

1회독 완성! 2회독 완성! 3회독 완성!

가위로 잘라서 사용하세요!

시작하는 방법은
말을 멈추고
즉시 행동하는 것이다.

– 월트 디즈니(Walt Disney)

➕ **합격할 때까지 책임지는 개정법령 원스톱 서비스!**

법령 개정이 잦은 공인중개사 시험. 일일이 찾아보지 마세요!
에듀윌에서는 필요한 개정법령만을 빠르게! 한번에! 제공해 드립니다.

| 에듀윌 도서몰 접속
(book.eduwill.net) | ▶ | 우측 정오표
아이콘 클릭 | ▶ | 카테고리 공인중개사
설정 후 교재 검색 |

개정법령
확인하기

2026
에듀윌 공인중개사
기본서 1차

부동산학개론 上

시험안내

01 시험일정
연 1회, 1·2차 동시 시행

구분	인터넷/모바일(App) 원서 접수기간		시험시행일
2026년도 제37회 제1·2차 시험 (동시접수·시행)	정기(5일간)	8월 초 월요일 09:00~금요일 18:00 예정	매년 10월 마지막 주 토요일
	빈자리(2일간)	9월 말이나 10월 초 예정	

※ 정확한 시험 일정은 큐넷 홈페이지(www.Q-Net.or.kr)에서 확인이 가능합니다.

02 응시자격
제한 없음

※ 단, ①「공인중개사법」제4조의3에 따라 공인중개사 시험 부정행위자로 처분받은 날로부터 시험 시행일 전일까지 5년이 경과되지 않은 자, ② 법 제6조에 따라 공인중개사 자격이 취소된 후 시험시행일 전일까지 3년이 경과되지 않은 자, ③ 시행규칙 제2조에 따른 기자격취득자는 응시할 수 없음

03 시험과목 및 방법

구분	시험과목	문항 수	시험시간	시험방법
제1차 시험 1교시 (2과목)	1. 부동산학개론(부동산감정평가론 포함) 2. 민법 및 민사특별법 중 부동산 중개에 관련되는 규정	과목당 40문항 (1번~80번)	100분 (09:30~11:10)	객관식 5지 선택형
제2차 시험 1교시 (2과목)	1. 공인중개사의 업무 및 부동산 거래신고 등에 관한 법령 및 중개실무 2. 부동산공법 중 부동산 중개에 관련되는 규정	과목당 40문항 (1번~80번)	100분 (13:00~14:40)	
제2차 시험 2교시 (1과목)	부동산공시에 관한 법령(부동산등기법, 공간정보의 구축 및 관리 등에 관한 법률) 및 부동산 관련 세법	40문항 (1번~40번)	50분 (15:30~16:20)	

※ 답안은 시험시행일에 시행되고 있는 법령을 기준으로 작성

04 합격기준

구분	합격결정기준
제1차 시험	매 과목 100점을 만점으로 하여 매 과목 40점 이상, 전 과목 평균 60점 이상 득점한 자
제2차 시험	매 과목 100점을 만점으로 하여 매 과목 40점 이상, 전 과목 평균 60점 이상 득점한 자

※ 1차·2차 시험에 동시 응시는 가능하나, 1차 시험에 불합격하고 2차만 합격한 경우 2차 시험은 무효로 함

05 시험범위 및 출제비율

구분	시험과목	시험범위	출제비율
제1차 시험 1교시 (2과목)	부동산학개론	1. 부동산학개론	85% 내외
		2. 부동산감정평가론	15% 내외
	민법 및 민사특별법 중 부동산 중개에 관련되는 규정	1. 민법	85% 내외
		2. 민사특별법	15% 내외
제2차 시험 1교시 (2과목)	공인중개사의 업무 및 부동산 거래신고 등에 관한 법령 및 중개실무	1. 공인중개사법 2. 부동산 거래신고 등에 관한 법률	70% 내외
		3. 중개실무	30% 내외
	부동산공법 중 부동산 중개에 관련되는 규정	1. 국토의 계획 및 이용에 관한 법률	30% 내외
		2. 도시개발법 3. 도시 및 주거환경정비법	30% 내외
		4. 주택법 5. 건축법 6. 농지법	40% 내외
제2차 시험 2교시 (1과목)	부동산공시에 관한 법령 (부동산등기법, 공간정보의 구축 및 관리 등에 관한 법률) 및 부동산 관련 세법	1. 부동산등기법	30% 내외
		2. 공간정보의 구축 및 관리 등에 관한 법률 제2장 제4절 및 제3장	30% 내외
		3. 부동산 관련 세법 (상속세, 증여세, 법인세, 부가가치세 제외)	40% 내외

저자의 말

공인중개사 시험을 공부하는 많은 수험생들이 부동산학개론은 그 범위가 매우 포괄적이고 내용이 난해하여 학습하기가 어렵고 공부를 해도 점수가 오르지 않는 과목으로 생각합니다. 실제로 수험생들이 부동산학개론 학습에 많은 시간을 할애하지만 기대 이상의 성과를 거두지 못하는 경우가 많습니다. 따라서 부동산학개론 과목에서 높은 점수를 획득하기 위해서는 지난 시험의 출제경향을 분석해보는 것이 필요합니다.

제36회 시험은 다음과 같이 출제되었습니다.

구분		문항 수(제35회 대비)
PART 1	CH 01 부동산학 서설	1(▲1)
	CH 02 부동산의 개념과 분류	2(▼2)
	CH 03 부동산의 특성	1
	소계	4
PART 2	CH 01 부동산경제론	6(▲1)
	CH 02 부동산시장론	5(▲1)
	CH 03 부동산정책론	6(▲1)
	CH 04 부동산투자론	6(▲3)
	CH 05 부동산금융론(부동산금융·증권론)	6(▲1)
	CH 06 부동산개발 및 관리론	1(▼5)
	소계	30
PART 3	CH 01 감정평가의 기초이론	1
	CH 02 부동산가격이론	1(▲1)
	CH 03 감정평가의 방식	3(▼2)
	CH 04 부동산가격공시제도	1
	소계	6
총계		40

제36회 공인중개사 시험의 부동산학개론 과목의 난도는 제35회 시험과 비슷한 수준으로 출제되었습니다. 전체 문항 구성은 이론문제 29문항, 계산문제 11문항으로, 계산문제의 비중이 다소 높아져 계산문제에 대한 수험생들의 부담이 커졌습니다.

이번 제36회 시험의 주요 특징으로는 '박스형 이론문제'가 다수 출제되었고, '옳은 것을 묻는 문제'가 많이 출제되었습니다. 또한 계산 시 시간이 많이 소요되는 '분수형 계산문제'가 다수 포함되어 시험 시간 안배에 어려움을 느끼는 수험생들이 많았습니다.

아울러 2차 시험 과목인 공법 관련 문제와 세법 관련 문제가 각각 1문항씩 출제되어, 1차와 2차 시험을 함께 준비한 수험생들에게 다소 유리한 구성이었습니다.
다만, 약 30문항 정도는 비교적 평이하게 출제되어, 시험준비를 충실하게 학습한 수험생이라면 합격 점수를 무난히 받을 수 있었던 시험으로 평가됩니다.

2025년 제36회 공인중개사 시험의 부동산학개론은 기본 개념부터 응용까지 기본서 전 분야를 망라하여 출제되었습니다. 최근 몇 년간의 시험은 명확한 난이도 차이와 변별력으로 수험생 간 점수 차이가 뚜렷하게 드러나는 특징이 있었습니다. 따라서 기본서를 체계적으로 학습하고 응용력을 기르는 것이 합격의 지름길입니다.

이 책은 2025년 제36회 시험까지의 기출문제를 분석하여 출제 비중을 반영한 체계적인 학습 자료입니다. 주요 이론에 대한 보충 설명과 용어 해설, 최신 기출문제를 추가하여 수험생의 기본 실력과 문제 해결 능력을 배양할 수 있도록 구성하였습니다.

이 책으로 공부하는 수험생 여러분의 값진 노력이 합격의 기쁨으로 이어지기를 진심으로 기원합니다.

저자 이영방

약력

- 現 에듀윌 부동산학개론 전임 교수
- 前 숭실사이버대 부동산학과 외래 교수
- 前 EBS 명품 부동산학개론 강사
- 前 부동산TV, 방송대학TV, 경인방송 강사
- 前 전국 부동산중개업협회 사전교육 강사
- 前 한국토지주택공사 직무교육 강사

저서

에듀윌 공인중개사 부동산학개론 기초입문서,
기본서, 합격서, 단원별/회차별 기출문제집,
핵심요약집, 기출응용 예상문제집, 실전모의고사,
필살키, 합격패스 계산문제 등 집필

10개년 기출 빅데이터

01 CHAPTER별 출제비중 & 출제경향

PART	CHAPTER별 10개년 출제비중		출제경향
PART 1 부동산학 총론	01 부동산학서설	2.5%	부동산학 총론은 최근 10개년 평균 약 8.8%(40문제 중 약 3.5문제) 출제된 부분입니다. 평이한 난이도로 출제되고 있으며, CHAPTER 02 부동산의 개념과 분류 위주로 학습하는 것이 좋습니다.
	02 부동산의 개념과 분류	5%	
	03 부동산의 특성	2.5%	
PART 2 부동산학 각론	01 부동산경제론	15%	부동산학 각론은 최근 10개년 평균 약 75.3%(40문제 중 약 30문제) 출제된 부분입니다. 매년 압도적으로 출제비중이 높으며, 모든 CHAPTER에서 고르게 출제됩니다. 또한 계산문제가 매년 10~11문제 정도 출제되어 반복학습을 통해 철저히 대비해 놓는 것이 좋습니다.
	02 부동산시장론	12.5%	
	03 부동산정책론	15%	
	04 부동산투자론	15%	
	05 부동산금융론 (부동산금융·증권론)	15%	
	06 부동산개발 및 관리론	2.5%	
PART 3 부동산 감정평가론	01 감정평가의 기초이론	2.5%	부동산 감정평가론은 최근 10개년 평균 약 16%(40문제 중 약 6.5문제) 출제된 부분입니다. 평이한 난이도로 출제되고 있으며, 특히 CHAPTER 03 감정평가의 방식 부분의 출제 비중이 높으므로 이 부분은 정확히 학습해놓는 것이 좋습니다.
	02 부동산가격이론	2.5%	
	03 감정평가의 방식	7.5%	
	04 부동산가격공시제도	2.5%	
합계		100%	

※ 여러 CHAPTER의 개념을 묻는 복합문제이거나, 법률이 개정 및 제정된 경우 분류 기준에 따라 수치가 달라질 수 있습니다.

02 기출 빅데이터로 알아본 부동산학개론의 특징

- PART 2 부동산학 각론이 전체 70% 정도 출제되므로 가장 많은 시간을 들여 학습해야 합니다.
- PART 2 부동산학 각론의 전 범위가 고르게 출제되므로 체계를 이해하며 학습해야 합니다.
- 계산문제가 매년 10~11문제 출제되고 있어 충분한 계산문제풀이 연습을 해야 합니다.

03 기출 빅데이터로 대비하는 제37회 학습전략

기본 이론에 충실하기!

부동산학개론 과목은 개념을 정리하고 문제해결 능력을 배양하기까지 시간이 많이 소요되는 과목입니다. 따라서 많은 시간을 할애하여 기초부터 차근차근 학습해 나가는 것이 중요하며, '중, 하' 난이도의 문제를 모두 득점할 수 있도록 기본 이론을 확실하게 학습해야 합니다. 따라서 기본서를 충실히 공부하여 개념을 정확히 알고, 문제풀이 연습을 통해 이론정리를 확실하게 해야 합니다.

출제비중이 높은 이론 공략하기!

매년 '부동산학 각론' 파트의 출제 비중이 압도적으로 높습니다. 부동산학 각론 파트는 매년 70% 이상의 출제비중을 차지하고 있으며, 부동산학 각론 파트의 모든 챕터에서 고르게 문제가 출제되기 때문에 부동산학 각론 파트를 집중적으로 학습하는 것이 필요합니다. 기본서 내용을 충실하게 설명해주는 강의를 선택해서 기본서 내용의 이해도를 높이고, 실제시험의 유형과 유사한 문제풀이를 통한 문제의 해결능력을 배양하는 것이 필수적이라고 할 수 있습니다.

계산문제는 반복적으로 학습하기!

시간이 걸리는 계산문제가 많아 계산문제 연습이 부족한 수험생들은 부동산학개론의 고득점이 어렵습니다. 시험에서 계산문제의 비중이 점점 높아지고 있어 반복적인 계산문제 연습을 통해 계산문제에 대한 문제해결 능력을 갖추는 것이 중요합니다.

책의 구성과 특징

공부 시작 전, 학습방향 잡기!

PART 내 CHAPTER의 10개년 출제비중을 보여주고, 이를 바탕으로 제37회 시험 학습전략을 제시하였습니다.

합격의 시작,
3회독 플래너 · 모두 합격 플래너 제공

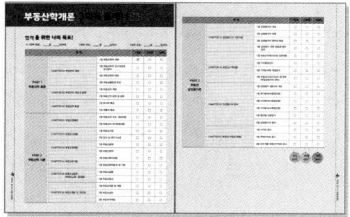

※ 교재 내 제공

※ PDF제공: 에듀윌 도서몰(book.eduwill.net)
▶ 도서자료실(부가학습자료)

10개년 기출분석 기반, 핵심이론 파악

해당 CHAPTER가 10개년 동안 얼마나 출제되었는지, 어떤 공부를 해야할지를 설명해 줍니다.

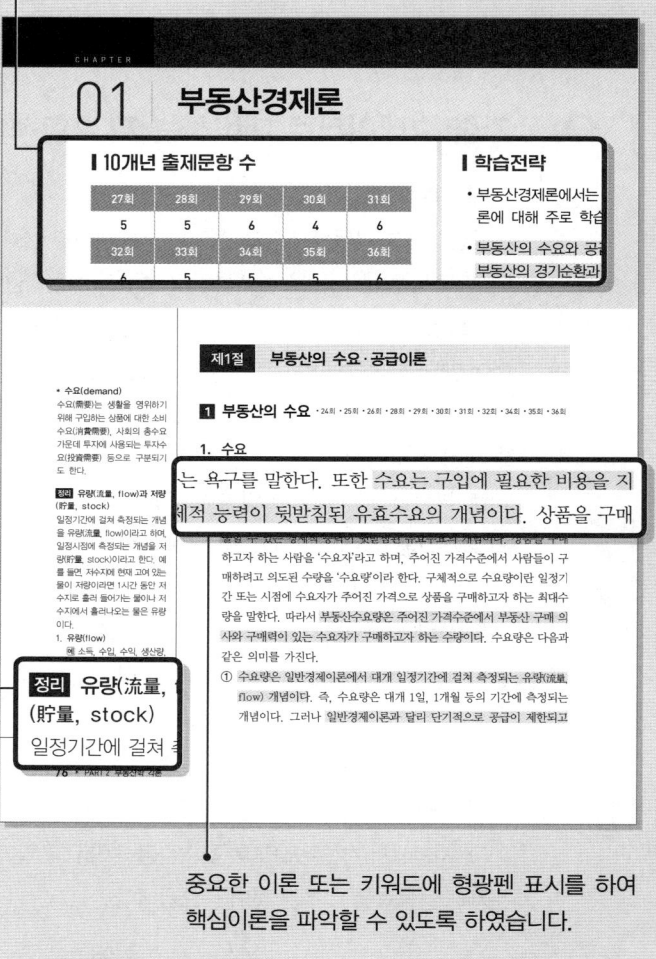

중요한 이론 또는 키워드에 형광펜 표시를 하여 핵심이론을 파악할 수 있도록 하였습니다.

*용어 용어의 해설을 제시
추가 추가로 보충하면 좋은 내용을 제시
정리 본문 내용을 간략하게 한 번 더 정리
암기 암기법, 암기 내용 제시

다양한 학습장치로 이해 쏙쏙!

최신기출로 완벽 점검!

- 관련 이론의 중요도를 파악할 수 있도록 각 이론에 과년도 기출 회차를 표시하였습니다.

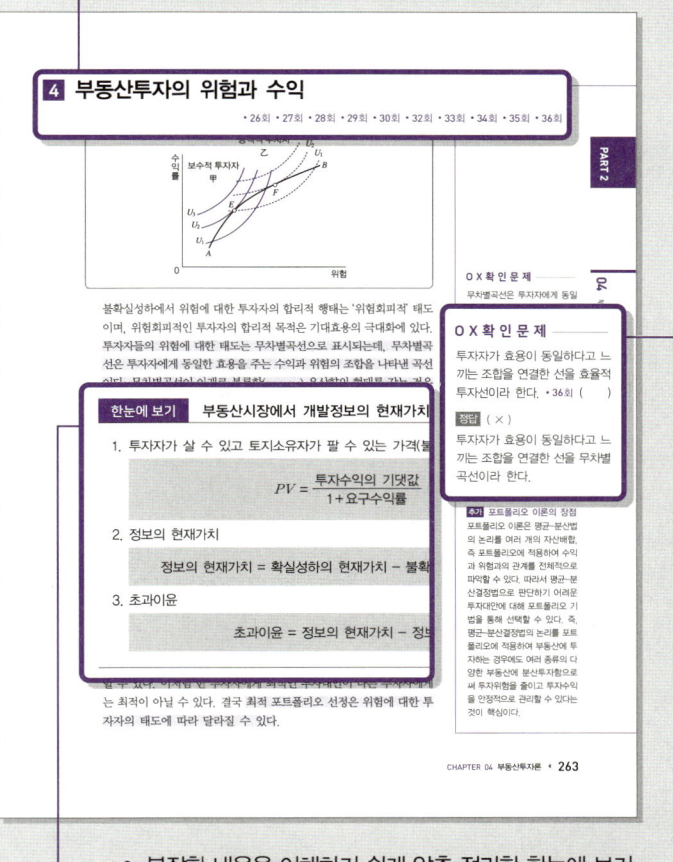

- 복잡한 내용을 이해하기 쉽게 압축 정리한 한눈에 보기 코너와 더 빠른 이해를 도와주는 다양한 시각자료를 수록하였습니다.

- 이론을 정확히 이해하였는지 확인할 수 있도록, 관련 내용 옆 보조단에 OX문제를 수록하였습니다.

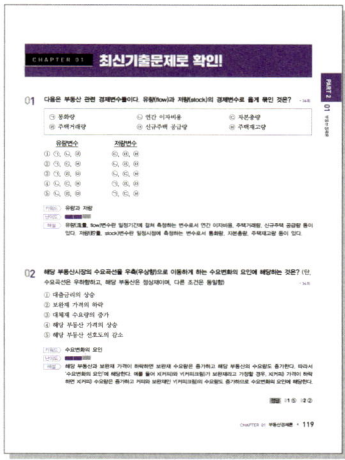

각 단원마다 최신기출문제로 학습한 이론을 점검하고, 최신출제경향도 자연스럽게 파악할 수 있도록 하였습니다.

쉬운 회독, 빠른 점검!
회독 필수지문 OX 제공
(2025년 12월 중 오픈 예정)

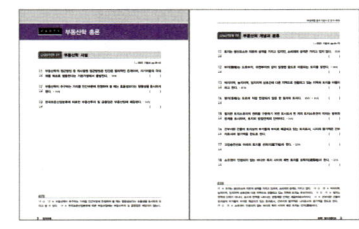

※ PDF제공: 에듀윌 도서몰 (book.eduwill.net)
▶ 도서자료실(부가학습자료)

차례

PART 1 부동산학 총론

CHAPTER 01 | 부동산학 서설
제1절 부동산학의 이해 16
제2절 부동산학의 연구대상과 연구분야 19
제3절 부동산학의 이념 22
제4절 부동산활동과 현상 24

CHAPTER 02 | 부동산의 개념과 분류
제1절 부동산의 개념 31
제2절 부동산의 유형 및 분류 44

CHAPTER 03 | 부동산의 특성
제1절 토지의 특성 59
제2절 건물의 특성 68

PART 2 부동산학 각론

CHAPTER 01 | 부동산경제론
제1절 부동산의 수요·공급이론 76
제2절 부동산의 경기변동이론 105

CHAPTER 02 | 부동산시장론
제1절 부동산시장 123
제2절 입지 및 공간구조론 143

CHAPTER 03 | 부동산정책론
제1절 부동산문제 191
제2절 부동산정책 198

CHAPTER 04 | 부동산투자론
제1절 부동산투자이론 238
제2절 부동산투자분석 및 기법 264

CHAPTER 05 | 부동산금융론(부동산금융·증권론)
제1절 부동산금융 295
제2절 부동산증권 329

CHAPTER 06 | 부동산개발 및 관리론
제1절 부동산이용 및 개발 369
제2절 부동산관리 406
제3절 부동산마케팅 420

PART 3 부동산 감정평가론

CHAPTER 01 | 감정평가의 기초이론
- 제1절 감정평가의 개요 ... 446
- 제2절 감정평가의 분류 ... 449
- 제3절 감정평가의 원칙과 특징 ... 455
- 제4절 감정평가 관련 법령과 용어 정의 ... 456

CHAPTER 02 | 부동산가격이론
- 제1절 부동산가격(가치)의 일반이론 ... 462
- 제2절 가치형성요인 ... 470
- 제3절 지역분석과 개별분석 ... 478
- 제4절 부동산가격(가치)의 제 원칙(부동산평가의 원리) ... 488

CHAPTER 03 | 감정평가의 방식
- 제1절 감정평가 3방식의 개요 ... 504
- 제2절 원가방식(비용접근법) ... 507
- 제3절 비교방식(시장접근법) ... 524
- 제4절 수익방식(소득접근법) ... 538
- 제5절 물건별 감정평가 ... 555
- 제6절 감정평가의 절차 ... 560

CHAPTER 04 | 부동산가격공시제도
- 제1절 지가의 공시 ... 573
- 제2절 주택가격의 공시 ... 585
- 제3절 비주거용 부동산가격의 공시 ... 595

PART 1
부동산학 총론

최근 10개년 출제비중
8.8%

제36회 출제비중
10%

CHAPTER별 10개년 출제비중 & 출제키워드

CHAPTER	10개년 출제비중	BEST 출제키워드
01 부동산학 서설	8.6%	부동산학, 부동산활동의 일반원칙
02 부동산의 개념과 분류	62.8%	부동산의 개념, 토지의 분류, 주택의 분류
03 부동산의 특성	28.6%	부동산의 자연적 특성, 인문적 특성

* 여러 CHAPTER의 개념을 묻는 복합문제이거나, 법률이 개정 및 제정된 경우 분류 기준에 따라 수치가 달라질 수 있습니다.

제37회 시험 학습전략

부동산학 총론은 꾸준히 약 3~4문제씩 평이한 난도로 출제되고 있으므로 점수획득에 유리한 부분입니다. 주로 CHAPTER 02 부동산의 개념과 분류 부분 위주로 학습하는 것이 좋습니다.

CHAPTER

01 부동산학 서설

10개년 출제문항 수

27회	28회	29회	30회	31회
	1			1
32회	33회	34회	35회	36회
				1

↳ 총 40문제 中 평균 약 0.3문제 출제

학습전략

- 부동산학 서설에서는 부동산학에 대한 가장 기본적인 내용을 다루고 있습니다. 부동산과 관련된 용어의 뜻을 숙지해 두어야 합니다.
- 부동산학의 정의, 부동산학의 학문적 성격, 부동산학의 이념에 대해 묻는 문제가 주로 출제되니 관련 이론을 정리해 두는 것이 좋습니다.

제1절 부동산학의 이해

1 부동산학의 정의

① 부동산학이란 부동산활동의 능률화의 원리 및 그 응용기술을 개척하는 종합응용과학이다(김영진 교수).
② 부동산학은 부동산의 가치증진과 관련된 의사결정과정을 연구하기 위하여 부동산에 대해 법적·경제적·기술적 측면에서 접근을 시도하는 종합응용 사회과학이다(조주현 교수).1)
③ 부동산학은 토지와 토지상에 부착되어 있거나 연결되어 있는 여러 가지 항구적인 토지개량물(land improvement)*에 관하여 그것과 관련된 직업적·물적·법적·금융적 제 측면을 기술하고 분석하는 학문연구의 한 분야이다[링(Alfred Ring) & 다소(Jerome Dasso), 안정근 교수].2)
④ 부동산학(Real Estate)은 부동산을 대상으로 하는 인간의 행위, 즉 부동산활동을 연구하며 그 부동산활동을 바람직하게 전개하여 부동산과 인간의 관계를 개선하고자 하는 이상을 실현하기 위한 이론적 체계이다(방경식 교수).3)

* **토지개량물**
 (land improvement)
노동이나 자본과 같은 인위적인 힘을 통해 정착 또는 부착하여 토지의 효용성을 증가시키는 건축물·구조물·관개시설 등을 말한다.

---

1) 조주현, 「부동산학원론」, 건국대학교 출판부, 2003, p.3
2) 안정근, 「현대부동산학」, 양현사, 2019, p.3
3) 방경식, 「부동산학개론」, 범론사, 2000, p.36

2 부동산학의 학문적 성격[4] • 26회

부동산학의 학문적 성격을 살펴보면 인간 사회의 여러 현상을 과학적·체계적으로 연구하는 사회과학에 해당하는데, 구체적으로 인간과 부동산의 상호작용을 연구하는 학문이다. 또한 순수과학과는 달리 복잡한 현실적 사회문제를 해결하고자 하는 응용과학이다. 그리고 부동산활동과 현상을 연구할 때 경제학·법학·행정학·사회학·심리학 등 여러 분야의 학문과 연계되어 있다는 점에서 종합과학의 성격을 지니고 있다. 그 밖에 부동산학은 실천과학이며, 경험과학, 규범과학에 해당한다.

> **정리 부동산학의 학문적 성격**
> 헷갈리기 쉬운 오답으로 출제될 수 있으므로 유의해야 한다.
> 1. 사회과학 ⇔ 자연과학(×)
> 2. 실천과학
> 3. 응용과학 ⇔ 순수과학(×)
> 4. 경험과학
> 5. 종합과학
> 6. 규범과학

1. 사회과학

부동산학은 인간과 부동산의 상호작용을 연구하는 사회과학에 해당한다.

2. 실천과학

부동산학은 부동산활동의 원리와 그 응용기술을 부동산행위의 기본으로 삼는다는 점에서 실천과학이다.

3. 응용과학

부동산학은 부동산문제 해결을 위한 기술면의 실천방법을 제시하여 그 유용성을 검증할 수 있는 응용과학이다. 즉, 부동산학은 순수과학과는 달리 복잡한 현실적 사회문제를 해결하고자 하는 응용과학이다. 그러므로 과학을 순수과학과 응용과학으로 구분할 때, 부동산학은 응용과학에 속한다.

4. 경험과학

부동산학은 추상적인 학문이 아니라 현실의 부동산활동을 대상으로 하는 구체적인 경험과학이다.

---
4) 방경식, 전게서, p.38

5. 종합과학

부동산학은 부동산활동과 현상을 연구할 때 경제학·법학·행정학·사회학·심리학 등 여러 분야의 학문과 연계되어 있다는 점에서 종합학문적 성격을 지니고 있다.

6. 규범과학

부동산현상들을 보고 그중 어떤 부동산행위가 사회에서 바람직한 것인가를 밝히고 그 바람직한 부동산행위를 판단할 수 있는 규범과학에 해당한다.

3 부동산학의 여러 측면과 복합개념[5]

1. 부동산학의 여러 측면

부동산의 개념과 범위는 인간의 눈에 비치는 유형적 측면(기술적 측면)과 관념적으로만 인식될 수 있는 무형적 측면(법률적 측면, 경제적 측면)으로 파악할 수 있는데,[6] 이를 '부동산학 기초이론의 3대 측면'이라고 한다.[7]

(1) 법률적 측면(legal aspect)

부동산에 관계되는 법·제도적인 측면을 말하는 것으로 공·사법상의 지역·지구제, 소유권 등의 권리관계, 등기관계 등과 관련된다.

(2) 경제적 측면(economic aspect)

주로 부동산의 가격에 관련된 측면이라고 볼 수 있는데, 건축비용, 부동산경기, 수익성, 부동산의 수요와 공급 등을 포함한다.

(3) 기술적 측면(engineering aspect)

주로 인간의 눈에 비치는 부동산의 물리적·기술적 측면으로 부동산공간의 이용기법적 측면이라 볼 수 있다. 기술적 조건은 물론 부동산의 설계·시공·설비·자재·측량·지질·지형·토양·지대의 고저·산악·하천·기상조건 등의 자연적 조건 등이 이에 해당한다.

---

[5] 이창석, 「부동산학개론」, 형설출판사, pp.15~20
[6] 방경식, 전게서, pp.93~95
　　이창석, 전게서, pp.131~132
[7] 김영진, 「부동산학총론」, 경영문화원, 1982, p.41, pp.269~295

2. 복합개념의 논리

부동산학은 여러 부동산현상을 이해·분석하거나 부동산결정을 행하고 부동산활동을 전개하기 위해 주로 복합개념의 사고원리를 사용한다. 따라서 부동산을 유·무형의 법률·경제·기술 3대 측면이 복합된 개념으로 이해하는 것을 복합개념의 부동산이라 하고, 이는 부동산활동을 위한 의사결정에 있어서도 중요하다.

> **정리 복합개념의 부동산**
> 부동산을 법률적·경제적·기술적 측면 등이 복합된 개념으로 이해하는 것을 말한다.

■■ 부동산의 3대 측면과 복합개념

부동산의 복합개념	법률적 개념	법률적 측면(공법·사법·정치·행정·사회적 규범)	무형적 측면
	경제적 개념	경제적 측면(경제·경영·사회·심리·지리)	
	기술적 개념	물리적·자연적·공학적 측면	유형적 측면

제2절 부동산학의 연구대상과 연구분야

1 부동산학의 연구대상[8] ·26회

부동산학의 연구대상은 부동산활동 및 부동산현상을 포함하는데, 크게 '부동산현상'과 '부동산활동'으로 나누어 볼 수 있다.

1. 부동산현상

부동산현상(real estate phenomena)이란 부동산에서 비롯되는 모든 기술·경제·제도 및 기타 제 현상, 즉 부동산활동을 에워싼 모든 현상을 말한다. 부동산현상은 인간의 부동산활동으로부터 생기기도 하지만 부동산의 본질로부터 오는 경우도 있다.

2. 부동산활동

부동산활동(real estate activity)이란 '부동산과 인간의 관계'를 가리키는 것으로, 인간이 부동산을 대상으로 전개하는 관리적 측면에서의 여러 가지 행위, 즉 부동산을 대상으로 하는 인간활동을 말한다.

---

[8] 이창석, 전게서, pp.21~23
이래영, 「부동산학개론」, 법문사, pp.20~21

2 부동산학의 연구분야와 접근방법9) ·26회 ·28회

1. 부동산학의 연구분야

부동산학의 연구분야는 부동산환경을 구성하고 있는 각 분야가 공통적으로 어떠한 기능과 역할을 수행하고 있는지에 따라 부동산결정분야(의사결정분야), 부동산결정 지원분야(의사결정 지원분야), 부동산학의 기초분야로 나뉜다.

부동산의 실무적 분야		부동산의 이론적 분야
부동산결정분야	부동산결정 지원분야	부동산학의 기초분야
① 부동산투자 ② 부동산금융 ③ 부동산개발 ④ 부동산정책 및 계획	① 부동산마케팅 ② 부동산관리 ③ 부동산평가 ④ 부동산상담(컨설팅) ⑤ 부동산시장분석	① 부동산의 특성 ② 부동산 관련법 ③ 도시지역 ④ 부동산시장 ⑤ 부동산세금 ⑥ 부동산수학

그런데 일반적으로 부동산은 일반재화에 비해 거래비용이 많이 들고, 부동산이용의 비가역적* 특성 때문에 일반재화에 비해 의사결정 지원분야의 역할이 더욱 중요하다.

* **비가역적(非可逆的)**
이전상태에서 현재상태가 되었다가 다시 이전상태로 돌아갈 수 없는 성격을 띤 경우를 말한다. 부동산문제에서는 어떤 부동산문제가 한 번 악화되면, 이를 완전한 옛 상태로 회복하기는 사회적 · 경제적 · 기술적으로 어렵다는 의미이다.

2. 부동산학의 접근방법10)

(1) 종합식 접근방법

부동산을 기술적 · 경제적 · 법률적 측면 등의 복합개념으로 이해하여, 이를 종합해서 이론을 구축하는 방법이다. 즉, 부동산을 법률 · 경제 · 기술 등의 복합개념으로 이해하고 그러한 측면의 이론을 토대로 시스템적 사고방식에 따라 부동산학 이론을 구축해야 한다는 연구방법이다.

---

9) Larry Wofford, Real Estate, John Wiley & Sons, 1992, 3rd ed, p.22
　안정근, 전게서, pp.5~6
10) 김영진, 「부동산학총론」, 경영문화원, 1980, pp.71~80
　이창석, 전게서, pp.31~35
　방경식, 전게서, pp.43~51
　김태훈, 「부동산학개론」, 범론사, 1996, pp.61~65

(2) 분산식 접근방법

일반적 주변과학(법학·경제학·공학 등)에 의하여 각기 개별적·부분적으로 부동산을 다루는 접근방법이다. 즉, 각 학문분야별로 각기 개별적 또는 부분적으로 부동산을 다루는 방법이다.

(3) 중점식 접근방법

부동산 및 부동산활동의 특정 측면(법률적·경제적·기술적 접근 등)에만 중점을 두는 연구방법이다.

■ 종합식·분산식·중점식 접근방법

구분	종합식 접근방법	분산식 접근방법	중점식 접근방법
장점	① 부동산학과 관련 있는 주변과학의 연구결과를 체계화 ② 단기간에 통일적으로 정착 ③ 복합개념으로 접근, 종합적 기능 발휘	① 주변과학 입장에서 개별적·부분적으로 접근 ② 부분적인 논점 파악이 비교적 명확	① 부동산활동의 특정 측면에만 중점 ② 특정한 부동산활동의 능률화에 기여
단점	① 개별 학문과의 마찰 가능성 ② 개척기에 겪는 어려움	① 종합적 기능의 결여 ② 학문 간의 연계성 단절	① 특정한 부동산활동에만 응용 ② 전체적인 인식수단의 결여

(4) 법·제도적 접근방법

부동산에 관한 이론을 체계화함에 있어서 그 이론적 기초를 법률적·제도적 측면에 두는 방법이다.

(5) 현상학적 접근방법

토지를 객체로 보는 근대성을 지적하고 토지는 인간의 노동의 산물이 아니므로 그 자체는 아무런 가치가 없다고 본다. 따라서 자연인 토지를 대상으로 하는 활동은 인간세계와 토지를 함께 보는 것에서 출발하여야 한다고 주장한다.

(6) 행태과학적 접근방법

부동산활동에 내재하는 인간적 요인에 착안하여 부동산행태(不動産行態, real estate behavior)를 중심으로 부동산활동의 본질을 규명하려는 방법이다. 최근 부동산경영·부동산마케팅·부동산중개이론 등을 과학화하는데 이 접근방법이 채택되는 경향이 증가하고 있다.

(7) 의사결정 접근방법

인간은 합리적인 존재이며, 자기이윤의 극대화를 목표로 행동한다는 기본가정에서 출발한다. 따라서 부동산활동을 하는 인간은 논리적이고 예측 가능한 사고과정이나 의사결정과정을 만들고, 항상 자기이윤의 극대화를 위한 행동에서 가장 개인적인 이익을 주는 선택이나 대안을 택한다는 것이다.

> **O X 확 인 문 제**
> 부동산학의 접근방법 중 의사결정 접근방법은 인간은 합리적인 존재이며, 자기이윤의 극대화를 목표로 행동한다는 기본가정에서 출발한다. •19회 ( )
> 정답 (O)

제3절 부동산학의 이념

1 일반적인 이념의 방향[11]

1. 합법성의 원리

부동산현상과 부동산활동이 법을 어기지 않고 법의 테두리 안에서 적법하게 이루어져야 한다는 원리이다.

2. 효율성의 원리

① 효율성의 개념은 일반적으로 경제학 원리와 깊은 관련이 있는데, 이는 특정 투입수준에서 최대의 산출을 얻자는 것으로 어떤 고정된 자원 내에서 최대의 결과를 획득한다는 측면, 또는 특정한 산출을 얻기 위하여 가능한 한 최소한의 자원을 사용한다는 원리이다.
② 부동산의 최유효이용(highest and best use) 또는 최고·최선의 이용이란 자유시장경제 제도하에서 부동산의 효율적 이용, 즉 효율성을 뜻한다.
③ 효율성의 원리는 주로 사적 주체의 행동이념이 된다.

3. 형평성의 원리

① 형평성이란 균형이 잡힌 상태로서 사회의 제 세력이나 계층 중 어느 한쪽으로 치우치지 않는 상태를 말한다. 이는 공정과 불공정 또는 옳음과 그름 등에 적용되는 개념으로 사회정의를 고려한 개념이며, 사회적 공평성·평등성·분배적 정의 등으로 표현된다.

---

[11] 이창석, 전게서, pp.37~40

② 부동산 소유의 형평성은 부동산이용에서 발생하는 이익의 분배는 사회 전체적 관점에서 형평성이 있어야 한다는 것이다.
③ 형평성의 원리는 효율성의 원리와 대응되는 것으로 공적 주체의 행동이념이 된다.

2 부동산학의 지도이념[12]

부동산이란 무엇이며 부동산학의 목적은 무엇인가를 파악하고 부동산학의 방향을 올바르게 세워 부동산학의 해석을 적절하게 지도해 나가는 원리를 말한다.[13]

1. 공·사익 조화의 원리 – 법률적 측면

사익이 개인의 이익에 초점을 두는 데 비하여, 공익이란 사익과 대응되는 개념으로 불특정 다수인의 이익을 의미한다. 부동산의 특성에서 기인하는 많은 공·사법상의 여러 규율이 부동산활동에 영향을 주며, 그로 인해 부동산현상을 변화시킨다는 점에서 공·사익 조화의 원리가 중요하다는 법률적 측면의 지도이념이다.

2. 효율적 관리의 원리 – 경제적 측면

효율적 관리의 원리란 부동산의 보존과 이용 및 개발 등 관리가 효율적이어야 한다는 경제적 측면의 지도이념이다.

3. 공간 및 환경가치 증대의 원리 – 기술적 측면

한정된 자연적 공간을 인간생활의 욕구에 부응하도록 기술혁신을 통해 공간활용을 증대하고, 환경가치를 증대하여야 한다는 기술적 측면의 지도이념이다.

---

[12] 이창석, 전게서, pp.40~44
[13] 이창석, 전게서, p.37

3 부동산학에서 추구하는 가치[14]

부동산학이 추구하는 가치를 민간부문에 한정하여 볼 때는 형평성보다는 효율성을 중시하게 된다고 볼 수 있다. 그러나 사회 전체적으로는 효율성뿐만 아니라 형평성도 중요하다고 할 수 있다. 하지만 현실에서는 효율성을 강조하다 보면 형평성이 훼손되고, 형평성을 강조하다 보면 효율성이 저해되는 문제가 자주 발생한다. 이는 바로 효율성과 형평성의 상충관계 때문이다. 이에 학자들은 효율성(사익적 측면)과 형평성(공익적 측면)의 적절한 조화를 찾고자 노력한다.

> **O X 확인문제**
>
> 부동산학이 추구하는 가치를 민간부문에 한정하여 볼 때는 효율성보다는 형평성을 중시하게 된다. • 15회 ( )
>
> 정답 (×)
> 부동산학이 추구하는 가치를 민간부문에 한정하여 볼 때는 형평성보다는 효율성을 중시하게 된다고 볼 수 있다.

제4절 부동산활동과 현상

1 부동산활동과 부동산현상[15]

부동산활동	부동산현상
1. 의의 인간이 부동산을 대상으로 전개하는 관리적 측면에서의 여러 가지 행위를 말한다.	1. 의의 부동산에서 비롯되는 모든 현상, 즉 기술·경제·제도 및 기타 제 현상을 의미한다.
2. 주체 ① **사적 주체**: 개인·기업 ② **공적 주체**: 정부·지방자치단체 ③ **제3섹터**: 사적 주체와 공적 주체가 공동으로 사업을 시행하는 경우	2. 유형 ① 동태적 현상과 정태적 현상 ② **지역적 현상**(전이현상): 부동산현상이 지역 상호간에 옮겨가는 현상 ③ **개별적 현상**: 지역적 현상을 중심으로 하여 개별적 부동산에 따라 나타나는 현상
3. 분류(김영진 교수) ① **부동산소유활동**: 사용가치 측면으로 파악할 때의 활동 ⇨ 최유효이용 ② **부동산거래활동**: 교환가치 측면으로 파악할 때의 활동 ⇨ 거래질서의 확립	3. 3대 측면 ① **기술적 현상**: 수명현상, 도시스프롤현상, 지가구배현상, 침입적 토지이용현상 등 ② **경제적 현상**: 부동산의 경기변동, 부동산 투자와 투기 ③ **법률적 현상**: 토지 공개념
4. 특징 활동주체 및 목표가 있다.	4. 특징 활동주체 및 목표가 없다.

---

14) 조주현, 전게서, p.6
15) 이창석, 전게서, pp.231~232, pp.321~324

2 부동산활동의 부문(주체)

부동산활동의 부문(주체)은 정부부문(공적 주체), 사적 부문(사적 주체), 전문협회 등으로 나눌 수 있다.

1. 정부부문의 부동산활동

주로 부동산의 관리·규제·보조·과세 등으로 나타난다.

2. 사적 부문의 부동산활동

부동산 개발업·평가업·중개업·관리업 등으로 나타나며, 다른 부문들의 활동에 비해 가장 활발하다.

한국표준산업분류(제11차)상의 부동산업 ・24회 ・28회 ・31회 ・36회

대분류	중분류	소분류	세분류	세세분류
부동산업	부동산업	부동산임대 및 공급업	부동산임대업	① 주거용 건물임대업 ② 비주거용 건물임대업 ③ 기타 부동산임대업
			부동산개발 및 공급업	① 주거용 건물 개발 및 공급업 ② 비주거용 건물 개발 및 공급업 ③ 기타 부동산개발 및 공급업
		부동산 관련 서비스업	부동산관리업	① 주거용 부동산관리업 ② 비주거용 부동산관리업
			부동산중개, 자문 및 감정평가업	① 부동산중개 및 대리업 ② 부동산투자 자문업 ③ 부동산 감정평가업 ④ 부동산 분양 대행업

3. 전문협회의 부동산활동

공인중개사협회나 감정평가사협회, 주택관리사협회 등의 활동을 말한다. 이 부문은 교육 프로그램의 제공, 새로운 정보의 교환 및 제공, 연구 및 출판물의 간행, 회원들의 자질향상과 권익보호활동 등을 주로 한다.

O X 확 인 문 제

한국표준산업분류에 따르면 부동산투자 및 금융업은 부동산업에 해당된다. ・24회 ( )

정답 (×)
한국표준산업분류에 따른 부동산업에는 부동산투자 및 금융업은 해당되지 않는다.

O X 확 인 문 제

한국표준산업분류에 따르면 부동산임대 및 공급업은 부동산 관련 서비스업에 해당된다. ・36회 ( )

정답 (×)
한국표준산업분류에 따른 부동산업은 부동산임대 및 공급업과 부동산 관련 서비스업으로 구분된다. 따라서 부동산임대 및 공급업은 부동산 관련 서비스업에 해당되지 않는다.

3 부동산활동의 속성

1. 과학성 및 기술성

부동산활동은 체계화된 지식으로 부동산활동의 원리를 설명할 때에는 과학성이 인정되고, 그것을 실무활동에 응용하는 기술면에서는 기술성이 인정된다. 따라서 부동산활동은 과학성 및 기술성의 양면성을 갖는데, 과학성은 부동산이론의 능률화, 기술성은 부동산실무의 능률화를 도모하는 데 기여한다.

2. 사회성과 공공성 및 사익성

(1) 부동산활동의 사회성·공공성

토지는 국토공간으로 토지의 용도는 다양하며 국가의 존립을 위해 매우 중요하다. 또한 부동산 특히 주택에는 환경성이 있으며, 경제적 비중이 큰 경제재이다.

(2) 부동산의 사익성

사유재산이 보장되고 개인의 영리활동이 보장되는 자본주의 사회에서 공익성을 해치지 않는 한 국민의 사익을 존중해야 한다는 것이다.

3. 전문성

부동산활동은 고도의 학문적 지식과 연구 및 경험 등을 기반으로 하기 때문에 높은 전문성이 요구되며, 전문화하기 위한 방법으로 '공인자격제(公認資格制)'를 도입하고 있다.

4. 윤리성

부동산활동은 사회성·공공성이 강조되고 있어 부동산업자에게는 직업윤리가 중요시되고 있다. 특히 부동산활동은 사회성·공공성이 있는 재산을 다루므로, 거래당사자나 부동산업자 모두 높은 윤리성이 요구된다. 부동산 윤리에는 고용윤리, 조직윤리, 서비스윤리 및 공중윤리가 있다.

> **⊕ 보충** 부동산윤리의 유형
>
> 1. **고용윤리**(종업원과의 관계)
>   부동산업자는 경영책임자이기 때문에 그 자신은 물론이고, 그가 고용하고 있는 종업원들이 법규나 윤리규정을 비롯한 해당 업무규정을 잘 준수하도록 충분히 감독할 책임이 있다.
> 2. **조직윤리**(동업자 및 동업자단체와의 관계)
>   ① **동업자와의 관계**: 부동산업자는 부동산윤리를 준수하지 않음으로써 동업자에게 불리한 결과를 빚지 않도록 노력하여야 한다.
>   ② **동업자단체와의 관계**: 부동산업자는 해당되는 동업자단체에 가입하여 동업자단체의 일원으로서 단체의 역할 및 기능에 성실하게 협력하여야 한다.
> 3. **서비스윤리**(의뢰인과의 관계)
>   부동산업자와 의뢰인의 관계에서 지켜야 할 윤리로 부동산윤리의 중심을 이룬다.
> 4. **공중윤리**(공중과의 관계)
>   부동산기업가는 일반공중의 복리증진을 도모하는 방향으로 업무활동을 전개해야 하는데, 이것은 부동산기업가가 수행하는 활동이 직접·간접적으로 일반공중에게 영향을 미치기 때문이다.

5. 정보활동

대부분의 부동산활동은 정보활동이다. 이러한 정보활동이 중요한 것은 부동산에는 부동성(不動性)의 특성이 있고, 부동산 주변현상에는 통제 불가능한 요인이 많기 때문이다.

6. 대인활동 및 대물활동

부동산활동은 직접·간접적으로 많은 사람들이 관여하고, 대인관계 및 인화를 위해 노력하는 대인활동이며, 기술적 전문지식과 함께 부동산을 물리적으로 취급하는 대물활동이다.

7. 임장활동(臨場活動)

부동산활동을 효과적으로 수행하기 위해서는 탁상을 떠나 현장에서 많은 시간을 보내야 하는데, 이를 임장활동*이라 한다. 부동산활동을 임장활동으로 규정하는 근거는 부동산에는 부동성이라는 특성이 있으며, 부동산활동은 대물활동이라는 속성 때문이다. 또한 부동산결정에 필요한 여러 사항은 서면자료만으로 정확하게 파악하기 어려우므로 물리적 상태 등을 직접 확인·분석하여야 한다.

* **임장활동**
책상 위에서의 탁상활동과 대응되는 개념으로 장소에 임한다는 뜻이며, 현장에 직접 가보는 부동산활동을 말한다. 부동산은 부동성이라는 특성이 있으므로 의사결정을 위해서는 현장을 방문하여 직접 확인하는 임장활동이 필요하다.

8. 공간활동

부동산활동은 공중·지표·지하를 포함하는 3차원 공간을 대상으로 전개한다. 따라서 거래활동의 대상은 3차원의 공간이고, 부동산가격은 3차원 공간의 가격이다.

9. 배려의 장기성

부동산에는 '영속성'과 '용도의 다양성'이 있기 때문에 부동산활동은 일반적으로 일반소비상품을 대상으로 하는 활동과는 달리 장기적 배려하에 결정되고 실행된다. 그리고 여기에는 필수적으로 그 부동산의 '사회적·경제적·행정적 위치의 가변성'에 대한 배려가 수반된다.

10. 복합개념

부동산활동은 법률적·경제적·기술적 측면을 함께 고려하는 복합개념의 사고방식을 기초로 한다.

4 부동산활동(부동산학)의 일반원칙[16] · 26회

부동산활동의 일반원칙 또는 부동산학의 일반원칙이란 부동산과 인간의 관계개선이라는 부동산학의 이념을 실현하기 위한 부동산활동의 행동방향을 말한다. 부동산학 이론의 개발이나 실무활동의 일반적 지도이념으로서 능률성*의 원칙, 안전성의 원칙, 경제성의 원칙 등을 들 수 있다.

1. 능률성의 원칙

부동산학은 부동산활동의 능률화를 목표로 삼는 학문이다.[17] 부동산활동은 부동산소유활동과 부동산거래활동으로 구분할 수 있는데, 부동산학은 부동산소유활동의 능률화를 위해서는 최유효이용의 원칙을, 부동산거래활동의 능률화를 위해서는 거래질서 확립의 원칙을 지도원리로 삼고 있다.

---

* **능률성**
투입 대비 산출의 비율(산출/투입)을 의미한다. 이는 투입을 최소화하고 산출을 극대화하는 데 초점을 맞추는 것으로 투입 중심의 개념이다.

└ **효과성**
투입 대비 성과(목표)의 비율(목표/투입)을 의미한다. 이는 투입의 개념이 내포되어 있지 않은 목표 달성 여부에만 초점을 맞추는 목표 중심의 개념이다.

└ **효율성**
능률성과 효과성을 조화시킨 개념으로 높은 목표달성도를 능률적으로 실현하는 데 초점을 맞춘 개념이다.

---

16) 이창석, 전게서, pp.341~342
    방경식, 전게서, pp.39~40
17) 김영진, 「부동산학원론」, 건설연구사, 1972, p.282

2. 안전성의 원칙

부동산활동에 있어서는 거래사고와 관련하여 안전성을 강력하게 의식하여야 한다. 특히 안전성의 개념에 있어서는 복합개념의 논리에 따라서 법률적·경제적·기술적 안전성을 고려하여야 한다.18)

3. 경제성의 원칙

부동산활동은 경제성의 원칙*을 추구한다. 경제성의 원칙은 경제원칙을 말하는데, 경제원칙이란 최소의 희생으로 최대의 효과를 올리려는 것으로 이해하는 것이 일반적이다. 이 원칙은 부동산활동 전반에 걸친 합리적 선택의 원칙이라고도 할 수 있다.

* 경제성의 원칙
최소의 비용으로 최대의 효과를 올리는 것으로 경제원칙이라는 말로 사용된다. 이는 일정한 비용으로 최대의 효과를 올리는 극대원리, 일정한 효과를 위하여 최소의 비용을 들이는 극소원리, 최소의 비용과 최대의 효과와의 차이를 최대로 넓히는 것 등이 있다.

4. 공정성의 원칙

부동산활동의 일반원칙으로 공정성의 원칙을 포함시키는 학자도 있다. 이는 부동산활동이 공정해야 한다는 원칙으로 부동산은 사회성과 공공성을 가지는 재화이기 때문에 그것을 대상으로 하는 활동도 공정성이 요구된다는 것이다.

■ 부동산활동의 일반원칙

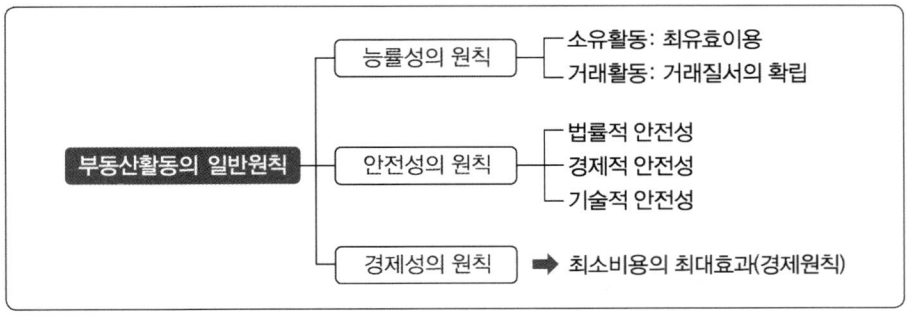

---

18) 김태훈, 전게서, p.42

CHAPTER 01 최신기출문제로 확인!

01 부동산학에 관한 설명으로 <u>틀린</u> 것은? •26회

① 과학을 순수과학과 응용과학으로 구분할 때, 부동산학은 응용과학에 속한다.
② 부동산학의 연구대상은 부동산활동 및 부동산현상을 포함한다.
③ 부동산학의 접근방법 중 종합식 접근방법은 부동산을 기술적·경제적·법률적 측면 등의 복합개념으로 이해하여, 이를 종합해서 이론을 구축하는 방법이다.
④ 부동산학은 다양한 학문과 연계되어 있다는 점에서 종합학문적 성격을 지닌다.
⑤ 부동산학의 일반원칙으로서 안전성의 원칙은 소유활동에 있어서 최유효이용을 지도원리로 삼고 있다.

[키워드] 부동산학의 정의
[난이도]
[해설] 부동산학의 일반원칙으로서 능률성의 원칙은 소유활동에 있어서 최유효이용을 지도원리로 삼고 있다.

02 한국표준산업분류(KSIC)에 따라 부동산업을 분류할 경우 부동산 관련 서비스업에 해당하지 <u>않는</u> 것은? •36회

① 부동산임대 및 공급업
② 부동산중개 및 대리업
③ 부동산 감정평가업
④ 부동산투자 자문업
⑤ 부동산 분양 대행업

[키워드] 부동산업의 분류
[난이도]
[해설] 한국표준산업분류(제11차)상 부동산임대 및 공급업은 부동산임대업과 부동산개발 및 공급업으로 구분되며, 부동산 관련 서비스업에 해당하지 않는다. 부동산 관련 서비스업은 부동산관리업과 부동산중개, 자문 및 감정평가업으로 나뉜다. 부동산관리업은 주거용 부동산관리업, 비주거용 부동산관리업으로 구분되며, 부동산중개, 자문 및 감정평가업은 부동산중개 및 대리업, 부동산투자 자문업, 부동산 감정평가업, 부동산 분양 대행업으로 구분된다.

정답 01 ⑤ 02 ①

CHAPTER 02 | 부동산의 개념과 분류

10개년 출제문항 수

27회	28회	29회	30회	31회
2	2	2	2	1

32회	33회	34회	35회	36회
2	3	2	4	2

→ 총 40문제 中 평균 약 2.2문제 출제

학습전략

- 부동산의 개념과 분류에서는 부동산을 정의하는 여러 관점의 개념과 분류 기준에 대해 학습합니다.
- 부동산의 물리적 개념, 복합개념의 부동산과 복합부동산, 토지의 분류에 대해 묻는 문제가 주로 출제되니 관련 이론을 정리해 두는 것이 좋습니다.

제1절 부동산의 개념

1 법·제도적 개념[1] • 27회 • 33회 • 34회

부동산의 법률적 개념은 협의의 부동산과 광의의 부동산으로 구분하는데, 「민법」상 부동산인 협의의 부동산에 의제(준)부동산을 합하여 광의의 부동산이라 한다.

1. 협의의 부동산

협의의 부동산이란 '토지 및 그 정착물'을 말하는데(민법 제99조 제1항), 이를 「민법」상 부동산이라고도 한다. 따라서 부동산 이외의 물건은 동산이라고 할 수 있다(민법 제99조 제2항).

(1) 부동산

「민법」에서 부동산이란 '토지 및 그 정착물'을 말한다.

> **추가** 「민법」 제99조(부동산, 동산)
> 1. 토지 및 그 정착물은 부동산이다.
> 2. 부동산 이외의 물건은 동산이다.

> **추가** 「민법」에서의 부동산과 서구에서의 부동산
> 「민법」에서 부동산을 토지와 정착물로 나눈 것에 대한 입법취지는 밝혀져 있지 않다.
> 서구의 경우는 "지상물은 토지에 따른다."라는 원칙에 따라 토지만을 부동산으로 하고 건물 등 정착물이나 지상물은 독립한 부동산으로 인정하지 않는다.

---

[1] 방경식, 전게서, pp.90~93
이창석, 전게서, pp.122~131

① 토지
  ㉠ 의의: 인위적으로 구획된 일정 범위의 지면(地面)에 정당한 이익이 있는 범위 내에서 상하(공중과 지하)를 포함한다. 즉, 토지는 인위적으로 구획된 일정 범위의 지면(地面) 또는 지표(地表)와 정당한 이익이 있는 범위 내에서의 공중과 지하를 포함하는 개념이라고 할 수 있다. 또한 토지는 연속되어 있으나 인위적으로 지표에 선을 그어 구별한다.
  ㉡ 토지소유권의 범위
    ⓐ 「민법」에서 "토지의 소유권은 정당한 이익 있는 범위 내에서 토지의 상하에 미친다(민법 제212조)."라고 규정하고 있어 토지소유권의 범위를 입체적으로 규정하고 있다.
    ⓑ 토지소유자는 법률의 범위 내에서 토지를 사용·수익·처분할 권리가 있다(민법 제211조).
    ⓒ 토지소유권은 토지의 구성부분과 토지로부터 독립성이 없는 부착물에도 그 효력이 미친다.
    ⓓ 토지의 구성물(암석, 토사, 지하수 등)은 토지의 지하공간에 포함된 구성물로서 토지와 독립한 물건이 아니며, 토지의 소유권은 그 구성물에도 미친다.
    ⓔ 지하에 매장된 미채굴의 광물(광업법 제3조)은 광업권과 조광권의 객체로서 토지소유권이 미치지 않는다.
② 토지정착물
  ㉠ 의의: 토지의 정착물이란 토지에 고정되어 있어 용이하게 이동할 수 없는 물건으로서 그러한 상태로 사용되는 것이 그 물건의 통상적인 성질로 인정되는 것을 말한다.2) 건물, 수목, 교량, 돌담, 송전탑 등이 그 예이다. 반면에 계속성이 없는 판잣집, 가식(假植)의 수목, 토지나 건물에 충분히 정착되지 않은 기계 등은 토지의 정착물이 아니며 동산으로 취급된다.3)
  ㉡ 토지정착물의 종류: 토지정착물은 토지와 별개의 공시방법을 갖추고 있는지 여부에 따라 토지와 독립된 물건과 토지의 일부에 지나지 않는 것으로 구분할 수 있다.

> **추가** 미채굴의 광물을 채굴·취득하는 권리
> 「광업법」 제3조에서 열거하는 미채굴의 광물은 국가가 이를 채굴·취득하는 권리(광업권)를 부여하는 권능을 가지고 있기 때문에 토지소유자의 소유권은 이에 미치지 못한다.

---
2) 명순구, 「민법학 기초원리」, 세창출판사, 2002, p.293
3) 김준호, 「민법강의」, 법문사, 2001, p.191

ⓐ **토지로부터 독립된 정착물**: 토지와 별개의 공시방법을 갖추고 별개로 거래될 수 있으며, 토지소유자의 소유권이 미치지 않는다. 여기에는 건물, 명인방법*에 의한 수목 또는 수목의 집단, 등기완료된 수목의 집단(입목), 농작물 등이 있다.

ⓑ **토지에 종속되어 있는 정착물**: 토지에 정착되어 그 일부에 지나지 않는 것으로 토지와 함께 거래되며, 토지소유자의 소유권이 미친다. 토지에 종속되어 있는 정착물에는 돌담, 교량, 축대, 도로, 제방, 매년 경작을 요하지 않는 나무나 다년생 식물 등이 있다.

* **명인방법**
명인방법이란 토지 위에서 자라고 있는 나무나 그 나무에 딸린 과실 또는 채소, 논에서 자라고 있는 벼 따위를 토지의 소유권과는 별도로 거래하는 데에 이용하는 공시방법을 말한다.
예 토지 위에서 자라고 있는 나무 몇 그루를 샀을 경우 소유자의 이름을 써 넣거나, 논밭 둘레에 새끼줄을 치고 팻말을 박는 등의 방법

토지로부터 독립된 정착물	토지에 종속되어 있는 정착물	동산으로 취급
① 토지와 별개로 거래될 수 있음 ② 토지소유자의 소유권 미치지 않음	① 토지와 함께 거래됨 ② 토지의 구성부분 ③ 토지소유자의 소유권 미침	① 정착물 아님 ② 토지소유자의 소유권 미치지 않음
① 건물 ② 명인방법에 의한 수목 또는 수목의 집단 ③ 등기완료된 수목의 집단(입목) ④ 농작물	① 돌담, 교량, 축대, 도로, 제방 등 ② 매년 경작을 요하지 않는 나무나 다년생 식물 등	① 판잣집 ② 컨테이너박스 ③ 가식(假植) 중인 수목

➕ **보충** **토지정착물**[4]

1. **건물**
   ① 건물은 토지로부터 독립한 별개의 부동산으로 건물등기부에 의하여 공시된다.
   ② 토지로부터 '건물이 독립되는 시기'는 최소한의 기둥과 지붕 그리고 주벽이 갖추어져 있으면 그때부터 독립한 부동산이다.
   ③ 사회통념상 독립한 건물이라고 볼 수 있는 미완성 건물을 인도받아 완공한 경우 그 소유권의 원시취득자는 완공건축주가 아닌 원래의 건축주이다.
   ④ 건물의 개수는 건물의 물리적 구조뿐만 아니라 거래관념을 고려하여 결정하여야 한다.
   ⑤ 건물의 일부에 관하여는 구분소유권을 인정한다.

2. **수목 또는 수목의 집단**
   ① 수목은 토지와 분리되면 동산이지만, 토지로부터 분리되지 않은 상태에서는 원칙적으로 토지의 일부일 뿐, 독립한 물건이 아니다.
   ② 「입목에 관한 법률」에 의해 입목은 독립한 부동산으로 취급된다. 「입목에 관한 법률」에 의해 수목도 소유권과 저당권의 객체가 될 수 있다.

[4] 설신재, 「주택관리사 민법」, 에듀윌, 2017, pp.165~166

③ 「입목에 관한 법률」에 의해 입목등기를 하지 않은 수목이더라도 명인방법을 갖춘 수목은 토지와 독립된 부동산으로서 거래의 객체가 된다.

3. **명인방법을 갖춘 미분리과실**
   원칙적으로 상엽, 엽연초, 과수의 열매 등 미분리과실은 수목의 일부에 지나지 않는다. 다만, 판례는 명인방법을 갖추면 독립한 물건으로서 거래의 목적이 된다고 한다.

4. **농작물**
   ① 정당한 권원에 의해 타인의 토지에서 경작·재배한 농작물은 토지로부터의 독립된 정착물이다.
   ② 아무런 권원 없이 타인의 토지에서 경작·재배한 경우 '명인방법을 갖추지 않았다 하더라도' 그 농작물의 소유권은 경작자에게 있다.

> **추가 경작수확물**
> 「민법」상의 개념보다는 이론상의 개념으로 추수가 끝난 수확물로 토지와 분리된 것을 말한다. 따라서 입도(立稻, 베기 전에 논에 서 있는 벼)는 농작물로 독립된 정착물에 해당하나, 경작수확물은 토지와 분리되었으므로 정착물이 아닌 동산으로 취급한다.
> 예 이미 수확한 벼

(2) 동산

① 부동산 이외의 물건은 동산이다(민법 제99조 제2항).
② 전기, 기타 관리할 수 있는 자연력(민법 제98조)도 동산이다.
③ 등기·등록하는 선박·자동차·항공기·건설기계 등은 법률상 부동산(의제부동산)과 같이 다루지만 원칙적으로 동산이다.

> **추가 영미법에서의 정착물(fixture)**
> 영미법상 fixture는 정착물 또는 건축설비 등으로 번역하기도 한다. 다만, 우리 「민법」에서의 토지정착물과 개념이 다르므로 주의해야 한다.

⊕ 보충 영미법에서의 정착물(fixture)

1. **정착물의 의의**
   원래는 동산이었으나 토지와 건물에 항구적으로 부착 또는 설치됨에 따라 부동산의 일부가 된 물건을 말한다.

2. **정착물의 구분**
   정착물을 구분함에 있어 실제로 어떤 물건이 정착물인지 여부를 판단하기는 곤란하다. 거래 당시 어떤 물건이 정착물로 간주되면 부동산의 일부로 취급되어 매수인에게 이전되므로, 그 물건이 정착물인지를 구분하는 것이 중요하다. 정착물의 구분기준을 살펴보면 다음과 같다.

구분 기준	내용
물건이 부동산에 부착되어 있는 방법에 따라	제거할 때 건물에 손상을 주는 것이나 손상을 주지 않더라도 효용이 감소하는 것은 정착물이고, 건물에 손상을 주지 않고 제거할 수 있으면 동산으로 본다. 예 수도꼭지
물건의 성격에 따라	건물을 처음 지을 때부터 건물의 위치나 용도에 맞추어 제작된 것은 정착물로 본다. 예 건물에 고정된 창문
당사자의 의도에 따라	임대건물의 소유자인 임대인이 임대가치를 증진시킬 목적으로 영구적으로 설치한 것은 정착물로 본다. 예 가스보일러
거래당사자의 관계에 따라	물건을 설치한 사람에 따라 정착물인지 아닌지가 결정되는데, 예컨대 임대건물의 소유자인 임대인이 설치한 진열대나 선반 등은 정착물이지만 임차인이 설치한 것은 정착물로 취급하지 않는다.

3. 임차인 정착물

소유권이 임차인에게 있으며 임대차계약이 끝나면 임차인이 제거할 수 있는 것을 말하는데, 부동산 정착물에 포함되지는 않는다.

분류	내용
거래정착물 (trade fixture)	임차인이 자신의 사업이나 거래를 위해 설치한 물건을 말한다. 예 진열대
농업정착물 (agricultural fixture)	타인의 토지를 임차하여 사용하는 농부가 임차한 토지에 농사를 목적으로 설치한 물건을 말한다. 예 농기구 창고
가사정착물 (domestic fixture)	타인의 주택을 임차하여 사용하는 임차인이 자신의 생활의 편의를 도모하기 위해 설치한 물건을 말한다. 예 창틀의 블라인드

2. 광의의 부동산

협의의 부동산에 준부동산[의제(擬制)부동산]을 합한 개념이다. 준부동산(의제부동산)은 등기·등록의 공시방법을 갖춤으로써 부동산에 준하여 취급되는 특정의 동산 등을 말한다.

⊕ 보충 준부동산(의제부동산)[5]

본질은 부동산이 아니지만 등기·등록 등의 공시방법을 갖춤으로써 부동산에 준하여 취급되는 특정의 동산이나 동산과 일체로 된 부동산의 집단을 말한다. 이에는 공장재단, 광업재단, 어업권, 선박, 자동차, 항공기, 건설기계 등이 있다.

1. 공장재단

   공장재단이란 공장에 속하는 일정한 기업용 재산으로 구성되는 일단(一團)의 기업재산으로서, 「공장 및 광업재단 저당법」에 따라 소유권과 저당권의 목적이 되는 것을 말한다.

2. 광업재단

   광업재단이란 광업권(鑛業權)과 광업권에 기하여 광물(鑛物)을 채굴(採掘)·취득하기 위한 각종 설비 및 이에 부속하는 사업의 설비로 구성되는 일단의 기업재산으로서, 「공장 및 광업재단 저당법」에 따라 소유권과 저당권의 목적이 되는 것을 말한다.

3. 어업권

   어업권이란 「수산업법」 및 「내수면어업법」에 따라 면허를 받아 어업을 경영할 수 있는 권리를 말한다.

4. 선박

   선박이란 수상 또는 수중에서 항행용으로 사용하거나 사용할 수 있는 배 종류를 말하며, 그 구분은 다음과 같다(선박법 제1조의2 제1항).

---

[5] 이원준, 전게서, pp.76~80

> ① 기선: 기관(機關)을 사용하여 추진하는 선박과 수면비행선박
> ② 범선: 돛을 사용하여 추진하는 선박
> ③ 부선: 자력항행능력(自力航行能力)이 없어 다른 선박에 의하여 끌리거나 밀려서 항행되는 선박
>
> 5. 자동차
>   자동차란 원동기에 의하여 육상에서 이동할 목적으로 제작한 용구 또는 이에 견인되어 육상을 이동할 목적으로 제작한 용구를 말한다(자동차관리법 제2조 제1호).
> 6. 항공기
>   항공기란 공기의 반작용으로 뜰 수 있는 기기로서 최대이륙중량, 좌석수 등 「항공안전법 시행규칙」으로 정하는 기준에 해당하는 비행기, 헬리콥터, 비행선, 활공기와 그 밖에 「항공안전법 시행령」으로 정하는 기기를 말한다(항공안전법 제2조 제1호).
> 7. 건설기계(중기)
>   건설기계란 건설공사에 사용할 수 있는 기계로서 「건설기계관리법 시행령」으로 정하는 것을 말한다(건설기계관리법 제2조 제1항 제1호).

2 경제적 개념[6] · 33회

부동산의 경제적 개념은 자산, 자본, 생산요소, 소비재, 상품으로 구분한다.

1. 자산

시장경제에서 누구나 부동산을 소유하고 자유로이 사용·수익·처분할 수 있으므로 경제적 가치가 큰 자산*으로서의 성격이 강하다.

> *** 자산(資産, assets)**
> 자산이란 개인이나 법인이 소유하고 있는 경제적 가치가 있는 유형·무형의 재산을 말한다.

(1) 사용가치로서의 자산성(소유·이용의 대상)

부동산을 주로 사용가치 측면으로 파악하는 것으로 부동산을 소유와 이용의 대상으로 삼는 것을 말한다. 사용가치 측면에서는 '최유효이용의 원칙'이 강조된다.

(2) 교환가치로서의 자산성(거래·투자의 대상)

부동산을 주로 교환가치 측면으로 파악하는 것으로 부동산을 거래와 투자의 대상으로 삼는 것을 말한다. 교환가치 측면에서는 '거래질서 확립의 원칙'이 강조된다.

---

[6] 방경식, 전게서, pp.87~90
이창석, 전게서, pp.177~179

2. 자본

생산요소로서 자본은 노동·토지 등의 생산요소와 결합하여 생산을 가능하게 하는 생산재를 의미한다. 그러나 토지를 생산요소보다는 자본이나 자본증식의 수단으로 보는 견해도 많다. 경제학에서는 토지를 인간이 만든 것이 아니므로 자본재에 포함시키지 아니하나, 부동산활동에서 토지는 자연자본(natural capital)으로서의 역할을 하는 경우가 많다. 생산을 해야 하는 기업의 측면에서 토지는 다른 자본재와 같이 임차하거나 매수해야만 하는 재화이다. 따라서 토지는 기업의 입장에서는 자본재로서의 성격을 지닌다.

3. 생산요소

토지는 노동·자본 등과 더불어 생산요소* 중 하나이다. 생산요소로서의 토지는 제품생산에 필요한 부지를 제공할 뿐만 아니라 자연이 준 양식자원, 섬유, 건축자재, 광물, 에너지자원 기타 원료를 제공해 주는 공급처로서의 역할을 수행하고 있다.

* **생산요소**
생산요소란 인간에게 필요한 재화나 서비스를 생산하기 위해 반드시 필요한 요소이다. 전통적으로 생산요소는 노동(인적 자원), 자본(생산된 물적 자원), 토지(자연자원)로 분류된다.

4. 소비재

토지는 생산요소 및 생산재로서의 성격을 갖지만 동시에 인간생활의 편의를 제공해 주는 최종 소비재의 성격을 가지고 있다. 토지는 내용연수가 존재하지 않지만 용도 면에서 주택용지, 빌딩용지, 공장용지, 공원용 토지 등 각종 개량물이 들어서면 다른 용도로는 이용할 수 없으므로, 최종 소비재의 성격을 가진다고 할 수 있다.

O X 확 인 문 제

토지는 생산요소와 자본의 성격을 가지고 있지만, 소비재의 성격은 가지고 있지 않다. •33회
( )

정답 (×)
토지는 생산요소와 자본의 성격을 가지고 있으며, 소비재의 성격도 가지고 있다.

5. 상품

부동산은 소비재이며 또한 시장에서 거래가 되는 상품*이다. 부동산 자체는 지표에 고정되어 있어 움직이지 않지만 부동산의 소유권은 시장에서 빈번히 유통된다. 이것은 시장에서 부동산과 화폐의 교환, 소유권과 화폐의 교환형태로 나타난다.

* **상품(商品)**
재화나 서비스 중 시장에서 교환되는, 즉 매매의 대상이 되는 것을 말한다.

3 물리적 개념[7] • 30회

부동산의 물리적 개념은 자연, 공간, 위치, 환경 등으로 구분하며, 부동산활동의 대상인 유형(有形)적 측면의 부동산을 이해하는 데 도움이 된다.

1. 자연

토지를 자연으로 파악할 때는 자연환경(natural environment)으로 정의할 수 있다. 자연환경은 햇빛, 바람, 기후, 강, 하천, 지하자원, 토양 등을 일컫는다. 어떤 토지가 비옥하다는 것은 해당 토지가 농작물의 생육을 뒷받침할 수 있는 토양의 생산력이 높아 자연환경이 농산물 생산에 적합하다는 것을 의미한다.

(1) 자연물이라는 관점에서의 토지
① 자연물로서의 토지는 부동산의 특성 중 부증성과 가장 밀접한 관련이 있으며, 공급량이 한정되어 있기 때문에 경제이론의 원칙이 그대로 적용되기가 어렵다.
② 이용에 있어서도 국가적인 차원의 합리적인 조정이 필요하며 사회성·공공성이 특히 강조된다.
③ 개발보다는 보전을 더욱 중시하는 노력이 필요하게 하며, 부동산이용은 자연환경과의 조화를 이루는 부동산활동이 강조된다.

(2) 경제적 측면에서의 토지
① 인간에게 일정한 지표를 제공한다.
② 교통관계에서 특정한 위치를 제공한다.
③ 농산물을 재배하는 지력을 제공한다.
④ 생산요소 중 하나로 생산활동의 물적 요소가 된다.

---
7) 방경식, 전게서, pp.84~87
이창석, 전게서, pp.166~177

2. 공간

(1) 부동산의 3차원 공간

① **부동산의 공간개념:** 공간으로서의 토지는 지표뿐만 아니라 지하와 공중을 포함하는 입체공간을 의미한다. 따라서 부동산활동은 공중·지표·지하를 포함하는 3차원 공간을 대상으로 전개한다. 부동산은 수평공간·공중공간·지중공간의 3차원 공간으로 구성되어 있다. 부동산의 공간개념은 건물의 고층화, 집합건물의 등장으로 그 중요성이 높아지고 있으며 고가도로, 지하철, 터널 등은 입체공간의 개념과 관계가 있다. 공간으로서의 부동산의 개념은 부동산의 특성 중 영속성과 밀접한 관련이 있다.

② **부동산의 재산가치:** 부동산의 재산가치는 3차원의 공간개념인 수평공간·지중공간·공중공간의 가격으로 평가한다. 또한 공간에서 창출되는 기대이익의 현재가치를 부동산가치로 본다면, 이는 부동산을 단순히 물리적 측면뿐만 아니라 경제적 측면을 포함하여 복합적 측면에서 파악한 것이다.

> **정리** 부동산의 3차원 공간
> 1. **수평공간:** 지표와 연관된 택지, 농경지, 계곡, 평야 등을 말한다.
> 2. **공중공간:** 주택, 빌딩, 상점, 기타 공중을 향하여 연장되는 공간을 말한다.
> 3. **지중공간:** 지표에서 지중을 향하는 공간을 말한다.

(2) 부동산소유권의 공간적 범위

토지의 소유권에는 해당 토지의 지표에 대한 권리뿐만 아니라 '정당한 이익이 있는 범위 내'에서 지하와 공중에 대한 권리도 포함되는데, 이를 지표권, 지하권, 공중권이라고 한다. 부동산의 소유권은 공간적 범위에 따라 지표권, 공중권, 지하권 등으로 구분할 수 있다.

■ 부동산소유권의 공간적 범위[8]

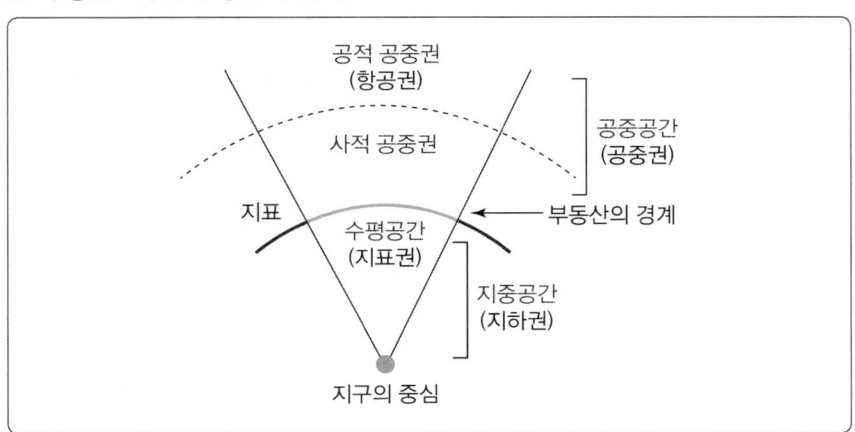

---
8) Alfred Ring & Jerome Dasso, Real Estate principles and practices(Engle-Wood Cliffs, Prentice Hall, 1985), p.84

① **지표권**(surface right): 토지소유자가 토지 지표를 배타적으로 이용하여 작물을 경작하거나 건물을 건축할 수 있는 등의 권리를 말한다. 예컨대, 지표수를 이용하는 등의 권리도 이에 해당하는 것으로 물에 관한 권리 등이 있다. 물에 관한 권리(water right)[9]는 '물을 이용할 수 있는 권리'와 '수면하의 토지소유권에 관한 권리'로 구분된다. 학자들의 견해에 의하면 물에 관한 권리는 유역주의와 선용주의로 나뉘며, 우리 「민법」에서는 유역주의를 채택하고 있다.

㉠ **유역주의**(riparian doctrine): 특정인에게 물에 대한 독점적 사용권을 인정하지 않고, 타인에게 위해를 가하지 않는 한도 내에서 물을 골고루 사용해야 한다는 원칙이다. 어느 누구도 물을 독점적·배타적으로 사용할 수 없으며, 비교적 물이 흔한 습윤지역에서 인정된다.

㉡ **선용주의**(prior appropriation doctrine): 다른 사람보다 먼저 도착한 사람이 물을 독점적·배타적으로 사용하고도 남은 물이 있다면 다음에 도착한 사람이 이를 사용한다는 원칙을 말한다. 비교적 물이 귀한 건조지역에서 인정된다.

② **지하권**(subsurface right): 토지소유자가 토지의 지하공간에서 어떤 이익을 획득하거나 지하공간을 사용할 수 있는 권리를 말한다. 국가에 따라서는 지하권을 토지소유자의 권리로 모두 인정하는 나라도 있지만 일부만을 인정하는 나라도 있다.[10] 우리나라에서는 광업권의 객체인 광물에 대하여는 토지소유자의 소유권이 미치지 못한다고 본다. 즉, 토지에 대한 소유권은 「광업법」에 의한 광물(금속, 비금속, 유전)의 조광권(租鑛權)이나 「항공안전법」에 의한 항공로에 대해서는 영향을 미치지 않는 것으로 규정되어 있다. 최근에는 지하공간의 이용이 증대되고 초고층건물이 늘어남에 따라, 토지소유권의 구체적 범위의 해석에 대해서는 법원의 판단에 의존하기도 한다. 서울시의 조례에서는 토지의 용도와 이용상태에 따라 한계심도* 이내의 토지의 경우, 지하공간 이용시 깊이에 따른 이용저해율을 적용하여 보상할 수 있도록 규정하고 있다.[11] 또한 국가가 사유지 지하의 일부를 사용하기 위해 구분지상권*을 설정할 수 있다.

* **한계심도**
토지소유자의 통상적 이용행위가 예상되지 않으며 지하시설물 설치로 인하여 일반적인 토지이용에 지장이 없는 것으로 판단되는 깊이를 말한다.[12] 한계심도는 고층 시가지는 40m, 중층 시가지는 35m, 저층 시가지 및 주택지는 30m, 농지·임지는 20m로 한다.[13] 이 범위 내에서 깊이에 따른 이용저해율에 따라 보상하도록 되어 있다.

* **구분지상권**
건물 기타 공작물을 소유하기 위해 타인 토지의 지하 또는 지상의 공간에 상하의 범위를 정하여 사용하는 지상권의 일종이다(민법 제289조의2 제1항).

---

9) 안정근, 전게서, pp.57~61
10) 안정근, 전게서, p.60
11) 조주현, 전게서, p.14
12) 「서울특별시 도시철도의 건설을 위한 지하부분토지의 사용에 따른 보상기준에 관한 조례」 제2조 제4호
13) 동 조례 제8조

③ **공중권**(air right): 토지소유자가 토지의 공중공간을 타인의 방해 없이 일정한 고도(한계고도)까지 포괄적으로 이용하고 관리할 수 있는 권리를 말한다. 즉, 토지소유권자가 토지구역상의 공중공간을 타인에게 방해받지 않고, 정당한 이익이 있는 범위 내에서 이용·관리할 수 있는 권리를 말한다. 따라서 무한정 확대되는 것이 아니라 토지소유권자의 이용을 합리적으로 예측할 수 있는 정도의 높이까지만 미친다고 볼 수 있다. 공중권은 사적 공중권과 공적 공중권으로 구분할 수 있다.
  ㉠ **사적 공중권**: 일정범위의 공중공간을 토지소유자 개인이 사용할 수 있는 권리를 말한다.
  ㉡ **공적 공중권**: 일정범위 이상의 공중공간을 공공기관이 공익목적의 실현을 위하여 사용할 수 있는 권리로서, 항공기의 운항이나 전파의 교신 등에 이용된다.

> **추가 공중공간을 활용하는 방안**
> 공중공간을 활용하는 방안으로 구분지상권, 개발권 이전제도, 용적률 인센티브제도 등이 있다.

⊕ 보충 영미법에서 공중권과 관련된 개념

1. **공중획지**(air lot)
   공중공간도 지표처럼 수평 또는 수직의 획지로 될 수 있는데, 이때 분할된 공중공간의 획지를 말한다.
2. **공중임대차**(air right lease, sky lease)
   분할된 공중공간도 임대차나 지역권의 목적이 될 수 있는데, 이처럼 구획된 공중공간을 임대차하는 것을 말한다.
3. **공중지역권**(overhead easement)
   사람들의 통행이나 시설물의 설치를 위해 공중공간을 이용하는 지역권으로, 주로 전주 등 통신시설을 설치하는 것이 목적인 경우가 많다.

(3) 부동산소유권의 내용적 범위

부동산소유권의 내용을 구성하는 권리에는 점유권·사용권·처분권 등이 있다.

① **점유권**(right to possession): 대상부동산에 대한 사실적인 지배, 즉 점유라는 사실을 법률요건으로 하여 생기는 물권을 말한다. 여기서 사실적 지배란 사회관념상 물건이 어떤 사람의 지배하에 있다고 인정되는 관계를 말한다.14)

② **사용권**(right to use): 소유권에 법적인 하자가 없고 그 용도가 사회질서에 반하지 않는 한, 타인의 간섭 없이 대상부동산을 사용하고 수익할 수 있는 권리를 말한다.

> **추가 부동산소유권의 분할**
> 부동산소유권은 여러 개의 권리로 나뉘며, 각 권리는 경제적 가치가 존재하는 한 여러 개의 권리로 세분하여 분할될 수 있다. 이와 같이 부동산소유권으로부터 경제적 가치가 있는 여러 개의 권리로 분할하는 것을 파인애플 기법(pineapple technique) 또는 제켄도르프(Zeckendorf) 기법, 하와이 기법(Hawaiian technique)이라 한다.

---
14) 지원림, 「민법강의」, 홍문사, 2002, p.457

③ **처분권**(right to disposition): 부동산의 전부나 일부를 처분하여 대상 부동산이 가지는 교환가치를 실현할 수 있는 권리를 말한다. 부동산소유권자는 대상부동산을 양도하거나 담보권을 설정하여 자신의 권리를 처분할 수 있다.

3. 위치

(1) 개념

위치란 어떤 특정 장소가 가지는 시장성·지형·지세를 의미한다. 농경사회에서는 농산물의 생산력 때문에 토지의 비옥도(fertility)를 중요시하였으나, 산업사회에 들어서면서 토지의 이용목적상 위치가 중요시되고 있다. 특히 도시토지에서는 접근성(accessibility)이 중요시되고 있다. 위치에는 절대적 위치와 상대적 위치가 있다. 부동산 간에는 상대적 위치에 따라 효용성에서 차이가 있으며, 효용성이 유사한 부동산 간에는 상호대체관계가 인정된다. 부동산의 특성 중 절대적 위치는 부동성(不動性)과, 상대적 위치는 인접성과 밀접한 관련이 있다.

(2) 위치가치

마샬(A. Marshall)은 위치의 중요성을 강조하여 그의 저서 여러 곳에서 '위치의 가치(situation value)'라는 표현을 사용하였다.15) 부동산의 위치가 치는 부지의 선정주체·용도·규모에 따라 그 높고 낮음이 다양하게 부여된다. 또한 토지의 위치가치는 환경가치와 밀접한 관련이 있어 상호 경쟁·보완적 영향을 준다.

(3) 위치와 접근성의 문제

① **접근성의 개념**: 접근성(accessibility)*이란 어떤 목적물에 도달하는 데 시간적·경제적·거리적 부담의 정도를 말한다. 따라서 접근성이 양호하려면 어떤 목적물에 도달하는 데 시간적·경제적·거리적 부담이 적어야 한다. 허드(R. M. Hurd)는 "지가는 경제적 지대에 바탕을 두며, 지대는 위치에, 위치는 편리함에, 편리함은 가까움에 의존한다."17)라고 하여 지가는 접근성에 의존함을 강조하였다. 위치의 양부에 따라서

> *** 접근성**(accessibility)
> 안정근 교수는 접근성이란 "대상부동산이 위치하고 있는 장소에서 다른 장소에 도달하는 데 소요되는 시간, 경비, 노력 등으로 측정되는 상대적 비용(relative cost)을 말한다."라고 정의한다.16)

---

15) Alfred Marshall, Principle of Economics(London: Macmillan Press, Ltd., 1972), p.120
16) 안정근, 전게서, p.48
17) Richard M. Hurd, Principle of City Land Value(New York: The Record and Guide, 1924), pp.11~13, pp.77~78

부동산의 유용성이 달라지고 가격의 차이가 발생한다. 따라서 부동산에 있어서는 근접성*이 아닌 접근성이 중요하며, 접근성이 좋을수록 부동산의 입지조건은 양호하고 그 가치는 높다.

② 접근성의 특징

㉠ 접근의 대상물: 어떤 대상물에 대해 접근성이 좋아도 그 대상물이 인간생활에 위험성을 주거나 혐오의 대상이라면 오히려 감가요인이 된다.

㉡ 접근의 정도: 대상물이 인간생활을 위해 필요한 경우라도 지나치면 오히려 불리한 경우가 있다. 예 시장 안의 주택

㉢ 거리와 접근성: 거리가 가까워도 접근성이 나쁜 경우가 있다.
ⓐ 근거리이지만 주차장이 원거리에 있는 경우
ⓑ 가로의 횡단문제로 실거리보다 우회해야 하는 경우
ⓒ 근거리이지만 일방통행 관계로 우회해야 하는 경우
ⓓ 동일 건물이라도 출입구의 위치에 따라 접근성이 다른 경우

> *근접성(proximity)
> 물리적 거리, 즉 지리적으로 가까움을 말한다.

> **추가** 접근성이 중요시되지 않는 부동산
> 1. 사람이 찾는 빈도가 높지 않은 부동산
>   예 요양원
> 2. 강한 흡입력, 독점력 있는 부동산
>   예 관광자원

4. 환경

부동산의 환경이란 어떤 부동산을 에워싼 자연적·사회적·물리적·경제적 제 상황을 말한다. 부동산은 환경의 구성분자로서 환경으로부터 큰 영향을 받는다. 즉, 환경은 부동산활동을 지배하고 부동산현상에 영향을 미친다. 부동산활동 및 현상은 환경으로부터 지배와 영향을 받으며 적응하도록 하고 있다. 최근의 부동산활동 중 특히 주거에 있어서 생태학적 환경요소를 중시하는 경향이 있다.

4 복합개념의 부동산과 복합부동산[18] · 27회

'복합개념의 부동산'이란 부동산을 법률적·경제적·기술적 측면 등이 복합된 개념으로 이해하는 것을 말한다. 반면 토지와 건물이 각각 독립된 거래의 객체이면서도 마치 하나의 결합된 상태로 다루어져 부동산활동의 대상으로 인식될 때 이를 '복합부동산'이라 한다. 이는 부동산활동 중 주로 부동산매매에서 나타나는 개념으로 법률적으로 토지와 건물이 독립된 부동산이었으나 거래 시에는 하나의 부동산으로 거래가 이루어지므로 감정평가에서 일괄평가한다.

---
[18] 방경식, 전게서, pp.93~95
이창석, 전게서, pp.131~132

구분	개념	특징
복합개념의 부동산	유형·무형의 법률·경제·기술 측면의 부동산	부동산학적 관점의 부동산
복합부동산 (개량부동산)	토지와 건물 및 그 부대시설이 결합되어 구성된 부동산	일괄평가
복합건물	주거와 근린생활시설 등이 결합되어 있어 복합적 기능을 수행하는 건물 예 주상복합건물	구분평가

제2절 부동산의 유형 및 분류

1 부동산의 유형

부동산(real estate)은 수익성 유무에 따라 수익성 부동산과 비수익성 부동산으로, 시장성 유무에 따라 시장성이 있는 부동산과 시장성이 없는 부동산으로, 지역성의 구분에 따라 도시부동산과 농촌부동산으로 분류할 수 있다.

> **참고** 부동산의 용어
>
> 1. 'real estate' 용어의 유래
>   미국에서 부동산이라는 표현으로 많이 사용되는 용어는 'real estate'이다. 이 용어에서 real의 어원은 스페인의 화폐단위인 릴(real)에서 찾아볼 수 있는데, 스페인어로 'real'의 의미는 '국왕의 것' 또는 '국가의 것'이라는 뜻이다. 미국의 경우 캘리포니아 주에서 real이라는 용어를 부동산이라는 의미로 많이 사용하였는데, 이는 과거 캘리포니아 주가 스페인의 점령지였다는 점과 무관하지 않다. 이후 캘리포니아 주는 영국의 점령지가 되었는데, 영국에서는 부동산을 에스테이트(estate)라고 표현하고 있다. 따라서 미국에서 많이 사용하는 'real estate'라는 표현은 과거 캘리포니아 주가 스페인과 영국의 점령지였던 데 기인하여 real과 estate를 합친 복합어로 변천되었다고 할 수 있다. '부동산학'의 경우는 'Real Estate'로 영문자의 머리글자를 대문자로 표시한다.
> 2. '부동산' 용어의 유래
>   과거 우리나라에서는 토지와 가옥이라는 용어를 주로 사용해 왔다. 부동산이라는 용어는 메이지 유신 후 일본에서 사용하다 우리에게 전해졌는데, 1912년 3월 조선부동산증명령, 조선부동산등기령을 만들면서 사용하기 시작하였다.

1. 수익성 유무에 따라

부동산은 수익성 유무에 따라 수익성 부동산과 비수익성 부동산으로 분류할 수 있다. 이는 대상부동산의 고유목적, 기능 및 용도를 파악하여 분류하되, 지역·이용상황·환경·위치 등 입지적 조건을 고려하여 판단해야 하며 일시적인 이용상황은 고려하지 않는다.

2. 시장성 유무에 따라

부동산은 시장성 유무에 따라 시장성이 있는 부동산과 시장성이 없는 부동산으로 분류할 수 있다. 시장성이란 수요·공급에 의하여 판매가능성 또는 임대가능성이 있는 것을 의미하며, 시장성 정도는 대상부동산의 개별적·구체적 판단에 의한다.

3. 지역성의 구분에 따라

부동산은 지역성의 구분에 따라 도시부동산과 농촌부동산으로 분류할 수 있다. 도시부동산과 농촌부동산의 구별기준은 대상부동산이 속하는 지역·용도·이용상황 등에 따라 상대적이지만 감정평가에서는 주로 이용상황과 용도지역을 중심으로 판단해야 한다.

2 토지의 분류 ·24회 ·25회 ·28회 ·30회 ·31회 ·32회 ·33회 ·34회 ·35회 ·36회

1. 감정평가상의 용도적 종별

(1) 지역종별

부동산이 속한 지역의 용도에 따른 구분을 말한다. 이러한 지역종별은 택지지역·농지지역·임지지역·예정지지역·이행지지역 등으로 구분된다. 또한 택지지역은 주거지역·상업지역·공업지역으로, 농지지역은 전지지역·답지지역으로 세분된다.

(2) 토지종별

지역종별에 의하여 분류되는 토지의 구분을 말하며, 택지·농지·임지·예정지·이행지로 구분된다. 또한 지역종별의 세분에 따라 토지종별도 택지는 주거지·상업지·공업지로, 농지는 전지와 답지로 구분된다.

지역적 종별(지역종별)	개별적 종별(토지종별)
부동산이 속한 지역의 용도에 따른 구분	지역종별에 의하여 분류되는 토지의 구분
① 택지지역: 주거지역, 상업지역, 공업지역 ② 농지지역: 전지지역, 답지지역, 과수원지역 ③ 임지지역: 용재림지역*, 신탄림지역*	① 택지: 주거지, 상업지, 공업지 ② 농지: 전지, 답지 ③ 임지

* **용재림지역**
연료 이외의 건축·가구 등의 용도로 쓰이는 임지지역을 말한다.

* **신탄림지역**
땔나무와 숯 등의 용도로 쓰이는 임지지역을 말한다.

2. 정착물 유무관계 등에 의한 분류[19]

(1) 택지(宅地)

부동산 감정평가상의 용어로서 택지는 주거·상업·공업용지 등의 용도로 이용되고 있거나 해당 용도로 이용할 목적으로 조성된 토지를 말한다(표준지공시지가 조사·평가 기준 제2조 제6호). 법률상 택지는 법률에서 정하는 바에 따라 개발·공급되는 주택건설용지 및 공공시설용지를 말한다. 따라서 법률상 택지는 주택을 건설하는 용지뿐만 아니라 도로, 철도, 공항, 주차장, 광장, 공원, 학교 등의 기반시설이 포함된 공공시설용지를 포함하는 개념이다. 주택건설용지는 주택을 건설하는 용지를 말하며, 공공시설용지란 도로, 철도, 공항, 주차장, 광장, 공원, 학교 등의 기반시설을 설치하기 위한 토지를 말한다.

O X 확 인 문 제

주거용·상업용·공업용으로 이용되고 있거나 해당 용도로 이용할 목적으로 조성된 토지는 택지(宅地)에 해당한다. • 36회
(　　)

정답 (O)

(2) 부지(敷地)

부지는 도로부지, 하천부지와 같이 일정한 용도로 이용되는 바닥토지를 말하며 하천, 도로 등의 바닥토지에 사용되는 포괄적 용어이다. 대지보다 넓은 뜻으로 사용되는데, 건축용지 외에 하천부지·철도용 부지·수도용 부지 등으로 사용되는 포괄적인 용어이다.

O X 확 인 문 제

부지(敷地)는 도로부지, 하천부지와 같이 일정한 용도로 이용되는 토지를 말한다. • 28회
(　　)

정답 (O)

(3) 대지(垈地)

「건축법」에서 '대지(垈地)'란 건축할 수 있는 토지를 말한다. 구체적으로 대지란 「공간정보의 구축 및 관리 등에 관한 법률」에 따라 각 필지(筆地)로 나눈 토지를 말하는데, 필지 중 건축행위가 가능한 필지를 말한다. 다만, 대통령령으로 정하는 토지는 둘 이상의 필지를 하나의 대지로 하거나 하나 이상의 필지의 일부를 하나의 대지로 할 수 있다(건축법 제2조 제1항 제1호).

---

[19] 이원준, 전게서, pp.82~85
이창석, 전게서, pp.148~149

이것과 구분해야 할 용어 중 「공간정보의 구축 및 관리 등에 관한 법률」에서의 '대(垈)'가 있다. 「공간정보의 구축 및 관리 등에 관한 법률」에서 '대(垈)'는 토지의 주된 사용목적에 따라 정한 지목(地目)* 중의 하나이다. 만일 지목이 전답이라면 건축이 불가능하나 전답이라도 형질변경허가를 얻는 경우 건축이 가능하며, 바로 대지가 된다. 따라서 주거용·상업용 대지 외에 공업용 대지도 가능하며, 「공간정보의 구축 및 관리 등에 관한 법률」에 의한 지목과 특별한 관계를 가지지 않는다.

■ 대지와 부지의 관계

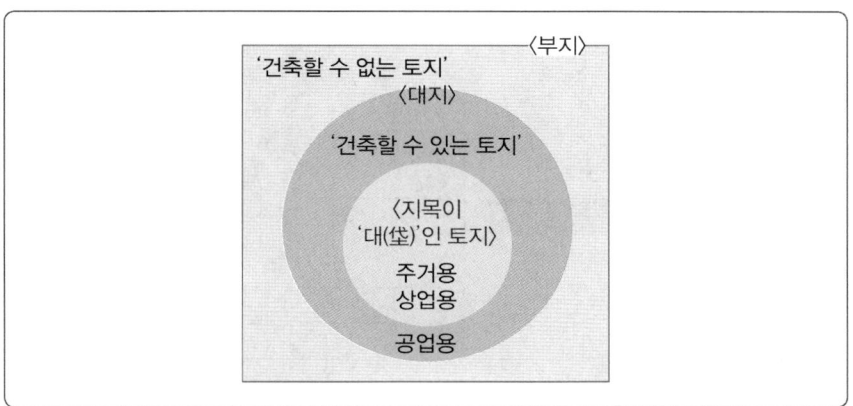

(4) 농지

「공간정보의 구축 및 관리 등에 관한 법률」상의 지목 여하에 불구하고 실제로 농경지 또는 다년생 식물의 재배지로 이용되는 토지와 그 개량시설의 부지이다. 용도에 따라, 물을 대지 않고 식물을 재배하는 전, 물을 직접 이용하여 식물을 재배하는 답, 과수류를 집단적으로 재배하기 위한 과수원으로 구분한다.

(5) 임지

산림지와 초지를 모두 포함하는 포괄적인 용어이다. 즉, 입목·죽을 집단적으로 생육하기 위한 토지와 그 토지 내의 암석지·소택지를 말하는 산림지, 다년생·개량목초의 재배에 이용되는 토지와 목도·진입도로·축사 및 부대시설을 위한 토지를 모두 일컫는 것이다.

---

* **지목(地目)**

지목이란 토지의 주된 용도에 따라 토지의 종류를 구분하여 지적공부에 등록한 것을 말한다. 이는 토지의 주된 사용목적을 구분한 것으로서 다음과 같이 28개의 지목으로 구분되고 있다.

지목은 전·답·과수원·목장용지·임야·광천지·염전·대(垈)·공장용지·학교용지·주차장·주유소용지·창고용지·도로·철도용지·제방(堤防)·하천·구거(溝渠)·유지(溜池)·양어장·수도용지·공원·체육용지·유원지·종교용지·사적지·묘지·잡종지로 구분하여 정한다(공간정보의 구축 및 관리 등에 관한 법률 제67조 제1항).

추가 대지(垈地)와 지목이 대(垈)인 토지

「공간정보의 구축 및 관리 등에 관한 법률」에서는 토지의 종류에 따라 지목을 정하고 있다. 그중 주택이나 업무용 등 일반건축물을 건축할 수 있는 토지를 대(垈)라 하는데, 지목이 대가 아닌 경우도 건축이 가능하다. 학교용지에는 학교를 건축할 수 있으며, 종교용지에는 종교용 건축물을, 체육용지에는 체육관 등의 건축물을, 공장용지에는 공장 건축물을 건축할 수 있다. 이처럼 건축물이 건축되는 모든 토지를 대지(垈地)라 한다. 따라서 지목이 대인 토지와 대지는 반드시 일치하는 것은 아니다.

➕ 보충 지목의 표기방법(공간정보의 구축 및 관리 등에 관한 법률 시행규칙 제64조)

지목	부호	지목	부호	지목	부호	지목	부호
전	전	대	대	철도용지	철	공원	공
답	답	공장용지	장	제방	제	체육용지	체
과수원	과	학교용지	학	하천	천	유원지	원
목장용지	목	주차장	차	구거	구	종교용지	종
임야	임	주유소용지	주	유지	유	사적지	사
광천지	광	창고용지	창	양어장	양	묘지	묘
염전	염	도로	도	수도용지	수	잡종지	잡

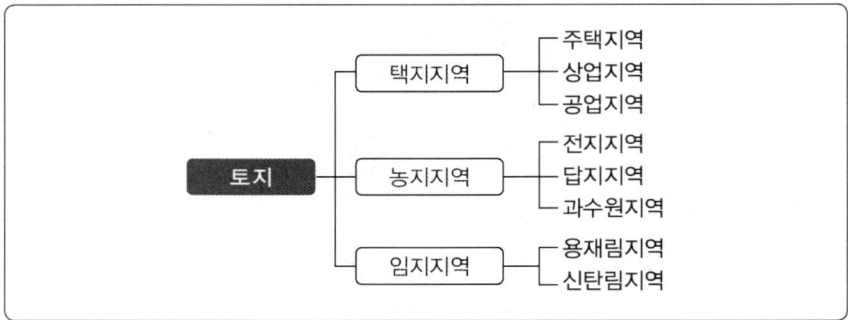

(6) 후보지(候補地)와 이행지(移行地)

① **후보지:** 인근지역의 주위환경 등의 사정으로 보아 현재의 용도에서 장래 택지 등 다른 용도로의 전환이 객관적으로 예상되는 토지를 말한다(표준지공시지가 조사·평가 기준 제2조 제7호). 즉, 부동산의 용도적 지역인 택지지역·농지지역·임지지역 상호간에 전환되고 있는 지역의 토지를 말한다. 다른 말로 가망지(可望地) 또는 예정지(豫定地)라고도 한다. 토지의 유용성을 높이기 위해 전환되는 토지로 임지지역보다 농지지역으로, 농지지역보다 택지지역으로 이용하는 것이 토지의 유용성을 증대시킨다고 본다. 후보지의 경우 반드시 지목변경이 뒤따른다.

② **이행지:** 택지지역(주택·상업·공업지역 간의 이행), 농지지역(전·답·과수원지역 간의 이행), 임지지역(용재림지역·신탄림지역 간의 이행) 내에서 전환이 이루어지고 있는 토지이다. 이행지의 경우 지목변경이 뒤따를 수도 있고 그렇지 않을 수도 있다.

O X 확 인 문 제

택지지역, 농지지역, 임지지역 상호간에 다른 지역으로 전환되고 있는 지역의 토지를 이행지라고 한다. •27회 (　　)

정답 (×)
택지지역, 농지지역, 임지지역 상호간에 다른 지역으로 전환되고 있는 지역의 토지는 후보지이다.

정리 **후보지와 이행지**
후보지나 이행지는 전환 중이거나 이행 중인 토지에 붙이는 용어이므로, 전환이나 이행이 이루어지고 난 후에는 바뀐 후의 용도에 따라 부른다는 것에 유의해야 한다.

(7) 맹지(盲地)

타인의 토지에 둘러싸여 도로에 어떤 접속면도 가지지 못하는 토지로 도로에 직접 연결되지 않은 한 필지의 토지이다. 맹지에는 「건축법」에 의해 원칙적으로 건물을 세울 수 없다.

(8) 대지(袋地)

어떤 택지가 다른 택지에 둘러싸여 좁은 통로에 의해 도로에 접하는 자루형의 모양을 띠게 되는 택지이다.

(9) 필지(筆地)

「공간정보의 구축 및 관리 등에 관한 법률」에 의하면 구획되는 토지의 등록단위로서 하나의 지번을 가지고 지적공부에 등록되는 토지의 기본단위를 말한다. 이는 면적이 아닌 소유권을 기준으로 구분하는 단위이다. 토지의 법률적인 최소 단위로, 같은 지번으로 에워싸인 토지이다. 보통 1개의 필지에 1개의 지번과 지목이 부여된다. 필지는 권리변동관계의 기준적 단위개념으로서 한 개의 토지소유권이 미치는 범위와 한계를 표시하며, 권리를 구분하기 위한 법적 개념이다.

(10) 획지(劃地)

인위적·자연적·행정적 조건에 의해 다른 토지와 구별되는 가격수준이 비슷한 일단의 토지이다. 이는 ① 인위적으로 경계가 이루어져서 다른 토지와 구별되는 일단의 토지, ② 자연적 조건, 즉 산·하천·언덕 등으로 다른 토지와 구별되는 일단의 토지, ③ 법적(행정적), 즉 지목·지번 등으로 다른 토지와 구별되는 일단의 토지 등을 말한다. 이는 토지이용을 상정하여 구획되는 경제적·부동산학적인 단위개념이다. 또한 행정적·법률적·인위적·물리적·자연적 기준에 따라 다른 토지와 구별되어 토지의 이용이나 부동산활동 또는 부동산현상의 단위면적이 되는 일획의 토지이다. 적당한 면적을 갖고 하나의 거래활동 또는 이용활동의 단위를 이루는가 하면, 부동산의 등가격수준(等價格水準)을 갖는 경우도 있다. 이는 가격수준을 구분하기 위한 경제적 개념이다.

OX 확인문제

맹지(盲地)는 도로에 직접 연결되지 않은 한 필지의 토지다.
• 28회 • 32회 ( )

정답 (○)

OX 확인문제

토지의 현황을 조사하고 측량해서 토지의 소재, 지목, 지번, 경계 또는 좌표를 지적공부에 등록하는 단위가 되는 일정한 토지를 획지(劃地)라 한다. • 36회 ( )

정답 (×)
필지(筆地)에 대한 설명이다.

정리 면적의 단위

필지와 획지는 면적의 단위가 아님에 유의해야 한다. 면적의 단위는 제곱미터(m²)로 한다.

정리 필지와 획지의 관계

1. 필지와 획지가 같은 경우 ⇨ 1필지가 1획지가 되는 경우
2. 하나의 필지가 여러 개의 획지가 되는 경우 ⇨ 필지가 큰 경우
3. 여러 개의 필지가 하나의 획지를 이루는 경우 ⇨ 획지가 큰 경우

추가 갱지(更地)와 저지(底地)

일본에서 구별되는 개념으로, 갱지(更地)는 지상에 건축물이 없는 토지로서 공법상의 규제는 받지만, 사법상의 제한은 받지 않는 토지이다. 토지의 사용·수익을 제약하는 사적 부담도 없는 대지, 즉 임차권·지상권·지역권 등 사법상의 권리가 설정되지 않은 택지를 말한다.

반면, 지상에 건축물이 없는 토지로서 공법상의 규제는 받고 사법상의 제한도 받는 토지로서 차지권(지상권)이 설정된 사법상 불완전소유권의 택지를 저지(底地)라 한다.

OX 확인문제

나지(裸地)란 지가공시제도의 용어로서, 토지에 건물이나 그 밖의 정착물이 없고 지상권 등 토지의 사용·수익을 제한하는 사법상의 권리가 설정되어 있지 아니한 토지를 말한다. •35회 ( )

정답 (O)

■ 필지와 획지

필지(筆地)	획지(劃地)
① 「공간정보의 구축 및 관리 등에 관한 법률」 또는 「부동산등기법」상의 용어 ② 하나의 지번이 붙는 토지의 등기·등록 단위 ③ 토지소유자의 권리를 구분하기 위한 표시 ④ 권리를 구분하기 위한 법적 개념	① 감정평가에서 중시 ② 인위적·자연적·행정적 조건에 의해 다른 토지와 구별되는, 가격수준이 비슷한 일단의 토지 ③ 부동산활동 또는 부동산현상의 단위면적이 되는 일획의 토지 ④ 가격수준을 구분하기 위한 경제적 개념

(11) 나지(裸地)

나지란 토지에 건물이나 그 밖의 정착물이 없고 지상권 등 토지의 사용·수익을 제한하는 사법상의 권리가 설정되어 있지 아니한 토지를 말한다(표준지공시지가 조사·평가 기준 제2조 제4호). 또한 경작이나 농업용 토지로도 이용되지 않고 있는 토지이며, 지상에 건축물이 없으므로 거래에 번거로움이 없어 시장성이 높다. 건부지에 비하여 최유효이용이 기대되기 때문에 매매에 있어서 가격이 높으며, 토지가격에 대한 감정평가의 기준이 된다.

(12) 건부지(建敷地)

건물의 부지로 제공되고 있는 토지로서, 건물 및 그 부지가 동일 소유자에게 속하고 해당 소유자에 의하여 사용되며, 그 부지의 사용·수익을 제약하는 권리 등이 부착되어 있지 않은 토지이다. 그러나 건물 등의 용도에 제공되고 있는 토지이므로 지상에 있는 건물에 의하여 사용·수익이 제한되는 경우가 있다. 또한 건부지는 건물 등이 부지의 최유효이용에 적합하지 못한 경우, 나지에 비해 최유효이용의 기대가능성이 낮다.

> **보충 건부감가와 건부증가**
>
> 나지 평가액 > 건부지 평가액 ➡ 건부감가 (원칙)
> 나지 평가액 < 건부지 평가액 ➡ 건부증가 (예외)
>
> 1. 건부감가(建附減價)
>   ① 건부감가란 건물 등이 부지의 최유효이용을 저해하는 경우에는 그러한 저해가 없는 경우보다 부지의 유용성이 저하되는데, 이처럼 부지상에 건물 등이 존재함으로써 부지에 대한 제약분을 부지가격에서 감가하는 것을 말한다.

② 건부감가는 나지 가격을 기준으로 측정하며, 공법상의 규제가 완화되었을 때 주로 발생한다.
③ 건부감가는 지상의 건물이 견고할수록, 건물의 면적이 클수록 크다.

2. 건부증가(建附增價)
① 건부증가란 건물이 존재함으로 인하여 건부지가 나지보다 가격이 높은 경우로서 예외적 현상에 해당한다.
② 건부증가는 공법상의 규제가 강화되었을 때 주로 발생한다.
③ 재개발구역 지정결정, 택지개발 예정구역 지정결정, 소수잔존자 보상대상 지역결정, 개발제한구역 지정결정, 용적률과 건폐율규제 강화결정 등의 경우 발생한다.

(13) 공지(空地)

「건축법」에 의한 건폐율 등의 제한으로 인해 한 필지 내에 건물을 꽉 메워서 건축하지 않고 남겨 둔 토지이다.

(14) 공한지(空閑地)

도시 토지로서 지가상승만을 기대하고 장기간 방치하는 토지이다.

(15) 소지(素地)

대지 등으로 개발되기 이전의 자연 상태로서의 토지를 말하는데, 원지(原地)라고도 한다.

(16) 선하지(線下地)

고압선 아래의 토지로 이용 및 거래의 제한을 받는 경우가 많다. 따라서 보통은 선하지 감가를 행한다.

(17) 포락지(浦落地)

지적공부에 등록된 토지가 물에 침식되어 수면 밑으로 잠긴 토지를 말한다. 즉, 개인의 사유지로서 전·답 등이 하천으로 변한 토지를 말한다.

(18) 법지(法地)

법으로만 소유할 뿐 활용실익이 없는 토지이다. 택지의 유효지표면 경계와 인접지 또는 도로면과 경사된 토지부분을 말한다. 토지의 붕괴를 막기 위하여 경사를 이루어 놓은 것인데 측량면적에는 포함되지만 실제로 사용할 수 없는 면적이다.

추가 「건축법」 관련 용어 · 17회

1. **건축면적**: 건축물의 외벽 또는 외곽부분의 기둥의 중심선으로 둘러싸인 부분의 수평투영면적을 말한다(건축법 시행령 제119조 제1항 제2호). 일반적으로는 1층의 바닥면적이 건축면적이 된다.
2. **바닥면적**: 건축물의 각 층 또는 그 일부로서 벽, 기둥, 그 밖에 이와 비슷한 구획의 중심선으로 둘러싸인 부분의 수평투영면적을 말한다(건축법 시행령 제119조 제1항 제3호).
3. **연면적**: 하나의 건축물 각 층의 바닥면적의 합계로 한다(건축법 시행령 제119조 제1항 제4호).
4. **건폐율**: 대지면적에 대한 건축면적의 비율이다(건축법 제55조).
5. **용적률**: 대지면적에 대한 연면적의 비율을 말한다(건축법 제56조).
6. **호수(戶數)밀도**: 대지(용지)면적에 대한 주택 수의 비율의 개념이다.

OX 확인문제

고압송전선로 아래의 토지를 선하지(線下地)라 한다. · 33회
( )

정답 (○)

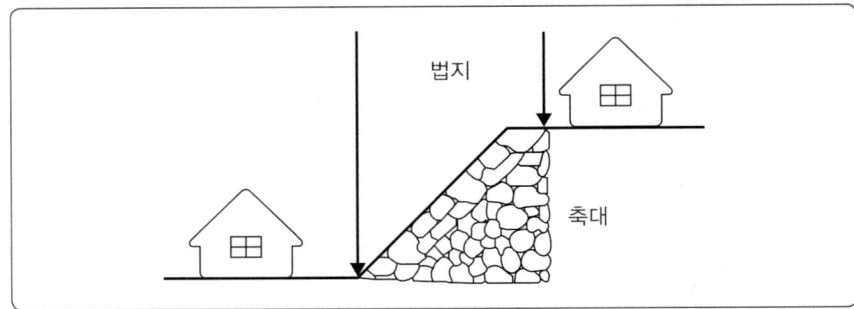

(19) 빈지(濱地)

일반적으로 바다와 육지 사이의 해변 토지를 말하는데, 「공유수면 관리 및 매립에 관한 법률」에서는 '바닷가'라 부른다. 이는 해안선으로부터 지적공부에 등록된 지역까지의 사이를 말한다. 만조수위선으로부터 간조수위선까지의 사이를 말하는 '간석지'와 구분된다.

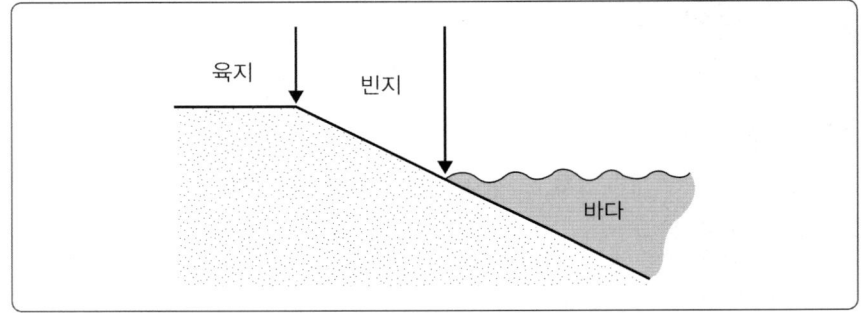

(20) 유휴지(遊休地)와 휴한지(休閑地)
① **유휴지**: 바람직스럽지 못하게 놀리는 토지이다.
② **휴한지**: 농지 등을 지력회복을 위해 정상적으로 쉬게 하는 토지이다.

(21) 일단지(一團地)

용도상 불가분의 관계에 있는 2필지 이상의 일단의 토지를 말한다. 지적공부상 구분되어 있는 여러 필지가 일체로 거래되거나 용도상 불가분의 관계에 있는 토지를 '일단지'라고 한다.

(22) 한계지(限界地)

택지이용의 최원방권상의 토지이다.

OX 확인문제

소유권이 인정되지 않는 바다와 육지 사이의 해변 토지를 포락지(浦落地)라 한다. •36회 ( )

정답 (×)

소유권이 인정되지 않는 바다와 육지 사이의 해변 토지는 빈지(濱地)이다.

정리 일단지(一團地)

일단지는 용도상 불가분의 관계에 있는 두 필지 이상의 일단의 토지를 의미하나, 두 필지 이상을 합병한 토지를 말하는 것은 아니다.

OX 확인문제

용도상 불가분의 관계에 있는 2필지 이상의 일단의 토지를 일단지(一團地)라 한다. •36회 ( )

정답 (○)

3 건물의 분류

1. 건물의 의의

건축물이란 토지에 정착(定着)하는 공작물 중 지붕과 기둥 또는 벽이 있는 것과 이에 딸린 시설물, 지하나 고가(高架)의 공작물에 설치하는 사무소·공연장·점포·차고·창고, 그 밖에 대통령령으로 정하는 것을 말한다(건축법 제2조 제1항 제2호).

2. 건물의 분류[20]

건물은 건축양식과 건축구조, 그리고 건축재료에 따라 분류할 수 있다.

4 주택의 분류 • 25회 • 28회 • 32회 • 33회 • 35회 • 36회

1. 주택의 의의

주택이란 세대의 구성원이 장기간 독립된 주거생활을 영위할 수 있는 구조로 된 건축물의 전부 또는 일부 및 그 부속토지를 말하며, 단독주택과 공동주택으로 구분한다(주택법 제2조 제1호).

2. 주택의 분류(건축법 시행령 제3조의5 관련 별표 1)

(1) **단독주택**

① **의의**: 1세대가 하나의 건축물 안에서 독립된 주거생활을 할 수 있는 구조로 된 주택을 말한다(주택법 제2조 제2호).

② **분류**

㉠ **단독주택**: 일반적으로 1건물에 1세대가 거주하는 주택을 말한다.

㉡ **다중주택**: 다음의 요건을 모두 갖춘 주택을 말한다.

ⓐ 학생 또는 직장인 등 여러 사람이 장기간 거주할 수 있는 구조로 되어 있는 것

ⓑ 독립된 주거의 형태를 갖추지 아니한 것(각 실별로 욕실은 설치할 수 있으나, 취사시설은 설치하지 않은 것을 말함)

---

[20] 방경식, 전게서, pp.108~113

ⓒ 1개 동의 주택으로 쓰이는 바닥면적(부설주차장 면적 제외)의 합계가 660m² 이하이고 주택으로 쓰는 층수(지하층 제외)가 3개 층 이하일 것. 다만, 1층의 전부 또는 일부를 필로티 구조로 하여 주차장으로 사용하고 나머지 부분을 주택 외의 용도로 쓰는 경우에는 해당 층을 주택의 층수에서 제외한다.

ⓓ 적정한 주거환경을 조성하기 위하여 건축조례로 정하는 실별 최소 면적, 창문의 설치 및 크기 등의 기준에 적합할 것

ⓒ **다가구주택**: 다음의 요건을 모두 갖춘 주택으로서 공동주택에 해당하지 아니하는 것을 말한다.

ⓐ 주택으로 쓰는 층수(지하층 제외)가 3개 층 이하일 것. 다만, 1층의 전부 또는 일부를 필로티 구조로 하여 주차장으로 사용하고 나머지 부분을 주택(주거 목적으로 한정) 외의 용도로 쓰는 경우에는 해당 층을 주택의 층수에서 제외한다.

ⓑ 1개 동의 주택으로 쓰이는 바닥면적(부설주차장 면적 제외)의 합계가 660m² 이하일 것

ⓒ 19세대(대지 내 동별 세대수를 합한 세대를 말함) 이하가 거주할 수 있을 것

ⓔ 공관(公館)

(2) 공동주택

① **의의**: 공동주택이란 건축물의 벽·복도·계단이나 그 밖의 설비 등의 전부 또는 일부를 공동으로 사용하는 각 세대가 하나의 건축물 안에서 각각 독립된 주거생활을 할 수 있는 구조로 된 주택을 말한다(주택법 제2조 제3호).

② **분류**

㉠ **아파트**: 주택으로 쓰는 층수가 5개 층 이상인 주택

㉡ **연립주택**: 주택으로 쓰는 1개 동의 바닥면적(2개 이상의 동을 지하주차장으로 연결하는 경우에는 각각의 동으로 본다) 합계가 660m²를 초과하고, 층수가 4개 층 이하인 주택

㉢ **다세대주택**: 주택으로 쓰는 1개 동의 바닥면적 합계가 660m² 이하이고, 층수가 4개 층 이하인 주택(2개 이상의 동을 지하주차장으로 연결하는 경우에는 각각의 동으로 본다)

ⓔ **기숙사**: 다음의 어느 하나에 해당하는 건축물로서 공간의 구성과 규모 등에 관하여 국토교통부장관이 정하여 고시하는 기준에 적합한 것. 다만, 구분소유된 개별 실(室)은 제외한다.
  ⓐ **일반기숙사**: 학교 또는 공장 등의 학생 또는 종업원 등을 위하여 사용하는 것으로서 해당 기숙사의 공동취사시설 이용 세대수가 전체 세대수(건축물의 일부를 기숙사로 사용하는 경우에는 기숙사로 사용하는 세대수로 한다)의 50% 이상인 것(교육기본법 제27조 제2항에 따른 학생복지주택을 포함한다)
  ⓑ **임대형기숙사**: 「공공주택 특별법」 제4조에 따른 공공주택사업자 또는 「민간임대주택에 관한 특별법」 제2조 제7호에 따른 임대사업자가 임대사업에 사용하는 것으로서 임대 목적으로 제공하는 실이 20실 이상이고 해당 기숙사의 공동취사시설 이용 세대수가 전체 세대수의 50% 이상인 것

> **➕ 보충** **주택법령상의 주택의 유형**
>
> 1. **도시형 생활주택**
>   300세대 미만의 국민주택규모에 해당하는 주택으로서 대통령령으로 정하는 주택을 말하는데, 단지형 연립주택, 단지형 다세대주택, 아파트형 주택 등이 있다(주택법 제2조 제20호). 도시형 생활주택은 「국토의 계획 및 이용에 관한 법률」에 따른 도시지역에 건설하여야 한다(주택법 제36조).
>
> 2. **토지임대부 분양주택**
>   토지의 소유권은 토지임대부 분양주택 건설사업을 시행하는 자가 가지고, 건축물 및 복리시설(福利施設) 등에 대한 소유권은 주택을 분양받은 자가 가지는 주택을 말한다(주택법 제2조 제9호).
>
> 3. **세대구분형 공동주택**
>   공동주택의 주택 내부 공간의 일부를 세대별로 구분하여 생활이 가능한 구조로 하되, 그 구분된 공간의 일부를 구분소유할 수 없는 주택으로서 대통령령으로 정하는 건설기준, 설치기준, 면적기준 등에 적합한 주택을 말한다(주택법 제2조 제19호).
>
> 4. **장수명 주택**
>   구조적으로 오랫동안 유지·관리될 수 있는 내구성을 갖추고, 입주자의 필요에 따라 내부구조를 쉽게 변경할 수 있는 가변성과 수리 용이성 등이 우수한 주택을 말한다(주택법 제2조 제23호).
>
> 5. **에너지절약형 친환경주택**
>   저에너지 건물 조성기술 등 대통령령으로 정하는 기술을 이용하여 에너지 사용량을 절감하거나 이산화탄소 배출량을 저감할 수 있도록 건설된 주택을 말한다(주택법 제2조 제21호).
>
> 6. **건강친화형 주택**
>   건강하고 쾌적한 실내환경의 조성을 위하여 실내공기의 오염물질 등을 최소화할 수 있도록 대통령령으로 정하는 기준에 따라 건설된 주택을 말한다(주택법 제2조 제22호).

CHAPTER 02 최신기출문제로 확인!

01 부동산의 개념에 관한 설명으로 틀린 것은? • 34회

① 「민법」상 부동산은 토지 및 그 정착물이다.
② 경제적 측면의 부동산은 부동산가치에 영향을 미치는 수익성, 수급조절, 시장정보를 포함한다.
③ 물리적 측면의 부동산에는 생산요소, 자산, 공간, 자연이 포함된다.
④ 등기·등록의 공시방법을 갖춤으로써 부동산에 준하여 취급되는 동산은 준부동산으로 간주한다.
⑤ 공간적 측면의 부동산에는 지하, 지표, 공중공간이 포함된다.

키워드 〉 부동산의 개념
난이도 〉 ■■■□
해설 〉 생산요소, 자산 등은 경제적 측면의 부동산에 포함되며, 물리적 측면의 부동산에는 자연, 공간, 위치, 환경 등이 포함된다.

02 토지의 정착물에 해당하지 않는 것은? • 33회

① 구거
② 다년생 식물
③ 가식 중인 수목
④ 교량
⑤ 담장

키워드 〉 토지정착물
난이도 〉 ■■■□
해설 〉 ① 구거는 「공간정보의 구축 및 관리 등에 관한 법률」상 지목 중의 하나로 용수 또는 배수를 위하여 일정한 형태를 갖춘 인공적인 수로·둑 및 그 부속시설물의 부지와 자연의 유수(流水)가 있거나 있을 것으로 예상되는 소규모 수로 부지를 말한다(공간정보의 구축 및 관리 등에 관한 법률 시행령 제58조 제18호).
③ 가식 중인 수목은 토지의 정착물이 아닌 동산에 해당한다.

정답 01 ③ 02 ③

03 토지에 관련된 용어이다. ( )에 들어갈 내용으로 옳은 것은? •35회

> (㉠): 지적제도의 용어로서, 토지의 주된 용도에 따라 토지의 종류를 구분하여 지적공부에 등록한 것
> (㉡): 지가공시제도의 용어로서, 토지에 건물이나 그 밖의 정착물이 없고 지상권 등 토지의 사용·수익을 제한하는 사법상의 권리가 설정되어 있지 아니한 토지

① ㉠: 필지, ㉡: 소지
② ㉠: 지목, ㉡: 나지
③ ㉠: 필지, ㉡: 나지
④ ㉠: 지목, ㉡: 나대지
⑤ ㉠: 필지, ㉡: 나대지

키워드 > 토지의 분류
난이도 >
해설 > ㉠ 지목(地目)이란 지적제도의 용어로서, 토지의 주된 용도에 따라 토지의 종류를 구분하여 지적공부에 등록한 것을 말한다.
㉡ 나지(裸地)란 지가공시제도의 용어로서, 토지에 건물이나 그 밖의 정착물이 없고 지상권 등 토지의 사용·수익을 제한하는 사법상의 권리가 설정되어 있지 아니한 토지를 말한다.

04 부동산 용어에 관한 설명으로 옳은 것을 모두 고른 것은? •36회

> ㉠ 주거용·상업용·공업용으로 이용되고 있거나 해당 용도로 이용할 목적으로 조성된 토지는 택지(宅地)에 해당한다.
> ㉡ 토지의 현황을 조사하고 측량해서 토지의 소재, 지목, 지번, 경계 또는 좌표를 지적공부에 등록하는 단위가 되는 일정한 토지를 획지(劃地)라 한다.
> ㉢ 용도상 불가분의 관계에 있는 2필지 이상의 일단의 토지를 일단지(一團地)라 한다.
> ㉣ 소유권이 인정되지 않는 바다와 육지 사이의 해변 토지를 포락지(浦落地)라 한다.
> ㉤ 택지지역·농지지역·산지(임지)지역 상호 간에 다른 지역으로 전환되고 있는 지역의 토지는 후보지(候補地)에 해당한다.

① ㉠, ㉡
② ㉠, ㉣
③ ㉠, ㉢, ㉤
④ ㉡, ㉢, ㉤
⑤ ㉡, ㉣, ㉤

키워드 > 토지의 분류
난이도 >
해설 > ㉡ 토지의 현황을 조사하고 측량해서 토지의 소재, 지목, 지번, 경계 또는 좌표를 지적공부에 등록하는 단위가 되는 일정한 토지를 필지(筆地)라 한다.
㉣ 소유권이 인정되지 않는 바다와 육지 사이의 해변 토지를 빈지(濱地)라 한다.

정답 03 ② 04 ③

05 건축법령상 용도별 건축물의 종류 중 단독주택에 해당하는 것은?

① 아파트
② 연립주택
③ 다중주택
④ 오피스텔
⑤ 다세대주택

키워드 > 주택의 분류

난이도 >

해설 > 건축법령상 용도별 건축물의 종류는 단독주택과 공동주택으로 구분한다. 단독주택은 단독주택, 다중주택, 다가구주택, 공관(公館)으로 구분하며, 공동주택은 아파트, 연립주택, 다세대주택, 기숙사 등으로 구분한다. 따라서 다중주택은 단독주택에 해당하며, 아파트, 연립주택, 다세대주택은 공동주택에 해당한다. 주거용 오피스텔은 「주택법」상 준주택에 해당한다.

06 다음은 용도별 건축물의 종류에 관한 「건축법 시행령」 규정의 일부이다. ( )에 들어갈 내용으로 옳은 것은?

> 다세대주택: 주택으로 쓰는 1개 동의 (㉠) 합계가 660제곱미터 이하이고, 층수가 (㉡) 이하인 주택(2개 이상의 동을 지하주차장으로 연결하는 경우에는 각각의 동으로 본다)

① ㉠: 건축면적, ㉡: 4층
② ㉠: 건축면적, ㉡: 4개 층
③ ㉠: 바닥면적, ㉡: 4층
④ ㉠: 바닥면적, ㉡: 4개 층
⑤ ㉠: 대지면적, ㉡: 4층

키워드 > 부동산의 개념

난이도 >

해설 > 다세대주택은 주택으로 쓰는 1개 동의 바닥면적 합계가 660제곱미터 이하이고, 층수가 4개 층 이하인 주택(2개 이상의 동을 지하주차장으로 연결하는 경우에는 각각의 동으로 본다)을 말한다(건축법 시행령 제3조의5).

정답 05 ③ 06 ④

CHAPTER 03 부동산의 특성

10개년 출제문항 수

27회	28회	29회	30회	31회
1	1	1	1	1
32회	33회	34회	35회	36회
1	1	1	1	1

↳ 총 40문제 中 평균 약 1문제 출제

학습전략

- 부동산의 특성에서는 토지의 특성과 건물의 특성에 대해 학습합니다.
- 토지의 자연적 특성(부동성, 영속성, 부증성, 개별성, 인접성)이 주로 출제되니 관련 이론을 정리해 두는 것이 좋습니다.

제1절 토지의 특성

1 자연적 특성[1] ・27회 ・28회 ・30회 ・31회 ・32회 ・33회 ・34회 ・35회 ・36회

토지가 본원적으로 지니고 있는 물리적 특성으로서 선천적이고 본질적이며 불변적인 특성이다.

1. 부동성(지리적 위치의 고정성 또는 비이동성)

(1) 의의

토지의 위치는 인위적으로 이동하거나 지배하지 못한다는 특성이다. 이는 토지의 가장 큰 특징이며, 모든 부동산활동은 부동성을 전제로 전개된다. 이처럼 부동산의 위치가 고정됨으로써 부동산의 주변에서 일어나는 환경조건들이 부동산의 가격에 항상 영향을 주게 된다. 또한 토지는 부동성의 특성이 있어서 그 위치에 따라 용도지역 지정 등이 달라지고 그 이용상태도 달라질 수 있다.

---

[1] 이창석, 전게서, pp.182~189
이원준, 전게서, pp.90~94
방경식, 전게서, pp.122~126
김태훈, 전게서, pp.85~87
정영철 외, 「감정평가론」, 부연사, 2000, pp.63~65

OX 확인문제

부증성으로 인해 동산과 부동산이 구분되고, 일반 재화와 부동산재화의 특성이 다르게 나타난다.
• 32회 ( )

정답 (×)
동산과 부동산이 구분되고, 일반 재화와 부동산재화의 특성이 다르게 나타나게 하는 특성은 부동성이다.

추가 추상적 시장과 구체적 시장
부동산시장은 정의하는 견해에 따라 추상적 시장이 될 수도 있고, 구체적 시장이 될 수도 있다.
1. 추상적 시장: 자본시장의 일종으로서의 부동산시장
2. 구체적 시장: 지리적 구역(market area)으로서의 부동산시장
3. 양자를 동시에 지니는 시장: 추상성과 구체성을 동시에 지니는 부동산시장

(2) 부동성으로부터 파생되는 특징

① 동산·부동산이 구분되고, 일반 재화와 부동산재화의 특성이 다르게 나타나며, 부동산권리의 공시방법이 동산과 다르게 되는 이론적 근거가 된다.
② 부동산활동 및 부동산현상을 국지화하여 지역마다 거래관행, 임대료, 기대이율 등을 다르게 하며, 이로 인해 감정평가 시 지역분석의 필요성이 요구된다.
③ 부동산은 지역적으로 세분화되어 부분시장(sub-market, 하위시장)으로 존재한다.
④ 부동산활동을 임장(臨場)활동, 정보활동, 중개활동, 입지선정활동으로 만든다.
⑤ 부동산시장을 추상적 시장으로 만들어 균형가격의 성립을 방해하며, 정보에 의한 거래가 요구된다. 그러나 부동성으로 인해 부동산시장은 구체적 시장이 되기도 한다.
⑥ 부동산시장을 불완전경쟁시장으로 만들며, 시장기능을 대행하는 감정평가의 필요성이 제기된다.
⑦ 토지의 이용방식이나 입지선정에 영향을 미친다.
⑧ 주변 환경의 변화에 따른 외부효과가 나타날 수 있다.
⑨ 부동산을 인근지역의 환경에 적합하게 이용하여야 하며, 그렇지 못할 경우 경제적 감가의 근거가 된다.
⑩ 부동산의 가격은 소유권, 기타 권리·이익의 가격이며, 담보가치의 안정성을 제공한다.
⑪ 동산과 비교하여 사회적·심리적 요인에 의한 영향이 상반활동으로 나타난다. 즉, 사회적으로 불안이 높아지면 부동산은 소유본능이 위축된다.
⑫ 일반상품처럼 견본(sample)을 만들거나 진열하여 거래·판매를 할 수 없고, 부동산의 유통기구로서 부동산중개업이 제도화되는 이유가 된다.
⑬ 토지의 부동성은 지방자치단체 운영을 위한 부동산조세 수입의 근거가 될 수 있다.

2. 영속성(내구성·불변성·비소모성·불괴성)

(1) 의의

사용이나 시간의 흐름에 의해서 소모·마멸되지 않는다는 특성이다. 다만 유용성의 측면에서는 변화할 수 있으므로 양면성을 가지고 있다(경제적 측면의 유용성).

(2) 영속성으로부터 파생되는 특징

① 토지에 물리적 감가상각*의 적용을 배제시키는 근거가 된다.
② 소모를 전제로 하는 재생산이론(再生産理論)이나 사고방식을 적용할 수 없게 한다.
③ 가격이 하락해도 소모되지 않기 때문에 차후에 가격상승을 기대하여 매각을 미룰 수 있다.
④ 토지의 가치보존력을 우수하게 하며, 소유이익과 이용이익을 분리하여 타인으로 하여금 이용 가능하게 한다. 따라서 부동산의 매매시장뿐만 아니라 임대차시장이 발달되어 있다.
⑤ 토지의 수익 등의 유용성을 영속적으로 만든다.
⑥ 부동산의 가치(value)는 장래 기대되는 편익을 현재가치로 환원한 값으로 정의되는 근거가 된다. 또한 미래의 수익을 가정하고 가치를 평가하는 직접환원법*의 적용을 가능하게 한다.
⑦ 부동산학에서 가치와 가격을 구별하게 하고, 가격 대신 가치라는 용어를 주로 사용하게 한다.
⑧ 저당권의 설정 및 할부금융의 근거가 된다.
⑨ 부동산활동을 장기적으로 배려하게 한다.
⑩ 부동산관리의 중요성을 강조하게 한다.
⑪ 재고시장 형성에 영향을 준다. 또한 부동산의 유량(flow)공급뿐만 아니라 영속성으로 인해 저량(stock)공급을 가능하게 한다.
⑫ 소유함으로써 생기는 자본이득(capital gain)과 소득이득 또는 운용이익(income gain)을 발생시킨다.

3. 부증성(비생산성·불확장성·면적의 유한성·수량고정성)

⇨ 토지의 희소성의 근거

(1) 의의

① 거시적으로 보는 토지의 양이 불변이라는 것이며, 생산비를 투입하여 물리적으로 양을 늘릴 수 없다는 특성이다. 물론 택지조성이나 수면매립을 통해 토지의 양을 다소 증가시킬 수 있으나, 이는 토지의 물리적 증가라기보다는 토지이용의 전환 내지 유용성의 증가라는 측면에서 파악해야 한다.

---

* 감가상각

회사가 장기적인 수익을 위한 지출인 자산을 법정 내용연수 기간 동안 나누어 비용처리하는 것을 말한다. 즉, 지출은 한꺼번에 하더라도 그 지출에 대한 수익이 나누어 들어오면 비용도 나누어 몇 년 동안 지출한 것처럼 장부상 처리하는 것을 말한다. 예를 들면 어떤 회사가 기계를 1억원에 구입해서 10년 동안 사용한다고 가정하면 기계를 구할 때 1억원이 첫해에 한꺼번에 지출되었지만 이 기계를 통한 수익은 10년 동안 나누어 들어올 것이다. 따라서 기계를 구입하는 데 지출한 1억원을 10년간 나누어 1년에 1,000만원씩 비용으로 장부상에 처리하는 것을 감가상각이라고 한다. 토지는 영속성으로 인하여 물리적 감가상각을 하지 않는다. 그러나 토지라도 기능적 감가상각, 경제적 감가상각은 가능하다.

OX 확인문제

토지는 영속성으로 인해 물리적·경제적인 측면에서 감가상각을 하게 된다. •33회 ( )

정답 (×)

토지는 영속성으로 인해 물리적인 측면에서 감가상각의 적용을 배제시키는 근거가 된다.

추가 직접환원법

한 해의 소득을 환원(이)율로 환원하여 부동산가치를 구하는 방법이다. 직접환원법에 대해서는 감정평가의 방식 중 수익환원법에서 다룬다.

② 토지의 공급이 생산공급이 아닌 보유공급, 용도변경의 공급이 되게 하며 토지의 공급곡선을 수직으로 만드는 특성이다. 후보지나 이행지와 같은 용어에 내포되어 있는 토지의 개념은 절대량의 토지증가가 아니며 용도전환을 의미하는 것이다.

(2) 부증성으로부터 파생되는 특징

① 토지는 다른 생산물처럼 노동이나 생산비를 투입하여 그 자체의 양을 늘릴 수 없다. 즉, 토지에 생산비의 법칙이 적용되지 않게 한다.
② 토지부족 문제의 근원이 되어 지가상승의 원인이 된다. 또한 감정평가제도와 공시지가제도가 마련되는 근거가 된다.
③ 토지는 생산비를 투입하여 생산할 수 없기 때문에 물리적 공급은 불가능하나, 용도의 다양성으로 인해 용도적 공급은 가능하다.
④ 토지의 희소성을 지속시킨다. 매립 등으로 농지의 양이 증가된 것은 용도의 전환이지 절대량의 증가는 아니다.
⑤ 토지의 공급제한으로 항상 부동산활동에 있어 최유효이용의 원칙에 근거가 된다.
⑥ 토지의 공급제한으로 인해 공급자경쟁보다는 수요자경쟁을 야기한다.
⑦ 토지의 물리적 공급이 어려우므로 토지이용의 집약화가 요구된다.
⑧ 자연물인 토지는 유한하여 토지의 독점소유욕을 발생시킨다. 태양 광선, 공기 및 비와 같은 자연물은 무한하여 소유욕이 발생하지 않으나 토지는 유한하여 소유욕을 발생시킨다.
⑨ 토지의 지대 또는 지가를 발생시키며 최유효이용의 근거가 된다.

4. 개별성(비대체성·비동질성·이질성)

(1) 의의

부동산은 지리적 위치의 고정성으로 인해 물리적으로 완전히 동일한 복수의 토지는 있을 수 없다는 특성이다. 이는 부동성에서 연유된 특징으로, 물리적으로는 비대체적이나 이용 측면에서는 대체가 가능하다.

(2) 개별성으로부터 파생되는 특징

① 표준지 선정을 어렵게 하며, 토지의 가격이나 수익이 개별로 형성되어 일물일가(一物一價)의 법칙* 적용을 배제시킨다.
② 개개의 부동산을 구별하고 그 가격이나 수익 등을 개별화·구체화시키므로 개별분석의 필요성을 제기한다.

추가 물리적 공급과 경제적 공급
부증성으로 인해 물리적 공급은 불가능하나, 용도의 다양성으로 인해 경제적 공급(용도적 공급)은 가능하다. 따라서 물리적 공급곡선은 수직이 되나, 경제적 공급곡선은 우상향하는 곡선이 된다.

정리 물리적 대체와 경제적 대체
개별성으로 인해 물리적으로는 대체가 불가능하나, 인접성으로 인해 경제적 대체가 가능하다.

***일물일가(一物一價)의 법칙**
동일한 시장, 동일한 시점, 동일한 재화와 서비스에 대해서는 언제나 하나의 가격만이 성립한다는 원칙이다. 즉, 같은 재화나 서비스는 가격이 같아야 한다는 원칙으로, 이는 완전경쟁시장에서 적용될 수 있는 원칙이다.

③ 개개의 부동산을 독점화시키며, 토지별 완전한 대체관계가 제약된다.
④ 부동산활동이나 현상을 개별화시킨다.
⑤ 부동산학에 있어서 원리나 이론의 도출을 어렵게 한다.
⑥ 권리분석이나 감정평가활동을 필요로 한다.

5. 인접성(연속성·연결성)

(1) 의의

토지는 지표의 일부이므로 물리적으로 보는 토지는 반드시 다른 토지와 연결되어 있다는 특성이다. 특정 토지의 개발과 사용은 인접토지에 커다란 영향을 주기 때문에 외부효과*, 즉 외부경제 및 불경제와 밀접한 관계가 있다.

(2) 인접성으로부터 파생되는 특징

① 각각의 부동산은 인접지와의 협동적 이용을 필연화시킨다.
② 토지이용에 있어 협동적 논리 주창의 근거가 된다.
③ 소유와 관련하여 경계문제를 불러일으킨다.
④ 가격형성 시 인접지의 영향을 받게 하며, 지역분석을 필연하게 한다.
⑤ 개발이익의 사회적 환수논리의 근거가 된다.
⑥ 부동산의 용도 면에서 대체가능성을 존재하게 한다.

6. 기타

그 밖의 자연적 특성으로는 주로 농촌토지의 특성에 해당하는 배양성, 가경성, 적재성, 지력성 등이 있다.

2 인문적 특성[2] · 35회

토지가 인간과 어떤 관계를 가질 때 나타나는 특성으로서, 인간과 부동산의 관계를 의미한다. 이는 부동산 생활관계에서 인간이 인위적으로 부동산에 부여한 특성이다. 따라서 인위적이고 후천적이며 가변적인 특성이다.

---

[2] 이창석, 전게서, pp.189~194
이원준, 전게서, pp.94~97
방경식, 전게서, pp.127~129
김태훈, 전게서, pp.87~90
정영철 외, 전게서, pp.65~66

O X 확인문제

개별성으로 인해 거래사례를 통한 지가 산정이 쉽다. · 35회 ( )

정답 (×)

개별성으로 인해 거래사례를 통한 지가 산정이 어렵다.

*** 외부효과(external effect)**
한 개인이 자신의 경제활동 과정(생산 또는 소비)에서 보상을 받거나 대가를 지급하지 않고 다른 경제주체의 효용이나 생산에 직접 영향을 미치는 현상이라고 할 수 있다. 이처럼 외부효과는 가격기구의 밖에서 나타나는 현상으로, 다른 경제주체에게 이익을 가져다주는 것을 외부경제(예 과수원과 양봉업)라고 하고, 반대로 손해를 끼치는 행위를 외부불경제(예 이웃집의 소음공해)라고 한다.

O X 확인문제

인접성으로 인해 부동산의 수급이 불균형하여 균형가격의 형성이 어렵다. · 32회 ( )

정답 (×)

부동산의 수급이 불균형하여 균형가격의 형성이 어렵게 하는 특성은 부동산시장을 불완전한 시장으로 만드는 부증성, 부동성, 개별성 등이다.

1. 용도의 다양성

(1) 의의

토지는 일반재화와는 달리 그 용도가 다양하여 2개 이상의 용도가 경합하는 것이 통상이다. 토지는 1차·2차·3차 산업용지, 주거용지, 공공용지 등으로 쓰이며 같은 용도에 쓰이는 경우라도 그 규모와 이용방법이 항상 동일하지 않다. 따라서 부동산가격원칙 중 최유효이용*의 원칙에 근거를 두어 부동산의 오용방지에 기여해야 한다.

(2) 용도의 다양성으로부터 파생되는 특징

① 최유효이용의 판단 근거가 된다. 또한 그로 인한 재산상의 가치를 증대시키는 요인이 되기도 한다.
② 적지론(適地論, 광의의 입지론)의 근거가 된다.
③ 가격다원설*에 있어 논리적 근거를 제공한다.
④ 토지의 새로운 용도를 개발하는 창조적 이용을 가능하게 한다.
⑤ 이행과 전환을 가능하게 한다.
⑥ 부동산의 용도전환을 통해 토지의 경제적 공급을 가능하게 한다.

2. 병합·분할의 가능성

(1) 의의

토지를 목적 등에 따라 효과적인 이용을 위하여 그 면적을 법률이 허용하는 한도에서 인위적으로 적정한 규모로 합치거나 나누어서 사용할 수 있는 성질을 말한다. 그러나 이러한 병합이나 분할은 일정한 지적 행정절차에 의하여 지적공부상에 정리해야 한다. 토지의 효과적인 분할·병합과 최유효이용은 불가분의 관계에 있다.

(2) 병합·분할의 가능성으로부터 파생되는 특징

① 용도의 다양성을 지원하는 기능을 가지게 한다.
② 합병 증·감가 또는 분할 증·감가를 발생하게 한다.

---

* 최유효이용
객관적인 양식과 통상의 이용 능력을 가진 사람에 의한 합리적이고 합법적인 최고·최선의 사용방법으로서, 부동산의 유용성이 최고로 발휘되는 사용방법을 말한다. 최유효이용은 부동산과 인간의 관계개선을 위한 모든 부동산활동의 행위기준이 된다.

추가 입지론과 적지론
입지론이란 특정 용도에는 어떤 용지가 적합한가를 결정하는 용지선정을 논의하는 것을 말하고, 적지론이란 주어진 용지에는 어떤 용도가 최적인가를 결정하는 용도선정을 논의하는 것을 말한다.

* 가격다원설
김영진 교수는 한 시점에서 대상부동산의 가격(price)은 하나이지만 가치(value)는 다양하다는 것을 가격다원설이라고 표현하였다. 최근에는 많은 학자들이 '가치의 다원적 개념'이라고 표현하고 있다.

O X 확 인 문 제
용도의 다양성으로 인해 토지의 경제적 공급은 증가할 수 있다.
• 35회   ( )

정답 (○)

합병적 토지이용(⇨ 규모의 경제*)	분할적 토지이용(⇨ 규모의 불경제)
토지를 합병함으로써 토지의 대규모화를 통해 토지의 유용성을 증대시키고, 고정비용의 감소를 통한 생산비를 절감시키는 규모의 경제가 나타나게 한다.	토지의 대규모화가 고정비용을 상승시켜 생산비를 증가시키는 규모의 불경제를 야기한다. 따라서 용도에 맞게 적정규모로 토지를 분할하여 이용하면 토지가치를 증대시킬 수 있다.
㉠ 법적으로는 합필(合筆) ㉡ 경제적으로는 플롯테이지(plottage) 현상* 또는 어셈블리지(assemblage) 현상으로 합병증가·분할감가 발생	㉠ 법적으로는 분필(分筆) ㉡ 경제적으로는 합병감가·분할증가 현상 발생

③ 부동산평가에 있어서 가치원칙 중 균형의 원칙, 적합의 원칙, 기여의 원칙 등 지원을 가능하게 한다.

3. 위치의 가변성

(1) 사회적 위치의 가변성(사회환경성)

⇨ 사회적 환경의 악화(또는 개선) 또는 사회적 위치의 변화요인

① 주거환경이 악화(개선) 또는 슬럼(slum)화되거나 과밀화되는 경우
② 사회적 환경이 공장의 전입, 공원의 폐지, 학교의 이전 등으로 악화되는 경우
③ 인구상태 및 가구구조의 변화 등으로 인한 부동산의 유용성 및 수급의 변동
④ 도시형성·공공시설의 확충 및 정비상태의 변화

(2) 경제적 위치의 가변성

⇨ 부동산의 경제적 위치를 변화시키는 요인

① 수송 및 교통체계의 정비(도로·철도·전철·항만 등의 신설·확장·개수) 등의 경우
② 경제성장·소득증대·경기순환 등으로 인해 부동산의 수급 및 유용성이 변동하는 경우
③ 물가·임금·고용 등의 상태로 인해 부동산의 수급 및 유용성이 변화하는 경우

(3) 행정적 위치의 가변성(행정의 지배성·피행정성·수행정성)

⇨ 토지의 이용 및 거래에 영향을 미치는 행정적 위치의 변화요인

① 일정지역을 토지거래허가제로 규제하는 경우

---

* **규모의 경제** (economies of scale)
기업이 생산시설의 규모를 늘려감에 따라 평균생산비는 점차 절감되고 생산성이 증가되는 현상을 말한다. 토지이용 역시 대규모로 늘려감에 따라 토지의 유용성이 점차 증가할 수 있다.

* **플롯테이지(plottage) 현상**
주변의 인접한 토지를 구입하여 합병함으로써 그에 따라 토지의 유용성이 증가하고 가치가 상승하는 현상을 말한다. 이를 어셈블리지(assemblage) 현상이라고도 한다. 즉, 여러 개의 획지가 일체로 이용될 때가 개개로 이용되는 경우보다 토지의 유용성이 증대한다는 현상이다.

O X 확 인 문 제

A아파트의 인근지역에 공원이 새롭게 조성되고, 대형마트가 들어서서 A아파트의 가격이 상승했다면, 이러한 현상은 부동산의 자연적·인문적 특성 중 부동성과 위치의 가변성에 의한 것이다.
• 23회 ( )

정답 (○)

② 일정지역을 그린벨트로 지정하거나 대형건축허가를 금지하는 경우
③ 부동산 양도소득세의 완화로 부동산 보유세제가 강화(각종 부동산 조세정책의 변화)되는 경우
④ 정부의 주택정책·산림정책의 변화, 도시계획의 변경, 토지이용의 공적 계획 실시, 부동산가격공시제도의 변화 등

4. 국토성

(1) 의의

토지는 본래 사유이기 이전에 국토이다. 따라서 국토를 전제로 하지 않는 개인 소유의 부동산은 존재할 수 없으며, 토지 공개념 설정이 가능하다는 것이다.

(2) 국토성으로부터 파생되는 특징

① 토지는 본래 사유이기 이전에 국토이다.
② 국가를 전제로 하지 않는 개인 소유의 부동산은 있을 수 없다.
③ 부동산의 공익개념의 설정이 가능하다.
④ 부동산에 대한 각종 법률적 규제의 근거가 된다.

5. 지역성

부동산의 부동성에서 기인하는 특성이다. 부동산은 다른 부동산과 함께 어떤 지역을 형성하고 그 상호관계를 통하여 사회적·경제적·행정적 위치가 정해진다. 이로 인해 각 지역은 다른 지역과 구별되는 지역적 특성을 가지며, 이 특성은 그 지역 부동산의 가격수준에 전반적인 영향을 준다.

3 경제적 특성[3]

부동산 특히 토지에 대한 인문적 특성을 세분화하여 경제적 측면에서 고찰했을 때 발견되는 특징으로서, 여기에는 희소성, 투자의 고정성, 토지개량물(improvements, 지상부가물)의 토지 효용 변경성, 위치의 선호성, 고가성 등이 있다.

---

3) 김천경 외, 「감정평가이론과 실무」, 박문각, 1997, pp.75~76

1. 희소성

토지의 희소성은 토지의 자연적 특성인 부증성 등으로 인한 토지공급의 비탄력성에 기인하며, 특히 토지이용의 관점에서 희소성의 문제는 토지에 대한 인간의 수요량과 그 이용능력의 상태에 따라 발생되고 변화한다.

2. 투자의 고정성

(1) 의의
대지와 건물에 투자한 비용의 회수까지는 많은 기간이 소요되는데, 이것을 투자의 내구성(durability) 또는 투자의 고정성이라고 한다.[4]

(2) 특징
자연적 특성인 영속성으로 인하여 토지를 최유효이용상태로 경제적 위치를 가변시키는 데는 시간과 비용이 소요되고, 투하자본 회수기간이 장기적이다. 또한 행정적 요인 등에 의한 토지이용규제에 대하여 능동적이고 기동성 있는 적응이 어렵다.

3. 토지개량물(지상부가물)의 토지 효용 변경성

(1) 토지개량물(land improvements)의 의의
노동이나 자본과 같은 인위적인 힘을 통해 정착 또는 부착하여 토지의 효용성을 증가시키는 건축물·구조물·관개시설 등을 말한다. 이는 토지상의 개량물과 토지에의 개량물로 구분할 수 있다.

① **토지상의 개량물**(improvement-on-land, 지상의 부가물): 토지상에 설치되어 부착된 물건으로 보통 토지와 일체로 취급된다.
   예 건물, 다리, 입목, 주차장

② **토지에의 개량물**(improvement-to-land, 토지에 대한 부가물): 다른 토지로부터 대상토지에 연결되어 온 물건으로, 이는 대상토지의 조성·개간 등을 위해 토지에 투하된 자본으로 토지에 체화된 것이다.
   예 도로, 철도, 상하수도, 전선

---

[4] 방경식, 전게서, p.129

(2) 토지의 환경성과 토지개량물의 관계

토지는 자연적 특성인 지리적 위치의 고정성으로 인하여 그 인근지역의 사회적·경제적·행정적 제 요인의 영향을 받음과 동시에 그 해당 토지를 둘러싸고 있는 토지개량물의 영향을 크게 받는다.

4. 위치의 선호성

(1) 용도적인 관점에서 위치 선호성

① **주거지**: 주거생활의 편리성을 기본으로 하는 쾌적성이 양호한 위치
② **상업지**: 상업수익성을 기본으로 하는 수익성이 양호한 위치
③ **공업지**: 공업생산성을 기본으로 하는 생산성이 양호한 위치
④ **농업지**: 농업생산성을 기본으로 하는 생산성이 양호한 위치

(2) 위치 선호의 가변성

인간이 필요로 하는 토지의 위치 또는 지역의 선호도는 시간의 경과에 따라 변화하는 가변성을 가지고 있다.

5. 고가성

부동산은 다른 상품에 비하여 가격이 높다. 또한 일부분을 따로 나누어서 소비하거나 구매하기도 어렵다. 이러한 사실은 저소득층의 부동산시장에 대한 진입장벽으로 작용하는 경우가 많은데, 우리나라와 같이 금융기관으로부터 공식 융자를 받기가 어려운 경우에 진입장벽은 부동산으로부터의 이익을 소수의 시장참여자만이 누릴 수 있는 부작용을 낳기도 한다. 즉, 고가성으로 인해 부동산시장에의 진출입을 어렵게 한다.

제2절 건물의 특성

건물은 토지와 달라서 인위적인 성격이 가미되기 때문에 생산이 가능하고, 내용연수를 가진 내구소비재로서 다음과 같은 특성을 가진다.[5]

---

[5] 이원준, 전게서, pp.97~99
정영철 외, 전게서, p.66

1 비영속성

건물은 토지와는 달리 인위적인 축조물이기 때문에 재생산이 가능한 내구소비재이며, 내용연수를 가진 비영속적인 특성을 가지고 있다. 건물은 개수나 보수 등으로 어느 정도 그 수명을 연장할 수 있다.

2 생산가능성(건축생산성)

일정한 설계에 따라 다량의 아파트나 연립주택 및 빌딩 등을 건축할 수 있고, 개축이나 증축 등으로 그 규모를 증가시킬 수 있기 때문에 건축에 의한 생산가능성이라는 특성을 지니고 있다.

3 동질성

건물은 인위적인 축조물이기 때문에 동일한 형(形)이나 구조 및 규격의 건물을 생산할 수 있으므로 동질성의 특성을 가진다.

4 이동가능성

아파트나 주택·빌딩 등 건물은 원칙적으로 부동성에 해당된다고 볼 수 있으나, 최근 이동가능한 조립식 주택이나 모빌 하우스 등의 등장과 이축기술의 발달로 비이동성의 특성이 있다고 주장할 수 없게 되었다.

5 토지의 개별적 요인의 지배성(종속성)

건물은 토지 위에 정착하여 축조되는 것이기 때문에 그 정착된 토지를 개별적으로 지배하는 특성, 즉 '토지의 개별적 요인의 지배성'을 가지고 있다. 예컨대, 토지 위에 어떤 건물이 들어서 있는가에 따라 토지의 효용이나 가치가 결정되기도 한다. 또한 건물은 토지 위에 정착하여 축조되는 것이기 때문에 그 정착된 토지의 지배를 받기도 한다. 지역지구제의 실시 등이 대표적인 예이다. 따라서 건물은 토지를 지배하기도 하고, 토지의 지배를 받기도 하는 특성을 지닌다고 할 수 있다.

CHAPTER 03 최신기출문제로 확인!

01 토지의 특성에 관한 설명으로 옳은 것은? •35회

① 부동성으로 인해 외부효과가 발생하지 않는다.
② 개별성으로 인해 거래사례를 통한 지가 산정이 쉽다.
③ 부증성으로 인해 토지의 물리적 공급은 단기적으로 탄력적이다.
④ 용도의 다양성으로 인해 토지의 경제적 공급은 증가할 수 있다.
⑤ 영속성으로 인해 부동산활동에서 토지는 감가상각을 고려하여야 한다.

키워드 〉 부동산의 특성
난이도 〉
해설 〉 ① 부동성과 인접성으로 인해 외부효과가 발생한다.
② 개별성으로 인해 거래사례를 통한 지가 산정이 어렵다.
③ 부증성으로 인해 토지의 물리적 공급은 단기적으로 완전비탄력적이다.
⑤ 영속성으로 인해 부동산활동에서 토지는 감가상각을 고려하지 않아도 된다.

02 다음에서 설명하고 있는 토지의 자연적 특성은? •36회

- 최유효이용의 근거가 된다.
- 지대 또는 지가를 발생시킨다.
- 토지이용을 집약화시킨다.
- 물리적으로 생산할 수 없다.

① 부증성 ② 인접성
③ 개별성 ④ 영속성
⑤ 적재성

키워드 〉 부동산의 특성
난이도 〉
해설 〉 토지의 자연적 특성 중 부증성으로 인해 토지는 물리적으로 생산할 수 없다. 따라서 토지이용을 집약화시키며, 지대 또는 지가를 발생시킨다. 또한 토지의 공급제한으로 부동산활동에 있어 최유효이용의 근거가 된다.

정답 01 ④ 02 ①

03 토지의 특성에 관한 설명으로 틀린 것은? • 34회

① 용도의 다양성으로 인해 두 개 이상의 용도가 동시에 경합할 수 없고 용도의 전환 및 합병·분할을 어렵게 한다.
② 부증성으로 인해 토지의 물리적 공급이 어려우므로 토지이용의 집약화가 요구된다.
③ 부동성으로 인해 주변 환경의 변화에 따른 외부효과가 나타날 수 있다.
④ 영속성으로 인해 재화의 소모를 전제로 하는 재생산이론과 물리적 감가상각이 적용되지 않는다.
⑤ 개별성으로 인해 토지별 완전한 대체 관계가 제약된다.

| 키워드 | 부동산의 특성
| 난이도 | ■■■■□
| 해설 | 토지는 용도의 다양성으로 인해 두 개 이상의 용도가 동시에 경합하는 것이 통상적이며, 토지의 용도의 전환 및 합병·분할을 가능하게 한다.

정답 03 ①

에듀윌이
너를
지지할게

ENERGY

낮에 꿈꾸는 사람은
밤에만 꿈꾸는 사람에게는 찾아오지 않는
많은 것을 알고 있다.

– 에드거 앨런 포(Edgar Allan Poe)

PART 2
부동산학 각론

최근 10개년 출제비중
75.2%

제36회 출제비중
75%

CHAPTER별 10개년 출제비중 & 출제키워드

CHAPTER	10개년 출제비중	BEST 출제키워드
01 부동산경제론	17.6%	부동산의 수요와 공급, 수요와 공급의 가격탄력성, 시장균형의 이동, 부동산의 경기순환과 변동, 거미집이론
02 부동산시장론	15.6%	주택의 여과과정, 효율적 시장, 지대결정이론, 도시공간구조이론, 상권에 관한 이론, 공업입지론
03 부동산정책론	16.9%	정부의 시장개입과 외부효과, 토지정책, 주택정책, 부동산조세정책
04 부동산투자론	19.9%	지렛대효과, 자기자본수익률, 부동산투자의 위험과 수익, 포트폴리오 이론, 화폐의 시간가치 계산, 현금흐름의 측정, 부동산투자분석기법
05 부동산금융론 (부동산금융·증권론)	16.3%	고정금리와 변동금리, 저당의 상환방법, 주택저당증권, 부동산투자회사(REITs), LTV와 DTI 제약하의 대출가능액
06 부동산개발 및 관리론	13.7%	부동산개발의 타당성분석, 민간투자사업방식, 부동산관리의 방식, 부동산마케팅

* 여러 CHAPTER의 개념을 묻는 복합문제이거나, 법률이 개정 및 제정된 경우 분류 기준에 따라 수치가 달라질 수 있습니다.

제37회 시험 학습전략

부동산학 각론은 매년 약 30~31문제 정도씩 출제되고 있어 압도적으로 출제비중이 높으며, 모든 CHAPTER에서 문제가 골고루 출제됩니다. 제36회에서는 30문제가 출제되었습니다. 또한, 계산문제가 매년 9~10문제 정도 출제되는데, 제36회에서는 11문제가 출제되었으며 **부동산경제론, 부동산투자론, 부동산금융론(부동산금융·증권론)의 비중이 높으니 반복 학습을 통해 철저히 대비해 놓는 것이 좋습니다.**

CHAPTER 01 부동산경제론

10개년 출제문항 수

27회	28회	29회	30회	31회
5	5	6	4	6
32회	33회	34회	35회	36회
6	5	5	5	6

↳ 총 40문제 中 평균 약 5.3문제 출제

학습전략

- 부동산경제론에서는 부동산의 수요·공급이론과 부동산의 경기변동이론에 대해 주로 학습합니다.
- 부동산의 수요와 공급, 수요와 공급의 가격탄력성, 시장균형의 이동, 부동산의 경기순환과 변동, 거미집이론에 대해 묻는 문제가 주로 출제되니 관련 이론을 정리해두는 것이 좋습니다.

제1절 부동산의 수요·공급이론

1 부동산의 수요 • 24회 • 25회 • 26회 • 28회 • 29회 • 30회 • 31회 • 32회 • 34회 • 35회 • 36회

1. 수요

(1) 수요의 개념

수요(demand)*란 일정기간 또는 시점에 수요자가 주어진 가격으로 상품을 구매하고자 하는 욕구를 말한다. 또한 수요는 구입에 필요한 비용을 지불할 수 있는 경제적 능력이 뒷받침된 유효수요의 개념이다. 상품을 구매하고자 하는 사람을 '수요자'라고 하며, 주어진 가격수준에서 사람들이 구매하려고 의도된 수량을 '수요량'이라 한다. 구체적으로 수요량이란 일정기간 또는 시점에 수요자가 주어진 가격으로 상품을 구매하고자 하는 최대수량을 말한다. 따라서 부동산수요량은 주어진 가격수준에서 부동산 구매 의사와 구매력이 있는 수요자가 구매하고자 하는 수량이다. 수요량은 다음과 같은 의미를 가진다.

① 수요량은 일반경제이론에서 대개 일정기간에 걸쳐 측정되는 유량(流量, flow) 개념이다. 즉, 수요량은 대개 1일, 1개월 등의 기간에 측정되는 개념이다. 그러나 일반경제이론과 달리 단기적으로 공급이 제한되고

---

* **수요(demand)**
수요(需要)는 생활을 영위하기 위해 구입하는 상품에 대한 소비수요(消費需要), 사회의 총수요 가운데 투자에 사용되는 투자수요(投資需要) 등으로 구분되기도 한다.

정리 유량(流量, flow)과 저량(貯量, stock)

일정기간에 걸쳐 측정되는 개념을 유량(流量, flow)이라고 하며, 일정시점에 측정되는 개념을 저량(貯量, stock)이라고 한다. 예를 들면, 저수지에 현재 고여 있는 물이 저량이라면 1시간 동안 저수지로 흘러 들어가는 물이나 저수지에서 흘러나오는 물은 유량이다.

1. 유량(flow)
   예 소득, 수입, 수익, 생산량, 주택거래량, 국민총생산, 가계 소비
2. 저량(stock)
   예 인구, 자산, 재산, 가치, 가격, 재고량, 통화량

76 ▶ PART 2 부동산학 각론

내구성(또는 영속성)이 있는 부동산의 수요를 분석할 때는 저량(貯量, stock)의 개념도 사용한다.

② 수요량은 주어진 가격에서 수요자들이 실제로 구입한 양(사후적 개념)이 아니라 구매하려고 의도된 상품의 양(사전적 개념)을 의미한다.

③ 수요량은 구매력(purchasing power)을 수반하는 수량을 의미하는데, 구매력이란 상품을 구입할 수 있는 능력을 말하며, 구매력이 뒷받침된 수요를 '유효수요'라 한다.

(2) 수요곡선

① **개념**: 어떤 상품의 수요곡선이란 해당 상품 가격만이 변할 때 그 상품의 수요량이 어떻게 변하는지를 보여 주는 곡선이다. 이 경우 해당 상품의 수요량에 영향을 미치는 다른 모든 요인들은 일정하다*고 가정한다. 구체적으로 수요곡선은 일정기간 또는 시점에 성립할 수 있는 단위당 가격과 수요량의 관계를 나타낸 곡선이다. 다음의 그림은 가로축에 상품의 수량을, 세로축에 상품의 가격을 표시한 좌표축이다. 수학에서는 어떤 함수관계를 좌표축에 나타낼 경우 보통 독립변수(x)는 가로축에, 종속변수(y)는 세로축에 나타낸다. 따라서 수요량은 가격의 함수이므로 수학의 원리대로 하면 가격을 가로축에, 수요량을 세로축에 표시해야 할 것이다. 그러나 경제학에서는 가격(P)을 세로축에, 수량(Q)을 가로축에 나타내고 있다. 부동산학에서도 경제학의 관례를 따라 수요와 공급을 분석할 때 가격을 세로축에, 수량을 가로축에 놓고 분석을 하고 있다.

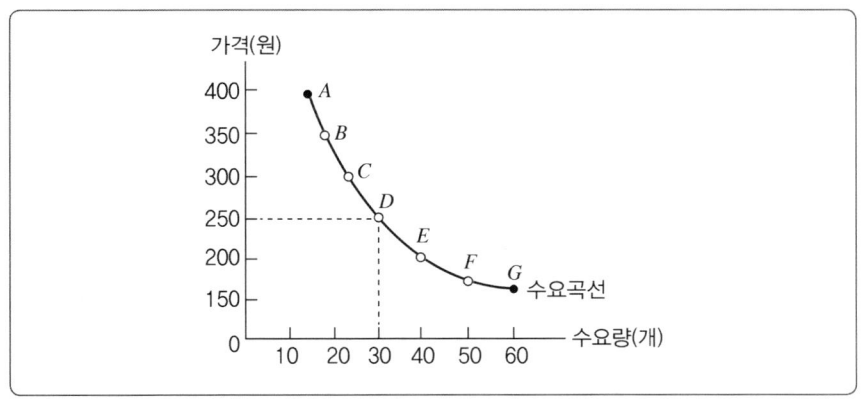

OX 확인문제

수요량은 소비자가 실제로 구입한 양을 의미하므로 사후적 개념이다. • 21회 ( )

정답 (×)

수요량은 소비자가 구입하고자 하는 최대수량을 나타내는 것으로 사전적 개념이다.

* **다른 모든 요인들은 일정하다**
경제현상을 분석할 때 분석 대상 이외의 다른 모든 것들에는 변화가 없이 일정하다고 가정하는 것을 '세테리스 파리부스(ceteris paribus)' 가정이라고 부른다. 세테리스 파리부스는 라틴어로 '다른 조건이 동일하다(other things being equal)'는 뜻이다.

추가 수요·공급분석과 좌표축
경제학에서 수요와 공급을 분석할 때 가격을 세로축에, 수량을 가로축에 놓는 관례는 영국의 경제학자 마샬(Alfred Marshall, 1842~1924)이 가격을 세로축에, 수량을 가로축에 놓고 가격결정원리를 분석한 이래 관례가 되고 있다.

* 한계(marginal)
한계란 증가분 또는 추가분을 의미한다. 즉, 상품을 추가로 소비함에 따라 추가된 효용을 한계효용, 기존 생산에 추가된 생산을 한계생산, 기존 수입에 추가된 수입을 한계수입, 기존 비용에 추가된 비용을 한계비용 등으로 사용한다.

* 한계편익(marginal benefit)
소비자가 상품을 한 단위 더 소비할 때 느끼는 추가적인 만족(효용)을 의미한다.

O X 확 인 문 제
수요곡선은 한계비용곡선이다.
• 36회 (   )
정답 (X)
수요곡선은 한계편익곡선이다.

O X 확 인 문 제
수요곡선은 우상향하는 모양을 나타낸다. • 8회 (   )
정답 (X)
수요곡선은 우하향하는 모양을 나타낸다.

암기 수요곡선 우하향의 이유
1. 대체효과 + 소득효과
2. 한계효용체감의 법칙
3. 기회비용

O X 확 인 문 제
주택임대료가 상승하면 다른 상품의 가격이 상대적으로 하락하여 임대수요량이 감소하는 것은 대체효과에 대한 설명이다.
• 22회 (   )
정답 (O)

② **수요곡선과 한계*편익**: 수요량이 특정 가격에서 소비자가 구매하고자 하는 최대수량을 의미한다면 소비자가 어떤 상품을 특정 수량만큼 소비하고자 할 때 지불해도 좋다고 생각하는 최대금액(가격)을 수요가격이라고 한다. 수요가격은 소비자가 어떤 상품을 "이 가격이면 사겠다."라고 생각하는 최대금액으로 그 상품을 통해 얻는 한계편익(marginal benefit)*이다. 결국, 수요곡선은 각 단위 상품의 한계편익을 나타내는 곡선, 즉 한계편익곡선이 곧 수요곡선이 된다.

③ **수요의 법칙**: 다른 모든 조건이 동일할 때 어떤 한 상품의 가격(임대료)이 상승하면 수요량은 감소하고, 가격(임대료)이 하락하면 수요량은 증가한다. 이와 같은 해당 가격(임대료)과 수요량 사이의 반비례관계를 '수요의 법칙'이라고 한다. 수요의 법칙을 반영하여 수요곡선은 우하향하는 모양을 나타낸다.

④ **수요의 법칙이 성립하는 이유**
  ㉠ 우선 소비자가 상품의 소비를 늘리면 상품으로부터 얻는 추가적인 효용이 감소하는 한계효용체감의 법칙이 작용하기 때문이다.
  ㉡ 수요의 법칙이 성립하는 또 다른 이유는 대체효과와 소득효과로 설명될 수 있는데, 이 두 효과를 합한 효과를 가격효과라고 한다.
    ⓐ **대체효과(substitution effect)**: 다른 모든 조건이 일정불변일 때 한 상품의 가격이 하락하면 가격이 불변인 다른 상품은 상대적으로 비싸지고 해당 상품은 다른 상품에 비해 상대적으로 싸진다. 이에 상대적으로 비싸진 다른 상품의 소비를 상대적으로 싸게 된 해당 상품으로 대체하게 되는데, 이를 대체효과라고 한다. 그러므로 주택임대료가 상승하면 다른 상품의 가격이 상대적으로 하락하여 다른 상품의 수요량은 증가하고 주택의 임대수요량이 감소하는 것은 대체효과에 대한 설명이다. 또한 다른 조건이 일정불변일 때 한 상품의 가격(임대료)이 하락(상승)하면 대체효과는 언제나 그 상품의 구입량을 증가(감소)시킨다.
    ⓑ **소득효과(income effect)**: 다른 조건이 일정불변일 때 한 상품의 가격이 하락(상승)하면 소비자의 실질소득을 증대(감소)시켜 그 상품의 수요량이 증가(감소)하는 효과를 발생시키는데, 이를 소득효과라고 한다. 다른 조건이 일정불변일 때 한 상품의 가격(임대료)이 하락(상승)하면 소득효과는 상품의 종류(정상재 또는 열등재)에 따라 그 상품의 구입량이 달라진다.

ⓒ **가격효과**(price effect): 가격(임대료)이 하락할 때 그 상품의 수요량이 늘어나는 것은 대체효과와 소득효과로 설명될 수 있는데, 이 두 효과를 합한 합성효과를 가격효과라고 한다.

ⓔ 수요법칙은 기회비용(opportunity cost)*으로 설명하기도 한다. 즉, 상품을 얻는 데 희생이 크면(즉, 가격이 높으면) 구매하고자 하는 양은 줄어들게 되고, 희생이 작으면(즉, 가격이 낮으면) 구매하고자 하는 양이 늘어나는 현상에서 기회비용이라는 개념을 생각해 볼 수 있다.

⑤ **수요법칙의 예외**

  ㉠ **기펜재**(Giffen's goods): 열등재 중에서 가격이 하락하면 오히려 수요량이 감소하는 상품을 말한다.
  ㉡ **베블렌**(Veblen) **효과**: 가격이 높을 때 오히려 구매를 늘리는 심리현상으로 과시성 소비를 말한다. 예 밍크 코트, 외제 승용차

> * **기회비용**(opportunity cost)
> 기회비용이란 그것을 선택함으로써 포기한 다른 대안들 중 최선의 대안으로부터의 혜택을 말한다. 그러나 이는 실제 지불된 비용이 아니라 인식된 비용이다.
> ⇨ 귀속비용은 기업가 자신이 소유하고 있으면서 생산에 투입한 생산요소의 기회비용으로서 귀속임금, 귀속이자, 귀속지대, 정상이윤으로 구성된다. 주택소유자의 귀속비용은 귀속임대료라고 한다.

(3) 개별수요와 시장수요

수요는 한 상품의 수요량이 특정 개별수요자에 국한되는 개별적인 것인지 아니면 시장 전체적인 것인지에 따라 개별수요와 시장수요로 구분된다.

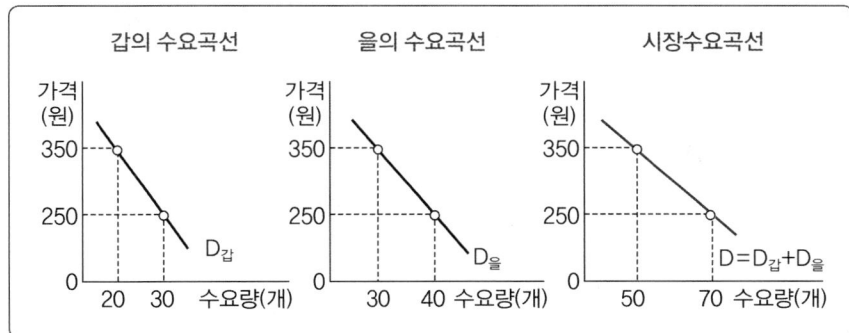

① 한 사람 한 사람을 대상으로 하는 수요량과 수요곡선은 개별수요량과 개별수요곡선이다. 그러나 상품을 구입하는 시장에는 수많은 사람들이 존재한다. 각각의 상품 가격수준에서 시장에 존재하는 모든 사람들의 개별 수요량을 더해 주면 시장수요량을 구할 수 있다. 그러므로 시장에 존재하는 사람들의 개별수요곡선을 합해서 시장수요곡선을 구할 수 있다. 이렇게 구해진 시장수요곡선 역시 수요의 법칙에 따라 우하향의 형태로 나타난다.

② 시장수요곡선은 동일한 가격수준에서 모든 소비자의 개별수요곡선을 수평으로 합한 것이다. 일반적으로 시장수요곡선은 개별수요곡선보다 완만하게(탄력적으로) 그려진다.

> **추가** 사적재와 공공재의 개별수요곡선과 시장수요곡선
> 사적재(민간재)의 경우 시장수요곡선은 동일한 가격수준에서 모든 소비자의 개별수요곡선을 수평적으로 합계한 것이다. 그러나 공공재의 시장수요곡선은 개별수요곡선의 수직적 합으로 도출한다.

(4) 수요량의 변화와 수요의 변화

① **수요량의 변화**
   ㉠ 다른 모든 요인들은 일정하다고 가정할 때 해당 상품의 가격이 하락(상승)하면 수요량은 증가(감소)하는데, 이와 같은 해당 상품의 가격의 변화에 의한 수요량의 변화를 말한다.
   ㉡ 해당 상품의 수요곡선 자체가 이동하는 것이 아니라 수요곡선상의 어느 한 점에서 다른 한 점으로 이동하는 것으로 나타난다.

② **수요의 변화**
   ㉠ 일정하다고 가정한 해당 상품의 가격 이외의 요인이 변화하여 나타나는 수요량의 변화를 말한다.
   ㉡ 해당 상품의 수요곡선 자체의 이동으로 나타난다.

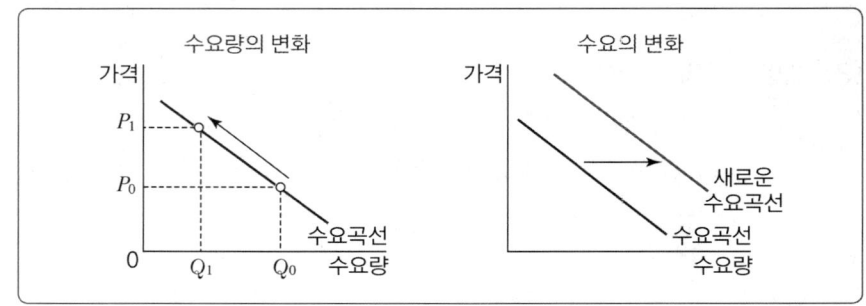

(5) 수요변화의 요인

수요변화의 요인은 해당 상품의 가격(임대료) 이외의 요인들로 다음과 같은 것이 있다.

① **소득수준의 변화:** 일반적으로 소득이 증가하면 상품의 수요는 증가하고, 반대로 소득이 감소하면 수요는 감소한다. 그러나 상품 중에는 소득이 증가하면서 오히려 수요가 감소하는 것도 있다.
   ㉠ 정상재: 소득이 증가(감소)함에 따라 수요가 증가(감소)하는 상품을 말하는데, 상급재 또는 우등재라고도 한다. 정상재는 소득이 증가(감소)하면 수요가 증가(감소)하여 수요곡선이 우측(좌측)으로 이동한다. 따라서 정상재의 경우 소득의 증가는 수요증가의 요인이라고 할 수 있다.
   ㉡ 열등재: 소득이 증가(감소)함에 따라 수요가 감소(증가)하는 상품을 말하는데, 하급재라고도 한다. 열등재는 소득이 증가(감소)하면 수요가 감소(증가)하여 수요곡선이 좌측(우측)으로 이동한다. 따라서 열등재의 경우 소득의 감소는 수요증가의 요인이라고 할 수 있다.

OX 확인문제

수요곡선의 이동으로 인해 수요량이 변하는 경우에 이를 부동산수요량의 변화라고 한다.
• 21회 ( )

정답 (×)
수요곡선의 이동으로 수요량이 변하는 경우 이를 '부동산수요의 변화'라고 한다.

OX 확인문제

부동산수요자의 소득이 변하여 동일 가격수준에서 부동산의 수요곡선이 이동하였다면 이를 부동산수요의 변화라 한다.
• 20회 ( )

정답 (○)

ⓒ **중립재**: 소득이 변하더라도 수요량이 변하지 않는 상품을 말한다. 중립재는 소득이 변하더라도 수요가 불변이며 따라서 수요곡선도 이동하지 않는 상품을 말하는데 소금, 간장 등이 이에 해당한다.

② **다른 상품의 가격변화**

ⓐ **대체재**: 일상생활에서 사과와 배, 커피와 녹차, 콜라와 사이다 같은 상품들은 용도가 비슷하여 한 상품 대신에 다른 상품을 소비해도 만족에는 별 차이가 없게 되는데, 이처럼 용도 간에 서로 경쟁관계에 있는 상품들을 '대체재(代替財, substitutional goods)'라 하며, 대체재 간에는 대체관계가 있다고 말한다. 대체재 관계에 있는 X재와 Y재 중 X재(커피)의 가격이 상승(하락)하면 X재(커피)의 수요량이 감소(증가)하고, Y재(홍차)의 수요가 증가(감소)하여 Y재(홍차)의 수요곡선이 우측(좌측)으로 이동하게 된다. 또한 아파트와 단독주택의 관계가 대체재관계라고 가정할 때 단독주택의 가격이 상승하면 아파트주택의 수요가 증가하고 아파트의 가격은 상승한다. 따라서 대체주택(단독주택) 가격상승은 해당 주택(아파트) 수요증가의 요인이라고 할 수 있다.

ⓑ **보완재**: 일상생활에서 자동차와 휘발유, 커피와 커피크림, 만년필과 잉크와 같은 상품들은 한 상품을 따로 소비할 때보다 함께 소비할 때 더 큰 만족을 얻을 수 있는데, 이와 같은 상품들을 '보완재(補完財, complementary goods)'라 하며, 보완재 간에는 보완관계에 있다고 말한다. 보완재 관계에 있는 X재와 Y재 중 X재(커피)의 가격이 상승(하락)하면 X재(커피)의 수요량이 감소(증가)하고, Y재(설탕)의 수요가 감소(증가)하며 Y재(설탕)의 수요곡선이 좌측(우측)으로 이동하게 된다. 따라서 보완재의 가격하락은 해당 부동산(아파트) 수요증가의 요인이라고 할 수 있다.

ⓒ **독립재**: 한 상품의 가격이 다른 상품의 수요량에 아무런 영향을 주지 않는 관계를 말한다. 따라서 수요곡선도 이동하지 않는다.

③ **소비자의 가격 예상**: 사람들이 어떤 상품의 가격이 가까운 장래에 상승할 것으로 예상한다면, 가격이 상승하기 전에 그 상품을 보다 많이 사두려 하기 때문에 그 상품에 대한 수요가 증가한다. 이에 따라 수요곡선도 우측으로 이동한다. 반대로 사람들이 어떤 상품의 가격이 가까운 장래에 하락할 것으로 예상한다면, 가격이 하락한 다음에 그 상품을 사려고 구매를 미루기 때문에 그 상품에 대한 수요는 감소한다. 이에 따

OX 확인 문 제

대체재 가격의 상승은 해당 부동산의 수요곡선을 좌측(좌하향)으로 이동하게 한다. •36회
( )

정답 (×)
대체재 가격의 상승은 해당 부동산의 수요곡선을 우측(우상향)으로 이동하게 한다.

OX 확 인 문 제

보완재 가격의 하락은 해당 부동산의 수요곡선을 우측(우상향)으로 이동하게 한다. •36회
( )

정답 (○)

라 수요곡선도 좌측으로 이동한다. 따라서 소비자의 가격상승예상은 수요증가의 요인이라고 할 수 있다.

④ **소비자의 기호 변화:** 어떤 상품에 대한 소비자들의 기호가 선호도를 증가(감소)시키는 방향으로 변화하면 그 상품에 대한 수요가 증가(감소)하게 된다. 따라서 수요곡선은 우측(좌측)으로 이동하며, 소비자의 선호도 증가는 수요증가의 요인이라고 할 수 있다.

⑤ **소비자**(인구)**의 수:** 소비자의 수가 증가(감소)하면 그 상품에 대한 수요가 증가(감소)하게 된다. 따라서 수요곡선은 우측(좌측)으로 이동한다.

⑥ **대출금리:** 대출금리가 하락하면 금융기관 융자 등 차입금이 늘어 구매력이 높아지므로 그 결과 수요는 증가한다. 즉, 아파트 담보대출금리가 하락하면 금융기관으로부터 대출받은 대출금상환에 대한 이자부담이 감소하므로 금융기관 융자 등 차입금이 증가하여 아파트수요는 증가한다. 따라서 대출금리 인하는 수요증가의 요인이라고 할 수 있다.

⑦ 그 외에도 경기전망, 부동산에 대한 조세, 재산 등에 의해 영향을 받는다.

(6) 수요함수

부동산의 수요량과 그 수요량에 영향을 미치는 요인들과의 관계를 나타낸 것이 수요함수이다.

$$D_X = f(P_X; I, T, P_R, E, W, N)$$

- P_X: X재의 가격
- T: 소비자의 기호
- E: 소비자의 예상
- N: 소비자의 수
- I: 소비자의 소득
- P_R: 연관상품가격
- W: 소비자의 재산

해당 상품가격(임대료) 이외의 다른 요인들이 일정불변이라고 하면 다음과 같이 표시할 수 있다.

$$D_X = f(P_X) \text{ 또는 수요량} = f(가격)$$

2. 부동산의 수요

(1) 부동산수요의 개념

부동산수요란 사람들이 토지나 건물 등 부동산을 구입하고자 하는 욕구로서 토지에 대한 수요와 건물에 대한 수요로 나누어 볼 수 있다. 건물에 대

O X 확 인 문 제

담보대출금리의 인하는 부동산의 수요곡선을 우측(우상향)으로 이동하게 한다. • 36회
( )

정답 (○)

한 수요와 달리 토지에 대한 수요는 토지 그 자체가 아닌 토지를 이용하여 각종 재화나 서비스를 창출할 수 있기 때문에 토지수요가 생성된다.

(2) 부동산수요의 특징

① 부동산은 일반상품과 비교하여 볼 때 가격비중이 크므로 구매자금을 축적하는 데 오랜 시간이 요구되는 편이다.
② 부동산은 우리 생활에 필요불가결한 것이지만 부동산의 수요활동 판단에 영향을 미치는 주안점은 수요활동의 주체와 부동산의 종류에 따라 많은 차이가 있다.
③ 부동산의 구매결정에 있어서는 일반상품에 비해 전문적이고 복잡한 많은 사항이 검토되어야 한다.
④ 구매절차에 있어서 부동산의 경우는 일반상품에 비해 특수한 방법이 활용된다.
⑤ 수요의 가격탄력성이 적용되는 정도는 부동산의 종류에 따라 상이한 양상을 보이기도 한다. 예를 들면, 투자재 부동산(필수재)은 비탄력적인 데 비해, 투기재 부동산(사치재)은 탄력적이다.

(3) 부동산수요의 유형

① **부동산수요의 유형별 분류**
  ㉠ 신규수요와 교체수요
    ⓐ **신규수요**: 구매력이 생겨 새로 부동산을 소유하고자 하는 유효수요이다.
    ⓑ **교체수요**: 현재 소유하고 있는 부동산을 처분하여 다른 부동산으로 교체하고자 하는 유효수요이다.
  ㉡ 신주택수요와 중고주택수요
    ⓐ **신주택수요**: 교체할 주택으로서 신주택을 선호하는 수요이다.
    ⓑ **중고주택수요**: 교체할 주택으로서 중고(기존)주택을 선호하는 수요이다.
  ㉢ **지가수요**(持家需要)와 **차가수요**(借家需要)
    ⓐ **지가수요**(자가수요): 부동산을 소유할 목적으로 취득하는 매입수요이다. ⇨ 소유권에 관한 수요
    ⓑ **차가수요**(임차수요): 부동산을 일정기간 임차하고자 하는 수요이다. ⇨ 임차권에 관한 수요

추가 **실수요와 가수요**
구매력이 있는 수요라는 점에서 실수요는 물론 가수요 역시 유효수요에 해당된다.

추가 **가수요(假需要)**
어떤 상품이 부족하게 될 것 같은 상황에서 가격이 상승할 것으로 예상될 때 그 상품을 미리 대량으로 구입하는 일종의 예상수요를 말한다. 실수요에 대응되는 개념이다.

추가 **표준수요와 유보수요**
1. 표준수요: 상시적으로 수요가 유발되는 표준량을 말한다.
2. 유보수요(留保需要): 자산의 소유자가 그 자산을 처분하지 않고 스스로가 이를 보유하려는 수요이다.

정리 **주택수요증가의 요인**
1. 정상재의 경우 소득증가
2. 열등재의 경우 소득감소
3. 대체주택의 가격상승
4. 대체주택의 수요감소
5. 보완재의 가격하락
6. 보완재의 수요증가
7. 수요자의 해당 가격상승 예상
8. 금리 인하
9. 인구증가
10. 보조금 지급
11. 세금 인하
12. 선호도 증가
13. 토지이용규제의 완화
14. 대부비율(LTV)이나 총부채상환비율(DTI)의 규제완화
15. 대체투자대상(증권이나 채권경기)의 불황

② 부동산수요의 성질상 분류
　㉠ 유효수요: 부동산시장에서 가격경쟁에 참여하고 있는 수요를 말하며, 구매력을 수반하는 수요이므로 실질적 수요라고도 한다.
　㉡ 잠재(적)수요: 구매력이 부족하여 유효수요층에는 해당되지 아니하나 구매력 여하에 따라 언제든지 유효수요화할 수 있는 수요를 말하며, 예비수요라고도 한다.
　㉢ 실수요: 부동산에 대한 이용의사를 갖춘 수요를 말하며, 가수요와 대비되는 개념이다.
　㉣ 가수요: 부동산에 대한 이용의사는 없으나 시세차익이 발생할 수 있기 때문에 구매하고자 하는 투기수요를 말하며, 실수요와 대비되는 개념이다.
　㉤ 본원(적)수요: 소비를 통해 인간의 욕망을 충족하는 상품인 소비재에 대한 수요를 본원(적)수요 또는 직접수요라고 한다.
　㉥ 파생(적)수요: 제품에 대한 수요가 증가하면 생산요소에 대한 수요도 증가하고, 제품에 대한 수요가 감소하면 생산요소에 대한 수요도 감소한다. 따라서 생산요소에 대한 수요를 파생적 수요(derived demand) 또는 간접수요라고 한다. 예를 들면, 주거지에 대한 택지수요는 주택에 대한 수요에서, 농경지에 대한 수요는 농산물에 대한 수요에서 파생한다고 볼 수 있다.

(4) 부동산수요의 발생요인과 제약요인
　① 부동산수요의 발생(증가)요인
　　㉠ 인구증가
　　㉡ 가구분리(핵가족화, 혼인에 의한 분가)
　　㉢ 각종 공공시설을 위한 용지확보
　　㉣ 소득수준의 향상
　　㉤ 대체투자대상의 불경기(증권, 채권 등)
　　㉥ 주의식의 변화(이용의식 ⇨ 소유의식)
　　㉦ 금리의 인하
　② 부동산수요의 제약(감소)요인
　　㉠ 공·사법상의 거래규제
　　㉡ 유사부동산의 과잉공급
　　㉢ 대체투자대상의 호경기(증권, 채권 등)

ㄹ 부동산에 대한 중과세
ㅁ 해당 부동산의 용도의 특수성(제약)
ㅂ 금리의 인상

2 부동산의 공급 •24회 •26회 •27회 •28회 •29회 •30회 •32회 •34회 •36회

1. 공급

(1) 공급의 개념

공급(supply)이란 일정기간 또는 시점에 사람들이 상품을 판매하고자 하는 욕구를 말한다. 상품을 판매하고자 하는 사람을 '공급자'라 하며, 주어진 가격수준에서 판매하려고 의도된 양을 '공급량'이라고 한다. 구체적으로 공급량이란 일정기간 또는 시점에 공급자가 주어진 가격으로 상품을 판매하고자 하는 최대수량을 말한다. 공급량은 다음과 같은 의미를 가진다.

① 공급량은 일반경제이론에서 대개 일정기간에 걸쳐 측정되는 유량(流量, flow) 개념이다. 즉, 공급량은 대개 1일, 1개월 등의 기간에 측정되는 개념이다. 그러나 일반경제이론과 달리 단기적으로 공급이 제한되고 내구성(또는 영속성)이 있는 부동산의 공급을 분석할 때는 저량(貯量, stock)의 개념도 사용한다.

② 공급량은 주어진 가격에서 공급자들이 실제로 판매한 양(사후적 개념)이 아니라 판매하려고 의도된 상품의 양(사전적 개념)을 의미한다.

③ 공급량은 생산자가 막연히 판매하고자 하는 양이 아니라 실질적인 물량을 확보할 수 있거나 확보하고 있는 상태에서 판매를 희망하는 상품의 수량이다(유효공급).

(2) 공급곡선

① **개념:** 어떤 상품의 공급곡선이란 해당 상품가격만이 변할 때 그 상품의 공급량이 어떻게 변하는지를 보여 주는 곡선이다. 구체적으로 공급곡선은 일정기간 또는 시점에 성립할 수 있는 단위당 가격과 공급량의 관계를 나타낸 곡선이다. 즉, 공급곡선이란 각 가격수준(임대료)에서 생산자가 기꺼이 공급하려 하고 또한 할 수 있는 공급량을 연결한 곡선이다.

O X 확인문제

공급량은 주어진 가격수준에서 공급자가 공급하고자 하는 최대수량이다. •27회 ( )

정답 (O)

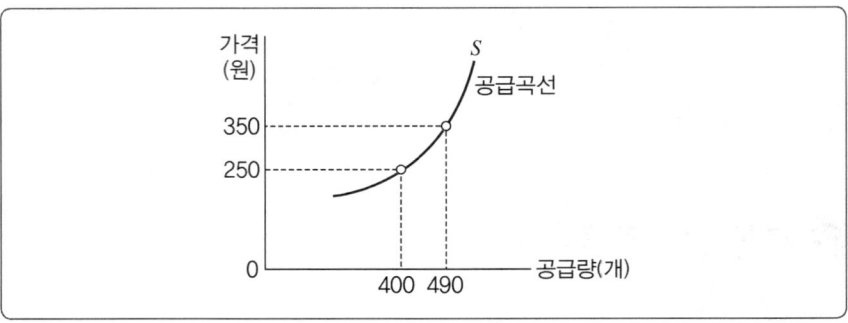

② **공급곡선과 한계비용*:** 공급량이 특정 가격에서 생산자가 시장에 내놓으려는 최대수량을 의미한다면 생산자가 어떤 상품을 특정 수량만큼 공급하려 할 때 받아야 하는 최소금액(가격)을 공급가격이라고 한다. 공급가격은 생산자가 그 상품을 추가 1단위를 생산하는 데 추가되는 한계비용(marginal cost)이다. 결국, 공급곡선은 상품의 추가 1단위를 더 생산할 때 발생하는 한계비용을 나타내는 곡선, 즉 한계비용곡선이 곧 공급곡선이 된다.

③ **공급의 법칙:** 다른 모든 조건이 동일할 때 어떤 한 상품의 가격(임대료)이 상승하면 공급량은 증가하고, 가격(임대료)이 하락하면 공급량은 감소한다. 이와 같은 해당 가격(임대료)과 공급량 사이의 비례관계를 '공급의 법칙'이라고 한다. 공급의 법칙을 반영하면 공급곡선은 우상향하는 모양을 나타낸다.

(3) 개별공급과 시장공급

공급은 한 상품의 공급량이 특정 개별공급자에 국한되는 개별적인 것인지, 아니면 시장 전체적인 것인지에 따라 개별공급과 시장공급으로 구분된다.

① 한 사람 한 사람을 대상으로 하는 공급량과 공급곡선은 개별공급량과 개별공급곡선이다. 그러나 상품을 판매하는 시장에는 수많은 사람들이 존재한다. 각각의 상품 가격수준에서 시장에 존재하는 모든 사람들의 개별 공급량을 더해 주면 시장 공급량을 구할 수 있다. 그러므로 사람들의 개별공급곡선을 합하여 시장공급곡선을 구할 수 있다. 이렇게 구해진 시장공급곡선 역시 공급의 법칙에 따라 우상향의 형태로 나타난다.

② 시장공급곡선은 동일한 가격수준에서 모든 생산자의 개별공급곡선을 수평으로 합한 것이다. 일반적으로 시장공급곡선은 개별공급곡선보다 완만하게(탄력적으로) 그려진다.

*** 한계비용(marginal cost)**
생산량이 한 단위 증가할 때 늘어나는 비용을 의미한다. 즉, '한 단위(1개) 추가생산비용' 혹은 '한 단위를 추가생산하는 데 소요되는 생산비용'으로 이해하면 된다.

O X 확인문제

공급곡선은 한계편익곡선이다.
• 36회 ( )

정답 (×)
공급곡선은 한계비용곡선이다.

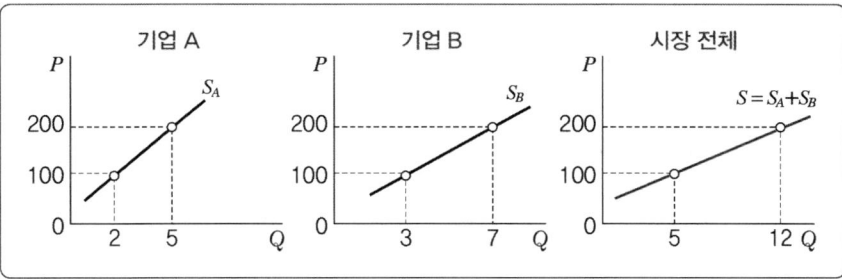

(4) 공급량의 변화와 공급의 변화

① **공급량의 변화**
   ㉠ 다른 모든 요인들은 일정하다고 가정할 때 해당 상품의 가격이 상승(하락)하면 공급량은 증가(감소)하는데, 이와 같은 해당 상품의 가격의 변화에 의한 공급량의 변화를 말한다.
   ㉡ 해당 상품의 공급곡선 자체가 이동하는 것이 아니라 공급곡선상의 어느 한 점에서 다른 한 점으로 이동하는 것으로 나타난다.

② **공급의 변화**
   ㉠ 일정하다고 가정한 해당 상품의 가격 이외의 요인이 변화하여 나타나는 공급량의 변화를 말한다.
   ㉡ 해당 상품의 공급곡선 자체의 이동으로 나타난다.

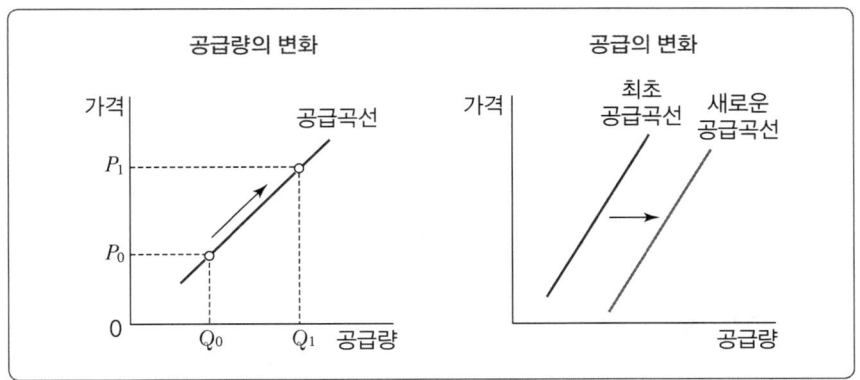

(5) 공급변화의 요인

공급변화의 요인은 해당 상품가격(임대료) 이외의 요인들로 다음과 같은 것이 있다.

① **생산기술의 변화:** 해당 상품가격에 변화가 없더라도 동일한 규모의 생산요소를 사용하여 더 많이 생산할 수 있는 기술이 개발된다면 해당 상품의 공급은 증가하여 공급곡선은 우측으로 이동하게 된다. 이와는

OX 확 인 문 제

해당 부동산 가격변화에 의한 공급량의 변화는 다른 조건이 불변일 때 동일한 공급곡선상에서 점의 이동으로 나타난다. •27회
( )

정답 (O)

OX 확 인 문 제

부동산가격 이외의 다른 요인이 변하면 그 부동산의 공급이 변하여 공급곡선이 이동한다. •11회
( )

정답 (O)

반대로 기술이 퇴보하면 해당 상품의 공급은 감소하여 공급곡선은 좌측으로 이동하게 된다. 따라서 생산기술의 발전은 공급증가의 요인이라고 할 수 있다.

② **생산요소가격**(원자재가격)**의 변화:** 생산요소가격의 변화는 생산비의 변화를 초래하여 공급을 변화시킨다. 만일 해당 상품가격에 변화가 없더라도 생산요소가격이 하락하여 생산비가 낮아지면 공급자는 해당 상품의 공급을 증가시킬 것이다. 즉, 생산요소가격이 하락하여 생산비가 낮아지면 해당 상품의 공급은 증가하여 공급곡선은 우측으로 이동하게 된다. 반대로 생산요소가격이 상승하여 생산비가 높아지면 해당 상품의 공급은 감소하여 공급곡선은 좌측으로 이동하게 된다. 그러므로 건축기자재 가격이 상승하더라도 주택가격이 변하지 않는다면 주택공급은 감소할 것이다. 또한 임금이나 토지가격의 상승은 주택공급을 감소시키는 요인이 된다. 그리고 주택의 공급규모가 커지면, 규모의 경제*로 인해 생산단가가 낮아져 건설비용을 절감할 수 있다. 따라서 생산요소가격(원자재가격)의 하락은 공급증가의 요인이라고 할 수 있다.

③ **다른 상품의 가격변화:** 공급 측면에서 대체관계에 있는 X재(콩)의 가격이 상승하면 X재(콩)의 공급량이 증가하고, Y재(옥수수)의 공급은 감소한다. 그 결과 Y재(옥수수)의 공급곡선은 좌측으로 이동한다. 따라서 공급 측면의 대체재의 가격하락은 해당 부동산(아파트) 공급증가의 요인이라고 할 수 있다. 또한 공급 측면에서 보완재*에 있는 X재(쇠고기) 가격이 상승하면 X재(쇠고기)의 공급량이 증가하고, Y재(쇠가죽)의 공급도 증가한다. 그 결과 Y재(쇠가죽)의 공급곡선이 우측으로 이동한다. 따라서 공급 측면의 보완재의 가격상승은 해당 부동산(아파트) 공급증가의 요인이라고 할 수 있다.

④ **정부의 조세부과와 보조금 지급:** 기업에의 조세부과는 해당 상품의 생산비를 상승시키는 결과를 가져오므로 공급을 감소시킨다. 따라서 공급곡선은 좌측으로 이동한다. 반면, 기업에의 보조금 지급은 해당 상품의 생산비를 하락시키는 결과를 가져오므로 공급을 증가시킨다. 따라서 공급곡선은 우측으로 이동하게 된다.

⑤ **대출금리:** 대출금리가 하락하면 부동산공급자들의 자금조달비용을 감소시켜 부동산의 공급은 증가한다. 즉, 부동산공급을 하기 위한 건설자금에 대한 대출금리가 하락하면 공급자들의 자금조달비용은 감소하게

OX 확인문제

건축자재 가격의 하락은 부동산의 공급곡선을 우측(우하향)으로 이동하게 한다. • 36회
( )

정답 (○)

* **규모의 경제**
(economies of scale)
생산량과 비용 간의 관계를 나타내는 개념으로 기업이 생산시설의 규모를 확장함에 따라 생산량이 증가할 때 장기평균비용이 감소하게 되는데 이를 규모의 경제라고 하며, 생산량이 증가할 때 장기평균비용이 상승하는 경우를 규모의 불경제(diseconomies of scale)라고 한다.

* **공급 측면에서 보완재**
엄밀히 말하면 쇠고기와 쇠가죽은 공급 측면의 보완재라기보다는 결합재(combination goods)라고 할 수 있다. 하지만 공급 측면의 보완재를 쉽게 설명하기 위해 쇠고기와 쇠가죽을 예로 들기도 한다.

OX 확인문제

부동산시장에서 주택건설업체 수의 증가, 주택건설용 원자재가격의 하락, 새로운 건설기술의 개발에 따른 원가절감, 주택건설용 토지가격의 하락 등은 주택의 공급을 증가시키는 요인에 해당한다.
• 24회 ( )

정답 (○)

되며 자금차입을 통한 부동산공급이 증가하게 된다. 따라서 대출금리 인하는 공급증가의 요인이라고 할 수 있다.

⑥ 그 외에도 공급자(건설업체)의 수, 경기전망 등도 공급에 영향을 미치며, 지역지구제*와 같은 부동산정책을 통해서 부동산의 공급을 조절할 수 있다.

(6) 공급함수
부동산의 공급량과 그 공급량에 영향을 미치는 요인들과의 관계를 나타낸 것이 공급함수이다.

$$S_X = f(P_X;\ T_E,\ P_F,\ P_R,\ E,\ R,\ W_B,\ N)$$

- P_X: X재의 가격
- P_F: 생산요소가격
- E: 공급자의 예상
- W_B: 기후
- T_E: 생산기술
- P_R: 연관상품가격
- R: 정부의 조세부과 및 보조금
- N: 공급자의 수

해당 상품가격(임대료) 이외의 다른 요인들이 일정불변이라고 하면 다음과 같이 표시할 수 있다.

$$S_X = f(P_X)\ \text{또는 공급량} = f(가격)$$

2. 부동산의 공급

(1) 부동산공급의 개념
부동산, 특히 토지에는 부증성의 특성이 있으므로 물리적인 공급은 불가능하다. 그러나 건물은 물리적 공급이 가능하고, 토지의 경우도 경제적인 공급은 가능하다.

(2) 부동산공급활동
① 수면의 매립·간척·개발로 택지를 조성하여 분양하는 활동
② 여러 가지 용도의 부동산을 건설하여 분양하는 활동
③ 소유하고 있는 부동산을 매각하기 위하여 시장에 출품하는 활동
④ 임대용 부동산을 임대하는 활동
⑤ 입체공간을 분양하거나 임대하는 활동

---

*지역지구제
도시의 토지용도를 구분함으로써 이용목적에 부합하지 않는 토지이용이나 건축 등의 행위를 토지의 효율적·합리적 이용을 도모하는 방향으로 규제하는 제도이다.

O X 확 인 문 제
공급함수는 부동산의 공급량에 영향을 미치는 요인들과 공급량의 관계를 나타내는 함수이다.
• 36회 ( )

정답 (○)

(3) 부동산의 공급자

부증성의 특성으로 인해 토지의 물리적 공급은 불가능하나 건물의 물리적 공급은 가능하다. 부증성의 특성은 토지의 공급을 생산공급이 아닌 보유공급으로 만든다. 따라서 건물과 같은 부동산의 생산과 관계되는 사람은 물론 기존 부동산의 보유자 역시 부동산의 공급자에 해당되는 것이다. 부동산공급자에는 생산자뿐만 아니라 기존의 주택이나 건물의 소유주도 포함된다.

(4) 부동산의 공급곡선

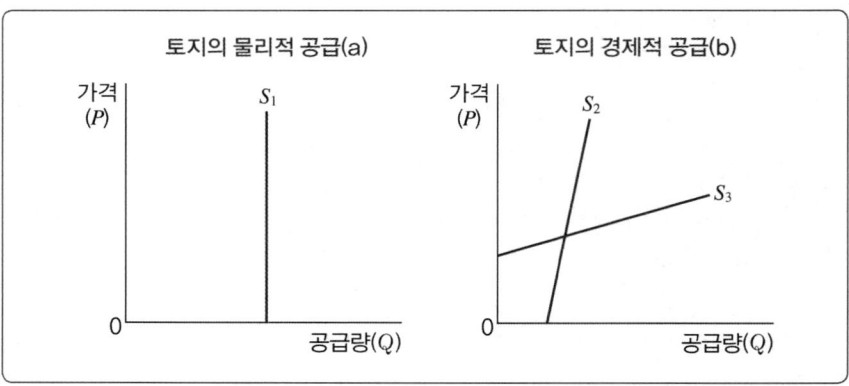

① **그림 (a)의 S_1**: 토지의 자연적 특성인 부증성으로 인하여 어떤 가격에도 물리적으로 이용가능한 토지의 양은 동일하다. 따라서 한 국가 전체의 토지공급량이 불변이라면 토지의 물리적 공급곡선은 수직이며, 토지의 공급의 가격탄력성은 0(완전비탄력적)이다. 즉, 물리적 토지공급량이 불변이라면 토지의 물리적 공급은 토지가격 변화에 대해 완전비탄력적이다.

② **그림 (b)의 S_2, S_3**: 토지이용의 측면에서 토지의 공급과 토지의 이용으로부터 발생하는 서비스의 가격을 나타낸 것이다. 이는 토지서비스의 가격이 상승함에 따라 그 토지서비스 양이 증가하기 때문에 우상향으로 나타난다. 따라서 토지의 용도의 다양성으로 인해 토지의 경제적 공급곡선이 우상향하는 공급곡선을 가진다.

③ **단기공급곡선과 장기공급곡선**
  ㉠ 단기공급곡선[그림 (a)의 S_1, 그림 (b)의 S_2]: 공급곡선이 급한 것은 완만한 것에 비해 가격이 상승한다고 할지라도 공급이 어렵다는 것을 의미한다. 단기공급곡선이 장기공급곡선에 비해 경사도가 급한 것은 단기에는 그만큼 공급이 어렵다는 것을 의미한다. 왜냐하면

> [정리] **토지의 물리적 공급곡선과 경제적 공급곡선**
> 부증성의 특성으로 인해 토지의 물리적 공급곡선은 수직이지만, 용도의 다양성으로 인해 경제적 공급곡선은 우상향한다.

단기에는 생산요소(토지 등)의 사용이 장기에 비해 상대적으로 제한되거나 용도전환도 그만큼 어렵기 때문이다. 따라서 생산공급이 곤란한 최단기에는 공급곡선이 수직[그림 (a)의 S_1]으로 나타난다.

ⓒ **장기공급곡선[그림 (b)의 S_3]**: 장기공급곡선이 단기공급곡선에 비해 완만한 것은 장기에는 그만큼 공급이 쉬워진다는 것을 의미한다. 즉, 장기에는 단기에 비해 생산요소(토지 등)의 사용도 쉬워지고, 용도전환도 그만큼 가능하므로 공급곡선은 보다 완만해진다.

ⓒ **장·단기공급곡선의 기울기**: 공급곡선의 기울기의 의미는 공급이 쉬운지, 혹은 어려운지를 나타낸다. 즉, 공급이 쉬워질수록 공급곡선의 기울기는 완만해지고, 공급이 어려워질수록 공급곡선의 기울기는 급해진다. 이때 공급곡선이 급하다는 것은 가격이 많이 올라가도 공급을 늘리기가 어렵다는 뜻이다. 반면에 공급곡선이 완만하다는 것은 가격이 적게 올라가도 공급을 늘리기가 쉽다는 뜻이다. 생산요소의 사용가능성이나 용도전환의 가능성의 정도에 따라 공급곡선의 기울기는 달라진다. 즉, 생산요소의 사용가능성을 제한하거나 용도전환을 제한하는 법규·토지이용규제가 많을수록 공급곡선은 급해지며, 생산요소의 사용가능성이 풍부해지거나 용도전환을 제한하는 법규·토지이용규제가 완화될수록 공급곡선은 완만해진다.

> **추가 부동산의 장·단기공급곡선의 기울기**
> 부동산학에서 일반적으로 단기에는 공급이 곤란하므로 부동산의 공급곡선은 수직이 된다. 그러나 공급곡선의 기울기가 급한 것과 완만한 것을 상대적으로 표현할 때에는 단기공급곡선은 급한 곡선으로, 장기공급곡선은 완만한 곡선으로 표현한다.

> **추가 부동산의 공급곡선과 생산비곡선**
> 각 가격수준에 대응하는 균형생산량을 나타내보면 한계비용곡선(우상향하는 부분)이 곧 공급곡선임을 알 수 있다. 또한 시장 전체의 총공급곡선은 개별공급자의 한계비용곡선을 수평으로 전부 합한 것이다.

3 부동산시장의 균형가격과 균형량의 결정

• 25회 • 26회 • 28회 • 29회 • 31회 • 32회 • 33회 • 34회 • 35회 • 36회

1. 시장의 균형 – 균형가격(균형임대료)과 균형거래량의 결정

(1) 균형의 개념

균형(equilibrium) 또는 균형상태란 변화를 가져오는 유인이 존재하지 않는 상태를 말한다. 다시 말해 균형상태란 일단 도달하면 다른 상태로 바뀔 유인이 없어 그대로 유지되는 상태를 의미한다.[1]

> **정리 균형의 특징**
> 1. 수요량과 공급량이 같다.
> 2. 수요가격과 공급가격이 같다.
> 3. 초과수요 또는 초과공급이 없다.
> 4. 수요자경쟁 또는 공급자경쟁이 없다.
> 5. 가격상승 압력 또는 가격하락 압력이 없다.

---

[1] 김대식 외, 전게서, p.68

(2) 균형가격(균형임대료)과 균형거래량

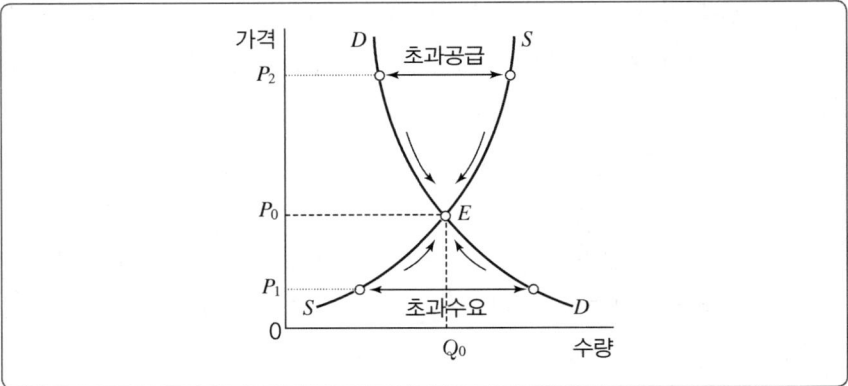

① 그림에서 균형점은 수요량과 공급량이 일치하는 E점이 되고, 균형가격은 P_0, 균형량은 Q_0이다. 균형가격 P_0보다 높은 P_2수준에서는 공급량이 수요량을 초과하여 초과공급이 존재하고 가격(임대료)을 하락시키는 압력이 존재한다. 반면에 균형가격 P_0보다 낮은 P_1수준에서는 수요량이 공급량을 초과하여 초과수요가 존재하고 가격(임대료)을 상승시키는 압력이 존재한다. 따라서 부동산의 초과공급은 가격(임대료)을 하락시키는 요인으로 작용하며, 초과수요는 가격(임대료)을 상승시키는 요인으로 작용한다. 오직 균형가격(균형임대료)에서는 초과수요나 초과공급이 소멸되어 가격하락 압력도, 가격상승 압력도 존재하지 않는다.

② 시장에서 사람들은 가격과 수량을 상호 조정하면서 균형에 도달하게 된다. 결국 시장에서 거래되는 모든 상품의 가격과 수량은 우리가 모르는 사이에 자연스럽게 조정이 이루어진 결과이다. 이러한 조정에 의해 가격수준과 수량이 결정되면 시장에서 균형이 달성되었다고 하며, 이때의 가격을 균형가격이라고 하고, 수량을 균형거래량 또는 간단히 균형량이라고 한다. 결론적으로 시장균형은 시장수요곡선과 시장공급곡선이 교차하는 곳에서 결정된다.

③ 시장의 거래과정에서 소비자와 생산자는 각각 소비자잉여(consumer's surplus)와 생산자잉여(producer's surplus)를 얻을 수 있다. 소비자잉여란 소비자가 어떤 상품을 구입하기 위하여 지불할 용의가 있는 최대금액과 실제로 지불한 금액의 차이를 말한다. 생산자잉여란 생산자가 어떤 상품을 판매할 때 받고자 하는 최소금액과 실제로 받은 금액(총수입)의 차이를 말한다. 또한 소비자잉여와 생산자잉여를 합한 것을 사회 전체의 총잉여(total surplus), 경제적 잉여(economic surplus), 사

O X 확 인 문 제

부동산의 초과수요는 가격(임대료)을 상승시키는 요인으로 작용하며, 초과공급은 가격(임대료)을 하락시키는 요인으로 작용한다. • 20회 ( )

정답 (○)

회적 후생(social welfare)이라고도 한다. 수요와 공급이 일치하는 시장균형에서 사회 전체의 총잉여, 경제적 잉여, 사회적 후생이 가장 커지므로 자원배분이 가장 효율적이라고 할 수 있다.

2. 시장균형의 변동(우하향의 수요곡선과 우상향의 공급곡선을 가정)

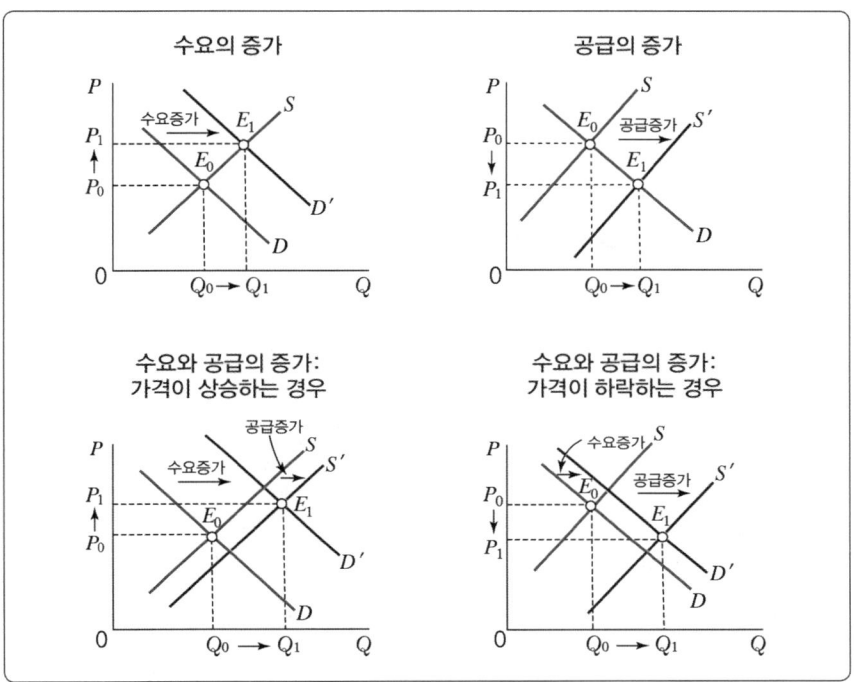

> **추가** 균형의 이동
> 수요나 공급이 변동하면 그에 따라 균형점도 변동한다. 그런데 균형점의 이동은 곡선의 이동방향과 같다.

(1) 수요의 변화와 균형의 변동
① **수요의 증가, 공급이 불변일 경우:** 초과수요가 발생하여 가격은 상승하고 균형량은 증가한다.
② **수요의 감소, 공급이 불변일 경우:** 초과공급이 발생하여 가격은 하락하고 균형량도 감소한다.

(2) 공급의 변화와 균형의 변동
① **수요가 불변, 공급이 증가하였을 경우:** 초과공급이 발생하여 가격은 하락하고 균형량은 증가한다.
② **수요가 불변, 공급이 감소하였을 경우:** 초과수요가 발생하여 가격은 상승하고 균형량은 감소한다.

> **O X 확 인 문 제**
>
> 균형상태인 시장에서 건축원자재 가격이 하락하면 공급이 증가하여 균형가격은 하락하고 균형거래량은 증가한다. •22회
> ( )
>
> 정답 (O)

O X 확 인 문 제

균형상태인 시장에서 수요의 증가가 공급의 증가보다 큰 경우, 새로운 균형가격은 상승하고 균형거래량도 증가한다. •25회
( )

정답 (○)

O X 확 인 문 제

수요곡선은 우하향하고 공급곡선은 우상향하며, 다른 조건은 동일할 때 수요와 공급이 동시에 증가하고 공급의 증가폭이 수요의 증가폭보다 더 큰 경우, 균형가격은 상승하고 균형거래량은 증가한다. •33회
( )

정답 (×)

수요곡선은 우하향하고 공급곡선은 우상향하며, 다른 조건은 동일할 때 수요와 공급이 동시에 증가하고 공급의 증가폭이 수요의 증가폭보다 더 큰 경우, 균형가격은 하락하고 균형거래량은 증가한다.

O X 확 인 문 제

균형상태인 시장에서 공급의 감소가 수요의 감소보다 큰 경우, 새로운 균형가격은 상승하고 균형거래량은 감소한다. •25회
( )

정답 (○)

(3) 수요와 공급이 동시에 변동할 경우

① **수요와 공급의 변화크기가 다른 경우 ⇨ 수요와 공급 중 큰 것만 고려**
  ㉠ 수요의 증가가 공급의 증가보다 크다면 가격은 상승, 균형량은 증가한다.
  ㉡ 수요의 증가보다 공급의 증가가 크다면 가격은 하락, 균형량은 증가한다.
  ㉢ 수요의 증가가 공급의 감소보다 크다면 가격은 상승, 균형량은 증가한다.
  ㉣ 수요의 증가보다 공급의 감소가 크다면 가격은 상승, 균형량은 감소한다.
  ㉤ 수요의 감소가 공급의 감소보다 크다면 가격은 하락, 균형량은 감소한다.
  ㉥ 수요의 감소보다 공급의 감소가 크다면 가격은 상승, 균형량은 감소한다.
  ㉦ 수요의 감소가 공급의 증가보다 크다면 가격은 하락, 균형량은 감소한다.
  ㉧ 수요의 감소보다 공급의 증가가 크다면 가격은 하락, 균형량은 증가한다.

② **수요와 공급의 변화크기가 같은 경우 ⇨ 가격과 균형량 중 하나는 불변**
  ㉠ 수요의 증가와 공급의 증가가 동일하다면 가격은 불변, 균형량은 증가한다.
  ㉡ 수요의 증가와 공급의 감소가 동일하다면 가격은 상승, 균형량은 불변이다.
  ㉢ 수요의 감소와 공급의 감소가 동일하다면 가격은 불변, 균형량은 감소한다.
  ㉣ 수요의 감소와 공급의 증가가 동일하다면 가격은 하락, 균형량은 불변이다.

③ **수요와 공급의 변화크기가 주어지지 않은 경우 ⇨ 가격과 균형량 중 하나는 알 수 없음**
  ㉠ 수요의 증가, 공급의 증가이면 가격은 알 수 없음, 균형량은 증가한다.
  ㉡ 수요의 증가, 공급의 감소이면 가격은 상승, 균형량은 알 수 없다.
  ㉢ 수요의 감소, 공급의 감소이면 가격은 알 수 없음, 균형량은 감소한다.
  ㉣ 수요의 감소, 공급의 증가이면 가격은 하락, 균형량은 알 수 없다.

4 수요와 공급의 탄력성

• 24회 • 25회 • 26회 • 27회 • 28회 • 29회 • 30회 • 31회 • 32회 • 34회 • 35회 • 36회

1. 수요의 가격탄력성

(1) 개념

① 어떤 상품의 가격이 변할 때 그 상품의 수요량이 얼마나 변했는지를 측정할 수 있다. 즉, 가격의 변화라는 자극에 대해 수요량이 얼마나 민감하게 반응하는지의 정도를 측정할 수 있는 것이다. 이처럼 자극에 대한 반응정도를 나타내는 척도를 '탄력성(elasticity)'이라고 한다.

② 만일 같은 금액의 가격이 올랐을 때 A의 수요량은 1단위가 감소하지만 B의 수요량은 2단위가 감소한다면, 가격 변화에 대해 B의 수요가 A의 수요에 비해 더 민감하게 반응한다고 단정할 수 있을까를 고려해보자. 결론부터 말하면 그렇지 않다. 우선 A와 B의 측정단위가 다르다면 단순비교를 할 수 없게 되기 때문이다. 또한 최초의 가격수준이나 수요량 수준도 문제가 된다. 만일 같은 가격 100원이 올랐더라도 100원에서 200원으로 올라간 것과 1,000원에서 1,100원으로 올라간 것은 전혀 다른 가격변화이기 때문이다. 이러한 문제를 해결하기 위해서는 가격 변화에 대한 수요량변화의 민감도를 측정하기 위한 표준화된 방법이 필요하다. 그것이 바로 '수요의 가격탄력성' 또는 간단히 '수요탄력성'인데, 이는 가격의 변화율을 분모에 놓고 수요량의 변화율을 분자에 놓아 구한 것이다. 이때 주의할 것은 변화분이 아닌 변화율이라는 것이다. 또한 수요의 가격탄력성은 가격이 변할 때 수요량이 얼마나 변하는지를 나타내는 정량적(quantitative) 지표*이다.

$$\text{수요의 가격탄력성}(\varepsilon_d) = \left| \frac{\text{수요량변화율}}{\text{가격변화율}} \right| = \left| \frac{\frac{\Delta Q_D}{Q_D}}{\frac{\Delta P}{P}} \right| = \left| \frac{\Delta Q_D}{\Delta P} \cdot \frac{P}{Q_D} \right|$$

③ 어느 부동산의 가격이 5% 하락하였는데 수요량이 7% 증가했다면, 이 부동산수요의 가격탄력성은 1.4이다. 또한 오피스텔에 대한 수요의 가격탄력성이 2일 때, 오피스텔 가격이 4% 인상되면 오피스텔 수요량은 8% 감소한다. 이 경우 오피스텔 가격이 인상되면 오피스텔 수요량이 감소하는 이유는 가격과 수요량의 반비례관계를 나타내는 수요법칙에 기인한다.

추가 변화분과 변화율

1. **변화분(變化分)**: 바뀌어 달라지는 정도를 나타내는 것으로 나중 것에서 처음 것을 뺀 값을 말한다.
   예 5에서 7로의 변화분은 2

2. **변화율(變化率)**: 바뀌어 달라지는 비율을 나타내는 것으로 처음 것에 대한 변화분의 비율을 말한다.
   예 5에서 7로의 변화율은 $\frac{7-5}{5} \times 100(\%) = 40\%$

* **정량적(quantitative) 지표**
정량적 지표란 자료를 수치화, 단위, 양으로 나타내는 것을 말하며, 정성적(qualitative) 지표란 자료의 특징이나 성질을 나타내는 것을 말한다.

(2) 탄력성의 구분

수요의 가격탄력성은 '0'에서 무한대(∞)까지의 값을 가진다.

① **탄력적**($\varepsilon_d > 1$): 가격의 변화율보다 수요량의 변화율이 커서 수요의 가격탄력성이 '1'보다 큰 경우를 말한다.
② **비탄력적**($0 < \varepsilon_d < 1$): 가격의 변화율보다 수요량의 변화율이 작아서 수요의 가격탄력성이 '1'보다 작은 경우를 말한다.
③ **단위탄력적**($\varepsilon_d = 1$): 가격의 변화율과 수요량의 변화율이 같아서 수요의 가격탄력성이 '1'인 경우를 말한다.
④ **완전비탄력적**($\varepsilon_d = 0$): 가격이 아무리 변해도 수요량에 아무런 변화가 없다면 분자인 수요량의 변화율이 '0'이 되기 때문에 수요의 가격탄력성이 '0'이 되는 경우를 말한다.
⑤ **완전탄력적**($\varepsilon_d = \infty$): 아주 미미한 가격변화(즉, 거의 '0'에 가까운 변화)가 아주 큰 수요량의 변화를 초래하여 수요의 가격탄력성이 무한히 큰 값을 갖게 되는 경우를 말한다. 즉, 미세한 가격변화에 수요량이 무한히 크게 변화하는 경우를 말한다.

한눈에 보기 탄력성의 구분

1. 수요량변화율 = 0　　　　　　$\varepsilon_d = 0$　　➡　완전비탄력적
2. 수요량변화율 < 가격변화율　　$0 < \varepsilon_d < 1$　➡　비탄력적
3. 수요량변화율 = 가격변화율　　$\varepsilon_d = 1$　　➡　단위탄력적
4. 수요량변화율 > 가격변화율　　$\varepsilon_d > 1$　　➡　탄력적
5. 가격변화율 = 0　　　　　　　$\varepsilon_d = \infty$　➡　완전탄력적

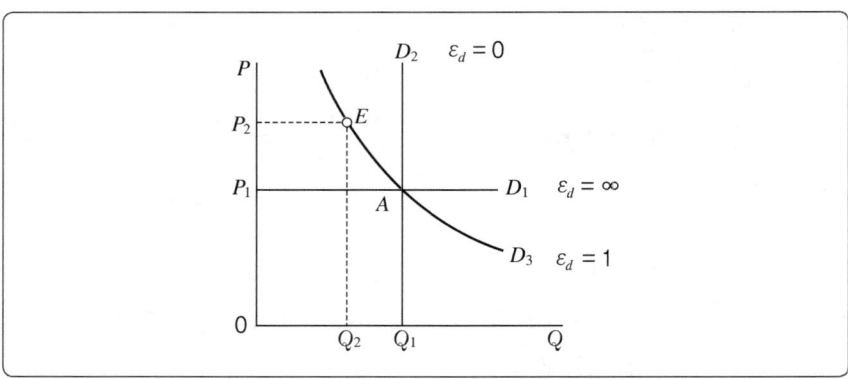

- 수평선인 경우(D_1) ➪ $\varepsilon_d = \infty$, 완전탄력적
- 수직선인 경우(D_2) ➪ $\varepsilon_d = 0$, 완전비탄력적
- 직각쌍곡선의 경우(D_3) ➪ $\varepsilon_d = 1$, 단위탄력적

O X 확인문제

수요의 가격탄력성이 비탄력적이면 수요량의 변화율이 가격의 변화율보다 더 크다. •32회
(　　)

정답 (×)
수요의 가격탄력성이 비탄력적이면 수요량의 변화율이 가격의 변화율보다 더 작다.

O X 확인문제

가격이 변화하여도 수요량이 전혀 변화하지 않는다면, 수요의 가격탄력성은 완전탄력적이다.
•34회 (　　)

정답 (×)
가격이 변하여도 수요량이 전혀 변화하지 않는다면, 수요의 가격탄력성은 완전비탄력적이다.

추가 직각쌍곡선

직각쌍곡선이란 두 개의 점근선이 수직으로 교차하는 쌍곡선을 말한다. 이를 가격과 수요량 좌표축에 적용하면 직각쌍곡선이란 각 점이 만들어내는 아래 면적($P \times Q$)이 항상 같은 곡선(오른쪽 그림에서는 D_3)을 말한다. 그림에서는 D_3과 같이 표시된 직각쌍곡선의 수요곡선상에서는 가격이 어떻게 변하든 $P \times Q$는 일정 불변이며, 수요의 가격탄력성은 항상 1이다.

(3) 탄력성의 측정

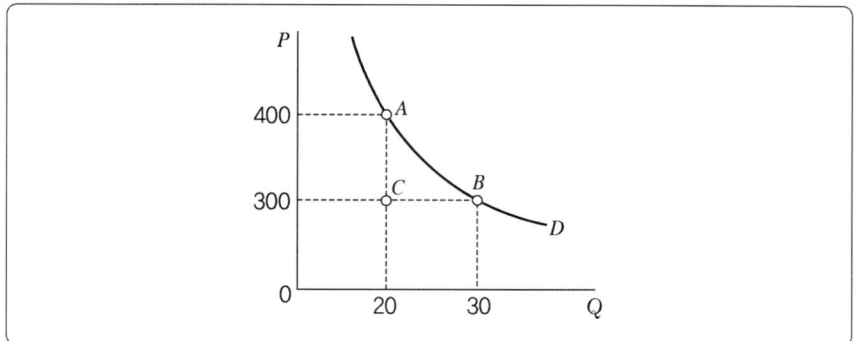

① 최초의 가격을 기준(A점)으로 탄력성을 구하면 다음과 같다.

$$\varepsilon_d = \left| \frac{\frac{10}{20}}{\frac{-100}{400}} \right| = 2$$

② 변동된 가격을 기준(B점)으로 탄력성을 구하면 다음과 같다.

$$\varepsilon_d = \left| \frac{\frac{-10}{30}}{\frac{100}{300}} \right| = 1$$

③ 중간점(평균가격)을 기준으로 탄력성을 구하면 다음과 같다.

$$\varepsilon_d = \left| \frac{\frac{\Delta Q}{Q_1 + Q_2}}{\frac{\Delta P}{P_1 + P_2}} \right| = \left| \frac{\frac{10}{20+30}}{\frac{100}{400+300}} \right| = \frac{7}{5} = 1.4$$

> **⊕ 보충** **탄력성**
>
> 탄력성은 기울기와는 다른 개념이다. 수요곡선이 직선인 경우에도 수요의 가격탄력성은 위치에 따라 다르다. 즉, 우하향하는 선분으로 주어진 수요곡선의 경우, 수요곡선상의 측정지점에 따라 가격탄력성은 다르다.

> **추가** **최초 가격 기준과 중간점 기준으로 탄력성의 계산**
>
> 문제에서 최초의 가격을 기준으로 계산하느냐 중간점을 이용하여 계산하느냐는 주어진 조건에 따라 계산하면 된다.

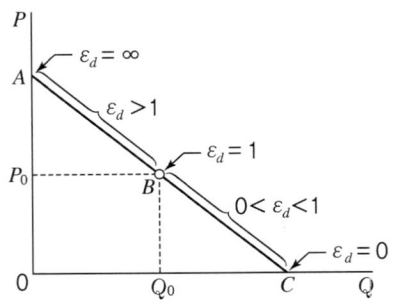

1. 수요곡선 한가운데(B점)에서의 수요의 탄력성은 '1'이다.
2. B점 왼쪽에 위치하는 모든 점에서 탄력성은 '1'보다 크다. 즉, 가격이 상승할수록 탄력성은 커진다. B점을 기준으로 해서 왼쪽으로 이동할수록 탄력성은 점점 커진다.
3. A점에서의 탄력성은 '∞'이다.
4. B점 오른쪽에 위치하는 모든 점에서의 탄력성은 '1'보다 작다. 즉, 가격이 하락할수록 탄력성은 작아진다. B점을 기준으로 해서 오른쪽으로 이동할수록 탄력성은 점점 작아진다.
5. C점에서의 탄력성은 '0'이다.

(4) 수요의 탄력성과 부동산의 임대료 총수입

> 부동산의 임대료 총수입(소비자 총지출액, 기업의 총수입)
> = 가격(임대료, P) × 수요량(Q)

부동산의 임대료 총수입은 그 상품에 대한 시장수요량에 가격(임대료)을 곱한 값이다. 따라서 부동산의 임대료 총수입은 가격(임대료)의 변화에도 영향을 받고 수요량의 변화에도 영향을 받는다. 특히 소비자 총지출액은 판매자인 기업의 입장에서 보면 기업의 총수입이 되며, 상품을 임대용 부동산으로 보면 임대인의 임대료 총수입이 된다.

추가 수요의 가격탄력성과 기업의 총수입

소비자가 어떤 물건을 사면서 지출한 금액은 그 물건을 판 기업의 수입이 된다. 결국 소비자의 지출액과 기업의 총수입은 같게 된다. 따라서 기업의 총수입은 공급의 가격탄력성과는 관련이 없고 수요의 가격탄력성과만 관련이 있다.

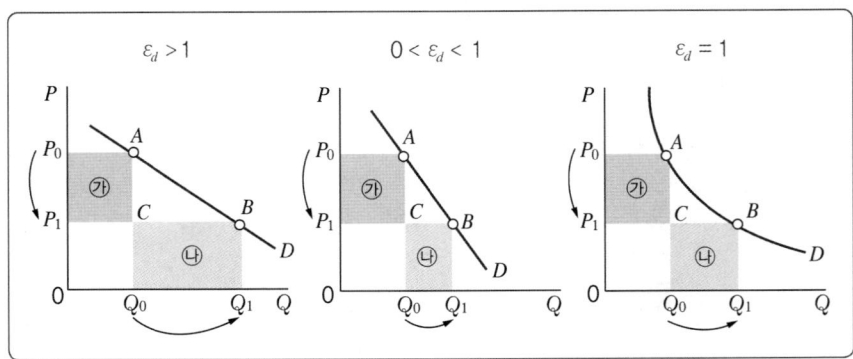

① 수요의 탄력성이 탄력적($\varepsilon_d > 1$)일 때, 가격(임대료)이 하락하면
    '㉮ 면적 < ㉯ 면적'이므로 임대용 부동산의 임대료 총수입은 증가한다.
② 수요의 탄력성이 비탄력적($0 < \varepsilon_d < 1$)일 때, 가격(임대료)이 하락하면
    '㉮ 면적 > ㉯ 면적'이므로 임대용 부동산의 임대료 총수입은 감소한다.
③ 수요의 탄력성이 단위탄력적($\varepsilon_d = 1$)일 때, 가격(임대료)이 하락하면
    '㉮ 면적 = ㉯ 면적'이므로 임대용 부동산의 임대료 총수입은 불변이다.

탄력성	변화율	가격하락	가격상승
$\varepsilon_d > 1$	수요량변화율 > 가격(임대료)변화율	임대료 총수입 증가	임대료 총수입 감소
$\varepsilon_d = 1$	수요량변화율 = 가격(임대료)변화율	임대료 총수입 불변	임대료 총수입 불변
$0 < \varepsilon_d < 1$	수요량변화율 < 가격(임대료)변화율	임대료 총수입 감소	임대료 총수입 증가

> **보충** 우하향하는 선분으로 주어진 수요곡선과 기업의 총수입
>
> 1. 가격이 아주 높은 탄력적인 부분에서 가격을 낮추어가면 처음에는 기업의 총수입은 증가하다가 수요의 가격탄력성이 1인 점(수요곡선상의 가운뎃점)에서 극대가 되었다가 이후에는 기업의 총수입은 점차 감소한다.
> 2. 우하향하는 선분으로 주어진 수요곡선과 기업의 총수입의 관계를 나타내면 그림과 같은 모양이 된다.
>
>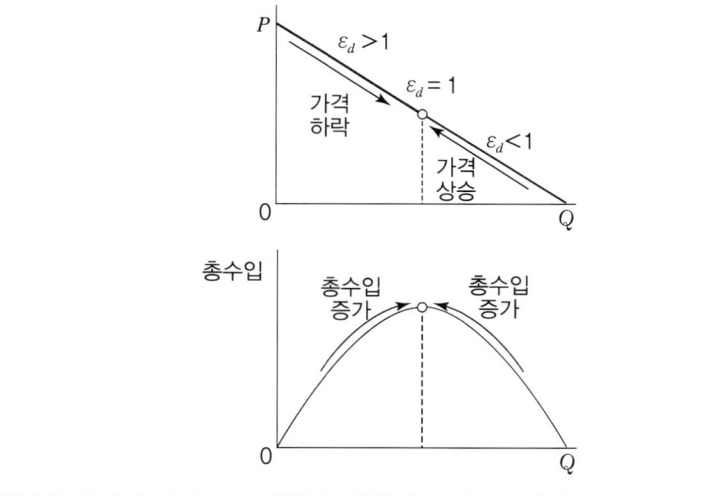

OX 확인문제

수요의 가격탄력성이 1보다 큰 경우 임대료가 상승하면, 임대업자의 임대료 총수입은 감소한다.
• 20회 ( )

정답 (○)

(5) 수요의 가격탄력성 결정요인

수요의 가격탄력성 결정요인은 소득, 상품의 종류, 대체재의 유무, 시간 등이 있다. 그런데 대체재의 존재 여부는 수요의 가격탄력성을 결정하는 중요한 요인 중 하나이다.

① **대체재의 수:** 수요의 탄력성은 대체재가 많을수록 크며, 적을수록 작다. 따라서 어느 부동산과 밀접한 대체재가 시장에 출현한다면, 그 부동산에 대한 수요의 탄력성은 이전보다 더 커진다. 그러나 부동산은 일반적으로 대체재가 많지 않으며, 있더라도 유용성이 제한되어 있다. 따라서 부동산시장의 수요는 비탄력적이며, 임대료가 상승한다면 임차인들은 전체 지출 중 부동산에 지출하는 금액이 상대적으로 증가할 수밖에 없다.

② **기간의 장단:** 기간이 길어질수록 대체재가 많이 만들어져서 보다 탄력적이 된다. 그러므로 부동산수요의 가격탄력성은 단기에서 장기로 갈수록 탄력적으로 변하게 된다. 따라서 단기에는 장기보다 비탄력적, 장기에는 단기보다 탄력적이 된다.

③ **상품의 분류범위:** 부동산을 지역별·용도별로 세분하면 탄력성은 커진다. 따라서 부동산을 부분시장으로 세분하면 탄력성은 커진다. 부동산을 용도별로 세분할 경우 주거용 부동산이 다른 부동산에 비해 보다 더 탄력적인 것으로 알려져 있다.

④ **상품의 성격:** 상품의 일상생활에 있어서의 중요성과도 관련이 있는데, 필수재(투자재 부동산)는 보다 비탄력적인 데 비해, 사치재(투기재 부동산)는 보다 탄력적이다.

⑤ **상품의 용도:** 부동산에 대한 종류별로 용도가 다양할수록, 용도전환이 쉬울수록 수요의 가격탄력성은 커진다.

⑥ **소비에서 차지하는 비중:** 소비자가 지출하는 금액에서 차지하는 비중이 클수록 탄력성은 커진다.

추가 수요의 가격탄력성 결정요인

수요의 가격탄력성에 가장 많이 영향을 주는 것은 대체재의 유무·다소이다.

OX 확 인 문 제

어느 부동산과 밀접한 대체재가 시장에 출현한다면, 그 부동산에 대한 수요의 탄력성은 이전보다 더 커진다. •20회 ( )

정답 (○)

OX 확 인 문 제

부동산수요의 가격탄력성은 부동산을 지역별·용도별로 세분할 경우 달라질 수 있다. •23회 ( )

정답 (○)

한눈에 보기 수요의 가격탄력성 결정요인

구분	비탄력적	탄력적
대체재의 유무와 다소	적을수록	많을수록
측정기간	단기	장기
상품의 분류범위	세분화되지 않을수록	세분화될수록
상품의 용도	다양하지 않을수록	다양할수록
상품의 성격	필수재	사치재
소비에서 차지하는 비중	작을수록	클수록

2. 수요의 소득탄력성

(1) 개념

소득의 변화율에 대한 수요량의 변화율의 정도를 측정하는 척도로서, 수요량의 변화율을 소득의 변화율로 나눈 값이다.

$$\text{수요의 소득탄력성}(\varepsilon_{d,\ I}) = \frac{\text{수요량변화율}}{\text{소득변화율}}$$

(2) 수요의 소득탄력성과 상품

① $\varepsilon_{d,\ I} > 0$: 소득의 증가에 따라 수요량은 증가하고 소득의 감소에 따라 수요량도 감소하는 상품
  ⇨ 정상재

$$\varepsilon_{d,\ I} > 1 : \text{사치재},\ 0 < \varepsilon_{d,\ I} < 1 : \text{필수재}$$

② $\varepsilon_{d,\ I} < 0$: 소득의 증가에 따라 수요량은 감소하고 소득의 감소에 따라 수요량은 증가하는 상품
  ⇨ 열등재

③ $\varepsilon_{d,\ I} = 0$: 소득의 변화가 수요량에 영향을 주지 않는 상품
  ⇨ 중립재

> **추가 수요의 탄력성**
> 수요의 가격탄력성은 가격을 특별히 명시하지 않고 단순히 수요의 탄력성이라고 하는 반면, 수요의 소득탄력성이나 교차탄력성은 꼭 '소득' 또는 '교차'를 명시한다.

3. 수요의 교차탄력성

(1) 개념

한 상품의 수요가 다른 연관 상품의 가격 변화에 반응하는 정도를 측정하는 척도로서, 한 상품의 수요량 변화율을 다른 연관 상품의 가격 변화율로 나눈 값이다.

$$\text{수요의 교차탄력성}(\varepsilon_{d,\,YX}) = \frac{Y\text{재의 수요량변화율}}{X\text{재의 가격변화율}}$$

(2) 수요의 교차탄력성과 상품

① $\varepsilon_{d,\,YX} > 0$: X재 가격(P_X)이 상승함에 따라 Y재 수요량은 증가하고 X재 가격(P_X)이 하락함에 따라 Y재 수요량은 감소하는 두 상품
  ⇨ 대체재
  ⇨ X재 가격(P_X)과 Y재 수요량(Q_Y)은 같은 방향으로 변함을 의미

② $\varepsilon_{d,\,YX} < 0$: X재 가격(P_X)이 상승함에 따라 Y재 수요량은 감소하고 X재 가격(P_X)이 하락함에 따라 Y재 수요량은 증가하는 두 상품
  ⇨ 보완재
  ⇨ X재 가격(P_X)과 Y재 수요량(Q_Y)은 반대 방향으로 변함을 의미

③ $\varepsilon_{d,\,YX} = 0$: X재 가격(P_X)의 변화가 Y재 수요량(Q_Y)에 전혀 영향을 주지 않는 두 상품
  ⇨ 독립재

4. 공급의 가격탄력성

(1) 개념

한 상품의 가격(임대료)이 변하면 그 상품의 공급량이 변하는데, 그 변화의 정도를 측정하는 척도가 공급의 가격탄력성이다. 즉, 공급량의 변화율을 가격의 변화율로 나눈 값이다.

$$\text{공급의 가격탄력성}(\varepsilon_s) = \frac{\text{공급량변화율}}{\text{가격변화율}}$$

(2) 공급의 탄력성의 크기

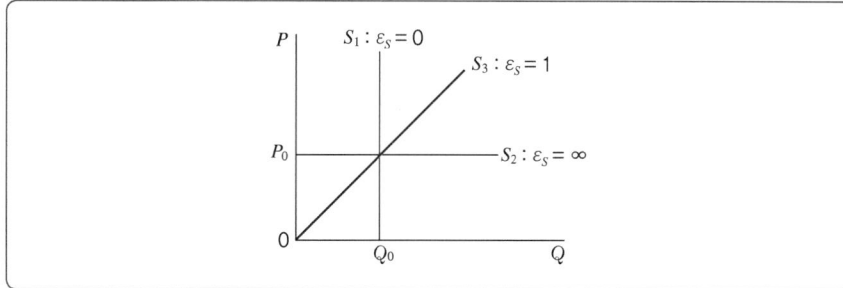

① 수직선(S_1) ⇨ $\varepsilon_s = 0$, 완전비탄력적
② 수평선(S_2) ⇨ $\varepsilon_s = \infty$, 완전탄력적
③ 원점을 지나면(S_3) ⇨ $\varepsilon_s = 1$, 단위탄력적

(3) 공급의 가격탄력성 결정요인

① **생산비의 증감 유무:** 생산량을 늘릴 때 생산요소가격이 상승할수록 공급의 가격탄력성은 더 비탄력적이 된다.
② **생산기술의 발전 정도:** 생산기술이 빠르게 발전하는 상품일수록 보다 더 탄력적이 된다.
③ **기간의 장단**(측정기간)**:** 동일한 상품을 생산함에 있어 생산과 관련된 측정기간이 단기인 경우는 가용생산요소 제약으로 짧은 기간에 생산량을 늘리기 어려우므로 비탄력적이나, 장기인 경우는 가용생산요소 제약이 완화되므로 탄력적이 된다. 따라서 주택의 단기공급곡선은 장기공급곡선에 비해 더 비탄력적이고, 장기공급곡선은 단기공급곡선에 비해 더 탄력적인 형태를 띤다.
④ **용도전환의 용이성 정도:** 용도전환이 용이할수록 공급이 쉬워지므로 보다 탄력적이 된다.
⑤ **생산에 소요되는 기간:** 생산(공급)에 소요되는 기간이 길수록 공급이 어려워지므로 더 비탄력적이 된다.
⑥ **건축 인허가 등 관련 법규:** 건축 인허가가 어려울수록, 토지이용규제가 엄격해질수록 공급이 어려워지므로 더 비탄력적이 된다. 즉, 용도변경을 제한하는 법규가 강화될수록 공급곡선은 이전에 비해 비탄력적이 된다. 또한 개발행위허가 기준의 강화와 같은 토지이용규제가 엄격해지면 토지의 공급곡선은 이전보다 더 비탄력적이 된다.

O X 확 인 문 제

공급곡선이 수직선이면 공급의 가격탄력성은 완전탄력적이다.
• 32회 ( )

정답 (×)
공급곡선이 수직선이면 공급의 가격탄력성은 완전비탄력적이다.

O X 확 인 문 제

공급의 가격탄력성은 단기에 비해 장기에 더 탄력적이다.
• 20회 ( )

정답 (○)

| 한눈에 보기 | 공급의 가격탄력성 결정요인 |

구분	비탄력적	탄력적
생산비 증감 유무	많이 들수록	적게 들수록
측정기간	단기	장기
생산에 소요되는 기간	길수록	짧을수록
용도전환의 용이성	어려울수록	용이할수록
공적 규제	강화될수록	완화될수록

⊕ 보충 수요와 공급의 탄력성과 균형의 이동

1. 수요의 탄력성과 공급의 변화
   ① 수요의 가격탄력성이 비탄력적일수록
      ㉠ 공급이 증가한 경우: 가격은 많이 하락, 균형량은 적게 증가
      ㉡ 공급이 감소한 경우: 가격은 많이 상승, 균형량은 적게 감소
   ② 수요의 가격탄력성이 탄력적일수록
      ㉠ 공급이 증가한 경우: 가격은 적게 하락, 균형량은 많이 증가
      ㉡ 공급이 감소한 경우: 가격은 적게 상승, 균형량은 많이 감소
   ③ 수요의 가격탄력성이 완전비탄력적일 때
      ㉠ 공급이 증가한 경우: 가격만 하락, 균형량은 불변
      ㉡ 공급이 감소한 경우: 가격만 상승, 균형량은 불변
   ④ 수요의 가격탄력성이 완전탄력적일 때
      ㉠ 공급이 증가한 경우: 가격은 불변, 균형량만 증가
      ㉡ 공급이 감소한 경우: 가격은 불변, 균형량만 감소
2. 공급의 탄력성과 수요의 변화
   ① 공급의 가격탄력성이 비탄력적일수록
      ㉠ 수요가 증가한 경우: 가격은 많이 상승, 균형량은 적게 증가
      ㉡ 수요가 감소한 경우: 가격은 많이 하락, 균형량은 적게 감소
   ② 공급의 가격탄력성이 탄력적일수록
      ㉠ 수요가 증가한 경우: 가격은 적게 상승, 균형량은 많이 증가
      ㉡ 수요가 감소한 경우: 가격은 적게 하락, 균형량은 많이 감소
   ③ 공급의 가격탄력성이 완전비탄력적일 때
      ㉠ 수요가 증가한 경우: 가격만 상승, 균형량은 불변
      ㉡ 수요가 감소한 경우: 가격만 하락, 균형량은 불변
   ④ 공급의 가격탄력성이 완전탄력적일 때
      ㉠ 수요가 증가한 경우: 가격은 불변, 균형량만 증가
      ㉡ 수요가 감소한 경우: 가격은 불변, 균형량만 감소

O X 확인문제

수요의 가격탄력성이 완전탄력적인 경우에 공급이 증가하면 균형임대료는 변화하지 않지만 균형거래량은 증가한다. •20회
( )

정답 (○)

O X 확인문제

부동산수요가 증가할 때 부동산 공급곡선이 탄력적일수록 부동산가격은 더 크게 상승한다. •27회
( )

정답 (×)

부동산수요가 증가할 때 부동산 공급곡선이 탄력적일수록 부동산가격은 더 적게 상승한다.

제2절 부동산의 경기변동이론

1 인플레이션 · 27회

1. 인플레이션과 물가

(1) 물가
① **가격:** 시장에서 거래되는 모든 상품의 각각의 값이다.
② **물가:** 시장에서 거래되는 모든 상품의 가격을 중요도에 따라 가중평균한 종합적인 가격수준이다.

> **⊕ 보충** 물가와 화폐 구매력 및 소득의 관계
>
> 1. 물가변동의 효과
>   물가가 상승하면 화폐의 가치, 즉 화폐의 구매력은 감소되며 화폐의 가치가 하락하면 실질소득은 감소된다. 반면 물가가 하락하면 화폐의 가치(화폐의 구매력)는 증가하고, 화폐의 가치가 상승하면 실질소득은 증가한다.
> 2. 물가와 화폐의 가치(화폐 구매력)의 관계
>   물가가 오르면 화폐의 가치, 즉 화폐의 구매력은 감소된다. 따라서 화폐의 가치와 물가는 반비례관계에 있다.
> 3. 물가와 실질소득
>   소득이 일정할 때 물가가 오르면 화폐의 가치가 떨어져 실질소득은 감소한다.

(2) 물가지수
기준시점의 물가수준을 100으로 하여 비교시점의 물가가 변동한 정도를 지수로 표시한 것이다.
예 물가지수가 120이라면 기준시점보다 물가수준이 20% 높음을 의미한다.

(3) 인플레이션
인플레이션이란 일반 물가수준이 지속적으로 상승해 가는 현상을 의미한다 (동적 개념).

(4) 스태그플레이션(stagflation)
스태그플레이션이란 스태그네이션(stagnation: 경기침체)과 인플레이션 (inflation)의 합성어로 불황과 물가상승이 동시에 나타나는 현상을 의미한다. 이전에는 불황기에는 물가가 하락하고 호황기에는 물가가 상승하는 것이 일반적이었다. 그러나 최근에는 불황기에도 물가가 계속 상승하여 불황과

인플레이션이 공존하는 현상이 나타나게 되었다. 스태그플레이션은 국제 원유 가격과 같은 수입 물가의 상승 등으로 인해 나타날 수 있다.

2. 인플레이션과 디플레이션

구분	인플레이션(inflation)	디플레이션(deflation)
의미	물가가 지속적으로 올라 화폐가치는 떨어지는 현상	물가가 지속적으로 떨어져 화폐가치는 오르는 현상
원인	과잉투자, 적자재정, 과소생산, 화폐남발, 극도의 수출초과, 생산비의 증가, 유효수요의 확대 등	지나친 통화량 수축, 저축된 화폐가 투자되지 않을 때 금융활동의 침체, 구매력의 저하 등
영향	① 유리한 경우: 부동산이나 실물소유자, 금전채무자, 수입업자, 기업가, 생산자 등 ② 불리한 경우: 화폐소유자, 금전채권자, 수출업자, 고정수입자(봉급생활자, 임금노동자, 연금생활자 등), 소비자 등	① 유리한 경우: 화폐소유자, 금전채권자, 수출업자, 고정수입자(봉급생활자, 임금노동자, 연금생활자 등), 소비자 등 ② 불리한 경우: 기업가, 금전채무자, 수입업자, 부동산이나 실물소유자, 생산자 등
해결책	① 소비억제, 저축장려, 통화량 감축, 대출억제, 생산증가, 투자억제 등 ② 디스인플레이션(disinflation) 정책	① 공공투자·유효수요 확대, 통화량 증대, 실업자 구제 등 ② 리플레이션(reflation) 정책

2 경기변동 ·24회 ·25회 ·27회 ·29회 ·31회 ·32회 ·33회 ·34회

1. 일반경기변동

(1) 경기변동의 의의 및 특징

① **경기변동의 의의**
  ㉠ 국민소득수준, 고용 등과 이에 따르는 경제활동의 상승과 하강의 주기적 반복현상을 말한다.
  ㉡ 경제활동이 상당한 규칙성을 보이며 변동하므로 경기순환이라고도 한다.
  ㉢ 여러 부문별 경기변동과 지역별 경기변동의 가중평균치적인 성격을 지니고 있다.

② **경기변동의 특징**
  ㉠ 거시적이고 총체적인 현상이다.
  ㉡ 주기적이고 순환적이다.

(2) 경기변동의 국면

경기변동은 호황(prosperity), 경기후퇴(recession), 불황(depression), 경기회복(recovery)의 4국면으로 구분한다.

■ 경기변동의 4국면

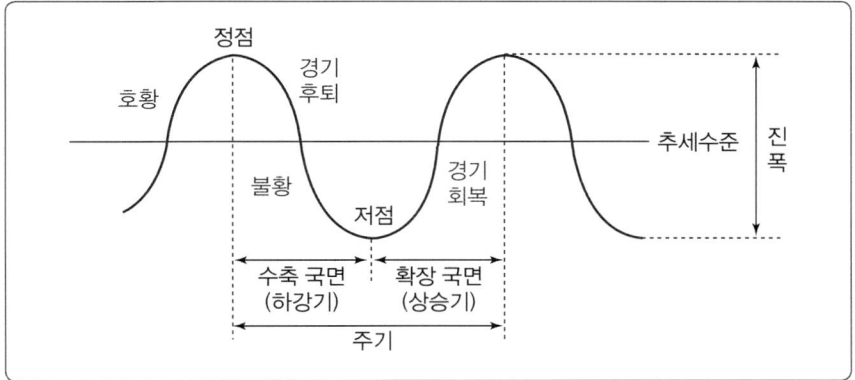

① **호경기**(=호황=번영기)
   ㉠ 전체적인 경제활동이 상승하는 국면이다.
   ㉡ 투자와 소비가 증가하고, 고용과 소득도 증가한다.
   ㉢ 출하가 호조를 보이고 재고는 감소하며 기업의 이윤율이 상승한다.
   ㉣ 은행대출이 증가하고 이자율도 오르며 증권시장도 활기를 띤다.

② **후퇴기**(=쇠퇴기=하강기)
   ㉠ 호경기는 정점에 이른 다음 후퇴기에 접어들게 되는데, 이때에는 경제활동이 둔화되고 호경기에 확대된 생산설비 때문에 생산과잉 상태가 부분적으로 발생한다.
   ㉡ 투자·소비·고용·소득 등이 모두 감소하기 시작하고, 판매가 감소되어 기업이윤도 줄어든다.

③ **불경기**(=불황=침체기)
   ㉠ 후퇴기에 이어 불경기의 국면에 들어서게 되면, 모든 경제활동이 쇠퇴하여 경제는 침체상태가 된다.
   ㉡ 기업의 이윤이 감소하고 손해가 발생하게 되어 도산하는 기업이 생기고, 실업이 증가하며, 물가·임금·이자율·주가 등이 하락한다.

④ **회복기**(=상승기=약진기)
   ㉠ 불경기로부터 벗어나게 되면 회복기를 맞게 된다.
   ㉡ 경제활동은 다시 활기를 띠기 시작하며 서서히 수요가 증가하고 생산량이 많아지므로 실업자도 줄어들게 된다.

추가 경기변동과 경제지표의 관계

생산·고용·소비·투자·주가·임금·이자율·물가 등의 대부분의 지표는 경기와 같은 방향으로 움직이며, 실업·재고 등의 지표는 경기와 반대 방향으로 움직인다.

> **참고** 경기변동 국면의 특징
>
> 1. 대부분의 산업부문에 걸쳐 출하·고용 등이 생산 및 경기와 같은 방향으로 움직인다.
> 2. 가처분소득·소비·투자·기업이윤 및 주식가격도 경기와 같은 방향으로 움직인다.
> 3. 임금·이자율·물가 또한 경기와 같은 방향으로 움직인다.
> 4. 실업·재고 등은 경기와 반대 방향으로 움직인다.
> 5. 자본재 및 내구소비재의 생산은 비내구소비재의 생산보다 진폭이 훨씬 크다.

(3) 경기변동의 주기

① **경기변동의 주기와 진폭**

㉠ 경기변동의 주기: 호경기로부터 시작하여 다시 호경기로 돌아오는 기간이다.

㉡ 경기변동의 진폭: 호경기의 정점(peak)과 불경기의 저점(trough) 사이의 폭이다.

② **경기변동의 주기**

종류	주기	요인	비고
키친(Kitchin) 파동	3~4년 (약 40개월)	이자율의 변동, 기업의 재고변동	단기 파동, 소순환
주글라(Juglar) 파동	8~10년	기업의 설비투자	중기 파동, 주순환
쿠즈네츠(Kuznets) 파동	약 20년	경제성장률의 변동	장기 파동
콘드라티예프 (Kondratiev) 파동	50~60년	기술혁신, 신자원개발	
건축순환 (building cycles)	17~18년	건축경기	학자: 한센 (A. H. Hansen)

(4) 경기변동의 요인

경기변동은 변동요인(factor)에 따라 순환(cyclical)변동, 추세(trend)변동, 계절(seasonal)변동, 불규칙(무작위·우발적, random)변동으로 구성되어 있는데, 이는 부동산경기변동에도 적용된다.

① **순환요인:** 경기의 상승과 하강에 따라 변동하는 요인으로 일반적으로 상하의 움직임을 반복하는 변동 중 계절변동에 따라 설명되는 부분을 제외한 것을 말한다.

② **추세요인:** 경제의 장기적 추세과정에서 반복하여 나타나는 것으로 인구증가, 자본축적, 기술진보 등에 의한 장기적 변동요인을 말한다.
③ **계절요인:** 계절이나 일정기간(1년)마다 명확한 주기성을 가지고 나타나는 주기적 변동요인을 말한다.
④ **불규칙요인:** 천재지변, 파업 등에 따른 단기적·우발적 요인에 의해 나타나는 변동요인을 말한다.

(5) 경기변동의 지표
① **경기지수의 개념**
  ㉠ 경기라는 추상적인 개념을 구체적으로 알기 쉽게 파악하기 위하여 숫자로 표시한 것이다.
  ㉡ 경기동향을 민감하게 반영하는 주요 지표를 선정하고 이들 지표를 가공·종합하여 지수화한 것이다.
② **경기지수의 종류:** 경기지수에는 경기확산지수(Diffusion Index; DI), 기업실사지수(Business Survey Index; BSI), 경기종합지수(Composite Index; CI), 경기예고지수(Business Warning Index; BWI) 등이 있다.

2. 부동산경기변동[순환적(cyclical) 변동]

(1) 부동산경기변동의 개념 및 특징
① **부동산경기변동의 개념**
  ㉠ 부동산경기는 일반적으로 건축경기를 말한다. 그중에서도 주거용 부동산의 건축경기를 지칭하는데, 이를 협의의 부동산경기라 한다. 광의의 부동산경기는 공업용·상업용 부동산경기를, 최광의의 부동산경기는 토지경기를 포함한다.
  ㉡ 부동산경기변동도 일반경기변동처럼 순환(cyclical)변동, 추세(trend)변동, 계절(seasonal)변동, 불규칙(무작위·우발적, random)변동으로 나타난다. 또한 부동산경기변동도 지역별·부분별·용도별 경기변동의 가중평균치적인 성격을 지니고 있다.
  ㉢ 순환적(cyclical) 변동의 관점에서 본다면 부동산경기변동이란 부동산시장이 일반경기변동처럼 상승과 하강 국면이 반복되는 현상을 말한다. 다만, 부동산시장은 여러 개의 부분시장(submarket)으로 이루어져 있으므로 다양한 시장경기를 대표하는 부동산경기라는 용어도 조심스럽게 사용되어야 할 것이다.

> **추가** 부동산경기의 단기순환과 장기순환
> 부동산경기에도 단기순환과 장기순환이 있을 수 있다. 이때 단기순환은 약 3년, 장기순환은 약 15~22년을 주기로 한다.

② **부동산경기변동의 특징**

㉠ 부동산경기는 일반경기보다 변동주기가 더 길다. 부동산경기의 변동(17~18년)은 일반경기의 주기(8~10년)에 비해 약 2배 길다.2)

㉡ 부동산경기의 변동은 일반경기의 변동에 비해 저점(trough)이 깊고 정점(peak)이 높다. 다시 말해 부동산경기순환의 진폭은 일반경기의 진폭보다 크다.

㉢ 부동산경기는 타성기간(惰性期間)이 길며, 주기의 순환국면이 명백하지 않고 일정하지 않으며 불규칙적이다. 타성기간이란 부동산경기변동이 일반경기의 진퇴에 대해 뒤지는 시간차를 말한다. 타성의 원인은 부동산경기가 일반경기의 변동에 대응하여 민감하게 작용하지 못하기 때문이다.3)

㉣ 부동산경기는 통상적으로는 지역적·국지적으로 나타나 전국적·광역적으로 확대되는 경향이 일반적이다. 부동산은 지리적 위치의 고정성 등 부동산의 특성으로 인해 국지성·한정성·지역성을 가지기 때문이다. 따라서 부동산경기의 변동크기와 진폭은 도시마다 다르고, 같은 도시라도 지역에 따라 다르다. 또한 개별성으로 인해 개별부동산의 유형, 부동산의 용도·규모 등에 따라 모두 다르게 진행된다.

㉤ 부동산경기는 일반경기와 병행·역행·독립·선행할 수도 있다. 그러나 일반적으로 주식시장의 경기는 일반경기에 비해 전순환적이며, 부동산경기는 일반경기에 비해 후순환적인 것으로 알려져 있다.

㉥ 부동산경기는 부문시장별 변동의 시차가 존재한다. 즉, 상업용·공업용 부동산경기는 일반경제의 경기와 대체로 일치하는 동시순환을 하지만, 주거용 부동산의 건축경기와 일반경제의 경기는 서로 역순환을 보인다.

㉦ 전체적으로 볼 때 부동산경기는 일반경기보다 시간적으로 뒤지는 경향이 있다. 이것은 부동산경기가 주거용·상업용·공업용 등 부문별 특수순환(specific cycle)의 가중평균치적인 성격을 가지고 있기 때문이며, 부동산의 경우에는 착공에서 완공까지 상당한 시간이 소비되기 때문이다.

㉧ 부동산경기는 비교적 경기회복이 느리고 경기후퇴는 빠르게 진행된다.

---

2) 김영진, 전게서, p.162
3) 김태훈, 전게서, p.118

OX 확인문제

부동산경기는 도시별로 다르게 변동할 수 있고, 같은 도시라도 도시 안의 지역에 따라 다른 변동 양상을 보일 수 있다. • 21회
( )

정답 (O)

정리 **일반경기와 부문별 경기순환의 시간적 관계유형**

1. 전순환적(pre-cyclical) 경기순환: 부문별 경기가 일반경기보다 앞서 진행하는 것을 말한다.
2. 후순환적(post-cyclical) 경기순환: 부문별 경기가 일반경기보다 뒤에 진행하는 것을 말한다.
3. 동시순환적(equi-cyclical) 경기순환: 부문별 경기가 일반경기와 동시에 진행하는 것을 말한다.
4. 역순환적(counter-cyclical) 경기순환: 부문별 경기와 일반경기의 순환이 서로 반대로 진행하는 것을 말한다.

(2) 부동산경기측정의 지표[4]

부동산경기측정의 지표로는 미래의 경제활동수준을 예측하는 선행지표, 현재의 경제활동수준을 측정하는 동행지표, 과거의 경제상황을 재확인하는 후행지표로 나눌 수 있다.

구분	내용	예
선행지표	미래의 경제활동수준을 예측하는 경기종합지수 ➕ 부동산경기 조절정책에 반영	건축허가량, 택지의 분양실적, 택지조성량, 공실률 및 공가율, 건축자재 수요동향, 건설인력수요
동행지표	경기변동 측정시점 현재의 경제활동수준을 나타내는 경기종합지수	건축착공량, 거래량
후행지표	과거의 경제상황을 확인하는 경기종합지수	건축완공량

부동산경기의 측정은 단순지표(건축의 양, 가격변동, 거래량 등의 어느 한 지표)에 의존할 것이 아니라 건축의 양, 거래량, 가격변동 등을 통한 종합적인 측정이 가장 바람직하다. 또한 부동산경기를 측정하고자 할 경우는 지역별·부문별·용도별 부동산경기를 가중평균하여야 한다. 부동산경기의 측정지표는 크게 수요지표와 공급지표로 나누어 볼 수 있다. 공급지표는 건축량을, 수요지표는 거래량을 주로 사용한다. 일반적으로 건축착공량과 부동산거래량 등이 부동산경기의 측정지표로 많이 사용된다.

① 건축의 양

   ㉠ 건축량에는 건축허가량, 건축착공량, 건축완공량 등이 있다. 이 중 건축착공량이 부동산경기의 측정지표로 많이 사용된다. 이는 일반적으로 건축착공량과 건축허가량이 다른 자료들보다 쉽게 구할 수 있기 때문이다.[5]

   ㉡ 건축허가량으로 경기순환의 국면을 예측할 수 있고, 그 허가량은 자재별·용도별·연면적별로 파악할 수 있다. 그러나 시장에서 수요가 변해도 건축량은 신속히 대응하지 못하므로 측정에 유의해야 한다.

   ㉢ 건축량은 부동산경기의 측정지표 중 공급 측면의 지표로 사용된다.

추가 부동산경기측정의 지표
부동산경기의 측정지표 중 주로 건축량이나 부동산의 거래량이 중심지표가 되며, 부동산의 가격변동은 보조지표로 사용된다.

정리 부동산경기의 측정
부동산경기의 측정은 단순지표에 의존할 것이 아니라, 건축의 양, 가격변동, 거래량의 3지표를 통한 종합적인 측정이 가장 바람직하며, 이외에도 미분양 재고량, 공가율, 임대료수준, 주택금융상태 등을 통해 측정하기도 한다.

---

[4] 방경식, 전게서, pp.222~224
이창석, 전게서, pp.264~270
[5] 안정근, 「현대부동산학」, 양현사, 2019, p.152

② **부동산의 거래량**
   ㉠ **주택의 거래량**: 부동산의 거래량은 부동산경기를 측정하는 적절한 지표가 될 수 있으며, 특히 건물의 공실·공가 등의 동향은 부동산경기의 선행지표가 될 수 있다. 부동산의 거래량을 통한 부동산경기의 측정은 정부가 수납한 취득세액, 부동산 등기실적 및 국세의 수입실적 등으로 파악할 수 있다.
   ㉡ **택지의 분양실적**: 택지의 분양실적도 부동산경기를 측정하는 지표로 이용될 수 있으나 이에는 지역성이나 개별성이 크게 작용하므로 보편적인 지표로서는 유의해야 한다. 즉, 조성된 택지의 분양이 얼마나 활발하게 전개되는가는 부동산경기로 받아들일 것이 아니라 부동산경기의 선행현상의 하나라고 보아야 할 것이다.
   ㉢ 부동산의 거래량은 부동산경기의 측정지표 중 수요 측면의 지표로 사용된다.

③ **부동산의 가격변동**
   ㉠ 토지 등의 부동산가격의 상승을 통해 부동산경기를 측정하려는 일반적인 경향이 있다. 흔히 부동산가격이 상승할 때는 부동산경기가 호황 국면일 때가 많으나, 부동산가격이 상승한다고 해서 반드시 부동산경기가 좋은 것은 아니다. 왜냐하면 부동산의 가격변동을 경기변동의 유일한 지표로 삼는 데에는 다음과 같은 문제점이 있기 때문이다.
      ⓐ 건축비의 상승으로 건축물 가격이 상승한 경우 거래도 활발하다고 보기 어려우며, 따라서 부동산경기가 호황이라고 말하기 어렵다.
      ⓑ 투기 등으로 인해 지가가 상승하더라도 건축활동은 별도의 양상을 보이는 경우도 있어 부동산경기가 호황이라고 말하기는 어렵다.
      ⓒ 반면 부동산의 가격이 비교적 안정된 상태에서 주택의 건축이 활발한 경우를 불경기라고 말하기는 어렵다.
   ㉡ 부동산의 가격변동은 부동산경기의 측정지표 중 보조지표로 사용된다.

④ 부동산경기측정의 지표는 이 외에도 미분양 재고량, 공가율(空家率)*, 임대료수준, 주택금융상태 등을 통해 측정하기도 한다. 따라서 건축허가면적과 미분양물량은 부동산경기변동을 측정할 수 있는 지표로 활용될 수 있다.

* **공가율(空家率)**
총주택 중에서 비어 있는 주택의 비율을 공가율이라 한다.

(3) 부동산경기변동에 따른 부동산시장의 국면별 특징[6]

부동산경기 국면도 일반경기 국면처럼 회복·호황·후퇴·불황 등 4개 국면으로 구분할 수 있다. 다만, 부동산시장은 일반경기순환의 4국면 외에 고유의 특성인 안정시장이라는 특수한 국면을 가지고 있다.

① 회복시장

㉠ 경기의 하강이 일정기간 계속되면 저점을 지나 가격의 하락이 중단·반전하여 가격이 점차 상승하기 시작하는 시장의 국면을 말한다.

㉡ 이 국면에서는 금리는 낮아지고 자금의 여유가 있기 때문에 부동산거래가 활기를 띠기 시작하며 부동산투자 또는 투기가 나타나기 시작한다.

㉢ 과거의 사례가격은 새로운 거래의 기준가격이 되거나, 그 하한선이 되는 것이 일반적이다.

㉣ 부동산중개활동에서는 매수인 중시현상에서 매도인 중시현상으로 변화한다. 이는 가격상승이 예상되어 매수인은 거래를 앞당기려고 하지만 매도인은 거래를 미루려고 하기 때문이다.

㉤ 부동산의 특성(개별성·부동성)으로 인하여 경기회복은 개별적·지역적으로 이루어지는 것이 일반적이다.

② 상향시장

㉠ 하향시장의 반대시장으로 회복시장이 지속됨에 따라 경기상승 국면을 지속해가는 시장을 말한다.

㉡ 이 국면에서 부동산가격은 계속 상승하며 거래도 활발하다.

㉢ 건축허가 신청은 증가하며, 그 증가율이 계속 상승하기도 한다.

㉣ 후퇴시장의 전 국면의 시장으로 부동산경기가 후퇴할 가능성을 내포한다.

㉤ 과거의 부동산 사례가격은 새로운 거래의 하한선이 된다.

㉥ 가격상승이 점차 높아져 매도인은 거래를 미루려는 반면, 매수인은 구매를 앞당기려 하므로 부동산중개활동에 있어서 매도인 중시현상이 커진다.

추가 부동산경기 회복의 진단 (경기회복 국면에서 고려사항)
1. 해당 지역을 찾는 고객의 동향
2. 택지의 거래동향
3. 형성된 가격수준
4. 공가율 동향
5. 건축자재 등의 수요동향
6. 건축허가의 신청동향
7. 과거의 경기후퇴를 초래한 요인의 변화 등

O X 확 인 문 제

부동산경기변동에서 회복시장 국면에서는 매수자가 주도하는 시장에서 매도자가 주도하는 시장으로 바뀌는 경향이 있다. •33회
( )

정답 (○)

O X 확 인 문 제

부동산경기변동에서 상향시장 국면에서는 부동산가격이 지속적으로 하락하고 거래량은 감소한다.
•33회 ( )

정답 (×)

부동산경기변동에서 상향시장 국면에서는 부동산가격이 지속적으로 상승하고 거래량은 증가한다.

---

[6] 이창석, 전게서, pp.264~268
  김태훈, 전게서, pp.119~121
  방경식, 전게서, pp.219~222

③ 후퇴시장
   ㉠ 경기의 상승 국면이 일정기간 계속되면 정점에 이르러 가격의 상승이 중단·반전하여 가격의 하락이 시작되고 거래도 점차 한산해지며, 전반적인 부동산활동이 침체하기 시작하는 시장을 말한다.
   ㉡ 이 국면에서 금리는 높아지고 여유자금이 부족해지며, 공가율이 증가한다.
   ㉢ 과거의 사례가격은 새로운 거래의 기준가격이 되거나 상한선이 된다.
   ㉣ 부동산중개활동에서는 매도인 중시현상에서 매수인 중시현상으로 변화한다. 가격하락이 예상되므로 매도인은 거래를 앞당기려고 하지만 매수인이 거래를 미루려고 하기 때문이다.
   ㉤ 경기하향 시 하강이 급격하게 진행되어 단시일에 하강하는 곳에서는 부동산거래활동이 중단되기도 한다.

④ 하향시장
   ㉠ 지속적으로 부동산경기의 하강이 진행되는 시장을 말한다.
   ㉡ 하향시장에서는 부동산가격이 하락하고 거래가 거의 일어나지 않으며 금리는 높아 부동산을 소유하는 것이 하나의 부담이 된다.
   ㉢ 이 국면에서는 건축허가 신청건수는 상당히 저하되는데, 일반경기의 불황과 병행하는 경우에는 건축활동이 둔화되고 공가율이나 공실률(空室率)*이 증가한다.
   ㉣ 하향시장 전 단계인 후퇴시장의 기간이 짧고 지역에 따라서 과열경기를 경험해 온 곳일수록 그 경기는 훨씬 깊은 불황을 맞게 된다.
   ㉤ 회복시장의 전 국면의 시장으로 경기회복의 가능성을 내포한다.
   ㉥ 과거의 사례가격은 현재의 시점에 있어서 상한선이 되기도 한다.
   ㉦ 부동산중개활동에 있어서 매수인 중시현상이 커진다.
   ㉧ 과열투기 후에 이 국면으로 곧바로 이어질 경우에는 소위 경기의 흐름을 잘 탄 자와 못 탄 자의 상대적 불평등이 사회 문제화되기도 한다.

*공실률(空室率)
건물이 비어 있는 상태를 공실이라 하며, 전체 건물 공간 중 비어 있는 건물의 공간 비율을 공실률이라고 한다.

■ 부동산경기변동의 국면별 특징 · 25회 · 31회

회복기	상향기	후퇴기	하향기
• 매도자 주도시장 • 매도자 중시현상 • 건축허가 신청건수 증가 • 공실률 감소 • 금리 하락	• 매도자 주도시장 • 매도자 중시현상 • 건축허가 신청건수 최대 • 공실률 최저 • 금리 최저	• 매수자 주도시장 • 매수자 중시현상 • 건축허가 신청건수 감소 • 공실률 증가 • 금리 상승	• 매수자 주도시장 • 매수자 중시현상 • 건축허가 신청건수 최저 • 공실률 최대 • 금리 최고

⑤ 안정시장
  ㉠ 안정시장이란 부동산시장에서만 고려의 대상이 되는 시장으로서, 부동산의 가격이 안정되어 있거나 가벼운 상승을 지속하는 유형의 시장을 말한다.
  ㉡ 주로 위치가 좋고 규모가 작은 주택이나 도심지 점포가 여기에 속하는데 '불황에 강한 유형의 시장'이라고도 한다.
  ㉢ 안정시장에서의 사례가격은 새로운 거래에 있어서 신뢰할 수 있는 기준이 된다.
  ㉣ 안정시장은 경기순환에 의해 분류된 것은 아니나 경기와 전혀 무관하다고 할 수는 없다.

3. 다른 형태의 경기변동

(1) 장기적(추세적, trend) 변동
50년 또는 그 이상의 장기적인 기간으로 측정되며, 일반경제가 나아가는 전반적인 방향을 의미한다. 부동산 부문에서는 어떤 지역의 신개발 또는 재개발 등으로 나타난다. 경제성장으로 건축허가량이 지속적으로 증가하는 것은 장기적 변동(추세변동)에 해당한다.

(2) 계절적(seasonal) 변동
계절적 특성에 따라 나타나는 경기변동현상을 말하며, 이는 계절이 가지는 속성과 그에 따른 사회적 관습 때문이다. 따라서 봄·가을에 반복적으로 주택거래건수가 증가하거나 매년 12월에 건축허가량이 다른 달에 비해 줄어드는 현상이 반복적으로 나타난다면 이는 계절적 변동에 속한다. 대학교 근처의 임대주택(원룸 등)이 방학을 주기로 공실률이 높아지는 것도 계절적 변동에 속한다.

(3) 불규칙(무작위·우발적, random) 변동
예기치 못한 사태로 초래되는 비순환적 경기변동현상을 말하는데, 무작위적 변동, 우발적 변동이라고도 한다. 예를 들면, 정부의 정책에 의해 야기되는 경기변동도 이에 해당한다고 볼 수 있다. 따라서 총부채상환비율(DTI) 규제 완화 후 주택거래 증가는 경기변동요인 중 불규칙 변동요인에 속한다. 또한 일시적인 정부규제 완화로 건축허가량이 증가하거나 가격 거품으로 건축허가량이 급격히 증가하는 경우도 불규칙 변동요인에 속한다.
例 정부정책, 천재지변·혁명·전쟁 등에 의한 경기변동

4. 부동산경기에 있어 거미집모형

(1) 의의

거미집모형은 부동산(건물)의 가격(임대료)변동에 대한 공급의 시차를 고려하여 일시적 균형의 변동과정을 동태적으로 분석한 이론으로 에치켈(M. J. Eziekel), 레온티예프(W. Leontief) 등에 의해 연구되었다. 균형량의 변동과 가격변동의 궤적이 마치 거미집 모양과 같다고 하여 거미집모형이라고 한다. 원래 거미집모형은 경제학에서 폐쇄경제를 가정하여 농축산물의 가격변동을 설명하는 이론이었으나, 부동산학에서는 상업용·공업용 부동산의 가격변동을 설명하기 위하여 이를 원용한 것이다.

(2) 기본가정

① 현실적으로 가격이 변동하면 수요는 즉각적으로 영향을 받지만, 공급량은 일정한 생산기간이 경과한 후이어야만 변동이 가능하다.
② 공급자는 전기(前期)의 시장에서 성립한 가격을 기준으로 해서 금기(今期)의 생산량을 결정하고, 금기에 생산된 수량은 모두 금기의 시장에서 판매되어야 한다.
③ 현재의 수요결정은 현재가격에 의해, 미래의 수요결정은 미래가격에 의해 결정되며, 미래의 공급결정은 현재의 가격에만 의존한다는 것을 전제로 한다.
④ 수요·공급함수
  ㉠ 가격이 변동하면 수요는 즉각적으로 영향을 받으므로 시차가 존재하지 않아 수요함수는 다음과 같이 표현된다.

  $$D_t = f(P_t)$$

  - D_t: t기의 수요량
  - P_t: t기의 가격(임대료)

  ㉡ 공급은 일정한 생산기간이 경과한 후에야 변동하므로 시차가 존재하여 공급함수는 다음과 같이 표현된다.

  $$S_t = g(P_{t-1})$$

  - S_t: t기의 공급량
  - P_{t-1}: $(t-1)$기의 가격(임대료)

(3) 장기에 걸친 균형점의 이동(거미집 과정)

■ 거미집모형

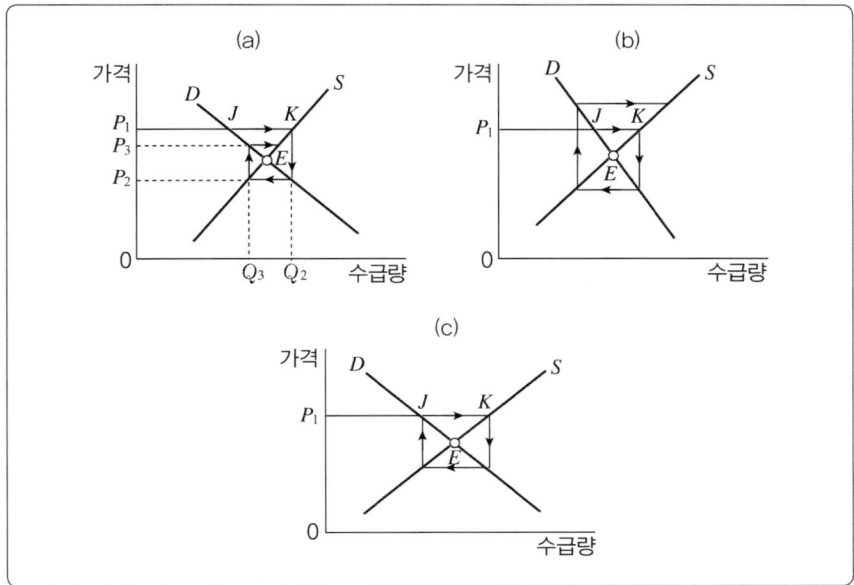

① **수렴형**[그림 (a)]: 가격이 P_1이면, 수요량은 P_1J, 공급량은 $P_1K = OQ_2$이므로 JK만큼 초과공급이 존재하여 가격은 하락한다. 이때 공급량 OQ_2 모두가 판매되기 위해 가격은 P_2까지 하락한다. P_2수준에서 초과수요(Q_3Q_2)가 존재하므로 가격은 P_3수준까지 상승한다. 다음 기(期)에 또다시 초과공급이 존재하여 가격은 하락한다. 이런 과정을 거쳐 가격은 점차 E점에 접근한다. 이와 같은 형태를 수렴형 또는 수렴적 진동형이라고 하는데, 이는 수요의 가격탄력성이 공급의 가격탄력성보다 큰 경우, 즉 공급곡선의 기울기의 절댓값이 수요곡선의 기울기의 절댓값보다 큰 경우에 나타난다.

■ 수렴형이 되기 위한 조건

- 수요곡선의 기울기의 절댓값 < 공급곡선의 기울기의 절댓값
- 수요의 가격탄력성 > 공급의 가격탄력성

정리 수요가 더 탄력적이면 ⇨ 수렴형

O X 확 인 문 제

가격에 대한 수요의 탄력성보다 공급의 탄력성이 클 경우 균형에 충격이 가해지면 새로운 균형으로 수렴한다. • 19회 ( )

정답 (×)
가격에 대한 수요의 탄력성이 공급의 탄력성보다 클 경우 균형에 충격이 가해지면 새로운 균형으로 수렴한다.

> [정리] 공급이 더 탄력적이면 ⇨ 발산형

② **발산형**[그림 (b)]: 수요의 가격탄력성이 공급의 가격탄력성보다 작은 경우, 즉 공급곡선의 기울기의 절댓값이 수요곡선의 기울기의 절댓값보다 작은 경우에 나타난다. 이 경우 가격은 균형점에 접근하지 않고 점차 균형점으로부터 이탈해 가는데, 이와 같은 형태를 발산형 또는 발산적 진동형이라고 한다.

■ 발산형이 되기 위한 조건
- 수요곡선의 기울기의 절댓값 > 공급곡선의 기울기의 절댓값
- 수요의 가격탄력성 < 공급의 가격탄력성

③ **순환형**[그림 (c)]: 순환형 또는 중립적 진동형이라고 하는데, 이는 수요의 가격탄력성과 공급의 가격탄력성이 같은 경우, 즉 공급곡선의 기울기의 절댓값과 수요곡선의 기울기의 절댓값이 같은 경우 가격은 수렴이나 이탈하지 않고, 계속 순환을 하는 경우에 나타난다.

■ 순환형이 되기 위한 조건
- 수요곡선의 기울기의 절댓값 = 공급곡선의 기울기의 절댓값
- 수요의 가격탄력성 = 공급의 가격탄력성

이상을 정리하면 부동산은 가격이 변동하면 수요는 즉각적으로 영향을 받아 변하게 되지만, 부동산은 착공에서 완공까지 상당한 시간이 소비되기 때문에 공급은 일정한 시간이 경과한 후에야 변동하게 된다. 즉, 단기적으로 가격이 급등하게 되면 건물착공량이 증가하게 되는데 공급물량이 막상 시장에 출하되면 오히려 공급초과가 되어 침체 국면에 접어든다는 것이다. 따라서 부동산시장에는 주기적으로 수요초과와 공급초과를 반복하는 경향이 생긴다. 부동산시장에 이 같은 현상이 발생하는 것은 시간적 갭(gap)이 존재하기 때문인 것으로 알려져 있다. 이상과 같은 거미집이론은 수요곡선의 기울기의 절댓값과 공급곡선의 기울기의 절댓값에 따라 가격의 변동 모양이 달라지는 것으로, 주거용 부동산보다는 상업용이나 공업용 부동산에 더 잘 적용된다.

CHAPTER 01 최신기출문제로 확인!

01 다음은 부동산 관련 경제변수들이다. 유량(flow)과 저량(stock)의 경제변수로 옳게 묶인 것은? • 36회

- ㉠ 통화량
- ㉡ 연간 이자비용
- ㉢ 자본총량
- ㉣ 주택거래량
- ㉤ 신규주택 공급량
- ㉥ 주택재고량

	유량변수	저량변수
①	㉠, ㉡, ㉣	㉢, ㉤, ㉥
②	㉠, ㉢, ㉥	㉡, ㉣, ㉤
③	㉠, ㉣, ㉤	㉡, ㉢, ㉥
④	㉡, ㉢, ㉥	㉠, ㉣, ㉤
⑤	㉡, ㉣, ㉤	㉠, ㉢, ㉥

키워드 유량과 저량

난이도 ■■■■

해설 유량(流量, flow)변수란 일정기간에 걸쳐 측정하는 변수로서 연간 이자비용, 주택거래량, 신규주택 공급량 등이 있다. 저량(貯量, stock)변수란 일정시점에 측정하는 변수로서 통화량, 자본총량, 주택재고량 등이 있다.

02 해당 부동산시장의 수요곡선을 우측(우상향)으로 이동하게 하는 수요변화의 요인에 해당하는 것은? (단, 수요곡선은 우하향하고, 해당 부동산은 정상재이며, 다른 조건은 동일함) • 34회

① 대출금리의 상승
② 보완재 가격의 하락
③ 대체재 수요량의 증가
④ 해당 부동산 가격의 상승
⑤ 해당 부동산 선호도의 감소

키워드 수요변화의 요인

난이도 ■■■

해설 해당 부동산과 보완재 가격이 하락하면 보완재 수요량은 증가하고 해당 부동산의 수요량도 증가한다. 따라서 '수요변화의 요인'에 해당한다. 예를 들어 X(커피)와 Y(커피크림)가 보완재라고 가정할 경우, X(커피) 가격이 하락하면 X(커피) 수요량은 증가하고 커피와 보완재인 Y(커피크림)의 수요량도 증가하므로 수요변화의 요인에 해당한다.

정답 01 ⑤ 02 ②

03 부동산의 수요와 공급에 관한 설명으로 틀린 것은? (단, 부동산은 정상재이며, 다른 조건은 동일함)

• 34회

① 수요곡선상의 수요량은 주어진 가격에서 수요자들이 구입 또는 임차하고자 하는 부동산의 최대수량이다.
② 부동산의 공급량과 그 공급량에 영향을 주는 요인들과의 관계를 나타낸 것이 공급함수이다.
③ 공급의 법칙에 따르면 가격(임대료)과 공급량은 비례관계이다.
④ 부동산 시장수요곡선은 개별수요곡선을 수직으로 합하여 도출한다.
⑤ 건축원자재의 가격 상승은 부동산의 공급을 축소시켜 공급곡선을 좌측(좌상향)으로 이동하게 한다.

> 키워드 〉 부동산의 수요와 공급
> 난이도 〉 ■■■■■
> 해설 〉 부동산 시장수요곡선은 개별수요곡선을 수평으로 합하여 도출한다.

04 부동산매매시장의 수요와 공급에 관한 설명으로 옳은 것은? (단, 수요곡선은 우하향, 공급곡선은 우상향하며, 다른 조건은 동일함)

• 36회

① 수요곡선은 한계비용곡선이다.
② 수요곡선상의 수요량은 주어진 가격에서 수요자들이 구입하고자 하는 부동산의 최소수량이다.
③ 수요량의 변화는 수요 자체의 변화를 말하며, 수요곡선 자체를 이동시킨다.
④ 공급곡선은 한계편익곡선이다.
⑤ 공급함수는 부동산의 공급량에 영향을 미치는 요인들과 공급량의 관계를 나타내는 함수이다.

> 키워드 〉 부동산의 수요와 공급
> 난이도 〉 ■■■■■
> 해설 〉 ① 수요곡선은 한계편익곡선이다.
> ② 수요곡선상의 수요량은 주어진 가격에서 수요자들이 구입하고자 하는 부동산의 최대수량이다.
> ③ 수요량의 변화는 해당 가격의 변화에 따른 수요량의 변화를 말하며, 수요곡선상의 이동을 말한다.
> ④ 공급곡선은 한계비용곡선이다.

정답 03 ④ 04 ⑤

05 부동산의 수요와 공급이 동시에 변화할 때, 균형가격이 상승하고 균형거래량이 감소하는 경우는? (단, X축은 수량, Y축은 가격, 수요곡선은 우하향, 공급곡선은 우상향, 수요곡선과 공급곡선 기울기의 절댓값은 1이며, 다른 조건은 동일함)
• 36회

① 수요의 증가폭이 공급의 증가폭보다 클 경우
② 수요의 감소폭이 공급의 감소폭보다 클 경우
③ 수요의 증가폭이 공급의 감소폭보다 작을 경우
④ 수요의 감소폭이 공급의 증가폭보다 작을 경우
⑤ 수요의 증가폭이 공급의 증가폭보다 작을 경우

> 키워드 시장균형의 변동
> 난이도
> 해설 부동산의 수요와 공급이 동시에 변화할 때, 수요의 증가폭이 공급의 감소폭보다 작을 경우는 균형가격이 상승하고 균형거래량이 감소한다.
> ① 부동산의 수요와 공급이 동시에 변화할 때, 수요의 증가폭이 공급의 증가폭보다 클 경우 균형가격이 상승하고 균형거래량이 증가한다.
> ② 부동산의 수요와 공급이 동시에 변화할 때, 수요의 감소폭이 공급의 감소폭보다 클 경우, 균형가격이 하락하고 균형거래량이 감소한다.
> ④ 부동산의 수요와 공급이 동시에 변화할 때, 수요의 감소폭이 공급의 증가폭보다 작을 경우, 균형가격이 하락하고 균형거래량이 증가한다.
> ⑤ 부동산의 수요와 공급이 동시에 변화할 때, 수요의 증가폭이 공급의 증가폭보다 작을 경우, 균형가격이 하락하고 균형거래량이 증가한다.

정답 05 ③

06 수요와 공급의 가격탄력성에 관한 설명으로 옳은 것은? (단, X축은 수량, Y축은 가격, 수요의 가격탄력성은 절댓값을 의미하며, 다른 조건은 동일함)

• 34회

① 가격이 변화하여도 수요량이 전혀 변화하지 않는다면, 수요의 가격탄력성은 완전탄력적이다.
② 가격변화율보다 공급량의 변화율이 커서 1보다 큰 값을 가진다면, 공급의 가격탄력성은 비탄력적이다.
③ 공급의 가격탄력성이 0이라면, 완전탄력적이다.
④ 수요의 가격탄력성이 1보다 작은 값을 가진다면, 수요의 가격탄력성은 탄력적이다.
⑤ 공급곡선이 수직선이면, 공급의 가격탄력성은 완전비탄력적이다.

키워드 〉 수요와 공급의 가격탄력성
난이도 〉 ■■■
해설 〉 ① 가격이 변화하여도 수요량이 전혀 변화하지 않는다면, 수요의 가격탄력성은 완전비탄력적이다.
② 가격변화율보다 공급량의 변화율이 커서 1보다 큰 값을 가진다면, 공급의 가격탄력성은 탄력적이다.
③ 공급의 가격탄력성이 0이라면, 완전비탄력적이다.
④ 수요의 가격탄력성이 1보다 작은 값을 가진다면, 수요의 가격탄력성은 비탄력적이다.

07 거미집모형에 관한 설명으로 옳은 것은? (단, 다른 조건은 동일함)

• 34회

① 수요의 가격탄력성이 공급의 가격탄력성보다 크면 발산형이다.
② 가격이 변동하면 수요와 공급은 모두 즉각적으로 반응한다는 가정을 전제하고 있다.
③ 수요곡선의 기울기 절댓값이 공급곡선의 기울기 절댓값보다 작으면 수렴형이다.
④ 수요와 공급의 동시적 관계로 가정하여 균형의 변화를 정태적으로 분석한 모형이다.
⑤ 공급자는 현재와 미래의 가격을 동시에 고려해 미래의 공급을 결정한다는 가정을 전제하고 있다.

키워드 〉 거미집이론
난이도 〉 ■■■
해설 〉 ① 수요의 가격탄력성이 공급의 가격탄력성보다 크면 '수렴형'에 해당한다.
② 가격이 변동하면 수요는 즉각적으로 영향을 받지만, 공급은 일정한 생산기간이 경과한 후에야 변동이 가능하다.
④ 수요와 공급의 시차를 고려하여 일시적 균형의 변동과정을 동태적으로 분석한 모형이다.
⑤ 수요자의 현재의 수요결정은 현재가격에 의해, 미래의 수요결정은 미래가격에 의해 결정되나, 공급자의 미래의 공급결정은 현재의 가격에만 의존한다는 것을 전제로 한다.

정답 06 ⑤ 07 ③

CHAPTER

02 부동산시장론

10개년 출제문항 수

27회	28회	29회	30회	31회
4	4	5	4	5
32회	33회	34회	35회	36회
4	7	5	4	5

↳ 총 40문제 中 평균 약 4.7문제 출제

학습전략

- 부동산시장론에서는 부동산시장의 개념과 특성, 입지 및 공간구조론에 대해 주로 학습합니다.
- 주택의 여과과정과 주거분리, 상권과 상권에 관한 이론, 지대와 지대결정 이론에 대해 묻는 문제가 주로 출제되니 관련 이론을 정리해 두는 것이 좋습니다.

제1절 부동산시장

1 시장의 개념과 형태 · 26회

1. 시장의 개념

어떤 상품에 대한 수요와 공급이 계속적으로 나타나 상품의 가격이 정해지고 균형량이 정해지는 장소 및 거래과정을 말한다. 이처럼 시장은 사는 쪽인 수요자와 파는 쪽인 공급자가 모여 거래하는 장소를 의미하기도 하지만 노동시장, 외환시장처럼 장소를 뜻하는 것이 아닌 추상적인 시장도 있다.

2. 시장형태의 구분기준과 종류

(1) 시장형태의 구분기준

시장형태는 크게 완전경쟁시장과 불완전경쟁시장으로 나뉘며, 불완전경쟁시장은 독점·과점·독점적 경쟁시장으로 나뉜다. 그런데 이와 같은 시장형태를 구분하는 기준에는 다음과 같은 것들이 있다.

① 상품의 수요자와 공급자의 수가 많으냐 적으냐이다. 그 수가 많을수록 시장은 경쟁적이고, 적을수록 경쟁적이지 않다고 할 수 있다.
② 상품의 동질성 여부이다. 상품이 동질적일수록 수요자는 모든 상품을 똑같이 받아들이므로 개별공급자는 시장에 대한 영향력을 가지기 어렵다.

그러나 각 상품을 특징 있게 만들어 품질이 다르면 개별공급자는 그것을 선호하는 소비자에 대한 영향력을 가지게 된다.

③ 새로운 공급자의 시장에 대한 진입과 탈퇴의 장애 정도이다. 시장에 대한 진입장벽이 높을수록 기존 기업은 시장에 대한 영향력을 가지게 되고, 진입장벽이 낮을수록 새로운 공급자의 진입으로 시장은 경쟁적이 된다.

④ 시장에서의 기존 기업들의 행동이다. 기존의 기업들이 힘을 합해 통일된 행동을 하는 경우는 그렇지 않은 경우에 비해 시장에 대한 영향력이 커진다.

(2) 시장의 종류
① 완전경쟁시장
② **불완전경쟁시장**: 독점시장, 과점시장, 독점적 경쟁시장

3. 시장의 형태

(1) 완전경쟁시장
① **의의**: 다수의 판매자와 구매자가 존재하고, 거래되는 상품의 품질이 동질적이며, 상품의 가격·품질 등에 대한 완전한 정보를 지니고, 기업이 자유롭게 해당 산업에 진입과 탈퇴를 할 수 있는 시장을 말한다.

② **완전경쟁시장의 성립조건과 특징**
  ㉠ 시장에서 상품을 사는 사람과 파는 사람의 수가 아주 많아야 한다. 개별수요자나 공급자가 아주 많다면 개별수요자나 공급자가 수요량이나 공급량을 변경할지라도 시장가격에는 전혀 영향을 미칠 수 없게 된다. 따라서 개별수요자나 공급자는 시장에서 결정된 시장가격을 그대로 받아들일 수밖에 없게 된다. 즉, 개별수요자나 공급자는 시장가격을 주어진 그대로 받아들이는 가격순응자(price taker, 가격수용자)이며, 수요량이나 공급량은 변동시킬 수 있는 수량조정자(quantity adjusters)이다.
  ㉡ 거래되는 상품이 동질적이어야 한다. 상품의 동질성이란 품질은 물론 여러 가지 판매조건도 같아야 한다는 뜻이다. 따라서 어느 개별공급자도 상품의 품질을 달리하여 시장가격에 영향을 미치지 못하게 된다.
  ㉢ 기업이 자유롭게 해당 산업에 진입하거나 탈퇴할 수 있어야 한다. 그로 인해 어느 개별공급자도 시장가격에 영향을 미치지 못하게 된다.

정리 완전경쟁시장의 성립조건
1. 다수의 판매자와 구매자가 존재해야 한다.
2. 거래되는 상품의 품질이 동질적이어야 한다.
3. 기업이 자유롭게 해당 산업에 진입(entry)하거나 퇴거(exit)할 수 있어야 한다.
4. 시장조건에 관하여 완전한 정보를 갖고 있어야 한다.

정리 완전경쟁시장의 특징
1. 개별수요자나 공급자는 시장가격을 주어진 그대로 받아들이는 가격순응자(price taker, 가격수용자)이다. 그러나 수요량이나 공급량은 변동시킬 수 있는 수량조정자(quantity adjusters)이다.
2. 일물일가의 법칙이 성립된다.

만일 진입과 탈퇴가 자유롭지 못하다면 진입장벽으로 인해 기업의 수가 한정되어 개별공급자는 시장가격에 영향을 미치게 될 것이다.
ⓔ 개별수요자나 공급자가 상품의 가격, 품질 등에 대한 완전한 정보를 가지고 있어야 한다. 따라서 어느 공급자가 동질의 상품을 다른 공급자에 비해 다른 가격에 공급한다면 그 사실을 수요자들이 알 수 있다는 의미이다. 따라서 가장 낮은 가격으로 공급하는 상품을 구매할 것이며, 높은 가격으로 공급하는 공급자는 상품을 전혀 판매하지 못할 것이다. 따라서 공급자들은 다른 공급자들이 공급하는 가격으로 공급하게 될 것이고, 결국 동일한 상품은 동일한 가격으로만 시장에서 거래될 것이다. 따라서 일물일가(一物一價)의 법칙이 성립된다.
ⓜ 이상과 같은 조건을 갖춘 시장은 완전경쟁시장이 된다. 그러나 현실에서는 이 조건들을 모두 갖춘 시장은 존재하기 어렵다. 그런데 우리가 완전경쟁시장을 강조하는 이유는 이를 통해 불완전경쟁시장의 문제점을 이해하고, 보다 합리적인 경제행위를 하는 데 기준이 될 수 있기 때문이다.

(2) 불완전경쟁시장

불완전경쟁시장은 독점시장, 과점시장, 독점적 경쟁시장 등으로 나뉜다. 독점시장은 한 상품의 공급이 단일기업에 의해 이루어지는 시장형태이다. 과점시장은 동질적 또는 이질적 상품을 생산하는 공급자가 둘 이상의 소수인 시장형태이다. 독점적 경쟁시장은 완전경쟁시장과 독점시장의 성격을 나누어 가지고 있는 형태로서, 밀접한 연관은 있지만 동일한 상품이 아닌 (동종이질적인) 상품을 생산하는 공급자가 다수인 시장형태이다.

2 부동산시장 • 26회 • 27회 • 29회 • 30회 • 31회 • 33회 • 36회

1. 부동산시장의 개념

① 부동산시장이란 매수인과 매도인에 의해 부동산의 교환이 자발적으로 이루어지는 곳으로 부동산권리의 교환, 가액결정, 공간배분, 공간이용 패턴 결정 및 수요와 공급의 조절을 돕기 위해 의도된 상업활동을 하는 곳을 말한다.[1]

---

[1] Byrl N. Boyce, Real Estate Appraisal Terminology(Cambridge, Mass: Ballinger Publishing, 1975), p.172

② 부동산시장이란 유사한 부동산에 대해 유사한 가격이 형성되는 지리적 구역이다. 이처럼 지리적 공간과 결부되어 있기 때문에, 위치에 따라 여러 개의 부분시장(국지적 시장)으로 나뉜다.
③ 부동산시장이 일반재화시장과 다른 특성을 가지는 것은 지리적 위치의 고정성(부동성)·이질성(개별성)·내구성(영속성) 등 부동산만이 가지는 자연적 특성들 때문이다.

2. 부동산시장의 유형

(1) 시장범위에 따른 부동산시장의 분류

① **개별시장**
  ㉠ 특정한 위치·면적·형태를 가진 개별토지마다 형성되는 시장이다.
  ㉡ 개별토지는 자연적·사회적·경제적 특징을 가지고 있어 토지별로 독자적인 가격이 형성된다.

② **부분시장**(하위시장, submarket)
  ㉠ 개별시장과 전체시장의 중간에 있는 규모의 시장이다.
  ㉡ 부동산의 부동성으로 인한 지역별 부분시장과 용도의 다양성으로 인한 용도별 부분시장이 발달된다.
  ㉢ 특히 지역별 부분시장뿐만 아니라 거래되는 부동산의 위치·규모·질·용도 등에 따른 부분시장이 형성되어 시장세분화*가 이루어진다.
  ㉣ 토지의 특성 중 용도의 다양성으로 인하여 용도의 전환이 이루어지고 용도 간의 경쟁이 발생하므로 용도별 부분시장의 공급은 가변적이다. 따라서 토지의 용도의 다양성으로 인해 토지의 경제적 공급곡선이 우상향하는 공급곡선을 가진다.

③ **전체시장**
  ㉠ 각 개별시장의 총합이라고 할 수 있다. 따라서 전체시장의 공급은 시장 내의 총토지량과 같다.
  ㉡ 동일한 생활권 또는 경제활동권 내의 개별시장은 서로 영향을 주고받으므로 이들을 모두 포괄하는 범위의 토지시장으로 구분할 필요가 있다.

---

*시장세분화(市場細分化)
수요층별로 시장을 분할하는 것을 말한다. 마케팅전략에서는 수요층별로 집중적인 마케팅전략을 펴는 것을 말한다.

(2) 부동산의 용도에 따른 부동산시장의 분류[2]

① **주거용 부동산시장**(residential market): 도시주택, 교외주택, 농촌주택 등 주거의 목적으로 쓰이는 부동산시장을 말한다.

② **상업용 부동산시장**(commercial buildings market): 사무용 빌딩, 상가부동산, 숙박업소, 백화점, 영화관 등 상업활동의 목적으로 쓰이는 부동산시장을 말한다.

③ **공업용 부동산시장**(industrial market): 공장, 광산, 창고 등 재화의 제조활동의 필요에 의해 쓰이는 부동산시장을 말한다.

④ **농업용 부동산시장**(agricultural market): 임야, 초지, 목장, 과수원, 농작물, 재배농지 등 농업생산물을 생산하기 위한 용지가 거래되는 부동산시장을 말한다.

⑤ **특수용 부동산시장**(special purpose market): 묘지, 골프장, 공원, 기타 공공용 부동산시장을 말한다.

(3) 하위주택시장의 구분

① **지역별 하위주택시장**: 행정단위별, 지역특성별, 도시지역·교외지역별 주택시장

② **주택형태별 하위주택시장**: 아파트시장, 단독주택시장 등

③ **점유형태별 하위주택시장**: 소유자점유(자가) 주택시장, 임차자점유(차가) 주택시장

④ **주택건축 시기별 하위주택시장**: 신규주택시장, 중고주택시장

⑤ **인종별 하위주택시장**: 백인, 흑인 등 인종별 주택시장

3. 부동산시장의 특성[3]

부동산시장이 일반재화시장과 다른 특성을 가지는 것은 지리적 위치의 고정성, 개별성(이질성), 내구성 등 부동산만이 가지는 자연적 특성들 때문이다. 또한 이러한 부동산의 특성은 부동산시장을 불완전경쟁시장으로 만드는 원인이 되기도 한다. 특히 부동산 거래비용의 증가는 부동산 수요자와 공급자의 시장 진출입에 제약을 줄 수 있어 불완전경쟁시장의 요인이 될 수

---

[2] Alfred Ring, Real Estate principles and practices 10th(New Jersey, Prentice Hall, 1985), p.240
이원준, 「부동산컨설팅업 경영과 실무」, 경록, 2002, pp.85~86
방경식, 전게서, p.38
[3] 이원준, 전게서, pp.87~88
방경식, 전게서, pp.204~207

있다. 그 밖에 부동산에 대한 법적 제한도 시장을 불완전하게 만드는 한 요인이 된다.

(1) 시장의 국지성(지역성)

① 부동산시장이란 유사한 부동산에 대해 유사한 가격이 형성되는 지리적 구역이다. 또한 유사한 부동산이라 하여도 부분시장별로 서로 다른 가격이 형성되는 '시장의 분화(market segmentation)' 현상이 발생한다. 부동산시장에서는 어떤 특정한 지역에 국한되는 시장의 지역성 혹은 지역시장성이 존재한다. 이처럼 지리적 공간과 결부되어 있기 때문에 공간적 작용범위가 일정지역에 국한되는 국지성의 특성을 가지며, 위치에 따라 여러 개의 부분시장(국지적 시장)으로 나뉘고, 부분시장별로 불균형을 초래한다.

② 부동산시장은 지역의 경제적·사회적·행정적 변화에 따라 영향을 받으며, 수요·공급도 그 지역 특성의 영향을 받는다. 따라서 완전히 동질적인 아파트라 하더라도 아파트가 입지한 시장지역이 달라지면 서로 다른 가격이 형성될 수 있다. 또한 부동산은 다른 부동산과 함께 지역을 이루고, 그 지역적 특성의 제약하에 가격이 형성되며, 부동산활동을 정보활동화하여 중개활동을 필요하게 한다.

③ 일반재화는 전국적인 시장에서 거래되지만, 한 지역의 부동산시장은 위치의 고정성으로 인해 멀리 떨어진 다른 지역의 시장과 연계관계가 적다. 이처럼 부동산은 지역 간 거래가 어렵기 때문에 공인중개사에 의한 지역 간 분업이 이루어진다.

④ 한 장소에 상품의 진열이 불가능하므로 지역적으로 한정된 불완전한 시장형태를 가진다.

⑤ 국지적 시장에서 형성되는 부동산 가치는 시장가치라고 할 수 없으며, 부동산의 시장가치를 구하기 위한 감정평가활동이 필요하다.

(2) 거래의 비공개성(은밀성)

① 부동산의 개별성과 사회적 통제나 관행으로 인하여 일반재화와 달리 거래사실이나 거래내용을 외부에 공개하기를 꺼리는 관행이 있다. 그 결과 부동산시장 내의 정보수집을 어렵게 하며, 많은 정보탐색비용이 들게 한다.

② 시장의 국지성과 더불어 부동산가격이 불합리하게 형성되는 주요 원인으로 작용한다.

OX 확인문제

부동산시장의 분화현상은 경우에 따라 부분시장(sub-market)별로 시장의 불균형을 초래하기도 한다. •29회 ( )

정답 (○)

OX 확인문제

부동산시장은 지역의 경제적·사회적·행정적 변화에 따라 영향을 받으며, 수요·공급도 그 지역 특성의 영향을 받는다. •23회 ( )

정답 (○)

OX 확인문제

완전히 동질적인 아파트라면 아파트가 입지한 시장지역이 달라져도 서로 동일한 가격이 형성된다. •22회 ( )

정답 (×)
완전히 동질적인 아파트라 하더라도 아파트가 입지한 시장지역이 달라지면 서로 다른 가격이 형성될 수 있다.

③ 부동산시장에서는 정보의 비대칭성*으로 인해 부동산가격의 왜곡현상이 나타나기도 한다.

(3) 부동산상품의 비표준화성(개별성)

① 부동산의 개별성과 부동성으로 인해 부동산상품의 표준화가 불가능하여 대량생산이 곤란하다.
② 개별성으로 인해 시장에 나온 부동산은 각기 그 교환형태가 다르므로 일물일가의 법칙이 적용되지 않는다.
③ 개별성의 특성은 부동산상품의 표준화를 어렵게 할 뿐만 아니라 부동산시장을 복잡하고 다양하게 한다.
④ 부동산은 개별성으로 인해 대체가 불가능한 재화이기에 부동산시장에서 주식과 같은 공매(short selling)가 발생하지 않는다.

(4) 시장의 비조직성(집중통제의 곤란)

국지성·거래의 비공개성 및 개별성 등으로 인하여 시장의 조직화가 곤란하다. 일반재화의 시장은 대리점·도매상·소매상 등으로 조직되어 있어 재화가 유통된다.

(5) 수급조절의 곤란성

토지의 부증성으로 인해 공급이 비탄력적이므로 부동산에 대한 수요증가로 가격이 상승하더라도 공급을 늘리기가 어렵다. 일반적으로 부동산의 공급에는 상당한 시간이 소요되기 때문에 단기적으로 가격의 왜곡이 발생할 가능성이 있다. 즉, 부동산시장은 수요와 공급의 조절이 쉽지 않아 단기적으로 가격의 왜곡이 발생할 가능성이 높다.

(6) 매매기간의 장기성

상품으로서 부동산은 단기적 거래가 곤란한 경우가 많아 유동성*(환금성) 면에서 곤란을 가져온다. 또한 부동산공급에는 계획수립, 부지확보, 건축 등 완성에 이르기까지 많은 시간이 소요되므로 단기적으로 가격의 왜곡이 발생할 가능성이 크다.

(7) 법적 제한 과다

부동산은 다양한 공·사적 제한이 존재하며, 이는 부동산가격 변동에 영향을 미칠 수 있다. 아울러 부동산시장은 여러 가지 법적 제한이 많아 시장이 불완전해지는 경향이 있다. 이와 같은 경향은 부동산가격을 왜곡시켜 시장의 조절기능이 저하된다.

---

* 정보의 비대칭성
시장에서 정보가 불완전하고 불공평한 배분을 정보의 비대칭성(information asymmetry)이라고 한다. 즉, 시장에서 어느 한쪽은 다른 쪽보다 더 좋은 정보를 훨씬 많이 지니고 있는 것을 말한다.

정리 부동산상품의 비표준화성
아파트·연립주택 등의 표준화 진전은 건물 자체의 표준화이며, 토지와 결합된 상태에서의 표준화라고 볼 수는 없다.

OX 확인문제
부동산시장에서는 수요와 공급의 불균형으로 인해 단기적으로 가격형성이 왜곡될 가능성이 있다. •23회 ( )
정답 (○)

* 유동성(liquidity)
어떤 자산이 얼마나 쉽게 현금으로 모습을 바꿀 수 있는지를 나타내는 척도이다. 예를 들어, 현금은 유동성이 높은 반면, 부동산이나 미술품은 짧은 기간에 처분이 곤란하므로 유동성이 낮다.

(8) 진입장벽의 존재

진입장벽의 존재는 부동산시장을 불완전하게 만드는 원인이다. 일반적으로 부동산은 일반재화에 비해 거래비용이 많이 든다고 할 수 있다. 이러한 부동산 거래비용의 증가는 부동산 수요자와 공급자의 시장 진출입에 제약을 줄 수 있어 불완전경쟁시장의 요인이 될 수 있다.

(9) 자금의 유용성과 밀접한 관계

부동산은 고가이기 때문에 자금조달 가능성이 시장참여에 영향을 미친다. 즉, 원활한 자금의 융통은 더 많은 공급자와 수요자를 시장에 참여하게 한다. 자본시장에서의 이자율 하락은 부동산공급을 증대시키며, 동시에 수요자의 구매력을 향상시켜 수요를 증대시킨다.

4. 부동산시장의 기능[4]

(1) 자원배분기능

사람들의 필요에 비하여 자원이 부족하다면 자원을 적재적소에 배분하는 것이 필요하다. 각종 부동산공간에 대한 경쟁은 기존 건물의 유지와 수선, 건물개축 등을 통하여 자원배분*의 역할을 하게 된다.

> *자원배분
> 필요로 하는 수많은 재화와 서비스 가운데서 무엇을, 얼마나, 어떻게 생산하며, 이를 어떻게 나눌 것인가(즉, 누가 소비할 것인가)의 과제를 해결하는 체계적 방법을 말한다.

(2) 교환기능

부동산의 매매·교환 등을 통하여 부동산과 현금, 부동산과 부동산, 소유와 임대 등의 교환이 이루어지게 된다.

(3) 가격의 형성기능 (T. H. Ross)

■ 부동산가격의 창조과정

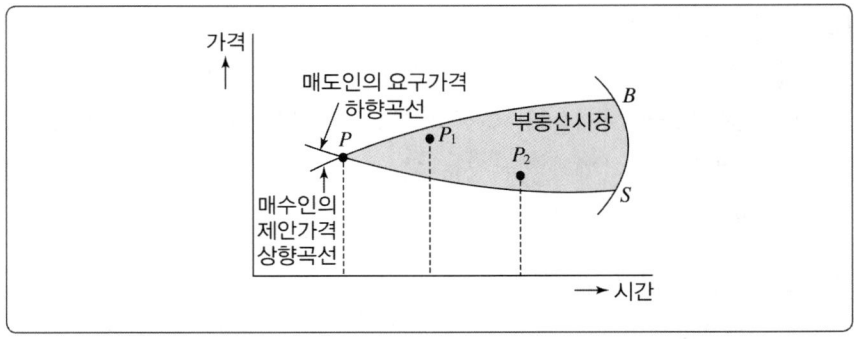

---

[4] Alfred Ring, Real Estate principles and practices 10th(New Jersey, Prentice Hall, 1985), pp.253~254
Richard U. Ratcliff, Real Estate Analysis(New York: McGraw-Hill, 1961), pp.229~231
이원준, 전게서, pp.88~89
방경식, 전게서, pp.207~210

① 부동산을 거래할 때 매매당사자는 가격을 협의하게 되는데, 시간의 흐름에 따라 매수인의 제안가격 B는 상승하게 되고, 매도인의 제안가격 S는 저하하게 된다.
② 양자의 가격을 조정하는 자가 공인중개사이며, 조정과정에서 결국 매수인이 더 이상 지불할 수 없는 상한가격과 매도인이 더 이상 양보할 수 없는 하한가격이 만나는 P지점에서 거래가격이 형성된다.
③ 이러한 과정이 반복됨으로써 부동산의 가격은 창조·파괴되는데, P지점에서 창조되는 가격은 P_1, P_2와 같이 도표상 어느 지점에나 존재할 수 있다.
④ 이것은 매도인의 요구가격곡선 S와 매수인의 제안가격곡선 B가 만날 때 비로소 결정되며, 이것이 부동산시장의 형태로 나타날 수 있다.
⑤ 그림에서 보면 PBS로 둘러싸인 부분이 바로 부동산시장이 된다. 이렇게 하여 형성된 가격정보는 거래당사자뿐만 아니라 부동산시장의 안정과 유지를 위해 중요한 요소로 작용하게 된다.

(4) 정보제공기능
① 부동산시장은 부동산 활동주체에게 정보를 제공한다.
② 투자자·건축업자·개발업자·공인중개사 등은 모두 그들의 업무상 가격결정이나 판단을 위해 부동산거래에 관한 정보를 이용하고 또 수집한다.

(5) 양과 질의 조정기능
부동산의 소유자·관리자·개발업자·건축업자 등은 토지의 형질변경, 건물의 용도변경 등 부동산의 양과 질을 조정하여 부동산상품의 유용성이 최대가 되도록 노력한다.

5. 부동산시장의 균형

(1) 단기와 장기의 개념
① **개별기업에서의 장·단기 구분:** 단기란 기존의 생산시설의 규모를 변경시킬 수 없을 만큼 짧은 기간을 의미하고, 장기란 기존의 생산시설 외에 새로운 생산시설을 추가설치할 수 있을 만큼 충분히 긴 기간을 의미한다.
② **전체시장**(산업 전체)**에서의 장·단기 구분:** 단기는 기존 기업이 다른 시장(산업)으로 퇴거하거나 새로운 기업이 그 시장(산업)에 진입해 오지

못할 정도로 짧은 기간을 의미하고, 장기는 모든 시장(산업)으로의 이동이 자유롭게 이루어질 수 있을 정도로 충분히 긴 기간을 의미한다.

(2) 단기균형

단기에 있어서는 개별기업이 시설규모를 변경할 시간적 여유가 없고 새로운 기업의 진입도 있을 수 없으므로 이윤을 극대화하는 생산량과 가격은 한계수입(MR)과 한계비용(MC)이 같게 되는 점에서 결정된다. 이와 같은 이윤극대화의 조건이 만족되면 기업은 단기에 그 생산량 수준에서 벗어날 유인이 없으므로 균형을 이루게 된다.

(3) 장기균형

① 어떤 가격수준에서 개별기업이 단기적으로 초과이윤을 얻게 되면 장기적으로 기존의 기업은 생산설비를 확장하거나, 다른 기업들이 새로 시장에 진입하여 전체적으로 공급량이 증가하게 된다. 공급이 증가하면 가격은 하락하는데, 만일 공급이 증가하여 평균비용도 감당하지 못할 정도로 가격이 하락하면 손실이 발생하게 되고, 기업들 중 일부는 시장에서 탈퇴(퇴거)하게 된다.

② 이러한 과정은 초과이윤이 0이 될 때까지 계속된다. 결국 산업의 모든 기업들은 장기평균비용곡선의 최저점에서 생산하고 정상이윤만을 얻는 균형가격이 성립하게 된다. 이 상태를 산업의 장기균형이라고 한다.

6. 주택시장분석

(1) 주택시장분석을 위한 기초개념[5]

① **주택서비스:** 주택시장분석에서 분석의 대상이 되는 주택은 물리적 주택이 아니라 주택서비스이다. 주택서비스란 주택소유자가 주택으로부터 얻는 효용을 말한다. 주택을 물리적인 측면에서 본다면 똑같은 것이 존재하지 않는 전혀 다른 이질적 상품이다. 그러나 주택서비스라는 관점에서 본다면 동질적 상품으로 간주될 수 있다. 즉, 물리적으로 서로 다른 주택에서도 주택소유자가 얻는 효용은 같을 수 있기 때문이다. 또한 측정단위 역시 물리적 주택이 아니라 주택서비스를 측정하는 추상적 단위로 한다.[6]

> **정리 주택시장분석**
> 주택시장분석에서 분석의 대상이 되는 주택은 물리적 주택이 아니라 주택서비스이다. 따라서 부동산학에서 주택시장을 전제로 논의를 할 때 분석대상이 되는 주택이란 결국 주택서비스를 말하는 것이며, 주택서비스를 수요하기 위하여 물리적 주택을 수요하는 것이다. 따라서 주택서비스의 수요가 본원수요이고, 물리적 주택의 수요는 파생수요에 해당한다.

---

[5] James B. Kau and C. F. Sirmans, Real Estate(New York: McGraw-Hill, 1985), pp.284~288
[6] 안정근, 전게서, p.158

② **주택유량과 주택저량:** 주택시장분석에서 유량(flow)의 개념뿐만 아니라 저량(stock)의 개념을 파악하는 것은 주택공급이 단기적으로 제한되어 있기 때문이다. 즉, 단기적으로 생산공급은 증가가 어렵기 때문에 저량의 개념으로 공급량을 분석하고, 장기적으로 저량과 유량을 함께 사용하여 특정지역의 주택시장에 대한 공급량을 분석한다.7)

- 주택저량의 공급량: '일정시점'에 시장에 존재하는 주택의 양
- 주택저량의 수요량: '일정시점'에 사람들이 보유하고자 하는 주택의 양
- 주택유량의 공급량: '일정기간'에 시장에 공급되는 주택의 양
- 주택유량의 수요량: '일정기간'에 사람들이 보유하고자 하는 주택의 양

> **추가** 주택의 단기공급곡선과 장기공급곡선
>
> 주택의 단기공급곡선은 가용생산요소의 제약으로 공급이 어렵기 때문에 장기공급곡선에 비해 더 비탄력적이다. 그러나 장기에는 가용생산요소의 사용가능성이 풍부해지므로 장기공급곡선은 단기공급곡선에 비해 더 탄력적이다.

(2) 주택수요와 주택소요(住宅所要)

구분	주택수요(housing demand)	주택소요(housing needs)
의의	구매력이 있는 수요자가 시장경제원리에 의거하여 주택을 사려는 것을 말한다.	구매력이 없는 저소득층을 위해 복지차원에서 정부가 시장경제원리에 개입하여 주택을 우선공급하는 것을 말한다.
적용개념	시장경제상의 개념	사회·복지정책상의 개념
적용원리	시장경제원리에 방임함으로써 시장기능으로 문제를 해결하므로 경제적 기능이 강조된다.	정부가 시장경제원리에 개입함으로써 적극적 개입에 의한 문제해결을 도모하므로 정치적 기능이 강조된다.
적용대상	구매력이 있는 중산층 이상의 계층	구매력이 없는 무주택 저소득계층
예	아파트 분양신청	임대아파트

> **O X 확 인 문 제**
>
> 주택의 수요(demand)와 주택소요(needs)의 개념은 서로 다르다. • 22회 ( )
>
> 정답 (O)

7. 주택시장의 여과과정(주택순환과정)8)

(1) 여과과정의 개념

① **의의:** 주택여과과정이란 주택의 질적 변화와 가구의 이동의 관계를 설명해 주는 것으로, 소득이 높은 계층의 가구가 새로운 주택으로 이동하면 기존의 빈 주택을 소득이 낮은 계층의 가구가 낮은 금액으로 구매하여 이동하는 현상을 말한다. 즉, 주택의 여과과정은 시간이 경과하면서 주택의 질과 주택에 거주하는 가구의 소득이 변화함에 따라 발생하는 현상이다.

---
7) 안정근, 전게서, pp.158~159, 제12회 공인중개사 기출문제
8) James B. Kau and C. F. Sirmans, Real Estate(New York: McGraw-Hill, 1985), pp.293~295

② **하향여과**(filtering-down): 고소득(상위)계층이 사용하던 주택이 저소득(하위)계층의 사용으로 전환되는 현상이다.

③ **상향여과**(filtering-up): 저소득(하위)계층이 사용하던 주택이 수선 및 재개발되어 고소득(상위)계층의 사용으로 전환되는 현상이다.

④ **여과과정과 주택시장**

㉠ 주택여과현상은 주로 하향여과를 통해 연쇄적으로 공급이 된다. 또한 빈집이 생겨야 가구이동이 발생한다는 원리를 공가(空家)연쇄(vacancy chains)라 하는데, 가구의 이동과 공가의 발생은 밀접한 관련을 지닌다. 따라서 공가의 발생은 주택여과과정의 중요한 구성요소 중 하나이다.

㉡ 고소득계층을 대상으로 양질의 신규주택을 공급하는 것은 주택여과현상으로 인해 저소득계층에도 도움이 된다. 왜냐하면 완전경쟁의 시장원리를 가정하여 분석하는 주택시장에서는 신규주택의 공급이 하향여과과정을 통해서 주거의 질을 개선하는 효과를 발생시키기 때문이다. 또한 주택의 내구성을 증진시켜 주택공급량의 증가에도 기여하게 된다.

㉢ 주택의 여과과정이 원활하게 작동하는 주택시장에서 주택여과효과가 긍정적으로 작동하면 주거의 질을 개선하는 효과가 있다.

㉣ 일반적으로 저가주택시장에서 정부의 보조금지급 등으로 저소득층의 소득이 증가하면 저가주택 수요가 증가하여 하향여과현상이 발생한다. 그러나 낙후된 주거지역 재개발로 상위계층이 유입된 경우나 지역개발 등으로 소득이 증가하여 저가주택의 수요가 감소하고 고가주택의 수요가 증가할 때는 주택의 상향여과현상이 발생할 수 있다.

㉤ 이러한 주택여과과정에 영향을 미치는 요인으로는 인구구조와 규모, 주택의 노후화 정도, 가구소득의 변화, 공공기관의 개입 등을 들 수 있다.

⑤ **저가주택시장과 고가주택시장의 장·단기효과**: 개인이 주어진 소득이라는 제약조건하에 최대의 만족을 얻을 수 있는 주택서비스를 소비한다. 즉, 거주자의 주택소비량의 정도는 제한된 예산으로 효용을 극대화하려는 선택의 문제로 볼 수 있다.

㉠ 저가주택시장에서의 장·단기효과

ⓐ 정부에서 일정수준에 미달하는 주택의 신축을 금지하는 경우, 정부에서 저소득층에 보조금을 지급하거나 저소득층의 인구가

많아진다면 단기적으로 저가주택의 수요가 증가하여 일정수준 이하의 주택들에 대한 임대료가 상승한다. 그 결과 일정수준 이상의 주택들이 하향여과되는 현상이 발생한다.

ⓑ 장기적으로 저가주택량이 증가하여 주택시장 전체에서 저가주택이 차지하는 비중이 증가하며, 저가주택임대료는 원래 수준으로 하락한다.

ⓒ 고가주택시장에서의 장·단기효과

ⓐ 단기적으로 하향여과로 인해 고가주택시장에서 고가주택이 부족해지면 고가주택에 대한 초과수요가 발생하게 되어 주택임대료가 상승하게 된다.

ⓑ 장기적으로 신규공급자가 시장에 진입하게 되고 주택을 신축한다. 이때 주택건설업이 비용일정산업일 경우 신규공급량이 하향여과된 양과 일치하여 고가주택량은 불변이며, 주택임대료도 원래 수준이 된다. 그러나 저가주택량은 시장 전체에서 차지하는 비중이 증가한다. 주택건설업이 비용증가산업일 경우 신규공급량이 하향여과된 양보다 적어서 고가주택량은 원래 수준보다 장기적으로 감소하며, 주택임대료는 원래 수준보다 높아진다. 그러나 저가주택량은 비용일정산업인 경우보다는 적게 증가한다.

■ 저가주택시장과 고가주택시장의 장·단기효과

저가주택 시장	단기	저가주택의 수요증가 ⇨ 임대료 상승
	장기	고가주택 하향여과 ⇨ 기존 고가주택 공급 ⇨ 임대료 하락 (원래수준이 됨)
고가주택 시장	단기	하향여과 발생 ⇨ 고가주택의 공급감소 ⇨ 임대료 상승
	장기	신규공급자 시장진입 ⇨ 공급증가 ⇨ 임대료 하락

(2) 여과과정과 주거분리[9]

① 주거분리란 도시 내에서 소득계층이 분화되어 거주하는 현상으로 고소득층 주거지와 저소득층 주거지가 서로 분리되는 현상을 의미한다.

② 주거분리는 도시 전체뿐만 아니라 지리적으로 인접한 근린지역에서도 발생할 수 있다.

---

9) James B. Kau and C. F. Sirmans, Real Estate(New York: McGraw-Hill, 1985), pp.317~318

OX 확인문제

주거분리는 도시 전체뿐만 아니라 지리적으로 인접한 근린지역에서도 발생할 수 있다. •21회
( )

정답 (○)

* **외부효과(external effect)**
어떤 경제활동과 관련하여 거래당사자가 아닌 제3자(by-stander)에게 의도하지 않은 이익이나 손해를 가져다주는데도 이에 대한 대가를 지불하지도 받지도 않는 상태를 말한다.

③ 부동산의 가치는 주변의 다른 부동산에 의해 영향을 받는다. 어떤 부동산이 주변의 다른 부동산의 영향을 받아 가치가 상승하면 정(+)의 외부효과*이고, 주변의 다른 부동산의 영향을 받아 가치가 하락하면 부(−)의 외부효과라고 한다. 따라서 저소득층은 다른 요인이 동일할 경우 정(+)의 외부효과를 누리고자 고소득층 주거지에 가까이 거주하려 한다. 반면 고소득층은 다른 요인이 동일할 경우 부(−)의 외부효과를 피하고자 저소득층 주거지에서 멀리 떨어져서 거주하려 한다.

④ 고소득층 주거지역의 경계와 인접한 저소득층 주택은 대부분 할증되어 거래되며, 저소득층 주거지역의 경계와 인접한 고소득층 주택은 대부분 할인되어 거래되는 경향이 있다. 또한 고소득층 주거지와 저소득층 주거지가 인접한 지역에서는 침입(invasion)과 천이(succession) 현상이 발생할 수 있다.

저소득층 주거지역	경계지역	고소득층 주거지역

⑤ **외부효과와 주거분리**
  ㉠ **고소득층 주거지역**: 고소득층 주거지역에서 개량 후 주택가치상승분이 주택의 개량비용보다 크다면 주택을 수선하여 고소득층 주거지역으로 남을 것이다. 이는 정(+)의 외부효과가 발생하기 때문에 주택소유자는 비용을 투입하여 주택을 수선하게 된다. 그러나 저소득층 주거지역의 경계와 인접한 고소득층 주거지역의 주택의 개량비용이 개량 후 주택가치상승분보다 크다면 주택을 수선하려 들지 않을 것이다. 그 결과 해당 지역의 주택의 가치는 점점 하락하게 되고, 주택은 하향여과되어 저소득층이 들어오게 되는데, 이 과정을 침입(invasion)이라고 한다. 또한 저소득층이 들어오게 됨에 따라 고소득층 주거지역은 점차 저소득층 주거지역으로 변화되어 가는데 이처럼 다른 종류의 이용으로 변화되어 가는 과정을 천이(succession)라고 한다.
  ㉡ **저소득층 주거지역**: 저소득층 주거지역에서는 개량 후 주택가치상승분이 주택의 개량비용보다 작다면 주택을 수선하지 않아 저소득층 주거지역으로 남을 것이다. 이는 부(−)의 외부효과가 발생하기 때문에 주택소유자는 주택을 수선하지 않게 되는 것이다. 그러나 고소득층 주거지역의 경계와 인접한 저소득층 주거지역의 주택의 개량비용이 개량 후 주택가치상승분보다 작다면 주택을 수선하려고

할 것이다. 그 결과 해당지역은 고소득층 주거지역으로 변할 수 있다. 즉, 저소득층 주거지역이 재개발 등으로 인해 고소득층 주거지역으로 변할 수 있다.

> **한눈에 보기** 　여과과정과 주거분리
>
> 1. 고소득층 주거지역
>   ① 개량 후 주택가치상승분 > 주택의 개량비용 ➡ 주거분리
>   ② 개량 후 주택가치상승분 < 주택의 개량비용 ➡ 하향여과
> 2. 저소득층 주거지역
>   ① 개량 후 주택가치상승분 < 주택의 개량비용 ➡ 주거분리
>   ② 개량 후 주택가치상승분 > 주택의 개량비용 ➡ 상향여과

(3) 여과과정과 불량주택문제

① 사적 시장에 불량주택과 같은 저가주택이 존재하는 것은 그것을 원하는 사람이 있기 때문이며, 불량주택문제의 본질은 낡고 노후화된 주택 그 자체의 문제라기보다는 저소득의 문제이다. 즉, 불량주택과 같은 저가주택이라 할지라도 소득이 낮아서 그것을 찾는 사람이 있기 때문이다.

② 주택시장에서 불량주택과 같은 저가주택이 생산되는 것은 시장실패가 아니며, 오히려 시장에서 하향여과과정을 통한 효율적 자원배분의 결과인 것이다.

③ 불량주택의 철거 등 정부의 시장개입은 근본적인 대책이 될 수 없고, 불량주택에 거주하는 저소득자의 실질소득 향상이 효과적인 대책이다.

3 부동산시장과 정보의 효율성 ・26회 ・27회 ・28회 ・29회 ・32회 ・35회 ・36회

1. 효율적 시장이론[10]

(1) 효율적 시장의 개념

① 부동산의 가치는 부동산으로부터 미래에 예상되는 수익을 현재가치로 환원한 값으로 정의된다. 따라서 미래수익이 변동될 것으로 예상되면 미래수익 변동시점에서 가치가 변하는 것이 아니라, 현재시점에서 부동산가치가 변화된다.[11]

---

10) Fama E., The Behavior of Stock Market Prices, Journal of Business, 1965, pp.34~105
11) 조성희 외, 「감정평가이론」, 회경사, 1997, p.173

O X 확 인 문 제

주택시장에서 불량주택과 같은 저가주택이 생산되는 것은 시장의 실패에 기인하는 것으로 볼 수 있다. ・15회 　　(　)

정답 (×)

주택시장에서 불량주택과 같은 저가주택이 생산되는 것은 시장의 실패에 기인하는 것이 아니라 시장에서 하향여과과정을 통한 효율적인 자원배분의 결과이다.

② 부동산시장이 새로운 정보를 얼마나 지체 없이 가치에 반영하는가 하는 것을 시장의 효율성(market efficiency)이라고 하고, 정보가 지체 없이 가치에 반영된 시장을 '효율적 시장(efficient market)'이라고 한다.
③ 효율적 시장이란 부동산가격에 영향을 주는 새로운 정보가 발생할 때, 부동산가격이 그 정보를 신속하고 정확하게 반영하는 시장을 의미한다.
④ 부동산증권화 및 실거래가 신고제도 등으로 우리나라 부동산시장의 효율성이 점차 증대되고 있다고 평가할 수 있다. 특히 부동산증권화는 유동성이 낮은 부동산을 유동성이 높은 자산으로 바꾸어 놓을 뿐 아니라 서로 다른 부동산의 동질성을 높게 만들어 상호 대체성이 있는 제품이 되게 만든다. 결국 부동산증권화 및 실거래가 신고제도 등은 부동산시장을 더욱 효율적 시장으로 만들며, 이러한 효율적 시장은 본질적으로 제품의 동질성과 상호간의 대체성이 있는 시장이라고 할 수 있다.

(2) 효율적 시장의 구분

시장의 효율성은 부동산가격이 어떤 종류의 정보를 신속히 반영하고 있는가에 따라 효율성의 정도를 상대적으로 평가해야 한다. 그런데 효율적 시장은 어떤 정보를 지체 없이 가치에 반영하는가에 따라 구분될 수 있다. 효율적 시장이론을 처음으로 주장한 파마(E. Fama)에 의하면, 효율적 시장은 반영되는 정보에 따라 약성 효율적 시장, 준강성 효율적 시장, 강성 효율적 시장으로 구분한다.

① **약성 효율적 시장**(weak efficient market)
  ㉠ 개념: 약성 효율적 시장이란 현재의 부동산가격은 과거의 부동산가격 및 거래량 변동 등과 같은 역사적 정보를 완전히 반영하고 있는 시장을 말한다. 약성 효율적 시장은 세 가지 효율적 시장의 유형 중에서 시장의 정보 효율성이 가장 낮은 시장을 뜻한다.
  ㉡ 특징: 약성 효율적 시장은 현재의 부동산가격에 과거의 부동산가격, 가격변화의 양상, 거래량과 관련된 모든 과거의 정보(past information)가 이미 반영된 시장을 의미한다. 그러므로 투자자가 현재가치에 대한 과거의 역사적 자료를 분석하여 정상이윤을 초과하는 이윤을 획득할 수 없다. 이처럼 과거의 역사적 자료를 기초로 분석하는 것을 기술적 분석(technical analysis)*이라고 하는데, 약성 효율적 시장에서는 투자자들이 기술적 분석을 이용하여 초과이윤(excess profit)*을 얻을 수 없게 된다. 그러나 약성 효율적

---

* **기술적 분석**
 (technical analysis)
투자자가 과거의 정보를 가지고 투자분석을 하는 것을 말한다.

* **초과이윤**(excess profit) **과 정상이윤**(normal profit)
초과이윤은 정상이윤을 초과하는 이윤을 말하는데, 정상 이상의 이윤 또는 경제적 이윤이라고 한다. 경제적 이윤이 '0'이라는 것은 초과이윤이 '0'이라는 의미이며, 정상이윤만 존재한다고 한다.

시장에서 기술적 분석을 통해 정상이윤은 가능하다. 또한 현재의 부동산가격에 반영되지 않는 현재와 미래의 정보를 분석하면 초과이윤도 가능하다. 결국 약성 효율적 시장하에서 일반투자자들의 초과이윤을 실현할 수 있는 방법은 부동산가격에 중요한 영향을 미칠 수 있는 현재의 정보나 부동산가격에 중요한 영향을 미칠 수 있는 정보이면서 아직까지 일반투자자들에게 공표되지 않은 정보를 이용하는 방법뿐이다.

② **준강성 효율적 시장**(semi-strong efficient market)
  ㉠ 개념: 준강성 효율적 시장이란 일반투자자에게 공개되는 모든 정보가 신속하고 정확하게 현재의 부동산가격에 반영되는 시장을 말한다. 일반에 공개되는 모든 정보에는 과거의 부동산가격과 거래량 변동에 대한 정보뿐만 아니라, 일반투자자들에게 이미 알려진 모든 정보를 의미한다.
  ㉡ 특징: 준강성 효율적 시장은 현재의 부동산가격이 과거의 부동산가격과 거래량에 관한 정보뿐만 아니라, 이미 일반에 공개된 모든 정보(전문가의 이익 예측, 정부의 경제정책 등)를 신속하고 정확하게 반영하는 시장을 의미한다. 일반에게 공개되는 모든 정보를 가지고 투자분석을 하는 것을 기본적 분석(fundamental analysis)*이라고 한다. 준강성 효율적 시장은 과거의 추세적 정보뿐만 아니라 현재 새로 공표되는 정보가 지체 없이 시장가치에 반영되므로 공식적으로 이용가능한 정보를 기초로 기본적 분석을 하여 투자해도 초과이윤을 얻을 수 없다. 그러나 준강성 효율적 시장에서 기본적 분석을 통해 정상이윤은 가능하다. 또한 현재의 부동산가격에 반영되지 않는 미래의 정보를 분석하면 초과이윤도 가능하다. 결국 준강성 효율적 시장하에서 일반투자자들의 초과이윤을 실현할 수 있는 방법은 부동산가격에 중요한 영향을 미칠 수 있는 정보이면서 아직까지 일반투자자들에게 공표되지 않은 정보를 이용하는 방법뿐이다.

③ **강성 효율적 시장**(strong efficient market)
  ㉠ 개념: 강성 효율적 시장이란 현재의 부동산가격이 부동산에 관한 모든 정보, 즉 이미 투자자들에게 공개된 정보뿐만 아니라, 공표되지 않은 정보까지도 신속 정확하게 반영하는 완벽한 효율적 시장을 말한다.

OX 확인문제

약성 효율적 시장에서는 과거의 자료를 토대로 시장가치의 변동을 분석하는 기술적 분석으로 초과이윤을 얻을 수 없다. •36회
( )

정답 (○)

* **기본적 분석**
 (fundamental analysis)
투자자가 과거와 현재의 정보(일반에 공개되는 모든 정보)를 가지고 투자분석을 하는 것을 말한다.

OX 확인문제

준강성 효율적 시장에서는 공표된 사실을 토대로 시장가치의 변동을 분석하는 기본적 분석으로 초과이윤을 얻을 수 없다. •36회
( )

정답 (○)

○ 특징: 강성 효율적 시장은 공표된 정보는 물론이고 아직 공표되지 않은 정보까지도 시장가치에 반영되어 있는 시장이므로 이를 통해 초과이윤을 얻을 수 없다. 즉, 공표된 정보나 공표되지 않은 어떤 정보이든 이미 시장가치에 반영되어 있어 어떤 투자자라도 초과이윤을 획득할 수 없는 시장을 말한다. 그러나 강성 효율적 시장에서 정상이윤은 가능하다. 강성 효율적 시장은 부동산가격에 영향을 미칠 수 있는 새로운 정보가 발생할 때마다 그 정보의 소유자가 그것을 일반에 공개하였는지 여부에 관계없이, 정보가 발생하는 즉시 부동산가격이 이것을 완전하게 반영하는 가장 효율적인 시장을 의미한다. 강성 효율적 시장은 완전경쟁시장의 가정에 가장 근접하게 부합되는 시장이다.

> **OX 확인문제**
> 강성 효율적 시장은 공표된 정보는 물론이고 아직 공표되지 않은 정보까지도 시장가치에 반영되어 있는 시장이므로 이를 통해 초과이윤을 얻을 수 없다. •27회
> ( )
> 정답 (○)

> **OX 확인문제**
> 강성 효율적 시장에서는 어떠한 정보를 이용하더라도 초과이윤을 얻을 수 없다. •36회 ( )
> 정답 (○)

효율적 시장	반영되는 정보	분석 방법	초과이윤	정상 이윤
약성 효율적 시장	과거의 정보	기술적 분석	획득 불가능(현재나 미래의 정보를 분석하면 가능)	획득 가능
준강성 효율적 시장	공표된 정보(과거·현재)	기본적 분석	획득 불가능(미래의 정보를 분석하면 가능)	
강성 효율적 시장	공표된 정보(과거·현재) 및 공표되지 않은 정보(미래)	분석 불필요	어떠한 경우도 획득 불가능	

2. 할당(적)효율적 시장

(1) 할당(적)효율성(allocationally efficient)의 의의

할당효율적 시장이란 자원의 할당이 효율적으로 이루어지는 시장을 말한다. 할당(allocation)이란 배분을 뜻하는 것으로 "자원이 효율적으로 할당된다."라는 말은 유한한 자원이 효율적으로 배분된다는 것을 의미한다. 즉, 부동산시장에서 임대료수익률이 다른 투자대상의 수익률보다 높다고 하면 자금은 계속 부동산시장으로 유입될 것이다. 자금의 유입은 부동산가격을 상승시킬 것이고, 임대료수익률은 하락시킬 것이다. 자금의 유입이 계속되는 한 임대료수익률은 다른 투자대상의 수익률 수준까지 하락할 것이며, 그 결과 모든 투자대상의 수익률은 같아질 것이다. 결국 "자원이 효율적으로 할당되었다."라는 말은 부동산투자와 다른 투자대상에 따르는 위험을 감안하였을 때, 부동산투자의 수익률과 다른 투자대상의 수익률이 같도록 할당되었다는 의미이다.[12]

(2) 부동산시장과 할당(적)효율성

① 완전경쟁시장은 항상 할당효율적 시장이지만, 할당효율적 시장이 항상 완전경쟁시장을 의미하는 것은 아니다.

② 불완전경쟁시장에서 초과이윤이 발생할 경우, 초과이윤과 초과이윤 발생에 드는 비용이 동일하다면 불완전경쟁시장도 할당효율적 시장이 될 수 있다. 또한 독점시장도 독점을 획득하기 위하여 지불하는 기회비용이 모든 투자자에게 동일하다면 할당효율적 시장이 될 수 있다.13)

③ 완전경쟁시장에서는 정보가 모두 공개되어 있으므로 정보비용이 '0'이며, 따라서 정보비용이 존재하는 시장은 완전경쟁시장이 아니다. 즉, 부동산거래에 정보비용이 수반되는 것은 시장이 불완전하기 때문이다.

④ 소수의 사람들이 부동산을 매수하여 초과이윤을 획득할 수 있는 것은 정보시장이 공개적이지 못하기 때문이다.

⑤ 소수의 투자자가 다른 사람보다 값싸게 정보를 획득할 수 있는 시장은 할당효율적 시장이 되지 못한다.

⑥ 부동산투기가 성립되는 것은 시장이 불완전해서라기보다는 할당효율적이지 못하기 때문이다.

⑦ 부동산시장이 할당효율적 시장이 아니라면 정보가치와 정보비용이 달라져 부동산가격이 과대평가 또는 과소평가되므로 투자자는 초과이윤을 얻을 수도 있다. 그러나 할당효율적 시장은 정보가치와 정보비용이 같은 시장이므로 부동산가격의 과소평가 또는 과대평가 등의 왜곡가능성이 적어진다.

(3) 부동산시장에서 개발정보의 현재가치와 초과이윤

부동산시장에서 개발정보의 현재가치와 초과이윤에 대해 다음의 예를 통해 살펴보자.

O X 확 인 문 제

불완전경쟁시장은 할당효율적 시장이 될 수 없다. •36회
( )

정답 (×)
불완전경쟁시장에서도 할당효율적 시장이 이루어질 수 있다.

O X 확 인 문 제

독점시장은 독점을 획득하기 위하여 지불하는 기회비용이 모든 투자자에게 동일하다고 하더라도 할당효율적 시장이 될 수 없다.
( )

정답 (×)
독점시장도 독점을 획득하기 위하여 지불하는 기회비용이 모든 투자자에게 동일하다면 할당효율적 시장이 될 수 있다.

---

12) 안정근, 전게서, p.145
   김영곤 외 3인, 「부동산투자론」, 형설출판사, 2002, pp.219~221
13) 안정근, 전게서, p.146

> **🔍 사례**
>
> 1년 후에 대형할인점이 들어선다는 정보가 있다. 다음 조건이 주어질 때, 투자자가 살 수 있는 가격도 되며 토지소유자가 팔 수 있는 가격은 얼마이며, 정보의 현재가치는 얼마이고, 초과이윤은 얼마인가?
> - 대형할인점 입점예정지 인근에 일단의 토지가 있다.
> - 1년 후 입점예정지에 대형할인점이 들어설 가능성은 50%로 알려져 있다.
> - 1년 후에 대형할인점이 들어서면 입점예정지 인근 토지는 8,800만원, 들어서지 않으면 6,600만원으로 예상된다.
> - 투자자의 요구수익률은 10%이다.

① **투자자가 살 수 있고 토지소유자가 팔 수 있는 가격**(불확실성의 현재가치)

$$PV = \frac{8,800만원(0.5) + 6,600만원(0.5)}{1 + 0.1} = 7,000만원$$

따라서 투자자가 살 수 있는 가격도 되며 토지소유자가 팔 수 있는 가격도 되는 가격은 7,000만원이다. 즉, 7,000만원에는 대형할인점이 들어설 가능성에 대한 정보가 반영되어 있는 것이다.

② **정보의 현재가치**

$$PV = \frac{8,800만원(1.0) + 6,600만원(0.0)}{1 + 0.1}$$
$$= \frac{8,800만원}{1.1} = 8,000만원$$

㉠ 1년 후에 대형할인점이 확실히 들어섰을 경우, 대상토지의 현재가치는 8,000만원이므로, 대형할인점이 확실히 들어서는 것에 대한 정보의 현재가치는 1,000만원(= 8,000만원 − 7,000만원)이 된다.

㉡ 만일 甲이라는 어떤 투자자가 1,000만원보다 값싸게 그 정보를 얻을 수 있다면, 甲은 초과이윤을 얻게 될 것이고, 이때 투자자 甲이 "시장을 패배시킨다(beat the market)."라고 할 수 있다.

③ **초과이윤**

$$초과이윤 = 정보의 현재가치 - 정보비용$$
$$= 1,000만원 - 300만원$$
$$= 700만원$$

만일 甲이라는 어떤 투자자가 300만원에 그 정보를 얻을 수 있다면, 정보비용은 300만원이 되므로, 甲은 700만원의 초과이윤을 얻게 될 것이다.

> **한눈에 보기** 부동산시장에서 개발정보의 현재가치와 초과이윤
>
> 1. 투자자가 살 수 있고 토지소유자가 팔 수 있는 가격(불확실성의 현재가치)
>
> $$PV = \frac{투자수익의\ 기댓값}{1 + 요구수익률}$$
>
> 2. 정보의 현재가치
>
> 정보의 현재가치 = 확실성하의 현재가치 − 불확실성하의 현재가치
>
> 3. 초과이윤
>
> 초과이윤 = 정보의 현재가치 − 정보비용

제2절 입지 및 공간구조론

1 지대이론 ・25회 ・26회 ・27회 ・28회 ・29회 ・30회 ・31회 ・32회 ・33회 ・34회 ・35회 ・36회

1. 지대의 의의

지대는 일정기간 동안의 토지서비스의 가격으로, 토지소유자의 소득으로 귀속되는 임대료를 말하며, 유량(流量, flow)의 개념이다.

2. 지대와 지가

① 지가는 한 시점에서 자산으로서의 토지 자체의 매매가격으로 저량(貯量, stock)의 개념이다.
② 지가는 장래 매 기간당 일정한 토지로부터 발생하는 지대를 이자율로 할인하여 합계한 것으로 토지의 현재가치이다.
③ 지가와 지대는 정비례하고, 지가와 이자율은 반비례한다.*

* 지가 = $\dfrac{지대}{이자율}$

3. 지대에 관한 논쟁

지대에 관한 논쟁은 지대가 토지로부터 생산된 상품의 가격에 영향을 주는 생산비인가 아닌가에 핵심을 두고 있다.

구분	고전학파	신고전학파
이론적 배경	노동가치설에 근거를 두고, 소득 분배 문제에 중점을 두어 경제현상을 사회 전체의 입장에서 파악했다.	한계효용이론에 근거를 두고, 자원의 효율적 이용에 중점을 두었다. 비용으로서 지대는 다양한 용도에 대한 토지배분을 주도하는 역할을 한다고 보았다.
지대의 기능에 대한 입장	생산요소를 노동·자본·토지로 구분하고, 지대는 다른 생산요소에 대한 대가를 지불하고 남은 잔여인 잉여로 파악했다.	지대는 잉여가 아니라 생산요소에 대한 대가이며, 생산물가격에 영향을 주는 요소비용으로 파악했다.
생산물가격과의 관계	생산물가격이 지대를 결정한다.	지대가 생산물가격에 영향을 미친다.
지대를 보는 관점	지대는 잉여로서 불로소득이다.	지대는 생산에 기여한 정도에 분배된 몫이며, 잉여가 아니다.

OX 확인문제

신고전학파는 지대를 생산물가격에 영향을 주는 요소비용이 아니라 지대를 잉여로 파악하였다.
• 11회 ( )

정답 (×)

신고전학파는 지대는 잉여가 아니라 생산요소에 대한 대가이므로, 지대를 생산물가격에 영향을 주는 요소비용으로 파악하였다.

4. 지대와 관련된 개념

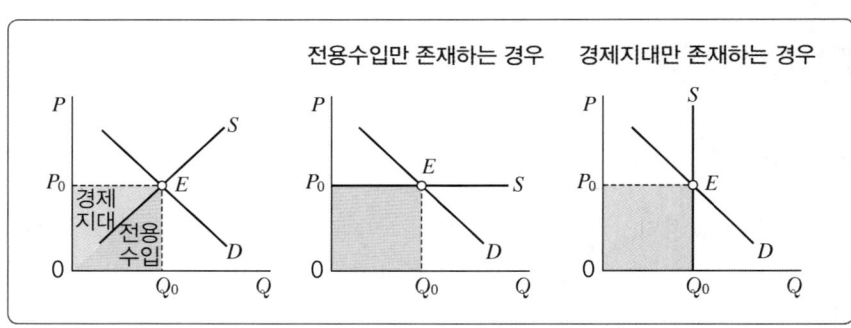

(1) 전용수입(transfer earnings)

어떤 생산요소가 다른 용도로 전용되지 않고 현재의 용도에 그대로 사용되도록 지급하는 최소한의 지급액을 말하는데, 생산요소의 기회비용을 의미한다.

(2) 경제지대(economic rent) ⇨ 파레토(V. Pareto) 지대

생산요소가 실제로 얻고 있는 수입과 전용수입의 차액을 말한다.

경제지대 = 생산요소의 총수입 − 전용수입(기회비용) = 생산요소 공급자의 잉여

(3) 공급의 탄력성과의 관계

전용수입과 경제지대는 공급의 탄력성의 크기에 따라 다르다.
① 공급의 탄력성이 커지면 전용수입은 증가하고 경제지대는 감소한다.
② 공급의 탄력성이 작아지면 전용수입은 감소하고 경제지대는 증가한다.
③ 공급이 완전탄력적이면 총수입은 모두 전용수입으로 구성된다.
④ 공급이 완전비탄력적이면 총수입은 모두 경제지대로 구성된다.

5. 지대결정이론(고전적 지대이론)

(1) 차액지대설 – 리카도(D. Ricardo)

① **발생이유**
  ㉠ 지대가 발생하는 이유는 비옥한 토지의 양이 상대적으로 희소하기 때문이다.
  ㉡ 토지에 수확체감현상이 있기 때문에 곡물수요의 증가가 재배면적을 확대하게 된다.
  ㉢ 토지의 위치에 따른 비옥도의 차이가 생산성의 차이를 유발하여 지대차이를 발생시킨다.

② **내용**
  ㉠ 토지를 비옥도에 따라 우등지, 열등지, 최열등지(한계지) 등으로 구분하였는데, 비옥한 토지의 양은 이미 정해져 있다.
  ㉡ 한계지란 경작되고 있는 토지 가운데 생산성이 가장 낮은 토지를 말하는데, 한계지에서는 생산물가격(곡물가격)과 생산비가 일치하며, 지대가 발생하지 않는다.
  ㉢ 어떤 토지의 지대는 해당 토지의 생산성과 한계지의 생산성의 차이에 의해 결정된다.
  ㉣ 지대는 경제적 잉여(불로소득)라고 할 수 있다.
  ㉤ 지대는 토지생산물 가격(곡물가격)의 구성요인이 되지 않으며 또한 될 수도 없다. 따라서 지대가 토지생산물가격을 결정하는 것이 아니라, 토지생산물가격이 지대를 결정한다.

③ **평가**
  ㉠ 토지의 위치문제를 경시하였고, 비옥도 자체가 아닌 비옥도의 차이에만 중점을 두었다.
  ㉡ 최열등지(한계지)라 하더라도 지대가 발생하는 것을 설명하지 못한다.

O X 확 인 문 제

리카도(D. Ricardo)는 지대 발생의 원인으로 비옥한 토지의 부족과 수확체감의 법칙을 제시하면서, 지대는 잉여이기 때문에 생산물의 가격에 영향을 주지 않는다고 보았다. • 36회 ( )

정답 (○)

O X 확 인 문 제

리카도(D. Ricardo)는 지대 발생의 원인을 비옥한 토지의 희소성과 수확체감현상으로 설명하고, 토지의 질적 차이에서 발생하는 임대료의 차이로 보았다. • 28회 ( )

정답 (○)

(2) 절대지대설 – 마르크스(K. Marx)
① 지대는 토지의 사유화로 인해 발생하며, 토지소유자가 토지를 소유하고 있다는 독점적 지위 때문에 받는 수입이므로 토지의 비옥도나 생산력에 관계없이 발생한다는 이론이다.
② 최열등지(한계지)에서도 토지소유자의 요구로 지대가 발생한다.
③ 절대지대설에 따르면 토지의 소유 자체가 지대의 발생요인이다.
④ 지대의 상승이 곡물가격을 상승시킨다고 주장한다.

(3) 독점지대설
독점지대란 토지의 공급독점에 기인하여 발생하는 지대를 말한다. 즉, 토지의 수요는 무한한 데 비하여, 토지의 공급은 독점되어 있는 경우에 발생하는 지대이다.

(4) 준지대설 – 마샬(A. Marshall)
① 마샬은 일시적으로 토지와 유사한 성격을 가지는 생산요소에 귀속되는 소득을 준지대로 설명하고, 단기적으로 공급량이 일정한 생산요소에 지급되는 소득으로 보았다.
② 한계생산이론에 입각하여 리카도(D. Ricardo)의 지대론을 재편성한 이론이다.
③ 생산을 위하여 사람이 만든 기계와 기타 자본설비에서 발생하는 소득으로 일시적 독점이윤이 지대와 유사하다는 점에서 준지대(quasi-rent)라고 한다.
④ 토지에 대한 개량공사로 인해 추가적으로 발생하는 일시적인 소득은 준지대에 속한다.
⑤ 고정생산요소의 공급량은 단기적으로 변동하지 않으므로 다른 조건이 동일하다면 준지대는 고정생산요소에 대한 수요에 의해 결정된다.
⑥ 준지대는 토지 이외의 고정생산요소에 귀속되는 소득으로서 단기간 일시적으로 발생한다.

(5) 위치지대설 – 튀넨(J. H. von Thünen)
① 의의
  ㉠ 튀넨은 리카도(D. Ricardo)의 차액지대이론에 위치개념을 추가하여 입지지대이론으로 발전시켰는데, 이를 위치지대설, 입지지대설, 입지교차지대설, 고립국이론 등으로 부른다.

O X 확인문제
절대지대설에 따르면 한계지에서는 지대가 발생하지 않는다.
• 19회 ( )
정답 (×)
절대지대설에 따르면 한계지에 대해서도 토지소유자의 요구로 지대가 발생한다.

O X 확인문제
절대지대설에 따르면 토지의 소유 자체가 지대의 발생요인이다.
• 24회 ( )
정답 (○)

추가 공공발생지대
마샬(A. Marshall)은 토지소유자의 노력과 희생 없이 사회 전체의 노력에 의해 창출된 지대를 공공발생지대라고 하였다.

ⓒ 튀넨은 지대의 결정이 토지의 비옥도만이 아닌 위치에 따라 달라지는 위치지대의 개념을 통해 현대적인 입지이론의 기초를 마련하였는데, 비옥도 대신에 소비지나 도시중심지와의 접근성을 고려하여 거리에 따른 수송비 개념을 도입하였다.

ⓒ 튀넨은 완전히 단절된 고립국을 가정하여 이곳의 작물재배활동은 생산비와 수송비를 반영하여 공간적으로 분화된다고 보았다.

ⓔ 튀넨에 의하면 지대는 생산지와 시장 간의 거리가 결정하는데, 도시 중심지에 접근성이 높으면 수송비가 적게 들기 때문에 지대가 높게 나타난다. 따라서 다른 조건이 동일한 경우, 지대는 중심지에서 거리가 멀어질수록 하락한다.

ⓜ 튀넨에 의하면 토지의 비옥도가 동일하더라도 중심도시와의 접근성 차이에 의해 지대가 차별적으로 나타난다.

② **전제조건**(현실을 단순화한 고립국 가정)

ⓐ 자연환경이 동일한 평야의 중앙에 하나의 도시가 존재하는 고립국이 존재한다. ⇨ 외부와 단절된 폐쇄지역을 가정

ⓑ 이 고립국 내에서 생산된 모든 농작물은 이 도시에서만 판매된다.

ⓒ 농산물의 운송수단은 우마차뿐이고, 교통로는 이 도시를 중심으로 모든 방향에서 동일하며, 수송비는 거리에 비례한다.

ⓓ 농민은 농산물을 생산하여 시장에 판매함으로써 이윤을 추구하는 '경제인'이다. ⇨ 합리적인 경제행위를 가정

■ 튀넨의 토지이용모델

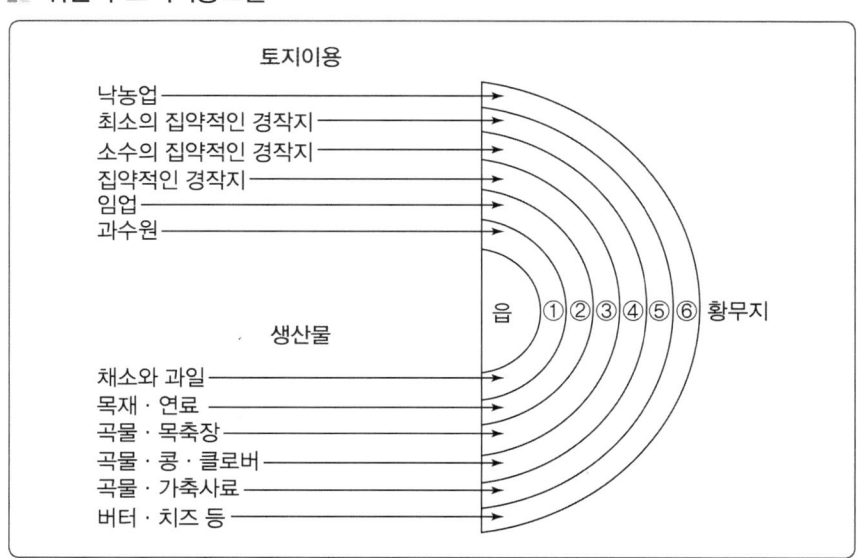

> **O X 확 인 문 제**
>
> 위치지대설에 따르면 다른 조건이 동일한 경우, 지대는 중심지에서 거리가 가까워질수록 하락한다. • 24회 ( )
>
> 정답 (×)
>
> 위치지대설에 따르면 다른 조건이 동일한 경우, 지대는 중심지에서 거리가 멀어질수록 하락한다.

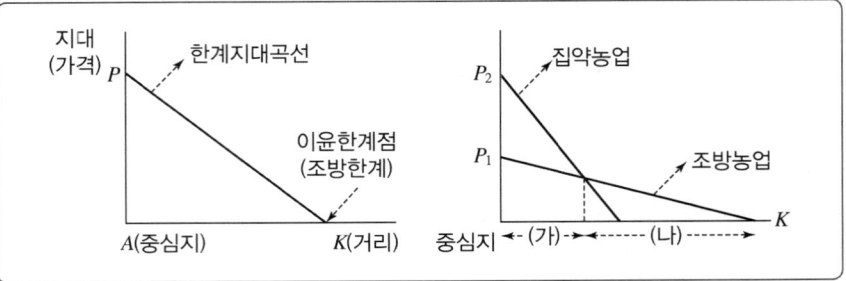

③ 내용
  ㉠ 입지지대는 거리에 따른 수송비 증가로 인해 중심 시장에서 멀어질수록 감소하게 되며, 작물에 따라 다르게 나타난다.

  지대 = 생산물가격 − 생산비 − 수송비

  ㉡ 지대는 생산물가격과 생산비가 일정하다면 수송비에 반비례하고, 생산비와 수송비가 일정하다면 생산물가격에는 비례한다.
  ㉢ 위 식을 다음과 같이 다시 정리할 수 있다.

  지대 = (생산물가격 − 생산비) − 단위당 수송비 × 거리

  만일 지대를 y, (생산물가격−생산비)를 a, 단위당 수송비를 b, 거리를 x라 하면 $y = a - bx$라는 함수가 되는데, 이는 시장(읍)에서 멀어짐에 따라 지대가 점점 감소하는 역선형 함수가 된다. 즉, 위치지대설에서 지대함수는 중심지에서 거리가 멀어짐에 따라 지대가 점점 감소하는 함수이다. 이를 그림으로 나타내면 우하향하는 직선이 되며, 이 직선을 한계지대곡선이라고 한다.

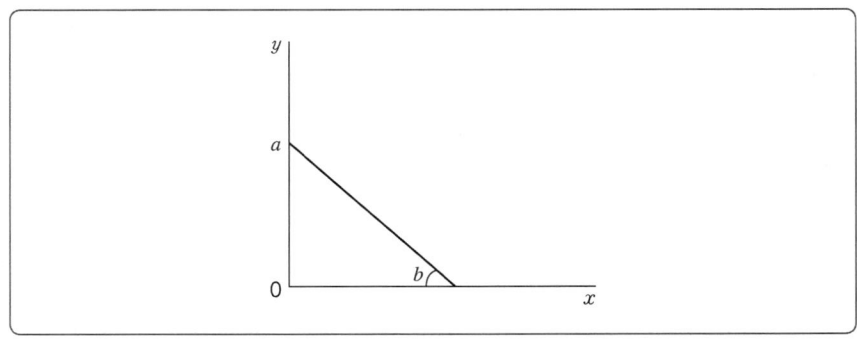

O X 확인문제

위치지대설에서 지대함수는 중심지에서 거리가 멀어짐에 따라 지대가 점점 증가하는 함수이다.
• 24회   ( )

정답 (×)
위치지대설에서 지대함수는 중심지에서 거리가 멀어짐에 따라 지대가 점점 감소하는 함수이다.

② 한계지대곡선은 우하향의 형태로 도심에 가까울수록 지대가 높고, 멀어지면 낮아지는데, 조방한계점에 이르면 '0'이 된다. 또한 교통이 발달하여 단위당 수송비가 절감될 경우 한계지대곡선의 기울기는 완만해지며, 농업지역이 시장의 바깥쪽으로 확대되어 간다.

⑩ 서로 다른 지대곡선을 가진 농산물들이 입지경쟁을 벌이면서 각 지점에 따라 가장 높은 지대를 지불하는 농업적 토지이용에 토지가 할당된다. 한계지대곡선은 작물의 종류나 농업의 유형에 따라 그 기울기가 달라질 수 있으며, 이 곡선의 기울기에 따라 집약적 농업과 조방적 농업으로 구분된다. 튀넨에 의하면 중심지에서 가까울수록 집약적인 토지이용이 이루어지고, 멀어질수록 조방적인 토지이용이 이루어진다. 집약농업과 조방농업이 다른 한계지대곡선을 지니기 때문에 결국 그림에서 (가)지역은 집약농업이 입지하고, (나)지역은 조방농업이 입지하게 된다는 것이다.

⑭ 튀넨은 위와 같은 원리를 통해 그의 논문 '고립국'에서 거리와 수송비 조건에 따라 농업지역이 동심원상으로 6개의 지역으로 분화된다고 하였다. 따라서 당시의 농업 조건하에서 '자유식 농업 ⇨ 임업 ⇨ 윤재식 농업 ⇨ 곡초식 농업 ⇨ 삼포식 농업 ⇨ 방목지(목축업)' 순으로 배열된다고 할 수 있다.

⊕ 보충 생산물가격과 수송비 변화에 따른 지대와 토지이용의 변화

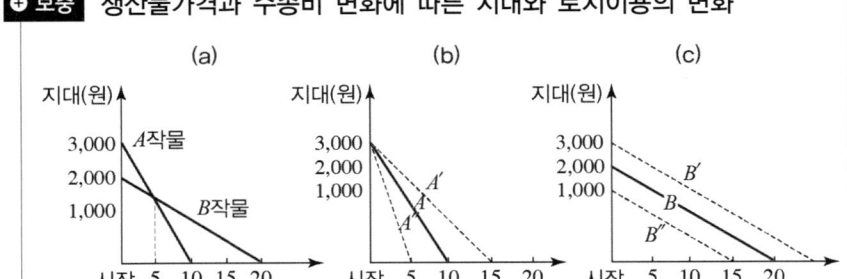

A: 수송비 300원/kg·km
B: 수송비 100원/kg·km
지대 = 시장가격 - 생산비 - 수송비

1. 그림 (a)에서 A작물의 한계지대곡선($y = 3,000 - 300x$)과 B작물의 한계지대곡선($y = 2,000 - 100x$)의 교차점에서 수익 차이의 변화가 발생하므로 이를 구하면 $x = 5$가 된다. 따라서 5km까지는 A작물을, 5km에서 20km까지는 B작물을 재배할 수 있다. 시장에서 가까울수록 생산물가격이 높고(생산물과 생산비의 차가 크고), 수송비가 비싼 작물이거나 멀수록 생산물가격은 낮지만(생산물과 생산비의 차가 작지만) 수송비가 싼 작물을 재배한다.

2. 그림 (b)에서 $A \Rightarrow A'$로의 변화(기울기 완만하게 변화)는 교통의 발달로 수송비가 감소하고, $A \Rightarrow A''$로의 변화(기울기 급하게 변화)는 교통체증이나 연료비의 상승 등으로 수송비가 증가한 경우에 해당한다.
3. 그림 (c)에서 $B \Rightarrow B'$로의 변화(절편값 증가)는 수요증가로 생산물가격이 상승하거나 품종개량과 영농기술의 발달로 생산비가 절감될 경우, $B \Rightarrow B''$로의 변화(절편값 감소)는 공급과잉으로 생산물가격이 내려간 경우에 해당한다.

6. 도시지대의 결정과 산업입지[14]

(1) 입찰지대설 - 도시토지이용으로의 확장

① **의의:** 알론소(W. Alonso)는 토지이용에 대한 사고를 농업용 토지이용에서 도시토지이용으로 확장하였는데, 입찰지대라는 개념으로 위치별 지대의 차이와 토지용도의 결정구조를 설명하였다. 이는 튀넨의 고립국이론을 도시공간에 적용하여 확장·발전시킨 것이다.

② **입지경쟁과 입찰지대**

㉠ 수송비는 도심지로부터 멀어질수록 증가하고, 상품의 평균생산비용은 동일하다는 가정을 전제한다.

㉡ 도심으로부터 일정한 거리에 위치한 토지들은 여러 토지이용 활동들 간의 경쟁을 통해 특정 용도로 배분된다. 즉, 이 과정은 개념적으로 해당 토지에 대한 여러 활동들의 지대입찰과정으로 설명될 수 있으며, 가장 높은 지대를 지불할 의사가 있는 용도에 따라 토지이용이 이루어진다.

㉢ 지대는 기업주의 정상이윤과 투입 생산비를 지불하고 남은 잉여에 해당한다.

㉣ 도심지역의 이용가능한 토지는 외곽지역에 비해 한정되어 있어 토지이용자들 사이에 경쟁이 치열해질 수 있다. 따라서 지대는 토지이용자에게는 최대지불용의액이라고 할 수 있다.

㉤ 이와 같이 지대입찰과정에서 발생하는 지대를 입찰지대(bid rent)라고 하는데, 입찰지대란 단위면적의 토지에 대해 토지이용자가 지불하고자 하는 최대금액으로, 초과이윤이 '0'이 되는 수준의 지대를 말한다.

OX 확인문제

알론소(W. Alonso)는 토지를 소유하고 있다는 독점적 지위 때문에 토지소유자가 받는 수입이 지대이며, 이 지대는 토지의 비옥도나 생산력에 관계없이 발생한다고 보았다. • 36회 ( )

정답 (×)

마르크스(K. Marx)의 절대지대설에 대한 설명이다.

---

14) 조주현, 전게서, pp.302~304

③ 입찰지대곡선*

㉠ 특정 토지는 입지경쟁이 일어난다면 최대의 순현재가치를 올릴 수 있는 이용에 할당되는데, 이때 최대의 순현재가치를 올릴 수 있는 원인이 무엇이든 아무런 상관이 없다. 결국 입지경쟁의 결과 최대의 순현재가치를 올릴 수 있어서 최고의 지불능력을 가지고 있는 토지이용자에게 그 토지는 할당된다. 이때 도심으로부터의 거리에 따라 더 높은 지대를 지불할 수 있는 각 산업의 지대곡선들을 연결한 것을 입찰지대곡선이라고 한다.15) 즉, 입찰지대곡선은 여러 개의 지대곡선 중 가장 높은 부분을 연결한 포락선*이다.

■ 입찰지대곡선

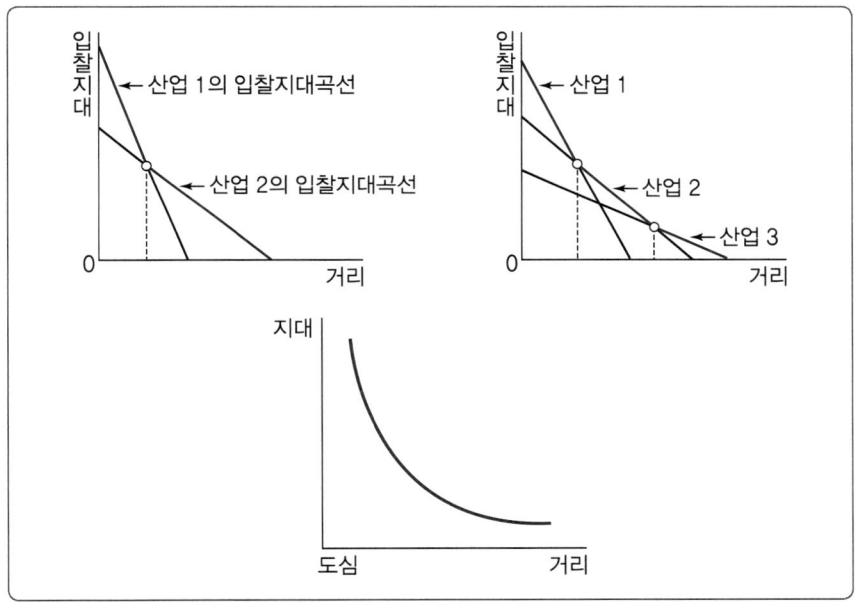

㉡ 지대곡선의 절편과 기울기는 단위토지당 생산성과 수송비(교통비)에 의해 결정된다. 예컨대, 기술과 수송비용의 비중이 서로 다른 두 개의 산업을 가정하면, 그림과 같은 입찰지대곡선이 도출된다. 만일 생산요소 간의 완전대체가 일어날 경우, 일반적으로 입찰지대곡선은 우하향하면서 원점을 향해 볼록한 형태를 지니게 된다.

㉢ 입찰지대곡선의 기울기는 생산물의 단위당 한계교통비를 토지이용자의 토지사용량으로 나눈 값이다.

---
15) 안정근, 전게서, p.206

* **입찰지대곡선**
도심으로부터의 거리에 따라 가장 높은 지대를 지불할 수 있는 각 산업의 지대곡선들을 연결한 곡선을 입찰지대곡선이라고 하며, 시장지대곡선이라고도 한다.

* **포락선**(包絡線, envelope)
여러 개의 곡선이 있을 때 그 곡선들의 접하는 점들을 이은 선을 말한다. 입찰지대곡선은 여러 개의 지대곡선 중 각 위치에서 가장 높은 부분들을 연결한 포락선이라고 할 수 있다.

$$\text{입찰지대곡선의 기울기} = \frac{\text{기업의 한계교통비}}{\text{기업의 토지사용량}}$$

ⓔ 각 기업은 중심부에 가까이 입지할수록 교통비를 절약하게 되고, 이는 더욱 토지비용(지대)을 지불할 여력을 갖게 한다. 따라서 교통비와 토지비용(지대)은 서로 상충관계에 있다는 것이다.

ⓜ 위 식에서 한계교통비가 일정하다면 도심으로부터 멀어질수록 지가가 낮게 나타나므로 토지사용량은 늘어나게 되어(분모가 커짐으로써) 기울기는 감소한다. 즉, 입찰지대곡선은 원점에 대해서 볼록한 곡선이 된다.

ⓗ 만일 교통기술의 발달 등으로 한계교통비가 감소한다면, 입찰지대곡선의 기울기는 완만해지며, 교외화 현상이 진전된다.

ⓢ 도심에서 일정한 거리에 위치한 각 토지는 경합하는 두 개의 산업 간에 가장 높은 지대를 지불할 수 있는 산업의 이용에 할당된다.

ⓞ 도심 쪽의 토지가 할당되는 입지주체의 입찰지대곡선의 기울기는 급경사이며, 도심에서 외곽으로 나감에 따라 점차 완만해진다. 따라서 입지주체 역시 도심부터 외곽으로 상업지역·주거지역·공업지역 등으로 토지이용이 변화해 간다.

ⓩ 교통비 부담이 너무 커 도시민이 거주하려고 하지 않는 한계지점이 도시의 주거한계점이다.

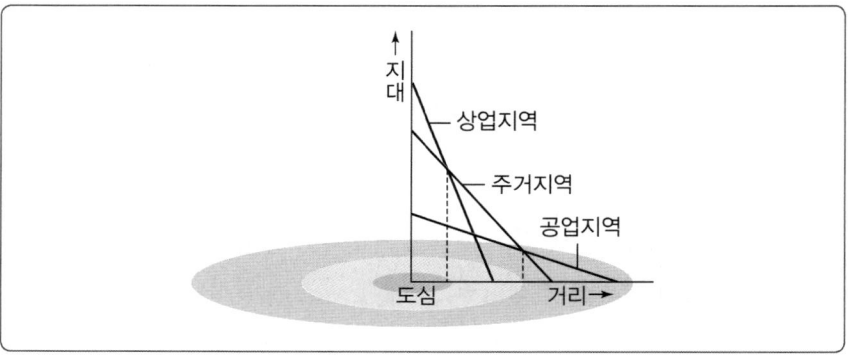

(2) 생산요소의 대체성과 도시지대

① 도시지대함수는 생산요소의 대체성이라는 개념으로부터도 설명할 수 있는데, 생산요소의 대체성은 기업이나 산업의 종류에 따라 달라지고, 생산요소의 상대적 가격에 의해서도 달라진다.

② 일정량의 상품을 생산하기 위한 토지와 자본의 대체관계는 우하향하는 지수곡선으로 나타난다.
③ 토지에 대한 자본의 결합비율은 도심에 가까울수록 높고, 외곽으로 갈수록 낮아진다.
④ 토지에 대한 자본의 비율이 높다는 것은 그만큼 토지에 대한 자본의 대체성이 크다는 것을 의미한다.
⑤ 도심지역에 입지하는 활동들은 대체로 토지에 대한 자본의 대체성이 큰 것들이다. 즉, 도심지역에 건물들이 고층화되는 것은 토지에 대한 자본의 대체성이 크다는 것이다.

7. 도시토지 지가이론[16]

(1) 지가이론 - 마샬(A. Marshall)
마샬은 토지의 유용성에 대한 화폐가치의 총액을 '지가'라고 하였다. 택지의 가격은 위치의 가치와 농업지대의 합으로 나타난다고 하여 위치의 중요성을 강조하였고, 공업지의 가치는 비용의 절약, 상업지의 가치는 매출액의 증가로 나타난다고 하였다.

(2) 지가이론 - 허드(R. M. Hurd)
허드는 지가는 접근성에 따라 다르다고 하였다. 즉, 지가의 바탕은 경제적 지대이며, 지대는 위치에, 위치는 편리에, 편리는 접근성에 의존하므로 지가는 접근성에 따라 달라진다고 하였다.

(3) 마찰비용이론 - 헤이그(R. M. Haig)
지대란 토지의 이용자가 교통비(수송비)를 절약할 수 있고 상대적 도달가능성을 갖는 경우, 토지의 소유자가 이용자에게 부과하는 요금이라고 하여 지대에 있어서 교통비(수송비)를 강조하였다. 교통수단은 공간의 마찰을 극복하기 위해 고안된 것으로, 교통수단이 좋을수록 공간의 마찰이 적어진다. 즉, 공간의 마찰비용은 지대와 교통비(수송비)의 합이며, 토지는 고정되어 있으므로 교통비(수송비)의 절약액이 지대라고 하였다. 마찰비용은 지대와 교통비(수송비)로 구성되고, 토지의 이용자는 마찰비용으로 교통비(수송비)와 지대를 지불한다.

O X 확인문제

헤이그(R. Haig)의 마찰비용이론에 따르면 마찰비용은 교통비와 지대로 구성된다. •32회
( )

정답 (O)

---
16) 백영준 외, 「최신 감정평가론」, 부연사, 1999, pp.70~74

■ 마찰비용곡선

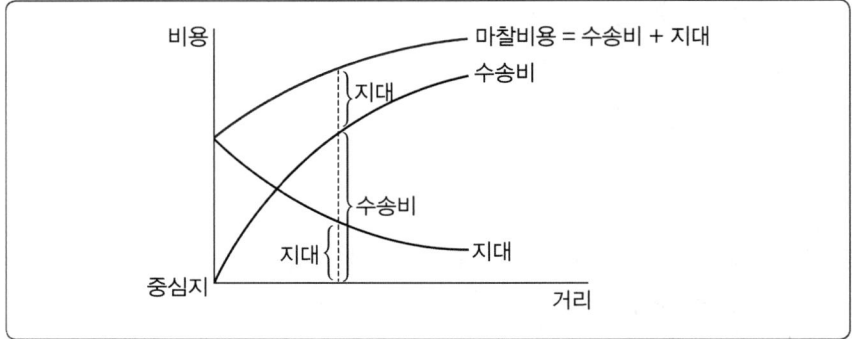

(4) 인간생태학이론 – 하우레이(A. H. Hawley)

생태학자들은 지가를 잠재토지이용자의 호가과정의 소산이라고 규정짓고, 그 과정에서 토지이용의 균형유형이 결정된다고 하였다. 이는 지역의 분리나 용도의 결정에 있어서 지가가 미치는 결정적인 영향(즉, 지가는 도시 내의 입지선정활동에 영향을 미치는 동시에 입지선정활동의 결과를 반영한다는 것)을 강조하는 것이다.

(5) 페널티(penalty) 이론 – 알론소(W. Alonso)

지가는 도심지에서 멀어짐에 따라 감소된다는 것으로, 고용·시장시설 등이 도시의 중심지에 있는 것으로 가정하고, 중심지까지의 거리와 함수관계에 있는 수송비에 의해 지가가 결정된다는 이론이다.

(6) 토페카(Topeka) 연구(소도시의 지가구조에 관한 연구) – 노스(D. S. Knos)

미국의 소도시 토페카 시를 대상으로 도시의 지가구조와 토지이용도의 관계를 분석한 것이다. 도시의 중심지는 지가가 높으며 토지이용이 집약적이나, 도시 외부로 나아갈수록 지가가 급격히 낮아지고 토지이용이 조방적이 된다. 즉, 지가구배현상이 급격하게 나타난다.

8. 도시공간구조이론(도시내부구조이론)

도시공간구조이론은 크게 동심원이론과 선형이론, 다핵심이론,17) 다차원이론, 우상도시이론 등으로 나눌 수 있다. 그런데 도시공간구조의 변화를 야기하는 요인은 교통의 발달이나 소득의 증가 등과 관계가 있다.

> **암기** 도시공간구조이론
> 1. 단핵이론 – 동심원이론, 선형이론
> 2. 다핵이론 – 다핵심이론

---

17) P. N. Balchin & J. L. Kieve, Urban Land Economics, Macmillan(New York), 1982

(1) 동심원이론 - 버제스(E. W. Burgess)

① **의의:** 도시는 그 중심지에서 동심원상으로 확대되어 5개 지구로 분화되면서 성장한다는 이론이다. 이는 거주지 분화현상의 연구를 통하여 도시팽창이 도시내부구조에 미치는 영향을 설명했다. 도시의 내부구조를 설명하는 가장 오래된 실증적 모형으로, 20세기 초반 미국 시카고대학의 시카고학파를 중심으로 발전하였다. 이는 튀넨(V. Thünen)의 고립국이론을 도시내부구조 설명에 응용한 것이다.[18]

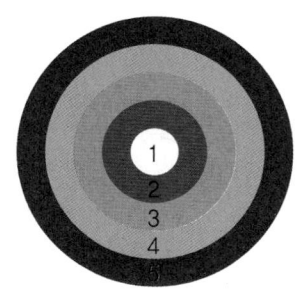

1. 중심업무지구(CBD)
2. 천이지대
3. 근로자 주택지대
4. 중산층 주택지대
5. 통근자 지대

② **내용**

  ㉠ 사회·경제적 인자가 상호 경쟁을 통하여 도시 내의 공간적 구분과 형태를 이루어낸다는 도시생태론자의 입장에 입각하여 구축한 이론이다.
  ㉡ 도시 내부 기능지역이 침입, 경쟁, 천이과정을 거쳐 중심업무지구, 점이지대, 주거지역 등으로 분화한다는 이론이다.
  ㉢ 도시의 공간구조를 도시생태학적 관점에서 접근하였다.
  ㉣ 도시의 공간구조 형성을 침입, 경쟁, 천이 등의 과정으로 설명하였다.
  ㉤ 주택지불능력이 낮은 저소득층일수록 고용기회가 많은 도심지역에 주거입지를 선정하는 경향이 있다.
  ㉥ 도시는 중심지에서 멀어질수록 접근성·지대·인구밀도 등이 낮아지고, 범죄·인구이동·빈곤·질병 등의 도시문제가 감소한다.[19]
  ㉦ 도시 내의 각종 활동의 기능이 5가지 토지이용의 패턴에 따라 이루어진다고 보고 있다.

---

18) E. W. Burgess, The Growth of the City, in the City, by Park, R. C., University of Chicago Press, 1925
19) 홍기용, 「지역경제론」, 박영사, 1985, pp.93~94

암기 동심원이론에서의 토지이용 유형

중심업무지구(CBD) ⇨ 천이지대 ⇨ 근로자 주택지대 ⇨ 중산층 주택지대 ⇨ 통근자 지대

O X 확 인 문 제

버제스(E. Burgess)의 동심원이론에 따르면 중심업무지구와 저소득층 주거지대 사이에 점이지대가 위치한다. • 32회
( )

정답 (O)

> **⊕ 보충** 5개의 동심원지대
>
> 1. 제1지대 ⇨ 중심업무지구(Central Business District; CBD)
>   도심지역으로서 도시의 중추관리기능, 산업·사회·문화·교통의 중심핵을 이루는 지역이다.
> 2. 제2지대 ⇨ 천이지대(zone in transition, 점이지대)
>   도심지역을 둘러싸고 있으며, 주거지가 쇠퇴하여 제1지대로부터 상업과 소기업의 진입이 시작되어 주거지로서의 매력이 감소하고 도시의 주요 빈민지대로 전락할 소지가 있는 지역이다. 내측지대는 경공업지구에 해당하고, 외측지대에 거주하는 주민들은 소득수준이 향상되면 근로자 주택지대로 주거를 옮겨가는 경향이 있다.
> 3. 제3지대 ⇨ 근로자 주택지대(zone of low income housing), 저소득층 주거지역
>   주로 공장노동자·단순 기능인과 같은 근로자의 주거지대로서 주민 가운데에는 제2지대로부터 직장 가까이에 살려는 동기로 옮겨진 층이 많다.
> 4. 제4지대 ⇨ 중산층 주택지대(zone of middle income housing), 중·고소득층 주거지역
>   대다수의 중산층 백인들이 사는 지대이다. 주민의 구성은 소규모 자영인·전문직종인·판매인·사무원 등이다. 이 지역은 또한 단독주택이 아파트 등 집단주택으로 변하고 있는 지역이기도 하다.
> 5. 제5지대 ⇨ 통근자 지대(commuter's zone)
>   도시경계 외곽에 형성된 작은 교외도시들로 구성되어 있으며, 거주자의 대부분이 시내에 직장을 가지고 있어 주거중심의 위성도시로 볼 수 있는 지대이다.

③ 비판

㉠ 토지이용 패턴을 지나치게 단순화한 이론이다.

㉡ 시카고 시만을 대상으로 한 연구이므로 도시공간구조에 대한 일반성이 결여되었다.

㉢ 도로 및 교통수단의 발달이 동심원형을 변형시킬 수 있다는 점을 고려하지 않았다.

㉣ 수송비가 중심지에서 각 방향으로 같을 수가 없으므로 현실의 토지이용은 동심원구조가 될 수 없다.

㉤ 실질적으로 도시는 주요 도로망에 따라 토지이용모형과 지가가 달라진다. 즉, 도시는 교통망에 따라 원이 아닌 별모양으로 성장한다.[20]

㉥ 중심업무지구(CBD)는 불규칙적인 크기를 가지며, 원형이라기보다는 정방 또는 장방형이다.

---

[20] 홍기용, 전게서, pp.95~96

(2) 선형이론 - 호이트(H. Hoyt)

① **의의:** 호이트(H. Hoyt)의 선형이론은 동심원이론을 수정·보완한 것으로, 토지이용은 도심에서 시작되어 점차 교통망을 따라 동질적으로 확장되므로 원을 변형한 모양으로 도시가 성장한다는 이론이다.21) 단핵의 중심지를 가진 동심원 도시구조를 기본으로 하고 있다는 점에서 동심원이론을 발전시킨 것이라고 할 수 있다. 이는 도시공간구조가 교통망을 따라 확장되어 부채꼴 모양으로 성장하고, 교통축에의 접근성이 지가에 영향을 주며 형성된다는 이론이다. 또한 도심부를 중심으로 부채꼴 모양의 토지이용 분화가 이루어지며, 고소득층의 주거는 고속교통망을 따라서 뻗어 나간다는 것으로 허드(R. M. Hurd)의 최소마찰비용이론*과 일맥상통한다. 호이트가 미국의 142개 도시를 대상으로 주택임대 자료를 수집하여 분석한 결과를 토대로 제시한 모델로서 도로에 따라 부채꼴 모양 또는 축(軸)형상을 이룬다 하여 축이론, 부문(部門)이론이라고도 한다.

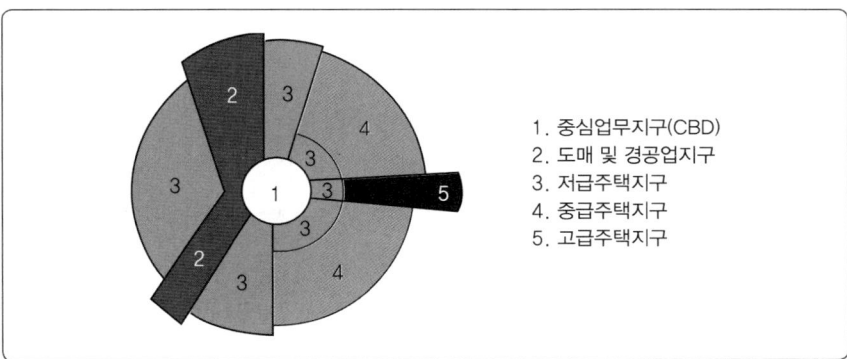

1. 중심업무지구(CBD)
2. 도매 및 경공업지구
3. 저급주택지구
4. 중급주택지구
5. 고급주택지구

② **내용**

㉠ 도시의 성장과 분화가 주요 교통망에 따라 확대되면서 나타난다고 보았다. 도시공간은 교통노선(개발축)을 따라 불규칙적으로 부채꼴 모양으로 확대하여 배치된다.

㉡ 도시공간구조의 성장과 지역분화에 있어 중심업무지구로부터 도매·경공업지구, 저급주택지구, 중급주택지구, 고급주택지구들이 주요 교통노선에 따라 쐐기형(wedge) 지대모형으로 확대 배치된다.

> **O X 확 인 문 제**
>
> 호이트(H. Hoyt)의 선형이론에 따르면 도시공간구조의 성장과 분화는 주요 교통축을 따라 부채꼴 모양으로 확대되면서 나타난다. • 32회 ( )
>
> 정답 (○)

> *** 최소마찰비용이론22)**
>
> 허드(R. M. Hurd)는 미국 50개 도시를 연구하여 도시의 성장이 저항이 적은 방향, 즉 매력이 높은 방향으로 이루어진다는 최소마찰비용이론(direction-of-least-resistance theory)을 주장하였는데, 이는 튀넨의 이론에 도시성장의 현실적인 장애물을 추가적으로 고려한 것이다.

---

21) H. Hoyt, The Structure and Growth of Residential Neighborhoods in American Cities, F. H. A(Washington), 1939
22) 조주현, 전게서, pp.300~301

ⓒ 주택가격의 지불능력이 도시주거공간의 유형을 결정하는 중요한 요인으로 본다. 즉, 고급주택은 교통망의 축에 가까이 입지하고, 중급주택은 고급주택의 인근에 입지하며, 저급주택은 반대편에 입지하는 경향이 있다.

ⓔ 주택구입능력이 높은 고소득층의 주거지는 주요 간선도로 인근에 입지하는 경향이 있다. 즉, 고소득층의 주거지는 주요 교통노선을 축으로 하여 접근성이 양호한 지역에 입지하는 경향이 있다.

ⓜ 도시중심지에서 고소득층이 교외로 이동하면, 중·하위 소득층이 그곳을 점유하여 새로운 주거군을 형성한다.23)

③ 비판
ⓐ 단순히 과거의 경향을 말하는 것일 뿐, 도시성장의 추세분석을 유도하기에는 미흡하다.
ⓑ 동일 수준의 주택이 집적하는 데에 대한 설명은 있으나 그 원인에 대한 설명이 없다.
ⓒ 주택입지의 이동을 설명 또는 예측하기 위해 고급주택의 역할을 강조한 것에 불과하다.24)

(3) 다핵심이론 – 해리스(C. D. Harris)와 울만(E. L. Ullman)

① **의의**: 도시가 성장하면 핵심의 수가 증가하고 도시는 복수의 핵심주변에서 발달한다는 것으로, 맥켄지(R. D. Mckenzie)가 처음 주장하고, 해리스(C. Harris)와 울만(E. Ullman)에 의해 발전된 이론이다.25) 해리스와 울만은 도시 내부의 토지이용이 단일한 중심의 주위에 형성되는 것이 아니라 몇 개의 핵심지역 주위에 형성된다는 점을 강조하면서, 도시공간구조가 다핵심구조를 가질 수 있다고 보았다. 다핵심이론에 의하면 도시는 하나의 중심이 아니라 여러 개의 전문화된 중심으로 이루어진다. 즉, 단일의 중심업무지구를 핵으로 하여 발달하는 것이 아니라, 몇 개의 분리된 핵이 점진적으로 통합됨에 따라 전체적인 도시구조가 형성된다는 것이다. 특히 다핵심이론에서는 지대를 지불하는 능력의 차이와 유사한 활동이 집중하는 성향을 도시의 다핵화 요인으로 설명하고 있다. 대도시의 특징이나 구조를 설명하는 데 적합한 이론이다.

OX 확인문제

호이트(H. Hoyt)의 선형이론에 따르면 주택지불능력이 낮을수록 고용기회가 많은 도심지역과 접근성이 양호한 지역에 주거입지를 선정하는 경향이 있다.
• 20회 ( )

정답 (×)
동심원이론에 대한 설명이다. 선형이론에 의하면 주택지불능력이 있는 고소득층은 기존의 도심지역과 주요 교통노선을 축으로 하여 접근성이 양호한 지역에 입지하는 경향이 있다.

OX 확인문제

해리스(C. Harris)와 울만(E. Ullman)의 다핵심이론은 단일의 중심업무지구를 핵으로 하여 발달하는 것이 아니라, 몇 개의 분리된 핵이 점진적으로 통합됨에 따라 전체적인 도시구조가 형성된다는 것이다. • 33회 ( )

정답 (○)

---

23) 홍기용, 전게서, pp.96~97
24) 김영진, 「신부동산평가론」, 범론사, 1984, p.99
25) 홍기용, 전게서, p.97

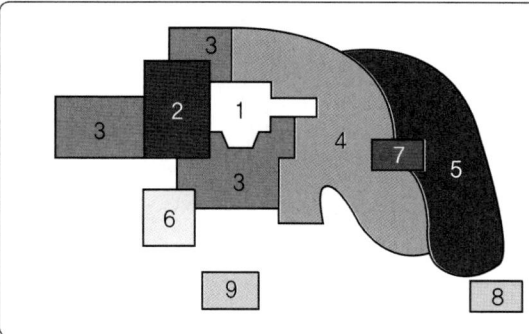

② 내용
  ㉠ 도시 토지이용의 패턴은 하나의 핵으로 구성된 것이 아니라 같은 도시 내에 여러 개의 이산(離散)되는 핵으로 구성되어 있다는 이론이다. 여기서 핵(nuclei) 또는 핵심이란 그 주위에서 도시의 성장이 발생하는 어떤 견인적 요소(주거, 업무, 공업 등)를 의미한다.26)
  ㉡ 다핵심이론의 핵심요소에는 공업, 소매, 고급주택 등이 있으며, 도시성장에 맞춰 핵심의 수가 증가하고 특화될 수 있다.
  ㉢ 도시성장은 분산된 핵을 따라 행하여졌으며, 핵의 형성은 입지조건에 따라 다르다.
  ㉣ 하나의 핵을 이루고 있는 도시의 공간이용을 보면 주거지역과 지역 간 교통망 등이 모인 소핵을 이룬 토지이용군이 형성된다.
  ㉤ 도시지역 내에서 유사 토지이용군은 서로 흡인력을 가지고 집단을 형성한다.
  ㉥ 도시활동 중에는 교통이나 입지의 측면에서 특별한 편익을 필요로 하는 기능들이 있다고 본다.

③ 다핵이 성립하는 요인
  ㉠ 동종의 활동(유사활동)은 집적이익이 발생하므로 특정지역에 모여서 입지한다(집중지향성). 즉, 유사한 도시활동은 집적으로부터 발생하는 이익 때문에 집중하려는 경향이 있다고 주장한다. 따라서 상호 편익을 가져다주는 활동(들)의 집적지향성(집적이익)은 다핵입지 발생요인 중 하나이다.
  ㉡ 이종의 활동(이질활동)은 상호간의 이해가 상반되므로 떨어져서 입지한다(입지적 비양립성). 즉, 서로 다른 도시활동 중에서는 집적 불이익이 발생하는 경우가 있는데, 이러한 활동은 상호분리되는 경향이 있다고 본다.

---
26) 안정근, 전게서, p.212

ⓒ 어떤 활동들은 특정한 위치나 특정 시설을 요구한다. 즉, 상업활동이나 공업활동 등은 각각의 활동에 적합한 곳에 입지하는 경향이 있다.
ⓔ 업종에 따라서는 높은 지대를 지불할 능력이 없으므로 특정위치를 원한다고 하더라도 지대가 높은 곳은 입지하지 못하므로 분리되어 입지한다.

④ 평가
ⓐ 다핵심이론을 비롯한 위의 이론은 상호 배타적인 것이 아니고 도시구조의 설명에 있어서도 서로가 연관적인 의의가 있으며 동심원이론을 수정한 것으로 보고 있다.
ⓑ 동심원이론과 선형이론을 결합하여 이에 다른 요소를 첨가한 도시의 구성이론을 만들었다.
ⓒ 현대도시의 토지이용과 내부구조는 다핵적인 면을 보이고 있다. 따라서 다핵심패턴은 대도시 내부의 토지이용에 있어서 인정된다.

(4) 다차원이론 – 시몬스(J. W. Simmons)[27]

① **의의**: 시몬스는 동심원이론, 선형이론, 다핵심이론 등의 이론으로는 토지이용의 공간적 분포를 설명하기에는 부족하다고 보아, 이들 각 이론을 종합하여 3개의 차원에서 파악해야 한다는 이론을 제시하였다. 또한 머디(R. Murdie)는 이와 같은 세 가지 차원으로 구성된 구조를 사회공간구조라고 하고 사회, 경제적 지위, 가족구조, 인종특성에 따라 각각 동질적인 사회공간패턴이 형성된다고 보았다.[28]

② **내용**
ⓐ 시몬스가 제시한 3개의 차원이란 사회계층 차원, 도시화 차원, 인종별 분포 차원을 말한다.
ⓑ '사회계층 차원'은 인구의 경제·교육·직업의 수준을 의미하는데, 이 차원의 사회적 패턴은 일정한 축을 따라 변화하며, 호이트의 주장처럼 고급주택지역과 저급주택지역이 선형구조를 이룬다.
ⓒ '도시화 차원'은 가족구성, 세대의 유형, 노동력 등을 반영한다. 도시주민의 생활양식과 관련된 이 차원의 사회적 패턴은 버제스의 주장처럼 동심원구조를 이룬다.

---

[27] 조성희 외, 전게서, pp.351~352
[28] 정상철 외 2인, 전게서, p.129

ㄹ. '인종별 분포 차원'은 주거지의 인종별 분화를 나타내는데, 인종 또는 민족의 구성과 관련되어 나타나는 차원을 말한다. 이와 같은 인구의 특성은 해리스와 울만의 이론 중 토지이용상의 핵과 같이 무질서하게 분포하여 다핵심구조를 이룬다.

ㅁ. 이상의 3개의 차원 또는 세 패턴은 상호 밀접한 관련을 맺으면서 하나의 도시공간상에 조직되어 있다고 한다.

③ **평가**: 다차원이론은 도시의 전체적인 사회·경제적 특징을 나타낸 것으로서, 그 이전의 동심원이론, 선형이론, 다핵심이론 등의 이론들을 종합하여 도시의 공간적 분포를 설명하고 있다는 평가를 받는다.

(5) 유상도시이론(紐狀都市理論) – 베리(B. J. Berry)

① **의의**: 교통기관의 현저한 발달로 종래 도시 내부에 집약되어 있던 업무시설과 주택이 간선도로를 따라 리본모양으로 확산·입지하는 경향이 있다는 이론이다.29)

② **내용**

ㄱ. 도시성장은 마치 리본(ribbon, 띠모양) 모양과 같다는 의미에서 유상도시이론이라고 한다.

ㄴ. 현대는 자동차 시대라고 할 수 있으므로 간선도로를 따라 토지이용의 효용이 날로 증대되고 있다.

2 부동산입지선정과 입지이론

• 26회 • 27회 • 28회 • 29회 • 30회 • 32회 • 33회 • 34회 • 35회 • 36회

1. 입지와 입지선정

(1) 입지와 입지선정의 의미

입지란 어떤 입지주체가 차지하고 있는 주택, 공장, 상점, 학교, 사무실 등이 자리잡고 있는 자연적·인문적 위치를 말한다.30) 입지는 도시공간구조, 생산자원의 지역 간 이동, 토지이용변화 등을 설명하는 데 자주 활용된다. 입지선정이란 입지주체가 추구하는 입지조건을 갖춘 토지를 발견하는 것, 또는 주어진 부동산에 관한 적정한 용도를 결정하는 것을 말한다. 입지는

---

29) B. J. L. Berry, Ribbon Developments in the Urban Business Pattern, Ann. Amer. Assoc., Geogr, 1959, p.49
30) 西岡久雄, 經濟立地の話(東京: 日本經濟新聞社, 1979), p.10
김영진, 「부동산학개론」, 건설연구사, 1976, p.142

정적이고 공간적인 개념인 데 비해, 입지선정은 동적이고 공간적·시간적인 개념이다.

(2) 입지론과 적지론

입지선정은 토지이용의 결정 측면에서 볼 때, 입지주체가 무엇인가에 따라 입지조건에 부합하는 용지를 선정하는 활동[입지론(立地論)]과 주어진 용지를 놓고 이의 최유효이용도를 결정하는 활동[적지론(適地論)]이 있으나, 모두 입지선정활동의 범주에 속한다. 이러한 입지선정의 활동은 부동산의 평가활동과 연결되기도 한다.

> • 주어진 용도에는 어떤 용지? (용지선정) ⇨ 입지론
> • 주어진 용지에는 어떤 용도? (용도선정) ⇨ 적지론

(3) 입지선정과 입지조건[31]

입지조건이란 입지대상이 내포하고 있는 토지의 자연적·인문적 조건을 말한다. 자연적 조건에는 지세·지질·지형·기후·경관 등이 있으며, 인문적 조건에는 사회적·경제적·행정적인 측면이 있다. 어떤 토지의 입지조건이 마음에 들지 않는다고 해서 소유자가 입지조건을 보다 유리하게 변환시키기 어렵다. 주거지의 입지조건은 쾌적성·편리성·접근성이, 상업지는 수익성이, 공업지는 생산비와 수송비가 절약되는, 즉 생산성이 높은 곳이, 농업지·임업지는 기상상태나 토양이 양호한 생산성이 높은 곳 등이 중요한 입지조건이다. 부동산 입지선정은 주변의 이용상황에 따라 결정되는 경제적 위치(상대적 위치)와 부지 자체의 물리적 위치(절대적 위치)를 고려하여 결정한다.

(4) 입지선정의 중요성

① 입지선정이 잘못되면 경영관리상 노력의 낭비를 가져와 사업의 실패를 초래하게 된다.
② 입지선정의 과정에서는 더 유리한 이용을 하려는 입지경쟁이 전개되고, 그 결과는 토지이용을 집약화시키며, 토지의 단위면적당 노동과 자본의 투입비율을 높인다.
③ 집약적 토지이용은 지가를 상승시키고 건물의 고층화를 불가피하게 하며, 용도적 토지부족 등의 토지이용에서 발생하는 부동산문제를 발생시키는 원인으로 작용한다.

추가 **동양의 입지론과 서양의 입지론**

동양의 입지론은 풍수지리설이 핵심이며, 이는 주거입지를 중심으로 발전하였다.

반면 서양의 입지론은 산업입지론을 중심으로 발전하였다. 서양의 입지론은 독일의 튀넨(V. Thünen)의 농업입지론이 시초이며, 이는 그의 경험을 기초로 저술한 『고립국(孤立國)』(1826)이라는 저서에서 출발한다. 그 이후 베버(A. Weber)와 뢰쉬(A. Lösch) 등의 공업입지론, 크리스탈러(W. Christaller)의 중심지이론 등으로 발전되어 왔다.

---

31) 김태훈, 전게서, pp.573~574
    방경식, 전게서, pp.460~461

④ 부동산입지선정에는 고도의 전문성이 요구된다.
  ㉠ 부동산의 가치는 대상부동산이 가장 유효하게 사용되어 그 유용성(수익성과 쾌적성)을 제일 많이 올릴 수 있을 때가 가장 크다.
  ㉡ 부동산에는 대상부동산의 위치가 주위의 다른 부동산과 균형을 이루어 입지하고 있는지의 여부가 매우 중요하다.
  ㉢ 부동산은 일단 한번 사용되면 그 용도를 마음대로 바꾸기 어려운 비가역성을 가지고 있다.

2. 상업지의 입지선정과 상업입지론

(1) 상권의 개관

① **상권의 의의:** 상권이란 대상 상가가 흡인할 수 있는 실질적인 소비자의 숫자가 존재하는 권역으로, 상업활동을 성립시키는 지역조건을 가진 공간적 넓이를 말한다. 즉, '상업활동을 하는 곳'이라고 할 수 있다.[32] 상권은 점포의 매출이 발생하는 구역을 정의하는 공간개념으로, 재화나 서비스의 종류에 따라 규모가 다르다.

② **상권의 측정**[33]: 지리적인 조건에 있어서 그 지역성을 포착하는 것으로서 중심성에 입각해 도시의 흡인력과 주변의 관계, 소매 및 서비스업의 제 활동의 밀집·위치·규모·성격·간격에 의해 나타나는 모든 특성을 지표상에서 포착해야 한다. 상권측정법에는 다음의 세 가지 기술적인 방법이 있다.

  ㉠ **현지조사법**(the survey technique): 그 지역에 사는 세대와 지역에 소재하는 상품을 대표하는 샘플을 추출하여 면접을 실시해서 상권을 측정하는 방법이다.
  ㉡ **통계적 분석법**(the statistic technique): 기존 통계를 분석해서 시장의 지역성을 포착하고, 그 지역성을 기초로 상권의 특성을 추계하는 방법이다.
  ㉢ **수학적 분석법**(the mathematical technique): 경험적인 연구에 입각한 결론을 수식화하여 일반화하는 것으로부터 발전한 방법이다. 여기에는 레일리의 법칙, 허프 모델 등이 있다.

---
32) 김태훈, 전게서, pp.471~472, p.577
33) 방경식, 전게서, pp.475~478, pp.580~583

③ 상권의 특징 및 분류
㉠ 상권의 특징
ⓐ 시장지역 또는 배후지(hinterland)라고도 부른다.
ⓑ 배후지의 인구밀도가 높고, 지역면적이 크며, 고객의 소득수준이 높아야 좋은 상권을 형성한다.
ⓒ 상권마다 매매관습과 소비관습의 차이가 있다.
ⓓ 경쟁자의 출현은 상권을 차단하는 중요한 장애물이다. 그 밖에 고속도로, 철도, 하천, 공원, 사회적 지위, 소득수준, 문화, 종교 등의 차이도 상권을 차단하는 장애물이다.
ⓔ 일반적으로 상품(재화나 서비스)의 구입 빈도가 높은 편의품 등은 상권의 규모가 작고, 상품(재화나 서비스)의 구입 빈도가 낮은 선매품 등의 고가품은 상권의 규모가 크다.
ⓕ 취급 상품의 판매액에 따라 제1차·제2차·제3차 상권으로 분류하기도 한다.
㉡ 상권의 분류: 상권은 판매액의 비율을 고려하여 생각할 수 있는데, 대표적인 상품판매액의 90%를 차지하는 지역 또는 점포의 신용판매액의 75%가 거주하는 지역을 제1차 상권, 다음 14%가 거주하는 지역을 제2차 상권, 그 나머지를 제3차 상권이라고 말한다.[34]

> **⊕ 보충** 상점분포이론
>
> 1. 상점분포이론의 발전
>   중심지이론은 소매상점의 입지에 관한 전형적인 규범적 이론으로, 1933년 독일의 크리스탈러(W. Christaller)에 의해 제안되고, 1954년 뢰쉬(A. Lösch)에 의해 발전하였다. 그 후 여러 학자들에 의해 상점분포의 고전이론으로 발전하였다.
> 2. 상점의 분포특성 및 소비자의 행태[35] · 12회
>   ① 고전적인 상점분포이론은 다른 조건이 동일할 경우 비내구재인 상품(일용품)의 단위가격이 낮을수록, 소비단위가 많을수록, 저장비용이 클수록 구매주기는 단축되며 구매빈도는 높아진다는 것이다. 즉, 근린상가에서는 구매빈도가 높은 상품, 저장비용이 높은 신선도를 요구하는 식품을 취급하는 상점이 많아질 것이고, 지역상가는 구매빈도가 낮고 저장하기 쉬운 준내구재를 취급하는 상점이 많아질 것이다.

---

[34] 鈴木安昭,「商業の廣域診斷」, (東京: 同友.), 1978, p.146
 이원준, 전게서, p.565
 이창석,「부동산컨설팅」, 형설출판사, 1999, p.148
[35] 조주현,「부동산학개론」, 건국대학교 출판부, 2000, p.131

② 장기균형조건에서는 구매빈도가 높은 상품을 취급하는 점포의 밀도는 높아지며, 점포의 고정비용이 높을수록 점포밀도는 낮아진다. 즉, 백화점과 같이 고정비용이 높은 점포는 구매빈도가 낮은 상품을 취급하게 된다. 또한 철물점이나 가구점 등은 높은 고정비용과 낮은 구매빈도로 인하여 점포밀도는 낮아지게 된다.
③ 이러한 고전적 상점입지의 단점은 소비자들이 한 번의 구매통행으로 여러 가지 물건을 구입한다는 현실적인 면을 간과하고 있는 것이며, 이러한 교통비 절감행동은 현대적 쇼핑센터나 상점군의 출현을 설명하는 주된 요소이다. 이러한 소매센터들은 가격경쟁뿐만 아니라 소비자들에게 가장 유리한 상점의 혼재(store mix)를 제공함으로써 서로 경쟁하게 된다.

(2) 상권획정의 방법

① 주어진 입지에 있어서 적합한 업종과 상권의 범위 그리고 매출액을 추정하는 방법이다. 입지와 용도가 정해지면 그에 따른 상권을 획정하게 되는데, 상권획정을 위한 접근법으로는 시장침투(market penetration) 접근법, 공간독점(spatial monopoly) 접근법, 분산시장(dispersed market) 접근법이 있다.

② **상권획정 접근법**
   ㉠ **시장침투 접근법**: 상권을 획정할 때 상권이 중첩되는 특성을 고려하여 확률적으로 상권을 획정하는 접근법이다. 이는 상권이 중첩되어 있는 백화점, 슈퍼마켓(마트), 선매품점 등 대부분의 상권분석에 사용된다.
   ㉡ **공간독점 접근법**: 지역 내 독점적 점포로서 상점 간에 거리제한을 두는 업종이나 면허 또는 허가가 필요한 업종에서 상권을 획정하는 접근법이다. 이는 주류 판매점, 우체국, 프랜차이즈점, 주유소 등의 상권분석에 사용된다.
   ㉢ **분산시장 접근법**: 전문화된 상품을 취급하는 업종으로 특정 수요계층을 대상으로 하는 경우에 중심성 분석과 같은 기법을 통하여 상권을 획정하는 접근법이다. 이는 특정지역만 공급하는 상권과 같이 불연속상권의 형태, 즉 고급가구점과 같은 전문품점의 경우에 적합한 상권획정 접근법이다.

접근법	시장침투 접근법	공간독점 접근법	분산시장 접근법
상권 형태	중첩부분 인정(가구 수 비율에 의한 확률상권)	지역독점에 의한 확정 상권	특정지역만 공급하는 불연속상권
공간 획정	총매출액의 60%를 기준으로 1·2차 상권 구분, 거리조락 수요함수	상권 다각형, 동일 시간대, 1차 상권	시장분화를 전제로 하여 동일 지역 내에서도 그룹별로 차이를 둠
응용	선매품, 전문상가, 경쟁 점포	편의품, 체인점, 표준적인 쇼핑센터	매우 전문화된 상품, 특정 소득, 특정 그룹 대상
적용사례	평가 및 전략 수정	부지선정 및 시장구성	신규입지 및 판촉전략
적용상점 유형	백화점, 슈퍼마켓	주류 판매점, 우체국	고급가구점

(3) 상권에 관한 이론

① 크리스탈러(W. Christaller)의 중심지이론 – 거시적 분석

㉠ 중심지이론의 의의

ⓐ 1933년 독일의 지리학자인 크리스탈러가 독일 남부지역의 도시를 실증적으로 분석한 결과를 기초로 하여 발전시킨 도시분포와 계층체계에 관한 이론이다.

ⓑ 이는 중심지 계층 간의 포섭원리로서 중심지는 중심성의 크기를 기초로 고차중심지와 저차중심지로 구분되며, 고차일수록 저차보다 중심지 간의 거리가 멀고 규모가 크며 다양한 중심기능을 가진다는 이론이다.

ⓒ 인간정주체계의 분포원리와 상업입지의 계층체계를 설명하고 있다.

㉡ 중심지이론의 전제조건과 주요 개념

ⓐ 전제조건

ⅰ) 자연 조건이 동질적인 평야에 인구분포가 균등하다.

ⅱ) 이들의 구매력, 소비성향, 교통수단은 동일하다.

ⅲ) 이들은 최소의 비용으로 재화를 구입하는 '경제인'으로 행동한다.

ⓑ **주요 개념**: '중심지 기능'이란 주변지역에 재화와 서비스를 제공하는 기능으로 기반활동(basic activity)과 유사한 개념이다. 이 중심지 기능을 수행하는 장소를 중심지라고 하는데, 도시는 대부분 중심지 기능을 수행하므로 중심지는 곧 도시를 의미한다.

OX 확인문제

크리스탈러(W. Christaller)는 중심성의 크기를 기초로 중심지가 고차중심지와 저차중심지로 구분되는 동심원이론을 설명했다.
• 35회 ( )

정답 (×)

크리스탈러(W. Christaller)는 중심성의 크기를 기초로 중심지가 고차중심지와 저차중심지로 구분되는 중심지이론을 설명했다.

■ 재화의 도달범위와 최소요구치의 범위 관계

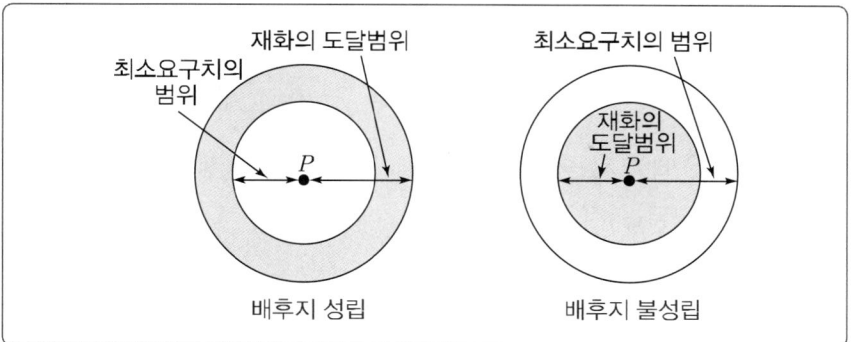

> **O X 확 인 문 제**
>
> 크리스탈러(W. Christaller)의 중심지이론에서는 재화의 도달거리와 최소요구치 범위와의 관계를 설명하는 것으로 최소요구치가 재화의 도달범위 내에 있을 때 판매자의 존속을 위한 최소한의 상권범위가 된다. •33회 ( )
>
> 정답 (○)

ⅰ) **배후지**: 지역 사방에 분산되어 있고, 경제나 사회활동이 집중되지 않은 일정지역을 말한다.

ⅱ) **중심지**: 크리스탈러는 도시의 기능은 주변지역에 재화와 서비스를 생산하여 제공하는 것이라고 했다. 이처럼 각종 재화와 서비스 공급기능이 집중되어 배후지에 재화와 서비스를 공급하는 중심지역을 중심지라고 한다.

ⅲ) **재화의 도달범위**(거리): 중심지 기능이 미치는 최대의 공간범위를 말한다. 즉, 중심지가 수행하는 기능이 중심지로부터 미치는 한계거리를 의미한다. 또한 중심지 활동이 제공되는 공간적 한계로 중심지로부터 어느 기능에 대한 수요가 '0'(또는 상품의 판매량이 0)이 되는 지점까지의 거리를 말한다.

ⅳ) **최소요구치**: 중심지 기능을 유지시키기 위하여 필요로 하는 최소한의 인구수(고객 수)를 말한다. 즉, 중심지 기능이 유지되기 위한 최소한의 수요 요구 규모를 말한다.

ⅴ) **최소요구범위**: 판매자가 정상이윤을 얻는 만큼의 충분한 소비자를 포함하는 경계까지의 거리를 말한다.

ⅵ) **중심지가 유지되기 위한 조건**: 최소요구치의 범위보다 재화의 도달범위가 커야 한다.

ⓒ **중심지의 형태**: 공간상에 하나의 중심지만 있다면 시장의 형태는 재화의 도달범위를 반지름으로 하는 원형이 된다. 원형은 모든 방향에서의 접근성이 최소인 도형이다. 그러나 지표 공간상에는 동일계층의 중심지가 여러 개 존재하게 되고, 이들 중심지 상호간의 경쟁을 최소화하기 위하여 다음의 그림과 같이 '(A) 배후지 외접형 ⇨ (B) 배후지 중첩형 ⇨ (C) 배후지 완결형'의 과정을 거쳐 원형에 가까운 정육각형의 배후지가 된다. 그것은 모든 지역이 중심지로부터

> **O X 확 인 문 제**
>
> 크리스탈러(W. Christaller)의 중심지이론에서 중심지가 유지되기 위해서는 최소요구치의 범위가 재화의 도달범위보다 커야 한다. ( )
>
> 정답 (×)
> 크리스탈러(W. Christaller)의 중심지이론에서 중심지가 유지되기 위해서는 최소요구치의 범위보다 재화의 도달범위가 커야 한다.

상품을 공급받을 수 있는 안정된 배후지 형태가 바로 육각형이기 때문이다.
- ⓐ **배후지 외접형**: 중심지의 서비스를 제공받지 못하는 소외지역이 발생한다.
- ⓑ **배후지 중첩형**: 중심지 간의 지나친 경쟁으로 불필요하게 중복되는 지역이 발생한다.
- ⓒ **배후지 완결형**: 겹치거나 소외되는 지역이 존재하지 않고 재화나 서비스를 제공한다.

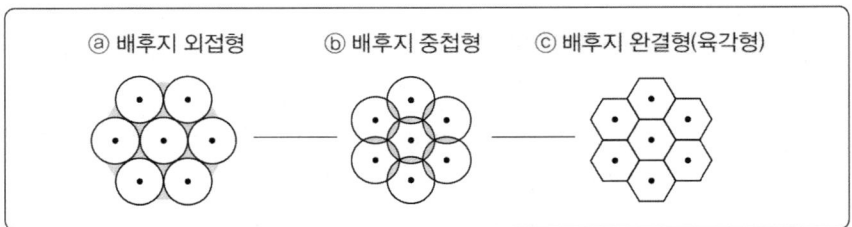

ⓔ **중심지의 계층구조**: 재화와 서비스에 따라 중심지가 계층화되며 서로 다른 크기의 재화의 도달범위와 최소요구치의 범위를 가진다고 보았다. 중심 기능이 큰 중심지일수록 시장지역이 넓어 육각형의 규모가 크고, 중심지 상호간의 거리가 멀어진다. 즉, 슈퍼마켓에 비해 백화점과 같이 큰 중심지 기능은 배후지의 형상이 더 큰 육각형 구조로 이루어진다. 따라서 중심지 기능의 규모 차에 따라 중심지 구조는 여러 층으로 나뉜 계층구조를 띠게 된다. 따라서 중심지 이론에 따르면 하늘에서 내려다본 지표상의 도시들은 육각형의 계층구조로 질서정연하게 배열되어 있다고 주장한다.

ⓜ **내용**

■ **크리스탈러의 중심지 체계**

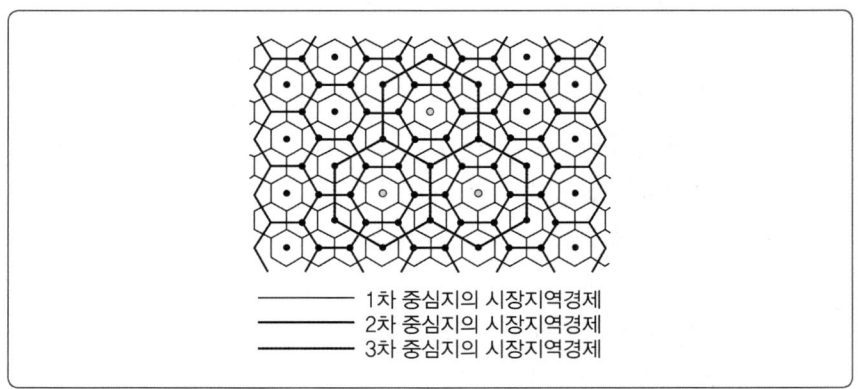

ⓐ 크리스탈러의 이론에서 핵심을 이루는 것은 중심지가 갖는 공간적 중심성을 토대로 하여 도시의 규모가 크면 클수록 그 주변 영향지역의 규모가 커진다는 가설을 실증적으로 검증하는 데 있다.

ⓑ 크리스탈러는 중심지이론을 통하여 도시의 규모와 입지에 관련되는 개념을 정립하고, 도시라는 복잡한 공간적 실체가 분포되는 형태와 구조를 이론적으로 밝히는 데 큰 공헌을 하였다.

ⓒ 인구가 증가하거나 경제가 활성화될수록 중심지의 규모는 커지고 새로운 중심지가 형성되어 중심지가 많아지며 중심지 간의 거리는 가까워진다.

ⓓ 교통이 발달할수록 고차원 중심지는 발달하고, 저차원 중심지는 쇠락한다.

ⓔ 중심지의 수는 고차원 중심지일수록 적고, 저차원 중심지일수록 많다.

ⓕ 배후지의 규모는 고차원 중심지일수록 규모가 더 커지고 다양한 중심기능을 수행하며, 저차원 중심지일수록 규모가 더 작아지고 단순한 기능을 수행한다.

ⓖ 수요자의 도달거리는 고차원 중심지일수록 거리가 더 멀고, 저차원 중심지일수록 가깝다.

ⓗ 중심지 간의 거리는 고차원 중심지일수록 멀고, 저차원 중심지일수록 가깝다.

ⓘ 취급상품은 고차원 중심지일수록 고급상품을, 저차원 중심지일수록 저급상품을 취급한다.

ⓙ 소비자의 이용빈도는 고차원 중심지일수록 낮고, 저차원 중심지일수록 높다.

ⓚ 저차원 중심지에서 고차원 중심지로 갈수록 중심지의 수는 피라미드형을 이룬다.

ⓛ 중차원 중심지가 포용하는 저차원 중심지의 수는 고차원 중심지로 갈수록 그 분포도가 줄어든다.

ⓜ 시장원리, 교통원리, 행정원리 등에 따라 중심지의 수와 모형은 많은 영향을 받는다.

㉥ **비판**: 고객의 다목적 구매행동, 고객의 지역 간 문화적 차이를 반영하지 않았다는 비판이 있다.

② 레일리(W. J. Reilly)의 소매인력법칙[36]

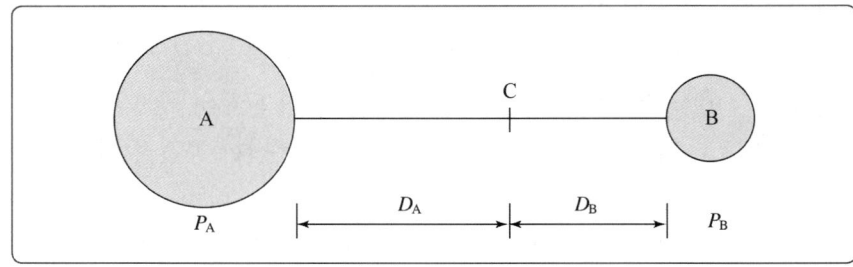

○ X 확인문제
레일리의 소매인력법칙에 따르면, 2개 도시의 상거래 흡인력은 두 도시의 인구에 반비례하고, 두 도시의 분기점으로부터 거리의 제곱에 비례한다. •21회
( )

정답 (×)
레일리의 소매인력법칙에 따르면, 2개 도시의 상거래 흡인력은 두 도시의 인구에 비례하고, 두 도시의 분기점으로부터 거리의 제곱에 반비례한다.

㉠ 레일리의 소매인력법칙은 중력모형을 이용한 상권의 범위를 획정하는 모형으로, 두 도시 사이에 존재하는 소비자들에 대하여 두 도시가 미치는 상권의 범위와 경계를 설명하는 이론이다.

㉡ 두 중심지 사이에 위치하는 소비자에 대하여 상권이 미치는 영향력의 크기는 그 두 중심의 크기에 비례하여 배분된다고 볼 수 있다. 이 점에 착안하여 두 중심지 사이의 상업지역의 구분을 최초로 시도하여 체계화시킨 사람이 레일리이다.

㉢ 레일리의 소매인력법칙에 따르면, 두 중심지가 소비자에게 미치는 영향력의 크기는 두 중심지의 크기에 비례하고 거리의 제곱에 반비례한다고 보았다. 즉, 2개 도시의 상거래 흡인력은 두 도시의 인구에 비례하고, 두 도시의 분기점으로부터 거리의 제곱에 반비례한다고 보았다.

㉣ A도시와 B도시 사이에 작은 C마을이 있다고 가정할 경우, C마을에 살고 있는 소비자들의 A, B도시에서의 구매지향비율은 A, B도시의 인구의 비에 비례하고, A, B도시까지의 거리의 제곱에 반비례한다는 것이다(레일리법칙).

㉤ B도시에 대한 A도시의 구매지향비율 $\left(\dfrac{B_A}{B_B}\right)$은 다음과 같다.

$$\dfrac{B_A}{B_B} = \dfrac{P_A}{P_B} \times \left(\dfrac{D_B}{D_A}\right)^2 = \dfrac{A도시의\ 인구}{B도시의\ 인구} \times \left(\dfrac{B도시까지의\ 거리}{A도시까지의\ 거리}\right)^2$$

- B_A: A도시의 구매지향비율
- B_B: B도시의 구매지향비율
- P_A: A도시의 인구수
- P_B: B도시의 인구수
- D_A: C마을에서 A도시까지 거리
- D_B: C마을에서 B도시까지 거리

---
[36] 이원준, 전게서, pp.573~574
방경식, 전게서, pp.478~480

ⓑ 레일리의 소매인력법칙은 고객유인력(상거래 흡인력)을 설명할 때 도시의 크기와 실측거리를 중심으로 연구했으며, 소비자가 선택 가능한 점포의 수가 제한된다는 문제점이 있다. 따라서 구매중심점이 여러 곳에 존재하는 대도시에 적용하는 데에는 한계가 있다.

③ **컨버스**(P. D. Converse)**의 분기점모형**[37]

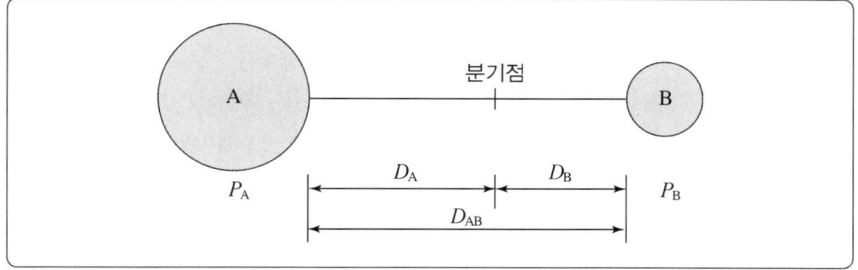

㉠ 컨버스의 분기점모형은 레일리법칙을 응용하여 두 도시(도시 A와 B) 간의 구매영향력이 같은 분기점(상권의 경계지점)의 위치를 구하는 방법을 제시한 것이다.
㉡ 컨버스는 경쟁하는 두 도시에 각각 입지해 있는 소매시설 간 상권의 경계지점을 확인할 수 있도록 레일리의 소매중력모형을 수정했다.
㉢ 원리는 두 상권의 분기점에서의 두 점포에 대한 구매지향력은 같다는 것이며, 소매인력법칙의 식에서 B_A와 B_B를 같게 하고 거리를 미지수(D_A)로 놓으면 A도시로부터 상권의 분기점까지의 거리(D_A)는 다음과 같다.

$$D_A = \frac{D_{AB}}{1+\sqrt{\frac{P_B}{P_A}}} = \frac{\text{도시 A와 B 간의 거리}}{1+\sqrt{\frac{\text{B의 크기}}{\text{A의 크기}}}}$$

④ **허프**(D. L. Huff)**의 소매지역이론**(확률적 상권모형, 중심지이론)[38]
㉠ 허프는 앞의 두 모형에서 도시 단위로 논의되었던 소매인력론을 소매상권이론으로 전환시켜 소매지역이론으로 발전시켰다. 또한 레일리의 소매인력법칙이 구매중심점이 여러 곳에 존재하는 대도시에 적용하는 데에는 한계가 있다는 점을 보완하여 구매중심점이 여러 곳에 존재하는 대도시에서 쇼핑 패턴을 결정하는 확률모형을 제시하고 있다.

---

[37] 조주현, 「부동산학개론」, 건국대학교 출판부, 2003, pp.226~227
[38] 이원준, 전게서, pp.575~576
방경식, 전게서, pp.480~481

> **O X 확 인 문 제**
>
> 컨버스(P. Converse)는 경쟁관계에 있는 두 소매시장 간 상권의 경계지점을 확인할 수 있도록 소매중력모형을 수정하였다.
> • 29회 ( )
>
> 정답 (○)

> **추가** 허프(D. L. Huff)의 모형
> 허프의 모형을 확률적 상권모형, 중력모형, 중심지이론, 소매지역이론이라고 표현하기도 한다. 특히 레일리의 모형뿐 아니라 레일리모형을 보완하여 발전시킨 허프의 모형도 중력모형에 해당한다.

추가 허프(D. L. Huff)의 중심지이론 – 미시적 분석

허프는 수요자의 개성, 즉 미시적 분석에 관심을 두고 그의 이론을 전개시켰다. 그의 이론에 의하면 소비자는 가장 가까운 곳에서 상품을 선택하려는 경향이 있으나 적당한 거리에 고차원 중심지가 있으면 인근의 저차원 중심지를 지나칠 가능성이 커진다는 것이다. •13회

O X 확인문제

허프(D. Huff)모형은 어떤 매장이 고객에게 주는 효용이 클수록 그 매장이 고객들에게 선택될 확률이 더 높아진다는 공리에 바탕을 두고 있다. •33회 ( )

정답 (O)

* **공간(거리)마찰계수(λ)**
공간(거리)마찰계수(λ)란 고객이 특정 점포를 이용하는 데 따른 교통조건이나 하천 등의 방해요소 등을 말한다.

ⓒ 소비자는 가장 가까운 곳에서 상품을 선택하려는 경향이 있으나 적당한 거리에 고차원 중심지가 있으면, 인근의 저차원 중심지를 지나칠 가능성이 커진다. 점포의 거래권에 영향을 주는 것은 근본적으로 행동자로서의 소비자이다.

ⓒ 인구밀도가 높은 도시(고밀도의 시가지)에 거주하는 소비자는 특정 지역에서만 상품을 구입하지 않으므로, 상가는 소비자의 기호나 소득관계를 참작하여 선택된 상품(예 전문품) 등을 판매하여야 한다.

ⓔ 소비자들의 특정 상점의 구매를 설명할 때 실측거리, 시간거리, 매장규모와 같은 공간요인뿐만 아니라 효용이라는 비공간요인도 고려하였다. 즉, 소비자는 일반적으로 점포의 매장규모가 클수록, 점포까지의 거리가 가까울수록, 시간이 적게 소요될수록 구매 시 효용이 증가한다고 보았다. 결국 어떤 매장이 고객에게 주는 효용이 클수록 그 매장이 고객들에게 선택될 확률이 더 높아진다는 공리에 바탕을 두고 있다.

ⓜ 허프의 확률적 상권모형에 따를 경우, 어느 매장의 고객유인력은 매장규모에 비례하고 공간(거리)마찰계수승에 반비례한다.

$$고객유인력 = \frac{매장면적}{매장까지의\ 거리^\lambda}$$

λ: 공간(거리)마찰계수*

허프모형을 활용하여 한 지역에서 각 상점의 시장점유율, 상권의 규모 또는 매장의 매출액을 추정할 수 있다. 소비자거주지에 거주하는 소비자가 A, B매장 중 A매장으로 구매하러 갈 확률(시장점유율)은 다음과 같다.

$$소비자가\ A매장을\ 이용할\ 확률(시장점유율) = \frac{A매장의\ 고객유인력}{A매장의\ 고객유인력 + B매장의\ 고객유인력}$$

따라서 허프의 상권분석모형에 따르면, 소비자가 특정 점포를 이용할 확률은 경쟁점포의 수, 점포와의 거리, 점포의 면적에 의해 결정된다.

ⓗ 모형을 적용하기 전에 공간(거리)마찰계수가 먼저 정해져야 하는데, 공간(거리)마찰계수는 도로환경, 지형, 주행수단 등 다양한 요인에 영향을 받을 수 있으며, 시장의 교통조건과 쇼핑물건의 특성에 따라 달라지는 값이다. 공간(거리)마찰계수는 교통조건이 나쁠수록 커지게 되며, 일상용품점보다 전문품점의 경우가 작다.

ⓢ 허프의 상권분석모형은 고정된 상권을 놓고 경쟁함으로써 제로섬(Zero-Sum)게임이 된다는 한계가 있다.

⑤ 소비자 분포기법 39)

㉠ 소비자 분포기법(Customer Spotting Techniques; CST)은 애플바움(Applebaum) 교수가 제안한 모형으로서 지리적 상권의 범위를 획정하기 위한 실무적 기법이다.

㉡ 소비자 분포기법은 상권의 규모뿐만 아니라 고객의 특성파악 및 판매촉진 전략수립에 도움이 될 수 있다.

⑥ 넬슨(R. L. Nelson)의 소매입지이론 40)

㉠ 넬슨은 특정 점포가 최대 이익을 얻을 수 있는 매출액을 확보하기 위해서는 어떤 장소에 입지하여야 하는가에 대한 원칙을 제시하였다.

㉡ 점포입지의 원칙

ⓐ **현재의 지역후보의 적합지점**: 입지하려고 하는 지역의 상권을 결정하고 인구·소득·소비지출내역 등을 조사하여 그 지역에서 개점하는 것이 어느 정도로 소매입지로서 적당한가를 판단하여야 한다.

ⓑ **잠재적 발전성**: 입지는 가급적 인구나 수입이 증대하고 있는 상업지역 내이어야 한다.

ⓒ **고객의 중간유인**: 상업지역에 가는 도중의 고객을 중간에 유인하기 위하여 그들의 주거지와 전에 다니던 장소의 중간에 점포를 개점하는 것이 유리하다.

ⓓ **상거래 지역에 대한 적합지점**: 자발적 판매, 공유적 판매, 충동적 판매를 고려하여 현실적으로 그 점포가 충분한 고객을 확보할 수 있는가를 판단하여야 한다.

O X 확인문제

허프(D. Huff)모형에서 공간(거리)마찰계수는 시장의 교통조건과 매장물건의 특성에 따라 달라지는 값이며, 교통조건이 나빠지면 더 커진다. • 33회 ( )

정답 (○)

정리 넬슨(R. L. Nelson)의 소매입지이론

넬슨의 주장을 요약하면 입지의 타당성을 결정함에 있어서 상권 내의 인구, 소득, 점포의 입지유형, 경합상태, 지가수준, 장래의 발전 가망성을 종합적으로 분석할 것을 강조하고 있다.

---

39) 조주현, 전게서, 2003, pp.229~230
40) 이원준, 전게서, pp.576~577

ⓔ **집중흡인력**: 떨어져서 독립적으로 존재하는 것보다 동종의 점포가 서로 집중된 것이 업종에 따라 유익한 경우가 많다. 동종의 점포나 보조적인 점포 간에 적용된다.

ⓕ **양립성**: 구매객의 유동을 방해하지 않고 고객이 충분히 이동할 수 있도록 배려하여야 한다. 양립성이란 서로 다른 인접점포가 고객을 주고받는 현상을 의미한다. 넬슨은 특히 이 원칙을 강조하고 있다.

ⓖ **경합성의 최소화**: 상업용지는 경합이 가장 적은 장소를 택하여야 한다.

ⓗ **용지경제학**: 투자하는 자본에 대해 생산성과 장래의 성장을 가장 확실하게 보장해 주는 용지를 택한다.

⑦ **입지효과의 시간법칙**[41]: 좋은 상업입지는 투자한 자본과 노력에 대하여 충분한 이익을 주지만, 이러한 이익은 개점과 더불어 즉각적으로 나타나는 것은 아니고 충분한 시간적 여유를 가진 장기적인 것이라는 원칙이다. 이를 특히 후버(Hoover)의 상업입지의 시간법칙이라고 한다.

⑧ **공간균배의 원리**(R. M. Fetter)

㉠ 의의: 경쟁관계에 있는 점포 사이에 경쟁이 나타나면 장기적으로 공간(배후지)을 균등하게 배분하게 된다는 원리를 말한다. 이에 따른 점포유형에는 집심성·집재성·산재성·국부적 집중성 점포가 있다.

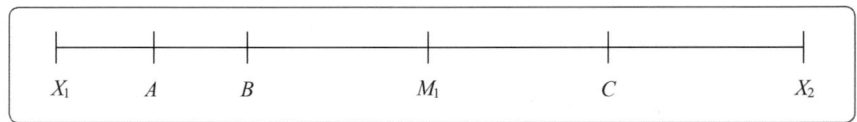

㉡ 전제조건

ⓐ 상권이 X_1과 X_2의 공간(배후지)에 전개되어 있고, 여기에는 동질적인 소비자가 균등하게 분포되어 있다.

ⓑ 소비자들은 해당 공간(배후지) 내에서 상품을 구매한다.

ⓒ 공간이동에 따른 교통비가 수요에 영향을 주어 매상고에 영향을 미친다.

---

[41] 이원준, 전게서, p.577

ⓒ 내용
ⓐ 시장이 좁고 수요의 교통비 탄력성이 작은 경우: 소비자가 교통비가 드는 데도 불구하고 상품을 구매하고자 할수록 수요의 교통비 탄력성*은 비탄력적이 된다. 이 경우는 중앙에 점포가 형성되는 집심적 입지현상이 나타나게 된다.
ⓑ 시장이 넓고 수요의 교통비 탄력성이 큰 경우: 소비자가 상품을 구매하고자 할 때 교통비에 크게 영향을 받을수록 수요의 교통비 탄력성은 탄력적이 된다. 이 경우 점포는 소비자들 가까이에 입지하게 된다. 그런데 동질적인 소비자가 균등하게 분포되어 있다는 것을 전제하므로 점포도 떨어져서 분산입지현상이 나타나게 된다.
ⓒ 수요의 교통비 탄력성이 0인 경우: 소비자가 상품을 구매하고자 할 때 교통비가 수요에 전혀 영향을 미치지 않을 경우 수요의 교통비 탄력성이 0이 된다. 이 경우 점포들은 나란히 중앙에 입지하게 된다.

> * **수요의 교통비 탄력성**
> 수요의 교통비 탄력성은 교통비 변화율에 대한 수요량변화율을 의미한다. 수요의 교통비 탄력성이 작다면 소비자들이 교통비에 민감하지 않다는 것을 의미한다. 그러나 수요의 교통비 탄력성이 크다면 소비자들이 교통비에 민감하다는 것을 의미한다.

한눈에 보기   공간균배의 원리

1. 시장이 좁고 수요의 교통비 탄력성이 작은 경우
   집심적 입지현상이 나타난다.
2. 시장이 넓고 수요의 교통비 탄력성이 큰 경우
   분산입지현상이 나타난다.

(4) 점포의 종류와 입지

① **입지유형별 점포**(소재 위치에 따른 분류)[42]

㉠ 집심성 점포: 배후지의 중심지(CBD)에 입지하여야 하는 유형의 점포이다.

예) 백화점, 고급음식점, 귀금속점, 미술품점, 의류점, 화장품점, 시계점, 약국, 대형서점, 영화관

㉡ 집재성 점포: 동일 업종의 점포가 서로 한 곳에 모여서 입지하여야 하는 유형의 점포이다.

예) 은행, 보험회사, 관공서, 서점, 가구점, 전기부품점

---

42) 김태훈, 전게서, pp.549~550
　　방경식, 전게서, pp.483~484

ⓒ **산재성 점포**: 동일 업종의 점포가 입지하는 상권의 크기는 한정되어 있기 때문에 서로 분산입지하여야 하며, 한 곳에 집재하면 서로가 불리하다.

예 잡화점, 어물점, 주방용품점, 이발소, 공중목욕탕, 세탁소, 기타 일용품 점포, 동일 업종의 소매점포

ⓔ **국부적 집중성 점포**: 동일 업종의 점포끼리 국부적 중심지에 입지하여야 하는 점포이다.

예 농기구점, 석재점, 철공소, 비료상점, 종묘점, 어구점, 기계기구점

② **상품에 따른 상점의 종류**(구매 관습에 의한 상점의 분류)[43]: 편의품·선매품·전문품 등의 3종류가 있으며, 점포의 명칭도 편의품점·선매품점·전문품점 등으로 구분한다.

㉠ **편의품점[최기품(最寄品)]**

의의	일상의 생활필수품을 판매하는 상점이다.
특성	• 상품이 주로 가정용이므로 고객도 주부가 많으며, 늘 통행하는 길목에 상점이 위치하는 경우가 대부분이다. • 입지는 고객 가까이에 위치해야 하므로 상권은 도보로는 10~20분 이내, 거리로는 1,000m를 넘지 않는 범위가 적당하다. • 이러한 상점은 인근지역 또는 2차 상업지역에도 많지만, 도심상업지역에는 많지 않다.

㉡ **선매품점[매회품(買回品)]**

의의	선매품이란 고객이 상품의 가격·스타일·품질 등을 여러 상점을 통해서 비교한 후 구매하는 것을 말하며, 선매품점이란 그러한 상품을 주로 판매하는 상점이다.
특성	• 상품의 특징으로서는 편의품에 비해 가격수준이나 이윤율이 높다. • 구매 횟수가 적다. • 고객의 취미 등이 잘 반영되어야 하므로 표준화되기 어렵다. • 상품의 성격상 이 점포들은 집심성·집재성 점포에 속하는 경우가 많다. • 비교적 원거리에서 고객이 찾아오기 때문에 교통수단이나 접근성이 좋아야 한다. • 주로 중차원 또는 고차원 중심지에 입지하는 경우가 많다. • 가구, 부인용 의상, 보석류 등이 그 사례이다.

---

43) 김태훈, 전게서, pp.550~551
　　방경식, 전게서, pp.484~485

ⓒ 전문품점

의의	고객이 특수한 매력을 찾으려는 상품으로서 구매를 위한 노력을 아끼지 않고, 가격수준도 높으며, 광고된 유명상표 상품을 갖춘 상점을 말한다.
특성	• 성격상 구매결정에 신중을 기해야 하는 상품이다. • 구매빈도는 낮은 편이나 이윤율은 높다. • 전문품점은 고차원 중심지에 입지하는 경우가 많다. • 상품에는 고급양복, 고급향수, 고급시계, 고급카메라, 고급자동차 등이 있다.

(5) 매장용 부동산의 부지선정

① 부지선정의 단계

> ㉠ 기존 부지의 분석 ⇨ ㉡ 도시분석 ⇨ ㉢ 근린분석 ⇨ ㉣ 대상근린지역의 선정 ⇨ ㉤ 대상부지 선정

특히 도시분석단계에서는 할인현금흐름분석(할인현금수지분석)을 통해 점포의 입지 여력을 판단한다. 즉, 순현가가 (−)가 되는 도시는 기존 시장이 포화상태에 있는 것으로, 그렇지 않은 도시는 점포가 추가적으로 입지할 수 있는 여력이 있는 것으로 판단한다.[44]

② 대안부지의 분석[45]

㉠ **가능매상고**(예상매출액)**의 추계방법**: 대안부지의 가능매상고는 거래지역의 크기, 접근성, 소비자의 지출능력, 경쟁력, 통행량, 가시성(visibility), 매장이미지, 시장점유율 등 여러 요인과 밀접한 관계가 있다. 가능매상고를 추계하는 방법에는 비율법, 유추법, 중력모형, 회귀모형 등이 있다.

ⓐ **비율법**(ratio method): 주관성 개입이 가장 많은 방법에 속하며, 다음과 같은 과정을 거친다.

ⅰ) 거래가 가능한 지역을 획정한다.

ⅱ) 해당 점포에서 판매하는 상품이나 서비스에 대한 지출가능액을 추계한다.

ⅲ) 자료를 이용하여 1인당 주민소득을 추계한다.

---

[44] 안정근, 전게서, pp.342~343
[45] Hugh O. Nourse, Managerial Real Estate; Corporate Real Estate Asset Management, Prentice Hall, Inc., 1990, pp.56~66
안정근, 전게서, pp.346~357

ⅳ) 해당 점포의 취급상품들에 지출가능금액이 1인당(또는 가구당) 가처분소득에서 차지하는 비율을 구한다. 거래지역 내에 다른 점포가 있다면, 점포면적에 따른 시장지역(상권)이 분할된다고 가정한다.

ⓑ **유추법**(analog method): 유사점포법 또는 유비법이라고도 하는데, 다른 지역의 유사한 점포의 매출액을 통해 해당 점포의 예상매출액을 추계하는 방법이다.

ⓒ **중력모형**(gravity model): 두 물체 사이에 작용하는 인력은 두 물체의 질량 곱에는 비례하고 거리의 제곱에는 반비례한다는 만유인력법칙을 적용하여 해당 점포의 예상매출액을 추계하는 방법이다. 이때 개별점포의 실제매상고와 이론적 매상고 간의 차이는 수정이미지계수(adjustment image factor)에 의해 조정된다. 수정이미지계수란 개별점포의 실제매상고와 이론적 매상고 간의 차이를 말한다.

ⓓ **회귀모형**(regression model): 매상고에 영향을 주는 여러 가지 변수들(인구수, 소득, 경쟁점포의 규모, 주차장, 접근성 등)을 설정하고, 이 변수들로 대상점포의 예상매상고를 추계하는 방법이다. 회귀모형은 특정 부지의 소매점포의 성과에 영향을 미치는 인자들을 결정하기 위해 사용될 수 있는 접근법 중 하나이다. 회귀모형의 단점은 개발하는 데에 시간과 노력이 많이 소요되며 시장지역, 소비자의 행태, 기업의 판매전략 등에 변화가 심할 경우에는 설정된 기존 모형으로 대상점포의 가능매상고를 추계하기 어렵다는 점이다.[46]

ⓛ **체크리스트**

ⓐ 회사의 규모가 큰 곳에서는 유추법이나 회귀모형 등을 이용하여 예상매출액을 추계하고, 작은 규모의 회사들은 보통 체크리스트(check list)를 이용하여 대안부지를 평가한다.

ⓑ 매장용 부동산에 대한 체크리스트 활용은 사전적 예비수단으로 대안부지의 여러 가지 특성을 다각도로 활용할 수 있는 장점이 있다.

---

46) 안정근, 전게서, pp.352~353

ⓒ **현금흐름분석**(현금수지분석): 부지선정팀은 대안부지의 예상매출액이 추계되고 나면 대안부지별로 현금흐름분석(현금수지분석, cash flow analysis)을 통해 회사의 부(富)를 극대화하는 대안을 선택한다.

3. 공업지의 입지선정과 공업입지론

(1) 입지인자와 공업입지의 결정[47]

① **입지인자의 개념**: 생산과정에서 소요되는 비용을 항목별로 세분한 하나하나의 비용항목을 입지단위라고 하며, 입지단위가 특정한 공업입지에 견인한다면 그 장소를 다른 장소와 비교할 때 발생될 수 있는 이익을 생각할 수 있다. 이와 같이 입지단위로 보아서 다른 장소 이상으로 이익을 가져오기 때문에 특정 장소에 견인함으로써 얻게 되는 비용절약상의 이익을 입지인자라고 한다.

② **입지인자의 종류**

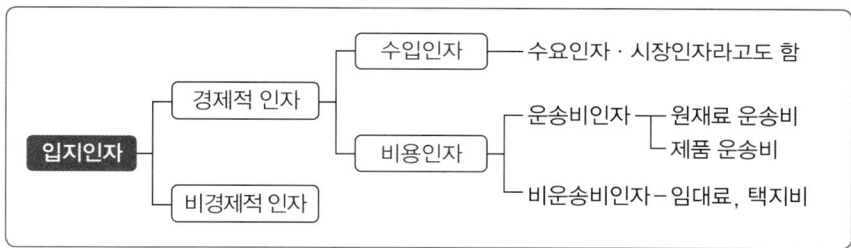

ⓘ 경제적 인자: 경제적 이익에 관한 것
ⓒ 비경제적 인자: 경제적 인자로 환원할 수 없는 가치에 관한 것
  예 사회적 가치, 정치적 가치, 국방적 가치, 기업가 자신의 선호

③ **공업입지결정의 3단계**[48]

> 시장의 결정 ➡ 지역의 결정 ➡ 지점의 결정

ⓘ 시장의 결정: 입지선정의 첫 단계로 기업의 목표시장을 결정한다.
ⓒ 지역의 결정: 목표시장에의 합리적인 출하, 경쟁기업과의 거리, 수입인자와 비용인자의 비교 등을 참작하여 지리적 범위를 결정한다.
ⓒ 지점의 결정: ⓘ, ⓒ의 범위 내에서 지가, 기타 개별적 사정에 의하여 입지점을 결정한다.

추가 베버(A. Weber)의 집적인자와 분산인자

1. **집적인자**: 어떠한 이익이나 생산을 어떤 장소에서 어느 특정 집단과 결합하여 이루는 데서 발생하는 생산비·판매비의 저렴화를 의미한다. 처음에는 경영의 대규모화를 통한 경영합리화이지만, 지역적 확대과정을 거쳐 집중으로 변한다.
2. **분산인자**: 통합된 집단을 분해하여 평면으로 확산하는 데 있어서 생산의 모든 저렴화를 의미한다. 공업단지에 있어서의 지대의 발생과 상승, 공장공해, 공장폐수 등은 분산인자가 된다.

---
47) 이원준, 전게서, pp.587~589
   김태훈, 전게서, pp.587~588
48) 이원준, 전게서, pp.589~596

> **보충** 회사의 부지선정팀이 공장부지의 선정 시 고려해야 할 사항
>
> 1. 부지선정의 첫 번째 단계는 대상 공장이 필요로 하는 특성들을 망라한 체크리스트를 만드는 것이다.
> 2. 실제 부지에 대한 탐색에 나서기 전, 부지선정팀은 회사의 성격과 제품의 경제적 특성에 비추어 탐색 대상지역을 축소한다.
> 3. 공장에서 필요로 하는 노동력을 주변지역에서 공급받을 수 있는지를 분석한다. 이 경우에는 주변지역뿐만 아니라 통근가능 범위 내의 지역은 모두 분석대상이 된다.
> 4. 부지선정팀은 대안부지들을 대상으로 (할인)현금흐름분석을 행하고 최종적으로 3~4개의 대안을 선택하여 최고관리자나 이사회에 추천한다.

(2) 베버(A. Weber)의 최소비용이론 [49]

① **의의**: 산업입지의 영향요소를 운송비, 노동비, 집적이익으로 구분하고, 이 요소들을 고려하여 비용이 최소화되는 지점이 공장의 최적입지가 된다는 이론이다. 베버는 수송비, 노동비, 집적이익 중에서 수송비(운송비)가 가장 중요한 요소라고 보고 다른 생산조건이 동일하다면, 수송비는 원료와 제품의 무게, 원료와 제품이 수송되는 거리에 의해 결정된다고 하였다. 결국 베버는 최소비용으로 제품을 생산할 수 있는 곳을 기업의 최적입지점으로 본다.

② **전제조건**
   ㉠ 연구지역은 하나의 고립된 지역으로, 동일한 기후에 소비자들은 중심지에 집중되어 있으며, 시장은 모든 회사들의 접근이 가능한 완전경쟁상태에 있다.
   ㉡ 생산자는 합리적 경제인이라고 가정한다.
   ㉢ 자연자원(물, 모래, 진흙 등)은 어디든지 존재하여 쉽게 이용할 수 있다.
   ㉣ 화석연료나 광물 등은 일정지역에만 이용할 수 있다.
   ㉤ 노동은 일부지역에만 집중되어 있으며 이동도 제한이 있다.

③ **산업입지에 영향을 주는 요소**: 산업입지에서 중요한 것은 수송비·노동비·집적이익 등인데 그중에서 수송비(운송비)가 가장 중요한 요소이다. 우선 수송비만을 고려하여 비용이 최소인 지점을 찾고, 그다음 노동비가 최소인 지점을 선정하며, 그다음 집적의 이익을 고려하여 비용 면에서 대체가 가능한 지점 중 최소비용 지점을 순차적으로 고려한다.

---
49) 김수신·고병석, 「지역개발론」, 한국방송대학교 출판부, 2002, pp.45~47

㉠ **수송비**: 원료와 제품의 무게와 수송되는 거리에 비례하는 것으로 기본입지형태와 지리적 틀을 결정하는 일반적인 지역요소이다. 최소수송비 지점이란 원료와 제품의 수송비 등 수송비가 최소가 되는 지점을 말한다. 베버의 최소비용이론은 다른 생산조건이 동일하다면, 수송비는 원료와 제품의 무게, 원료와 제품이 수송되는 거리에 의해 결정된다.

㉡ **노동비**: 지점에 따라 다르며 수송비와 함께 기본입지형태와 지리적 틀을 결정하는 일반적인 지역요소이다. 노동공급지에 공장이 입지하려면 노동공급지에서 수송비 상승액 이상의 노동절약이 있어야 한다. 이때 베버는 이 문제해결의 열쇠로서 등비용선(isodapane)*이란 개념을 정립한다. 등비용선이란 최소수송비 지점으로부터 기업이 입지를 바꿀 경우, 이에 따른 추가적인 수송비의 부담액이 동일한 지점을 연결한 곡선을 말한다. 이 선은 최소수송비 지점을 중심으로 동심원으로 나타나는데, 어느 한 방향으로 수송비가 적게 투입된다면 마치 등고선처럼 그 방향으로 완만한 곡선을 이룬다. 또한 노동비 절감액(노동비의 절감에 따른 이윤)과 동일한 수치의 등비용선을 한계등비용선[또는 임계등비용선(critical isodapane)]*이라고 정의하고, 만일 값싼 노동비를 제공하는 지점이 이 한계등비용선(또는 임계등비용선) 내부에 존재하면 그 지점이 최소수송비 지점보다 더 이윤이 높은 최적지점이 될 것임을 밝혔다.[50] 결국 최소노동비 지점이란 노동비가 최소가 되는 지점(노동비 절감분이 수송비 증가분보다 큰 지점)을 말한다.

㉢ **집적이익**: 집적의 이익으로 인하여 비용을 절감할 수 있는 지역이 있다면 그 지점이 최소비용 지점이라는 것으로, 이는 일반적인 틀 안에서 분산 정도를 결정하는 지역요소이다. 집적이익은 규모의 경제, 도시화 경제, 지역화 경제에서 발생하는 이익이다. 집적이익 지점이란 노동비·수송비 증가보다 집적이익이 큰 지점을 말한다.

④ **기업의 최적입지점**: 베버의 최소비용이론은 수송비, 노동비, 집적이익을 종합적으로 고려해 최소생산비 지점을 찾아 공장의 최적입지를 결정하는 이론이다. 즉, 최소수송비 지점, 최소노동비 지점, 집적이익 지점을 고려하는데, 원료 수송비와 제품 수송비 등 수송비가 최소가 되는

---

50) 형기주, 「월간국토」 1997년 5월호, pp.88~93
이희연, 「경제지리학」, 법문사, 2002, p.280

---

* **등비용선(isodapane)**
최소수송비 지점에서 거리가 멀어짐에 따라 증가하는 수송비가 동일한 지점을 연결한 선을 말한다. 따라서 등비용선상에서는 총수송비가 동일하다.

O X 확 인 문 제

등비용선(isodapane)은 최소운송비지점으로부터 기업이 입지를 바꿀 경우, 이에 따른 추가적인 운송비의 부담액이 동일한 지점을 연결한 것이다. • 36회
( )

정답 (○)

* **한계등비용선[또는 임계등비용선(critical isodapane)]**
추가적 수송비와 얻어지는 노동비 절감액 또는 집적이익분이 같은 지점을 연결한 선을 말한다. 즉, 추가적 수송비와 노동비 절감액 또는 집적이익분이 동일한 등비용선을 말한다.

O X 확 인 문 제

베버(A. Weber)의 최소비용이론은 산업입지의 영향요소를 운송비, 노동비, 집적이익으로 구분하고, 이 요소들을 고려하여 비용이 최소화되는 지점이 공장의 최적입지가 된다는 것이다.
• 33회 ( )

정답 (○)

최소수송비 지점, 노동비 절감분이 수송비 증가분보다 커서 노동비가 최소가 되는 최소노동비 지점, 노동비·수송비 증가보다 집적이익이 큰 집적이익 지점 등을 모두 고려한 최소생산비 지점이 공장의 최적입지 지점이라는 것이다.

⑤ **공업입지분석을 위한 도해모형:** 다음의 그림은 공업입지를 분석하기 위한 도해모형이다. 점선의 타원형은 등비용선으로, 최소수송비 지점인 공장입지 P지점으로부터 거리가 멀어짐에 따라 수송비가 점진적으로 증가하는 것을 나타낸다. 공장입지는 다른 조건이 동일하고, 노동비·제품 및 원료의 중량과 거리에 따른 수송비에 의해서 결정된다.

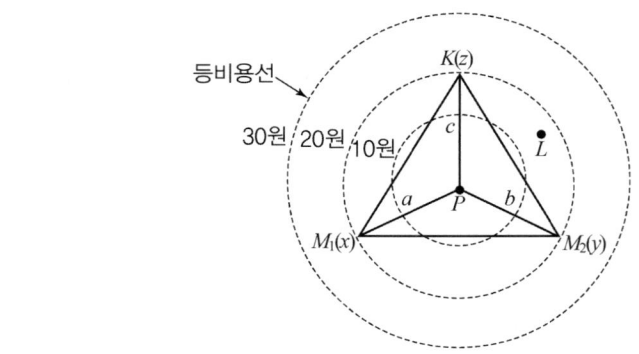

- K: 소비시장
- M_1, M_2: 원료산지
- x, y: 원료의 무게
- z: 완제품의 무게
- P: 공장입지
- L: 노동비 절감
- a, b: 원료산지로부터 공장입지까지 거리
- c: 공장입지로부터 소비시장까지 거리

㉠ 수송비와 노동비를 고려한 비용최소화의 관점에서, 최적공장입지를 구하는 모형이다.

㉡ 총수송비 관점에서는, 원료의 중량과 제품의 중량을 비교하고 거리를 고려하여 비용최소화 입지를 찾을 수 있다.

㉢ 수송비 변수만을 고려할 때, 최적공장입지는 $[ax + by + cz]$값이 최소인 지점으로 결정된다.

㉣ 제품이나 원료의 수송수단이 바뀌는 적환지점(break-of-bulk point)은 수송비 절감효과가 크기 때문에 공장입지에 유리하다.

⑥ 원료지수와 입지중량

  ㉠ **원료지수**: 베버(A. Weber)는 수송비(운송비)의 관점에서 특정 공장이 원료지향적인지 또는 시장지향적인지를 판단하기 위해 원료지수(material index) 개념을 사용했다. 베버는 원료를 보편원료와 국지원료로 구분하여 원료지수를 도출하였는데, 원료지수란 제품중량에 대한 국지원료중량의 비율을 말한다. 보편원료란 어느 곳에서나 쉽게 구할 수 있어 수송비가 들지 않는 원료를 말하고, 국지원료(편재원료)란 특정지역에만 존재하기 때문에 수송비가 드는 원료를 말한다.

$$\text{원료지수} = \frac{\text{국지원료중량}}{\text{제품중량}} \begin{cases} > 1 \cdots \text{원료지향형} \\ = 1 \cdots \text{자유입지형} \\ < 1 \cdots \text{시장지향형} \end{cases}$$

  ㉡ **입지중량**: 제품 1단위의 이동에 필요한 중량으로 제품중량에 대한 국지원료중량에 제품중량을 더한 값의 비율을 말한다.

$$\text{입지중량} = \frac{\text{국지원료중량} + \text{제품중량}}{\text{제품중량}} \begin{cases} > 2 \cdots \text{원료지향형} \\ = 2 \cdots \text{자유입지형} \\ < 2 \cdots \text{시장지향형} \end{cases}$$

$$= \text{원료지수} + 1$$

⑦ 공장부지의 입지요인

  ㉠ 원료지향형 산업

   ⓐ 중량감소산업(예 시멘트공업, 제련공업)과 부패하기 쉬운 원료로 상품을 생산하는 공장(예 통조림공업, 냉동공업)은 원료산지에 입지하는 경향이 있다.

   ⓑ 산출제품의 중량이나 부피가 투입원료의 중량이나 부피보다 작은 경우에 원료지향형 입지를 한다.

   ⓒ 국지원료(편재원료)를 많이 투입하는 공장들은 원료지향형 입지를 한다.

   ⓓ 원료지수가 '1'보다 크거나 입지중량이 '2'보다 큰 산업은 원료지향형 입지를 한다.

  ㉡ 시장지향형 산업

   ⓐ 중간재나 완제품을 생산하는 공장, 중량증가산업(예 청량음료, 맥주), 완제품의 부패성이 심한 산업은 시장지향형 입지를 한다.

O X 확 인 문 제

국지원료의 중량이 제품의 중량보다 무거우면, 원료지수(material index)는 음(−)의 값을 갖는다.
• 36회 ( )

정답 (×)
국지원료의 중량이 제품의 중량보다 무거우면, 원료지수(material index)는 양(+)의 값을 갖는다.

ⓑ 산출제품의 중량이나 부피가 투입원료의 중량이나 부피보다 큰 경우에 시장지향형 입지를 한다.
ⓒ 보편원료를 많이 투입하는 공장들은 시장지향형 입지를 한다.
ⓓ 원료지수가 '1'보다 작거나 입지중량이 '2'보다 작은 산업은 시장지향형 입지를 한다.
ⓔ 소비시장에 재고량 확보가 필요한 산업이나 소비자와 많은 접촉이 필요한 산업은 시장지향형 입지를 한다.

■ 입지의 결정

원료지향형 입지	시장(소비지)지향형 입지
• 중량감소산업(시멘트공업, 제련공업 등) • 원료수송비가 제품수송비보다 큰 산업 • 원료중량이 제품중량보다 큰 산업 • 부패하기 쉬운 원료로 상품을 생산하는 산업(통조림공업, 냉동공업) • 국지원료(편재원료)를 많이 투입하는 공장	• 중량증가산업(청량음료, 맥주 등) • 제품수송비가 원료수송비보다 큰 산업 • 제품중량이 원료중량보다 큰 산업 • 부패하기 쉬운 완제품을 생산하는 산업 • 보편원료를 많이 투입하는 공장

ⓒ **자유입지형 산업**: 수송비나 노동비에 대해 부가가치가 큰 공업, 즉 수송비가 입지선정에 거의 작용하지 않는 고도의 대규모 기술집약적 산업으로서 자동차, 항공기, 전자산업 등이 이에 속한다.

ⓔ **중간지향형 산업**: 제품이나 원료의 수송수단이 바뀌는 이적지점은 수송비 절감효과가 크기 때문에 공장입지에 유리하다. 소비시장과 원료산지 사이에 이적지점(移積地點, break-of-bulk point) 또는 적환지점이 있는 경우의 산업을 중간지향형 산업이라고 한다. 이를 이적지점 지향형 또는 적환지점 지향형이라고도 한다. 주로 원료의 해외 의존도가 높은 공업이 해당하는데, 제철, 정유, 합판 등이 이에 속한다.

ⓜ **집적지향형 산업**: 수송비의 비중이 적고 기술연관성이 높은 산업으로, 기술·정보·시설·원료 등을 공동이용함으로써 비용을 절감하는 경우를 말한다. 기계공업, 자동차공업, 석유화학, 제철 등이 이에 속한다.

ⓗ **노동지향형 산업**: 의류나 신발같이 노동집약적이고 미숙련공을 많이 사용하는 산업은 저임금지역에 공장이 입지하는 경향이 있다.

(3) 뢰쉬(A. Lösch)의 최대수요이론

① 뢰쉬는 베버의 입지론이 생산비에만 치우쳐 있음을 지적하여 이의를 제기했다. 비용최소화의 원리에 입각한 베버의 입지론은 기업이 궁극적으로 꾀하는 이윤극대화의 원칙과 배치되므로 모순이라고 지적하였다.

② 뢰쉬의 이론은 원자재가 균등하게 분포되어 있고 수송비가 모든 방향으로 동일하며, 장소에 따라 수요가 차별적이라는 전제하에 수요측면에서 경제활동의 공간조직과 상권조직을 파악한 것이다.

③ 뢰쉬는 수요 측면의 입장에서 기업은 시장확대 가능성이 가장 높은 지점에 위치해야 한다고 보았다.

④ **수요콘**(cone, 원추형): 거리와 수요량의 관계를 나타낸 것으로, 중심에서 멀어질수록 수요량은 감소하고 거리가 가까우면 수요량은 증가한다.

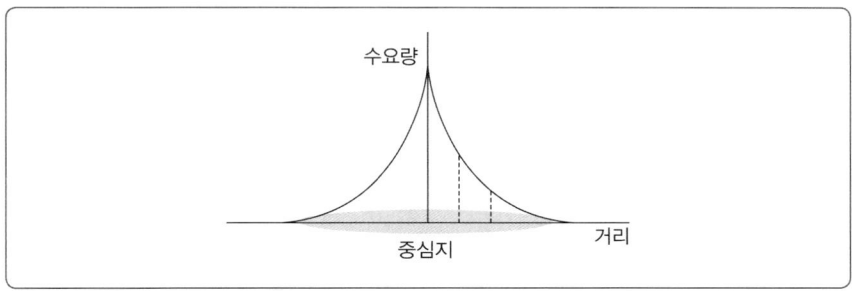

⑤ 소비자 부담비용은 제품의 시장가격과 수송비의 합으로 구성되기 때문이다.

> 소비자 지불가격 = 시장가격 + 수송비

(4) 이윤극대화이론

① 베버와 뢰쉬의 이론이 공급(비용)이나 수요(수입) 측면 중 한 방향에서 접근한 것이었으나, 이후 보다 현실적으로 이 둘을 통합하여 이윤이 극대인 지점이 최적입지라는 이론이 등장하였다.

② 그린헛(M. Greenhut), 아이사드(W. Isard) 등이 대표적인 학자이다.

CHAPTER 02 최신기출문제로 확인!

01 토지시장의 특성에 관한 설명으로 틀린 것은? • 36회

① 수급조절이 용이하다.
② 법·제도적 규제가 많다.
③ 재화의 이질성을 보인다.
④ 정보의 불완전성 및 비대칭성을 보인다.
⑤ 부분시장으로 나뉠 수 있는 국지성을 보인다.

| 키워드 | 토지시장의 특성
| 난이도 | ■■■■□
| 해설 | 토지시장은 부증성이라는 특성으로 인해 수급조절이 곤란하다.

02 다음 설명에 모두 해당하는 것은? • 35회

- 토지의 비옥도가 동일하더라도 중심도시와의 접근성 차이에 의해 지대가 차별적으로 나타난다.
- 한계지대곡선은 작물의 종류나 농업의 유형에 따라 그 기울기가 달라질 수 있으며, 이 곡선의 기울기에 따라 집약적 농업과 조방적 농업으로 구분된다.
- 가장 높은 지대를 지불하는 농업적 토지이용에 토지가 할당된다.

① 마샬(A. Marshall)의 준지대설
② 헤이그(R. Haig)의 마찰비용이론
③ 튀넨(J.H. von Thünen)의 위치지대설
④ 마르크스(K. Marx)의 절대지대설
⑤ 파레토(V. Pareto)의 경제지대론

| 키워드 | 지대이론
| 난이도 | ■■■□□
| 해설 | 튀넨(J.H. von Thünen)의 위치지대설에 의하면 토지의 비옥도가 동일하더라도 중심도시와의 접근성 차이에 의해 지대가 차별적으로 나타난다.
한계지대곡선은 작물의 종류나 농업의 유형에 따라 그 기울기가 달라질 수 있으며, 이 곡선의 기울기에 따라 집약적 농업과 조방적 농업으로 구분된다. 또한 가장 높은 지대를 지불하는 농업적 토지이용에 토지가 할당된다.

정답 01 ① 02 ③

03 부동산시장에 관한 설명으로 틀린 것은? (단, 다른 조건은 동일함) • 36회

① 약성 효율적 시장에서는 과거의 자료를 토대로 시장가치의 변동을 분석하는 기술적 분석으로 초과이윤을 얻을 수 없다.
② 준강성 효율적 시장에서는 공표된 사실을 토대로 시장가치의 변동을 분석하는 기본적 분석으로 초과이윤을 얻을 수 없다.
③ 강성 효율적 시장에서는 어떠한 정보를 이용하더라도 초과이윤을 얻을 수 없다.
④ 불완전경쟁시장은 할당효율적 시장이 될 수 없다.
⑤ 불완전경쟁시장에서는 초과이윤이 발생할 수 있다.

키워드 〉 효율적 시장
난이도 〉 ■■■■■
해설 〉 불완전경쟁시장도 할당효율적 시장이 될 수 있다.

04 지대이론에 관한 설명으로 옳은 것은? • 34회

① 튀넨(J.H. von Thünen)의 위치지대설에 따르면, 비옥도 차이에 기초한 지대에 의해 비농업적 토지이용이 결정된다.
② 마샬(A. Marshall)의 준지대설에 따르면, 생산을 위하여 사람이 만든 기계나 기구들로부터 얻은 일시적인 소득은 준지대에 속한다.
③ 리카도(D. Ricardo)의 차액지대설에서 지대는 토지의 생산성과 운송비의 차이에 의해 결정된다.
④ 마르크스(K. Marx)의 절대지대설에 따르면, 최열등지에서는 지대가 발생하지 않는다.
⑤ 헤이그(R. Haig)의 마찰비용이론에서 지대는 마찰비용과 교통비의 합으로 산정된다.

키워드 〉 지대이론
난이도 〉 ■■■
해설 〉 ① 튀넨(J.H. von Thünen)의 위치지대설에 따르면, 위치에 따른 수송비 차이에 기초한 지대에 의해 농업적 토지이용이 결정된다.
③ 리카도(D. Ricardo)의 차액지대설에서 지대는 토지의 비옥도 차이에 의해 결정된다.
④ 마르크스(K. Mark)의 절대지대설에 따르면, 최열등지에서도 토지소유자의 요구로 지대가 발생한다.
⑤ 헤이그(R. Haig)의 마찰비용이론에서 마찰비용은 지대와 교통비(수송비)의 합으로 산정된다.

정답 03 ④ 04 ②

05 입지 및 도시공간구조 이론에 관한 설명으로 틀린 것은?

• 35회

① 호이트(H. Hoyt)의 선형이론은 단핵의 중심지를 가진 동심원 도시구조를 기본으로 하고 있다는 점에서 동심원이론을 발전시킨 것이라고 할 수 있다.
② 크리스탈러(W. Christaller)는 중심성의 크기를 기초로 중심지가 고차중심지와 저차중심지로 구분되는 동심원이론을 설명했다.
③ 해리스(C. Harris)와 울만(E. Ullman)은 도시 내부의 토지이용이 단일한 중심의 주위에 형성되는 것이 아니라 몇 개의 핵심지역 주위에 형성된다는 점을 강조하면서, 도시공간구조가 다핵심구조를 가질 수 있다고 보았다.
④ 베버(A. Weber)는 운송비의 관점에서 특정 공장이 원료지향적인지 또는 시장지향적인지를 판단하기 위해 원료지수(material index)개념을 사용했다.
⑤ 허프(D. Huff)모형의 공간(거리)마찰계수는 도로환경, 지형, 주행수단 등 다양한 요인에 영향을 받을 수 있는 값이며, 이 모형을 적용하려면 공간(거리)마찰계수가 정해져야 한다.

> 키워드 〉 입지 및 도시공간구조이론
> 난이도 〉 ■■■□
> 해설 〉 크리스탈러(W. Christaller)는 중심성의 크기를 기초로 중심지가 고차중심지와 저차중심지로 구분되는 중심지이론을 설명했다.

정답 05 ②

06 레일리(W. Reilly)의 소매중력모형에 따라 C신도시의 소비자가 A도시와 B도시에서 소비하는 월 추정소비액은 각각 얼마인가? (단, C신도시의 인구는 모두 소비자이고, A, B도시에서만 소비하는 것으로 가정함)

• 33회

- A도시 인구: 50,000명, B도시 인구: 32,000명
- C신도시: A도시와 B도시 사이에 위치
- A도시와 C신도시 간의 거리: 5km
- B도시와 C신도시 간의 거리: 2km
- C신도시 소비자의 잠재 월 추정소비액: 10억원

① A도시: 1억원, B도시: 9억원
② A도시: 1억 5천만원, B도시: 8억 5천만원
③ A도시: 2억원, B도시: 8억원
④ A도시: 2억 5천만원, B도시: 7억 5천만원
⑤ A도시: 3억원, B도시: 7억원

키워드 〉 레일리의 소매인력법칙(소매중력모형)
난이도 〉

해설 〉 레일리의 소매중력모형에 따라 B도시에 대한 A도시의 구매지향비율 $\left(\dfrac{B_A}{B_B}\right)$은

$$\dfrac{B_A}{B_B} = \dfrac{P_A}{P_B} \times \left(\dfrac{D_B}{D_A}\right)^2 = \dfrac{\text{A도시의 인구}}{\text{B도시의 인구}} \times \left(\dfrac{\text{B도시까지의 거리}}{\text{A도시까지의 거리}}\right)^2 \text{이므로}$$

$$\dfrac{50,000명}{32,000명} \times \left(\dfrac{2}{5}\right)^2 = \dfrac{1}{4} = \dfrac{2}{8} \text{이다.}$$

따라서 A도시로의 인구유인비율 : B도시로의 인구유인비율은 2 : 8이다.
그런데 C신도시 소비자의 잠재 월 추정소비액이 10억원이므로 월 추정소비액은 A도시 2억원, B도시 8억원이 된다.

정답 06 ③

07 컨버스(P. D. Converse)의 분기점 모형에 기초할 때, A시와 B시의 상권 경계지점은 A시로부터 얼마만큼 떨어진 지점인가? (단, 주어진 조건에 한함)

• 35회

- A시와 B시는 동일 직선상에 위치
- A시와 B시 사이의 직선거리: 45km
- A시 인구: 84만 명
- B시 인구: 21만 명

① 15km
② 20km
③ 25km
④ 30km
⑤ 35km

키워드 컨버스(P. D. Converse)의 분기점
난이도 ■■■■
해설 컨버스(P. D. Converse)의 분기점 모형에서

$$A시로부터의 분기점 = \frac{A와 B의 거리}{1+\sqrt{\frac{B의 크기}{A의 크기}}} 이다.$$

따라서 $A시로부터의 분기점 = \dfrac{45}{1+\sqrt{\dfrac{21만 명}{84만 명}}}$

$= \dfrac{45}{1+\sqrt{\dfrac{1}{4}}} = \dfrac{45}{1+\dfrac{1}{2}} = \dfrac{45}{\dfrac{3}{2}} = 30km$ 이다.

정답 07 ④

CHAPTER

03 부동산정책론

10개년 출제문항 수

27회	28회	29회	30회	31회
4	5	5	6	7

32회	33회	34회	35회	36회
4	4	5	5	6

↳ 총 40문제 中 평균 약 5.1문제 출제

학습전략

- 부동산정책론에서는 부동산문제의 의의와 특징, 부동산정책에 대해 주로 학습합니다.
- 정부의 부동산 시장개입, 외부효과, 정부의 시장개입수단, 임대주택정책, 분양가 상한제, 부동산조세정책 등에 대해 묻는 문제가 주로 출제되니 관련 이론을 정리해 두는 것이 좋습니다.

제1절 부동산문제

1 부동산문제의 의의

부동산과 인간의 관계 악화의 제 문제를 말한다. 즉, 토지의 부증성으로 인한 지가상승, 부동산투기, 국토이용의 문란, 환경의 파괴, 주택공급의 문제, 부동산거래질서의 문제 등을 말한다. 다음에서 부동산문제를 분류하면 토지문제, 주택문제, 국토이용의 비효율화, 거래질서의 문란 문제 등으로 나눌 수 있다.

2 부동산문제의 내용

1. 토지문제[1]

토지문제는 물리적 토지문제와 경제적 토지문제로 구분할 수 있다.

---

1) 김영진, 「부동산학총론」, 범론사, 1992, pp.2~7
   김태훈, 전게서, pp.364~368

(1) 물리적 토지문제

토지를 물리적으로 이해하는 데서 파악되는 여러 가지 문제이다. 이러한 물리적 토지문제는 토지의 자연적 특성인 부증성에서 비롯된다. 인구가 증가하고 산업이 발전함에 따라 상대적으로 토지의 수요는 증가하게 되므로 물리적 토지문제는 자연히 경제적 토지문제를 야기하게 된다. 따라서 물리적 토지부족은 매립이나 간척과 같은 토지의 물리적 개발과 경제적 이용을 통해 해결할 수밖에 없다.[2]

(2) 경제적 토지문제

인간생활에 필요한 공간을 확보하기 위한 토지의 수요와 공급의 불균형 문제이다. 경제적 토지문제의 대표적 현상으로 지가고(地價高) 문제를 들 수 있는데, 지가고란 지가가 다른 물가보다 상대적으로 높아 합리적인 지가수준을 넘는 상태를 말한다. 이러한 지가고는 다음과 같은 폐단을 야기한다.

① 주택가격이 상승하여 주택문제의 해결을 어렵게 하며, 토지이용에 악영향을 미친다.
② 공공용지의 취득을 위한 보상가격이 높아져 공공기관의 재정부담이 커진다.
③ 물가 및 산업의 원가상승요인이 된다.
④ 투기를 조장하여 근로의욕을 저하시키고, 부(富)의 재분배를 왜곡시킴으로써 사회불평등을 심화시킨다.

(3) 그 밖의 토지문제

토지이용의 비효율성, 분배의 부적정, 관리의 비원활, 토지투기 등을 들 수 있다.

(4) 우리나라의 토지문제

우리나라의 경우 도시화·산업화에 따른 토지수요의 급증으로 토지공급이 이에 따르지 못하고 있다. 또한 도시화·산업화 과정에서 토지소유의 불평등이 심화되어 지니계수가 높아졌다. 1970년대 후반부터 지가가 크게 상승하면서 토지투기가 확산되었으며, 개발과정에서 개발이익이 사유화되는 경우가 많았다. 또한 택지가 부족함에도 유휴지가 많은, 토지의 비효율적 이용이 문제로 대두되고 있다.

---

2) 김태훈, 전게서, p.29

⊕ 보충　분배의 측정수단

1. **10분위 분배율**
   모든 가구를 소득수준별로 나열해 놓은 다음 그것을 10등분하여, 하위 40%의 가구가 받은 소득의 합이 상위 20%가 받은 소득의 합과 비교해 얼마나 되는가를 나타낸 것이다.

   $$10분위\ 분배율 = \frac{하위\ 40\%\ 소득의\ 합계(\%)}{상위\ 20\%\ 소득의\ 합계(\%)}$$

   10분위 분배율은 소득분배의 불평등을 알아보는 지표로서 10분위 분배율이 클수록 하위소득계층의 소득이 상위소득에 비해 상대적으로 많아졌다는 것을 뜻하며, 소득분배의 불평등도 개선된 것이라고 본다.

2. **로렌츠 곡선(Lorenz curve)**
   미국의 통계학자 로렌츠에 의해 창안된 것으로, 가로축에는 사회의 모든 가계를 저소득자에서 고소득자 순서로 누적화시켜 표시하고, 세로축에는 그들의 소득을 누적해 나감으로써 그려지는 곡선이다. 로렌츠 곡선은 순서만을 비교하는 서수적 평가방법이다.

   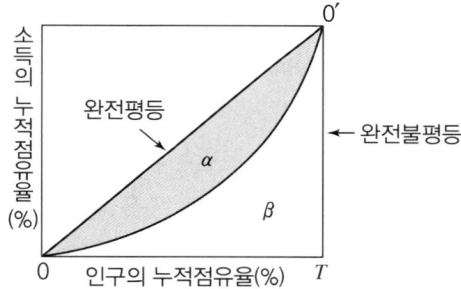

   그림과 같이 세로축은 소득액의 누적백분비를, 가로축은 이에 대응하는 소득자 수의 누적백분비를 표시한다. 만일 소득의 분포가 완전히 평등하다면, 이 두 개가 대응하는 누적백분비가 같게 되므로 소득분포곡선은 원점을 통과하는 대각선으로 나타나는데, 이것을 완전평등분포선이라고 한다. 그러나 실제 소득의 분포는 완전평등분포선보다 아래쪽으로 느슨하게 처지기 때문에 여기에 불평등면적이 나타나게 되며, 이 면적이 클수록 소득분포의 불평등도 커진다.

3. **지니계수(Gini coefficient)**
   완전평등분포선과 로렌츠 곡선으로 둘러싸인 면적을 완전평등분포선과 가로축·세로축으로 둘러싸인 면적으로 나눈 값을 지니계수라고 한다. 지니계수는 '0'과 '1' 사이의 값을 가지고 있는데, 그 값이 '1'에 가까울수록 불평등도는 높고, '0'에 가까울수록 불평등도는 낮다. 이러한 지니계수는 0과 1 사이 값으로 표시하는 기수적 평가방법이다.

2. 주택문제

(1) 주택의 의의
① **주택의 개념**: 주택은 인간이 일정한 위치에 거처를 정하여 개인적인 삶과 가족생활을 영위토록 하는 장소로서의 기능을 한다. 또한 사생활의 독립성을 지속시켜 주고, 기후의 변화나 범죄 등 외부의 위협으로부터 보호받을 수 있는 안식처(shelter)의 역할을 한다.

② **주택의 특성**
  ㉠ 주택은 토지를 필요로 하기 때문에 일정한 장소에 고정되어 있어서 상품으로서의 유통성이 낮은 편이다.
  ㉡ 주택은 비교적 큰 상품으로서 생산을 위해서는 많은 자본이 소요되므로 주택가격도 비싼 것이 보통이다.
  ㉢ 주택의 생산과 유통과정에는 이익이 창출되기 때문에 주택은 생산업자의 이윤창출의 수단이 된다.
  ㉣ 주택공급의 비탄력적, 주택수요의 탄력적 성격 때문에 주택시장은 항상 불완전한 특성을 지니고 있다.
  ㉤ 주택은 공공서비스의 필요성이 있으며, 주택시장은 정부의 정책과 인근지역의 영향을 크게 받는다.
  ㉥ 주택은 가구소비에 있어서 큰 몫을 차지하고 재산가치의 수단이 되기도 하며 프라이버시의 역할을 담당하기도 한다.

(2) 주택문제의 원인
① 토지의 부동성, 주택시장의 비유동성 및 지역성은 특정 지역주택의 양적 부족의 원인이 된다.
② 지가상승에 의한 토지의 세분화 이용은 주거의 질을 저하시킨다. 도시화는 거주의 밀집화·집단주택화를 촉진시켜 토지를 집약적으로 이용하게 하면서도 공공이용을 위한 공간면적을 감소시키고 주거의 질을 저하시켜 스프롤·슬럼(slum)을 발생시키기도 한다.

(3) 주택문제의 구분[3]
① **양적 주택문제**
  ㉠ 의의: 주택이 절대적으로 부족한 현상으로, 가구 총수에 합리적인 공가율에 의한 필요공가 수를 합친 필요한 주택 수에 비해서 실제의

---
[3] 방경식, 전게서, pp.641~643

추가 공가율

공가율 = $\frac{빈집의\ 수}{총주택의\ 수} \times 100$

1. **공가율**: 빈집의 비율
2. **필요공가율**: 주거공간인 주택의 원활한 유통을 위하여 필요한 합리적인 공가율을 말한다. 이는 주거의 이동 등을 감안한 실제 거주가구 이외에 필요로 하는 주택의 수가 가구 총수에서 차지하는 비율을 말한다. 이를 적정 공가율이라고도 한다.

주택 수가 미달하는 것을 말한다.4) 따라서 필요주택 수는 다음과 같이 표현할 수 있다.

> 필요주택 수 = 가구 총수 + 필요공가 수

ⓒ 양적 주택수요의 증가요인
  ⓐ 인구의 증가
  ⓑ 핵가족화 현상
  ⓒ 기존 주택의 노후화
  ⓓ 공공사업 등에 의한 주택의 철거 및 전용
  ⓔ 필요공가율의 증가
  ⓕ 결혼·이혼율의 증가와 재혼율의 감소

② 질적 주택문제
  ㉠ 의의: 주택가격이나 주거비의 부담능력이 낮아, 주택의 질적 수준이 낮은 데에서 비롯되는 여러 가지 불만을 초래하는 문제이다.5) 이를 경제적 주택문제라고도 하는데, 대표적인 원인은 저소득수준이다. 이는 양적 문제가 해결된 후의 일이다.
  ㉡ 질적 주택수요의 증가요인
    ⓐ 생활태도의 변화, 주민의 소득 및 생활수준의 향상에 따른 고급주택수요의 증가
    ⓑ 주택의 구조 변화에 따른 방의 개수 및 거주면적의 증가에 따른 주택수요의 증가
    ⓒ 부대시설의 확충 등에 따른 주택수요의 증가
    ⓓ 신건축자재의 개발
    ⓔ 주택금융의 확대

③ 주택공급 문제
  ㉠ 의의: 우리나라의 양적 주택문제는 끊임없는 공적·사적 노력에도 불구하고 완전히 해결되지 않고 있는데, 그 해결책은 주택공급을 원활하게 하고 수요층의 구매를 지원하는 것이다. 또한 주택보급률이 100%를 넘게 되더라도 노후·멸실주택을 대체하는 신규주택건설 이외 인구의 증가나 핵가족화, 결혼의 증가 등에 따른 새로운 주택을 건설하는 정책은 지속되어야 할 것이다. 따라서 주택보급률이

추가 공가현상

1. 마찰적 공가현상: 주택의 유통을 원활하게 하기 위해서 하는 빈번한 이사 등으로 생기는 공가현상이다(필요공가율).
2. 의도적 공가현상: 개인용 콘도미니엄 또는 주말농장이나 별장 등의 주택 등 제2주택을 소유함으로써 생기는 공가현상이다.
3. 통계적 공가현상: 3분의 2 이상 건설된 주택을 입주 전에 센서스에 포함시켰을 때 실제와의 불일치로 생기는 공가현상이다.

---

4) 김태훈, 전게서, p.31
5) 김영진, 전게서, p.11

100%를 넘게 되더라도 정부가 주택시장에 개입하는 정책은 계속될 수밖에 없다.

ⓒ **주택공급의 문제점**
ⓐ 전형적인 민간주도형 및 주택경기의 합리적 관리가 어렵다.
ⓑ 주택건설비 중 택지비가 점하는 비중이 높다.
ⓒ 무주택가구의 저소득으로 인하여 연수입에 대한 주택가격의 비율이 불합리하게 높다.
ⓓ 주택금융의 기능이 불완전하다.
ⓔ 택지·건물 등의 거래사고가 많다.
ⓕ 임대주택의 문제
ⓖ 택지문제

④ **공동주택관리의 낙후성**: 건축과 동시에 마련되어야 하는 공동주택의 관리대책, 관리제도, 학문적 연구 등을 소홀히 하여 경제적·사회적 손실과 위험사고를 겪고 있다.

➕ 보충 PIR과 RIR / 슈바베 지수 • 33회

1. **소득 대비 주택가격비율(Price to Income Ratio; PIR)**
가구당 연간소득에서 주택가격이 차지하는 비율을 의미하는데, 주택가격을 가구당 연간소득으로 나누어 계산한다.

$$PIR = \frac{주택가격}{가구당\ 연간소득}$$

따라서 일반적으로 소득에 비해 주택가격의 상승률이 크면 PIR은 증가한다. PIR이 증가할수록 가구의 주택구입능력이 낮아지며 자가점유율이 저하된다. 또한 PIR이 증가할수록 개별가구의 주택마련기간이 길어진다는 것을 의미한다.

2. **소득 대비 주택임대료비율(Rent to Income Ratio; RIR)**
임차인의 중위가구 월소득에 대한 주택의 중위 월임대료의 비율을 의미한다. 간단히 말하면, 가구당 월소득에서 월임대료가 차지하는 비율을 의미하는데, 주택 월임대료를 가구당 월소득으로 나누어 계산한다.

$$RIR = \frac{주택\ 월임대료}{가구당\ 월소득}$$

이는 임차가구의 임대료 지불능력과 임대주택시장의 효율성 및 주택불평등을 반영하는 지표라고 할 수 있다.

3. **슈바베 지수(Schwabe index)**
가구의 생계비 중에서 주거비가 차지하는 비율을 말한다.

OX 확인문제

주택시장의 지표로서 PIR(Price to Income Ratio)은 개인의 주택지불능력을 나타내며, 그 값이 클수록 주택구매가 더 쉽다는 의미다. • 33회 ( )

정답 (×)
주택시장의 지표로서 PIR(Price to Income Ratio)은 개인의 주택지불능력을 나타내며, 그 값이 클수록 주택구매가 더 어렵다는 의미다.

$$슈바베\ 지수 = \frac{주거비}{생계비} \times 100$$

가계소득이 증대될수록 생계비 중에서 주거비 지출비율이 감소한다는 것을 슈바베 법칙이라고 한다. 따라서 소득이 낮은 계층일수록 슈바베 지수가 높고, 슈바베 지수가 높을수록 가구의 주택부담능력은 줄어든다.

3. 국토이용의 비효율화

사유권에 집착한 개인의 토지이용은 국토이용질서를 어지럽게 하여 환경파괴·교통·공해 등의 심각한 문제를 야기하고 있다.

4. 거래질서의 문란 문제

우리나라의 경우, 부동산활동의 현대화가 뒤져 부동산거래질서의 문란이 사회적·경제적으로 큰 문제가 되고 있다. 따라서 공인중개사제도의 도입은 부동산거래질서의 확립을 위해 바람직하다.

3 부동산문제의 특징[6]

1. 악화성향

부동산은 한번 어떤 문제가 생기면 시간의 흐름에 따라 악화되기 쉽고, 이를 바로잡는 일이 점점 어려워진다는 뜻이다. 예를 들면, 다음과 같다.[7]
① 주택공급을 중단하면 주택의 양적·질적 문제가 악화된다.
② 지가대책을 소홀히 하면 지가가 상승하여 산업, 경제, 주택공급 등에 악영향을 미친다.
③ 부동산거래질서 확립을 위한 노력을 게을리하면 각종 부동산거래사고가 속출한다.
④ 토지이용의 규제를 소홀히 하면 스프롤(sprawl)이 확대된다. 스프롤이란 보통 도시스프롤이라고 표현하는데, 도시의 성장·개발현상이 '무질서', '불규칙'하게 '평면적으로 확산'되는 것을 말한다.

---

[6] 김영진, 「부동산학총론」, 경영문화원, 1980, pp.18~20
　김태훈, 전게서, pp.370~372 / 방경식, 전게서, pp.645~647
[7] 김태훈, 전게서, p.32

2. 비가역성

어떤 부동산문제가 한번 악화되면, 이를 완전한 옛 상태로 회복하기는 사회적·경제적·기술적으로 어렵다는 뜻이다. 예를 들면, 다음과 같다.
① 폭등한 지가는 다시 종전으로 되돌아가기 어렵다.
② 건물을 잘못 신축한 경우, 다시 철거한다는 것은 경제적으로 어렵다.
③ 지표의 토층을 파괴한 경우, 인위적으로 환원하기가 어렵다.
④ 도시계획·토지이용계획·도시개발 등이 한번 잘못되면 종전으로 환원시키기가 어렵다.

3. 지속성

부동산문제가 시간의 흐름과 함께 지속되는 현상임을 말한다. 즉, 주택수요 등의 지속성에 착안한다면, 부동산활동을 비롯한 주택산업의 규모나 장래성을 예측할 수도 있다.

4. 해결수단의 다양성

부동산문제의 해결에는 세제·금융·재정·주택건축·택지개발 등의 다양한 육성책이 필요하다. 즉, 부동산정책은 종합정책의 성격을 강하게 지닌다.

제2절 부동산정책

1 부동산정책의 의의 및 기능 ·24회 ·25회 ·26회 ·27회 ·29회 ·30회 ·34회

1. 부동산정책의 의의 및 과정

(1) 부동산정책의 의의

부동산정책이란 부동산을 둘러싼 여러 가지 문제를 해결 내지는 개선함으로써 부동산과 인간의 관계를 보다 합리적으로 하려는 공적인 노력이다. 즉, 공익추구를 위한 정부의 부동산활동을 말한다.

(2) 부동산정책의 과정

① **문제의 인지:** 정책문제의 인지단계에서 하나의 문제는 문제로만 끝나지 않고 정책의제로 채택될 때에 비로소 의미를 지니며 하나의 정책대안으로 제기될 수 있게 된다.

② **정보의 수집 및 분석:** 대안작성을 준비하는 과정으로서 정보와 자료를 과학적으로 수집·분석·처리하여야 한다.

③ **대안의 작성 및 평가:** 문제의 해결을 위한 대안을 광범위하게 작성하고 각 대안의 장단점, 문제해결의 공헌도, 한정된 자원배분의 효율성 등을 분석·평가하여야 한다.

④ **대안의 선택:** 여러 가지 대안 중에서 가장 합리적이고 이상적이라고 판단되는 최적안을 의도적으로 선택하여야 한다.

⑤ **정책집행:** 가치관이 바로 선 집행자가 정책목표를 확실히 하여 충분한 자원의 지원을 받아 관계기관과의 유기적인 협조를 통하여 정치·경제 및 사회적 여건을 고려하여 선택된 대안을 집행하여야 한다.

⑥ **정책의 평가:** 부동산정책평가의 기준에는 목표달성·효율성(능률성)·만족이 있다.

2. 부동산정책의 기능

정부가 부동산시장에 개입하는 이유는 정치적·경제적 기능을 수행하기 위해서이다.

(1) 정치적 기능

사회적 목표를 달성하기 위해 시장에 개입하는 것을 말한다. 즉, 저소득층에 대한 여러 가지 주택공급 정책은 사회적 목표를 달성하기 위한 정부의 정치적 기능에 해당한다.

(2) 경제적 기능

시장의 실패를 수정하기 위해 시장에 개입하는 것을 말한다. 즉, 외부효과의 제거 문제는 시장의 실패를 수정하기 위한 정부의 경제적 기능에 해당한다.

* 사회적 후생손실

사회적 후생이란 경제적 잉여, 총잉여 등으로 표현하며 사회 전체의 복지를 말한다. 구체적으로 사회적 후생(총잉여)은 소비자잉여와 생산자잉여를 합한 것을 말한다. 그런데 정부의 임대료규제나 분양가규제와 같은 직접 개입방식이나 조세부과와 같은 간접 개입 방식으로 인해 공급이 감소하면 가격은 상승하여 수요자는 조세부과 전보다 더 높은 가격을 지불하고 공급자는 더 낮은 가격을 받게 되므로 소비자잉여와 생산자잉여가 감소하여 사회적 후생손실(경제적 순손실)이 발생한다. 결국 직접 개입이든 간접 개입이든 정부의 개입은 사회적 후생손실(경제적 순손실)을 야기할 수 있다.

* 정부실패

정부의 개입으로 인해 자원배분이 그 이전보다 더 비효율적이 되거나 소득분배 불공평이 심화되는 현상을 말한다. 정부실패의 원인으로는 정보가 부족한 상황에서 정부의 개입으로 인해 의도하지 않은 결과를 가져오는 경우, 정부정책을 집행하는 관료가 진정으로 국민을 위하는 방향으로 정책을 집행하지 않는 경우, 정부정책을 민간부문이 사전에 예견하고 행동을 변화시켜 의도하지 않은 결과가 나타나는 경우, 그 밖의 규제수단의 불완전 및 경직성, 관료조직의 비효율성 등이 있다.

* 비경합성과 비배제성

1. 비경합성(non-rivalness): 그 재화를 다른 사람이 추가로 사용하여도 다른 사람들의 소비와 경합되지 않는 성질을 말한다.
2. 비배제성(non-exclusiveness): 한 재화를 소비함에 있어 특별한 가격을 지불하지 않더라도 그 재화의 소비로부터 배제되지 않는 성질을 말한다.

(3) 시장의 실패(market failure)와 정부의 시장개입

① **시장실패의 의의:** 시장의 실패란 시장이 어떤 이유로 인해 자원의 적정 배분을 자율적으로 조정하지 못하는 것을 의미한다. 즉, 시장에서 어떤 원인으로 인해 자원의 효율적 배분에 실패하는 현상을 시장의 실패라 하는데, 이는 정부가 시장에 개입하는 근거가 된다. 독과점, 외부효과, 공공재의 존재, 정보의 불확실성 및 비대칭성 등은 시장가격기구가 자원의 최적배분을 달성할 수 없는 요인들이다. 이 경우 시장실패가 나타나는데, 정부의 경제적 개입을 정당화시키는 요인이 되기도 한다. 그러나 정부의 시장개입은 사회적 후생손실*을 발생시킬 수 있으며, 정부개입의 결과가 오히려 정부실패*를 야기하기도 한다.

② **시장실패의 원인**

㉠ **불완전경쟁(독과점기업)의 존재:** 독과점현상과 같은 불완전경쟁이 나타나면 기업은 생산량을 조절하여 시장을 지배함으로써 기업이윤의 극대화를 추구한다. 그 결과 완전경쟁상태에 비해 가격은 높게 책정되고 생산량은 적게 공급된다. 이러한 독과점기업은 경쟁상대가 없으므로 최선을 다해 좋은 품질의 제품을 가장 싼 비용으로 생산할 경제적 필요성을 느끼지 못하는 것이다. 따라서 독과점이 발생하면 그 기업은 생산량과 가격을 임의로 조정함으로써 자원의 비효율적 배분을 가져온다.

㉡ **규모의 경제:** 규모의 경제가 존재하면 장기적으로 기업 간의 경쟁에서 규모의 경제에 먼저 도달한 대기업이 유리하게 되어 이로 인해 독점시장이 형성되므로 시장실패가 초래된다.

㉢ **외부효과의 존재:** 외부효과(external effect)는 한 개인이 자신의 경제활동과정(생산 또는 소비)에서 특별한 보상이나 대가를 받지 않고 다른 경제주체의 효용이나 생산에 직접 영향을 미치는 현상이라고 할 수 있다. 이러한 외부효과가 존재하면 완전경쟁시장이라도 자원을 효율적으로 배분하는 데 실패할 수 있다.

㉣ **공공재의 부족:** 공공재란 소비에 있어서 비경합성(非競合性)과 비배제성(非排除性)*의 특성을 가지는 재화를 말한다. 이러한 공공재가 시장경제원리에 의해 배분된다면 공공재에 대한 개인의 수요(선호)가 많은 사람에게는 가격이 높게, 개인의 수요가 적은 사람에게는 가격이 낮게 결정될 것이다. 그러나 공공재의 비배제성과 비경

합성 때문에 수요가 많은 사람은 자신의 수요를 은폐하고 축소해서 표현함[무임승차(free-rider)의 유인]으로써 자신의 공공재에 대한 가격을 낮추려고 노력할 것이다. 결국 생산을 시장에 맡길 경우 무임승차의 문제가 발생할 수 있다. 그렇게 되면 시장 전체에 나타나는 공공재의 수요는 실제의 필요량보다 매우 적게 나타나고, 이러한 수요를 믿고 공공재를 공급하면 사회 전체적으로 공공재의 공급량이 부족하게 되므로 자원의 효율적 배분에 실패하게 된다. 즉, 공공재의 생산을 시장에 맡길 경우 사회적 적정 생산량보다 과소하게 생산되는 경향이 있다. 이러한 공공재의 대표적인 예는 국방, 경찰, 소방, 도로, 의무교육, 공원 등이 있으며, 정부가 일반적으로 세금이나 공공의 기금으로 공급하는 경우가 많다.

◎ **거래 쌍방 간의 정보의 비대칭성 및 불확실성**: 고전적 경제이론에서는 수요자 및 공급자들이 시장정보에 대해 완전한 지식을 가지고 있다고 가정하고 있다. 그러나 현실에서는 시장에서 주어지는 정보는 불완전할 뿐더러 이것이 옳게 거래당사자에게 전달되자면 상당한 비용의 부담이 수반되어야 하므로, 가격의 정보는 실제에 있어서 매우 불완전하다. 이로 인해 야기되는 거래 쌍방 간의 정보의 비대칭성 및 불확실성은 시장실패의 요인이 된다.

3. 외부효과와 정부의 시장개입

(1) 외부효과의 의의

외부효과란 어떤 경제활동에 관하여 거래당사자가 아닌 제3자(by-stander)에게 의도하지 않은 이익이나 손해를 가져다주는데도 이에 대한 대가를 지불하지도 받지도 않는 상태를 말한다. 외부효과는 외부성(externality)이라고도 하는데,[8] 이러한 외부효과에는 정(+)의 외부효과(외부경제)와 부(-)의 외부효과(외부불경제)가 있다. 정(+)의 외부효과란 제3자에게 의도하지 않은 이익을 가져다주는데도 이에 대한 대가를 지불받지 않는 상태를 말하며, 부(-)의 외부효과란 제3자에게 의도하지 않은 손해를 가져다주는데도 이에 대한 대가를 지불하지 않는 상태를 말한다. 부동산의 특성 중 부동성과 인접성은 외부효과와 밀접한 관련이 있다.

---

[8] 김대식 외, 「현대경제학원론」, 박영사, 1999, p.496

추가 정보의 비대칭성과 역선택

시장에서 정보가 불완전하고 불공평한 배분을 정보의 비대칭성(information asymmetry)이라고 한다. 즉, 시장에서 어느 한쪽은 다른 쪽보다 더 좋은 정보를 훨씬 많이 지니고 있는 것을 말한다. 보험을 예로 들면, 보험가입자는 자신에 대해 잘 알고 있지만 보험회사는 그렇지 못하기 때문에 가입자에게 병력을 밝히라고 한다. 하지만 그 정보는 완전히 '비대칭적'이다. 따라서 이러한 정보의 비대칭성 때문에 결국 보험회사 입장에서는 '피하고 싶은 고객'을 선택하게 되는데, 이를 '역선택'이라고 한다.

OX 확 인 문 제

외부효과란 한 사람의 행위가 거래당사자의 경제적 후생에 영향을 미치지만, 그에 대한 보상이 이루어지지 않는 현상을 말한다.
• 24회 ( )

정답 (×)

외부효과란 한 사람의 행위가 제3자의 경제적 후생에 영향을 미치지만, 그에 대한 보상이 이루어지지 않는 현상을 말한다.

(2) 생산 측면의 외부효과[9]

① **정(+)의 외부효과**(생산의 외부경제) 예 양봉업과 과수원

  ㉠ 비용의 특징

  > 사적 (한계)비용 > 사회적 (한계)비용

  ㉡ 생산의 특징
    ⓐ 시장기구에 의한 생산량: 개별기업은 정(+)의 외부효과(외부경제)를 고려하지 않는다. 그런데 사적 (한계)비용이 사회적 (한계)비용보다 크므로 시장기구에서는 사회적으로 바람직한 적정생산량보다 적게 생산되며, 가격은 높게 형성된다.
    ⓑ 시장실패의 이유: 시장기구에서는 사회적으로 바람직한 가격과 적정생산량보다 과다가격, 과소생산으로 인해 시장실패를 야기한다.

  ㉢ 해결방안: 정부가 정(+)의 외부효과를 야기하는 기업에게 보조금을 지급하면 생산비가 감소하여 생산량이 증가하고 가격이 하락하여 사회적으로 바람직한 적정생산량과 가격수준에 도달하게 된다.

② **부(-)의 외부효과**(생산의 외부불경제) 예 공장공해

  ㉠ 비용의 특징

  > 사적 (한계)비용 < 사회적 (한계)비용

  ㉡ 생산의 특징
    ⓐ 시장기구에 의한 생산량: 개별기업은 부(-)의 외부효과(외부불경제)를 고려하지 않는다. 그런데 사적 (한계)비용이 사회적 (한계)비용보다 작으므로 시장기구에서는 사회적으로 바람직한 적정생산량보다 많이 생산되며, 가격은 낮게 형성된다.
    ⓑ 시장실패의 이유: 시장기구에서는 사회적으로 바람직한 가격과 적정생산량보다 과소가격, 과다생산으로 인해 시장실패를 야기한다.

  ㉢ 해결방안: 정부가 부(-)의 외부효과를 야기하는 기업에게 조세를 부과하면 생산비가 증가하여 생산량이 감소하고 가격이 상승하여 사회적으로 바람직한 적정생산량과 가격수준에 도달하게 된다.

> **추가 비용의 구분**
> 1. 사적 (한계)비용: 상품을 한 단위 더 생산할 때 생산자가 원재품 등을 구입하기 위해 추가적으로 지불하는 비용으로 외부성을 고려하지 않은 비용을 말한다.
> 2. 사회적 (한계)비용: 상품을 한 단위 더 생산할 때 추가적으로 소요되는 총비용으로 원재료 등을 구입하기 위해 지불하는 비용(사적 비용)과 공해 등을 제거하는 데 소요되는 비용(외부비용)의 합으로 외부성 제거비용까지 고려한 비용을 말한다.

---

[9] James B. Kau and C. F. Sirmans, Real Estate(New York: McGraw-Hill, 1985), pp.309~311

(3) 소비 측면의 외부효과[10]

소비의 외부효과란 한 사람의 소비행위가 다른 사람의 효용을 변화시키는 경우를 말한다. 한 사람의 소비행위가 다른 사람의 효용을 증가시키는 경우를 정(+)의 외부효과(소비의 외부경제)라고 하며, 한 사람의 소비행위가 다른 사람의 효용을 감소시키는 경우를 부(−)의 외부효과(소비의 외부불경제)라고 한다. 소비 측면의 외부효과가 존재한다면 생산 측면의 외부효과와 마찬가지로 시장기능에 의해서는 자원을 효율적으로 배분할 수 없게 되며 시장의 실패가 나타난다.

(4) 외부효과와 시장기구

① 인근지역에 대규모 생태공원이 들어서면 아파트시장에 정(+)의 외부효과가 발생할 것이고, 쓰레기소각장을 설치하면 아파트시장에 부(−)의 외부효과가 발생할 것이다. 또한 인근지역에 쇼핑몰이 개발됨에 따라 주변 아파트 가격이 상승하는 경우, 정(+)의 외부효과가 나타난 것으로 볼 수 있으며, 매연을 배출하는 석탄공장에 대한 규제가 전혀 없다면, 그 주변 주민들에게 부(−)의 외부효과가 발생하게 된다고 볼 수 있다.

② 새로 조성된 공원이 쾌적성이라는 정(+)의 외부효과를 발생시키면, 공원 주변 주택에 대한 수요가 증가하여 주택의 수요곡선은 우측으로 이동하게 된다. 부(−)의 외부효과를 발생시키는 공장에 대해서 부담금을 부과하면, 생산비가 증가하여 이 공장에서 생산되는 제품의 공급이 감소하게 된다. 또한 부(−)의 외부효과를 발생시키는 시설의 경우, 발생된 외부효과를 제거 또는 감소시키기 위한 사회적 비용이 발생할 수 있다.

③ 자유로운 시장기구에 맡겼을 경우, 생산 측면에서 정(+)의 외부효과가 존재하면 사적 비용이 사회적 비용을 초과하게 되어 사회적 최적수준보다 적게 만들어지는 결과를 가져온다. 그러나 부(−)의 외부효과가 존재하면 사회적 비용이 사적 비용을 초과하게 되어 사회적 최적수준보다 더 많이 만들어지는 결과가 나타난다.

④ 정(+)의 외부효과든 부(−)의 외부효과든 외부효과가 존재하면 사적 비용(편익)과 사회적 비용(편익)이 달라져 자원배분의 왜곡이 발생한다. 외부효과는 비록 완전경쟁시장이라 할지라도 존재할 수 있으며, 완전경쟁시장하에서도 외부효과가 존재하면 시장기구는 자원을 효율적으로 배분할 수 없게 되며 시장의 실패가 나타난다.

---

10) James B. Kau and C. F. Sirmans, Real Estate(New York: McGraw-Hill, 1985), pp.311~312

OX 확인문제

인근지역에 대규모 생태공원이 들어서면 아파트시장에 정(+)의 외부효과가 발생할 것이다.
• 16회 ( )

정답 (○)

(5) 외부효과에 대한 해결책

① **사적인 해결방안**

㉠ 의의: 정부의 시장개입 없이 시장기구가 스스로 외부효과 문제를 해결할 수 있도록 하는 방법으로 협상과 합병의 방법이 있다.

㉡ 협상: 외부효과로 인하여 피해를 보는 오염피해자에게 피해보상청구권을 주어 외부효과를 유발하는 오염가해자와 협상하게 함으로써 오염행위자로 하여금 오염행위에 대한 책임을 지도록 하는 방법을 말한다. ⇨ 코즈의 정리(Coase theorem)*

㉢ 합병: 오염가해자와 오염피해자를 합병함으로써 외부효과를 내부화하여 해결하도록 하는 방법을 말한다.

② **시장적 접근을 통한 간접적 규제 - 조세부과와 보조금의 지급**

㉠ 의의: 정부가 외부효과를 야기하는 주체에게 어떤 행위를 취하도록 직접 통제하는 것이 아니라 적절한 유인을 제공하여 시장에서 스스로 최적생산량 수준으로 유도하는 정책으로 조세부과, 보조금의 지급 이외에도 오염허가서의 발급, 오염배출부과금, 오염정화보조금 등이 있다.

㉡ 조세부과와 보조금의 지급: 생산 측면에서 부(-)의 외부효과가 발생하면 사회적 비용이 사적 비용보다 외부한계비용만큼 크게 되는데, 이는 조세부과를 통해 제거하여 최적생산량 수준을 유지하도록 하고, 정(+)의 외부효과가 발생하면 사적 비용이 사회적 비용보다 외부한계비용만큼 크게 되는데, 이는 보조금 지급을 통해 제거하여 최적생산량 수준이 되도록 한다.

③ **정부의 직접 규제**

㉠ 의의: 정부가 직접 규제를 통해 민간주체의 선택에 영향을 주어 의사결정에 영향을 미치는 것을 말한다.

㉡ 방법

ⓐ 배출금지: 오염을 유발하는 원인행위를 완전히 금지하는 것
예 수은, 핵폐기물, 특수 농약

ⓑ 의무화: 배기가스 정화장치 설치의 의무화, 무연휘발유 사용 의무화 등

ⓒ 허용기준의 설정: 오염물질의 배출허용기준을 설정

ⓓ 용도지정: 지역지구제, 개발제한, 자연환경보호, 수자원보호 등

---

* **코즈의 정리**
 (Coase theorem)
미국 경제학자 코즈(R. H. Coase)는 재산권이 분명하게 확립되어 있고 거래비용(transaction cost)이 없다면 정부 개입 없이도 이해관계 당사자간의 협상에 의해 외부효과 문제를 효율적으로 해결할 수 있다는 것을 보여 주었는데, 이를 코즈의 정리라고 한다. 거래비용이란 이해당사자들이 협상을 통해 합의에 도달하는 과정에서 부담하는 변호사 비용, 통역비용 등을 말한다.[11]

---

11) 김대식 외, 전게서, p.510

(6) 정부의 개입과 정부실패

① 외부효과의 존재는 시장실패(market failure)를 야기하는 요인 중 하나로 이를 해결하기 위해 정부가 개입하기도 한다. 그러나 시장의 실패를 수정하기 위한 정부개입이 오히려 효율적인 자원배분*을 저해하는 상황으로 나타날 수 있는데, 이를 정부의 실패(government failure)라고 한다.

② 많은 사람들은 정(+)의 외부효과를 유지하고자 애쓰지만 지역주민들의 공동 노력이 없는 한 정(+)의 외부효과가 계속 유지되기는 어렵다. 그러므로 지역주민들은 인근지역의 주거환경을 일정수준 이상으로 유지하기 위해 규칙을 만들고 서로 협조할 것이다. 그러나 무임승차자 문제가 발생하면 정부의 개입이 나타나게 된다.12)

③ 도시지역에서의 용도지역지구제(zoning), 토지이용규제 등은 부(-)의 외부효과를 제거하는 주요한 법적 규제수단들이다. 그러나 정부의 실패가 발생하기 때문에 공공규제가 시장의 원리를 완전히 대체할 수는 없다.13)

■ 외부효과(생산 측면)

구분	정(+)의 외부효과(외부경제)	부(-)의 외부효과(외부불경제)
의의	다른 사람(제3자)에게 의도하지 않은 혜택을 입히고도 이에 대한 보상을 받지 못하는 것 예 과수원과 양봉업	다른 사람(제3자)에게 의도하지 않은 손해를 입히고도 이에 대한 대가를 지불하지 않는 것 예 양식업과 공장폐수
편익	사적 편익 < 사회적 편익	사적 편익 > 사회적 편익
비용	사적 비용 > 사회적 비용	사적 비용 < 사회적 비용
특징	과소생산, 과다가격	과다생산, 과소가격
해결방안	보조금 지급, 조세경감, 행정규제의 완화	오염배출업체에 대한 조세중과나 환경부담금 부과, 지역지구제
현상	PIMFY(Please In My Front Yard) 현상	NIMBY(Not In My Back Yard) 현상

---

* **효율적인 자원배분**

자원배분이 합리적인 기준과 원칙에 입각하여 이루어짐으로써 비능률과 낭비가 없다는 것을 의미한다. 희소한 자원이 사람들의 필요에 맞게 이용되게 하려면 효율적 자원배분이 이루어져야 한다.

OX 확인문제

용도지역지구제와 같은 토지이용규제는 정(+)의 외부효과를 억제하기 위한 수단으로도 이용된다. • 16회 ( )

정답 (×)

용도지역지구제와 같은 토지이용규제는 부(-)의 외부효과를 억제하기 위한 수단으로 이용된다.

추가 님비·핌피·바나나 현상

1. **님비(NIMBY) 현상**
"Not In My Back Yard(내 뒷마당에는 안 된다)."라는 뜻으로 자신이 거주하는 지역에는 핵시설이나 쓰레기매립장 등 혐오시설을 절대로 둘 수 없다는 입장이다.

2. **핌피(PIMFY) 현상**
"Please In My Front Yard(제발 내 앞마당에서)."라는 뜻으로 자신이 거주하는 지역에 사회기반시설이나 행정기관의 입지, 지역 내 고용효과가 있는 대규모 공장 등을 유치하려는 입장이다.

3. **바나나(BANANA) 현상**
"Build Absolutely Nothing Anywhere Near Anybody (어디에든 아무것도 짓지 마라)."라는 뜻으로 어느 지역에든 유해시설 설치 자체를 반대하는 입장이다.

---

12) James B. Kau and C. F. Sirmans, Real Estate(New York: McGraw-Hill, 1985), p.312
13) 김대식 외, 전게서, p.503

2 토지정책 •24회 •26회 •27회 •28회 •29회 •30회 •31회 •33회 •34회 •35회 •36회

1. 토지정책의 수단14) (토지이용에 대한 공적 개입의 방법)

토지의 정책목표를 실현하는 정책수단으로는 일반적으로 토지이용규제, 직접적 개입, 간접적 개입을 들 수 있다.

(1) 토지이용규제

토지이용규제는 토지이용을 사회적으로 바람직한 방향으로 유도하기 위해 토지이용행위를 제한하는 방법이다. 이는 개별 토지이용자의 토지이용행위를 사회적으로 바람직한 방향으로 유도하기 위해서 법률적·행정적 조치에 의거하여 구속하고 제한하는 방법들을 총칭한다. 주로 토지이용과 결부된 바람직스럽지 못한 외부효과를 방지하는 데 역점을 두는 편이며 「국토의 계획 및 이용에 관한 법률」 등에 의한 용도지역지구제 등이 포함된다. 즉, 토지이용규제의 구체적인 방법으로는 지역지구제, 건축규제, 정부의 각종 인허가, 그리고 토지이용계획 또는 도시계획 등이 가장 보편적으로 꼽힌다.15)

(2) 직접적 개입

정부나 공공기관이 토지시장에 직접 개입하여 토지에 대한 수요자와 공급자의 역할을 적극적으로 수행하는 방법을 말한다. 즉, 토지시장의 기능을 부분적으로 정부가 인수하는 방법이다. 직접적 개입의 구체적인 방법으로는 도시재개발, 토지수용, 토지은행제도, 공공소유제도, 공영개발 등 공공에 의한 토지개발 등을 들 수 있다.

(3) 간접적 개입16)

시장기능에 의한 정책효과를 도모하는 형태의 개입으로서 조세와 금융의 방법이 보통 이 범주에 속한다. 이는 기본적으로 시장기구의 틀을 유지하면서 그 기능을 통해 소기의 효과를 거두려는 방법을 의미하는데, 크게 두 가지 유형으로 나눌 수 있다.

① 토지시장과 결부된 경제적 동기를 직접적으로 조정하는 방법으로서, 예를 들면 토지세 및 토지 관련 조세(예 일반 재산세), 개발부담금 부과

추가 정부의 부동산시장에 대한 직접 개입 수단
1. 공공토지비축
2. 토지수용
3. 공영개발
4. 공공임대주택 정책

OX 확인문제

토지비축제도(토지은행)와 부동산가격공시제도는 정부가 간접적으로 부동산시장에 개입하는 수단이다. •33회 ( )

정답 (×)

부동산가격공시제도는 정부가 간접적으로 부동산시장에 개입하는 수단이지만, 토지비축제도(토지은행)는 정부가 직접적으로 부동산시장에 개입하는 수단이다.

추가 정부의 부동산시장에 대한 간접 개입 수단
1. 취득세
2. 종합부동산세
3. 개발부담금제
4. 임대료 보조
5. 대부비율(LTV)
6. 부동산가격공시제도

---

14) 이창석, 전게서, pp.705~706
    조주현, 전게서, pp.323~329
15) 이정전, 전게서, p.381
16) 이창석, 전게서, p.706

제도, 토지개발 및 이용에 대한 각종 금융지원 또는 보조금제도 등이 있다.
② 토지시장이 원활하도록 여건을 조성하거나 토지시장의 원활한 기능을 저해하는 요인들을 줄이기 위한 각종 토지행정상의 지원들로서, 토지거래에 필요한 양질의 자료 및 정보체계의 구축, 지적 및 등기에 의한 토지소유권의 명확한 설정, 토지 관련 정부부서의 협조체제 구축 등을 예로 꼽을 수 있다.

> **한눈에 보기** 토지정책의 수단
>
> | 토지이용규제 | 지역지구제, 건축규제, 각종 인허가 |
> |---|---|
> | 직접적 개입 | 도시재개발, 토지수용, 토지은행제도, 공공소유제도, 공영개발 등 |
> | 간접적 개입 | 부동산조세, 개발부담금, 금융지원 및 보조금, 자료 및 정보체계의 구축 등 |

2. 지역지구제[17] (용도지역*제)

(1) 의의

지역지구제란 토지용도를 구분함으로써 이용목적에 부합하지 않은 토지이용이나 건축 등의 행위를 토지의 효율적·합리적 이용을 도모하는 방향으로 규제하는 제도이다. 지역지구제를 실시함으로써 토지이용에 수반되는 부(−)의 외부효과를 제거하거나 감소시킬 수 있다.

(2) 목적 및 필요성

① 토지의 이용목적 및 입지특성에 따라 적합한 용도를 부여함으로써 국토이용질서의 확립과 토지자원의 효율적·합리적 이용을 위하여 필요하다.
② 용도에 맞지 않고 어울리지 않는 토지이용을 규제함으로써 부(−)의 외부효과를 제거 또는 감소시켜 효율적인 자원배분을 할 수 있게 한다.
③ 사적 시장이 외부효과에 대한 효율적인 해결책을 제시하지 못할 때, 정부에 의해 채택되는 부동산정책의 한 수단이다.
④ 토지자원의 개발과 보전의 적절한 조화를 목적으로 한다.
⑤ 토지자원의 활용 측면에서 세대 간 형평성을 유지하기 위함이다.

---

[17] James B. Kau and C. F. Sirmans, Real Estate(New York: McGraw-Hill, 1985), pp.313~316

> *** 용도지역**
> 국토의 계획 및 이용에 관한 법령상 국토는 토지의 이용실태 및 특성, 장래의 토지 이용 방향, 지역 간 균형발전 등을 고려하여 도시지역, 관리지역, 농림지역, 자연환경보전지역과 같은 용도지역으로 구분한다.

> **추가 지구단위계획**
> 국토의 계획 및 이용에 관한 법령상 도시·군계획 수립 대상지역의 일부에 대하여 토지이용을 합리화하고 그 기능을 증진시키며 미관을 개선하고 양호한 환경을 확보하며, 그 지역을 체계적·계획적으로 관리하기 위하여 수립하는 도시·군 관리계획을 말한다.

(3) 지역지구제의 효과

① **단기적 효과:** 지역지구제의 실시는 용도에 맞지 않고 어울리지 않는 토지이용을 규제함으로써 부(−)의 외부효과를 제거한다. 따라서 그 지역의 주택에 대한 수요는 증가하며, 그 결과 단기적으로 주택가치는 상승한다.

▪▪ 단기적 효과

> 지역지구제 실시 ⇨ 어울리지 않는 토지이용규제로 부(−)의 외부효과 제거 ⇨ 수요증가 ⇨ 주택가치 상승 ⇨ 기존 투자자들의 초과이윤 발생

② **장기적 효과:** 주택가치의 상승은 기존의 투자자들의 초과이윤을 발생하게 하고, 그 결과 기존 기업은 생산설비를 확장하고 신규 기업은 시장에 진입을 하게 된다. 이는 시장의 공급을 증가시키므로 장기적으로는 주택가치가 하락한다. 이때 주택가치가 어느 정도까지 하락하는가는 주택건설업이 비용불변(일정) 산업, 비용증가 산업, 비용감소 산업 중 어떤 산업에 해당하느냐에 따라 달라진다.

▪▪ 장기적 효과

> 신규 기업의 시장 진입 ⇨ 공급증가 ⇨ 주택가치 하락 ⇨ 초과이윤 소멸(정상이윤만 존재)

③ **산업의 종류**

  ㉠ **비용불변(일정) 산업:** 지역지구제 실시 ⇨ 수요증가 ⇨ 가격상승 ⇨ 초과이윤 발생 ⇨ 새로운 기업 진입 ⇨ 건축자재 수요증가 ⇨ 건축자재 가격불변 ⇨ 공급증가 ⇨ 장기공급곡선 수평선

    ∴ 주택가치는 원래 수준에서 균형, 공급량이 증가하면 장기공급곡선은 수평선 모양

  ㉡ **비용증가 산업:** 지역지구제 실시 ⇨ 수요증가 ⇨ 가격상승 ⇨ 초과이윤 발생 ⇨ 새로운 기업 진입 ⇨ 건축자재 수요증가 ⇨ 건축자재 가격상승 ⇨ 공급증가 ⇨ 장기공급곡선 우상향 곡선

    ∴ 주택가치는 원래 수준보다 높은 수준에서 균형, 공급량이 증가하면 장기공급곡선은 우상향 곡선

  ㉢ **비용감소 산업:** 지역지구제 실시 ⇨ 수요증가 ⇨ 가격상승 ⇨ 초과이윤 발생 ⇨ 새로운 기업 진입 ⇨ 건축자재 수요증가 ⇨ 건축자재 가격하락 ⇨ 공급증가 ⇨ 장기공급곡선 우하향 곡선

∴ 주택가치는 원래 수준보다 낮은 수준에서 균형, 공급량이 증가하면 장기공급곡선은 우하향 곡선

④ **추가적 제한이 있는 경우:** 어떤 지역에 지역지구제의 실시와 함께 주택의 신축을 제한하는 추가적 제한을 한다면, 그 지역의 주택의 공급은 불변이므로 단기적으로 주택가치는 상승한다. 그러나 장기적으로 인근에 경쟁지역이 존재하면 그 지역이 개발되어 경쟁으로 인해 주택가치가 하락하게 되므로, 주택가치는 장기적으로 원래 수준이 된다.

(4) 지역지구제와 독점

① 어떤 특정지역에만 용도의 지정 또는 변경 등의 독점적 지위를 부여한다면 진입장벽으로 인해 더 이상 공급이 늘지 않으므로 장기적으로도 부동산가치는 하락하지 않으며, 초과이윤은 모두 독점적 지위를 누리는 투자자에게 돌아간다. 이때 부동산의 위치에 관한 독점은 사전적 독점과 사후적 독점으로 나눌 수 있다.

② 사전적 독점이란 부동산의 가치에 영향을 줄 수 있는 어떤 사건이 발생하기 전에 특정 위치를 점하고 있음으로 인하여 생기는 독점을 의미하며, 사후적 독점이란 어떤 사건이 발생하고 난 후에 특정 위치를 점하고 있음으로 인하여 생기는 독점을 의미한다. 이 경우 독점으로 인한 초과이윤은 위치적 이점이 부동산가치에 이미 반영된 사후적 독점에서는 발생하지 않고, 사전적 독점에서만 발생한다.

(5) 지역지구제의 문제점[18]

① 지역지구제의 실시는 토지개발 및 이용이 지나치게 속박되는 지역의 지가를 하락시키며, 그렇지 않은 지역의 지가를 상승시켜 지역 간의 지가상승에 큰 차이를 발생시킨다.

② 지나치게 경직되고 엄격한 지역지구제의 실시는 토지의 공급을 억제하여 지가의 앙등을 초래하고, 한편으로는 토지의 불법개발 및 이용을 조장할 수 있다.

③ 과잉지정은 위치별 토지의 특성을 살린 토지의 효율적 이용을 저해하고, 특정 용도로 지정된 토지소유자들의 재산권을 과잉보호하는 결과를 낳는다.

④ 지역지구제가 잘못 지정되거나 사회·경제 여건에 신축성 있게 대응하지 못한 경우, 사회적으로 바람직한 토지이용이 배제된다.

---

[18] 이정전, 전게서, pp.388~390

⑤ 지역지구제는 심각한 형평성 문제를 야기할 수 있다. 지역지구제에서는 어떤 지역의 지가를 상대적으로 떨어뜨려 경제적 불이익을 주고, 다른 지역의 지가를 상대적으로 높임으로써 경제적 특혜를 주는 사례가 많다.
⑥ 지역지구의 획일적 규제는 지역별 구조적·기능적 특성을 반영한 토지이용을 유도하지 못하고 있다.
⑦ 지역지구제의 가장 큰 단점으로 토지이용의 경직성을 들 수 있는데, 이를 보완하기 위한 다양한 지역제가 개발되어 활용되고 있다.

> **⊕ 보충** 지역지구제의 보완책[19]
>
> 지역지구제의 보완책으로는 성과주의 지역지구제, 계획단위개발, 재정적 지역지구제, 개발권양도제 등이 있다.
>
> 1. **성과주의 지역지구제**(performance zoning)
>   지역의 환경 여건과 수용력을 고려하여 공해물질을 발생시키는 업소에 대해 총량 규제를 하는 방식이다. 즉, 환경오염 기준이나 소음공해 기준 등의 성과기준을 정해 놓고, 기준에 부합하는 활동은 허용하고 그렇지 못한 활동은 규제하는 총량 규제를 하는 방식이다. 우리나라의 「수도권정비계획법」에도 이러한 총량 규제 개념이 도입되어 공장과 대학의 입지 등에 적용하고 있다. 다만, 이 방식의 문제점은 오염물질의 배출 총량을 과학적으로 결정하기가 어렵다는 점과 그렇기 때문에 흔히 환경의 용량과는 관계없이 도시 간의 협상의 결과로 정해지는 경우가 많다는 점이다.
> 2. **계획단위개발**(Planned Unit Development; PUD)
>   미국에서 교외의 주거단지를 만들 때 흔히 사용하는 수법이다. 이는 개발업자가 전체적인 개발계획을 수립하고, 공공은 전체적인 밀도와 기반시설 여건을 확인한 후 개발을 허가하는 제도이다. 일단 개발허가를 받을 때 적용된 개별필지의 개발규제 내용은 개발 후 필지를 분양할 때도 유효하게 적용되며, 우리나라에서는 지구단위계획 등에 이를 응용하고 있다.
> 3. **재정적 지역지구제**(fiscal zoning, contractual zoning)
>   기반시설의 공급에 역점을 둔 지역지구제이다. 이는 개발 시 민간에 토지 등의 현물을 공공에 기부 또는 시설을 준공하여 공공에 귀속하게 하거나, 현금으로 부담하는 등 다양하게 기반시설에 대한 부담을 지우는 방법이다.
> 4. **개발권양도제**(Transferable Development Rights; TDR)
>   미국의 일부지역에서 사용되고 있는 제도로서, 그 원리는 문화재 등의 경관보호를 위해 그 주변지역에서 높이나 용적률의 규제가 과도하게 적용될 경우, 유사한 지역에서의 이용에 비해서 추가로 규제되는 부분에 대한 개발권을 발행하여 보상하도록 하는 방법이다. 즉, 개발권의 소유자는 이를 다른 지역의 소유자에게 판매하게 함으로써 시장제도에 의해서 보상이 이루어지도록 하는 방법이다. 다시 말해 개발권을 구입한 개발자는 개발권만큼 법적 용도를

---

[19] 조주현, 전게서, pp.326~328

초과하여 개발할 수 있는 것이다. 그러나 흔히 개발권을 판매할 수 있는 지역적 범위는 상당히 한정되어 있고 또한 이 제도가 남용될 경우 예외적 개발이 만연하여 용도지역 규제의 틀이 와해될 우려가 있으며, 개발권을 얼마나 발행해야 하는지 등 현실적으로 어려운 문제들이 많아 광범위하게 활용되고 있지는 않다.

3. 개발이익의 환수제도[20]

(1) 개발이익의 개념

개발이익이란 개발사업의 시행이나 토지이용계획의 변경, 그 밖에 사회적·경제적 요인에 따라 정상지가(正常地價) 상승분을 초과하여 개발사업을 시행하는 자(사업시행자)나 토지소유자에게 귀속되는 토지가액의 증가분을 말한다(개발이익 환수에 관한 법률 제2조 제1호).

(2) 개발이익의 환수

국가는 개발부담금 부과대상사업이 시행되는 지역에서 발생하는 개발이익을 개발부담금으로 징수하여야 한다. 즉, 국가는 공공기관의 개발사업 등으로 인하여 토지소유자의 노력과 관계없이 정상지가 상승분을 초과하여 개발이익이 발생한 경우, 이를 개발부담금으로 환수할 수 있다. 개발이익 환수제(개발부담금제)는 개발사업의 시행으로 이익을 얻은 사업시행자로부터 개발이익의 일정액을 환수하는 제도이다.

> **참고** 개발부담금 부과대상 사업(개발이익 환수에 관한 법률 제5조)
>
> 1. 택지개발사업(주택단지조성사업 포함)
> 2. 산업단지개발사업
> 3. 관광단지조성사업(온천 개발사업 포함)
> 4. 도시개발사업, 지역개발사업 및 도시환경정비사업
> 5. 교통시설 및 물류시설 용지조성사업
> 6. 체육시설 부지조성사업(골프장 건설사업 및 경륜장·경정장 설치사업 포함)
> 7. 지목변경이 수반되는 사업으로서 대통령령으로 정하는 사업
> 8. 그 밖에 1.~6.의 사업과 유사한 사업으로서 대통령령으로 정하는 사업

추가 개발사업
국가나 지방자치단체로부터 인가·허가·면허 등(신고를 포함)을 받아 시행하는 택지개발사업이나 산업단지개발사업 등의 사업을 말한다.

추가 정상지가상승분
금융기관의 정기예금 이자율 또는 「부동산 거래신고 등에 관한 법률」 제19조에 따라 국토교통부장관이 조사한 평균지가변동률(그 개발사업 대상 토지가 속하는 해당 시·군·자치구의 평균지가변동률을 말한다) 등을 고려하여 대통령령으로 정하는 기준에 따라 산정한 금액을 말한다.

추가 개발부담금
개발이익 중 「개발이익 환수에 관한 법률」에 따라 특별자치시장·특별자치도지사·시장·군수 또는 구청장(자치구의 구청장)이 부과·징수하는 금액을 말한다.

---

[20] 황명찬, 「한국의 토지와 주택」, 법문사, 1990, p.136

(3) 징수금의 배분(개발이익 환수에 관한 법률 제4조)

① 징수된 개발부담금의 100분의 50에 해당하는 금액은 개발이익이 발생한 토지가 속하는 지방자치단체에 귀속되고, 이를 제외한 나머지 개발부담금은 「지방자치분권 및 지역균형발전에 관한 특별법」에 따른 지역균형발전특별회계에 귀속된다.

② 개발부담금을 경감한 경우에는 징수된 개발부담금 중 경감하기 전의 개발부담금의 100분의 50에 해당하는 금액에서 경감한 금액을 뺀 금액은 개발이익이 발생한 토지가 속하는 지방자치단체에 귀속되고, 이를 제외한 나머지 개발부담금은 지역균형발전특별회계에 귀속된다.

4. 토지은행제도(공공토지비축제도)[21]

(1) 의의

'공공토지비축제도'라고도 불리는데, 이는 공공이 장래에 필요한 토지를 미리 확보하여 보유하는 제도로서 정부가 직접적으로 부동산시장에 개입하는 정책수단이다. 이는 정부 등이 토지를 매입한 후 보유하고 있다가 적절한 때에 이를 매각하거나 공공용으로 사용하기 위한 것으로 우리나라에도 시행되고 있는 제도이다. 이 제도는 미래의 용도를 위해 정부가 미리 싼값에 미개발토지를 대량 매입하여 공공 자유보유 또는 공공 임대보유 형태로 비축하였다가 토지수요의 증가에 대응하여 이 비축된 토지를 수요자에게 팔거나 또는 대여하는 제도를 말한다. 또한 이 제도는 공익사업용지의 원활한 공급과 토지시장의 안정에 기여하는 것을 목적으로 한다.

(2) 장점

① 개인 등에 의한 무질서하고 무계획적인 토지개발을 막을 수 있어서 효과적인 도시계획목표의 달성에 기여할 수 있다.
② 공공재나 공공시설을 위한 토지를 값싸게 제때에 공급할 수 있다.
③ 개발이익을 사회에 환원할 수 있다.
④ 토지를 사전에 비축하여 장래 공익사업의 원활한 시행과 토지시장의 안정에 기여할 수 있다.
⑤ 사적 토지소유의 편중현상으로 인해 발생 가능한 토지보상비 등의 고비용 문제를 완화시킬 수 있다.

---

[21] 이정전, 전게서, pp.366~370

OX 확인문제

토지은행제도는 정부 등이 사전에 토지를 비축하여 토지시장의 안정과 공공사업 등을 원활하게 추진하기 위한 공적 개입수단이다. •21회 ( )

정답 (○)

OX 확인문제

공공토지비축제도는 정부가 토지를 매입한 후 보유하고 있다가 적절한 때에 이를 매각하거나 공공용으로 사용하는 제도를 말한다. •35회 ( )

정답 (○)

(3) 단점

① 막대한 토지매입비가 필요하다.
② 적절한 투기방지대책 없이 대량으로 토지를 매입할 경우 지가상승을 유발할 수 있다.
③ 토지 매입 시와 매출 시 사이의 과도기 동안 공공 자유보유상태의 토지를 정부가 관리해야 하는 문제가 있다.
④ 토지은행의 취지에 따라 투기를 억제하고 개발이익을 사회에 환원하기 위해서는 토지 매입 시 매입대상토지의 가격을 기회비용의 수준으로 묶어 둘 사전조치를 취해야 하는데 그것이 어렵다.

> **한눈에 보기** 우리나라의 토지은행제도
>
> 1. **연혁 및 목적**
>   우리나라의 경우 2009년 「공공토지의 비축에 관한 법률」이 시행되면서 한국토지주택공사(LH)에 설치한 토지은행 계정이 만들어지며 토지은행제도가 도입되었다. 토지은행이란 토지가격 안정을 위한 국가 차원의 토지수급관리시스템이며, 공공목적에 필요한 토지를 미리 확보하고, 한 곳에 모아 적기·적소에 저가로 공급함으로써 공적 개발수요를 충족하고 수급조절기능을 통해 토지가격의 안정을 도모한다.
> 2. **개념**
>   ① **일반적 개념:** 토지비축이란 국가 등 공공부문이 부동산시장의 안정과 국민경제의 건전한 발전을 위하여 토지 등을 취득·관리·개발·이용·처분·임대하는 일체의 행위이다.
>   ② **법률상의 개념:** 공공토지의 비축 및 공급, 토지비축계획 수립지원, 토지수급조사 등 토지은행사업 시행을 위하여 한국토지주택공사(LH)에 설치하는 토지은행 계정을 말한다.

3 주택정책 •24회 •25회 •26회 •27회 •28회 •29회 •30회 •31회 •32회 •34회 •36회

주택문제의 해결에 기여하기 위한 정책으로 직접 공공주택을 건설하여 공급하거나 주택금융의 정비, 주택임대료나 분양가의 통제, 주택보조금의 지급, 주택에 대한 조세 등의 종합적인 정책을 말한다. 현재 주택정책의 관련 부처는 국토교통부 외에 기획재정부, 행정안전부 등 다양하다.

1. 임대주택정책

(1) 임대료 규제정책[22]

① **의의**: 임대료 규제를 임대료 한도제(rent ceiling)라고도 하는데, 정부가 임대주택시장에 개입하여 임대료를 일정수준 이상 올릴 수 없도록 하는 제도이다. 임대료 규제는 임대료 수준 또는 임대료 상승률을 일정 범위 내에서 규제하여 임차가구를 보호하려는 가격통제(price control) 방법의 하나이며 최고가격제에 해당한다.

② **정책적 효과**

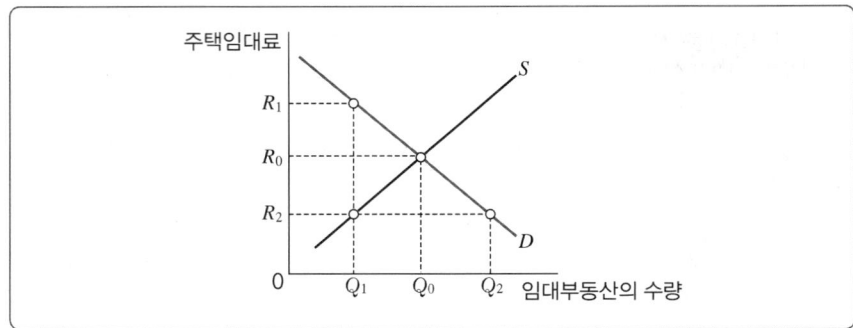

ⓐ 정부에서 규제임대료(R_2)를 시장의 균형임대료(R_0)보다 낮게 규제한다면 초과수요가 나타나 Q_1Q_2만큼 임대주택이 부족해지므로 임차인들이 임대주택을 구하기가 어려워진다.

ⓑ 이때 수요나 공급이 탄력적일수록 초과수요는 더 커지며, 비탄력적일수록 초과수요는 작아진다. 그러므로 임대료 규제는 수요나 공급이 비탄력적일수록 더욱 효과적이라고 할 수 있다. 따라서 단기에는 장기보다 초과수요가 작아 정책효과가 크며, 장기에는 단기보다 초과수요가 커져 정책효과가 작아진다.

ⓒ 임대료 규제는 기존 임차인들의 주거이동을 저하시킨다. 이로 인해 출근시간의 증가, 교통혼잡의 야기 등 사회적 비용이 증가한다.

ⓓ 기존 임차인들의 주거이동 저하는 신규 임차인들에게 있어서 임대주택을 구하기가 더욱 어렵게 만들고, 따라서 더 많은 임대료를 지불해야만 임대주택을 구할 수 있게 된다.

ⓔ 임대인 입장에서는 임대주택에 대한 투자기피현상이 나타날 것이며, 기존의 임대주택이 다른 용도로 전환된다.

---

22) James B. Kau and C. F. Sirmans, Real Estate(New York: McGraw-Hill, 1985), pp.323~328

O X 확 인 문 제

임대료 규제란 주택 임대인이 일정수준 이상의 임대료를 임차인에게 부담시킬 수 없도록 하는 제도다. •28회 ( )

정답 (○)

O X 확 인 문 제

정부가 임대료 상승을 균형임대료 이하로 규제하면 장기적으로 기존 임대주택이 다른 용도로 전환되면서 임대주택의 공급량이 감소하게 된다. •23회 ( )

정답 (○)

ⓑ 임대주택시장에 공급되고 있는 임대주택 서비스의 질이 저하된다.
ⓢ 정부의 임대료 규제는 규제임대료가 시장임대료보다 낮을 경우에 의미가 있지만, 규제임대료가 시장임대료보다 높다면 시장에서 아무런 변화가 일어나지 않는다. 즉, 임대료와 공급량에는 아무런 변화가 일어나지 않는다. 따라서 규제임대료가 시장임대료보다 높을 경우, 임대료 규제는 임대부동산의 질적 저하를 가져오지 않으며, 기존 세입자들의 이동도 저하시키지 않는다.
ⓞ 시장임대료 이하로 임대료를 통제하면 공급이 완전비탄력적인 한, 임대인의 소득 일부가 임차인에게 귀속되는 소득의 재분배 효과가 있다.
ⓩ 암시장(black market)이 형성되어 불법적인 음성적 거래가 나타날 수 있으며, 규제임대료와 음성적 거래에 의한 임대료 간의 임대료에 대한 이중가격을 형성할 수 있다.

OX 확인문제
균형임대료보다 임대료 상한이 높을 경우, 균형임대료와 공급량에 아무런 영향을 미치지 않는다.
• 20회 ( )
정답 (○)

OX 확인문제
주택임대료를 시장가격 미만으로 규제하면 주택임대시장에서는 이중가격이 형성될 수 있다.
• 36회 ( )
정답 (○)

한눈에 보기 임대료 규제정책

의의	정부가 임대주택시장에 개입하여 임대료를 일정수준 이상 올릴 수 없도록 하는 제도이다.
정책적 효과	1. 임대주택에 대한 초과수요 발생 ⇨ 공급부족 2. 임차인 　① 임차인들이 임대주택 구하기가 어려워진다. 　② 임차인들의 주거이동이 저하된다. ⇨ 사회적 비용 증가 3. 임대인 　① 기존의 임대주택이 다른 용도로 전환된다. 　② 임대주택에 대한 투자를 기피하는 현상이 발생한다. 　③ 임대주택 서비스의 질이 저하된다. 4. 정부 　정부의 임대소득세 수입이 감소한다. 5. 시장 　암시장이 형성될 수 있으며, 임대료에 대한 이중가격을 형성할 수 있다.

(2) 주택 보조금정책(임대료 보조정책)

① **의의:** 주택 보조금정책 중 임대료 보조정책은 저소득층의 주택문제를 해결하기 위해 일정수준 이하의 저소득층에 정부가 임대료의 일부를 보조해주는 것을 말한다. 주택 보조금정책은 정부의 간접적인 개입에 해당하는 정책으로, 크게 수요 측 보조금과 공급 측 보조금으로 나눌 수 있다.

추가 주거지원제도
저소득층의 주택문제 해결을 위한 정부의 주거지원제도는 크게 소비자 보조방식과 생산자 보조방식으로 나눌 수 있다. 소비자 보조방식으로는 주거급여제도, 전세자금 지원제도, 임대료 규제 등이 해당되며, 생산자 보조방식은 공공임대주택의 공급과 민간 임대주택의 공급에 필요한 재정 및 관리지원 등이 있다.

> *주택바우처
> (housing voucher)
> 저소득층의 임대료가 일정 수준을 넘을 경우 임대료의 일부를 쿠폰 형태의 교환권으로 지원하는 제도이다. 즉, 정부가 저소득층에 전·월세 임대료를 일부 보조해 주는 제도이다. 우리나라에서는 일부 지방자치단체에서 저소득가구에 주택임대료를 일부 지원해 주는 방식으로 운영되고 있다.

② **수요 측 보조금:** 정부에서 임차인에게 직접 임대료를 보조하면 임차인 입장에서는 실질소득이 상승하는 효과가 있어 주택임차가구의 주택부담능력을 높이므로 더 많은 임대주택을 소비할 수 있게 된다. 또한 임대료 보조는 임차인 입장에서 임대주택에 대한 공급가격이 그만큼 하락하는 결과를 가져와 더 많은 임대주택을 소비할 수 있게 된다. 임대료 보조를 받은 저소득층의 주택소비가 증가하는 이유는 소득효과와 대체효과 때문이다. 주택바우처(housing voucher)*는 임대료 보조정책의 하나이다. 주택바우처는 저소득임차가구에 주택임대료를 일부 지원해주는 소비자보조방식의 일종으로 임차인의 주거지 선택을 용이하게 할 수 있다. 임차인에게 보조금을 지급하는 수요 측 보조방식은 임대주택 공급자에게 보조금을 지급하는 공급 측 방식보다 임차인의 주거지 선택의 자유를 보장하는 장점이 있다. 이러한 수요 측 보조금에는 가격보조(임대료·집세보조)방식과 소득보조(현금보조)방식 등이 있다.

    ㉠ **가격보조(임대료·집세보조)방식:** 주택을 임차할 때만 보조를 해주는 가격보조방식은 주택의 상대가격을 낮춤으로써 저소득 임차가구의 주택소비를 증가시킨다. 따라서 주택임대료가 상승하고 장기적으로는 임대주택의 공급이 증가할 수 있다.

    ㉡ **소득보조(현금보조)방식:** 소득보조방식은 보조금을 현금으로 지급하는 방식으로, 현금보조가 이루어지면 보조받는 저소득임차가구의 실질소득이 현금보조액만큼 증가한 것과 동일하므로 주택임차가구의 주택부담능력이 높아지게 된다.

    ㉢ 각 보조방식의 효과 비교

        ⓐ **소비자효용 측면:** 소비자효용 측면에서는 소득보조방식이 가격보조방식보다 우월하다. 그 이유는 현금으로 보조금을 지급하면 보조받는 임차가구는 주택이나 다른 재화 중 자신에게 높은 효용을 제공하는 용도에 지출할 수 있으나, 주택을 구입할 때만 보조해 주는 가격보조방식은 보조받는 임차가구의 선택의 폭을 제한하기 때문이다.

        ⓑ **주택소비증대 측면:** 주택소비증대 측면에서는 가격보조방식이 소득보조방식보다 우월하다. 주택이나 또는 다른 재화 중에 선택이 가능한 소득보조에 비해 가격보조는 주택구입 시에만 지급되므로 주택소비증대라는 측면에서는 효과적이다.

구분	수요 측 보조금	
	가격보조방식 ⇨ 임대료(집세)보조	소득보조방식 ⇨ 현금보조
의의	주택의 상대가격을 낮춤으로써 저소득 임차가구의 주택소비를 증가시킴	실질소득이 현금보조액만큼 증가한 것과 동일하므로 주택임차가구의 주택부담능력이 높아짐
정책적 효과	주택소비증대 측면에서 효과적 ⇨ 소비증대 효과가 큼	소비자효용 측면에서 효과적 ⇨ 효용증대 효과가 큼

　ⓔ 장·단기 효과 비교
　　ⓐ **단기적 효과**: 임차인에게 임대료를 보조하면 임차인 입장에서는 그만큼 임대부동산의 공급가격이 하락한 효과와 임차인의 실질소득이 상승하는 효과가 발생하므로 임대주택에 대한 수요가 증가하고 시장임대료는 상승한다. 그러나 단기에 임대주택의 공급곡선이 수직이라면 임대주택의 공급은 불변이다. 결국 임대주택의 공급곡선이 수직인 단기에는 시장임대료만 상승하고 임대주택의 거래량은 불변이며, 보조금의 혜택은 임대주택공급자에게 돌아간다.
　　ⓑ **장기적 효과**: 임대료가 상승하면 장기적으로 임대주택의 공급이 늘어 시장임대료는 낮아지며 임차인의 부담은 낮아지고, 그 결과 임대주택의 소비량이 증가하여 임대주택의 거래량도 증가한다. 이때 시장임대료는 원래 수준에서 균형을 이루지만(비용일정산업) 임대료 보조로 인해 임차인이 실제 부담하는 지불임대료는 원래보다 낮아지게 된다.
③ **공급 측 보조금**[23]: 주택생산자에게 낮은 금리로 건설자금을 지원하는 방법으로서 생산비를 낮추는 효과가 있으므로 민간부문의 주택공급을 증대시키는 효과가 있다. 그러나 주택의 생산기간으로 인하여 단기적으로는 공급곡선이 수직에 가까우므로 공급 측 보조금은 아무런 효과가 없으나, 장기적으로는 주택의 생산비를 절감시키기 때문에 주택공급이 증가하고 시장임대료가 하락하여 주택소비가 증가한다.

---

23) 김경환·서승환, 「도시경제」, 홍문사, 2004, pp.209~210

● 보충 **주거급여제도**

1. **의의**: 주거급여란 수급자에게 주거 안정에 필요한 임차료, 수선유지비, 그 밖의 수급품을 지급하는 것을 말한다(국민기초생활 보장법 제7조 제1항 제2호, 제11조 제1항 및 주거급여법 제2조 제1호).
2. **근거법령**: 「주거급여법」
3. **시행기관**: 국토교통부[집행은 시·군·구청 및 한국토지주택공사(LH)]
4. **목적**: 소득이 낮은 국민의 주거비 부담을 덜어 주거안정과 복지 향상을 도모
5. **구분**
   가구의 주거 형태에 따라 임차급여와 수선유지급여로 구분

구분	내용	주요 지원 항목
임차급여	임대주택 또는 민간전세 등에서 월세(임차료)를 내는 가구 대상	매달 일정액의 임차료를 정부가 보조
수선유지급여	자가주택에 거주하는 자가가구 대상	노후 주택의 수선비용을 보조

6. **특징**
   ① 임차가구에는 임차급여, 자가가구에는 수선유지급여가 지급된다.
   ② 임차급여는 기준임대료를 상한으로 실제 임차료 지급(실제 임차료와 가구원별 기준임대료 중 더 적은 금액을 기준으로 지원)되며, 수선유지급여는 주택의 노후도를 평가하여 종합적인 주택개량을 지원한다.
   ③ 주택을 소유한 사람이라도 소득인정액이 기준 이하라면 '수선유지급여' 형태로 주거급여 수급이 가능하다.

OX 확인문제

주거급여법령상 주택을 소유한 모든 사람은 주거급여의 수급권자가 될 수 없다. •36회 (   )

정답 (×)
주거급여법령상 주택을 소유한 사람에게는 '수선유지급여'가 지급되므로 주택을 소유한 사람도 주거급여의 수급권자가 될 수 있다.

(3) 공공임대주택정책

① **의의**: 정부에서 사적 시장의 주택과 품질이 유사한 공공임대주택을 사적 시장보다 공공시장에서 값싸게 공급하는 것이다. 이는 사적 시장의 임대료를 낮추도록 하여 임차인을 보호할 수 있는 방법의 하나로 정부의 직접적인 개입에 해당하는 정책이다.

② **단기적 효과**
   ㉠ 정부에서 사적 시장과 품질이 유사한 공공임대주택을 보다 값싸게 공급한다면 임대주택시장은 사적 시장과 공공시장으로 분리되며, 이로 인해 사적 시장의 임대주택에 대한 수요가 감소한다.
   ㉡ 공공임대주택이 공급되는 지역으로 다른 지역으로부터 저소득층 가구가 이동한다.
   ㉢ 단기적으로 사적 시장의 임대료는 하락하지만, 공급량은 불변이다.
   ㉣ 공공임대주택의 공급은 사적(私的) 임대시장에서 수요의 탄력성을 높일 수 있다.

OX 확인문제

장기 공공임대주택은 공공부문이 시장임대료보다 높은 수준의 임대주택을 공급하는 것이다.
•21회 (   )

정답 (×)
장기 공공임대주택은 공공부문이 시장임대료보다 낮은 수준의 임대주택을 공급하는 것이다.

③ 장기적 효과
㉠ 장기적으로는 사적 시장의 임대주택 공급량은 감소하나, 사회 전체의 임대주택 공급량은 불변이다. 이는 사적 시장에서 줄어든 공급량만큼 공공시장의 공급량이 증가하였기 때문이다.
㉡ 사적 시장의 임대주택 공급량 감소는 사적 시장의 임대료를 상승시켜 장기적으로 공공시장으로 이동한 사람들만 보호되고 사적 시장에 남아 있던 임차인들은 아무런 보호를 받지 못한다.
㉢ 정부의 공공임대주택 공급은 사적 시장과 공공시장의 임대료 간의 임대료에 대한 이중가격을 형성하므로, 공공임대주택 거주자들은 사적 시장과의 임대료 차액만큼 정부로부터 보조받는 것과 같은 효과를 얻는다.

한눈에 보기 공공임대주택정책

구분	사적 시장	공공시장
단기	수요감소 ⇨ 임대료 하락 ⇨ 임차인 혜택	공급증가 & 낮은 임대료 ⇨ 수요증가 ⇨ 임차인 혜택
	단기적으로 사적 시장과 공공시장의 임차인 모두 혜택	
장기	공급감소 ⇨ 임대료 상승 ⇨ 임차인 혜택 소멸	공급증가 & 낮은 임대료 ⇨ 임차인 혜택
	• 장기적으로 사회 전체의 임대주택 공급량 ⇨ 불변 • 장기적으로 공공시장으로 이동한 임차인만 혜택	

⊕ 보충 「민간임대주택에 관한 특별법」

1. 민간임대주택의 정의
   임대 목적으로 제공하는 주택(토지를 임차하여 건설된 주택 및 오피스텔 등 대통령령으로 정하는 준주택 및 대통령령으로 정하는 일부만을 임대하는 주택을 포함)으로서 임대사업자가 등록한 주택을 말한다.
2. 구분
   민간임대주택은 민간건설임대주택과 민간매입임대주택으로 구분한다.
   ① 민간건설임대주택과 민간매입임대주택
      ㉠ **민간건설임대주택**: 다음의 어느 하나에 해당하는 민간임대주택을 말한다.
         ⓐ 임대사업자가 임대를 목적으로 건설하여 임대하는 주택
         ⓑ 「주택법」 제4조에 따라 등록한 주택건설사업자가 같은 법 제15조에 따라 사업계획승인을 받아 건설한 주택 중 사용검사 때까지 분양되지 아니하여 임대하는 주택

     ⓒ **민간매입임대주택**: 임대사업자가 매매 등으로 소유권을 취득하여 임대하는 민간임대주택을 말한다.
  ② **공공지원민간임대주택**: 임대사업자가 다음의 어느 하나에 해당하는 민간임대주택을 <u>10년 이상 임대할 목적</u>으로 취득하여 임대료 및 임차인의 자격 제한 등을 받아 임대하는 민간임대주택을 말한다.
     ㉠ 「주택도시기금법」에 따른 주택도시기금의 출자를 받아 건설 또는 매입하는 민간임대주택
     ㉡ 「주택법」 제2조 제24호에 따른 공공택지 또는 「민간임대주택에 관한 특별법」 제18조 제2항에 따라 수의계약 등으로 공급되는 토지 및 「혁신도시 조성 및 발전에 관한 특별법」 제2조 제6호에 따른 종전부동산을 매입 또는 임차하여 건설하는 민간임대주택
     ㉢ 「민간임대주택에 관한 특별법」 제21조 제2호에 따라 용적률을 완화받거나 「국토의 계획 및 이용에 관한 법률」 제30조에 따라 용도지역 변경을 통하여 용적률을 완화받아 건설하는 민간임대주택
     ㉣ 「민간임대주택에 관한 특별법」 제22조에 따라 지정되는 공공지원민간임대주택 공급촉진지구에서 건설하는 민간임대주택
     ㉤ 그 밖에 국토교통부령으로 정하는 공공지원을 받아 건설 또는 매입하는 민간임대주택
  ③ **장기일반민간임대주택**: 임대사업자가 공공지원민간임대주택이 아닌 주택을 <u>10년 이상 임대할 목적</u>으로 취득하여 임대하는 민간임대주택(아파트를 임대하는 민간매입임대주택은 제외)을 말한다.

3. **주택임대관리업**
   ① **주택임대관리업**: 주택의 소유자로부터 임대관리를 위탁받아 관리하는 업(業)을 말하며, 다음과 같이 구분한다.
      ㉠ **자기관리형 주택임대관리업**: 주택의 소유자로부터 주택을 임차하여 자기책임으로 전대(轉貸)하는 형태의 업
      ㉡ **위탁관리형 주택임대관리업**: 주택의 소유자로부터 수수료를 받고 임대료 부과·징수 및 시설물 유지·관리 등을 대행하는 형태의 업
   ② **주택임대관리업자**: 주택임대관리업을 하기 위하여 법률에 따라 등록한 자를 말한다.

4. **임대사업자의 등록**
   ① 주택을 임대하려는 자는 특별자치시장·특별자치도지사·시장·군수 또는 구청장에게 등록을 신청할 수 있다.
   ② 등록하는 경우 민간건설임대주택 및 민간매입임대주택, 공공지원민간임대주택, 장기일반민간임대주택, 단기민간임대주택으로 구분하여야 한다.
   ③ 위 ①에 따라 등록한 자가 그 등록한 사항을 변경하고자 할 경우 시장·군수·구청장에게 신고하여야 한다. 다만, 임대주택 면적을 10% 이하의 범위에서 증축하는 등 국토교통부령으로 정하는 경미한 사항은 신고하지 아니하여도 된다.

➕ 보충 공공주택 특별법령

1. **공공주택의 정의**
   공공주택사업자가 국가 또는 지방자치단체의 재정이나 「주택도시기금법」에 따른 주택도시기금을 지원받아 「공공주택 특별법」 또는 다른 법률에 따라 건설, 매입 또는 임차하여 공급하는 주택을 말한다.

2. **구분**
   공공주택은 공공임대주택과 공공분양주택으로 구분한다.
   ① **공공임대주택**: 임대 또는 임대한 후 분양전환을 할 목적으로 공급하는 「주택법」에 따른 주택으로서 대통령령으로 정하는 주택을 말하며, 대통령령으로 정하는 주택이란 다음의 주택을 말한다.
      ㉠ **영구임대주택**: 국가나 지방자치단체의 재정을 지원받아 최저소득 계층의 주거안정을 위하여 50년 이상 또는 영구적인 임대를 목적으로 공급하는 공공임대주택
      ㉡ **국민임대주택**: 국가나 지방자치단체의 재정이나 「주택도시기금법」에 따른 주택도시기금의 자금을 지원받아 저소득 서민의 주거안정을 위하여 30년 이상 장기간 임대를 목적으로 공급하는 공공임대주택
      ㉢ **행복주택**: 국가나 지방자치단체의 재정이나 주택도시기금의 자금을 지원받아 대학생, 사회초년생, 신혼부부 등 젊은 층의 주거안정을 목적으로 공급하는 공공임대주택
      ㉣ **통합공공임대주택**: 국가나 지방자치단체의 재정이나 주택도시기금의 자금을 지원받아 최저소득계층, 저소득 서민, 젊은 층 및 장애인·국가유공자 등 사회취약계층 등의 주거안정을 목적으로 공급하는 공공임대주택
      ㉤ **장기전세주택**: 국가나 지방자치단체의 재정이나 주택도시기금의 자금을 지원받아 전세계약의 방식으로 공급하는 공공임대주택
      ㉥ **분양전환공공임대주택**: 일정기간 임대 후 분양전환할 목적으로 공급하는 공공임대주택
      ㉦ **기존주택등매입임대주택**: 국가나 지방자치단체의 재정이나 주택도시기금의 자금을 지원받아 주택 또는 건축물(기존주택등)을 매입하여 「국민기초생활 보장법」에 따른 수급자 등 저소득층과 청년 및 신혼부부 등에게 공급하는 공공임대주택
      ㉧ **기존주택전세임대주택**: 국가나 지방자치단체의 재정이나 주택도시기금의 자금을 지원받아 기존주택을 임차하여 「국민기초생활 보장법」에 따른 수급자 등 저소득층과 청년 및 신혼부부 등에게 전대(轉貸)하는 공공임대주택
      ㉨ **공공건설임대주택**: 공공주택사업자가 직접 건설하여 공급하는 공공임대주택을 말한다.
      ㉩ **공공매입임대주택**: 공공주택사업자가 직접 건설하지 아니하고 매매 등으로 취득하여 공급하는 공공임대주택을 말한다.

OX 확인문제

공공주택 특별법령상 통합공공임대주택이란 국가나 지방자치단체의 재정이나 주택도시기금의 자금을 지원받아 최저소득 계층, 저소득 서민, 젊은 층 및 장애인·국가유공자 등 사회 취약계층 등의 주거안정을 목적으로 공급하는 공공임대주택을 말한다.
• 36회   (   )

정답 (○)

② **공공분양주택**: 분양을 목적으로 공급하는 주택으로서 「주택법」에 따른 국민주택규모 이하의 주택
  ㉠ **지분적립형 분양주택**: 공공주택사업자가 직접 건설하거나 매매 등으로 취득하여 공급하는 공공분양주택으로서 주택을 공급받은 자가 20년 이상 30년 이하의 범위에서 대통령령으로 정하는 기간 동안 공공주택사업자와 주택의 소유권을 공유하면서 대통령령으로 정하는 바에 따라 소유 지분을 적립하여 취득하는 주택을 말한다.
  ㉡ **이익공유형 분양주택**: 공공주택사업자가 직접 건설하거나 매매 등으로 취득하여 공급하는 공공분양주택으로서 주택을 공급받은 자가 해당 주택을 처분하려는 경우 공공주택사업자가 환매하되 공공주택사업자와 처분 손익을 공유하는 것을 조건으로 분양하는 주택을 말한다.

3. **공공주택사업자**
   ① 국가 또는 지방자치단체
   ② 「한국토지주택공사법」에 따른 한국토지주택공사
   ③ 「지방공기업법」 제49조에 따라 주택사업을 목적으로 설립된 지방공사
   ④ 「공공기관의 운영에 관한 법률」 제5조에 따른 공공기관 중 대통령령으로 정하는 기관
   ⑤ 위 ①부터 ④ 중 어느 하나에 해당하는 자가 총지분의 100분의 50을 초과하여 출자·설립한 법인
   ⑥ 주택도시기금 또는 위 ①부터 ④ 중 어느 하나에 해당하는 자가 총지분의 전부를 출자(공동으로 출자한 경우를 포함)하여 「부동산투자회사법」에 따라 설립한 부동산투자회사

2. 분양주택정책

(1) 분양가 규제정책 – 분양가 상한제

① **의의**: 정부가 사적 시장에서 공급되는 신규주택가격을 시장균형가격보다 낮게 규제하는 것을 말한다. 분양가 상한제의 도입은 분양가 규제를 통해 주택가격을 안정시키고, 무주택자의 신규주택구입 부담을 경감시키기 위해서이다. 이 정책 역시 가격통제(price control) 방법의 하나이며, 최고가격제에 해당한다.

> **● 보충** **분양가 상한제 적용주택(주택법 제57조)**
>
> 1. 사업주체가 일반인에게 공급하는 공동주택 중 다음의 어느 하나에 해당하는 지역에서 공급하는 주택의 경우에는 법률에서 정하는 기준에 따라 산정되는 분양가격 이하로 공급하여야 한다.
>   ① 공공택지
>   ② 공공택지 외의 택지에서 주택가격 상승 우려가 있어 국토교통부장관이 주거정책심의위원회 심의를 거쳐 지정하는 지역

추가 **분양가 상한제 적용주택**
공공택지에서 공급되는 공동주택은 분양가 상한제를 적용하지만 민간택지에서 공급되는 공동주택은 원칙적으로는 적용하지 않고 탄력적으로 적용하고 있다. 단, 도시형 생활주택은 어떤 경우든 적용되지 않는다.

추가 **분양가 상한제 적용주택의 분양가격**
「주택법」상 분양가 상한제 적용주택의 분양가격은 택지비와 건축비로 구성된다.

2. 단, 다음의 어느 하나에 해당하는 경우에는 위 1.을 적용하지 아니한다.
   ① 도시형 생활주택
   ② 「경제자유구역의 지정 및 운영에 관한 특별법」에 따라 지정·고시된 경제자유구역에서 건설·공급하는 공동주택으로서 경제자유구역위원회에서 외자유치 촉진과 관련이 있다고 인정하여 「주택법」 제57조에 따른 분양가격 제한을 적용하지 아니하기로 심의·의결한 경우
   ③ 「관광진흥법」에 따라 지정된 관광특구에서 건설·공급하는 공동주택으로서 해당 건축물의 층수가 50층 이상이거나 높이가 150미터 이상인 경우
   ④ 한국토지주택공사 또는 지방공사가 정비사업의 시행자로 참여하는 등 대통령령으로 정하는 공공성 요건을 충족하는 경우로서 해당 사업에서 건설·공급하는 주택
      ㉠ 「도시 및 주거환경정비법」에 따른 정비사업으로서 면적, 세대수 등이 대통령령으로 정하는 요건에 해당되는 사업
      ㉡ 「빈집 및 소규모주택 정비에 관한 특례법」에 따른 소규모주택정비사업
   ⑤ 「도시 및 주거환경정비법」에 따른 주거환경개선사업 및 공공재개발사업에서 건설·공급하는 주택
   ⑥ 「도시재생 활성화 및 지원에 관한 특별법」에 따른 주거재생혁신지구에서 시행하는 혁신지구재생사업에서 건설·공급하는 주택
   ⑦ 「공공주택특별법」에 따른 도심 공공주택 복합사업에서 건설·공급하는 주택

② **정책적 효과**
   ㉠ 분양가격과 시장가격의 차이 때문에 단기적으로 투기적 수요가 증대하며, 장기적으로 주택산업의 생산성을 저하시켜 신축주택의 공급감소를 초래할 수 있다.
   ㉡ 정부가 주택가격 안정을 목적으로 신규주택의 분양가를 규제할 경우, 신규주택 공급량이 감소하면서 사회적 후생손실이 발생할 수 있다.
   ㉢ 수요와 공급의 가격탄력성이 비탄력적일수록 초과수요는 더 작아지며, 정책효과는 더 커진다. 따라서 수요와 공급의 가격탄력성이 비탄력적인 단기에는 탄력적인 장기보다 초과수요가 작아 정책효과가 크며, 수요와 공급의 가격탄력성이 탄력적인 장기에는 비탄력적인 단기보다 초과수요가 커져 정책효과가 작아진다.
   ㉣ 분양주택의 질적 수준이 저하될 수 있다.
   ㉤ 주택의 과소비가 초래될 수 있으며, 분양주택에 대한 프리미엄이 형성되면 분양권을 불법으로 전매하는 등의 현상이 나타날 수 있다.
   ㉥ 가격기능을 왜곡시켜 자원배분의 효율성을 저해하게 된다.
   ㉦ 도심지역보다는 외곽지역의 고밀도개발을 촉진하여 토지이용의 비효율을 초래할 수 있다.

O X 확 인 문 제

투기지역으로 지정되면 그 지역에서 건설·공급하는 도시형 생활주택에 대해 분양가 상한제가 적용된다. • 32회   (   )

정답 (×)
도시형 생활주택에 대해 분양가 상한제가 적용되지 않는다.

- ⓞ 공급자의 채산성을 악화시켜 장기화될수록 민간주택공급을 위축시킴으로써 기존주택의 가격을 상승시키며, 저소득층의 주택난 심화를 초래할 수 있다.
- ⓩ 장기적으로는 여과과정을 통한 저소득층의 주거안정 가능성이 감소할 수 있다.
- ⓧ 불법적인 음성적 거래가 나타날 수 있으며, 규제가격과 음성적 거래에 의한 가격 간의 이중가격을 형성할 수 있다.

(2) 분양가 자율화 정책

① **의의**: 정부가 사적 시장의 가격규제를 풀고 자율화함으로써 시장의 수요와 공급에 의해 가격이 결정되도록 하는 것을 말한다.

② **정책적 효과**
- ㉠ 분양가를 자율화하기 위해서는 택지의 확보, 금융지원 등을 통한 공급증대 노력이 선행되어야 한다.
- ㉡ 신규주택가격의 상승으로 장기적으로 신규주택 공급이 확대된다.
- ㉢ 전매차익을 줄이므로 투기적 수요는 감소된다.
- ㉣ 주택산업의 수익성이 향상되고, 경쟁으로 인해 주택의 품질이 개선된다.
- ㉤ 대형주택 위주로 주택공급이 확대될 가능성이 높으므로 대형주택 보유에 관한 과세를 강화하여야 한다.
- ㉥ 소형주택의 공급이 감소하고, 대형주택 위주의 주택공급이 확대되므로 저소득층의 주택부담이 가중된다.

(3) 주택 선분양제도와 후분양제도

구분	선분양제도	후분양제도
의의	주택이 완공되기 이전에 소비자에게 분양하고 계약금·중도금 등을 완공 이전에 납부하도록 하여 건설금융에 충당할 수 있게 허용한 제도이다.	일정규모 이상 건설공사가 이루어진 뒤 공급하는 방식으로 건설자금을 건설업자가 직접 조달하는 제도이다.
장점	① 건설자금조달 용이 ② 주택공급증가 ⇨ 주택시장 활성화 ③ 분양대금 분할납부로 금융부담 경감 ④ 소비자 위험부담하에 주택구입 용이	① 분양권 매매차익 소멸 ⇨ 투기억제 ② 완제품의 비교 선택 가능 ③ 소비자의 선택폭 확대 ⇨ 최적선택 용이 ④ 업체의 품질경쟁 ⇨ 품질 향상

단점	① 분양권 매매차익 발생 ⇨ 투기 발생 ② 완제품을 비교하여 선택할 수 없음 ③ 소비자의 선택폭 축소 ⇨ 최적선택 곤란 ④ 부실공사 등 주택품질 저하 ⑤ 시장위험이 수요자에게 전가	① 건설자금조달 곤란 ② 공급감소 ⇨ 주택시장 침체 가능성 ③ 건설업체의 부도 가능성 확대 ④ 건설업체의 시장위험부담 증가 ⑤ 주택가격 일시납부로 목돈마련 어려움

4 부동산조세정책 ·25회 ·26회 ·28회 ·29회 ·30회 ·31회 ·32회 ·34회 ·35회 ·36회

1. 부동산조세의 의의와 목적

(1) 부동산조세의 의의

① **조세**(taxation): 국가 및 공공단체가 그의 재정적인 수요를 충족하기 위해, 그리고 사회·경제정책적 목적을 달성하기 위해 다른 경제주체(사경제)로부터 강제적으로 징수하는 화폐 또는 재화를 말한다.

② **부동산조세**: 부동산을 과세대상으로 하여 부과하는 조세로서, 토지와 건물 등의 부동산을 취득·소유하는 경우, 이용(임대)하는 경우, 처분(양도)하는 경우 등에 부과되는 조세를 말한다.

(2) 목적

① 정부나 지방자치단체가 공공재 공급을 위한 재원조달 목적으로 부과한다.

② 사회·경제정책적 목적을 달성하기 위해 부과한다.

③ 바그너(A. H. Wagner)는 위 ①을 순재정적 조세, ②를 사회정책적 조세라고 하였다.

2. 부동산조세의 기능

(1) 조세의 원칙

① **응능(應能)의 원칙**: 납세자의 지불능력에 따라 과세하여야 한다는 원칙을 말하는 것으로, 소득세의 종합과세와 누진세율의 적용은 응능원칙에 의한 세부담공평의 원칙에서 기인된 것이다.

② **응익(應益)의 원칙**: 조세는 납세자에게 제공되는 정부서비스의 대가라는 원칙이다. 즉, 혜택을 받은 사람에게 과세하여야 한다는 원칙을 말하는 것으로, 지방세 중 주민세와 같이 소득과 무관하게 일률과세되는 것은 정부·지방공공단체가 제공하는 편의에 대한 대가라는 것이다.

(2) 부동산조세의 기능[24]

① **부동산 자원배분**: 조세를 통하여 토지이용을 규제하거나 조장시켜 민간과 공공부문에서 활용할 수 있도록 배분한다. 서민주택을 위한 조세상 특혜는 주거의 공간배분에서 큰 역할을 담당한다.
② **소득 재분배**: 부동산조세는 소득 재분배 효과를 기대할 수 있다. 부동산의 상속세·재산세 등은 소득을 재분배하는 중요한 조세이다.
③ **지가안정**: 부동산조세는 지가안정 및 투기억제의 기능을 갖고 있다.
④ **주택문제 해결에 기여**: 1세대 1주택의 비과세나 주택공급업자에 대한 세제상의 혜택 등은 주택문제 해결에 이바지한다.

3. 부동산조세의 전가와 귀착

(1) 조세의 전가

조세가 부과되었을 때 각 경제주체들이 자신의 활동을 조정함으로써 조세의 실질적인 부담의 일부 또는 전부를 타인에게 이전시키는 현상을 말한다. 즉, 조세가 부과되면 상대가격의 변화를 통해 그 일부가 법적인 납세의무자가 아닌 다른 경제주체에게 이전될 수 있는데, 이러한 현상을 전가라고 한다.

(2) 조세의 귀착

조세가 부과되었을때 실질적인 조세부담이 전가를 통해 각 경제주체에게 귀속되는 결과를 말한다. 즉, 조세의 사실상 부담이 최종적으로 어떤 사람에게 귀속되는 것을 조세의 귀착이라 한다.

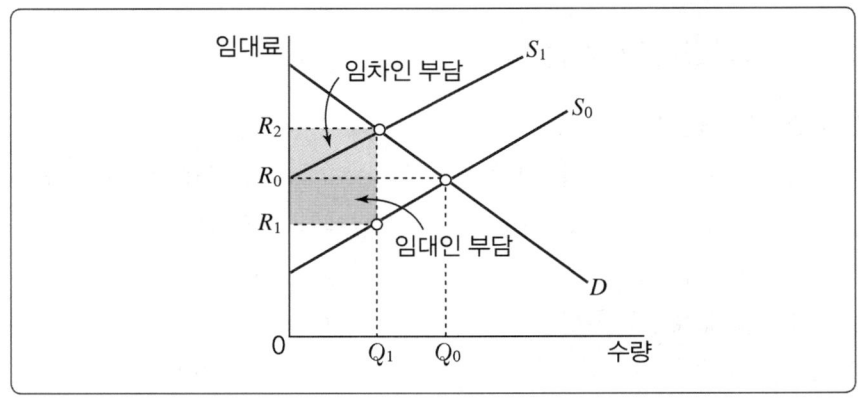

추가 조세전가의 종류
거래단계상 자신보다 이전 단계로 전가되는 것을 후전(backward shifting), 이후 단계로 전가되는 것을 전전(forward shifting)이라고 한다.

O X 확인문제
조세의 전가란 납세의무자에게 부담된 조세가 납세의무자의 부담이 되지 않고 다른 사람에게 이전되는 것을 말한다. •22회
( )
정답 (O)

---

24) 김태훈, 전게서, p.609
    방경식, 전게서, pp.679~680

① 재산세는 주택소유자에게 부과되나, 주택소유자가 모두 부담하는 것은 아니고 조세의 전가를 통해 일부는 다른 주체에게 이전된다. 그런데 재산세 부과효과를 고려할 때 먼저 주택시장을 임대주택시장과 매매가 이루어지는 자가주택시장으로 구분하여야 한다. 임대주택시장에서는 주택의 소유자, 즉 임대인(공급자)에게 재산세가 부과되지만 자가주택시장의 경우는 주택의 소유자, 즉 매수인(수요자)에게 부과되는 셈이 된다.

② 먼저 임대주택시장에서 재산세가 부과되기 전 최초의 균형임대료는 R_0, 균형거래량은 Q_0이다.

③ 재산세 부과는 임대인 입장에서는 재산세 부과액만큼 공급자비용이 증가한 것이 된다. 따라서 임대주택시장에서 임대주택에 대한 공급곡선은 S_0에서 S_1으로 상방으로 이동한다.

④ 공급곡선이 상방으로 이동함에 따라 새로운 균형임대료는 R_2, 균형거래량은 Q_1이 된다.

⑤ 재산세 부과로 인한 조세부담을 구분할 경우 임대료가 상승한 것은 임대인이 임대료 인상을 통해 재산세 부과액 중 일부를 임차인에게 전가한 것이며, 나머지는 임대인이 부담하는 것이 된다.

⑥ 그림을 통해 구분해 보면 다음과 같다.

> - 세금 $R_1 \sim R_2$ 중에서 ┌ 주택임차인의 부담: $R_2 \sim R_0$
>   └ 주택임대인의 부담: $R_0 \sim R_1$
> - 전체 조세부담액 $R_1 R_2 \times OQ_1$ 중에서 ┌ 임차인 부담액: $R_0 R_2 \times OQ_1$ (색 부분)
>   └ 임대인 부담액: $R_1 R_0 \times OQ_1$ (먹 부분)

⑦ 임차인이 실질적으로 지불하는 금액이 상승하므로 소비자잉여*는 감소하며, 임대인이 받는 임대료는 하락하므로 생산자잉여*도 감소한다.

⑧ 재산세 부과로 인해 주택임대료는 상승하여 임차인은 재산세 부과 전보다 더 높은 금액을 지불하고 임대인은 더 낮은 금액을 받게 되므로 소비자잉여와 생산자잉여가 감소하여 사회적 후생손실(경제적 순손실)이 발생한다.

---

* **소비자잉여**

소비자의 최대지불용의 금액과 실제로 지불한 금액의 차이를 말한다.

* **생산자잉여**

공급자의 총수입과 공급자가 받고자 하는 최소금액(기회비용)의 차이를 말한다.

4. 탄력성과 조세귀착

(1) 조세부담의 상대적 배분

$$\frac{수요의\ 가격탄력성}{공급의\ 가격탄력성} = \frac{임대인\ 부담}{임차인\ 부담}$$

① 탄력성과 조세부담은 반비례한다. 만일 공급의 가격탄력성이 2이고 수요의 가격탄력성이 1이라면 수요자가 공급자보다 2배 더 부담하며, 총 조세액 중에서 수요자가 3분의 2, 공급자가 3분의 1씩 부담한다.
② 재산세의 귀착문제에서 수요자(임차인)가 지불하는 부분과 공급자(임대인)가 지불하는 부분의 정도 차이는 수요의 탄력성과 공급의 탄력성의 상대적 크기에 따라 다르게 나타난다.

(2) 수요의 탄력성과 조세의 귀착

수요곡선이 탄력적일수록 수요자 부담이 작고, 비탄력적일수록 수요자 부담이 크다. 수요곡선이 탄력적일수록 수요자가 임대료 변화에 민감하게 반응한다는 것이며, 비탄력적일수록 수요자가 임대료 변화에 민감하게 반응하지 않는다는 것을 의미한다. 만일 수요곡선이 보다 비탄력적이라면 공급자는 정부가 부과한 세금을 수요자에게 떠넘기기 쉬운데, 그 이유는 임대료가 상승한다 할지라도 수요자는 어쩔 수 없이 재화를 구입할 수밖에 없기 때문이다.

(3) 공급의 탄력성과 조세의 귀착

공급곡선이 탄력적일수록 공급자 부담이 작아지고, 비탄력적일수록 공급자 부담이 커진다. 공급곡선이 탄력적일수록 공급자가 임대료 변화에 민감하게 반응한다는 것이고, 비탄력적일수록 공급자가 임대료 변화에 민감하게 반응하지 않는다는 것을 의미한다. 만일 공급곡선이 보다 비탄력적이라면 공급자는 정부가 부과한 세금을 수요자에게 떠넘길 생각을 하지 못하므로 공급자가 더 많이 부담할 수밖에 없다.

추가 임대주택의 수요곡선과 공급곡선의 탄력성

임대주택시장에서 주택의 수요곡선과 공급곡선의 탄력성은 나라마다 다를 수 있는데, 주택이 부족한 후진국일수록 주택의 수요곡선은 보다 비탄력적이라고 할 수 있다.

O X 확인문제

주택수요자의 수요곡선이 비탄력적이고 주택공급자의 공급곡선이 탄력적일 경우, 재산세의 부담은 상대적으로 주택공급자에게 많이 귀착된다. • 15회 ( )

정답 (×)
주택수요자의 수요곡선이 비탄력적이고 주택공급자의 공급곡선이 탄력적일 경우, 재산세의 부담은 상대적으로 주택수요자에게 많이 귀착된다.

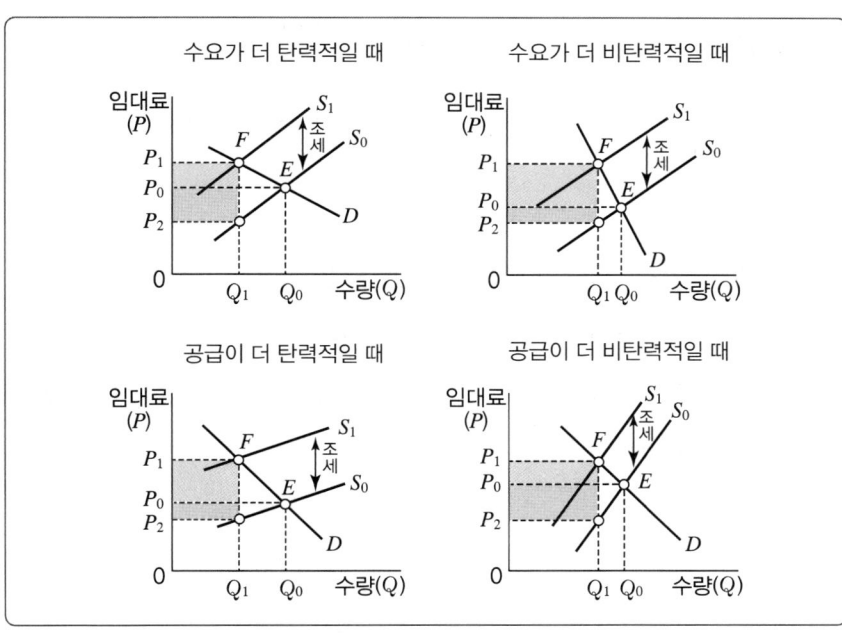

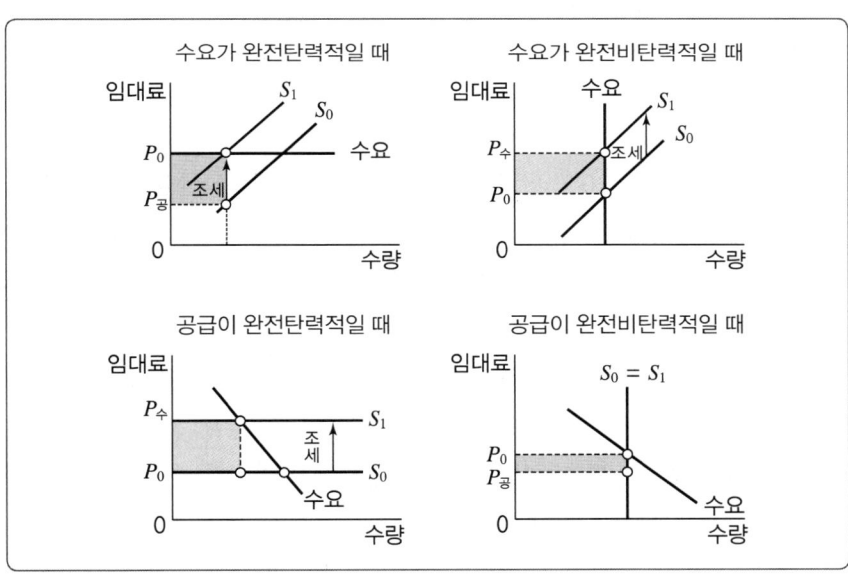

(4) 탄력성과 조세귀착의 결론

① 수요가 탄력적일수록 수요자 부담은 작아지고, 수요가 비탄력적일수록 수요자 부담은 커진다.
② 공급이 탄력적일수록 공급자 부담은 작아지고, 공급이 비탄력적일수록 공급자 부담은 커진다.

③ 수요가 완전비탄력적이거나 공급이 완전탄력적일 때는 수요자가 모두 부담한다.
④ 수요가 완전탄력적이거나 공급이 완전비탄력적일 때는 공급자가 모두 부담한다.

5. 조세의 중립성과 사회적 후생손실(경제적 순손실)

① 조세의 중립성이란 세금 부과의 결과로 납세자의 상대적인 경제 상황에 변화가 초래되어서는 안 된다는 일반적 과세 원칙을 말한다. 즉, 조세가 시장의 자원배분에 영향을 미치지 않아야 한다는 원칙을 의미한다.

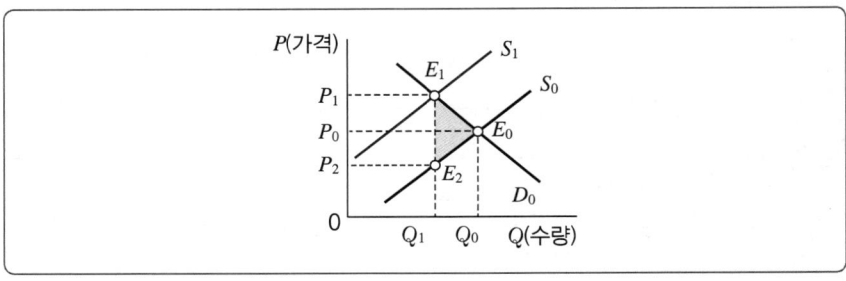

> **정리 사회적 후생손실**
> 소비자잉여감소분
> ($P_0 P_1 E_1 E_0$)
> + 생산자잉여감소분
> ($P_0 P_2 E_2 E_0$)
> − 정부의 조세수입
> ($P_1 P_2 E_2 E_1$)
> = 사회적 후생손실($E_0 E_1 E_2$)

② 조세부과로 인해 공급이 감소하게 되면 가격은 상승하여 수요자는 조세부과 전보다 더 높은 가격을 지불하고 공급자는 더 낮은 가격을 받게 되므로 소비자잉여와 생산자잉여가 감소하여 삼각형 크기($E_0 E_1 E_2$)의 사회적 후생손실(경제적 순손실)이 발생한다.
③ 수요와 공급이 탄력적일수록 조세부과 시 거래량은 크게 감소하므로 사회적 후생손실(경제적 순손실)은 증가하며, 수요와 공급이 비탄력적일수록 조세부과 시 거래량은 작게 감소하므로 사회적 후생손실(경제적 순손실)은 감소한다.
④ 수요와 공급이 탄력적일수록 조세부과에 따른 사회적 후생손실(경제적 순손실)이 증가하는 이유는 수요와 공급이 탄력적일수록 조세에 의해 민간부문의 의사결정 왜곡이 커지기 때문이다.
⑤ 수요곡선은 불변이라고 가정할 때, 세금부과에 의한 사회적 후생손실(경제적 순손실)은 공급이 비탄력적일수록 작아지고, 공급이 탄력적일수록 커진다.
⑥ 공급이 완전비탄력적인 경우 공급자에 대한 조세부과는 소비자잉여는 변함이 없으나 공급자가 조세 전액을 부담하며 생산자잉여는 조세부담

액만큼 줄어든다. 그러나 생산자잉여가 줄어든 만큼 정부의 조세수입이 증가하여 사회적 후생손실은 발생하지 않는다. 결국 공급이 완전비탄력적인 경우 공급자에 대한 조세부과 효과는 가격과 균형거래량은 불변이며, 사회적 후생손실도 발생하지 않는다.

⑦ 수요가 완전비탄력적인 경우 공급자에 대한 조세부과는 생산자잉여는 변함이 없으나 수요자가 조세 전액을 부담하며 소비자잉여는 조세부담액만큼 줄어든다. 그러나 소비자잉여가 줄어든 만큼 정부의 조세수입이 증가하여 사회적 후생손실은 발생하지 않는다. 결국 수요가 완전비탄력적인 경우 공급자에 대한 조세부과 효과는 가격은 조세부과 크기만큼 상승하나 균형거래량은 불변이며, 사회적 후생손실은 발생하지 않는다.

6. 주택에 대한 영향

(1) 주택수요자
주택에 대한 조세의 부과는 수요자 입장에서 수요자가 주택에 대해 지불하는 금액(임대료)을 높게 만들고, 그 결과 주택의 수요량을 감소시킨다.

(2) 주택공급자
주택에 대한 조세의 부과는 공급자 입장에서 공급자가 주택을 통해 얻는 수입을 낮게 만들고, 그 결과 주택의 공급량을 감소시킨다.

(3) 세금의 귀착문제는 주택의 수요와 공급의 상대적인 탄력성에 따라 다르게 나타난다.

(4) 신규주택과 기존주택에 대해 일률적으로 같은 비율의 재산세를 부과하면 신규주택의 소비자인 고소득층이 기존주택의 소비자인 저소득층에 비해 상대적으로 오히려 조세를 적게 부담하는 결과를 야기한다. 이는 신규주택의 공급곡선보다 기존주택의 공급곡선이 더 탄력적이므로 보다 많은 조세가 기존주택의 소비자인 저소득층에 전가되기 때문이다. 결국 정부에서 주택에 부과하는 재산세를 상승시킬 때, 일률적으로 같은 비율을 주택에 적용하는 재산세는 역진세적인 효과를 나타낸다.

(5) 수직적 형평성을 달성하기 위해서는 재산세를 누진세의 형태로 부과하는 것이 효과적이라고 할 수 있다.

> **추가 수평적 형평성과 수직적 형평성**
> 조세의 수평적 형평성이란 소득의 크기가 같으면 세금의 크기가 같아야 한다는 것이며, 조세의 수직적 형평성이란 소득의 크기가 다르면 세금의 크기도 달라야 한다는 것이다. 따라서 조세의 수평적 형평성과 수직적 형평성이 모두 달성될 때 조세가 공평하다고 할 수 있다.

(6) 공공임대주택의 공급확대정책은 임대주택의 재산세가 임차인에게 전가되는 현상을 완화시킬 수 있다.

■■ 주택에 대한 조세

구분	신축주택(고가주택)	기존주택(저가주택)
수요	탄력적	비탄력적
공급	비탄력적	탄력적
수요자	고소득층	저소득층
비례세 부과	조세부담 작음	조세부담 큼
	⇨ 세부담의 역진성 초래	
누진세 부과	조세부담 큼	조세부담 작음
	⇨ 수직적 형평성 달성	

7. 양도소득세와 토지보유세의 경제적 효과

(1) 주택에 대한 양도소득세의 부과효과

① **주택공급의 동결효과가 존재하는 경우:** 주택의 거래가 이루어지는 자가주택시장에서 매도인에게 양도소득세를 중과할 경우에는 거래를 회피하는 경향이 나타나 주택공급이 감소하는 주택공급의 동결효과(lock-in effect)*가 발생하며, 그로 인해 주택가격이 상승할 수 있다. 결과적으로 무주택자의 주택구입이 어려워지고 저소득층의 주거비용 부담이 증가하게 된다.

② **주택공급의 동결효과가 존재하지 않는 경우:** 주택공급의 동결효과가 없다면 양도소득세의 부과는 자본이득의 크기를 줄게 하여 그 결과 주택수요를 감소시켜 주택거래를 줄이고 주택가격을 하락시킨다.

(2) 토지에 대한 보유세 부과효과

① 토지에 대한 보유세는 부과목적에 따라 달라진다. 부과목적이 조세수입에 있는 경우는 모든 토지용도에 관계없이 동일한 세금을 부과하는 것이 바람직하다. 그러나 부과목적이 개발이익의 환수나 토지이용을 특정방향으로 유도하기 위한 경우에는 토지용도별이나 지역별로 차등과세를 할 필요가 있다.

② 토지의 거래가 이루어지는 매매시장에서 토지에 대한 보유세를 중과할 경우 토지보유에 대한 부담이 늘어 필요한 토지만 보유하고 필요 이상의 토지는 시장에 내놓게 되므로 공급물량이 많아져 토지가격이 안정

---

* **동결효과(lock-in effect)**
가격이 오른 부동산의 소유자가 양도소득세를 납부하지 않기 위해 부동산의 처분을 기피함으로써 부동산의 공급이 감소하는 효과를 말한다. 동결효과가 존재한다면 양도소득세의 부과로 부동산가격은 오히려 상승하고 거래량은 더욱 감소할 수 있다.

O X 확인문제

양도소득세가 강화되어 동결효과(lock-in effect)가 발생하면 부동산가격이 하락한다. •36회
( )

정답 (×)
양도소득세가 강화되어 동결효과(lock-in effect)가 발생하면 부동산공급이 감소하여 부동산가격이 상승할 수 있다.

되고 토지이용이 촉진된다. 결국 토지이용을 특정 방향으로 유도하기 위해 정부가 토지보유세를 부과할 때에는 토지용도에 따라 차등과세를 하여야 한다.

③ 토지임대차시장에서 토지의 공급곡선이 완전비탄력적인 상황에서 토지소유자에게 토지보유세가 부과되더라도 자원배분의 왜곡은 초래되지 않는다.

(3) 양도소득세와 보유세의 경제적 효과

① 정부 입장에서 양도소득세의 경우는 부동산거래 시 과세되므로 경기변동에 따라 세수입이 달라져 세원관리와 예측이 곤란하나, 보유세의 경우는 대체로 세수입의 변동이 적어 양도소득세의 경우보다 세원관리가 훨씬 용이하다.

② 궁극적으로 보유과세를 강화하고, 거래·이전과세를 낮추는 방향으로 세제를 개편하여 거래를 활성화하고 분배의 형평성을 달성하여야 할 것이다.

8. 헨리 조지(Henry George)의 토지단일세론

① 19세기 미국의 사회사상가이며 정치경제학자인 헨리 조지(Henry George, 1839~1897)는 그의 저서 『진보와 빈곤(Progress and Poverty)』에서 "우리는 토지를 공공의 것으로 만들어야 한다."라고 하였다.

② 토지세를 제외한 다른 모든 조세를 없애고 정부의 재정은 토지세만으로 충당하는 토지단일세를 주장하였다.

③ 그의 주장은 토지가치세론(theory of land value taxes) 또는 토지단일세론(single tax on land)으로 요약할 수 있는데, 토지에서 발생하는 지대수입을 100% 징세할 경우, 토지세 수입만으로 재정을 충당할 수 있기 때문에 토지세 이외의 모든 조세는 철폐하자고 주장하였다.

④ 토지의 공급이 완전비탄력적이므로, 토지세는 임대인(토지소유자)에게 전적으로 귀착된다고 보았다. 이를 근거로 모든 세금을 폐지하고 토지단일세 도입을 주장하였다.

O X 확 인 문 제

헨리 조지(H. George)는 토지세가 임차인에게 모두 전가되는 것을 근거로 토지단일세 도입을 주장하였다. •36회 ( )

정답 (×)
헨리 조지(H. George)는 토지세를 임대인(토지소유자)이 모두 부담하는 것을 근거로 토지단일세 도입을 주장하였다.

CHAPTER 03 최신기출문제로 확인!

01 부동산시장에 대한 정부의 개입에 관한 설명으로 **틀린** 것은? •34회

① 부동산투기, 저소득층 주거문제, 부동산자원배분의 비효율성은 정부가 부동산시장에 개입하는 근거가 된다.
② 부동산시장실패의 대표적인 원인으로 공공재, 외부효과, 정보의 비대칭성이 있다.
③ 토지비축제도는 공익사업용지의 원활한 공급과 토지시장 안정을 위해 정부가 직접적으로 개입하는 방식이다.
④ 토지수용, 종합부동산세, 담보인정비율, 개발부담금은 부동산시장에 대한 직접개입수단이다.
⑤ 정부가 주택시장에 개입하여 민간분양주택 분양가를 규제할 경우 주택산업의 채산성·수익성을 저하시켜 신축 민간주택의 공급을 축소시킨다.

> 키워드 > 부동산정책
> 난이도 >
> 해설 > 정부의 부동산시장에 대한 개입수단 중 토지수용은 직접개입수단에 해당하며, 종합부동산세, 담보인정비율, 개발부담금은 간접개입수단에 해당한다.

02 부동산정책을 직접개입방식과 간접개입방식으로 구분할 때, 간접개입방식에 해당하는 것을 모두 고른 것은? (단, 다른 조건은 동일함) •36회

㉠ 임대료 보조	㉡ 재산세 부과
㉢ 공공임대주택 공급	㉣ 공공토지비축제도
㉤ 토지거래허가제도	㉥ 개발부담금제도

① ㉠, ㉡, ㉢
② ㉠, ㉡, ㉥
③ ㉢, ㉣, ㉤
④ ㉠, ㉣, ㉤, ㉥
⑤ ㉡, ㉢, ㉣, ㉤, ㉥

> 키워드 > 직접개입방식과 간접개입방식
> 난이도 >
> 해설 > 정부의 부동산시장 개입 유형 중 공공임대주택 공급, 공공토지비축제도, 토지거래허가제도는 직접개입방식에 해당하며, 임대료 보조, 재산세 부과, 개발부담금제도는 간접개입방식에 해당한다.

정답 01 ④ 02 ②

03 현재 우리나라에서 시행되고 있지 <u>않는</u> 부동산정책 수단을 모두 고른 것은? • 34회

㉠ 택지소유상한제	㉡ 부동산거래신고제
㉢ 토지초과이득세	㉣ 주택의 전매제한
㉤ 부동산실명제	㉥ 토지거래허가구역
㉦ 종합부동산세	㉧ 공한지세

① ㉠, ㉧
② ㉠, ㉢, ㉧
③ ㉠, ㉣, ㉤, ㉥
④ ㉡, ㉢, ㉣, ㉤, ㉦
⑤ ㉡, ㉣, ㉤, ㉥, ㉦, ㉧

키워드 ▶ 부동산정책

난이도 ▶ ■■■

해설 ▶ ㉠ 택지소유상한제는 1990년부터 실시되었으나 사유재산권 침해 이유로 1998년에 폐지되었다.
㉢ 토지초과이득세는 실현되지 않은 이익에 대해 과세한다는 논란 등으로 1998년에 폐지되었다.
㉧ 공한지세는 1974년부터 실시되었으나 1986년에 폐지되었다.

04 공공주택 특별법령상 공공임대주택에 관한 내용으로 옳은 것은 모두 몇 개인가? (단, 주택도시기금은 주택도시기금법에 따른 주택도시기금을 말함) • 35회

- 통합공공임대주택: 국가나 지방자치단체의 재정이나 주택도시기금의 자금을 지원받아 최저소득 계층, 저소득 서민, 젊은 층 및 장애인·국가유공자 등 사회 취약계층 등의 주거안정을 목적으로 공급하는 공공임대주택
- 행복주택: 국가나 지방자치단체의 재정이나 주택도시기금의 자금을 지원받아 대학생, 사회초년생, 신혼부부 등 젊은 층의 주거안정을 목적으로 공급하는 공공임대주택
- 장기전세주택: 국가나 지방자치단체의 재정이나 주택도시기금의 자금을 지원받아 전세계약의 방식으로 공급하는 공공임대주택
- 분양전환공공임대주택: 일정기간 임대 후 분양전환할 목적으로 공급하는 공공임대주택

① 0개
② 1개
③ 2개
④ 3개
⑤ 4개

정답 03 ② 04 ⑤

키워드	공공임대주택
난이도	■■■■■
해설	모두 옳은 내용이다.

공공주택 특별법령상 공공임대주택에 관한 내용은 다음과 같다(공공주택 특별법 시행령 제2조).

- 통합공공임대주택: 국가나 지방자치단체의 재정이나 주택도시기금의 자금을 지원받아 최저소득 계층, 저소득 서민, 젊은 층 및 장애인·국가유공자 등 사회 취약계층 등의 주거안정을 목적으로 공급하는 공공임대주택
- 행복주택: 국가나 지방자치단체의 재정이나 주택도시기금의 자금을 지원받아 대학생, 사회초년생, 신혼부부 등 젊은 층의 주거안정을 목적으로 공급하는 공공임대주택
- 장기전세주택: 국가나 지방자치단체의 재정이나 주택도시기금의 자금을 지원받아 전세계약의 방식으로 공급하는 공공임대주택
- 분양전환공공임대주택: 일정기간 임대 후 분양전환할 목적으로 공급하는 공공임대주택

05 부동산 관련 조세 중 국세와 보유세에 모두 해당하는 것은? ·36회

① 재산세
② 상속세
③ 등록면허세
④ 양도소득세
⑤ 종합부동산세

키워드	부동산 조세
난이도	■■■■
해설	종합부동산세는 보유세로서 국세에 해당한다. 재산세는 보유세이나 지방세에 해당하며, 상속세는 취득단계에서 부과하는 조세로서 국세에 해당한다. 등록면허세는 취득단계에서 부과하는 조세로서 지방세에 해당하며, 양도소득세는 처분단계에서 부과하는 국세이다.

정답 05 ⑤

06 부동산조세에 관한 설명으로 옳은 것을 모두 고른 것은?

・35회

㉠ 양도소득세의 중과는 부동산 보유자로 하여금 매각을 앞당기게 하는 동결효과(lock-in effect)를 발생시킬 수 있다.
㉡ 재산세와 종합부동산세의 과세기준일은 매년 6월 1일로 동일하다.
㉢ 취득세와 상속세는 취득단계에서 부과하는 지방세이다.
㉣ 증여세와 양도소득세는 처분단계에서 부과하는 국세이다.

① ㉡
② ㉠, ㉢
③ ㉡, ㉣
④ ㉠, ㉢, ㉣
⑤ ㉠, ㉡, ㉢, ㉣

키워드 〉 부동산조세

난이도 〉

해설 〉 ㉠ 양도소득세의 중과는 부동산 보유자로 하여금 매각을 미루게 하는 동결효과(lock-in effect)를 발생시킬 수 있다.
㉢ 취득세와 상속세는 취득단계에서 부과하는 조세로서 취득세는 지방세이나 상속세는 국세이다.
㉣ 증여세는 취득단계, 양도소득세는 처분단계에서 부과하는 국세이다.

07 토지세를 제외한 다른 모든 조세를 없애고 정부의 재정은 토지세만으로 충당하는 토지단일세를 주장하는 학자는?

・35회

① 뢰쉬(A. Lösch)
② 레일리(W. Reilly)
③ 알론소(W. Alonso)
④ 헨리 조지(H. George)
⑤ 버제스(E. Burgess)

키워드 〉 토지단일세

난이도 〉

해설 〉 헨리 조지(H. George)는 그의 저서 '진보와 빈곤(Progress and Poverty)'에서 토지세를 제외한 다른 모든 조세를 없애고 정부의 재정은 토지세만으로 충당하는 토지단일세를 주장하였다.

정답 06 ① 07 ④

CHAPTER 04 | 부동산투자론

10개년 출제문항 수

27회	28회	29회	30회	31회
7	8	7	7	3
32회	33회	34회	35회	36회
6	5	8	3	6

↳ 총 40문제 中 평균 약 6문제 출제

학습전략

- 부동산투자론에서는 부동산투자이론과 화폐의 시간가치 계산, 부동산 투자 분석과정 및 부동산투자분석의 기법에 대해 학습합니다.
- 지렛대효과, 자기자본수익률, 부동산투자의 위험과 기대수익률, 포트폴리오기법, 화폐의 시간가치 계산, 현금흐름의 측정, 부동산투자분석기법에 대해 묻는 문제가 주로 출제되니 관련 이론을 정리해 두는 것이 좋습니다.

제1절 부동산투자이론

1 부동산투자와 투기 · 25회 · 27회 · 29회 · 31회 · 33회 · 34회 · 36회

1. 부동산투자

(1) 부동산투자의 개념

① 투자란 불확실한 미래의 수익을 기대하여 확실한 현재의 소비를 희생하는 행위이다. 즉, 불확실한 미래의 현금수입과 현재의 현금지출을 교환하는 행위라고 할 수 있다.
② 투자는 취득·운용(운영)·처분이라는 3단계를 거치나, 투기는 이 중에서 운용(운영)이 없거나 지극히 형식적인 것을 말한다.
③ 부동산투자란 확실한 현재의 소비를 희생하는 생산활동을 통해 미래의 불확실한 수익의 획득을 목적으로 하여 합리적 안전성과 원금의 궁극적인 회수를 전제로 항구적인 용도를 갖는 부동산에 자본을 투입하는 행위이다.
④ 미래의 수익은 불확실하므로 항상 위험을 내포하고 있다. 따라서 투자수익은 이러한 위험을 감수한 대가라고 할 수 있다. 또한 투자의 대상이 되는 부동산은 투자성 부동산 또는 수익성 부동산*이라고 한다.

* **수익성 부동산**
투자의 대상이 되는 부동산을 말하는데, 투자성 부동산이라고도 하며, 일상에서는 수익형 부동산이라고도 한다.

(2) 투자의 종류

① **실물투자**(real investment): 자원의 희소성이나 인플레이션* 등에 의하여 상품가치가 증가하는 것에 대하여 투자하는 것을 말한다. 예를 들어 금·은·보석·골동품·예술품·부동산 등 실물에 투자하는 것이다.

② **재무투자**(financial investment): 공채·주식·사채·외환 등의 금융유가증권에 투자하는 것을 말한다. 통화가 안정되고 경제성장이나 생산성 향상 등이 유리하게 되면 재무투자의 기회가 많아진다.

(3) 부동산투자자의 종류

부동산투자자는 일반적으로 지분투자자와 저당투자자로 나뉜다.

① **지분투자자**(equity investor): 자기자본을 투자하는 보통의 일반투자자를 말한다. 부동산투자에 대한 의사결정의 주체로서 보통의 일반투자자를 지분투자자라고 부르는 것은 저당투자자와 구별하기 위함이다.

② **저당투자자**(mortgage investor): 지분투자자에게 필요한 자금을 대출해주는 대출자를 말한다. 저당대부를 제공하는 은행과 같은 대출기관이 대표적이다.

(4) 부동산투자의 장단점[1]

① **장점**

㉠ **지렛대효과**(leverage effect) **향유**: 지렛대효과란 부채의 사용이 지분수익률(자기자본수익률)에 미치는 영향을 말한다. 즉, 차입금을 이용하여 부동산에 대한 투자수익을 높이는 것을 의미하는데, 부동산투자가 금융기관 융자 등 차입을 동반하여 이루어질 때 발생한다. 부동산투자자는 저당권과 전세제도 등을 통해 레버리지를 활용할 수 있다.

㉡ **절세효과**: 부동산은 낮은 세율, 세액공제 등의 기회가 있어 세금을 최소화할 수 있다. 임대사업을 영위하는 법인은 건물에 대한 감가상각과 이자비용을 세금산정 시 비용으로 인정받을 수 있다.

㉢ **구매력 보호**: 부동산은 인플레이션으로부터 보호하는 기능을 가지고 있다. 즉, 부동산가격이 물가상승률과 연동하여 상승하는 기간에는 인플레이션을 방어하는 효과가 있다. 또한 부동산은 실물자산의 특성과 토지의 영속성으로 인해 가치 보존력이 양호한 편이다.

---

* **인플레이션**(inflation)
인플레이션은 물가가 지속적으로 올라 화폐가치는 떨어지는 현상을 말하고, 반면에 디플레이션(deflation)은 물가가 지속적으로 떨어져 화폐가치는 오르는 현상을 말한다.

O X 확 인 문 제

레버리지효과란 타인자본을 이용할 경우 부채비율의 증감이 자기자본수익률에 미치는 효과를 말한다. •20회 ( )

정답 (○)

O X 확 인 문 제

부동산투자자는 저당권과 전세제도 등을 통해 레버리지를 활용할 수 있다. •27회 ( )

정답 (○)

---

[1] 방경식, 전게서, pp.601~607

※ **소득이득과 자본이득**

1. 소득이득(income gain): 보유기간 동안 생산활동을 통해 발생하는 이득으로서, 부동산을 임대할 때의 수입 등을 말한다.
   예 임대료 수입, 지대 수입
2. 자본이득(capital gain): 해당 기간 말(처분 시)에 발생하는 소득, 즉 자산가치의 상승에 따른 이익을 말한다.
   예 양도차익, 시세차익

추가 총자본수익과 지분수익

부동산투자의 총자본수익은 종합수익이라고도 하는데, 소득이득과 자본이득의 합이다. 지분수익은 총자본수익(= 소득이득 + 자본이득)에서 이자지급액을 뺀 것으로 지분투자자 몫으로 귀속되는 수익이다.

※ **지분수익률(자기자본수익률)**

$$= \frac{지분수익}{지분투자액(자기자본)} \times 100(\%)$$

$$= \frac{총자본수익 - 이자지급액}{지분투자액} \times 100(\%)$$

※ **총자본수익률**

$$= \frac{총자본수익}{총투자액} \times 100(\%)$$

$$= \frac{소득이득 + 자본이득}{총투자액} \times 100(\%)$$

ⓒ 소유의 긍지

ⓓ **인적 통제 가능**: 부동산은 증권이나 채권 등과 같은 투자재산과 마찬가지로 투자자에게 인적 통제의 기회를 부여한다.

ⓔ 사업이윤의 획득

ⓕ **소득이득과 자본이득*의 향유**: 부동산 보유기간 동안의 임대료수입 등 소득이득과 처분 시 가치상승으로 발생하는 자본이득을 얻을 수 있다.

한눈에 보기 지렛대효과(leverage effect)

1. **개념**
   부채의 사용이 지분수익률(자기자본수익률)*에 미치는 영향을 말하는데, 이는 차입금이 지분수익을 어떻게 증가 또는 감소시키는가를 의미하는 것이다. 즉, 지렛대효과란 타인자본을 이용할 경우 부채비율의 증감이 자기자본수익률에 미치는 효과를 말한다.

2. **구분**
   ① 정(+)의 지렛대효과: 자기자본수익률 > 총자본수익률 > 차입이자율(저당수익률)
      ⇨ 부채비율이 커질수록 자기자본수익률 증가, 부채비율이 작아질수록 자기자본수익률 감소
   ② 부(−)의 지렛대효과: 자기자본수익률 < 총자본수익률 < 차입이자율(저당수익률)
      ⇨ 부채비율이 커질수록 자기자본수익률 하락, 부채비율이 작아질수록 자기자본수익률 증가
   ③ 영(0)의 지렛대효과: 자기자본수익률 = 총자본수익률 = 차입이자율(저당수익률)
      ⇨ 부채비율이 변화해도 자기자본수익률은 불변

3. **지렛대효과의 크기**
   지렛대효과의 크기는 자기자본수익률(지분수익률)에서 총자본수익률*을 뺀 크기라고 할 수 있다.

   > 지렛대효과의 크기 = 자기자본수익률(지분수익률) − 총자본수익률

4. **지렛대효과와 금융적 위험**
   정(+)의 레버리지는 차입금(부채)의 사용이 지분투자자의 지분수익을 증대시키는 방향으로, 부(−)의 레버리지는 지분투자자의 지분수익을 감소시키는 방향으로 작용한다. 따라서 차입금을 사용하는 데 드는 금리비용보다 높은 수익이 기대되는 경우에는 차입금을 적극적으로 활용하는 것이 유리하다고 볼 수 있다. 그러나 차입금이 많으면 원리금에 대한 채무불이행 가능성도 높아지며, 파산할 위험이 높아진다. 이를 금융적 위험이라고 한다.

② 단점
- ③ **낮은 환금성**: 부동산은 일반적으로 예금이나 주식보다 환금성이 낮은 편이다. 따라서 예금이나 주식보다 단기간에 현금화할 수 있는 가능성이 낮다.
- ⓒ **사업 위험부담**: 부동산의 수익성은 입지, 시장, 물리적 기능 등 전반적인 경제상태의 작용에 영향을 받는다.
- ⓒ **금융 위험부담**: 부동산을 구입하기 위하여 대출을 받아 투자하였다면 금융 위험부담이 있다.
- ② **소유자의 노력 필요**: 소유자의 돈, 시간, 노력이 소모된다.
- ⓜ **거래비용의 부담**: 세금, 중개수수료 등 거래비용의 부담이 크다.
- ⓑ **행정적 통제와 법률의 복잡성**: 부동산투자에는 토지이용통제, 개발통제 등 여러 가지 행정적 통제가 가해지고 있다.

2. 부동산투기

(1) 의의
단기간에 가격상승에 의한 양도차익만을 얻는 것을 목적으로 부동산을 보유하는 것이다. 즉, 부동산을 이용·관리할 의사 없이 필요 이상으로 부동산을 보유·관리하는 행위를 말한다.

(2) 부동산투기의 발생요인[2]
① 지역개발(신도시개발, 도시재개발, 광산·금광·유전·온천 발견)
② 교통수단의 신설과 확장
③ 경제·도시성장
④ 공공개발에 의한 개발이익에의 편승
⑤ 주택·택지가격의 상승
⑥ 부동산시장의 불완전경쟁적 성격
⑦ 인플레이션하의 환물투기심리
⑧ 토지에 대한 전통적인 소유욕
⑨ 저금리·저배당

---
[2] 이원준, 전게서, p.197

(3) 부동산투기의 폐해(역기능)[3]

① 개인의 측면에서는 투기로 인해 불로소득을 얻은 자와 얻지 못한 자 사이에 소득격차를 심화시킨다.
② 지가의 급등은 기업의 신규투자능력을 감소시켜 생산활동을 위축시키고, 그 결과 실업률이 증가하게 된다.
③ 부동산투기로 인한 지가상승은 기업의 실수요 용지의 확보를 어렵게 하고 생산원가를 상승시킨다. 그 결과 제품가격이 상승하게 되고 이것은 결국 경쟁력 약화를 가져와 수출부진 등의 경제적 손실을 초래한다.
④ 사회적 측면에서는 투기풍조의 만연으로 말미암아 근로의욕을 상실시키고, 투기로 인한 불로소득의 창출은 계층 간 위화감을 조성한다.
⑤ 정부 입장에서는 지가상승으로 인해 공공용지의 확보나 도시기반시설의 설치가 어렵게 되어 국민복리에 영향을 미치게 된다.
⑥ 토지이용의 국가적인 차원에서는 토지의 효율적·합리적 이용을 저해하는 요인이 되며, 따라서 국토의 최유효이용을 어렵게 만든다.

(4) 부동산투기의 순기능

① 투기적 공급으로 인하여 주택문제의 해결에 도움을 줄 수도 있다.
② 가격상승이 예상되면 택지의 투기적 공급을 가능하게 한다.
③ 도시의 민간개발을 가능하게 한다.
④ 1가구 1주택의 목표달성을 촉진하기도 한다.

3. 부동산투자와 부동산투기의 비교

구분	부동산투자	부동산투기
주체	실수요자	가수요자
대상	아파트·점포 등 항구적 용도의 자산	미성숙지
목적	정당한 기대이익(투자수익)	양도차익
가격	시장가격(적정가격)	투기가격
이용·관리의사	있음	없음
면적	필요량(적정면적)	필요량 이상
기간	장기	단기

---

[3] 이원준, 전게서, p.198

2 부동산투자의 결정

1. 부동산투자의 일반적 요인

(1) 부동산을 소유하려는 전통적 경향

(2) 부동산의 이용·관리의 가능성

주식·예금·보험 등 대체성 있는 투자분야와는 달리 부동산에 투자한 경우에는 이를 직접 이용하거나 관리할 수 있다.

(3) 부동산의 개별성과 국지성

부동산의 개별성으로 인한 비대체성, 이용·거래활동에 있어서의 국지성 역시 부동산투자를 불러일으키는 요인이 된다.

(4) 인플레이션에 강한 부동산투자

부동산은 대체로 인플레이션(inflation)에 강한 측면이 있는데, 이것이 부동산투자를 불러일으키는 요인이 된다. 그러나 디플레이션(deflation)에는 약하다는 단점이 있다.

(5) 부동산의 영속성

물리적 측면의 토지의 유용성은 영속적이고, 건물은 내용연수를 가지는 반영속적인 것인데, 이것 역시 부동산투자를 불러일으키는 요인이 된다.

2. 부동산투자 결정 시 고려사항[4]

(1) 투자의 안전성

투자를 통하여 얻은 자산을 후일에 처분할 수 있어야 하며, 처분을 통해서 원금을 합리적으로 회수할 수 있는 것을 말한다. 그러나 모든 투자활동에서 투자의 안전성이 언제나 보장되는 것은 아니며, 원금회수가 불가능한 경우도 있다. 이를 '원금의 위험부담'이라고 한다. 따라서 부동산투자의 안전성은 법률적·경제적·기술적 측면에서 각각 분석·판단되어야 한다.

---

[4] 이원준, 전게서, pp.201~202
　이원준, 「부동산컨설팅업 경영과 실무」, 경록, 2002, p.105
　김태훈, 전게서, pp.121~123
　방경식, 전게서, pp.609~610

(2) 산출의 확실성

자산이 정기적으로 수익을 산출하는 능력을 갖거나, 자산가치가 추가적으로 증가하여 투자자에게 만족스러운 수익을 획득하게 하는 것을 말한다. 이러한 대상부동산이 산출하는 수익의 다과 정도 및 확실성 여부는 그 부동산의 가격에 영향을 미친다.

(3) 투자의 환금성

부동산은 일반적으로 일반재화보다 환금성이 약하기 때문에 지나친 환물투기심리나 부동산에 대한 집중투자는 삼가야 한다. 부동산에 따라서는 환금과정에서 환금이 잘 되지 않거나 손해를 보아야 하는 경우도 있는데, 이를 '환금의 위험부담'이라고 한다.

(4) 자본가치의 증대

투자활동에 있어서는 실질적인 자본가치가 증대함이 목적이며, 특히 가치의 감가가 적거나 없어야 하고 인플레이션에 대한 대비책으로 인플레이션 헤지(inflation hedge)* 수단이 되어야 한다. 그러나 때로는 실질적인 화폐가치 하락으로 인해 자산을 처분하여 회수한 금액이 명목상의 것에 불과한 경우도 있는데, 이와 같이 자산가치가 감소하는 것을 '경제가치의 위험부담'이라고 한다.5)

* **인플레이션 헤지 (inflation hedge)**
인플레이션으로 인한 화폐가치의 하락에 대한 방어수단으로서 화폐자산 대신 부동산 등의 실물자산이나 주식 등을 보유하려는 것을 말한다.

추가 거리의 구분
1. 시간거리: 교통수단의 차이에서 오는 의식상의 거리로 도시계획에 있어 필수적인 고려사항이다.
2. 요금(운임)거리: 동일한 비용으로 이동가능한 실제 거리의 비교분석을 위한 학문적·개념적 거리이다.
3. 실측거리: 보통 미터(m) 등으로 나타낸 실거리이다.
4. 의식거리: 사람의 의식에 따라서 멀리 또는 가까이 느낄 수도 있는 감각상의 차이를 분별하기 위한 학문적·개념적 거리이다.

(5) 거리의 감안

부동산투자에 있어서는 시간거리, 요금(운임)거리, 실측거리, 의식거리 등을 감안하여야 한다.

(6) 세제면에서의 이익

어떤 부동산투자활동에 있어서 다른 대체 투자대상보다 세제의 혜택이 있을 경우 그만큼 유리한 투자대상이 된다.

(7) 경영관리의 부담 여부

바람직한 투자에 있어서 투자자가 희망하는 경우에는 투자자산의 경영관리에 참여할 기회가 주어지고, 희망하지 않는 경우에는 그러한 부담이 없어야 한다.

---

5) Maury Seldin and Richard H. Swesnick, Real Estate Investment Strategy, Wiley-Interscience, London, 1970, p.10

(8) 순수익의 재투자

투자자산이 산출하는 주기적인 순수익이나 이윤은 이것이 사장되지 않도록 재투자할 기회가 부여되어 있어야 한다.

(9) 지레의 작용

어떤 투자를 통해서 새로운 자산을 취득하는 경우에는 투자자가 이미 보유하고 있는 자산과 함께 그것이 활용됨으로써 투자자의 경제활동의 범위가 확대될 수 있어야 유익하다.

3 재산 3분법

1. 의의

재산 3분법이란 재산을 예금·부동산 그리고 주식에 각각 배분투자하여, 투자에서 발생되는 위험을 분산시키고 안전성·수익성·환금성을 균형 있게 검토하여 재산관리를 하자는 것이다. 이때 재산관리에 있어서는 안전성·수익성·환금성 등을 고려한[6] 부동산·주식·예금의 3가지 투자관리 형태가 일반적으로 사용된다.

2. 투자재산의 비교[7]

(1) 예금의 안전성과 환금성

투자재산 중 은행예금은 안전성과 환금성에는 강하지만, 수익면에서는 부동산이나 주식을 따를 수 없으므로 수익성은 약하다는 단점이 있다.

(2) 주식의 환금성과 수익성

주식은 주가의 상승과 사업에 따른 이익배당 필요시에 매매가 용이하므로 수익성과 환금성은 높은 편이나, 재산의 보전이란 측면에서는 피해를 볼 우려가 많다는 점에서 안전성은 약한 편이다.

(3) 부동산의 안전성과 수익성

부동산은 부동성·부증성·영속성 등의 자연적 특성으로 인해 안전성과 수익성에 있어서 유리하나, 처분에 많은 시간을 요하므로 환금성에 있어서는 매우 불리하다.

---

6) 岩田規久男, 土地と住宅の經濟學(東京: 日本經濟新聞社, 1975), pp.18~20, pp.109~111
7) 이원준, 전게서, pp.216~222
  김태훈, 전게서, pp.127~129

> **정리** 헷갈리기 쉬운 내용
> 1. 재산 3분법이란 투자재산을 예금·주식·부동산으로 3분하여 관리 (○)
> 2. 3등분하여 관리 (×)
> 3. 각각 1/3씩 관리 (×)

> **추가** 안전성과 안정성
> 1. **안전성(安全性)**: '위험이 없거나 안전을 보장하는 성질'을 의미한다.
>   예 건물의 안전성, 자동차의 안전성
> 2. **안정성(安定性)**: '바뀌어 달라지지 않고 일정한 상태를 유지하는 성질'을 의미한다.
>   예 주가와 환율의 안정성, 직장의 안정성과 수익성

■ 투자재산의 비교

구분	예금	주식	부동산
안전성	유리	불리	유리
수익성	불리	유리	유리
환금성	유리	유리	불리

3. 자산선택에 영향을 미치는 요인

(1) 투자자의 소득수준

투자자의 소득수준은 자산의 선택에 미치는 영향이 크다. 미국의 한 조사에 따르면 소득수준이 높을수록 유가증권에 대한 투자가 높고, 소득수준이 낮을수록 주택의 필요성 때문에 부동산이 점하는 비중이 큰 것으로 나타나고 있다.

(2) 투자물건의 가격수준

투자에 있어서 투자물건의 가격수준을 부담할 수 있는 능력을 가진 사람만이 선택의 기회를 가지며, 대체성을 가지는 투자재 간의 가격수준도 자산선택에 영향을 미친다.

4 부동산투자의 위험과 수익

•26회 •27회 •28회 •29회 •30회 •32회 •33회 •34회 •35회 •36회

1. 위험의 개념과 측정

(1) 위험의 개념

위험(risk)이란 부동산투자에서 예상한 결과와 실현된 결과가 달라질 가능성을 말한다. 즉, 어떤 투자안으로부터 얻어지게 될 결과에 대해 불확실성(uncertainty)이 존재함으로써 발생하는 변동성, 즉 투자수익이 기대치를 벗어날 변동가능성을 뜻한다. 어떤 투자안으로부터 얻어질 실제의 수익률과 기대수익률이 큰 편차를 가질 것으로 예상되거나 그 편차의 발생확률이 클 것으로 예상된다면, 그 투자는 큰 위험을 갖고 있다고 할 수 있다. 따라서 수익률의 변동성을 나타내는 통계적 척도인 분산 또는 표준편차에 의하여 투자위험의 크기를 측정할 수 있다.

> **추가** 확실성, 불확실성, 위험
> 확실성은 미래 결과에 대한 완전한 지식을 가지고 있는 경우를 말하고, 불확실성은 미래 결과에 대한 완전한 무지를 말한다. 그리고 위험이란 미래 결과에 대한 부분적 지식(= 확률분포)을 가지고 있는 경우를 말한다. 다만, 불확실성의 상황에서는 주관적인 확률분포를 추정하여 사용하게 되므로 위험한 상황과 불확실한 상황의 분석방법은 동일하게 된다. 따라서 이를 구분하지 않고 같은 의미로 사용하기도 한다.[8]

---

[8] 김형철 외, 「금융자산관리사 자산관리업무」, 박문각, 2001, p.55

(2) 위험과 수익의 측정

기대수익률과 위험은 각각 평균(mean)과 분산(variance)으로 나타낸다. 여기서 평균이란 투자로부터 예상되는 수익률을 평균개념인 기대수익률로 나타내는 것을 의미하며, 분산이란 투자의 위험을 그 투자로부터 예상되는 수익률의 분산도(dispersion)로 측정하는 것으로 투자수익률의 분산도를 나타내는 대표적인 통계량으로는 분산과 표준편차(standard deviation)를 들 수 있다. 분산은 표준편차의 제곱이다.

① 수익의 측정[9]

  ㉠ 기댓값: 각 상황이 발생할 경우 실현될 수 있는 값들을 평균한 것을 말한다. 이는 각 상황이 발생할 경우 실현되는 값에 각 상황이 발생할 확률을 곱한 결과를 모두 더하여 계산한다.

  > 기댓값 = Σ(각 상황이 발생할 경우 실현되는 값 × 발생확률)

  ㉡ 기대수익률: 각 상황이 발생할 경우 실현될 수 있는 수익률들을 평균한 것을 말한다. 이는 각 경제상황별 추정수익률에 각 상황이 발생할 확률을 곱한 결과를 모두 더하여 계산한다.

  > 기대수익률 = Σ(각 경제상황별 추정수익률 × 발생확률)

② 위험의 측정[10]

  ㉠ 분산과 표준편차[11]

   ⓐ 확률분포가 기댓값을 중심으로 얼마나 널리 흩어져 있는가를 나타내기 위하여 일반적으로 사용되는 척도로 분산과 표준편차가 있다. 분산과 표준편차는 투자수익의 변동성을 나타내는 대표적인 척도이므로, 수익률의 분산이나 표준편차로 위험을 측정할 수 있다.

   ⓑ 분산은 각 경제상황별 추정수익률과 기대수익률의 차이를 제곱하여 이에 각 상태가 발생할 확률을 곱해서 모두 더한 값으로 다음과 같이 계산된다.

   > 분산 = Σ[(각 경제상황별 추정수익률 − 기대수익률)^2 × 발생확률]

---

[9] 김형철 외, 전게서, p.56
[10] 김형철 외, 전게서, p.56
[11] 김형철 외, 전게서, p.56

추가 위험의 측정

측정값들이 대푯값을 중심으로 어떻게 분포되어 있는가를 나타내는 척도인 산포도는 절대적 산포도와 상대적 산포도로 나뉘는데, 분산이나 표준편차 등은 절대적 산포도 측정에 사용하며, 변이계수는 상대적 산포도 측정에 사용한다.

O X 확 인 문 제

기대수익률이란 각 상황이 발생할 경우 실현될 수 있는 수익률들을 평균한 것을 말한다. ( )

정답 (○)

O X 확 인 문 제

기대수익률의 분산 또는 표준편차는 투자안의 수익을 측정하는 전통적인 방법이다. • 36회
( )

정답 (×)

기대수익률의 분산 또는 표준편차는 투자안의 위험을 측정하는 전통적인 방법이다.

ⓒ 분산보다는 분산의 제곱근인 표준편차가 더 자주 사용된다. 표준편차 값이 클수록 변동성이 심하므로 위험이 크고, 표준편차 값이 작을수록 위험이 작다고 할 수 있다. 표준편차는 다음과 같이 계산된다.

$$표준편차 = \sqrt{분산}$$

ⓒ 변이계수(변동성계수)
ⓐ 의의: 변이계수[Coefficient of Variation(%); CV]는 표준편차를 기대수익률로 나누어서 백분율로 나타낸 것이다.

$$• 변이계수 = \frac{표준편차}{기대수익률}$$

$$• 변이계수 = \frac{표준편차}{기대수익률} \times 100(\%)$$

ⓑ 변이계수와 위험 1단위당 기대수익률: 변이계수가 기대수익률에 대한 위험의 정도를 나타내는 것이라면, 위험 1단위당 기대수익률은 변이계수의 역수로서 위험 1단위에 대해 기대되는 수익률을 의미한다.

$$위험\ 1단위당\ 기대수익률 = \frac{기대수익률}{표준편차}$$

2. 부동산투자의 위험[12]

(1) 사업상의 위험(business risk)
부동산사업 자체에서 연유하는 수익성에 관한 위험을 말한다.
① **시장위험**: 부동산의 수요와 공급의 변동, 경기변동, 인플레이션, 이자율의 변화 등과 같은 시장상황의 변동으로 야기되는 위험을 말한다.
② **운영위험**: 사무실의 관리, 근로자의 파업, 영업경비의 변동 등 부동산의 운영과 관련하여 야기될 수 있는 수익성의 불확실성을 폭넓게 지칭하는 위험을 말한다.

---
12) 이원준, 전게서, pp.198~199

③ **위치적 위험:** 부동산의 지리적 위치의 고정성으로 인해 야기되는 위험을 말한다. 즉, 환경이 변하면 대상부동산의 상대적 위치가 변화하는 위험이다.

(2) 금융적 위험(재무적 위험)

부채의 비율이 클수록 채무불이행의 가능성이 높아지며, 부담해야 할 위험도 커져 파산할 위험도 증가할 수 있다는 것을 금융적 위험(financial risk)이라고 한다. 투자금액을 모두 자기자본으로 조달할 경우 금융적 위험을 제거할 수 있다.

(3) 법적 위험(행정적 위험)

부동산에 대해 가지는 재산권의 법적 환경변화에 따른 위험을 말한다. 이는 정부의 각종 정책, 즉 지역지구제, 토지이용규제 등의 법적 환경의 변화로 인해 수익의 불확실성이 야기되는 위험이다.

(4) 인플레이션 위험(구매력 위험)

투자기간 동안의 전반적인 물가상승으로 인해 발생하는 구매력의 하락위험을 말한다. 높은 인플레이션기에는 원금의 실질적 가치가 하락하므로 대출자들은 이를 피하기 위해 고정이자율이 아닌 인플레이션율이 반영된 가변이자율로 대출하고자 한다. 이에 따라 차입자들은 원리금상환부담이 가중되며, 투자자들의 요구수익률도 인플레이션율만큼 상승하게 된다.

(5) 유동성* 위험(환금성 위험)

유동성 위험(liquidity risk)*이란 투자대상 부동산을 급하게 현금으로 전환하는 과정에서 발생하는 시장가치의 손실가능성을 의미한다. 즉, 투자부동산을 현금으로 전환하기 위해서는 시장가치보다 낮은 가격으로 처분을 하여야 하는데, 이때의 손실가능성을 유동성 위험이라고 한다. 그러므로 부동산투자자가 대상부동산을 원하는 시기와 가격에 현금화하지 못하는 경우는 유동성 위험에 해당한다.

O X 확 인 문 제

부동산 관련 세제 등 정부정책이나 각종 토지의 이용규제의 변화로 야기되는 불확실성은 유동성 위험이다. •36회 ( )

정답 (×)
부동산 관련 세제 등 정부정책이나 각종 토지의 이용규제의 변화로 야기되는 불확실성은 법적 위험이다.

* **유동성(liquidity)**
어떤 자산이 현금으로 전환될 수 있는 용이성 정도를 나타내는 척도이다. 따라서 현금은 유동성이 높으나 부동산이나 미술품은 짧은 기간에 처분이 곤란하므로 유동성이 낮다.

* **유동성 위험(liquidity risk)**
예측하지 못한 자금의 인출요구에 대해 유동성이 부족하게 되는 위험을 말한다. 즉, 은행은 예금자가 은행에 대하여 즉각적인 현금인출을 요구할 때 바로 응할 수 있어야 하는데, 이처럼 예기치 못한 자금의 인출요구에 대해 유동성이 부족하게 되는 위험을 말한다.

3. 부동산투자의 수익률[13]

수익률(rate of return)이란 투하자본에 대한 수익의 비율을 말한다. 이는 투자의사결정에 있어 가장 중요한 변수 가운데 하나이다.

$$수익률 = \frac{수익}{투하자본}$$

(1) 수익률의 종류

① **요구수익률**(required rate of return): 투자에 대한 위험이 주어졌을 때 투자자가 대상부동산에 투자를 결정하기 위해 보장되어야 할 최소한의 수익률로서 필수수익률, 외부수익률, 투자의 기회비용이라고도 한다. 요구수익률은 무위험률(시간에 대한 비용)과 위험할증률(위험에 대한 비용)의 합으로 구성된다.

② **기대수익률**(expected rate of return): 어떤 투자대상으로부터 투자로 인해 기대되는 예상수익률로서, 각 경제상황이 발생할 경우 실현될 수 있는 수익률들을 평균한 것이다.

③ **실현수익률**(realized rate of return): 투자가 이루어지고 난 후에 실제로 실현된 수익률로서 실제수익률, 사후수익률, 역사적 수익률이라고도 한다.

(2) 부동산투자의 기대수익률과 요구수익률의 관계

투자의 의사결정은 기대수익률과 요구수익률을 비교하여 이루어지며, 투자대상이 위험할수록 투자자는 더 많은 대가를 요구한다.

① **기대수익률이 요구수익률보다 낮은 경우**: 이 경우는 어떤 투자자도 투자를 하려고 하지 않을 것이다. 따라서 대상부동산의 수요는 줄어들게 되고 부동산가치는 점차 하락하게 되며, 그 결과 대상부동산에 대한 기대수익률은 점차 증가하게 된다. 마침내 기대수익률이 요구수익률과 같아지는 수준에 이르면 투자자는 투자를 하려고 할 것이다.

② **기대수익률이 요구수익률보다 높은 경우**: 이 경우는 많은 투자자들이 투자를 하려고 할 것이다. 따라서 대상부동산의 수요는 늘게 되고 부동산가치는 점차 상승하게 되며, 그 결과 대상부동산에 대한 기대수익률은 점차 하락하게 된다. 마침내 기대수익률이 요구수익률과 같아지는 수준에서 균형을 이루게 될 것이다.

O X 확 인 문 제

기대수익률과 요구수익률은 사전수익률이며, 실현수익률은 사후수익률이다. ( )

정답 (O)

O X 확 인 문 제

기대수익률은 투자에 대한 위험이 주어졌을 때, 투자자가 투자부동산에 대하여 자금을 투자하기 위해 충족되어야 할 최소한의 수익률을 말한다. •32회 ( )

정답 (×)
투자에 대한 위험이 주어졌을 때, 투자자가 투자부동산에 대하여 자금을 투자하기 위해 충족되어야 할 최소한의 수익률은 요구수익률이다.

---

13) 이원준, 전게서, pp.215~216

> 기대수익률 > 요구수익률 ➡ 투자 증가
> 기대수익률 = 요구수익률 ➡ 균형 투자
> 기대수익률 < 요구수익률 ➡ 투자 감소

(3) 투자가치와 시장가치[14]

① **투자가치**: 부동산을 소유함으로써 예상되는 미래의 편익이 부동산투자자에게 주는 현재가치로서, 대상부동산이 특정 투자자에게 부여하는 주관적 가치이다.

② **시장가치**: 부동산이 시장에서 매매되었을 때 형성될 수 있는 가치로서 대상부동산이 시장에서 가지는 객관적 가치이다.

③ **투자가치와 시장가치의 관계**: 투자자는 대상부동산의 투자가치가 시장가치보다 크다면 투자를 하려고 할 것이고, 투자가치가 시장가치보다 작다면 투자를 하려고 하지 않을 것이다.

4. 부동산투자의 위험과 수익의 관계[15]

(1) 투자자의 위험에 대한 태도

① 기대수익률이 동일한 경우 투자자들은 덜 위험한 투자대안을 선택하는데, 투자자들의 위험에 대한 이러한 태도를 위험회피적(risk averse)이라고 한다. 위험회피적이란 투자자들이 위험을 전혀 감수하려고 하지 않음을 뜻하는 것은 아니다. 비록 위험회피적인 투자자라고 할지라도 피할 수 없는 위험이나 감수할 만한 유인책이 있는 위험(대가가 주어지는 위험)은 감수할 수 있다.

② 투자자들은 위험을 싫어하고 회피하므로 위험회피형 투자자가 일반적이다. 따라서 투자이론에서는 특별한 언급이 없다면 위험회피형 투자자를 전제하고 있다고 보아야 한다. 위험회피형 투자자는 보수적 투자자와 공격적 투자자로 나뉘는데, 동일한 위험 증가에 대해 보수적인 투자자는 공격적인 투자자보다 위험의 회피도가 높기 때문에 더 높은 수익률을 요구한다.

추가 투자가치
투자가치에 대한 자세한 설명은 '**4. 부동산투자의 위험과 수익의 관계**' 부분에서 한다.

정리 헷갈리기 쉬운 내용
위험회피적이란 사람들이 전혀 위험을 감수하려고 하지 않는다는 것을 의미한다. (×)
⇨ 위험회피적인 투자자라도 다음은 감수한다.
 1. 피할 수 없는 위험
 2. 감수할 만한 유인책이 있는 위험

OX 확인문제
동일 투자자산이라도 개별투자자가 위험을 기피할수록 요구수익률이 높아진다. • 33회 ( )

정답 (○)

---

14) James B. Kau and C. F. Sirmans, Real Estate(New York: McGraw-Hill, 1985), p.148
15) 이원준, 전게서, p.216

> **⊕ 보충** 위험에 대한 투자자의 유형
>
> 1. 위험회피형(risk averse) 투자자
>   ① 위험을 피하려는 인간행동으로 위험을 부담하는 경우에는 반드시 이에 따른 보상을 얻고자 하는 유형으로서, 위험기피적 또는 위험혐오적 투자자라고도 한다.
>   ② 수익률이 동일한 경우 위험이 작은 투자안을 선택하는 투자자가 이에 해당한다.
> 2. 위험추구형(risk seeking) 투자자
>   ① 위험을 선호하는 인간행동으로 높은 수익률을 획득할 기회를 얻기 위하여 큰 위험을 기꺼이 감수하는 유형으로서, 위험선호적 또는 위험애호적 투자자라고 한다.
>   ② 수익률이 동일한 경우 위험이 큰 투자안을 선택하는 투자자가 이에 해당한다.
> 3. 위험중립형(risk neutral) 투자자
>   ① 위험의 크기에 관계없이 기대수익률에만 따라 행동하는 유형이다.
>   ② 수익률이 동일하다면 위험이 크든 작든 동일하다고 판단하는 투자자가 이에 해당한다.

(2) 위험-수익의 상쇄관계

① 투자자들이 위험이 큰 투자대상에 투자할 경우에는 그 위험에 대한 적절한 보상을 요구하게 된다. 결과적으로 위험이 큰 투자대상은 투자자들로 하여금 그 투자대상에 투자하도록 유인하기 위해 높은 요구수익률이 보장되어야 한다.

② <mark>위험을 전혀 감수하지 않을 경우, 투자자가 얻을 수 있는 수익률은 무위험률밖에 없다.</mark> 국가가 발행하는 채권인 국채는 위험이 전혀 없는 무위험자산(risk-free asset)으로 볼 수 있는데, 회사채는 국채보다 위험하며, 회사채보다는 우선주가, 우선주보다는 보통주가 더 위험하다. 여기에서 국채와 같은 무위험자산에 대한 수익률을 특별히 무위험률, 무위험수익률 또는 무위험이자율(risk-free interest rate)이라고 부른다.

③ 위험이 전혀 따르지 않는 투자는 진정한 의미에서의 투자라고 보기는 어렵다. <mark>무위험률의 크기는 일반경제상황과 관계가 있다.</mark> 예를 들어, 시중은행의 지급준비율은 일반이자율과 관련이 있고, 일반이자율은 무위험률과 밀접한 관련이 있다. <mark>무위험(수익)률의 상승은 투자자의 요구수익률을 상승시키는 요인이다.</mark>

④ 일반적으로 모든 투자대상의 요구수익률은 시간에 대한 대가인 무위험이자율과 그 투자대상이 갖는 위험에 대한 대가율을 합한 것이다. 따라서 투자자의 요구수익률은 피할 수 없는 위험이 증가함에 따라 상승한다. 위험과 수익의 이와 같은 관계를 위험-수익의 상쇄관계(risk-return trade-off)라고 한다. 따라서 위험이 큰 투자대상의 요구수익률은 위험이 작은 투자대상의 요구수익률보다 높다.

⑤ 위험이 큰 투자대상일수록 투자자들은 높은 위험에 대한 대가를 요구하게 되므로 요구수익률이 커지게 된다. 이때 위험에 대한 대가를 위험할증률(risk premium, 위험대가율)이라고 하고, 위험할증률이 가산된 요구수익률을 위험조정률(risk-adjusted rate)이라고 한다.

> 요구수익률 = 무위험률 + 위험할증률 ➡ 위험조정률

⑥ 국채와 같은 무위험자산일지라도 인플레이션이 예상된다면 실질적인 자산가치가 하락하는 위험은 존재할 수 있다. 따라서 투자자는 예상되는 인플레이션율만큼을 요구수익률에 반영할 것이다. 이처럼 예상되는 인플레이션율이 요구수익률에 반영되는 것을 '피셔(Fisher) 효과'라고 한다.

> 요구수익률 = 무위험률 + 위험할증률 + 예상 인플레이션율
> ➡ 피셔(Fisher) 효과

정리 피셔(Fisher) 효과
예상되는 인플레이션율이 요구수익률에 반영되는 것을 말한다.

(3) 위험과 부동산의 투자가치

부동산의 투자가치란 부동산에 투자함으로써 예상되는 미래편익의 현재가치로서 이때의 할인율로 요구수익률이 사용된다. 따라서 위험이 커지면 부동산의 투자가치는 하락하므로 위험과 부동산의 투자가치는 반비례관계에 있게 된다. 왜냐하면 위험과 요구수익률은 서로 비례관계에 있으므로 위험할수록 높은 위험조정률을 적용하게 되는데, 부동산소유에서 예상되는 미래의 편익을 현재가치로 할인할 때 더 높은 요구수익률(위험이 가산된 위험조정할인율)로 할인하기 때문에 투자가치는 하락하게 된다.

$$\text{부동산의 투자가치} = \frac{\text{투자에 대한 예상순수익}}{\text{요구수익률}}$$

5. 위험의 관리방법

(1) 위험관리의 의의

위험관리란 위험 발생원인을 사전에 파악하여 위험을 분산·경감시키는 일련의 과정을 말한다. 이는 무조건적으로 위험을 회피(avoidance)하는 것이 아니라 위험과 수익의 상관관계(risk-return trade-off)를 이해하고, 이를 효과적으로 관리(management)하는 것으로 인식되고 있다.

(2) 위험관리의 방법

① **위험의 전가**(transfer): 잠재적 손실의 발생빈도나 결과의 강도에는 영향을 주지 않고 경제적 부담과 책임을 제3의 계약자나 보험회사에 떠넘기는 방법으로, 위험회피와는 구별된다. 왜냐하면 전가된 위험은 다른 사람에게 손실을 초래하기 때문이다.

   예 계약에 의한 위험전가(물가상승률만큼 임대료를 조정하는 임대차계약, 하청계약이나 리스계약), 보험, 이자율 스왑(swap)*

② **위험의 보유**(retention): 위험으로 인한 장래의 손실을 스스로 부담하는 방법이다. 이 방법은 위험의 원인이나 결과에는 영향을 주지 않으며, 다만 위험의 경제적 결과에 대한 부담의 방법만 달라진다.

   예 불량부채액(임차인의 채무불이행)이나 외부적 감가상각요인을 감안하여 준비금이나 충당금을 설정하는 방법

③ **위험의 회피**(avoidance): 가장 기본적인 위험에 대한 대비수단으로서 손실의 가능성을 원천적으로 회피해 버리는 방법이다. 위험을 회피하는 방법으로 투자의 부적격 자산을 투자안에서 제외시키는 방법이 있다.

   예 위험한 투자를 제외시키는 방법

④ **위험통제**(control): 손실의 발생횟수나 발생규모를 줄이려는 방법이다. 이러한 위험통제에서는 위험이 가져올 효과에 대하여 조직구성원의 이해와 인식을 제고시키는 방법이 포함된다.

   예 보수적 예측방법, 위험조정할인율의 사용, 민감도 분석, 평균-분산결정법, 포트폴리오 기법

---

* **이자율 스왑**(swap)
차입금에 대한 금리변동위험을 방어하거나 차입비용의 절감을 위해 두 차입자가 각자의 채무에 대한 이자지급의무를 상호간에 교환하는 계약으로 일반적으로 고정금리를 변동금리로, 변동금리를 고정금리로 전환하는 방식을 취한다. 다만, 이 같은 거래를 할 때는 서로 이자율만 교환하는 것이며, 만기 때 받을 채권원금은 각자 그대로 갖고 있는 것이다.

6. 위험의 처리방법[16]

(1) 위험한 투자를 제외시키는 방법

위험한 투자대상은 가능한 한 투자대상에서 제외시키고 국채나 정기예금과 같은 무위험자산에만 투자를 하는 방법이다. 즉, 이는 안전한 곳에만 투자하여 투자자금을 잃지 않도록 하는 것이다. 그러나 위험이 존재하는 모든 투자대상을 제외한다면 투자할 대상이 없어지므로 투자자가 될 수 없을 것이다.

(2) 보수적 예측방법

투자대상으로부터 예측되는 투자수익을 가능한 한 낮게 추계하는 방법으로 기대수익률을 하향조정하는 방법이다. 보수적 예측방법은 투자수익의 추계치를 하향 조정함으로써, 미래에 발생할 수 있는 위험을 상당수 제거할 수 있다는 가정에 근거를 두고 있다. 이는 투자대상으로부터의 예측되는 수익을 낮게 조정하여도 그 투자대상이 양호하다고 판단되면 그 투자는 좋은 투자대안으로 보아 투자를 결정한다는 것이다. 그러나 이는 위험을 회피할 수는 있을지언정 투자자들의 투자목적이 투자자의 부(富)의 극대화라고 했을 때에는 이를 달성하기가 어렵다고 할 수 있다.

> **정리** 보수적 예측방법
> 기대수익률을 하향조정하는 방법

(3) 위험조정할인율의 적용

투자로부터 기대되는 미래수익을 현재가치화할 때 위험한 투자안일수록 높은 할인율을 적용하는 방법으로 요구수익률을 상향조정하는 방법이다. 이는 투자를 결정할 때 위험이 높은 투자대상일수록 투자자들은 높은 위험에 대한 대가를 요구하게 되므로 요구수익률이 높아지게 되는 것이다. 따라서 기대되는 미래수익을 현재가치로 환원할 때 높은 위험이 존재하는 투자안일수록 높은 위험조정할인율을 적용하여 할인을 하게 된다. 이 방법은 위험-수익의 상쇄관계와도 맥을 같이하는 것으로 현재에도 널리 사용되고 있는데, 앞의 두 방법보다 개념적으로도 우수한 접근법이라고 할 수 있다.

> **정리** 위험조정할인율의 적용
> 요구수익률을 상향조정하는 방법

---

[16] James B. Kau and C. F. Sirmans, Real Estate(New York: McGraw-Hill, 1985), p.168
안정근, 전게서, pp.265~268

7. 민감도 분석(감응도 분석)[17]

(1) 의의

민감도 분석(sensitivity analysis, 감응도 분석)은 투자효과를 분석하는 모형의 투입요소가 변화함에 따라, 그 결과치에 어떠한 영향을 주는가를 분석하는 기법이다. 이는 모형의 투입요소가 변화함에 따라, 그 결과치인 순현재가치와 내부수익률이 어떻게 변화하는지를 분석하는 것이다.

(2) 내용

민감도 분석에서는 불확실성하에서 투자대안을 평가하는 경우, 사업수익에 영향을 미치는 변수 중 나머지 변수들을 일정하게 두고 어느 한 변수만을 변동시킬 때, 투자대안의 순현가(NPV)나 내부수익률(IRR)이 어느 정도 민감하게 변화하는지를 분석하여 수익률의 범위를 예측하고 집중관리대상의 변수를 확인한다. 예컨대, 임대주택사업의 경우 공실률, 임대료, 영업경비 중 다른 변수를 일정하게 두고 어느 한 변수를 변화시킬 때 그 부동산의 투자수익률의 변동을 파악하는 것이다.[18]

(3) 활용

민감도 분석은 감정평가에 있어서 수익방식 중 할인현금흐름분석법(DCF법, 할인현금수지분석법)에 활용되며, 회귀분석법에 있어서 회귀계수는 민감도의 크기를 나타낸다고 할 수 있다.[19] 투자안의 경제성 분석에서 민감도 분석을 통해 투입요소의 변화가 그 투자안의 순현재가치에 미치는 영향을 분석할 수 있다.

8. 포트폴리오 이론(portfolio theory)[20]

(1) 의의

① 포트폴리오 이론은 개인투자자나 개별기업이 한 종류의 자산에 투자함으로써 발생할 수 있는 위험을 제거하기 위하여 여러 종류의 자산에 분산투자하여 안정된 편익을 획득하도록 하는 자산관리의 방법 및 원리를 말한다. 포트폴리오 이론은 1952년 마코위츠(H. Marcowitz)의 '포트폴리오 선택(Portfolio Selection)'이라는 논문에서부터 시작하여, 그 후 여

---

[17] James B. Kau and C. F. Sirmans, Real Estate(New York: McGraw-Hill, 1985), pp.169~172
[18] 조주현, 전게서, p.122
[19] 조성희 외, 전게서, p.533
[20] 이 부분은 주로 [김원기, 「투자론」, 삼영사, 1997], [박정식, 「투자론」, 다산출판사, 1990], [지청·조담, 「투자론」, 박영사, 1994] 등을 통해 필자가 재정리한 것이다.

러 학자들이 자본자산 가격결정 모형(Capital Asset Pricing Model; CAPM)을 개발하였다.

② 일반적으로 개인투자자나 개별기업은 한 종류의 자산에만 투자하는 것이 아니고 여러 종류의 자산에 투자하는데, 이러한 여러 종류의 자산의 조합 또는 집합(combination of assets)을 포트폴리오(portfolio)라고 말한다. 넓은 의미의 포트폴리오는 자산의 조합 또는 집합을 말하나, 좁은 의미의 포트폴리오는 증권시장에서 거래되는 주식·회사채·국채 등의 금융자산의 조합을 말한다.

③ 부동산은 용도의 다양성과 부동성이라는 특징이 있어 부동산상품을 지역, 유형 등으로 구분하여 부동산 포트폴리오를 구성할 수 있다. 따라서 부동산 유형별 분산투자뿐만 아니라 지역별 분산투자로도 위험을 낮출 수 있다. 반면에 부동산은 고가성이나 불가분성, 낮은 환금성, 수익률 파악의 곤란 등으로 인해 포트폴리오 구성이 어려운 측면도 있다.

(2) 포트폴리오의 위험과 수익

① **포트폴리오의 수익**[21] – 포트폴리오의 기대수익률

포트폴리오의 기대수익률은 포트폴리오를 구성하는 개별자산들의 기대수익률을 구성비율로 가중평균한 값이다.

> 포트폴리오의 기대수익률 = Σ(개별자산의 기대수익률 × 구성비율)

위의 식에 의하면 포트폴리오의 기대수익률은 포트폴리오를 구성하는 개별자산의 기대수익률과 구성비율(weights)에 의해서 결정된다. 또한 포트폴리오의 기대수익률은 구성자산의 수익률 및 각 자산에 대한 상대적 투자비중에 의해 결정되며, 총투자금액의 크기와는 아무런 관계가 없다. 그러므로 동일한 자산으로 구성되어 있으며 각 구성자산에 대한 투자비중이 같은 두 포트폴리오는 총투자금액의 크기에 관계없이 동일한 포트폴리오이다. 또한 동일한 자산들로 포트폴리오를 구성해도 개별자산의 투자비중에 따라 포트폴리오의 기대수익률과 분산은 다를 수 있다.

② **포트폴리오의 위험** – 포트폴리오의 분산

㉠ 포트폴리오의 위험과 위험분산효과: 부동산투자에 수반되는 위험은 체계적 위험(systematic risk)과 비체계적 위험(nonsystematic risk)으로 구분할 수 있다.

O X 확인문제

동일한 자산들로 포트폴리오를 구성하여도 개별자산의 투자비중에 따라 포트폴리오의 기대수익률과 분산은 다를 수 있다.
• 33회 ( )

정답 (O)

정리 포트폴리오의 위험
1. 분산투자
2. 비체계적 위험
3. 구성자산 수
4. 상관계수

---

[21] 최혁 외, 「재무관리」, 한국방송통신대학 출판부, 2002, pp.44~45

ⓐ 체계적 위험과 비체계적 위험

i) **총위험**: 투자의 위험을 그 투자로부터 기대되는 미래의 수익률의 표준편차 또는 분산으로 측정할 수 있다. 일반적으로 자산의 수익률의 표준편차 또는 분산으로 나타내는 위험을 그 자산의 총위험(total risk)이라고 정의하는데, 총위험은 시장의 전반적인 불확실성에 기인하는 부분과 그렇지 않은 부분으로 구성된다. 즉, 부동산투자의 위험에는 피할 수 있는 위험과 피할 수 없는 위험이 있는데, 전자를 비체계적 위험, 후자를 체계적 위험이라고 한다.

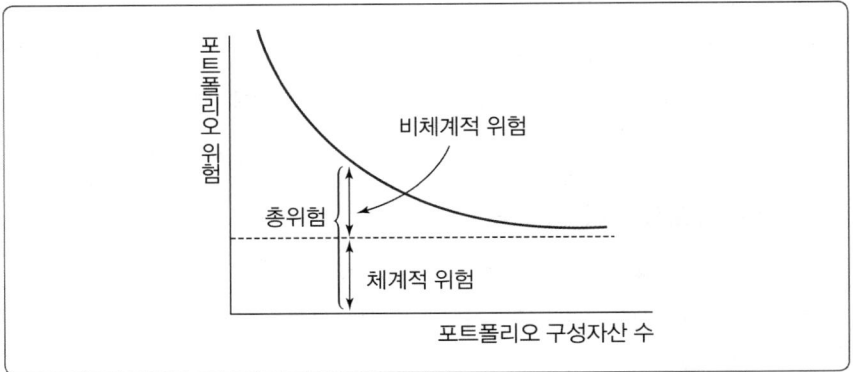

ii) **체계적 위험(systematic risk)**: 시장의 힘에 의해 야기되는 시장위험으로, 모든 부동산에 영향을 미치는 위험이다.22) 즉, 어떤 자산의 총위험 중에서 시장의 전체적인 움직임의 불확실성 때문에 발생하는 것으로, 전쟁의 발생이나 예상 밖의 높은 인플레이션의 발표 등과 같이 전체 시장에 영향을 미치는 위험을 말한다. 이러한 시장 전체의 변동성과 관련하여 발생하는 체계적 위험은 분산투자로써 제거되지 않기 때문에 '분산불가능위험(undiversifiable risk)' 또는 '피할 수 없는 위험'이라고 한다.

iii) **비체계적 위험(nonsystematic risk)**: 시장의 전반적인 움직임과는 무관한 기업 고유의 요인 때문에 발생하는 위험으로, 노사문제나 매출액 변동, 소송, 대정부관계, 기업의 이미지 등과 같이 특정 개별자산에 국한하여 영향을 미치는 위험을 말한다. 이는 개별적인 부동산의 특성으로부터 야

---

22) 안정근, 전게서, p.274

OX 확인문제

인플레이션, 경기변동 등의 체계적 위험은 분산투자를 통해 제거할 수 없다. •36회   (   )

정답 (○)

기되는 위험으로 투자자가 단순히 투자자금을 여러 자산에 분산투자함으로써 제거될 수 있기 때문에 '분산가능위험(diversifiable risk)' 또는 '피할 수 있는 위험'이라고 한다.

총위험 = 체계적 위험 + 비체계적 위험

ⓑ 포트폴리오의 위험분산효과
ⅰ) 포트폴리오 분산투자와 위험: 여러 자산에 투자하는 포트폴리오를 구성한다면, 개별자산에 특유한 위험들이 상쇄되어 비체계적 위험을 줄일 수 있다. 따라서 투자자들이 자신의 포트폴리오를 구성할 때 단순히 구성자산의 수를 증가시켜 주기만 하면, 포트폴리오를 구성하는 자산 상호간에 기업 고유의 요인들이 상쇄되어 비체계적 위험은 더 많이 제거될 수 있다. 다만, 비체계적 위험을 어느 정도까지 감소시킬 수 있느냐는 개별자산들 간 수익률의 상관관계와 밀접히 관련이 있다.

ⅱ) 포트폴리오 효과(portfolio effect): **분산투자효과는 포트폴리오를 구성하는 투자자산 종목의 수를 늘릴수록 비체계적 위험이 감소되어 포트폴리오 전체의 위험이 감소되는 것이다.** 따라서 주식, 회사채, 국채로 구성된 포트폴리오에 부동산이 추가 편입되면 위험분산 혜택 등을 얻을 수 있다. 또한 두 개별자산들의 수익률 간의 상관관계에서 기인하는 위험감소효과는 투자자금을 여러 자산에 분산투자할수록 더욱 두드러지게 나타나는데, 이 효과를 분산효과(diversification effect) 또는 포트폴리오 효과(portfolio effect)라고 한다.

ⓒ 상관계수(correlation coefficient): 상관계수는 두 개의 확률변수가 함께 움직이는 정도를 나타내는 척도이다. 이러한 상관계수는 언제나 −1에서 +1까지의 값만을 가진다.

ⓒ 포트폴리오의 분산과 상관계수
ⓐ 포트폴리오의 위험을 나타내는 포트폴리오의 분산은 그 포트폴리오를 구성하는 각 개별자산들의 분산에 의해서만 결정되는 것이 아니라, 각 개별자산 상호간의 상관계수에 의해서도 달라진다.

O X 확인문제

포트폴리오 분산투자를 통해 체계적 위험뿐만 아니라 비체계적 위험도 감소시킬 수 있다. •32회
( )

정답 (×)
포트폴리오 분산투자를 통해 체계적 위험은 감소시킬 수 없고 비체계적 위험만 감소시킬 수 있다.

ⅰ) **상관계수가 양(+)의 값을 갖는 경우**: 수익률이 동일한 방향으로 변동하는 개별자산들로 포트폴리오를 구성하게 되면, 개별자산들 간의 상관계수가 양(+)의 값을 가지기 때문에 포트폴리오의 분산효과는 작아지게 된다.

ⅱ) **상관계수가 음(−)의 값을 갖는 경우**: 수익률이 서로 반대 방향으로 변동하는 개별자산들로 포트폴리오를 구성하게 되면, 개별자산들 간의 상관계수가 음(−)의 값을 가지기 때문에 포트폴리오의 분산효과는 커지게 된다. 따라서 투자대안별 수익률 변동이 서로 다른 방향으로 움직이는 투자자산들을 결합하여 투자하는 것이 위험도를 줄이는 데 효과적이다.

ⅲ) **상관계수가 +1의 값을 갖는 경우**: 포트폴리오를 구성하는 두 자산의 수익률이 동일한 방향과 크기로 움직인다는 것을 의미하며, 이 경우 그 두 자산을 이용하여 포트폴리오를 구성한다고 하더라도 비체계적 위험은 제거되지 않는다. 즉, 투자자산 간의 상관계수가 +1일 경우, 포트폴리오 구성을 통한 위험절감 효과가 나타나지 않는다.

ⅳ) **상관계수가 −1의 값을 갖는 경우**: 포트폴리오를 구성하는 두 자산의 수익률이 서로 반대 방향과 크기로 움직인다는 것을 의미하며, 이 경우 그 두 자산을 이용하여 포트폴리오를 구성하면 비체계적 위험은 완전히 제거될 수도 있다.

ⅴ) **상관계수가 +1과 −1 사이의 값을 갖는 경우**: 상관계수의 크기에 따라 위험이 제거되는 정도는 달라진다고 할 수 있다. 두 자산의 수익률 간의 상관계수가 −1에 가까울수록 위험분산 효과는 커지고 +1에 가까울수록 위험분산 효과는 작아진다.[23] 따라서 상관계수가 +1의 값을 갖는 경우를 제외하면 구성자산의 수를 많이 하여 포트폴리오를 구성하는 것이 비체계적 위험을 감소시킬 수 있다.

ⓑ 포트폴리오 이론에 따른 부동산투자의 포트폴리오 분석에서 상관계수가 +1의 값을 갖는 경우를 제외하면 포트폴리오에 편입되는 투자자산 수를 늘림으로써 비체계적 위험을 줄여나갈 수 있으며, 그 결과로 총위험은 줄어들게 된다.

OX 확인문제

개별자산의 기대수익률 간 상관계수가 '0'인 두 개의 자산으로 포트폴리오를 구성할 때 포트폴리오의 위험감소효과가 최대로 나타난다. •33회 ( )

정답 (×)

개별자산의 기대수익률 간 상관계수가 '−1'인 두 개의 자산으로 포트폴리오를 구성할 때 포트폴리오의 위험감소효과가 최대로 나타난다.

OX 확인문제

2개 투자자산의 수익률이 서로 아무런 관계없이 움직인다면 상관계수는 1이다.
•36회 ( )

정답 (×)

2개 투자자산의 수익률이 서로 아무런 관계없이 움직인다면 상관계수는 0이다.

---

23) 안정근, 전게서, p.275

(3) 평균-분산지배원리(평균-분산결정법)

① **의의:** 기대수익률의 평균과 분산을 이용하여 투자대안을 선택하는 방법이다. 위험회피형 투자자는 두 투자안의 기대수익률이 동일하다면 표준편차가 작은 투자안을 선택할 것이다. 즉, 두 투자안의 수익률의 표준편차가 동일하다면 기대수익률이 상대적으로 큰 투자안을 선택할 것이다. 이를 평균-분산기준(mean-variance criterion) 또는 지배원리(dominance principle)라고 한다.

② **지배원리와 효율적 포트폴리오:** 평균-분산지배원리에 의해 투자안을 선택할 경우에는 기대수익률과 위험의 두 요인을 고려하게 된다. 투자자산의 가치는 그 투자로부터 기대되는 수익률이 클수록 커지며, 위험이 클수록 작아진다. 따라서 투자자들은 투자대상 가운데에서 기대수익률이 높고 위험이 작은 투자안을 선택하게 된다. 평균-분산지배원리의 설명을 위해 다음과 같은 기대수익률과 표준편차를 갖는 4개의 투자대상이 있다고 가정하자.

■■ 포트폴리오의 지배원리

개별자산	기대수익률	표준편차
(가)	0.1	0.25
(나)	0.1	0.30
(다)	0.2	0.40
(라)	0.4	0.40

투자자가 합리적일 경우, 위험이 동일하다면 기대수익률이 가장 높은 포트폴리오를 선택할 것이며, 기대수익률이 동일하다면 위험이 가장 낮은 포트폴리오를 선택하게 될 것이다. 따라서 포트폴리오 (가)는 (나)와 기대수익률이 같지만, 위험을 나타내는 표준편차가 낮기 때문에 포트폴리오 (나)를 지배하게 된다. 또한 포트폴리오 (라)는 (다)와 표준편차가 같지만, 기대수익률이 높기 때문에 포트폴리오 (다)를 지배하게 된다. 이를 지배원리라고 하며, 이 지배원리에 입각하여 선택되는 투자안을 효율적 투자대상(efficient investment) 또는 효율적 포트폴리오(efficient portfolio)라고 한다. 위의 예에서는 포트폴리오 (가)와 (라)가 효율적 투자대상이 된다.

③ **한계 및 극복방안**
   ㉠ 평균-분산지배원리의 한계: (가)와 (라) 사이에서의 우열을 가리기는 어렵다. 즉, 기대수익률도 크고 표준편차도 큰 대안과 기대수

익률도 작고 표준편차도 작은 대안은 비교하기가 어려우며, 어느 투자안을 선택해야 할지 우선순위 결정기준을 제시하지 못한다. 왜냐하면 특정 투자자가 이 효율적인 투자대상들 중에서 어떤 것을 최적의 포트폴리오로 선택하느냐 하는 문제는 단지 그 투자자가 선호하는 위험수준에 달려 있기 때문이다.

ⓒ 극복방안: 평균−분산지배원리로 투자 선택을 할 수 없을 때 변이계수*(변동계수)를 활용하여 투자안의 우위를 판단할 수 있다. 또한 포트폴리오 기법을 통해 분산투자로 투자조합을 구성하여 최적의 포트폴리오를 선택하여 해결하기도 한다.

* 변이계수
변동계수 또는 변동성계수라고도 하는데, 표준편차의 기대수익률에 대한 상대적 크기를 나타내는 척도이다.

$$변이계수 = \frac{표준편차}{기대수익률}$$

(4) 최적 포트폴리오의 선택

① **효율적 프론티어**(효율적 투자선, 효율적 전선)

■**:** 투자가능한 포트폴리오와 효율적 프론티어

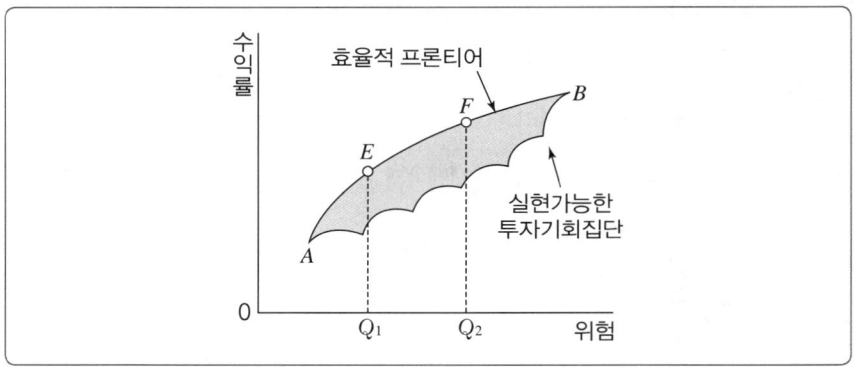

평균−분산지배원리에 의해 선택된 포트폴리오를 효율적 포트폴리오라고 하며, 그림으로 나타내면 곡선 AB로 표현할 수 있다. 곡선 AB상의 모든 포트폴리오는 지배원리에 의해 효율적 투자안을 나타내기 때문에 이를 효율적 프론티어(efficient frontier) 또는 효율적 투자선, 효율적 전선(前線)이라고 부른다. 즉, 효율적 프론티어(efficient frontier)는 평균분산기준에 의해 동일한 위험에서 최고의 기대수익률을 나타내는 포트폴리오를 선택하여 연결한 선이다. 따라서 투자자는 어떤 포트폴리오를 선택하든지 주어진 위험에서 더 이상의 수익률을 얻을 수 없다. 결국 효율적 프론티어에서는 추가적인 위험을 감수하지 않으면 수익률을 증가시킬 수 없다. 또한 효율적 프론티어가 우상향하는 경우에는 주어진 위험에서 투자자가 이 이상의 수익률을 얻을 수 없기 때문에, 더 높은 수익률을 얻기 위해서는 더 많은 위험을 감수해야 한다는 것을 의미한다. 따라서 투자위험(표준편차)과 기대수익률은 정(+)의 상관관계를 가진다.

② **기대효용과 무차별곡선**

■ 효율적 프론티어와 최적 포트폴리오

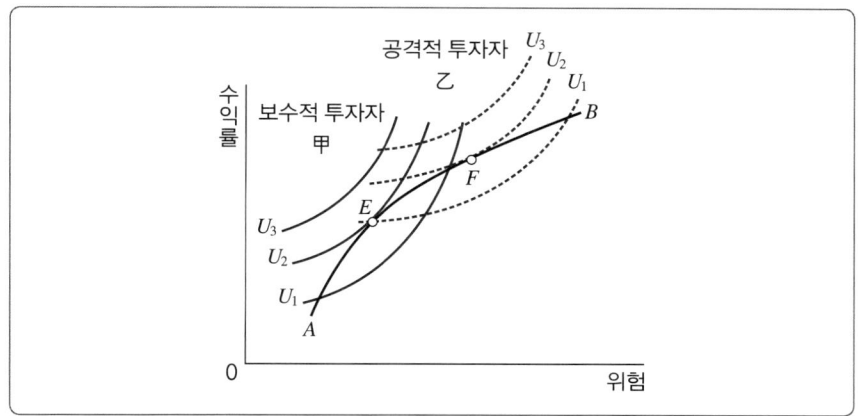

불확실성하에서 위험에 대한 투자자의 합리적 행태는 '위험회피적' 태도이며, 위험회피적인 투자자의 합리적 목적은 기대효용의 극대화에 있다. 투자자들의 위험에 대한 태도는 무차별곡선으로 표시되는데, 무차별곡선은 투자자에게 동일한 효용을 주는 수익과 위험의 조합을 나타낸 곡선이다. 무차별곡선이 아래로 볼록한(convex) 우상향의 형태를 갖는 것은 투자자가 위험회피적이라는 것을 의미한다. 이러한 위험회피도의 차이에 따라 무차별곡선의 모양이나 기울기가 달라지는데, 투자자의 위험회피도가 클수록 더욱 가파르게 된다. 즉, 투자자가 위험을 회피할수록 위험(표준편차, X축)과 기대수익률(Y축)의 관계를 나타낸 투자자의 무차별곡선의 기울기는 급해진다. 그림에서 보면 투자자 甲이 투자자 乙보다 상대적으로 위험을 더 싫어하는 위험회피적 투자자라는 것을 알 수 있다. 또한 무차별곡선은 보다 위쪽에 있는 곡선이 더 높은 효용을 나타낸다.

③ **최적 포트폴리오의 선택:** 최적 포트폴리오는 효율적 프론티어와 투자자의 무차별곡선이 접하는 점에서 결정된다. 따라서 투자자 甲과 투자자 乙의 최적 포트폴리오는 각각의 무차별곡선과 효율적 프론티어가 접하는 E와 F점에서 결정된다. 위험회피형 투자자 중 甲은 乙보다 상대적으로 기대수익률이 작으나 위험도 작은 E점을, 乙은 상대적으로 위험이 크지만 기대수익률도 큰 F점을 최적 포트폴리오로 선택한다. 즉, 위험회피형 투자자 중에서 공격적인 투자자(乙)는 보수적인 투자자(甲)에 비해 위험이 높더라도 기대수익률이 높은 투자안을 선호한다고 할 수 있다. 이처럼 한 투자자에게 최적인 투자대안이 다른 투자자에게는 최적이 아닐 수 있다. 결국 최적 포트폴리오 선정은 위험에 대한 투자자의 태도에 따라 달라질 수 있다.

O X 확인문제

무차별곡선은 투자자에게 동일한 효용을 주는 수익과 위험의 조합을 나타낸 곡선이다. •33회 ( )

정답 (○)

O X 확인문제

투자자가 효용이 동일하다고 느끼는 조합을 연결한 선을 효율적 투자선이라 한다. •36회 ( )

정답 (×)

투자자가 효용이 동일하다고 느끼는 조합을 연결한 선을 무차별곡선이라 한다.

추가 포트폴리오 이론의 장점

포트폴리오 이론은 평균-분산법의 논리를 여러 개의 자산배합, 즉 포트폴리오에 적용하여 수익과 위험과의 관계를 전체적으로 파악할 수 있다. 따라서 평균-분산결정법으로 판단하기 어려운 투자대안에 대해 포트폴리오 기법을 통해 선택할 수 있다. 즉, 평균-분산결정법의 논리를 포트폴리오에 적용하여 부동산에 투자하는 경우에도 여러 종류의 다양한 부동산에 분산투자함으로써 투자위험을 줄이고 투자수익을 안정적으로 관리할 수 있다는 것이 핵심이다.

④ **포트폴리오의 관리**: 부동산투자에서 포트폴리오를 구성하는 자산의 수가 많을수록 불필요한 위험(비체계적 위험)은 통계학적으로 제거될 수 있다. 그러나 포트폴리오를 구성한다고 해서 체계적 위험까지 제거되는 것은 아니다. 따라서 포트폴리오를 어떻게 구성하고 어떻게 선택할 것인지가 매우 중요하다. 재산 3분법에 따라 재산을 부동산·예금·주식 등으로 3분하였다고 하여도 반드시 좋은 결과가 발생하는 것은 아니다. 그 이유는 재산 3분법이 포트폴리오 구성의 한 방법을 말하는 것이지 그 자체가 최적의 포트폴리오 구성을 말하는 것이 아니기 때문이다. 따라서 포트폴리오의 관리란 투자대안이 가지고 있는 위험과 수익을 분석하여 불필요한 위험을 제거하고 최선의 결과를 얻을 수 있는 포트폴리오를 선택하는 것이다.

제2절 부동산투자분석 및 기법

1 부동산투자분석을 위한 수학적 기초 – 화폐의 시간가치 계산 ·24회 ·26회 ·28회 ·29회 ·30회 ·31회 ·32회

> **추가** 현재가치와 미래가치의 계산
>
> 현재가치를 미래가치로 환산할 때는 할증이라는 개념을 사용하고, 미래가치를 현재가치로 환산할 때는 할인이라는 개념을 사용한다. 또한 현재가치를 미래가치로 환산할 때는 할증률을, 미래가치를 현재가치로 환산할 때는 할인율을 적용한다.
>
> **추가** 할증률과 할인율
>
> 할증률과 할인율은 무엇을 목적으로 사용하느냐에 따라 달라질 뿐 본질적으로 같은 내용을 담고 있다. 즉, 이자율이 할증할 때는 할증률이 되기도 하고 할인할 때는 할인율이 되기도 한다.
>
> * **자본환원계수**
>
> 금융계수라고도 하는데, 화폐의 시간가치계산에서 현재가치를 미래가치로 바꾸거나 미래가치를 현재가치로 바꿀 때 사용하는 계수이다.

화폐는 시간이 지남에 따라 그 가치가 달라지는 것이므로 현금흐름의 발생시점이 다를 경우 동일시점의 가치로 환산해야 비교가 가능하다. 즉, 화폐의 평가는 현시점에서 이루어지는 데 반해, 이로 인한 현금흐름은 미래에 발생하므로 서로 다른 시점의 현금흐름을 동일시점의 가치로 환산함을 화폐의 시간가치 계산이라고 한다. 화폐의 시간가치계산에서 현재가치를 미래가치로 바꾸거나 미래가치를 현재가치로 바꿀 때 사용하는 계수를 자본환원계수*라고 한다. 일반적으로 사람들은 미래의 현금보다는 현재의 현금을 더 선호하는데, 이로 인해 미래의 현금과 현재의 현금 사이에서 시차선호·인플레이션·생산기회 및 위험을 감안한 시장이자율이 결정되고, 이것이 화폐의 시간가치를 나타내는 척도이면서 화폐의 미래가치와 현재가치를 평가하기 위한 기준이 된다. 화폐의 시간가치는 평가시점에 따라 현재가치와 미래가치로 구분하고, 현금흐름에 따라 일시불의 현금흐름과 연금의 현금흐름으로 구분한다.[24] 또한 화폐의 시간가치를 계산하는 공식에서는 원금에 대한 이자뿐만 아니라 이자에 대한 이자도 함께 계산하는 복리방식을 채택한다.

---
24) 박상진, 「보험세무의 비밀」, 미래와 경영, 2011, p.24

1. 미래가치(Future Value; FV)의 계산[25]

(1) 일시불의 미래가치계수(복리종가율)

① **목적:** 기간 초에 불입된 일시불에 대해서 일정기간 후 원리금의 합계를 구한다.

② **일시불의 미래가치의 계산:** 일정금액에 대해 매년 일정률의 이자가 발생한다면 일정기간 후의 미래가치는 다음과 같이 계산된다.

$$FV_{r,\,n} = PV(1+r)^n$$

- $FV_{r,\,n}$: 미래가치
- r: 이자율
- n: 기간
- PV: 현재가치

③ **일시불의 미래가치계수**(일시불의 내가계수): 1원을 이자율 r로 저금했을 때 n년 후에 찾게 되는 금액을 의미한다. 예를 들면 현재 5억원인 주택가격이 매년 전년 대비 5%씩 상승한다고 가정할 때, 5년 후의 주택가격은 일시불의 미래가치계수를 사용하여 계산할 수 있다.

$$일시불의\ 내가계수 = (1+r)^n$$

(2) 연금의 미래가치계수(복리연금종가율)[26]

일정기간에 동일한 현금흐름이 매기 반복하여 발생하는 것을 연금(annuity)이라고 한다.

① **목적:** 매 기간 말에 일정액을 적립했을 때 일정기간 후에 달성되는 누적액을 구한다.

② **연금의 미래가치의 계산**

$$FVA_{r,\,n} = ANN(1+r)^{n-1} + ANN(1+r)^{n-2} + \cdots + ANN(1+r)^0$$
$$= ANN\left[\sum_{i=1}^{n}(1+r)^{n-i}\right]$$
$$= ANN \times \frac{(1+r)^n - 1}{r}$$

- $FVA_{r,\,n}$: 이자율이 r일 때 n년 후의 연금의 미래가치
- r: 이자율
- n: 기간
- ANN: 연금

---

25) James B. Kau and C. F. Sirmans, Real Estate(New York: McGraw-Hill, 1985), pp.51~58
이원준, 전게서, pp.208~211
26) James B. Kau and C. F. Sirmans, Real Estate(New York: McGraw-Hill, 1985), pp.58~61

OX 확인문제

현재 10억원인 아파트가 매년 2%씩 가격이 상승한다고 가정할 때, 5년 후의 아파트가격을 산정하는 경우 연금의 미래가치계수를 사용한다. •32회 ( )

정답 (×)

현재 10억원인 아파트가 매년 2%씩 가격이 상승한다고 가정할 때, 5년 후의 아파트가격을 산정하는 경우 일시불의 미래가치계수를 사용한다.

③ **연금의 미래가치계수**(연금의 내가계수): 매년 1원씩 받게 되는 연금을 이자율 r로 계속해서 적립했을 때 n년 후 달성하게 되는 금액을 말한다. 예를 들면 정년퇴직자가 매월 연금형태로 받는 퇴직금을 일정기간 적립한 후에 달성되는 금액을 산정할 경우 연금의 미래가치계수를 사용한다.

$$연금의\ 내가계수 = \frac{(1+r)^n - 1}{r}$$

(3) 감채기금계수(상환기금률)[27]

① **목적**: 일정누적액을 일정기간 후에 만들기 위해서 매 기간 말에 적립해야 할 액수를 구한다.

② **감채기금계수의 계산**

$$ANN_{r,\ n} = FVA \times \frac{r}{(1+r)^n - 1}$$

③ **감채기금계수**(상환기금계수): n년 후에 1원을 만들기 위해서 매 기간 말에 적립해야 할 액수를 나타내는 자본환원계수로서, 연금의 내가계수의 역수이다. 감채기금계수는 미래에 사용할 금액을 적립하기 위한 매년의 적립금을 계산하는 데 사용한다. 예를 들면 5년 후 주택구입에 필요한 자금 3억원을 모으기 위해 매년 말 불입해야 하는 적금액을 계산하려면, 3억원에 감채기금계수를 곱하여 구한다.

$$감채기금계수 = \frac{r}{(1+r)^n - 1}$$

2. 현재가치(Present Value; PV)의 계산[28]

(1) 일시불의 현재가치계수(복리현가율)[29]

현재가치란 미래에 발생할 일정금액을 현재의 시점에서 평가한 가치이다.

① **목적**: 일정기간 후의 일시불과 동일한 가치를 가지는 현재의 금액을 구한다.

> **정리 감채기금계수**
> 감채기금계수는 미래에 사용할 금액을 적립하기 위한 매월의 적립금을 계산하는 데 사용한다.

> **추가 내가계수와 현가계수**
> 아무런 부연 없이 '내가계수'라고 하면 일시불의 내가계수를 말하고, '현가계수'라고 하면 일시불의 현가계수를 말한다. 따라서 "내가계수와 현가계수는 역수이다."라는 표현은 맞는 표현이다. 그러나 연금의 내가계수나 연금의 현가계수는 반드시 '연금'이라는 말을 붙여서 사용해야 한다. 또한 연금의 내가계수와 연금의 현가계수는 서로 역수관계가 아니다.

---

27) James B. Kau and C. F. Sirmans, Real Estate(New York: McGraw-Hill, 1985), pp.62~64
28) 이원준, 전게서, pp.211~214
29) James B. Kau and C. F. Sirmans, Real Estate(New York: McGraw-Hill, 1985), pp.54~58

② 일시불의 현재가치의 계산

$$PV_{r,\,n} = FV \times \frac{1}{(1+r)^n} = FV(1+r)^{-n}$$

③ **일시불의 현재가치계수**(일시불의 현가계수): n년 후의 1원을 할인율 r로 할인하면 현재의 금액은 얼마인가를 나타내는 금액이다. 예를 들면 10년 후에 1억원이 될 것으로 예상되는 토지의 현재가치를 계산할 경우 일시불의 현재가치계수를 사용한다.

$$\text{일시불의 현가계수} = \frac{1}{(1+r)^n} = (1+r)^{-n}$$

(2) 연금의 현재가치계수(복리연금현가율)30)

① **목적**: 일정기간 동안 매 기간 말에 일정액을 받게 될 금액의 현재가치를 구한다.

② 연금의 현재가치의 계산

$$\begin{aligned} PVA_{r,\,n} &= ANN\frac{1}{(1+r)^1} + ANN\frac{1}{(1+r)^2} + \cdots + ANN\frac{1}{(1+r)^n} \\ &= ANN\sum_{t=1}^{n} \frac{1}{(1+r)^t} \\ &= ANN \times \frac{1-(1+r)^{-n}}{r} \end{aligned}$$

③ **연금의 현재가치계수**(연금의 현가계수): 이자율이 r이고 기간이 n일 때, 매년 1원씩 n년 동안 받게 될 연금을 일시불로 환원한 액수이다. 연금의 현재가치계수는 미상환대출잔액을 계산하는 데 사용한다. 예를 들면 매년 말 50만원씩 5년간 들어올 것으로 예상되는 임대료 수입의 현재가치를 계산하려면, 연금의 현재가치계수를 활용할 수 있다.

$$\text{연금의 현가계수} = \frac{1-(1+r)^{-n}}{r}$$

(3) 저당상수(연부상환율)31)

연금의 현재가치를 기준으로 매기당 수령액 또는 지불액을 결정하고자 할 경우 사용되는 계수이다.

---

30) James B. Kau and C. F. Sirmans, Real Estate(New York: McGraw-Hill, 1985), pp.64~68
31) James B. Kau and C. F. Sirmans, Real Estate(New York: McGraw-Hill, 1985), pp.68~71

O X 확 인 문 제

나대지에 투자하여 5년 후 8억원에 매각하고 싶은 투자자는 현재 이 나대지의 구입금액을 산정하는 경우, 저당상수를 사용한다.
• 32회 ( )

정답 (×)
나대지에 투자하여 5년 후 8억원에 매각하고 싶은 투자자는 현재 이 나대지의 구입금액을 산정하는 경우, 일시불의 현가계수를 사용한다.

정리 연금의 현가계수
연금의 현재가치계수는 미상환대출잔액을 계산하는 데 사용한다.

암기 헷갈리기 쉬운 내용
연금의 미래가치계수는 연금의 현재가치계수의 역수이다. (×)
⇨ 연금의 미래가치계수의 역수는 감채기금계수이고, 연금의 현재가치계수의 역수는 저당상수이다.

정리 저당상수
저당상수는 원리금균등분할상환 시 융자금액에 대한 월 불입액을 계산하는 데 사용한다.

① **목적**: 일정액을 빌렸을 때 매 기간 말에 갚아 나가야 할 원금과 이자의 합계를 구한다. 이때 저당의 방법은 원금과 이자를 균등하게 상환하는 원리금균등상환방법을 가정한 것이며, 갚아야 할 매 기간의 지불액은 저당지불액(mortgage payment) 또는 부채서비스액(debt service)이라고 한다.

② **저당상수를 이용한 계산**

$$ANN_{r,\,n} = PVA \times \frac{r}{1-(1+r)^{-n}}$$

③ **연저당상수와 월저당상수**: 저당상수는 원리금균등상환방식으로 주택저당대출을 받은 경우, 저당대출의 매기 원리금상환액을 계산할 때 활용할 수 있는데, 연(年)이나 월(月)로 나타낼 수 있다. 예를 들면 원리금균등상환방식으로 담보대출받은 가구가 매월 상환할 금액을 산정하는 경우, 저당상수를 사용한다. 저당대부액을 월단위로 상환할 경우의 저당상수를 월저당상수라고 하고, 연단위로 상환할 경우의 저당상수를 연저당상수라고 한다. 또한 저당상수는 연금의 현가계수와 역수관계이다.

$$\text{연저당상수} = \frac{r}{1-(1+r)^{-n}}$$

$$\text{월저당상수} = \frac{r/12}{1-(1+r/12)^{-m}}$$

- n: 연수
- m: 개월

OX 확인문제

원리금균등상환방식으로 담보대출받은 가구가 매월 상환할 금액을 산정하는 경우, 일시불의 현재가치계수를 사용한다. •32회 ( )

정답 (×)
원리금균등상환방식으로 담보대출받은 가구가 매월 상환할 금액을 산정하는 경우, 저당상수를 사용한다.

암기 헷갈리기 쉬운 내용
원금균등상환방식으로 주택저당대출을 받은 경우 저당대출의 매 기간 원리금상환액은 저당상수를 이용하여 계산한다. (×)
⇨ 원금균등상환방식이 아니라 원리금균등상환방식이다. 즉, 원리금균등상환방식으로 주택저당대출을 받은 경우 저당대출의 매 기간 원리금상환액은 저당상수를 이용하여 계산한다.

■ 화폐의 시간가치 계산

미래가치계수	현재가치계수
1. 일시불의 내가계수 0기 1기 2기 3기 … $n-1$기 n기 ① 1원을 이자율 r로 예금했을 때 n년 후에 받게 될 금액 ② 공식: $(1+r)^n$	1. 일시불의 현가계수 0기 1기 2기 3기 … $n-1$기 n기 ① n년 후의 1원을 할인율 r로 할인할 경우의 현재의 금액 ⇨ 일시불의 내가계수의 역수 ② 공식: $\dfrac{1}{(1+r)^n} = (1+r)^{-n}$

2. 연금의 내가계수

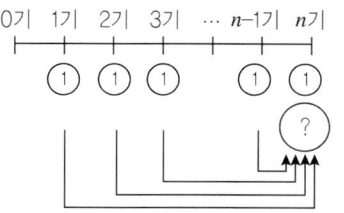

① 매년 1원씩을 이자율 r로 계속해서 적립했을 때 n년 후에 받게 될 금액

② 공식: $\dfrac{(1+r)^n - 1}{r}$

2. 연금의 현가계수

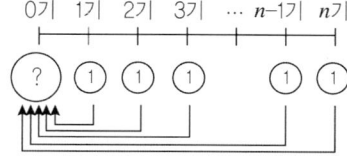

① n년간 매년 1원씩 받게 될 금액을 이자율 r로 할인할 경우 현재의 금액

② 공식: $\dfrac{1 - (1+r)^{-n}}{r}$

3. 감채기금계수

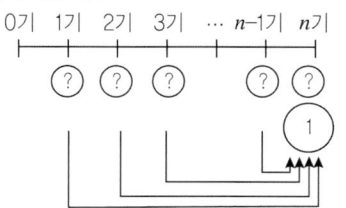

① n년 후에 1원을 만들기 위해서 매 기간 불입해야 할 금액
   ⇨ 연금의 내가계수의 역수

② 공식: $\dfrac{r}{(1+r)^n - 1}$

3. 저당상수

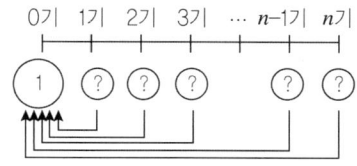

① 1원을 이자율 r로 빌린 후 n년 동안 매년 지불해야 하는 금액
   ⇨ 연금의 현가계수의 역수

② 공식: $\dfrac{r}{1 - (1+r)^{-n}}$

3. 원금상환곡선과 이자지급곡선

(1) 상환조견표

매 기간마다 갚아야 할 저당지불액(원리금상환액, 부채서비스액)을 원금상환분과 이자지급분으로 나누고, 원금의 미상환분을 하나의 표에 나타낸 것을 상환조견표(amortization schedule)라고 한다. 또한 저당대부액(대출원금총액) 중 미상환된 원금을 잔금이라고 하고, 잔금이 차지하는 비율을 잔금비율이라고 하는데, '1'에서 잔금비율을 뺀 것을 상환비율이라고 한다.

(2) 원금상환곡선과 이자지급곡선

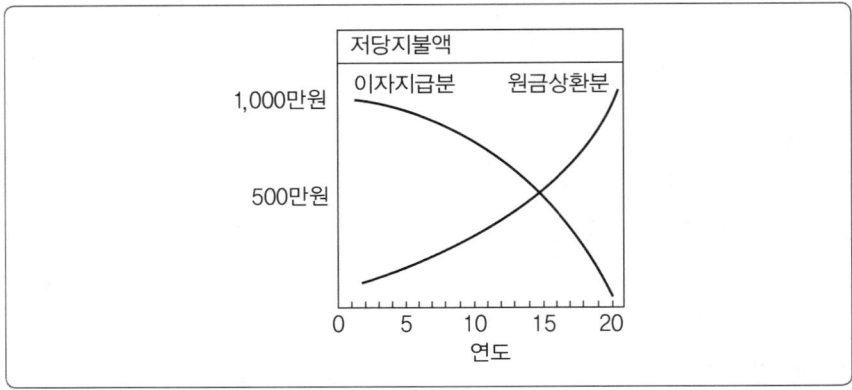

① 위의 그림은 이자율 10%, 20년 만기로 1억원을 대출받았을 때의 상환조건표를 그림32)으로 나타낸 것이며, 저당의 방법은 원금과 이자를 균등하게 상환하는 원리금균등상환방법을 가정한 것이다. 따라서 저당지불액은 매기당 동일하나 초기에는 저당지불액 중 원금상환분의 비중이 작고, 이자지급분이 차지하는 비중이 크다. 그러나 기간이 지날수록 저당지불액 중 원금상환분이 차지하는 비중이 커지며, 이자지급분이 차지하는 비중이 작아진다.

② 기간이 지남에 따라 원금상환곡선의 기울기는 점차 커지며, 경사도는 점차 급해지는 모양을 하고 있다. 반대로 이자지급곡선은 기간이 지남에 따라 음(-)의 기울기로 점차 커지는데, 이는 원금상환분 증가에 따라 점차 감소하는 이자지급분을 반영하고 있다.

③ 원금상환곡선과 이자지급곡선에서 이와 같은 이유로 원금상환은 이자율이나 기간에 따라 차이가 있으나 대략 만기의 3분의 2 정도가 경과되어야만 원금의 50% 정도가 상환된다.

(3) 상환비율과 잔금비율

저당대부액 중 원금상환분의 비율을 상환비율이라고 하고, 저당대부액 중 미상환저당잔금의 비율을 잔금비율이라고 한다. 따라서 상환비율과 잔금비율을 합하면 '1'이 되고, 상환비율은 '1-잔금비율'이 된다. 저당대부액(대출원금총액)은 저당지불액(원리금상환액·부채서비스액)을 융자기간 동안 지불했을 경우의 현가합인 반면, 미상환저당잔금은 융자기간 중 남은 잔여기간 동안 지불받게 될 저당지불액의 현가합에 해당되며, 저당지불액에 연금의

---
32) James B. Kau and C. F. Sirmans, Real Estate(New York: McGraw-Hill, 1985), p.73

현가계수($r\%$, 잔여기간)를 곱하여 계산하거나, 저당대부액에 잔금비율을 곱하여 구할 수 있다. 일정기간이 경과한 후의 잔금비율은 다음과 같다.

$$\text{일정기간 후의 잔금비율} = \frac{\text{미상환저당잔금}}{\text{저당대부액}}$$

$$= \frac{\text{저당지불액} \times \text{연금의 현가계수}(r\%, \text{잔여기간})}{\text{저당지불액} \times \text{연금의 현가계수}(r\%, \text{융자기간})}$$

$$= \frac{\text{연금의 현가계수}(r\%, \text{잔여기간})}{\text{연금의 현가계수}(r\%, \text{융자기간})}$$

따라서 잔금비율은 이자율·융자기간·잔여기간에 의해 결정되며, 저당대부액의 크기와는 무관하다.

2 부동산투자 분석과정 ·24회 ·25회 ·27회 ·28회 ·29회 ·30회 ·34회 ·36회

1. 시장참여자와 부동산투자 결정과정

(1) 시장참여자[33]

① **지분투자자:** 부동산투자에 대한 궁극적인 의사결정을 하는 주체로서 여기서 일반투자자를 지분투자자라고 하는 것은 저당투자자와 구별하기 위해서이다.

② **저당대출자:** 은행, 신탁회사, 보험회사, 투자기금 등은 일반투자자에게 부동산을 담보로 자금을 대부해 주므로 이를 저당대출자라고 하는데, 중요한 시장참여자 중 하나이다. 이들은 직접 투자한 것은 아니지만 일반투자자들에게 저당대부를 통해 간접적으로 투자에 참여한 셈이 되는데, 이들을 저당투자자라고도 한다.

③ **임차인:** 대상부동산에 대한 임대료를 지불하고 이를 점유하여 사용하는 사람을 말한다. 부동산투자자는 임차인들의 임차공간에 대해 주의깊게 분석해 보아야 한다.

④ **정부:** 정부와 지방자치단체도 부동산참여자로서 투자자, 저당대출자, 임차인 등에게 또는 그들 상호관계에 많은 영향을 미친다.

⑤ **기타 참여자:** 공인중개사, 건축설계사, 주택관리사, 감정평가사, 공인회계사, 컨설턴트 등이 있다.

---
[33] 이원준, 전게서, pp.199~200
이원준, 「부동산컨설팅업 경영과 실무」, 경록, 2002, p.104

(2) 부동산투자의 결정과정[34]

① 부동산투자자의 투자목적, 목표, 제한 등을 파악한다.
② 부동산의 투자환경(부동산시장의 상황, 법률적·금융적·세제적 환경)과 시장상황을 분석한다.
③ 부동산투자로부터 예상되는 현금흐름(현금수지)을 분석한다.
④ 분석된 현금흐름을 기초로 투자의 의사결정기준을 적용한다.
⑤ 이상을 기초로 하여 투자 여부를 결정한다.

2. 현금흐름(현금수지)의 측정

투자분석에서 가장 중요한 것 중 하나는 현금흐름을 정확하게 측정하는 것이며, 예상수익의 측정은 내용연수 전 기간이 아닌 예상보유기간 동안 측정한다. 투자에 따른 현금흐름은 영업 현금흐름(영업의 현금수지)과 매각 현금흐름(지분복귀액)으로 나누어 예상할 수 있다. 따라서 현금흐름의 측정은 영업 현금흐름의 계산과 지분복귀액(복귀액의 현금흐름)의 계산으로 구분된다.

(1) 영업 현금흐름의 계산[35]

영업 현금흐름(cash flow from operation)의 계산이란 투자대상 부동산의 운영(영업)으로 인해 연간 발생하는 예상된 현금유입과 현금유출을 측정하는 것을 말한다.

	단위당 연간 예상임대료(estimated rent per unit per year)
×	임대단위 수(number of units)
	가능총소득(Potential Gross Income; PGI)
−	공실 및 불량부채(vacancy and bad debt allowance)
+	기타 소득(miscellaneous income)
	유효총소득(Effective Gross Income; EGI)
−	영업경비(Operating Expenses; OE)
	순영업소득(Net Operating Income; NOI)
−	부채서비스액(Debt Service; DS)
	세전현금흐름(Before-Tax Cash Flow; BTCF)
−	영업소득세(Taxes from Operation; TO)
	세후현금흐름(After-Tax Cash Flow; ATCF)

---

[34] Austin J. Jaffe and C. F. Sirmans, Real Estate Investment Decision Making(N. J: Prentice Hall, Inc., 1982), pp.7~19
이원준, 전게서, pp.202~203
[35] James B. Kau and C. F. Sirmans, Real Estate(New York: McGraw-Hill, 1985), pp.99~102
Austin J. Jaffe and C. F. Sirmans, Real Estate Investment Decision Making(N. J: Prentice Hall, Inc., 1982), pp.12~14

① **가능총소득:** 단위당 연간 예상임대료에 임대단위 수를 곱한 것이다. 이는 투자한 부동산에서 얻을 수 있는 최대한의 수입을 의미하며 가능조소득, 총임료수입, 잠재총수익이라고도 한다.

② **공실 및 불량부채:** 이는 '공실 및 불량부채에 대한 충당금'으로 공실이나 임대료 회수가 불가능한 금액 등으로 인해 발생하는 손실액을 의미하며, 공실 및 대손충당금(貸損充當金)이라고도 한다. 일반회계에서 대손충당금이란 회수가 어렵다고 예상되는 미수대금을 미리 추산하는 금액이다. 일반적으로 가능총소득의 5% 정도를 산정한다.

③ **기타 소득:** 주차장 임대료나 유료세탁기 등에 의한 기타 수입을 말한다.

④ **유효총소득:** 가능총소득에서 공실 및 대손충당금을 빼고 기타 소득을 더한 것을 말하며, 유효조소득, 유효총수익이라고도 한다.

⑤ **영업경비:** 투자대상 부동산을 운영하는 데 들어가는 수리비, 관리비, 수수료, 재산세, 보험료, 광고비 등을 포함하며 이를 운영경비라고도 한다. 그런데 영업경비에 재산세는 포함되지만 영업소득세와 자본이득세는 포함되지 않는다.

⑥ **순영업소득:** 유효총소득에서 영업경비를 뺀 것을 말하며, 이를 순운영소득이라고도 한다.

⑦ **부채서비스액:** 매 기간 갚아야 할 원금상환액과 이자지급액의 합을 의미하며 저당지불액, 대출금의 원리금상환액이라고도 한다. 투자 시 전액을 자기자본으로만 사용한 경우에는 부채서비스액이 존재하지 않을 수도 있다.

⑧ **세전현금흐름**(세전현금수지)**:** 순영업소득에서 부채서비스액을 뺀 것을 말한다. 투자 시 전액을 자기자본으로만 사용한 경우에는 부채서비스액이 존재하지 않아 순영업소득과 세전현금흐름이 동일할 수 있다.

⑨ **세후현금흐름**(세후현금수지)**:** 세전현금흐름에서 영업소득세를 뺀 것을 말한다. 따라서 과세대상 소득이 흑자이고 투자자가 과세대상이라면, 세전현금흐름은 세후현금흐름보다 클 것이다. 그러나 과세대상 소득이 적자이거나 투자자가 과세대상이 아니라면, 세전현금흐름과 세후현금흐름은 동일할 수 있다.

추가 영업경비

순영업소득은 어떤 지출항목을 영업경비로 취급하느냐에 따라 달라진다. 부동산투자 및 평가에서는 부동산의 운영과 직접 관계되는 지출만을 영업경비로 인정한다. 그러므로 일반기업회계에서 영업경비로 인정하는 것이 부동산투자 및 평가에서는 영업경비로 인정되지 않기도 하며, 반대로 일반기업회계에서 영업경비로 인정하지 않는 것이 부동산투자 및 평가에서는 영업경비로 인정되기도 한다.

암기 영업경비에 포함되지 않는 항목
1. 취득세
2. 공실 및 불량부채에 대한 충당금
3. 부채서비스액
4. 영업소득세
5. 감가상각비
6. 자본이득세

추가 부채서비스액과 저당지불액

엄밀히 말해 부채서비스액은 원금상환액과 이자지급액 외에도 수수료 등이 포함된 개념으로 저당지불액보다 광의의 개념이지만, 부동산학에서는 이를 동의어처럼 사용하고 있다.

* 지분복귀액[37]
= 지분투자액 + 원금상환분
  + 가치증감분

(2) 지분복귀액*(복귀액의 현금흐름)의 계산[36]

지분복귀액이란 투자자들이 일정기간 동안 투자부동산을 운영한 후 처분 시에 지분투자자에게 돌아오는 수입을 말한다. 이는 투자자가 처음 투자 시 지출한 지분투자액, 보유기간 동안 원금상환으로 인한 지분형성분, 투자부동산의 가치증감분으로 구성된다. 지분복귀액은 예상되는 매도가격에서부터 계산이 시작된다.

```
      매도가격(selling price)
    - 매도경비(selling expense)
      순매도액(net sales proceed)
    - 미상환저당잔금(unpaid mortgage balance)
      세전지분복귀액(before-tax equity reversion)
    - 자본이득세(capital gain tax)
      세후지분복귀액(after-tax equity reversion)
```

① **순매도액**: 매도가격에서 매도경비를 뺀 것을 말한다.
② **매도경비**: 투자한 부동산의 처분과 관련된 비용(중개수수료 등)을 말한다.
③ **미상환저당잔금**: 처분 시 상환하지 못한 저당잔금을 말하며, 이는 융자기간 중 남은 기간 동안 지불하게 될 저당지불액의 현가합에 해당된다. 미상환저당잔금은 저당지불액에 연금의 현가계수($r\%$, 잔여기간)를 곱하여 계산하거나, 저당대부액에 잔금비율을 곱하여 구할 수 있다.
④ **세전지분복귀액**: 순매도액에서 미상환저당잔금을 뺀 것을 말한다.
⑤ **세후지분복귀액**: 세전지분복귀액에서 자본이득세(capital gain tax) 또는 양도소득세(taxes due on sale)를 뺀 것을 말한다.

---

[36] James B. Kau and C. F. Sirmans, Real Estate(New York: McGraw-Hill, 1985), pp.103~104
Austin J. Jaffe and C. F. Sirmans, Real Estate Investment Decision Making(N. J: Prentice Hall, Inc., 1982), pp.14~16
안정근, 전게서, pp.292~297
[37] 안정근, 전게서, p.292

■ 영업 현금흐름의 계산과 지분복귀액 계산의 비교

```
        〈영업 현금흐름의 계산〉        〈지분복귀액 계산〉

            단위당 예상임대료
        ×   임대단위 수
            가능총소득
        −   공실 및 불량부채
        +   기타 소득
            유효총소득               매도가격
        −   영업경비             −  매도경비
            순영업소득               순매도액
        −   부채서비스액          −  미상환저당잔금
            세전현금흐름             세전지분복귀액
        −   영업소득세            −  자본이득세
            세후현금흐름             세후지분복귀액
```

(3) 영업소득세의 계산[38]

```
            순영업소득              세전현금흐름
        +   대체충당금         +   대체충당금
        −   이자지급액         +   원금상환액
        −   감가상각액         −   감가상각액
            과세소득                 과세소득
        ×   세율               ×   세율
            영업소득세              영업소득세
```

① **대체충당금:** 정기적으로 냉난방설비, 위생설비, 소화설비 등의 대체를 위해 매 기간 일정액씩 적립하는 금액을 말한다. 또한 임대용 부동산의 가치를 유지하기 위해 일정기간마다 교체를 위하여 매년 적립한 금액을 말한다. 그런데 대체충당금은 '자본적 지출(또는 자본비 지출)'로 취급되어 영업소득세 공제가 되지 않는다.

예 임대용 부동산의 투자자가 에어컨, 주방기구 등을 일정기간마다 교체하기 위해 매년 적립한 금액

② **이자지급액과 원금상환액:** 부채서비스액 중 이자지급액은 영업소득세 공제가 되지만, 원금상환액은 투자자의 지분가치를 증가시키므로 세금 공제가 되지 않는다.

---

38) James B. Kau and C. F. Sirmans, Real Estate(New York: McGraw-Hill, 1985), pp.103~104
Austin J. Jaffe and C. F. Sirmans, Real Estate Investment Decision Making(N. J: Prentice Hall, Inc., 1982), pp.14~16
안정근, 전게서, pp.293~295
조주현, 전게서, pp.113~114

추가 대체충당금과 대손충당금
대체충당금은 회수가 어렵다고 예상되는 미수대금을 미리 추산하는 대손충당금과 다르므로 구분해야 한다.

추가 수익적 지출(영업비 지출)과 자본적 지출(자본비 지출)
영업경비는 영업소득세 공제가 되는 영업비 지출과 공제가 되지 않는 자본비 지출로 구별해야 한다. 수익적 지출(영업비 지출)이란 투자부동산의 유효내용연수나 효용 및 가치를 유지시키는 데 드는 수선비, 유지비, 재장식비 등을 말하며, 영업소득세 계산에서는 공제가 된다. 반면, 자본적 지출(자본비 지출)이란 투자부동산의 유효내용연수나 효용 및 가치를 증가시키는 데 드는 비용을 말하며, 영업소득세 계산에서는 공제가 되지 않는다.

③ **감가상각액:** 감가상각액(감가상각비)도 영업소득세 공제가 된다. 건물, 토지개량물 등은 감가상각의 대상이 되나 토지는 감가상각이 되지 않는다. 따라서 영업소득세를 계산하기 위해서는 건물의 감가상각비를 알아야 한다.

> [추가] **영업소득세 계산과 공제부분**
> 임대사업을 영위하는 법인은 건물에 대한 감가상각과 이자비용을 세금산정 시 비용으로 인정받을 수 있다.

⊕ 보충 자본이득세의 계산 [39]

```
        순매도액
   －   순장부가치(＝매수가격－총감가상각액)
        매도이득(gain on sale)
   －   초과감가상각액
        자본이득
   －   세제상 공제액
        과세대상 자본이득
   ×   세율
        자본이득세
```

1. **순매도액**
   매도가격에서 매도경비를 뺀 금액이다.
2. **순장부가치**
   대상부동산의 매수가격에서 총감가상각액을 뺀 금액이다.
3. **매도이득**
   순매도액에서 대상부동산의 순장부가치를 뺀 금액이다.
4. **총감가상각액**
   정상적인 감가상각분과 초과감가상각분이 포함된 금액이다.
5. **매수가격**
   부동산가격과 매수비용을 합한 금액이다.
6. **과세대상 자본이득**
   자본이득 중 일정기간 동안의 물가상승이나 자본적 개량비 지출(capital improvement expenditure) 등을 감안하여 세제상 공제되는 부분을 제외한 부분이다.
7. **자본이득세**
   과세대상 자본이득에 세율을 곱한 금액이다.

---

[39] James B. Kau and C. F. Sirmans, Real Estate(New York: McGraw-Hill, 1985), pp.103~104
Austin J. Jaffe and C. F. Sirmans, Real Estate Investment Decision Making(N. J: Prentice Hall, Inc., 1982), pp.14~16
안정근, 전게서, pp.296~297
조주현, 전게서, pp.113~114

3 부동산투자분석의 기법

• 27회 • 28회 • 29회 • 30회 • 31회 • 32회 • 33회 • 34회 • 35회 • 36회

화폐의 시간가치 계산에서는 매 기간 동일한 현금흐름을 가정하였으나, 투자분석에서는 매 기간 현금흐름이 동일하지 않은 불균등현금흐름(unequal cash flow)이 일반적이다. 또한 화폐의 시간가치를 고려한 투자분석기법(할인기법)에는 순현가법, 내부수익률법, 수익성 지수법, 현가회수기간법이 있고, 화폐의 시간가치를 고려하지 않은 투자분석기법(비할인기법)에는 승수법, 수익률법, 단순회수기간법, 평균회계이익률법 등이 있다.

1. 화폐의 시간가치를 고려하지 않은 투자분석기법(비할인기법)

(1) 어림셈(경험셈)법[40]

어림셈법은 현재가치로 할인하지 않으므로 화폐의 시간가치를 고려하지 않는다. 실무에서는 논리적이고 정교하지만 복잡한 계산과정을 거쳐야 하는 할인현금흐름분석법보다는 간단한 어림셈법이 많이 이용된다. 어림셈법에는 승수법과 수익률법이 있으며, 승수와 수익률은 서로 역수관계에 있다.

① **승수법**

일반적으로 총소득승수, 순소득승수, 세전현금흐름승수, 세후현금흐름승수 등이 사용된다. 투자에서 승수는 회수기간을 의미하므로 작을수록 유리하다.

㉠ 총소득승수 또는 총승수(Gross Income Multiplier; GIM): 조소득승수라고도 하는데, 총소득에 대한 총투자액의 배수를 말한다.

$$총소득승수 = \frac{총투자액}{총소득}$$

㉡ 순소득승수 또는 순승수(Net Income Multiplier; NIM): 순영업소득에 대한 총투자액의 배수를 말하는데, 순소득승수를 자본회수기간(payback period)이라고도 한다. 자본회수기간이란 투자에 소요된 자금을 그 투자로부터 발생하는 현금흐름에서 모두 회수하는 데 걸리는 기간을 말한다. 동일한 투자안의 경우, 일반적으로 순소득승수가 총소득승수보다 크다.

---

[40] James B. Kau and C. F. Sirmans, Real Estate(New York: McGraw-Hill, 1985), pp.157~159
이창석, 전게서, pp.282~283
이원준, 전게서, p.205

암기 화폐의 시간가치를 고려한 투자분석기법
1. 순현가법
2. 수익성 지수법
3. 내부수익률법
4. 현가회수기간법

암기 화폐의 시간가치를 고려하지 않은 투자분석기법
1. 승수법
2. 수익률법
3. 비율분석법
4. 단순회수기간법
5. 평균회계이익률법

O X 확 인 문 제

수익률법과 승수법은 투자현금흐름의 시간가치를 반영하여 투자타당성을 분석하는 방법이다. • 33회 ( )

정답 (×)
수익률법과 승수법은 투자현금흐름의 시간가치를 반영하지 않는 투자타당성을 분석하는 방법이다.

O X 확 인 문 제

어림셈법 중 순소득승수법의 경우 승수값이 작을수록 자본회수기간이 길어진다. • 32회 ( )

정답 (×)
어림셈법 중 순소득승수법의 경우 승수값이 작을수록 자본회수기간이 짧아진다.

$$순소득승수 = \frac{총투자액}{순영업소득}$$

ⓒ 세전현금흐름승수(before-tax cash flow multiplier, 세전승수): 세전현금흐름에 대한 지분투자액의 배수를 말한다.

$$세전현금흐름승수 = \frac{지분투자액}{세전현금흐름}$$

ⓔ 세후현금흐름승수(after-tax cash flow multiplier, 세후승수): 세후현금흐름에 대한 지분투자액의 배수를 말한다. 동일한 투자안의 경우, 일반적으로 세후현금흐름승수가 세전현금흐름승수보다 크다.

$$세후현금흐름승수 = \frac{지분투자액}{세후현금흐름}$$

② **수익률법**

수익률로는 종합자본환원율, 지분배당률, 세후수익률 등이 있다. 수익률은 승수와 역수관계이며, 클수록 유리하다.

㉠ 종합자본환원율(overall capitalization rate, 종합환원율, 종합수익률): 총투자액에 대한 순영업소득의 비율을 말한다. 일반적으로 종합환원율로 부르는데, 자본환원율(capitalization rate), 종합수익률(overall rate of return)로 부르기도 한다. 부동산평가에서는 주로 자본환원율이라는 표현으로 사용된다. 종합환원율의 역수는 순소득승수이다.

$$종합자본환원율 = \frac{순영업소득}{총투자액}$$

㉡ 지분배당률(equity dividend rate): 지분투자액에 대한 세전현금흐름의 비율로서 세전현금흐름승수의 역수가 되며, 세전수익률(before-tax rate)이라고도 한다.

$$지분배당률 = \frac{세전현금흐름}{지분투자액}$$

㉢ 세후수익률(after-tax rate): 지분투자액에 대한 세후현금흐름의 비율로서 세후현금흐름승수의 역수가 되며, '현금 대 현금수익률' 또는 현금수익률(cash-on-cash rate of return)이라고도 한다.

$$세후수익률 = \frac{세후현금흐름}{지분투자액}$$

③ 어림셈법의 한계
  ㉠ 어림셈의 가장 큰 한계는 한 가지 방법에 의하여 계산된 비율을 다른 방법에 의해서 계산된 비율과 직접 비교하기 곤란하다는 점이다.41) 이는 미래의 현금흐름을 현재가치로 할인하지 않는다는 데에서 기인한다.
  ㉡ 어림셈법은 미래의 현금흐름을 현재가치로 할인하지 않는다. 즉, 화폐의 시간적 가치를 고려하지 않는다.
  ㉢ 부동산 보유기간 동안 현금흐름의 변동이 심한 경우는 투자결정의 판단준거로 삼기에 적절하지 못하다.42)

■ 승수법과 수익률법

승수법		관계	수익률법	
총소득승수	$\frac{총투자액}{총소득}$	–	–	
순소득승수	$\frac{총투자액}{순영업소득}$	⟺	종합자본환원율	$\frac{순영업소득}{총투자액}$
세전현금흐름승수	$\frac{지분투자액}{세전현금흐름}$	⟺	지분배당률	$\frac{세전현금흐름}{지분투자액}$
세후현금흐름승수	$\frac{지분투자액}{세후현금흐름}$	⟺	세후수익률	$\frac{세후현금흐름}{지분투자액}$

(2) 비율분석법43)

① **대부비율**(Loan to Value Ratio; LTV, 융자비율, 저당비율, 담보인정비율): 부동산가치에 대한 융자액의 비율을 말한다. 대부비율이 높아지면 채무불이행 시 원금회수가 곤란해지게 되는데, 높은 대부비율은 대출자의 입장에서는 큰 위험이 된다. 따라서 은행과 같은 저당대출기관 등은 부동산의 가치에 대한 일정비율을 대부비율의 한도로 정하는 경우가 많다. 담보인정비율(LTV)을 통해서 투자자가 재무레버리지를 얼마나 활용하고 있는지를 평가할 수 있다.

---

41) 이창석, 전게서, p.283
42) 안정근, 전게서, pp.306~307
43) James B. Kau and C. F. Sirmans, Real Estate(New York: McGraw-Hill, 1985), pp.159~161
   이창석, 전게서, pp.283~285
   이원준, 전게서, pp.205~207

OX 확인문제

투자의 타당성은 총투자액 또는 지분투자액을 기준으로 분석할 수 있으며, 총소득승수는 총투자액을 기준으로 분석하는 지표다.
• 33회 ( )

정답 (O)

OX 확인문제

대부비율이 커질수록 부채비율도 커지며, 지렛대효과도 커지나 금융적 위험은 감소한다. ( )

정답 (×)

대부비율이 커질수록 부채비율도 커지며, 지렛대효과도 커지고, 금융적 위험도 증가한다.

$$\text{대부비율} = \frac{\text{부채잔금(융자액)}}{\text{부동산가치}}$$

대부비율은 부채비율과 밀접한 관련이 있다. 부채비율은 타인자본을 자기자본으로 나눈 비율을 의미하는데, 대부비율이 50%라면 부채비율은 100%가 된다.

한눈에 보기   부채비율과 총부채상환비율

1. **부채비율(debt ratio)**
   타인자본을 자기자본으로 나눈 비율이다. 일반적으로 부동산투자자는 단기적 채무변제를 받지 않는 한, 호경기라면 높은 부채비율을 선호한다. 그 이유는 타인자본을 조달·운용해서 얻을 수 있는 수익률이 이자율을 상회하면 타인자본을 사용함으로써 자기자본수익률을 높일 수 있기 때문이다.

$$\text{부채비율} = \frac{\text{타인자본}}{\text{자기자본}} \times 100$$

2. **총부채상환비율(Debt To Income; DTI, 소득 대비 부채비율)**
   주택담보대출의 연간 부채상환액(신규 연간 원리금상환액과 기타 부채의 연간 이자지급액의 합)을 연간소득액으로 나눈 비율이다. DTI는 차주상환능력을 의미한다. 담보인정비율(LTV)은 주택의 담보가치를 중심으로 대출규모를 결정하는 기준이고, 총부채상환비율(DTI)은 차입자의 소득을 중심으로 대출규모를 결정하는 기준이다.

$$\text{총부채상환비율} = \frac{\text{연간 부채상환액}}{\text{연간 소득액}}$$

3. **총부채원리금상환비율(Debt Service Ratio; DSR)**
   차주의 총금융부채 상환부담을 판단하기 위하여 산정하는 차주의 연간 소득 대비 연간 금융부채 원리금상환액 비율을 말한다.

   ➕ **DTI와 DSR**

   $$\text{DTI} = \frac{\text{주택담보대출 원리금상환액 + 기타 대출 이자상환액}}{\text{연간 소득액}}$$

   $$\text{DSR} = \frac{\text{주택담보대출 원리금상환액 + 기타 대출 원리금상환액}}{\text{연간 소득액}}$$

② **부채감당률**(Debt Coverage Ratio; DCR): 순영업소득의 부채서비스액에 대한 비율을 말한다. 이는 순영업소득이 부채서비스액의 몇 배가 되는가를 나타내는 비율이다.

정리 LTV에 의한 대출가능액
= 부동산가치 × LTV

OX 확인문제
담보인정비율(LTV)은 주택담보대출 취급 시 담보가치에 대한 대출취급가능금액의 비율을 말한다. •32회 ( )
정답 (O)

정리 DTI에 의한 대출가능액
= 연간소득액 × DTI ÷ 저당상수

OX 확인문제
총부채상환비율(DTI)은 차주의 소득을 중심으로 대출규모를 결정하는 기준이다. •32회 ( )
정답 (O)

OX 확인문제
총부채원리금상환비율(DSR)은 차입자의 총금융부채 상환부담을 판단하기 위하여 산정하는 차입자의 연간 소득 대비 연간 금융부채 원리금 상환액 비율을 말한다. •36회 ( )
정답 (O)

정리 DCR에 의한 대출가능액
= 순영업소득 ÷ DCR ÷ 저당상수

$$부채감당률 = \frac{순영업소득}{부채서비스액}$$

부채감당률이 '1'에 가깝다는 말은 순영업소득과 부채서비스액이 같아진다는 것을 의미하며, 이는 대출자나 차입자가 모두 위험해진다는 것을 의미한다. 따라서 부채감당률이 '1'보다 작다는 것은 순영업소득이 부채서비스액을 감당하기에 부족하다는 것을 의미한다. 그러므로 이 부분을 또 다른 재원에서 충당해야 하며, 만일 충당하지 못하면 차입자는 채무불이행을 초래하게 된다. 따라서 <u>대출기관이 채무불이행 위험을 낮추기 위해서는 해당 대출조건의 부채감당률을 높이는 것이 유리하다.</u>

③ **채무불이행률**(default ratio): 유효총소득에 대한 영업경비와 부채서비스액이 차지하는 비율을 말하는 것으로, 차입자가 채무불이행할 가능성 정도를 나타낸다. 이는 유효총소득이 영업경비와 부채서비스액을 감당할 수 있는 능력이 있는지를 측정하는 비율이며, 이 값이 클수록 채무불이행의 가능성은 커지게 된다. 이를 손익분기율 또는 손익분기 현금흐름비율, 손익분기 현금수지비율이라고도 한다.

$$채무불이행률 = \frac{영업경비 + 부채서비스액}{유효총소득}$$

④ **총자산**(매상)**회전율**(total asset turnover ratio): 투자된 총자산(부동산가치)에 대한 총소득의 비율로서 기업이 자산을 얼마나 효율적으로 활용해 수익을 창출하는지 보여주는 지표이다. 이때 총소득은 가능총소득 또는 유효총소득이 사용된다. 총소득승수와 역수관계이다.

$$총자산회전율 = \frac{총소득}{부동산가치}$$

⑤ **영업경비비율**(operating expense ratio): 총소득에 대한 영업경비의 비율, 즉 영업경비가 유효총소득(또는 가능총소득)에서 차지하는 비율을 말하며, 이는 투자한 부동산에 대한 재무관리상태를 알려주는 지표로 이용된다. 대상부동산에 대한 영업경비비율이 비교하는 다른 부동산의 영업경비비율의 평균 이상이라면 영업비용에 대한 통제가 제대로 이루어지지 않고 있다는 것을 의미한다.

OX 확인문제

부채감당률이 1.0보다 작다는 것은 순영업소득이 부채의 할부금을 상환하고도 잔여액이 있다는 의미이다. • 19회 ( )

정답 (×)
부채감당률이 1.0보다 크다는 것은 순영업소득이 부채의 할부금을 상환하고도 잔여액이 있다는 의미이다.

추가 비율분석법에서의 총소득
총자산회전율이나 영업경비비율에서의 총소득은 상황에 따라 가능총소득을 사용할 수도 있고, 유효총소득을 사용할 수도 있다. 일반적으로 이론적 총소득을 의미하는 가능총소득보다는 실제적 총소득을 의미하는 유효총소득을 사용할 경우가 많다.

$$영업경비비율 = \frac{영업경비}{총소득}$$

⑥ **유동비율**: 회사의 지불능력을 판단하기 위해 사용하는 지표로서 유동자산이 유동부채의 몇 배인가를 나타낸다. 이는 기업의 단기부채의 상환능력을 측정하는 지표로서 높을수록 지불능력이 커지며, 현금 동원능력이 높음을 의미한다. 이때 유동자산이란 보통 1년 이내 현금화할 수 있는 자산을 말하며, 유동부채란 1년 이내 상환해야 하는 부채를 말한다.

$$유동비율 = \frac{유동자산}{유동부채}$$

⑦ **비율분석법의 한계**[44]
  ㉠ 비율을 구성하는 요소들에 대한 추계산정의 오류가 발생하는 경우에 비율 자체가 왜곡될 수 있다. 대부비율을 계산할 때 부동산의 가치가 실제보다 높이 평가되었다면, 대부비율은 낮게 나타난다.
  ㉡ 투자자에 따라 투자목적이 다르므로 주어진 비율 자체만 가지고는 좋고 나쁨을 판단하기 곤란하다.
  ㉢ 비율분석법을 통해 투자를 판단할 때는 같은 투자대안이라도 사용하는 지표에 따라 투자결정이 달리 나타날 수 있다.

(3) (단순)회수기간법과 회계적 이익률법

① (단순)회수기간법(payback period method)[45]
  ㉠ **의의**: 자본회수기간(payback period)*이란 최초로 투자된 금액을 전액 회수하는 데 걸리는 기간을 의미한다. (단순)회수기간법은 투자안이 초기의 투자액을 얼마나 빨리 회수하는가를 측정하므로, 각 투자안의 회수기간을 계산할 때 회계이익이 아니라 현금흐름을 대상으로 측정해야 한다.
  ㉡ (단순)회수기간법의 의사결정기준
    ⓐ **독립적인**(independent) **투자안**
      ⅰ) 투자안의 회수기간이 기업 자체에서 설정한 최장 목표회수기간(cutoff period)보다 짧을 경우에는 투자안을 채택한다.

*자본회수기간
(payback period)
자본회수기간은 일반적으로 승수법에서 순소득승수를 의미한다.

---

[44] James B. Kau and C. F. Sirmans, Real Estate(New York: McGraw-Hill, 1985), pp.161~162
이창석, 전게서, p.283
[45] 최혁 외, 전게서, pp.82~83
박정식 외, 전게서, pp.132~134

ⅱ) 투자안의 회수기간이 목표회수기간보다 길 경우에는 투자안을 기각한다.

> 투자안의 회수기간 ≤ 목표회수기간 ➡ 투자 채택
> 투자안의 회수기간 > 목표회수기간 ➡ 투자 기각

ⓑ 상호 배타적인(mutually exclusive) 투자안
ⅰ) 여러 투자안들 중 최적 투자안은 회수기간이 가장 짧은 투자안을 의미한다.
ⅱ) 투자안의 회수기간이 목표회수기간보다 짧은 투자안들 중에서 회수기간이 가장 짧은 투자안을 선택한다.

ⓒ (단순)회수기간법의 장단점

장점	• 회수기간의 계산이 쉽고 비용이 들지 않는다. • 위험지표(risk indicator)로서의 정보를 제공할 수 있다. 즉, 짧은 회수기간을 가진 투자안을 선택함으로써 미래의 불확실성을 어느 정도 감소시킬 수 있다. • 회수기간이 투자안의 유동성(liquidity), 즉 투자안에 지출된 현금이 얼마나 빨리 회수될 것인가를 측정하는 자료가 될 수 있다.
단점	• 모든 미래현금흐름에 대하여 동일한 가중치를 부여하고 있기 때문에 화폐의 시간가치를 고려하지 않는다. • 자본회수기간 이후의 현금흐름을 전혀 고려하고 있지 않다. •27회 • 목표자본 회수기간의 선택에 자의성이 개재되기 쉽고, 그 기간의 크기에 따라 경제성이 있는 투자안이 기각될 수가 있으며, 경제성이 없는 투자안이 오히려 채택될 가능성도 있다.

② **회계적 이익률법**(average return on book value method)[46]
㉠ 의의: 회계적 이익률(average return on book value) 또는 회계적 수익률은 예상되는 투자안의 미래평균이익(감가상각비 및 세금공제 후)을 투자안의 평균 순장부가치로 나누어 계산하며, 이 수치와 기준이 되는 목표 또는 최소 이익률을 비교하여 투자안을 평가한다. 이 방법은 회계적 수익률법 혹은 장부상 평균이익률(average return on book value)법이라고도 한다.

$$\text{회계적 이익률(회계적 수익률)} = \frac{\text{세후평균순이익}}{\text{평균투자액}}$$

---

46) 최혁 외, 전게서, pp.84~85
박정식 외, 전게서, pp.135~137

ⓒ 회계적 이익률법의 의사결정기준
　ⓐ 독립적인(independent) 투자안
　　ⅰ) 투자안의 회계적 이익률이 기업 자체에서 설정한 최소 목표 회계적 이익률(target book rate of return)보다 클 경우에는 투자안을 채택한다.
　　ⅱ) 투자안의 회계적 이익률이 목표 회계적 이익률보다 작을 경우에는 투자안을 기각한다.

> 투자안의 회계적 이익률 ≥ 목표 회계적 이익률 ➡ 투자 채택
> 투자안의 회계적 이익률 < 목표 회계적 이익률 ➡ 투자 기각

　ⓑ 상호 배타적인(mutually exclusive) 투자안
　　ⅰ) 여러 투자안들 중 최적 투자안은 회계적 이익률이 가장 높은 투자안을 의미한다.
　　ⅱ) 투자안의 회계적 이익률이 목표 회계적 이익률보다 높은 투자안들 중에서 회계적 이익률이 가장 높은 투자안을 선택한다.

ⓒ 회계적 이익률법의 장단점

장점	• 회계적 이익률법은 간단하고 이해하기 쉽다. • 예산편성 시에 작성되는 회계자료를 바로 이용할 수 있어 편리하다.
단점	• 현금흐름이 아닌 회계적 이익을 이용한다. 회계이익은 단지 장부상의 이익을 나타내는 인위적인 수치로서 현금흐름을 나타내는 것은 아니다. • 화폐의 시간가치를 고려하지 않는다. • 적절한 목표 회계적 이익률의 선정이 자의적이다.

2. 화폐의 시간가치를 고려한 투자분석기법(할인기법)

(1) 순현가법(Net Present Value Method; NPV)
　① **의의:** 순현가란 투자로부터 예상되는 현금유입의 현가합에서 현금유출의 현가합(지분투자액)을 공제한 금액이다.47) 순현가법은 순현가를 '0'과 비교하여 투자결정을 하는 방법이다.

OX 확인 문제
순현재가치는 투자자의 내부수익률로 할인한 현금유입의 현가에서 현금유출의 현가를 뺀 값이다. •33회　　(　　)
정답 (×)
순현재가치는 투자자의 요구수익률로 할인한 현금유입의 현가에서 현금유출의 현가를 뺀 값이다.

---

47) 최혁 외, 전게서, p.77

② **투자안의 결정:** 순현가법을 이용한 투자안의 의사결정은 독립적인 투자안(또는 단일투자안)인 경우와 상호배타적인 투자안의 경우로 나누어 볼 수 있다. 독립적인 투자안이란 하나의 투자안 선택이 다른 투자안 선택과는 아무런 관계가 없는 투자안을 말한다. 상호 배타적인 투자안이란 여러 투자안 중 하나의 투자안이 채택되면 다른 모든 투자안들을 자동적으로 기각해야 하는 투자안을 말한다.[48]

㉠ **독립적인(independent) 투자안:** 순현가가 '0'보다 큰 투자안을 채택하고, 순현가가 '0'보다 작은 투자안을 기각한다.

㉡ **상호 배타적인(mutually exclusive) 투자안:** 순현가가 '0'보다 큰 투자안들 중에서 순현가가 가장 큰 투자안을 최적 투자안으로 선택한다.

$$순현가 = \left\{\begin{array}{c}부동산\ 보유기간\ 동안\\예상되는\ 매년의\ 세후\\현금흐름의\ 현재가치\end{array}\right\} + \left\{\begin{array}{c}부동산의\ 처분\ 시에\\예상되는\ 세후지분\\복귀액의\ 현재가치\end{array}\right\} - 지분투자액$$

- 순현가(NPV) ≥ 0 ➡ 투자 채택
- 순현가(NPV) < 0 ➡ 투자 기각

③ **순현가법의 특징**

㉠ 순현가(NPV)가 (+)인 투자안은 요구수익률을 넘는 수익을 제공한다는 의미이며, 이 수익은 투자자들에게 귀속된다. 즉, <u>투자자들의 부(富)는 그 투자안의 순현가 크기만큼 정확히 증가한다.</u> 따라서 순현가법은 투자자의 부(富)의 극대화라는 기업의 목표에 부합되는 가장 합리적인 투자안 평가방법이다. 만일 투자금액이 동일하고 순현재가치가 모두 0보다 큰 2개의 투자안을 비교·선택할 경우, 부(富)의 극대화 원칙에 따르면 순현재가치가 큰 투자안을 채택한다.

㉡ 순현가는 투자안의 모든 현금흐름을 사용한다.

㉢ 순현가는 현금흐름을 적절한 할인율로 할인한다. 즉, 순현가는 화폐의 시간적 가치를 고려한다.

㉣ <u>순현가를 구할 때 할인율은 요구수익률을 사용한다. 따라서 순현가를 계산하기 위해서는 사전에 요구수익률이 결정되어야 한다.</u>

---

48) 최혁 외, 전게서, p.78

정리 순현가법, 내부수익률법, 수익성 지수법 등을 '할인현금흐름분석법(할인현금수지분석법)'이라고도 한다.

추가 어림셈법과 할인현금흐름분석법

어림셈법은 영업경비 및 수익의 발생이 안정적인 소규모 부동산의 투자분석에 주로 사용되는 데 반해, 할인현금흐름분석법(할인현금수지분석법)은 대규모 부동산의 투자분석에 주로 사용된다. 어림셈법에서는 처분 시의 매각수익을 고려하지 않으며, 부동산 보유기간 동안 발생하는 운영소득 중 첫해 소득만을 고려하여 투자의 경제적 타당성을 분석하는 반면, 할인현금흐름분석법에서는 투자기간 동안의 모든 현금흐름을 고려하여 분석한다. 어림셈법은 현재가치로 할인하지 않으므로 화폐의 시간가치를 고려하지 않으나, 할인현금흐름분석법은 화폐의 시간가치를 고려한다.

O X 확 인 문 제

순현가를 구할 때 할인율은 내부수익률을 사용한다. 따라서 순현가를 계산하기 위해서는 사전에 요구수익률이 결정되지 않아도 된다. ( )

정답 (×)
순현가를 구할 때 할인율은 요구수익률을 사용한다. 따라서 순현가를 계산하기 위해서는 사전에 요구수익률이 결정되어야 한다.

ⓜ 동일한 현금흐름의 투자안이라도 투자자의 요구수익률에 따라 순현재가치(NPV)가 달라질 수 있다.

ⓑ **재투자율**: 순현가법에서는 예상되는 미래현금흐름이 요구수익률로 재투자된다는 가정을 하고 있다.

ⓢ 순현가법에서는 가치의 가산원칙(value additivity)이 성립한다. 가치의 가산원칙이란 여러 투자안을 복합적으로 평가한 값이 각각의 투자안을 따로 평가한 값의 합과 같다는 원리이다. 따라서 투자안 A와 투자안 B의 두 투자안에 모두 투자할 경우의 순현가는 각 투자안의 순현가를 합한 것과 동일하다. 순현가는 모두 동일시점, 즉 현재시점의 가치를 의미하므로 그것들을 합할 수 있는 것이다.

$$NPV(A+B) = NPV(A) + NPV(B)$$

위의 식과 같이 가치의 가산원칙이 성립할 경우, 모든 개별 투자안을 독립적으로 평가할 수 있게 된다.

④ **연평균순현가**(ANPV)

ⓐ **의의**: 사업기간 중 회사의 한계자본비용으로 순현가를 사업기간 동안 투자했을 때 받을 수 있는 연금을 의미한다. 이는 전체 순현가에 대한 연간복리평균을 말하는 것으로, 순현가가 연평균 얼마의 순수익과 같은지를 의미한다. 따라서 어떤 투자사업의 순현가가 1억원이라면, 이는 사업기간 동안 투자자가 투자액을 빼고 추가로 1억원을 더 벌었다는 의미이다.

ⓑ **계산**: 연평균순현가의 계산은 전체 순현가에 저당상수를 곱하거나 연금의 현가계수로 나누어 계산한다. 예를 들어, 순현가가 1억원인 이 투자사업에서 매년 평균 얼마의 순현가가 발생하였는지 계산해보자[단, 투자자의 요구수익률은 10%, 사업기간은 6년으로 가정하며, 연복리표를 통해 주어진 저당상수(10%, 6년)는 0.229607임].

연평균순현가 = 전체 순현가 × 저당상수(10%, 6년)
= 1억원 × 0.229607
= 22,960,700원

ⓒ **특징**: 연평균순현가는 사업기간이 서로 다른 사업 간의 비교를 가능하게 한다.[49]

OX 확인문제
연평균순현가는 사업기간이 서로 동일한 사업 간의 비교를 가능케 한다. ( )

정답 (×)
연평균순현가는 사업기간이 서로 다른 사업 간의 비교를 가능케 한다.

---

49) 조주현, 「부동산학원론」, 건국대학교 출판부, 2003, p.119

(2) 수익성 지수법(Profitability Index; PI)

① **의의**: 수익성 지수는 투자로부터 예상되는 현금유입의 현가합을 현금유출의 현가합으로 나눈 비율을 말하는데, 편익·비용비율(B/C ratio 또는 benefit-cost ratio)이라고도 한다. 즉, 사업기간 중의 총 현금수입 현재가치 합계를 순현금 투자지출 현재가치 합계로 나눈 상대지수이다. 수익성 지수법은 수익성 지수를 '1'과 비교하여 투자결정을 하는 방법이다.

$$수익성\ 지수 = \frac{현금유입의\ 현가합}{현금유출의\ 현가합}$$

- 수익성 지수 ≥ 1 ➡ 투자 채택
- 수익성 지수 < 1 ➡ 투자 기각

② **투자안의 결정**: 수익성 지수법을 이용한 투자안의 의사결정은 독립적인 투자안(또는 단일 투자안)인 경우와 상호 배타적인 투자안의 경우로 나누어 볼 수 있다.
  ③ **독립적인(independent) 투자안**: 수익성 지수가 '1'보다 큰 투자안은 채택하고, 수익성 지수가 '1'보다 작은 투자안은 기각한다.
  ⓒ **상호 배타적인(mutually exclusive) 투자안**: 수익성 지수가 '1'보다 큰 투자안들 중에서 수익성 지수가 가장 큰 투자안을 최적 투자안으로 선택한다.

③ **수익성 지수법의 특징**(순현가법과의 비교)
  ③ 순현가법이 어떤 투자안의 경제적 타당성을 절대적 금액으로 측정하는 데 반하여, 수익성 지수법은 투자안의 상대적 수익성을 비율로써 측정한다.
  ⓒ 수익성 지수법은 어떤 투자안의 상대적 수익성을 나타낼 뿐 투자자의 부(富)의 증가를 측정하지 못하며, 가치의 가산원칙에도 부응하지 않는다. 결과적으로 순현가법이 수익성 지수법보다 더욱 우수한 투자평가방법이라고 할 수 있다.
  ⓒ 연평균순현가는 사업기간이 서로 다른 사업 간의 비교를 가능케 하는 반면, 수익성 지수법은 투자규모가 크게 다른 두 개 이상의 사업을 비교·검토할 때 유효한 지표로 사용된다.

O X 확 인 문 제

독립적인 투자안의 경우 수익성 지수가 '0'보다 큰 투자안은 채택하고, 수익성 지수가 '0'보다 작은 투자안은 기각한다. (   )

정답 (×)
독립적인 투자안의 경우 수익성 지수가 '1'보다 큰 투자안은 채택하고, 수익성 지수가 '1'보다 작은 투자안은 기각한다.

(3) 내부수익률법(Internal Rate of Return Method; IRR)

① **의의**: 내부수익률이란 투자로부터 예상되는 현금유입의 현가합과 현금유출의 현가합을 서로 같게 만드는 할인율이다. 이는 순현가를 0으로 만드는 할인율이며, 수익성 지수를 1로 만드는 할인율이다. 내부수익률법은 내부수익률을 요구수익률과 비교하여 투자결정을 하는 방법이다.

> 정리 내부수익률이란 순현가를 '0'으로 만드는 할인율이며, 수익성 지수를 1로 만드는 할인율을 의미한다.

② **투자안의 결정**: 내부수익률법을 이용한 투자안의 의사결정은 독립적인 투자안(또는 단일투자안)인 경우와 상호배타적인 투자안의 경우로 나누어 볼 수 있다.[50]

  ㉠ 독립적인(independent) 투자안: 내부수익률이 요구수익률보다 큰 투자안을 채택하고, 내부수익률이 요구수익률보다 작은 투자안을 기각한다.

  ㉡ 상호 배타적인(mutually exclusive) 투자안: 내부수익률이 요구수익률보다 큰 투자안들 중에서 내부수익률이 가장 큰 투자안을 최적 투자안으로 선택한다.

$$\text{순현가} = \begin{Bmatrix} \text{부동산 보유기간 동안} \\ \text{예상되는 매년의 세후} \\ \text{현금흐름의 현재가치} \end{Bmatrix} + \begin{Bmatrix} \text{부동산의 처분 시에} \\ \text{예상되는 세후지분} \\ \text{복귀액의 현재가치} \end{Bmatrix} - \text{지분 투자액} = 0$$

  ─ 내부수익률 ≥ 요구수익률 ➡ 투자 채택
  ─ 내부수익률 < 요구수익률 ➡ 투자 기각

③ **내부수익률법의 특징**[51]

  ㉠ 복수의 내부수익률: 투자자금이 기간 초에 1회만 투입되는 사업을 '전통적 투자사업', 투자기간 중에도 투입되는 사업을 '비전통적 투자사업'이라고 한다. 비전통적 투자사업의 경우, 투자자금의 투입 횟수에 따라 두 개 이상의 내부수익률이 존재할 수 있다. 즉, 비전통적 투자사업의 경우에는 복수의 내부수익률이 존재할 수도 있는데, 이 경우 어떤 내부수익률을 투자결정의 준거로 사용해야 할지 결정이 곤란해진다.

  ㉡ 내부수익률의 부재: 내부수익률의 값이 전혀 존재하지 않을 수 있다. 이 경우 내부수익률법에 의해서는 투자결정을 할 수 없다.

  ㉢ 재투자율: 내부수익률법에서는 예상되는 미래현금흐름이 내부수익률로 재투자된다는 가정을 하고 있다.

---

[50] 최혁 외, 전게서, p.80
[51] 최혁 외, 전게서, pp.85~87 / 박정식 외, 전게서, pp.150~156

④ **순현가법과 내부수익률법의 비교:** 독립적인 투자안의 경우 순현가법과 내부수익률법의 투자판단 결과는 같으나 상호배타적 투자안의 경우 순현가법과 내부수익률법의 투자판단 결과는 달라질 수 있다. 복수의 투자안을 비교할 때 투자금액의 차이가 큰 경우, 순현가법과 내부수익률법은 분석결과가 서로 다를 수 있다. 다음과 같은 이유로 일반적으로 순현가법이 내부수익률법보다 투자판단의 준거로서 선호된다.

㉠ **재투자율:** 순현가법에서는 모든 예상되는 미래현금흐름이 요구수익률로 재투자된다는 가정을 하고 있지만, 내부수익률법에서는 내부수익률로 재투자된다는 가정을 하고 있다. 순현가법은 현금흐름의 재투자율로 투자자의 요구수익률을 가정하나, 내부수익률법에서는 현금흐름의 재투자율로 내부수익률을 가정한다. 결국 순현가법은 할인율을 요구수익률에 의거해서 구하는 반면, 내부수익률법은 시장상황과 관계없이 같은 곳에 재투자하는 것을 가정하고 있으므로 자본의 기회비용을 고려하고 있지 못하다는 측면에서 덜 합리적이다. 또한 순현가법에서 순현가를 구하기 위해서는 사전에 요구수익률이 결정되어 있어야 하지만, 내부수익률법에서 내부수익률을 구하기 위해서는 사전에 요구수익률이 결정되어 있지 않아도 된다.

㉡ **복수의 내부수익률 또는 내부수익률의 부재:** 내부수익률법은 투자자산의 현금흐름에 따라 복수의 내부수익률이 존재할 수 있고 내부수익률이 존재하지 않을 수 있다. 이 경우 내부수익률법으로는 투자결정이 곤란해진다.

㉢ **가치의 가산원칙**(value additivity principle): 순현가법은 가치의 가산원칙이 성립하는 반면, 내부수익률법은 가치의 가산원칙이 성립하지 않는다. 따라서 순현가법은 여러 투자안을 동시에 평가할 때도 개별 투자안을 독립적으로 판단해 볼 수 있는 반면, 내부수익률법은 두 투자안의 수익률 평균이 두 투자안을 합쳐서 구한 수익률과 달라지며 전체와 각각을 따로 평가할 수 없다.

㉣ **부(富)의 극대화:** 순현가법을 이용하여 투자안의 경제성을 평가하는 것이 내부수익률법보다 투자자의 부(富)의 극대화에 부합되는 의사결정방법이 된다.

O X 확 인 문 제

독립적인 투자안의 경우와 상호배타적인 투자안의 경우 순현가법과 내부수익률법에 의한 투자결과는 동일하다. (　)

정답 (×)

독립적인 투자안의 경우 순현가법과 내부수익률법의 투자판단 결과는 같으나 상호배타적 투자안의 경우 순현가법과 내부수익률법의 투자판단 결과는 달라질 수 있다.

O X 확 인 문 제

순현가법과 내부수익률법은 모두 가치의 가산원칙이 성립한다. (　)

정답 (×)

순현가법은 가치의 가산원칙이 성립하는 반면, 내부수익률법은 가치의 가산원칙이 성립하지 않는다.

| 정리 | '할인현금흐름분석법'을 '할인현금수지분석법'이라고도 한다.

OX 확인문제
부동산투자의 분석기법 중 순현재가치법, 내부수익률법, 수익성지수법은 할인현금수지분석법(DCF)에 해당한다. •36회
( )

| 정답 | (O)

> ⊕ 보충 **할인현금흐름분석법(할인현금수지분석법)**[52]
>
> 1. 개념
>   할인현금흐름분석법(Discounted Cash Flow Method; DCF법 또는 할인현금수지분석법)은 장래 예상되는 현금수입과 지출을 현재가치로 할인하여 분석하는 방법이다. 즉, 이는 화폐의 시간가치를 고려하여 분석하는 방법으로 장래 예상되는 현금유입과 현금유출을 현재가치로 할인하고 그 값을 비교하여 투자할 것인지의 여부를 결정하는 방법이다. 장래 현금흐름의 예측은 대상부동산의 과거 및 현재자료와 비교부동산의 시장자료를 토대로 여러 가지 미래 예측기법을 사용해서 이루어진다. 또한 현금흐름의 추계에서는 부동산 운영으로 인한 영업소득뿐만 아니라 처분 시의 지분복귀액도 포함된다. 따라서 할인현금흐름분석법은 부동산투자기간 동안의 현금흐름을 모두 반영한다. 할인현금흐름분석법에는 순현가법, 내부수익률법, 수익성지수법 등이 있다.
>
> 2. 분석의 절차[53]
>   ① 투자로부터 예상되는 장래의 현금유입과 현금유출을 추계한다.
>   ② 추계된 현금흐름에 대한 위험의 크기를 판단한다.
>   ③ 평가된 위험을 기초로 적절한 위험조정할인율을 결정한다. 위험조정할인율은 투자자의 요구수익률로 사용된다.
>   ④ 이상에서 분석된 자료를 토대로 투자 여부를 결정한다.

(4) 현가회수기간법(할인회수기간법)

현가회수기간(할인회수기간)은 초기에 투자된 비용을 현금유입의 현재가치로 회수하는 데 걸리는 기간을 의미한다. 이 방법은 비교적 단순하며 일반적으로 기업에서 많이 사용하고 있으나, 계속적인 투자가 이루어지는 경우나 준공 후 원상복구를 하는 경우에는 적합하지 않다.[54] 또한 단순회수기간법과 같이 자본회수기간 이후의 현금흐름을 전혀 고려하고 있지 않다는 점이나 목표회수기간의 선택에 자의성이 개재되기 쉽다는 점은 단점이다.

---

52) 박정식 외, 전게서, pp.144~158
최혁 외, 전게서, pp.77~88
이원준, 전게서, pp.203~204
방경식, 전게서, pp.620~624
정한규, 「재무관리」, 경문사, 1987, pp.203~224
53) 日本不動産鑑定協會, 不動産カウンセラー部會(編), 不動産カウンセリング辭典(日本住宅新報社, 1992), pp.51~52
이원준, 전게서, p.203
54) 조주현, 전게서, p.120

CHAPTER 04 최신기출문제로 확인!

01 부동산투자에 관한 설명으로 틀린 것은? (단, 주어진 조건에 한함) • 34회

① 시중금리 상승은 부동산투자자의 요구수익률을 하락시키는 요인이다.
② 기대수익률은 투자로 인해 기대되는 예상수입과 예상지출로부터 계산되는 수익률이다.
③ 정(+)의 레버리지효과는 자기자본수익률이 총자본수익률(종합수익률)보다 높을 때 발생한다.
④ 요구수익률은 투자에 대한 위험이 주어졌을 때, 투자자가 대상부동산에 자금을 투자하기 위해 충족되어야 할 최소한의 수익률이다.
⑤ 부동산투자자는 담보대출과 전세를 통해 레버리지를 활용할 수 있다.

키워드 〉 부동산투자의 위험분석
난이도 〉
해설 〉 시중금리 상승은 부동산투자자의 요구수익률을 상승시키는 요인이다.

02 다음과 같은 투자안에서 부동산의 투자가치는? (단, 연간 기준이며, 주어진 조건에 한함) • 34회

- 무위험률: 3%
- 위험할증률: 4%
- 예상인플레이션율: 2%
- 예상순수익: 4,500만원

① 4억원 ② 4억 5천만원
③ 5억원 ④ 5억 5천만원
⑤ 6억원

키워드 〉 부동산의 투자가치
난이도 〉
해설 〉 요구수익률은 무위험률 + 위험할증률 + 예상인플레이션율이므로
요구수익률 = 3% + 4% + 2% = 9%이다.

따라서 투자가치 = $\dfrac{(\text{투자에 대한})\ 예상순수익}{요구수익률}$ = $\dfrac{4{,}500만원}{0.09}$ = 5억원이다.

정답 01 ① 02 ③

03 다음은 甲의 부동산 임대사업의 1년간 운영수지에 관한 내용이다. 甲의 1년간 자기자본수익률은? (단, 주어진 조건에 한함)
• 36회

> • 기간 초 부동산 매입가격: 8억원
> • 대출비율: 80%
> • 1년간 부동산가격 상승률: 연 5%
> • 매입 1년 후 부동산을 처분함
> • 순영업소득(NOI): 연 4,000만원(기간 말 발생)
> • 대출조건: 이자율 연 5%, 대출기간 1년, 원리금은 만기 시 일시 상환함

① 15% ② 25%
③ 30% ④ 40%
⑤ 45%

키워드 › 자기자본수익률

해설 › 1년간 소득이득(순영업소득)은 4,000만원이고, 1년간 부동산가격 상승률인 5%에 따른 자본이득 4,000만원이 존재하므로 총자본수익은 8,000만원이 된다. 또한 대출비율이 80%이므로 부동산 매입가격 8억원 중 자기자본이 1억 6,000만원이고 타인자본이 6억 4,000만원이다.

따라서

자기자본수익률 = $\dfrac{8{,}000만원 - (6억\ 4{,}000만원 \times 0.05)}{1억\ 6{,}000만원} \times 100(\%) = 30\%$

이다.

04 부동산투자에 관한 설명으로 틀린 것은? (단, 다른 조건은 동일함)
• 36회

① 투자위험과 요구수익률은 정(+)의 관계를 가진다.
② 위험회피형 투자자는 기대수익률이 요구수익률보다 높을 경우 투자가치가 있다고 판단한다.
③ 민감도 분석은 투자효과를 분석하는 모형의 투입요소가 변화함에 따라 순현재가치와 내부수익률에 어떠한 영향을 주는가를 분석하는 기법이다.
④ 부(−)의 레버리지효과란 부채비율이 커질수록 자기자본수익률이 하락하는 것을 말한다.
⑤ 부동산 관련 세제 등 정부정책이나 각종 토지의 이용규제의 변화로 야기되는 불확실성은 유동성 위험이다.

키워드 › 부동산투자

해설 › 부동산 관련 세제 등 정부정책이나 각종 토지의 이용규제의 변화로 야기되는 불확실성은 법률적 위험이다.

정답 03 ③ 04 ⑤

05 부동산투자의 분석기법 및 위험에 관한 설명으로 옳은 것을 모두 고른 것은? (단, 주어진 조건에 한함)

• 34회

㉠ 경기침체로 부동산 수익성 악화가 야기하는 위험은 사업위험(business risk)에 해당한다.
㉡ 공실률, 부채서비스액은 유효총소득을 산정하는 데 필요한 항목이다.
㉢ 위험회피형 투자자의 최적 포트폴리오는 투자자의 무차별곡선과 효율적 프론티어의 접점에서 선택된다.
㉣ 포트폴리오를 통해 제거 가능한 체계적인 위험은 부동산의 개별성에 기인한다.
㉤ 민감도분석을 통해 투입요소의 변화가 그 투자안의 내부수익률에 미치는 영향을 분석할 수 있다.

① ㉠, ㉡, ㉢
② ㉠, ㉢, ㉤
③ ㉠, ㉣, ㉤
④ ㉡, ㉢, ㉣, ㉤
⑤ ㉠, ㉡, ㉢, ㉣, ㉤

[키워드] 부동산투자의 분석 및 위험
[난이도] ■■■□
[해설] ㉡ 공실률은 유효총소득을 산정하는 데 필요한 항목이다. 그러나 부채서비스액은 세전현금흐름을 산정하는 데 필요한 항목이다.
㉣ 포트폴리오를 통해 제거 가능한 비체계적인 위험은 부동산의 개별성에 기인한다.

06 부동산투자의 포트폴리오 이론에 관한 설명으로 옳은 것은? (단, 다른 조건은 동일함)

• 36회

① 인플레이션, 경기변동 등의 체계적 위험은 분산투자를 통해 제거할 수 없다.
② 2개 투자자산의 수익률이 서로 아무런 관계없이 움직인다면 상관계수는 1이다.
③ 투자자가 효용이 동일하다고 느끼는 조합을 연결한 선을 효율적 투자선이라 한다.
④ 포트폴리오 구성자산의 수익률이 같은 방향으로 움직일 경우 위험감소의 효과가 크다.
⑤ 기대수익률의 분산 또는 표준편차는 투자안의 수익을 측정하는 전통적인 방법이다.

[키워드] 포트폴리오 이론
[난이도] ■■■□
[해설] ② 2개의 투자자산의 수익률이 서로 아무런 관계없이 움직인다면 상관계수는 0이다.
③ 투자자가 효용이 동일하다고 느끼는 조합을 연결한 선을 무차별곡선이라 한다.
④ 포트폴리오 구성자산의 수익률이 같은 방향으로 움직일 경우 위험감소의 효과가 작다.
⑤ 기대수익률의 분산 또는 표준편차는 투자안의 위험을 측정하는 전통적인 방법이다.

정답 05 ② 06 ①

07 부동산투자분석기법에 관한 설명으로 틀린 것은? • 35회

① 순현재가치법과 내부수익률법은 화폐의 시간가치를 반영한 투자분석방법이다.
② 복수의 투자안을 비교할 때 투자금액의 차이가 큰 경우, 순현재가치법과 내부수익률법은 분석결과가 서로 다를 수 있다.
③ 하나의 투자안에 있어 수익성지수가 '1'보다 크면 순현재가치는 '0'보다 크다.
④ 투자자산의 현금흐름에 따라 복수의 내부수익률이 존재할 수 있다.
⑤ 내부수익률법에서는 현금흐름의 재투자율로 투자자의 요구수익률을 가정한다.

> 키워드 〉 부동산투자분석기법
> 난이도 〉 ■■■□
> 해설 〉 순현재가치법에서 현금흐름의 재투자율로 투자자의 요구수익률을 가정한다. 내부수익률법에서는 투자자의 내부수익률을 가정한다.

08 부동산투자분석에 관한 설명으로 틀린 것은? • 34회

① 내부수익률은 수익성 지수를 '0'으로, 순현재가치를 '1'로 만드는 할인율이다.
② 회계적 이익률법은 현금흐름의 시간적 가치를 고려하지 않는다.
③ 내부수익률법에서는 내부수익률과 요구수익률을 비교하여 투자 여부를 결정한다.
④ 순현재가치법, 내부수익률법은 할인현금수지분석법에 해당한다.
⑤ 담보인정비율(LTV)은 부동산가치에 대한 융자액의 비율이다.

> 키워드 〉 부동산투자분석기법
> 난이도 〉 ■■□□
> 해설 〉 내부수익률은 수익성 지수를 '1'로, 순현재가치를 '0'으로 만드는 할인율이다.

09 부동산투자의 분석기법에 관한 설명으로 틀린 것은? (단, 다른 조건은 동일함) • 33회

① 수익률법과 승수법은 투자현금흐름의 시간가치를 반영하여 투자타당성을 분석하는 방법이다.
② 투자자산의 현금흐름에 따라 복수의 내부수익률이 존재할 수 있다.
③ 세후지분투자수익률은 지분투자액에 대한 세후현금흐름의 비율이다.
④ 투자의 타당성은 총투자액 또는 지분투자액을 기준으로 분석할 수 있으며, 총소득승수는 총투자액을 기준으로 분석하는 지표다.
⑤ 총부채상환비율(DTI)이 높을수록 채무불이행 위험이 높아진다.

> 키워드 〉 부동산투자분석기법
> 난이도 〉 ■■■□
> 해설 〉 수익률법과 승수법은 투자현금흐름의 시간가치를 반영하지 않는 투자타당성을 분석하는 방법이다.

정답 07 ⑤ 08 ① 09 ①

CHAPTER 05 | 부동산금융론 (부동산금융·증권론)

10개년 출제문항 수

27회	28회	29회	30회	31회
6	4	5	4	4
32회	33회	34회	35회	36회
6	6	3	5	6

↳ 총 40문제 中 평균 약 4.9문제 출제

학습전략

- 부동산금융론에서는 부동산금융의 개요, 부동산의 저당대출제도 및 부동산증권에 대해 학습합니다.
- 저당의 상환방법, LTV와 DTI 제약하의 대출가능액, 주택저당증권과 부동산투자회사(REITs)에 대해 묻는 문제가 주로 출제되니 관련 이론을 정리해 두는 것이 좋습니다.

제1절 부동산금융

1 부동산금융의 개요 ・25회 ・26회 ・29회 ・31회 ・32회 ・33회 ・36회

1. 부동산금융의 의의 및 구분

(1) 의의

① 금융이란 '자금융통'의 줄임말로서, 재화나 서비스가 개입되지 않고 화폐 그 자체의 수요·공급에 의해 발생하는 화폐만의 독립적인 유통을 말한다. 따라서 부동산금융(real estate finance)은 부동산을 운용대상으로 하여 필요한 자금을 조달하는 일련의 과정이라 할 수 있다. 즉, 부동산금융은 부동산과 관련된 자금조달행위로 부동산을 매입 또는 개발하기 위해 자금을 조달하는 행위를 말한다.[1]

② 부동산금융이 일반금융과 다른 큰 차이점은 담보기능이 있다는 점과 감가상각 및 차입금 이자에 대한 세금감면이 있다는 점이며, 투자수익률도 개별사업단위보다는 기업이나 개인의 포트폴리오적인 차원에서 다루어진다는 점이다.

> **O X 확인문제**
>
> 부동산금융은 일반금융과 달리 담보기능, 감가상각 및 차입금 이자에 대한 세금감면의 혜택 등이 있다. ・19회 ( )
>
> 정답 (O)

---

[1] 玉塚締伍, 不動産金融原論(東京: 高陽書院, 1940), p.25
방경식, 전게서, p.499

③ 우리나라에서도 금융의 세계화와 부동산증권화의 추세에 발맞추어 부동산신탁제도가 도입되었고 「자산유동화에 관한 법률」, 「부동산투자회사법」 등이 제정됨으로써 금융시장과 부동산시장 간의 장벽이 허물어지고 있는 추세이다.

④ 부동산금융은 일정한 자금 확보를 통해 무주택서민과 주택건설업자에게 장기저리로 대출함으로써 주택구입을 용이하게 하고 주택의 공급을 확대하게 하는 특수금융이다. 부동산금융은 주택금융과 토지금융으로 나뉘는데, 주택금융이 대종을 이룬다.

(2) 부동산금융의 구분 및 형태

① **직접 금융과 간접 금융**
  ㉠ 직접 금융: 자금의 최종 수요자와 공급자가 직접 자금을 거래하는 방식이다.
    예 주식발행에 의한 자금조달(주로 증권시장에서 이루어짐)
  ㉡ 간접 금융: 자금의 중개기관(금융기관)을 사이에 두고 자금의 수요와 공급이 이루어지는 방식을 말한다.
    예 은행의 대부를 통한 자금조달

② **지분금융과 부채금융, 메자닌 금융**
  ㉠ 지분금융(equity financing): 부동산투자회사나 개발회사가 지분권을 팔아 자기자본을 조달하는 것을 말한다. 지분금융에는 부동산신디케이트(real estate syndicate), 조인트벤처(joint venture), 부동산투자회사(REITs), 공모(public offering)에 의한 증자, 부동산펀드 등이 있다.
  ㉡ 부채금융(debt financing): 저당권을 설정하거나 사채를 발행하여 타인자본을 조달하는 것을 말한다. 부채금융에는 저당금융(mortgage financing), 신탁금융(trust deed financing), 주택상환사채, 자산유동화증권(asset-backed securities) 등이 있다.
  ㉢ 메자닌 금융(mezzanine financing): 기업이 주식을 통한 자금조달이 어렵거나 담보나 신용이 없어 대출을 받기 어려울 때, 대출기관이 기업에 주식 관련 권리를 받고 무담보로 자금을 제공하는 금융기법을 말한다. 이에는 신주인수권부 사채(BW), 전환사채(CB), 후순위대출, 후순위채권, 우선주 등이 있다. 원래 '메자닌(mezzanine)'은 이탈리아어로 건물의 1층과 2층 사이에 있는 라운지 등의 공간을

추가 지분권과 저당권
1. 지분권(equity interest): 대상부동산에 대해 지분투자자가 가지는 권한을 말한다.
2. 저당권(mortgage interest): 대상부동산에 대해 저당투자자가 가지는 권한을 말한다.

추가 지분금융과 부채금융
지분금융의 자금조달방식은 주식발행, 보유지분 매각 등을 통해 자본을 조달하는 방식으로 회사의 지분축소를 야기하여 경영권 방어에는 문제가 될 수 있으나 지분매각을 통한 자본조달이므로 부채비율과 아무런 관련이 없다. 반면, 부채금융의 자금조달방식은 저당권 설정, 사채발행 등을 통해 타인자본을 조달하는 방식으로 회사의 지분변동과 관계가 없으므로 경영권 방어에는 문제가 없으나 부채비율을 증가시키는 문제를 야기한다.

의미한다. 메자닌 금융은 기업 입장에서 본다면 담보와 신용 사이의 대출방식, 투자자 입장에서 본다면 채권과 주식 사이의 투자방식을 일컫는 용어이다. 이는 부채에 가깝지만 자본 성격을 가지고 있어 부채와 자본의 중간 성격을 가지고 있다.

③ **주택소비금융과 주택개발금융**
   ㉠ **주택소비금융**: 가계에 대한 금융으로, 주택을 구입하려는 사람이 주택을 담보로 제공하고 자금을 제공받는 형태의 금융을 의미한다(소비자금융). 예 저당대부
   ㉡ **주택개발금융**: 주택건설업자에 대한 금융으로, 이는 주택건설을 촉진하려는 목적으로 건설활동에 필요한 자금을 주택건설업자에게 대출해 주는 것을 말한다(공급자금융). 예 건축대부

> **보충** 담보금융과 신탁금융[2]
>
> 1. **담보금융(저당금융, 저당융자)**
>   ① 부동산을 담보로 융자를 받는 것을 담보금융(mortgage financing) 또는 저당융자라고 한다.
>   ② 차입자와 금융기관 간에 부동산을 담보로 대출을 할 경우 차입자가 대출의 담보로서 저당증서(mortgage)를 작성하고 아울러 대출에 대한 개인적 채무의 표시로서 약속어음(promissory note)을 작성하여 금융기관에 제출하는 방식을 말한다. 즉, 부동산에 대한 담보(저당)채권은 대출금 상환을 담보하기 위한 것이며, 항상 채권에 부속된 것이라고 할 수 있다.
>   ③ 외국에서 금융기관은 이러한 저당권을 융자상환이 완료될 때까지 자산에 편입시킨 후, 2차 저당시장에서 이를 매각(유동화)하여 또 다른 대출자금을 확보하는 것이 일반적이다.
>   ④ 차입자의 채무불이행(default) 시에 법원경매과정에서 많은 시간이 소요되고 차입자의 권리구제장치가 많아 저당권의 실행(foreclosure) 절차가 복잡하다.
>   ⑤ 경매 후 경락대금으로 채무상환을 다하지 못한 부분에 대해서는 법원의 부족금 판결(deficiency judgement)을 통해 개인적 (무담보)채권(personal obligation)을 확보할 수 있다.
> 2. **신탁금융(신탁증서금융)**
>   ① 신탁금융 또는 신탁증서금융(trust deed financing)은 대출자와 금융기관 외에 신탁회사(trustee)가 관여하게 되는데, 차입자는 우선 신탁회사의 담보부 신탁약정에 의해 부동산을 신탁하고 담보신탁의 수익증권을 교부받아 이를 금융기관에 제출함으로써 융자를 받게 되는 것이다.

OX 확인문제

정부는 주택소비금융의 확대와 금리인하, 대출규제의 완화로 주택가격의 급격한 상승에 대처한다. •33회　　　　　　( )

정답 (×)
정부는 주택소비금융의 축소와 금리인상, 대출규제의 강화로 주택가격의 급격한 상승에 대처한다.

---

[2] 조주현, 전게서, pp.186~187

② 담보부 신탁금융은 미국의 캘리포니아 주 등에서는 담보금융보다 더 보편적으로 활용되고 있으며, 우리나라에서도 부동산신탁회사들에서 담보부 신탁의 업무를 통하여 활용하고 있다.
③ 차입자는 신탁회사에 담보부동산을 신탁하고 신탁수익권을 수령하여 제휴은행에 제시하면 융자가 이루어지게 된다.
④ 당초의 기대와는 달리 우리나라에서는 이의 활용도가 비교적 저조하였는데, 그 이유는 아마도 담보신탁의 설정을 위해 형식적이나마 부동산의 소유권을 신탁기관에 넘기는 데에 대한 일반의 불안감이 크기 때문일 것이다.
⑤ 차입자의 채무불이행 시에 신탁기관에 바로 매각권(power of sale)이 주어지므로 공매를 통한 담보권의 실행절차가 간편하여 대출자들이 선호한다.
⑥ 저당금융은 경매 후 경락대금으로 채무상환을 다하지 못한 부분에 대해서는 법원의 부족금 판결을 통해 개인적 (무담보)채권을 확보할 수 있으나 신탁금융은 이러한 절차가 없다.

2. 부동산금융의 기능

(1) 주택거래의 활성화

주택수요자에게 주택을 담보로 주택자금을 융자해 줌으로써 주택을 용이하게 구입 또는 개량할 수 있도록 하여 주택거래의 활성화를 도모한다.

(2) 자가주택의 공급 확대

주택금융은 자가주택의 건설에 필요한 자금을 지원하며, 또한 주택수요자가 자가주택을 마련하는 데 자금을 제공한다.

(3) 저축 유도와 주택자금 조성

수요자의 주택마련저축을 유도함과 동시에 필요한 주택자금을 조성하게 한다.

(4) 경기조절

주택금융은 주택경기부양을 통해 전반적인 경기조절의 기능을 수행하게 한다. 즉, 주택시장이 침체하여 주택거래가 부진하면 수요자 금융을 확대하여 주택수요를 증가시킴으로써 주택경기를 활성화시킬 수 있다.

(5) 주거의 안정

주택금융은 시장기구의 조절에 기여함으로써 주택시장의 작동을 원활하게 하며, 주택자금융자를 통해 국민의 주거안정에 기여하는 기능을 수행하고 있다.

3. 부동산금융의 원칙

부동산금융의 4대 기본원칙으로는 자금의 확보, 대출금리(貸出金利)의 책정, 부동산대출채권의 유동화, 부동산채권보전 등을 들 수 있다. 이상의 네 가지 원칙이 상호 보완을 이룰 때 부동산금융은 원활히 이루어지게 된다.

(1) 자금의 확보

부동산에 소요되는 자금은 거액이기 때문에 부동산금융의 재원을 정부재정에만 의존한다는 것은 어려움이 있다. 따라서 민간자금을 적극 유치할 수 있도록 해야 한다.

(2) 대출금리의 책정

① 부동산금융은 주로 저소득층과 중간계층을 위한 장기대출이기 때문에 이에 적합한 장기저리가 요망된다. 여기에는 양면성이 존재하는데, 부동산자금확보를 위해서는 충분한 수익성을 보장해 주어야 하기 때문이다.

② 대출금리가 일반시장금리보다 낮게 책정될 경우, 여기서 발생되는 차액과 자금에 대한 수익성을 어떻게 맞추어야 할 것인지가 문제가 된다.

(3) 부동산대출채권의 유동화

① 부동산자금대출의 상환재원은 대부분 가계수입이고 거액이기 때문에 20~30년에 걸쳐 상환되는 장기대출이다. 이러한 대출은 금융기관이 보통 단기로 조달하는 자금을 장기고정화시킨 결과가 되어 자금의 조달과 공급면의 차질을 초래하여 더 많은 부동산 장기융자를 제한하게 된다.

② 이러한 장기고정화는 부동산대출채권을 저당증서 또는 기타의 방법을 매개로 유동화시켜 자금화함으로써 부동산자금의 원활한 공급이 촉진된다.

(4) 부동산채권보전

부동산금융은 개인을 상대로 장기대출해 주는 것이기 때문에 상환에 대한 보장이 불확실하여 금융기관에서 부동산(주택)융자에 참여하기를 꺼린다. 따라서 신용보완제도를 정비하여 금융기관이 채무불이행위험*에서 자유로워질 수 있도록 해야 하며, 더 많은 자금의 수요자들이 혜택을 볼 수 있도록 융자대상범위를 넓힐 수 있어야 한다.

> *채무불이행위험 (default risk)
> 부동산담보대출의 금리가 인상되어 차입자가 원리금에 대한 채무상환을 정해진 시기에 이행하지 못하는 것을 말한다.

2 우리나라의 주택금융제도 •33회

우리나라 주택금융의 특징은 변동금리형 주택담보대출이 많은 부분을 차지하고 있으며, 공적 지원기관의 역할이 크지 않다는 점을 들 수 있다. 대표적인 공적지원 주택금융제도로는 주택도시보증공사의 주택도시기금, 한국주택금융공사의 주택금융신용보증기금 등을 들 수 있다.

1. 주택도시기금

(1) 의의

주거복지 증진과 도시재생 활성화를 지원하는 자금을 확보·공급하기 위하여 설치한 기금을 말한다. 주택도시기금은 국토교통부장관이 운용·관리하며, 기금의 운용·관리에 관한 사무의 전부 또는 일부를 주택도시보증공사에 위탁할 수 있다.

(2) 주택도시기금의 역할

주택도시기금은 주택계정과 도시계정으로 구분하여 운용·관리한다.

① **주택계정의 역할:** 국민주택채권, 청약저축, 융자금 회수 등으로 자금을 조성하여 국민주택 및 임대주택 건설을 위한 주택사업자와 주택을 구입 또는 임차하고자 하는 개인수요자에게 자금을 지원한다.

② **주택도시기금의 용도**(주택도시기금법 제9조 제1항 제1호)
  ㉠ 국민주택의 건설
  ㉡ 국민주택규모 이하의 주택의 구입·임차 또는 개량
  ㉢ 준주택의 건설
  ㉣ 준주택의 구입·임차 또는 개량
  ㉤ 국민주택규모 이하인 주택의 리모델링
  ㉥ 국민주택을 건설하기 위한 대지조성사업
  ㉦ 「주택법」에 따른 공업화주택(대통령령으로 정하는 규모 이하의 주택으로 한정)의 건설
  ㉧ 주택 건축공정이 국토교통부령으로 정하는 기준에 도달한 이후 입주자를 모집하는 국민주택규모 이하인 주택의 건설
  ㉨ 「주택법」에 따라 한국토지주택공사가 분양가 상한제 적용주택을 우선 매입한 비용

O X 확 인 문 제

주택도시기금은 국민주택의 건설이나 국민주택규모 이하의 주택 구입에 출자 또는 융자할 수 있다. •33회 (   )

정답 (O)

㋠ 「경제자유구역의 지정 및 운영에 관한 특별법」에 따라 지정된 경제자유구역의 활성화를 위한 임대주택의 건설 및 이와 관련된 기반시설 등의 설치에 필요한 자금

③ **도시계정의 역할:** 주택계정으로부터의 전·차입 등으로 조성한 자금을 기반시설 설치 및 정비, 도시재생사업에 자금을 지원한다.

(3) 주택도시기금과 주택도시보증공사

① **「주택도시기금법」의 목적:** 주택도시기금을 설치하고 주택도시보증공사를 설립하여 주거복지 증진과 도시재생 활성화를 지원함으로써 국민의 삶의 질 향상에 이바지함을 목적으로 한다(주택도시기금법 제1조).

② **주택도시보증공사의 설립:** 「주택도시기금법」의 목적을 달성하기 위한 각종 보증업무 및 정책사업 수행과 기금의 효율적 운용·관리를 위하여 주택도시보증공사를 설립한다(주택도시기금법 제16조).

(4) 주택도시보증공사의 주요업무 – 「주택도시기금법」 제26조

① 주택도시기금의 운용·관리에 대한 사무
② 분양보증, 임대보증금보증, 하자보수보증, 그 밖에 대통령령으로 정하는 보증업무
③ 보증을 이행하기 위한 주택의 건설 및 하자보수 등에 관한 업무와 구상권 행사를 위한 업무
④ 유동화전문회사 등이 발행한 유동화증권에 대한 보증업무
⑤ 유동화전문회사 등으로부터 위탁받은 유동화자산의 관리에 관한 업무
⑥ 부동산의 취득·관리·개량 및 처분의 수탁
⑦ 국가·지방자치단체·공공단체 등이 위탁하는 업무
⑧ 위 ①부터 ⑦까지의 업무와 관련된 조사 및 연구
⑨ 그 밖에 대통령령으로 정하는 업무

2. 주택금융신용보증기금 – 「한국주택금융공사법」

(1) 의의

주택금융을 이용하는 주택구입자와 주택을 건설하는 업체의 신용보증을 통한 주택금융의 활성화를 위하여 한국주택금융공사에 설치한 기금을 말한다. 신용보증이란 한국주택금융공사가 다음의 어느 하나의 경우에 발생하는 채무를 주택금융신용보증기금(주택담보노후연금보증 계정은 제외)의 부담으로 보증하는 행위를 말한다(한국주택금융공사법 제2조 제8호).

① 주택수요자(외국법에 따라 외국에 영주할 수 있는 권리를 가진 사람을 제외한 대한민국 국민만 해당)가 주택을 건축·구입·임차(전세 포함) 또는 개량하거나 이에 들어간 자금을 보전하기 위하여 금융기관으로부터 대출을 받는 경우
② 준주택수요자(외국법에 따라 외국에 영주할 수 있는 권리를 가진 사람을 제외한 대한민국 국민만 해당)가 「주택법」에 따른 준주택(소득세법에 따른 고가주택의 기준에 해당하지 아니하는 준주택 중 대통령령으로 정하는 준주택에 한함)을 주거목적으로 구입·임차(전세 포함) 또는 개량하거나 이에 들어간 자금을 보전하기 위하여 금융기관으로부터 대출을 받는 경우
③ 주택사업자가 주택수요자에게 분양하거나 임대할 목적으로 주택을 건설하거나 구입하기 위하여 금융기관으로부터 대출을 받는 경우
④ 사업주가 대통령령으로 정하는 근로자에게 분양 또는 임대(무상대여를 포함)의 목적으로 주택을 건설하거나 구입하기 위하여 금융기관으로부터 대출을 받는 경우
⑤ 그 밖에 주택금융의 원활한 공급을 위하여 필요한 경우로서 대통령령으로 정하는 경우

(2) 기금의 조성(한국주택금융공사법 제56조 제1항)
① 정부의 출연금
② 금융기관의 출연금
③ 정부 및 금융기관 외의 자의 출연금
④ 보증료 수입금
⑤ 구상권 행사에 따른 수입금
⑥ 기금의 운용수익금
⑦ 금융기관 또는 정부가 관리·운용하는 기금으로부터의 차입금
⑧ 그 밖에 기금의 조성을 위하여 대통령령으로 정하는 자금

(3) 기금의 용도(한국주택금융공사법 제57조)
① 신용보증채무의 이행
② 차입금의 원리금 상환
③ 기금의 조성·운용 및 관리를 위한 경비
④ 기금의 육성을 위한 연구·개발
⑤ 그 밖에 기금의 설치목적을 달성하기 위하여 필요한 경우로서 대통령령으로 정하는 용도

(4) 기금의 관리·운용(한국주택금융공사법 제58조)
① 기금은 한국주택금융공사가 관리·운용한다.
② 기금은 금융기관에의 예치, 그 밖에 기금의 설치목적을 달성하기 위하여 필요한 방법으로서 대통령령으로 정하는 방법 등으로 운용한다.

3 부동산의 저당대출제도 ·25회 ·26회 ·27회 ·28회 ·29회 ·30회 ·32회 ·33회 ·35회 ·36회

1. 저당의 의의 및 종류

(1) 저당의 의의
① 저당(mortgage)은 '부동산을 담보로 자금을 융통하는 것' 또는 '부동산을 담보로 제공하고 신용을 공여받는 제반 금융의 형태'를 의미한다.
② 차입자를 피저당권자(mortgagor), 대출자를 저당권자(mortgagee)라고 한다. 즉, 대출자(貸出者)는 돈을 빌려주는 쪽이고, 차입자(借入者)는 돈을 빌리는 쪽이다.
③ 오늘날 저당대출이란 용어는 특수한 법률적인 의미를 벗어나 저당금융(mortgage financing)을 통칭하는 광범위한 용어로 사용된다.

(2) 저당의 종류[3]
① **전통적 저당:** 정부지원저당 이전에 일반차입자들에게 저당대부를 해주는 전통적 방식의 저당대부를 전통적 저당(conventional mortgage, 재래적 저당)이라고 한다. 전통적 저당은 정부지원 저당에 비해 대출금리는 높고 대출기간이 짧으며, 대부비율은 낮다.
② **정부지원 저당:** 저소득층인 차입자가 채무를 이행하지 못했을 때 대출자가 당하는 손해를 대신 갚아 주는 것을 말한다. 이는 대출자의 위험을 제거함으로써 저소득층인 차입자에게 대출이 원활하게 이루어지도록 하는 주택보증 프로그램이다.
③ **건축대부**
  ㉠ 의의: 토지를 소유하고 있는 건설업자나 개발업자가 건축을 할 때, 건축자금을 대출하기 위하여 제공되는 저당을 말한다.

> **추가 저당권 설정자**
> 「민법」에서는 자기소유의 부동산을 담보로 제공하고, 돈을 빌리는 채무자(차입자)를 저당권 설정자라고 한다.

> **정리 전통적 저당과 정부지원 저당**
> 전통적 저당은 정부지원 저당에 비해 대출금리는 높고 대출기간이 짧으며, 대부비율은 낮다.

> **추가 공공주택금융과 민간주택금융**
> 공공주택금융은 일반적으로 민간주택금융에 비하여 대출금리가 낮고 대출기간도 장기이다.

---
[3] 안정근, 전게서, pp.385~390

ⓒ 특징
  ⓐ 기간은 짧고 이자율은 높다.
  ⓑ **자금의 제공**: 자금을 제공할 때도 일시불로 제공되지 않는다. 개발사업의 재무적 타당성(financial feasibility) 분석을 한 후, 건축의 진척 정도를 보고 엄격한 감리를 통해 단계적으로 제공된다.
  ⓒ **대출자금의 상환**: 건축의 완성과 동시에 일시불로 이루어진다.

한눈에 보기 저당대부와 건축대부의 비교

저당대부	건축대부
일시불 대출	단계적 대출
단계적 상환	일시불 상환
장기 저리	단기 고리
(반)영구적 저당	일시적(한시적) 저당

2. 부동산금융 용어 및 기초개념

(1) 융자원금(loan principal) **및 대출잔액**(저당잔금)(loan balance)

융자원금이란 처음에 융자받은 금액을 나타내며, 대출잔액(저당잔금)이란 융자기간 중 상환되지 않은 융자원금의 부분을 가리킨다. 부채감당률은 순영업소득을 부채서비스액(연간 융자월부금)으로 나눈 비율을 말한다.

(2) 융자기간(loan duration, loan term, loan maturity)

차입자로 하여금 융자원금을 상환할 수 있도록 부여된 기간으로 상환기간이라고도 한다. 융자기간은 주택금융의 경우 20~30년의 장기간이 보통이지만, 상업용 부동산이나 (후순위)추가융자의 경우에는 위험도가 높아서 융자기간이 짧아지게 된다.

(3) 융자상환(loan amortization)

정기적 또는 주기적인 원금의 상환을 의미하며, 상환기간(융자기간)이 길어질수록 매기의 상환금(원리금상환액)은 적어진다. 실제 융자상환은 만기까지 가는 경우가 드물며, 시장금리조건(시장금리의 하락 등)에 따라서 조기상환이 이루어지는 경우가 많다. 조기상환위험*을 방어하기 위해 조기상환 시에는 잔액의 일정비율을 벌금으로 부과하도록 융자계약서에 규정하는 것이 일반적이다.

OX 확인문제

일반적으로 대출상환기간이 짧을수록 자금 수요자는 매번 상환부담이 가벼워져 부동산수요는 증가한다. ( )

정답 (×)
일반적으로 대출상환기간이 길수록 자금 수요자는 매번 상환부담이 가벼워져 부동산수요는 증가한다.

*** 조기상환위험**(prepayment risk, 만기 전 변제위험)
저당차입자가 융자기간 동안 융자를 상환할 때 만기가 도래하기 전에 시장금리조건(시장금리의 하락 등)에 따라서 조기상환을 할 가능성을 말한다. 즉, 시장이자율이 저당이자율보다 낮아지면 저당차입자는 조기상환을 하게 될 수 있는데, 이는 주로 고정이자율저당에서 나타난다.

(4) 원리금상환액(debt service, 연간 융자월부금)[4]

융자기간 중에 매회 대출자에게 납입하는 원금상환분과 이자의 합계를 말하며, 부채서비스액, 저당지불액이라고도 한다.

① **원리금상환액의 계산:** 고정이자율이고 원리금상환액을 정액상환하는 경우, 원리금상환액은 융자원금과 원리금상환액의 현재가치 합계를 같게 놓고 계산한다. 원리금상환액의 계산은 저당상수(mortgage constant)를 사용하여 계산하는데, 저당상수는 원금과 이자율을 알고 원리금상환액을 구할 때 사용하는 값이다.

② **대출잔액(저당잔금)의 계산:** 연금의 현가계수(factor of present value of an annuity)를 사용하여 계산한다. 연금의 현가계수는 저당상수의 역수로서 미래에 수령할 연금의 현재가치를 판단할 때 사용하는 계수이며, 융자상환 도중의 대출잔액(저당잔금)을 알아볼 경우에도 사용한다.

(5) 이자율(interest rate)

① **의의:** 오늘의 소비를 포기하고 이를 미래로 미루는 데에 대한 화폐의 시간선호가치를 나타낸다. 부동산융자의 이자율은 고정이자율과 변동이자율이 있으며, 항상 대출잔액(저당잔금)에 대해서 적용된다. 또한 융자비율(LTV)이 높을수록 원리금상환의 부담이 커지므로 채무불이행(default)의 가능성도 높아지고 이자율도 상승한다.

② **실질이자율과 명목이자율:** 실질이자율(real interest rate)이란 오늘의 소비를 절제하여 미래에 충분한 구매력을 가지도록 보답하는 기본적 또는 최소한의 요구이자율을 말한다. 이는 인플레이션이 없는 경우의 이자율을 의미한다.

> 실질이자율 = 명목이자율 − 인플레이션율

그런데 투자자는 인플레이션으로 인한 장래의 구매력 손실이 보상되도록 명목이자율이 충분히 높기를 원한다. 또한 실질이자율과 명목이자율의 관계는 인플레이션에 따라서 결정되는데, 장래에 인플레이션이 있을 것으로 예상하면 대출기관은 실질이자율에 예상되는 인플레이션율을 더한 만큼의 이자율을 받고자 하며, 이를 명목이자율이라고 한다. 대출(투자)시점의 명목이자율은 다음과 같이 계산된다.

> **추가** **명목과 실질의 관계**
> 명목과 실질의 관계는 임대료에도 적용될 수 있는데, 예상 인플레이션보다 실제 인플레이션이 높으면, 부동산의 실질임대료는 줄어든다.

---
[4] 조주현, 전게서, pp.174~178

> 명목이자율 = 실질이자율 + 예상 인플레이션율

다만, 일정기간 후 현재시점의 명목이자율은 실질이자율 + 실제 인플레이션율로 계산된다. 이때 실제 인플레이션율은 예상 인플레이션율과 예상치 못한 인플레이션율의 합이다.

③ **이자율의 결정원리**

> 대출시점의 대출금리 = 시장실질이자율 + 위험대가 + 예상 인플레이션율

㉠ 대출시점에서의 금리는 대출자가 정하는 명목(계약, 표시)이자율로 시장실질이자율 + 위험대가 + 예상 인플레이션율로 정해진다. 이때 시장실질이자율이란 대안적 투자에서의 실질수익률이다.

㉡ 변동금리의 대출이자율은 기준금리에 은행이 자체적으로 정하는 가산금리를 더하여 결정한다. 따라서 기준금리의 하락은 대출금리를 하락시켜 이자비용이 감소하므로 부동산공급자의 공급을 증가시키고 수익을 증가시키는 요인이 된다. 코픽스(cost of funds index)는 은행자금조달비용을 반영한 기준금리로 이전의 CD금리가 은행의 자금조달비용을 제대로 반영하지 못한다는 지적에 따라 도입되었다.

> (은행의) 대출금리 = 기준금리 + 가산금리

추가 기준금리와 가산금리

1. 기준금리: 코픽스(COFIX)나 CD금리를 적용하는데 모든 차입자에게 동일하게 적용된다. 기준금리는 시장상황에 따라 변동하며 그에 따라 융자가 이루어진 이후 상환 도중이라도 대출잔액(저당잔금)에 대한 대출금리는 상황에 따라 달리 적용된다. 앞으로는 기준금리로 이용되던 CD금리는 '단기 코픽스(COFIX)'로 대체되며, 기준금리로는 '단기 코픽스(3개월물)'가 사용된다.
2. 가산금리[스프레드(spread)]: 각 은행별 내부정책에 따라 차입자의 거래실적, 연체실적 등 개인의 신용도 등에 기초하여 다르게 적용된다. 가산금리는 대출자와 차입자 간에 약정에 의해 정해지면 고정된다.

⊕ 보충 코픽스(Cost Of Funds Index; COFIX, 자금조달비용지수)

1. **의의**
   COFIX(Cost of Funds Index)는 은행들의 자금조달 관련 정보를 기초로 산출되는 자금조달비용지수이다.
2. **구분**
   '신규취급액기준 COFIX', '잔액기준 COFIX', '단기 COFIX', '신잔액기준 COFIX'로 구분 공시된다.
   ① **신규취급액기준 COFIX**: 대상 월 한 달간 신규로 취급한 수신상품 금액(신규취급액)의 가중평균금리이다.
   ② **잔액기준 COFIX**: 대상 월말 보유하고 있는 수신상품 잔액의 가중평균금리이다.
   ③ **단기 COFIX**: 주간 신규로 취급한 만기 3개월의 수신상품 금액(주간 신규취급액)의 가중평균금리이다.

④ **신 잔액기준 COFIX:** 은행산출대상 수신상품에 기타 예수금, 기타 차입금, 결제성자금 등을 추가로 포함하여, 대상월말 보유하고 있는 자금 잔액의 가중평균금리이다.

3. COFIX를 이용한 대출금리결정

대출금리는 기준금리(COFIX)에 가산금리(스프레드)를 더하여 결정된다.

> 대출금리 = 기준금리(COFIX) + 가산금리(스프레드)

⇨ 스프레드(spread)는 COFIX와 개별은행 조달비용의 차이, 관리비용(적정 마진 포함), 신용도, 기간 프리미엄, 거래실적 등을 고려하여 각 은행이 결정한다.

3. 고정이자율저당과 변동이자율저당[5]

(1) 고정이자율저당(고정금리 주택담보대출)

융자기간 동안 대출 시의 초기 이자율에 변동이 없는 고정된 명목이자율을 적용하는 융자제도이다.

① **재융자(refinancing):** 융자상환 도중에 시장이자율이 하락할 경우에는 기존의 융자를 조기에 상환하고 재융자를 할 가능성이 높아진다. 이 경우 차입자들이 기존의 융자를 조기에 상환한다면 대출자는 조기상환위험(만기 전 변제위험)에 직면하게 될 것이다. 따라서 대출자는 차입자의 조기상환을 막기 위해 조기상환수수료(만기 전 변제벌금)를 부과한다. 결국 차입자들은 재융자가 유리한지는 재융자로 인한 비용과 편익을 고려하여 결정하게 된다.

② **대출잔액(저당잔금)할인 및 조기상환:** 시장이자율이 상승할 경우는 차입자들은 기존의 대출을 그대로 유지하려고 할 것이다. 만일 차입자들이 계속 기존의 대출을 유지하고자 한다면 대출자는 이자수익이 손해가 나는 이자율위험*에 직면하게 될 수 있다. 따라서 대출자는 대출잔액(저당잔금) 할인 등을 제안하여 조기상환을 유도함으로써 새로이 높은 이자율로 대출하려 할 것이다.

③ **포괄융자(wraparound loan):** 기존의 융자가 있는 상태에서 추가로 융자를 받는 경우 양자를 포괄하는 하나의 융자로 구성하는 것을 말한다. 포괄융자는 기존의 융자에 대한 지불의무를 지는 대신 이를 포함한 하나의 포괄대출을 시행하는 것이며, 차입자는 하나의 원리금상환액으로

O X 확 인 문 제

시장이자율이 상승하여 시장이자율이 저당이자율보다 높을 때에는 차입자는 중도상환하고 재융자를 받는 것이 유리하다.
( )

정답 (×)

시장이자율이 하락하여 시장이자율이 저당이자율보다 낮을 때에는 차입자는 중도상환하고 재융자를 받는 것이 유리하다.

* 이자율위험

예상하지 못한 인플레이션으로 인해 대출자의 실질이자율이 시장의 실질이자율보다 낮아질 변동가능성을 말한다.

---

5) 조주현, 전게서, pp.182~184, 187~191

기존의 융자와 추가융자를 갖게 되는 것이다. 추가융자는 기존 융자에 비해 후순위저당으로 기록되므로 위험도가 높아서 이자율이 높아지며, 흔히 만기가 짧은 것이 특징이다.

④ **고정이자율저당의 특징**
  ㉠ 융자기간 동안 대출 시 명목이자율로 표시된 대출이자율이 고정(동일하게 적용)되기 때문에 예상치 못한 인플레이션이 발생하면 그만큼 대출자의 실질이자율은 하락하게 된다. 이를 달리 표현하면, 대출자의 대출(저당)이자율은 고정되어 있는데 예상치 못한 인플레이션이 발생하여 시장이자율이 상승하면 대출기관의 수익성은 악화되고 이자율(금리)위험이 발생한다.
  ㉡ 융자상환 도중에 시장이자율이 대출(저당)이자율보다 하락할 경우 차입자들은 기존의 융자를 조기에 상환하려고 할 것이며, 이 경우 대출자는 조기상환위험(만기 전 변제위험)에 직면하게 된다.
  ㉢ 인플레이션기에는 대출자가 불리하고 차입자는 유리하다. 그러나 디플레이션기에는 조기상환이 없다면 대출자가 유리하고 차입자는 불리하게 되지만, 디플레이션으로 인해 시장이자율이 저당(계약)이자율보다 하락할 경우 차입자들은 기존의 융자를 조기에 상환하려고 할 것이기 때문에 대출자는 조기상환위험(만기 전 변제위험)에 직면하게 된다.
  ㉣ 차입자 입장에서는 장래의 원리금상환액을 사전에 예상할 수 있기 때문에 채무이행을 위한 가계예산을 편성하기가 용이하다. 또한 대출자 입장에서도 시장상황에 따른 금리조정을 하지 않기 때문에 업무가 단순화된다.

(2) 변동이자율저당(변동금리 주택담보대출)

대출 시의 이자율이 융자기간 동안 동일하게 적용되는 것이 아니라 시장상황에 따라 이자율을 변동시켜 이자율변동위험의 전부 또는 일부를 대출자로부터 차입자에게 전가시키기 위해 고안된 융자제도이다. 특히 시장이자율이 하락할 경우에는 차입자의 조기상환이 우려되고, 상승할 경우에는 기존 융자가 계속될수록 대출자가 손해를 보는 이자율변동위험부담의 비대칭성 때문에 이러한 제도가 성립되었다.[6]

O X 확 인 문 제

대출금리가 고정금리일 때, 대출 시점의 예상 인플레이션보다 실제 인플레이션이 높으면 금융기관에는 유리하고, 차입자는 불리하다. • 20회 ( )

정답 (×)
대출금리가 고정금리일 때, 대출 시점의 예상 인플레이션보다 실제 인플레이션이 높으면 금융기관에는 불리하고, 차입자는 유리하다.

---

6) 조주현, 전게서, pp.108~109

① **지표와 마진:** 변동이자율저당의 이자율은 지표(index)+마진(margin)으로 결정되는데, 이때 지표(기준금리)는 시장이자율을 대표하는 수익률이 된다. 마진(가산금리)은 흔히 계약에 의해 고정되어 있으나, 지표이자율(기준금리)은 시장상황에 따라 항상 변하므로 융자가 이루어진 이후 상환 도중이라도 대출잔액(저당잔금)에 대한 금리는 그때그때 달리 적용된다.

② **초기 이자율:** 초기 이자율은 융자 당시의 시장상황과 장래의 이자율을 예상하여 결정된다. 변동이자율저당의 경우는 융자가 이루어진 이후라도 이자율변동을 그때그때 반영할 수 있으므로 대출시점의 초기 이자율은 상환기간 동안 이자율의 변동이 없는 고정이자율저당보다는 낮은 것이 보통이다.

③ **이자율 조정주기:** 이자율 조정주기도 변동이자율저당의 대출조건에서 차입자와 대출자 간에 합의해야 하는 중요한 사항이다. 인플레이션기(금리상승기)에 이자율의 조정주기가 짧을수록 이자율변동의 위험을 차입자에게 신속하게 전가시킬 수 있으므로 대출자들은 짧은 조정주기를 원하며, 차입자들은 긴 주기를 원한다. 다른 조건이 동일할 때 변동금리 주택담보대출의 조정주기가 짧을수록 금융기관은 금리변동위험을 차입자에게 더 전가하게 된다.

④ **원리금상환액의 상한:** 이자율 조정으로 이자율이 상승하게 되면 원리금상환액은 늘어나게 된다. 그런데 원리금상환액이 갑자기 크게 늘어나면 차입자가 곤란해지므로 원리금상환액의 상한(payment limitation)을 사전에 약정할 수 있다. 원리금상환액의 상한으로 인하여 원리금상환액이 이자도 감당하지 못할 정도로 적게 된 경우에는 그 차액만큼 대출잔액(저당잔금)이 증가하게 되는데, 이와 같이 대출잔액(저당잔금)이 늘어나는 현상을 '부(−)의 상환(negative amortization)'이라고 한다.

⑤ **금리상한 및 대출잔액**(저당잔금) **증가의 상한:** 융자약정서에 이자율의 변동범위에 대해 사전에 약정을 해두는 것을 금리상한이라고 한다. 이러한 제한은 대출잔액(저당잔금)의 증가, 즉 부(−)의 상환에도 적용된다. 금리상한(interest cap) 변동금리 주택담보대출을 받은 차입자는 금리상한 이상으로 금리가 상승할 때 생기는 금리변동위험을 줄일 수 있다.

⑥ **변동이자율저당의 특징**
   ㉠ 융자기간 동안 시장상황의 변동에 따라 예상치 못한 인플레이션이 발생하면 그만큼 명목이자율로 표시된 대출이자율이 변동하므로 대출자의 실질이자율은 불변이다. 따라서 예상치 못한 인플레이션

O X 확 인 문 제

변동금리 대출의 이자율 조정주기가 길수록 이자율변동의 위험은 대출자에게서 차입자로 전가된다. •21회 ( )

정답 (×)
변동금리 대출의 이자율 조정주기가 짧을수록 이자율변동의 위험은 대출자에게서 차입자로 전가된다.

O X 확 인 문 제

변동이자율저당의 경우 예상치 못한 인플레이션이 발생하면 대출이자율에 반영되므로 이자율변동위험은 차입자로부터 대출자에게 전가된다. ( )

정답 (×)
변동이자율저당의 경우 예상치 못한 인플레이션이 발생하면 대출이자율에 반영되므로 이자율변동위험은 대출자로부터 차입자에게 전가된다.

이 발생하면 대출(저당)이자율에 반영되므로 이자율변동위험은 대출자로부터 차입자에게 전가된다.

ⓒ 인플레이션기에 이자율변동의 부담을 상당부분 차입자에게 전가시키게 되므로 채무불이행위험도는 고정이자율저당에 비해서 커지게 된다. 따라서 변동금리이자율과 고정금리이자율이 같고 향후 금리상승이 예상되는 경우 차입자는 변동금리 대출보다 고정금리 대출이 유리하다.

ⓒ 대출 시 초기 이자율은 고정이자율저당보다 낮은 것이 일반적이다. 즉, 다른 대출조건이 동일한 경우, 통상적으로 고정금리 주택저당대출의 금리는 변동금리 주택저당대출의 금리보다 높다.

ⓔ 차입자의 경우 제도가 난해하고 장래의 원리금상환액을 사전에 정확히 알 수 없기 때문에 채무이행을 위한 가계예산의 작성에 어려움이 있다.

ⓜ 대출자의 경우에도 장래의 시장조건을 합리적으로 예측하여 초기의 최적 융자조건을 도출해야 하는 어려움이 있다.

4. 저당의 상환방법

인플레이션을 고려하지 않아도 되는 상황에서는 장기적인 저당대부에도 고정이자율저당이 대종을 이루었다. 그러나 인플레이션이 심하게 되면 고정이자율하에서 차입자(채무자)들은 이익을 보지만 대출자들은 손해를 보게 된다. 따라서 높은 인플레이션율에 대처하기 위해 저당대출기관들은 여러 가지 방법들을 연구하고 있는데, 그중 하나는 이자율을 조정하는 방법이며, 다른 하나는 대출잔액(저당잔금)을 조정하는 방법이다.

(1) 금리고정식 저당대부(고정이자율저당)[7]

① **원금균등상환저당**(Constant Amortization Mortgage; CAM)**방법**

ⓐ 원금균등상환저당 또는 균등상환저당은 융자기간 동안 원금상환액은 동일하나, 이자지급액은 점차 감소하여 원리금상환액도 점차 감소하는 상환방법이다. 이는 융자원금을 납입횟수로 나눈 할부 상환금과 그때그때의 대출잔액(저당잔금)에 대한 이자를 합산하여 납부하는 방식으로 신용카드의 할부방식과 유사하다.

O X 확 인 문 제
원금균등상환방식의 경우, 매기 상환하는 원리금이 동일하다.
• 32회   (   )

정답 (X)
원금균등상환방식의 경우, 매기 상환하는 원금이 동일하다.

---
[7] 조주현, 전게서, pp.178~181

ⓒ 원금상환분은 일정하지만 매 기간에 상환하는 원리금상환액과 대출잔액(저당잔금)이 점차적으로 감소하며, 시간이 지날수록 대출잔액(저당잔금)이 적어지므로 이자지급액도 줄어들게 된다.

ⓒ 원금균등상환에서의 원리금상환액은 초기에 많고 후기에 적어지는 특성을 지닌다.

■ 원금균등상환방식(CAM)

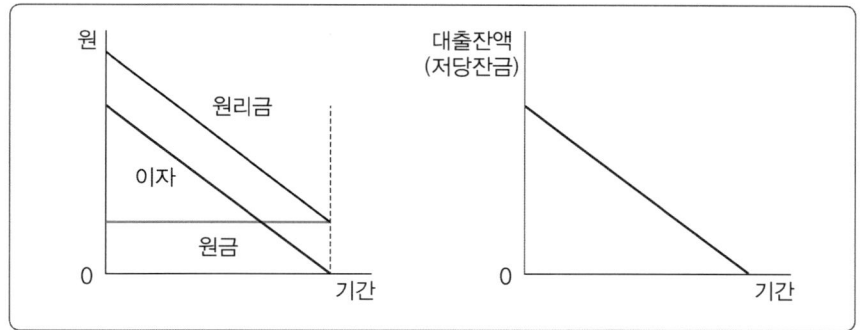

[융자원금: 1억원, 융자기간: 10년, 이자율: 10%, 매년 상환조건]
(단위: 만원)

구분	원금상환액	이자지급액	원리금상환액	대출잔액 (저당잔금)
1회차	1,000	10,000 × 10% = 1,000	2,000	9,000
2회차	1,000	9,000 × 10% = 900	1,900	8,000
3회차	1,000	8,000 × 10% = 800	1,800	7,000
…	…	…	…	…
9회차	1,000	2,000 × 10% = 200	1,200	1,000
10회차	1,000	1,000 × 10% = 100	1,100	0
변화	균등함	대출잔액(저당잔금)이 감소하므로 이자 감소	감소	감소

② **원리금균등상환저당**(Constant Payment Mortgage; CPM)**방법**

㉠ 원리금균등상환방식이란 원리금상환액은 매기 동일하지만 원리금에서 원금과 이자가 차지하는 비중이 상환시기에 따라 다른 방식이다.

ⓒ 원리금균등상환저당은 부동산금융에서 가장 광범위하게 사용되고 있는 형태로서 융자기간 동안 원금상환액은 점차 증가하고, 이자지급액은 점차 감소하나 원리금상환액은 동일한 상환방법이다. 매달 일정액을 지불하면 융자기간 종료 시 원금과 이자가 전액 상환된다.

O X 확 인 문 제

원리금균등상환방식의 경우, 매기 상환하는 원금이 점차 감소한다. •32회   ( )

정답 (×)
원리금균등상환방식의 경우, 매기 상환하는 원금이 점차 증가한다.

O X 확 인 문 제

원리금균등상환방식은 매기 이자지급액이 감소하는 만큼 원금상환액이 증가한다. •27회
( )

정답 (○)

ⓒ 원리금균등상환방식은 <mark>상환초기보다 후기로 갈수록 매기상환액 중 원금상환액은 점차 커지며 이자지급액은 점차 감소하는데</mark>, 매기 이자지급액이 감소하는 만큼 원금상환액이 증가한다.

ⓓ 융자기간 동안 원리금상환액은 균등하게 지불되는데, 초기에는 원리금상환액 중 이자가 차지하는 부분이 많지만, 후기에는 원금상환의 비중이 커지게 된다. 이 경우 원리금상환액은 <mark>저당대부액에 저당상수를 곱하여 계산한다.</mark>

ⓔ 부동산금융에 있어서는 원리금균등상환이 원금균등상환보다 적절하다. 왜냐하면 차입자 입장에서 볼 때, 부동산 구입 후 초기의 원리금상환액의 부담이 원금균등상환의 경우에 너무 높다는 것이고, 대출자 입장에서는 원리금균등상환방식이 장차 차입자의 소득증가나 자산가치 증대에 비추어 채무의 감당능력을 향상시켜 줄 것이기 때문이다.

ⓕ 단일가구 주택금융이나 아파트 단지, 쇼핑센터 같은 소득을 창출하는 건물의 장기저리대부에 이용된다.

■ 원리금균등상환방식(CPM)

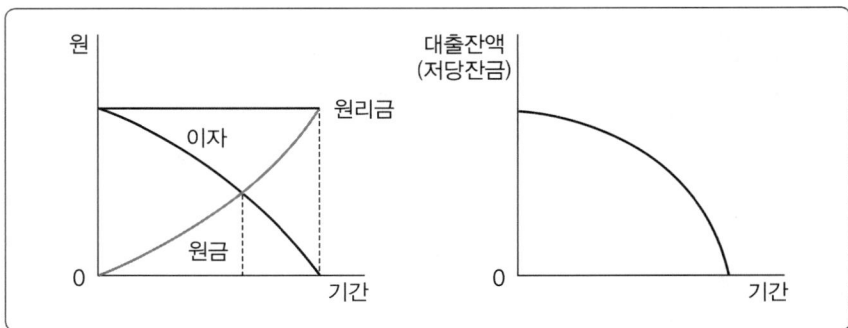

[융자원금: 1억원, 융자기간: 10년, 이자율: 10%, 저당상수: 0.1627, 매년 상환조건]
(단위: 만원)

구분	원리금상환액	이자지급액	원금상환액	대출잔액(저당잔금)
1회차	1,627	10,000 × 10% = 1,000	627	9,373
2회차	1,627	9,373 × 10% ≒ 937	690	8,683
3회차	1,627	8,683 × 10% ≒ 868	759	7,924
…	…	…	…	…
9회차	1,627	2,830 × 10% ≒ 283	1,344	1,479
10회차	1,627	1,479 × 10% ≒ 148	1,479	0
변화	균등함	대출잔액(저당잔금)이 감소하므로 이자 감소	증가	감소

③ 원금균등상환방식과 원리금균등상환방식의 비교
  ㉠ 원금균등상환방식이 원리금균등상환방식보다 1회차 월 불입액이 더 크다. 즉, 상환 첫 회의 원리금상환액은 원금균등상환방식이 원리금균등상환방식보다 크다.
  ㉡ 대출기간 초기에는 원금균등상환방식의 원리금이 원리금균등상환방식의 원리금보다 많다.
  ㉢ 대출자 입장에서는 차입자에게 원리금균등상환방식보다 원금균등상환방식으로 대출해 주는 것이 원금회수 측면에서 보다 안전하다.
  ㉣ 원리금균등상환방식은 원금균등상환방식에 비해 초기 원리금에서 이자가 차지하는 비중이 크다.
  ㉤ 차입자가 대출액을 중도상환할 경우 원금균등상환방식은 원리금균등상환방식보다 대출잔액이 적다.
  ㉥ 원금균등상환방식은 원리금균등상환방식에 비해 전체 대출기간 만료 시 누적원금상환액이 더 적다.
  ㉦ 원리금균등상환대출이나 원금균등상환대출에서 거치기간*이 있을 경우, 이자지급총액이 증가하므로 원리금지급총액도 증가하게 된다.
  ㉧ 원금균등상환방식의 경우, 원리금균등상환방식보다 대출금의 가중평균상환기간(duration)*이 더 짧다.

■ 원금균등상환방식(CAM)과 원리금균등상환방식(CPM)의 비교

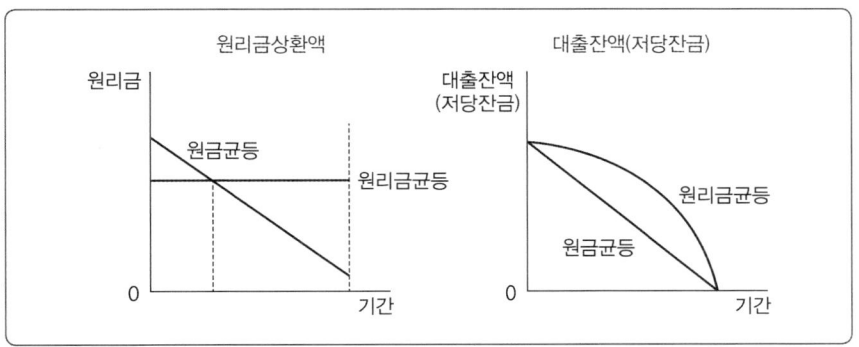

구분	원금균등상환저당 (Constant Amortization Mortgage; CAM)	원리금균등상환저당 (Constant Payment Mortgage; CPM)
상환방식	융자기간 동안 • 원리금상환액은 점차 감소한다. • 원금상환액은 동일하다. • 이자지급액은 점차 감소한다.	융자기간 동안 • 원리금상환액은 동일하다. • 원금상환액은 점차 증가한다. • 이자지급액은 점차 감소한다.

O X 확 인 문 제

원금균등분할상환방식은 원리금균등분할상환방식에 비해 1회차 원리금상환액이 더 적다. •36회 (   )

정답 (×)
원금균등분할상환방식은 원리금균등분할상환방식에 비해 1회차 원리금상환액이 더 많다.

O X 확 인 문 제

원리금균등분할상환방식은 원금균등분할상환방식에 비해 대출채권의 가중평균상환기간이 더 길다. •36회 (   )

정답 (○)

* **거치기간(grace period)**
대출에서 원리금상환을 일정 기간 유예하고, 대출기간 동안은 이자만 납부하는 기간을 말한다. 간단히 원금을 갚지 않고 이자만 내는 기간을 말한다.

* **가중평균상환기간(duration)**
각 기간마다 상환되는 원금과 이자의 현재가치를 채권의 현재가치에 대한 비율로 계산하여 여기에 각 연수를 곱하여 더한 것으로, 현재가치를 기준으로 채권에 투자한 원금을 회수하는 데 걸리는 시간을 의미한다. 가중평균상환기간(duration)은 만기가 길수록 길어지며, 이자율이 높을수록 이자지급액이 커져서 만기 전에 현금흐름이 많아지므로 짧아진다. 현재가치를 기준으로 회수하는데 걸리는 시간을 계산하므로 초기에 현금흐름이 많이 발생하는 원금균등상환이 원리금균등상환보다 가중평균상환기간(duration)이 더 짧다.

암기 초기에 상환액이 큰 순서
차입자 입장에서 초기에 상환액이 큰 순서는 '원금균등상환방식 > 원리금균등상환방식 > 점증(체증)상환방식'의 순이다.

암기 총이자수입 크기 순서
대출기간 만기까지 대출기관의 총이자수입 크기는 '점증(체증)상환방식 > 원리금균등상환방식 > 원금균등상환방식' 순이다.

암기 전체 대출기간 만료 시 누적원리금상환액
전체 대출기간 만료 시 차입자의 누적원리금상환액의 크기는 '점증(체증)상환방식 > 원리금균등상환방식 > 원금균등상환방식' 순이다.

원리금상환액	대출 초기에 원리금균등보다 크다.	대출 초기에 원금균등보다 작다.
차입자의 원금상환부담	대출 초기에 원리금균등보다 크다.	대출 초기에 원금균등보다 작다.
대출자의 원금회수위험	대출 초기에 원리금균등보다 작다.	대출 초기에 원금균등보다 크다.
차입자의 이자부담	원리금균등보다 작다.	원금균등보다 크다.
공통점	• 첫 회 이자지급액은 동일하다. ⇐ 대출조건이 동일할 경우 • 기간이 지날수록 이자지급액은 점차 감소한다.	

● 보충 **거치기간이 있을 때 원금균등상환방식(CAM)과 원리금균등상환방식(CPM)의 비교**

구분	원금균등상환방식(CAM)	원리금균등상환방식(CPM)
거치기간 (이자만 내는 기간)	매월 이자만 납부, 원금은 상환하지 않음	매월 이자만 납부, 원금은 상환하지 않음
거치기간 종료 직후	이후 잔여기간 동안 매월 원금을 균등 분할 + 이자 납부 → 원금은 일정, 이자는 점점 감소	이후 잔여기간 동안 원리금(원금 + 이자)을 균등하게 상환 → 매달 상환액은 일정
상환액 변화	거치기간 후에 첫 달 상환액이 가장 크고 점차 줄어듦	• 거치기간 후에 월 상환액이 갑자기 커짐 • 이후에는 일정
부담 형태	• 초기 부담이 크지만, 시간이 갈수록 줄어듦 • 총이자 부담이 상대적으로 적음	• 매월 같은 금액 납부 • 총이자 부담이 상대적으로 큼
적합한 경우	초기 상환 능력이 충분하고 이자 부담을 줄이고 싶을 때	장기간 안정적 상환을 원할 때

④ **점증**(체증)**상환저당**(Graduated Payment Mortgage; GPM)**방법**
  ㉠ 점증상환방식 또는 체증식 융자금상환방식은 원리금상환액 부담을 초기에는 적게 하는 대신 점차 그 부담액을 늘려 가는 방식으로, 장래에 소득이나 매출액이 늘어날 것으로 예상되는 개인과 기업에 대한 대출방식이다. 즉, 초기에는 지불금이 낮은 수준이나, 차입자의 수입이 증가함에 따라 지불금도 점진적으로 증가하는 방식이다.
  ㉡ 초기 상환액을 크게 낮추고 소득증가에 따라 체증시킴으로써 차입자의 지불능력 증가와 자산가치 상승에 적합한 이상적인 상환방법이다.
  ㉢ 대출 초기에 상환액이 적기 때문에 이자도 상환하지 못하는 경우가 발생되기도 한다. 따라서 부(-)의 상환이 나타날 수 있다.

ⓔ 미래의 소득증가가 예상되는 젊은 저소득자에게 유리하며, 주택의 보유예정기간이 짧은 경우에 유리하다.
　　ⓜ 인플레이션기에 유리하지만 디플레이션기에 채무불이행 가능성이 크다. 점증(체증)상환방식은 차입자가 상환해야 하는 금액은 점차 증가하지만 인플레이션기에 화폐가치는 하락하므로 실제 상환하는 금액의 가치는 하락하게 된다. 그런데 일반적으로 차입자의 소득과 담보부동산의 가치가 시간이 지날수록 증가하므로 차입자의 채무불이행 위험이 낮아진다. 결국 인플레이션기에는 차입자의 부담이 적게 되므로 유리하지만 디플레이션기의 경우는 반대의 상황이 되어 불리하다.
　⑤ **만기일시상환방식:** 대출기간 동안 차입자가 이자만 상환하다가 만기에 일시로 원금을 상환하는 방식으로 풍선저당(balloon mortgage) 또는 이자 매월 상환방법이라고 한다.

(2) 금리조정식 저당대부(변동이자율저당)

① **가변이자율저당**(Variable Rate Mortgage; VRM) **대부방법:** 미리 약정한 인플레이션 감응지수(inflation sensitive index)에 따라 이자율이 변동되는 방식의 저당대출을 의미하는데, 지수는 한도와 조정횟수가 정해진 경우가 많다.

② **조정이자율저당**(Adjustable Rate Mortgage; ARM) **대부방법:** 조정이자율저당은 이자율을 변화시켜 인플레이션위험에 대처한다는 점에서 가변이자율저당 대부방법과 유사하며, 이자율이 지수에 따라 변화하는데 그 지수가 가변이자율저당 대부방법의 지수보다 다양하여 대출자에게 더 많은 재량을 부여한다는 점에서 구별된다.

③ **재협정(상)률저당**(Renegotiable Rate Mortgage; RRM) **대부방법:** 재협정(상)률저당은 이자율의 변동을 인정하나 미리 약정한 인플레이션 감응지수에 따라 변동하는 것이 아니라 일정기간(3~5년)마다 이자율이 대출자와 차입자 간의 재협상을 통해 결정되는 방법이다.

(3) 가격수준조정저당방법

가격수준조정저당(Price Level Adjusted Mortgage; PLAM)은 인플레이션위험에 대처하는 방식이 이자율의 변동을 통해서가 아니라, 저당가격수준(저당잔금액·대출잔액)을 예상된 인플레이션율에 따라 정기적으로 조정하는 방법이다. 따라서 매년 적용되는 이자율은 인플레이션이 없다고 가정했을 때의 실질이자율이 된다.[8]

---

8) 정윤·유원상, 「부동산경제론」, 신광문화사, 2010, p.245

O X 확 인 문 제

점증(체증)상환방식의 경우, 장래 소득이 줄어들 것으로 예상되는 차입자에게 적합하다. •32회
( )

정답 (×)

점증(체증)상환방식의 경우, 장래 소득이 늘어날 것으로 예상되는 차입자에게 적합하다.

O X 확 인 문 제

만기일시상환방식의 경우, 원금균등상환방식에 비해 대출 금융기관의 이자수입이 줄어든다. •32회
( )

정답 (×)

만기일시상환방식의 경우, 만기 이전에는 이자만 상환하다가 만기에 일시로 원금을 상환하는 방식이므로 원금균등상환방식에 비해 대출 금융기관의 이자수입이 더 크다.

O X 확 인 문 제

만기일시상환방식은 대출 만기까지 이자만 지급하다가 대출 만기에 대출원금을 일시에 상환하는 방식이다. •36회
( )

정답 (○)

⊕ 보충 기타의 저당방법

1. **계단식 상환저당대출(Stepwise Repayment Mortgage; SRM)**
   원리금균등상환방식과 체증식 상환방식의 두 가지 방식을 절충한 방식이다. 이는 원리금상환액을 대출한 후 일정기간은 원리금균등상환방식보다 낮은 수준에서 일정하게 유지하고, 일정기간 후에는 원리금균등상환방식보다 높은 수준에서 일정하게 유지하는 방식이다.

2. **부분원리금상환방법**
   부분상환저당이라고도 하며, 차입자와 대출자가 변제만기일이 되어도 완전히 상환되지 않음을 합의한 특별금융을 말하는데, 차입자는 융자기간 동안 원리금상환액을 적게 지급하지만 만기일에는 남은 대출잔액(저당잔금) 전부를 상환해야 한다. 이때 만기일에 일시불로 상환하는 많은 금액을 풍선지불액(balloon payment)이라고 한다.

한눈에 보기 저당방법

저당방법		내용
금리 고정식 저당대부	원금 균등상환방법	• 원금상환분은 일정 • 시간이 지날수록 대출잔액(저당잔금)이 적어지므로 이자분은 줄어들게 됨 • 원리금상환액은 초기에 많고 후기에 적어짐
	원리금 균등상환방법	• 원리금상환액은 일정 • 이해하기 쉽고 차입자 편에서 장차 계획을 세우기 쉬움 • 원리금상환액 중 대출원금분할상환액의 규모는 점점 늘어남 • 저당지불액 = 저당상수 × 저당대부액
	점증(체증) 상환방법	• 초기에는 지불금이 낮은 수준이나, 차입자의 수입이 증가함에 따라 지불금도 점진적으로 증가하는 방식 • 디플레이션기에 채무불이행 가능성이 큼 • 대출 초기에 상환액이 적기 때문에 이자도 상환하지 못하는 경우가 발생되기도 함 ⇨ 부(−)의 상환이 나타남 • 미래의 소득증가가 예상되는 젊은 저소득자에게 유리 • 주택의 보유예정기간이 긴 경우 불리
	만기일시상환 방식	• 만기 이전에는 이자만 상환하다가 만기에 일시로 원금을 상환하는 방식 • 원금균등상환방식이나 원리금균등상환방식에 비해 대출 금융기관의 이자수입이 더 크다.
금리 조정식 저당대부	가변이자율 저당 대부방법	• 미리 약정한 인플레이션 감응지수(inflation sensitive index)에 따라 이자율이 변동되는 방식의 저당대출을 의미 • 지수는 한도와 조정횟수가 정해진 경우가 많음

조정이자율 저당 대부방법	• 이자율을 변화시켜 인플레이션 위험에 대처한다는 것은 가변이자율저당과 비슷한 성격 • 대출자에게 좀 더 많은 재량권을 부여한다는 점에서 구별됨
재협정(상)률 저당 대부방법	일정기간(3~5년)마다 이자율이 대출자와 차입자 간의 재협상을 통해 결정되는 방법
가격수준조정저당방법	• 인플레이션 위험에 대해 이자율의 변동을 통해 대처하는 방식이 아님 • 저당잔금액(대출잔액)을 예상된 인플레이션율에 따라 정기적으로 조정하는 방법 • 매년 적용되는 이자율은 인플레이션이 없다고 가정했을 때의 실질이자율

5. 부동산금융의 조달방법(부동산개발금융, 공급자금융)

(1) 부동산 신디케이션(syndication)[9]

① 의의

㉠ 부동산 신디케이션이란 여러 명의 투자자가 부동산 전문가의 경험을 동원하여 공동의 부동산 프로젝트를 수행하는 것을 말하는 것으로, 지분금융방식에 해당한다.

㉡ 신디케이션이 부동산 취득·개발·관리·운영·판매업무를 수행하기 위해 법인 형태로 조직된 것을 신디케이션회사 또는 신디케이트(syndicate)라고 한다.

㉢ 신디케이션에서 핵심적인 역할을 하는 사업주를 부동산 신디케이터(syndicator)라고 하며, 이들은 부동산 취득·관리·판매업무를 수행함으로써 수수료를 획득한다. 또한 신디케이션은 부동산개발 시에도 투자자 모집을 위해 종종 사용되는데, 이때는 개발업자 자신이 신디케이터가 된다.

② 특징

㉠ 대규모의 토지개발 조성계획 등에 있어 부동산업자 또는 부동산 관계회사들 사이에 결성된다.

㉡ **투자자**: 유한책임의 파트너(limited partner)로서 투자한도 내에서 책임을 지며 출자비율에 따라 배당을 받는다.

---

9) 조주현, 전게서, pp.197~198
안정근, 전게서. pp.373~374

ⓒ 개발업자: 무한책임의 파트너(general partner)로서 관리·운영의 책임을 진다.
ⓓ 개발목적의 신디케이트는 당초의 사업계획이 끝나면 자동적으로 해산되는 일시적인 경우가 많다.
③ **유형**
㉠ **사모**(private offering)**방식 – 파트너십**(partnership, 미국)
ⓐ 개발사업의 규모가 작을 경우 법적으로 투자자 수가 제한되는데, 이 경우 미국에 있어서 신디케이트의 대표적인 유형은 파트너십이다.
ⓑ 무한책임 파트너는 몇 개의 부동산을 묶어서 하나의 투자사업으로 만들고, 이 사업에 투자할 유한책임의 투자자를 사모방식으로 모집하는 것이 일반적이다. 이와 같이 사모방식에 의한 신디케이션회사를 '사적 신디케이트'라고 한다.
ⓒ 파트너십의 장점은 유한책임의 투자자들을 유치할 수 있고, 운영손실을 개별 투자자에게 배당하여 소득세 계산에서 혜택을 볼 수 있으며, 투자와 관련된 모든 위험은 유한책임 파트너와 사업주인 무한책임 파트너 간의 협약에 의해서 배분될 수 있다는 점이다.
㉡ **공모**(public offering)**방식**: 개발사업의 규모가 클 경우는 투자자가 많으며 엄격한 법적 통제를 받게 된다. 이와 같이 공모방식에 의한 신디케이션회사를 '공적 신디케이트'라고 한다.

(2) 조인트벤처(joint venture)[10]
① **의의**: 특정 목적을 달성하기 위해 공동으로 사업을 전개하는 조직체로서의 공동벤처회사를 말한다.
② **특징**: 조인트벤처는 주로 부동산개발업자와 대출기관 사이에 형성되는데, 이때 대출기관은 개발사업에 저당투자자가 아니라 지분파트너(equity partner)로 참여하기 때문에 지분금융방식에 해당한다.

---

[10] 안정근, 전게서, pp.375~376

(3) 프로젝트 금융(project financing)[11]

■ 부동산 프로젝트 금융(PF)의 기본구조

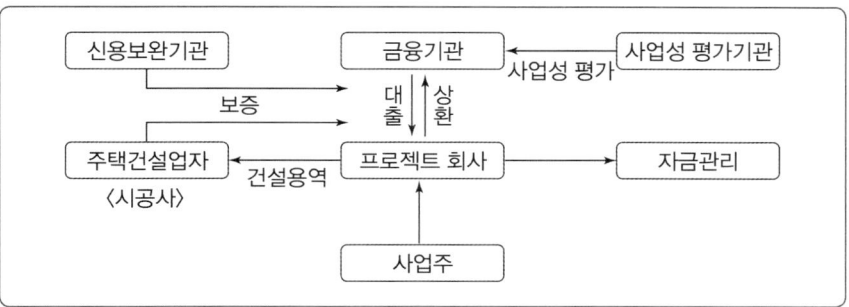

① **의의**: 특정 프로젝트로부터 향후 일정한 현금흐름이 예상되는 경우, 사전 계약에 따라 미래에 발생할 현금흐름과 사업자체자산을 담보로 자금을 조달하는 금융기법이다. 즉, 사업자의 신용이나 부동산을 담보로 대출하는 것이 아니라 사업성을 기초로 자금을 조달하는 방식이다.

② **특징**

㉠ 통상적으로 대규모 자금이 소요되고 공사기간이 장기인 사업에 적합한 자금조달수단이다.

㉡ 사업성이 담보가 되며, 사업주(차입자)의 개인적인 채무가 없는 비소구금융(非遡求金融, non-recourse financing, 비상환청구금융)이다. 그러나 현실적으로 정의상의 비소구금융은 지극히 제한적인 의미에서만 존재하고 제한적 소구금융(limited recourse financing)만이 존재한다.[12] 따라서 실제로는 여러 가지 형태의 보증이나 보험이 대출자로부터 요구되는 것이 일반적이다. 이처럼 프로젝트 사업주의 채무보증이 설정되어 있다면 해당 채무는 사업주가 부담하여야 하므로 제한적 소구금융이 된다.

㉢ 프로젝트 사업주가 프로젝트 회사를 위해 보증이나 담보제공을 하지 않는다면, 프로젝트 회사가 파산하더라도 금융회사는 프로젝트 사업주에 대해 원리금상환을 청구할 수 없다. 따라서 해당 프로젝트가 부실화되면 대출기관은 채권회수를 하지 못할 수도 있다.

㉣ 프로젝트 수행을 위해 설립된 프로젝트 회사는 일종의 특수목적 법인(SPC)이며 명목상 회사(paper company)이다. 일정한 요건을 갖춘 프로젝트 회사는 법인세 감면을 받을 수 있다.

> **O X 확인문제**
>
> 프로젝트 금융(project financing)은 프로젝트 자체의 사업성을 기초로 자금을 조달하는 금융기법이다. • 36회　　　(　)
>
> 정답 (O)

---

11) 조창희, 「개발사업을 위한 프로젝트 파이낸싱 자금조달」, 현대증권 경제연구소
12) 전광섭, 전게서, p.217

ⓜ 프로젝트 자체로부터 발생하는 현금흐름을 근거로 필요자금을 조달한다.

ⓗ 사업시행자의 원리금상환은 해당 프로젝트에서 발생하는 현금흐름에 의존한다.

ⓢ 사업주와 법적으로 독립된 프로젝트로부터 발생하는 미래현금흐름을 상환재원으로 자금을 조달하는 것이기 때문에 프로젝트가 도산 시 프로젝트로부터 발생하는 현금흐름이나 자산의 범위 내에서 채권 청구가 가능하며 채권자는 사업주에 대하여 청구할 수 없다. 따라서 사업주와 개발사업의 현금흐름을 분리시킬 수 있어, 개발사업주의 파산이 개발사업에 영향을 미치지 못하게 할 수 있다.

ⓞ 프로젝트 사업의 자금은 차주가 임의로 관리하는 것이 아니라 부동산 신탁회사가 에스크로우(escrow) 계정을 관리하면서 사업비의 공정하고 투명한 자금집행을 담당한다.

ⓩ 대출기관 입장에서 보면 일반대출보다 위험은 높지만 금리가 높으므로 수익성을 제고할 수 있다.

ⓒ 프로젝트 금융은 '부외금융(簿外金融, off-balance)'으로 사업주(모기업)의 채무수용능력이 제고된다. 또한 프로젝트 사업주의 재무상태표에 해당 부채가 표시되지 않는다.

ⓚ 대출기관 입장에서는 위험을 줄이기 위해 부동산개발사업의 자금지출 우선순위를 정할 때, 개발에 따른 공사비를 개발이익에 우선하여 지출하게 하거나 시행사와 시공사의 부도 등과 같은 사유가 발생할 경우 사업권이나 시공권을 포기하겠다는 각서를 받는 것, 시공사에게 책임준공 의무를 지우는 동시에 PF 대출의 채무를 인수하게 하거나 이에 대한 보증을 제공하도록 하는 것, 부동산개발사업지를 부동산신탁회사에 담보신탁하고 받은 수익권 증서에 질권을 설정하는 것 등을 할 수도 있다.

ⓣ 다양한 사업주체가 참여하고 이해당사자간에 위험배분이 가능하다.

■ 프로젝트 금융과 일반기업금융의 비교[13]

구분	프로젝트 금융	일반기업금융
차주	프로젝트 회사	기업
담보	해당 프로젝트의 현금흐름 및 자산	차입자의 자산, 제3자의 보증

---
[13] 김범석·유한수, 「부동산금융론」, 청목출판사, 2008, p.245

> **O X 확 인 문 제**
> 프로젝트의 사업자금은 일반적으로 에스크로우 계정(escrow account)을 통해 관리한다.
> • 36회 ( )
> 정답 (○)

상환재원	프로젝트의 현금흐름	기업의 전체 재원
소구권 행사	모기업에 대한 소구권 배제나 제한	모기업에 대한 소구권 행사 가능
자금관리	대주단의 위탁계좌에 의한 관리	차입자가 임의로 관리
채무수용능력	부외금융으로 채무수용능력 제고	부채비율 등 기존 차입에 의한 제한
대출심사기준	사업성 평가(현금흐름, 자산가치)	담보가치, 차입자의 신용도
차입기간	장기	단기·장기
사업분야	참여기관에 의한 엄격한 사후관리	채무불이행 시 채무회수

③ 장단점

㉠ 장점

ⓐ 일반적으로 기업대출보다 금리 등이 높아 사업이 성공할 경우 해당 금융기관은 높은 수익을 올릴 수 있다.

ⓑ 프로젝트의 수혜자 또는 사업주는 자신의 신용상태 또는 재무상태표상에 아무런 영향도 주지 않고 소구권이 없는 조건의 자금조달이 가능하다.

ⓒ 위험의 분담을 통해 이해관계자에게 할당되는 위험이 감소한다. 즉, 프로젝트가 실패할 경우에도 각 이해관계자의 비용부담은 제한적이 된다.

ⓓ 사업주의 신용이 취약할 경우에도 보다 장기적이고 저렴한 이자비용으로 자금조달이 가능하고 적은 자기자본으로 높은 레버리지효과를 얻을 수 있게 된다.

ⓔ 사업주 입장에서는 부외금융효과로 채무수용능력이 제고된다.

ⓕ 따라서 회사의 신용이 약하더라도 사업성이 우량한 개발사업 등에 대한 융자가 가능하다. 즉, 사업주의 기존 재무상태나 신용도에 관계없이 프로젝트 자체의 경제성에 의거하여 자금을 대출받을 수 있다.

㉡ 단점

ⓐ 비용이 일반상업적 파이낸싱보다 더 많이 소요된다. 이는 추진과정이 매우 복합적이며 서류작성도 매우 복잡하기 때문에 시간이 많이 소요되고, 정치적 위험 등에 대한 다양한 보험비용 등을 부담해야 하기 때문이다.

ⓑ 위험을 분담하기 위해 여러 이해관계자가 계약관계에 따라 사업에 참여하므로 절차의 복잡성으로 인해 사업지연이 초래될 가능성도 있다.

ⓒ 이해당사자 사이에 이견이 있을 경우에는 사업지연으로 추가비용이 발생할 개연성도 있다.
ⓓ 프로젝트 금융이 부실화될 경우 해당 금융기관의 부실로 이어질 수 있다.

6. 역저당(reverse mortgage)

(1) 의의

① 일반적인 저당은 차입자가 저당대부를 받은 후 일정기간마다 일정액의 원리금을 상환하나, 역저당은 반대로 대출자가 차입자에게 일정기간마다 정기적으로 일정액을 지불하며, 기간 말에 그동안 지불한 원금과 누적이자를 일시불로 지불받는다.14)

② 역저당의 대표적인 역연금저당(Reverse Annuity Mortgage; RAM)은 대출자가 차입자의 주택을 담보로 매월 일정금액을 평생 동안 연금의 형태로 지급하는 것이다.15)

③ 역저당의 종류에는 역연금저당, 매후환대차, 생애권 거래 등이 있는데, 매후환대차(sale & leaseback)는 역저당의 일종으로 매도인이 다시 임대차한다는 조건으로 대상부동산을 대출기관(또는 매수인)에 매도하는 것이며, 상업용 부동산에 주로 이용된다.16)

④ 주택연금과 같은 역저당(reverse mortgage)은 시간이 지남에 따라 대출잔액이 늘어나는 구조이고, 원칙적으로 상환책임을 담보주택에만 한정하는 비소구형 대출이다.

⑤ 주택담보 노후연금을 받을 권리는 양도·압류하거나 담보로 제공할 수 없다. 또한 주택담보 노후연금보증을 받은 사람과 그 배우자의 신탁수익권은 양도·압류·가압류·가처분하거나 담보로 제공할 수 없다.

(2) 역연금저당 – 주택연금

① **의의:** 주택연금이란 한국주택금융공사가 지급을 보증하는 역모기지제도로 만 55세 이상(부부 기준)의 주택연금 가입자가 소유주택을 담보로 맡기고 매월 연금 등의 방식으로 노후생활자금을 평생동안 대출받는 제도이며, 한국주택금융공사는 연금가입자를 위해 보증하고, 은행은 연금가입자에게 주택연금을 지급한다.

O X 확 인 문 제

해당 프로젝트가 부실화되더라도 대출기관의 채권회수에는 영향이 없다. •36회 ( )

정답 (×)

해당 프로젝트가 부실화되면 대출기관은 채권회수를 하지 못할 수도 있다.

O X 확 인 문 제

주택연금(주택담보노후연금) 관련 법령상 주택연금의 보증기관은 한국주택금융공사이다.
•33회 ( )

정답 (○)

---

14) 안정근, 전게서, p.424
15) 안정근, 전게서, p.424
16) 안정근, 전게서, pp.424~426

② **주택연금담보제공방식**: 주택연금은 주택소유자가 소유권을 가지고 한국주택금융공사는 담보주택에 저당권을 설정하는 저당권방식과, 주택소유자가 주택을 공사에 신탁(소유권 이전)하고 공사는 우선수익권을 담보로 취득하는 신탁방식이 있다.

구분	저당권방식	신탁방식
담보제공(소유권)	근저당권 설정(가입자)	신탁등기(공사)
가입자 사망 시 배우자 연금승계	소유권 이전등기 절차 필요	소유권 이전 없이 자동승계
보증금 있는 일부 임대	불가능	가능

③ **주택연금의 종류**
   ㉠ **일반 주택연금**: 55세 이상의 주택연금 가입자가 주택을 담보로 제공하고 노후생활자금을 평생 동안 매월 연금으로 수령하는 방식이다.
   ㉡ **주택담보대출 상환용 주택연금**: 주택담보대출 상환용으로 인출한도(연금대출한도의 50~90%) 범위 안에서 일시에 목돈으로 찾아 쓰고 나머지는 평생 동안 매월 연금으로 수령하는 방식이다.
   ㉢ **우대지급방식**: 부부 기준 2억 5천만원 미만의 1주택 소유자이면서, 1인 이상이 기초연금 수급권자일 경우 일반 주택연금 대비 최대 20% 더 수령하는 방식이다.

④ **주택연금지급방식**
   ㉠ **종신지급방식**: 인출한도 설정 없이 평생동안 매월 연금형태로 지급받는 방식
   ㉡ **종신혼합방식**: 인출한도 범위(대출한도의 50%, 재건축 등 분담금 납부자금의 경우 70%) 안에서 수시로 찾아 쓰고 나머지 부분을 평생동안 매월 연금형태로 지급받는 방식
   ㉢ **확정기간혼합방식**: 인출한도 범위(대출한도의 50%, 재건축 등 분담금 납부자금의 경우 70%) 안에서 수시로 찾아 쓰고 나머지 부분을 일정한 기간 동안만 매월 연금형태로 지급받는 방식. 다만, 인출한도 중 대출한도의 5%에 해당하는 금액(의무설정인출한도)은 매월 연금형태로 지급받는 기간이 종료된 이후 담보주택관리비, 의료비의 용도로만 사용
   ㉣ **대출상환방식**: 본인 또는 배우자가 담보주택을 담보로 대출받은 금액 또는 폐업예정 소상공인인 본인 또는 배우자가 대출받은 금액 중 잔액을 상환하는 용도로 인출한도 범위(대출한도의 50% 초과 90% 이하) 안에서 지급받고, 나머지 부분을 평생동안 매월 연금형태로 지급받는 방식

ⓜ **대출상환우대방식**: 대출상환방식 대상자이면서 본인 또는 배우자가 기초연금 수급권자(65세 이상)이며 부부 기준 2억 5천만원 미만의 1주택만 소유한 경우 대출상환방식보다 인출한도 및 월지급금을 우대하여 지급받는 방식

ⓑ **우대지급방식**: 본인 또는 배우자가 기초연금 수급권자(65세 이상)이며 부부 기준 2억 5천만원 미만의 1주택만 소유한 경우 인출한도 설정 없이 평생동안 매월 연금형태로 지급받되 종신지급방식보다 더 많은 월지급금을 지급받는 방식

ⓢ **우대혼합방식**: 본인 또는 배우자가 기초연금 수급권자(65세 이상)이며 부부 기준 2억 5천만원 미만의 1주택만 소유한 경우 인출한도 범위(우대지급방식 대출한도의 50%, 재건축 등 분담금 납부자금의 경우 70%) 범위 안에서 수시로 찾아 쓰고 나머지 부분을 평생동안 매월 연금형태로 지급받는 방식

⑤ **가입요건**
　㉠ 가입가능연령
　　ⓐ 주택소유자 또는 배우자가 만 55세 이상(근저당권 설정일 기준)
　　　ⅰ) 확정기간 방식은 연소자가 만 55세~만 74세
　　　ⅱ) 우대방식은 주택소유자 또는 배우자가 만 65세 이상(기초연금 수급자)
　　ⓑ 주택소유자 또는 배우자가 대한민국 국민(외국인 단독 및 부부 모두 외국인인 경우에는 가입 불가)
　㉡ 주택보유 수
　　ⓐ 부부 기준 공시가격 등이 12억원 이하 1주택 소유자
　　　ⅰ) 다주택자라도 공시가격 등의 합산가격이 12억원 이하이면 가능
　　　ⅱ) 공시가격 등이 12억원 초과 2주택자는 3년 이내 1주택 팔면 가능
　　　※ 단, 주거목적 오피스텔의 경우, 주택연금에 가입하려고 하는 주거목적 오피스텔만 주택보유 수에 포함
　　ⓑ 우대방식의 경우 2억 5천만원 미만 1주택자만 가입 가능

⑥ **대상주택**
　㉠ 「주택법」상 '단독주택', '공동주택', 「노인복지법」상 분양형 노인복지주택, 주거목적 오피스텔[상가 등 복합용도 주택은 전체 면적 중 주택

이 차지하는 면적이 1/2 이상인 경우 가입 가능(단, 신탁방식으로 가입 시에는 불가)]
ⓒ 우대방식의 경우 2억 5천만원 미만 주택만 가입 가능

⑦ **거주요건**
㉠ 주택연금 가입주택을 가입자 또는 배우자가 실제 거주지로 이용하고 있어야 한다.
㉡ 해당 주택을 전세 또는 월세로 주고 있는 경우 가입이 불가능하다(단, 부부 중 한 명이 거주하며 주택의 일부를 보증금 없이 월세로 주고 있는 경우 가입 가능하며, 신탁방식 주택연금의 경우 보증금이 있더라도 보증금에 해당하는 금액을 공사가 지정하는 계좌로 입금하는 경우 가입 가능).

⑧ **채무관계자 자격**
㉠ 채무관계자(주택소유자 및 배우자)는 의사능력 및 행위능력이 있어야 주택연금 가입이 가능하다.
㉡ 채무관계자가 의사능력 또는 행위능력이 없거나 부족한 경우, 보호자는 '성년후견제도'를 이용할 수 있다.

⑨ **보증기한**(종신)
㉠ 소유자 및 배우자 사망 시까지이다.
㉡ 단, 이용 도중에 이혼을 한 경우 이혼한 배우자, 이용 도중에 재혼을 한 경우 재혼한 배우자는 주택연금을 받을 수 없다.

> **⊕ 보충** 주택연금 종료사유(한국주택금융공사법 시행령 제28조의2 제2항)
>
> 1. 주택담보 노후연금보증을 받은 사람과 배우자가 모두 사망한 경우
> 2. 주택담보 노후연금보증을 받은 사람이 사망한 후 배우자가 6개월 이내에 담보주택의 소유권이전등기(신탁계약에 따른 주택담보 노후연금보증의 경우는 제외) 및 금융기관에 대한 노후생활자금 금전채무의 인수를 마치지 않은 경우
> 3. 주택담보 노후연금보증을 받은 사람과 배우자가 담보주택에서 다른 장소로 주민등록을 이전한 경우. 단, 주민등록을 이전한 주택을 담보주택으로 변경하는 경우, 주택담보노후연금보증을 받은 사람이 재개발사업 또는 재건축사업, 소규모주택정비사업, 리모델링에 해당하는 사업 또는 행위를 위한 조합 등에 참가한 경우로서 한국주택금융공사의 사장이 정하는 기간 동안 주민등록을 이전한 경우, 입원 등 한국주택금융공사의 사장이 정하여 공사의 인터넷 홈페이지에 공고하는 불가피한 사유로 주민등록을 이전한 경우는 제외
> 4. 주택담보 노후연금보증을 받은 사람과 배우자가 1년 이상 계속하여 담보주택에서 거주하지 아니한 경우. 단, 입원 등 한국주택금융공사의 사장이 정하여 한국주택금융공사의 인터넷 홈페이지에 공고하는 불가피한 사유로 거주하지 아니한 경우는 제외

5. 주택담보 노후연금보증(신탁계약에 따른 주택담보 노후연금보증의 경우는 제외)을 받은 사람이 담보주택의 소유권을 상실한 경우. 단, 재개발사업 또는 재건축사업, 소규모주택정비사업, 리모델링 등으로 인한 담보주택의 소유권을 상실한 경우는 제외
6. 주택담보 노후연금대출의 원리금이 저당권의 채권최고액 또는 신탁계약에 따른 신탁수익권의 한도액을 초과할 것으로 예상되는 경우로서 금융기관이나 한국주택금융공사의 채권최고액 또는 신탁수익권의 한도액 변경요구에 따르지 않은 경우

⑩ **가입비**(초기 보증료) **및 연보증료**
  ㉠ **초기 보증료**: 주택가격의 1.5%(대출상환방식의 경우 1.0%)를 최초 연금지급일에 납부
  ㉡ **연보증료**: 보증잔액의 연 0.75%(대출상환방식의 경우 1.0%)를 매월 납부
  ㉢ 보증료는 취급 금융기관이 가입자 부담으로 공사에 납부하므로 연금지급총액(대출잔액)에 가산된다. 따라서 가입자가 직접 현금으로 납부할 필요가 없다.

⑪ **담보의 제공**: 1순위 저당권 설정, 신탁등기(신탁방식)
  ㉠ 제3자(자녀, 형제 등) 소유주택을 담보로 하는 주택연금은 이용할 수 없다.
  ㉡ 1순위 근저당권 설정, 신탁방식은 신탁등기

⑫ **적용금리**
  ㉠ 적용금리는 '기준금리+가산금리'이다.
  ㉡ **기준금리**: COFIX(신규취급액)을 적용, 신규취급액 COFIX 금리(6개월 주기로 변동)
  ㉢ **가산금리**: 0.85%(대출상환방식의 경우 가산금리가 0.1%p 인하)
  ㉣ 이자는 매월 연금지급총액(대출잔액)에 가산되나 가입자가 직접 현금으로 납부할 필요가 없다.
  ㉤ 가입 이후에는 대출 기준금리 변경이 불가능하다.

> **보충** 주택담보노후연금의 방식(한국주택금융공사법 시행령 제3조의2)
> 1. 주택소유자가 생존해 있는 동안 노후생활자금을 매월 지급받는 방식
> 2. 주택소유자가 선택하는 일정한 기간 동안 노후생활자금을 매월 지급받는 방식
> 3. 위 1.의 방식과 다음의 어느 하나에 해당하는 방식을 결합한 방식

① 주택소유자가 「한국주택금융공사법」 제9조 제4항 제2호에 따른 주택담보 노후연금 대출한도의 100분의 70 이내에서 다음의 용도로 사용하기 위하여 수시로 일정한 금액을 지급받는 방식. 이 경우 ㉠부터 ㉢까지 및 ㉤의 용도로 사용하기 위하여 지급받는 금액의 합계액은 대출한도의 100분의 50 이내로 한정한다.
  ㉠ 해당 주택을 담보로 대출받은 금액 중 잔액을 상환하는 용도
  ㉡ 「한국주택금융공사법 시행령」 제3조 제3호에 따른 주택에 대한 임대차계약에 따라 해당 주택의 임차인에게 임대차보증금을 반환하는 용도
  ㉢ 주택소유자 또는 주택소유자의 배우자가 다음의 요건을 모두 갖춘 경우 대출받은 금액 중 잔액을 상환하는 용도
    ⅰ) 「소상공인기본법」 제2조에 따른 소상공인일 것
    ⅱ) 폐업하려는 경우일 것
  ㉣ 해당 주택이 다음의 어느 하나에 해당하는 사업 또는 행위의 대상이 되는 경우 해당 사업 또는 행위를 위한 분담금을 납부하는 용도
    ⓐ 「도시 및 주거환경정비법」 제2조 제2호 나목 또는 다목에 따른 재개발사업 또는 재건축사업
    ⓑ 「빈집 및 소규모주택 정비에 관한 특례법」 제2조 제1항 제3호에 따른 소규모주택정비사업
    ⓒ 「주택법」 제2조 제25호에 따른 리모델링
  ㉤ 의료비, 교육비, 주택유지수선비 등 사장이 정하여 공사의 인터넷 홈페이지에 공고하는 용도
② 주택소유자가 대출한도의 100분의 90 이내에서 위 ①의 ㉠부터 ㉢까지의 용도로 사용하기 위하여 일정한 금액을 지급받는 방식
4. 2.의 방식과 3.의 ①의 방식을 결합한 방식
5. 주택소유자가 대출한도에서 3.의 ①의 ㉠의 용도로 사용하기 위하여 일정한 금액을 지급받고, 그 주택담보노후연금대출 한도 중 잔액에 대해서는 60세부터 1. 또는 2.의 방식으로 지급받는 방식

⑬ **대출금 상환:** 이용자 사망 후 주택 처분금액으로 일시상환
  ㉠ 채무부담한도(대출금 상환액)는 담보주택 처분가격범위 내로 한정
  ㉡ 대출금은 언제든지 별도의 중도상환수수료 없이 전액 또는 일부 정산 가능(다만, 초기 보증료는 환급되지 않으나 연보증료는 잔여기간 확인 후 정산하여 환급)

상환시점	상환할 금액	비고
주택처분금액 > 연금지급총액	연금지급총액	남는 부분은 채무자(상속인)에게 돌아감
주택처분금액 < 연금지급총액	주택처분금액	부족분에 대해 채무자(상속인)에게 별도 청구 없음

> ⊕ 보충 **주택담보 노후연금채권 등의 행사범위(한국주택금융공사법 제43조의4)**
>
> 1. 주택담보 노후연금채권 및 한국주택금융공사의 주택담보 노후연금보증채무 이행으로 인한 구상권은 주택담보 노후연금채권을 담보한 대상주택(담보주택)에 대하여만 행사할 수 있다.
> 2. 위 1.에도 불구하고 저당권 또는 신탁수익권에 우선하는 다음의 어느 하나에 해당하는 사유로 한국주택금융공사와 금융기관이 담보주택에서 회수하지 못하는 금액에 대하여는 채무자의 다른 재산에 대하여도 주택담보 노후연금채권 및 구상권을 행사할 수 있다.
>   ① 「국세기본법」 제35조 제1항 및 「지방세기본법」 제71조 제1항에 따른 조세채권
>   ② 「근로기준법」 제38조 제2항 및 「근로자퇴직급여 보장법」 제11조 제2항에 따른 임금, 재해보상금 및 퇴직금 채권
>   ③ 주택담보 노후연금보증을 받은 사람의 사망 등 계약해지사유가 발생한 후에 지급된 주택담보 노후연금 지급액
>   ④ 주택담보 노후연금보증을 받은 사람의 고의 또는 중과실에 의하여 담보주택이 훼손되어 회수하지 못하는 금액

> ✓ 참고 **주택담보 노후연금보증을 받은 자의 보호(한국주택금융공사법 제43조의6)**
>
> 1. 주택담보 노후연금을 받을 권리는 양도·압류하거나 담보로 제공할 수 없다.
> 2. 주택담보 노후연금보증을 받은 사람과 그 배우자의 신탁 수익권은 양도·압류·가압류·가처분하거나 담보로 제공할 수 없다.
> 3. 주택연금전용계좌의 예금에 관한 채권은 압류할 수 없다.

> ⊕ 보충 **신탁방식 주택연금**
>
> 주택소유자가 주택에 신탁계약에 따른 신탁 등기를 하여 담보로 제공하는 방식의 보증이다. 신탁계약에 따라 주택소유자 사망 후 별도의 절차(공동상속인 동의 등) 없이 배우자로 연금이 자동승계되며, 저당권방식에 비해 더 적은 비용으로 가입 및 승계가 가능하다는 장점이 있다.

제2절 부동산증권

1 저당의 유동화제도

1. 저당의 유동화와 증권화

① 유동화란 유동성이 없는 것을 유동성 있게 하는 것으로 유동성이 부족한 것에 유동성을 부여하는 것이 유동화이며, 그것을 이루어지게 하는 것이 증권이라면 이를 증권화라고 한다.17) 즉, 증권화는 유동화의 일부라고 할 수 있다.18)

② 자산의 유동화란 부동산과 같이 유동성이 낮은 자산을 보다 유동성이 높은 자산으로 바꾸어 놓는 일이다. 즉, 부동산, 매출채권, 유가증권, 주택저당채권 등과 같이 유동성은 떨어지나 재산적 가치가 높은 자산을 증권화(현금화)하는 행위를 자산유동화라고 한다. 현재 「자산유동화에 관한 법률」은 증권화 방식의 자산유동화만을 인정하고 있고, 이러한 방법으로 발행된 증권을 유동화증권이라고 한다.

③ 저당의 유동화(liquidation of mortgage)란 저당권 자체를 하나의 상품으로 유통되게 하는 것을 말한다. 즉, 부동산저당권을 다시 유통시킨 신용창조의 수단으로 활용하는 것을 말한다. 부동산증권화의 견인차로서 기대되고 있는 것이 MBS(Mortgage Backed Securities, 주택저당증권)라고 불리는 것이다. 저당이란 부동산담보융자를 말하는데, 이것을 증권화할 경우 많은 주택대부(loan)채권을 하나로 모아 거기서 생기는 이자를 바탕으로 하여 증권화한다.19)

④ 주택저당채권의 유동화란 금융기관이 유동화 중개기관에 주택저당채권을 매각하고 중개기관이 주택저당채권 다수를 모아 이를 기반으로 새로이 여러 종류의 주택저당증권(MBS)을 발행하여 투자자에게 매각하는 것이다.

---

17) 정대석(역), 「부동산 증권화의 구조와 전략」, 부연사, 2001, pp.42~43
18) 이재웅(역), 「알기 쉬운 부동산·금융 증권화의 구조」, 부연사, 2001, pp.26~27
19) 한준규 외(역), 「입문 부동산금융공학」, 부연사, 2002, p.103

2. 저당유동화의 기능 및 전제조건

(1) 저당유동화의 기능
① 주택금융 등과 같은 부동산금융의 활성화에 기여할 수 있다.
② 투자자 입장에서 자산포트폴리오(asset portfolio) 선택의 대안을 제공하는 역할을 한다.
③ 대출자(금융기관)들은 보다 적은 재원을 가지고 보다 많은 차입자(자금수요자)에게 자금을 공급할 수 있다.
④ 자본시장 침체 시 자금흐름이 왜곡되는 것을 방지할 수 있는 제도적 장치로서의 기능을 한다.
⑤ 주택저당채권의 유동화를 통해 자본시장으로부터의 주택자금대출 재원조달을 확대한다.
⑥ 장기대출채권을 투자자에게 매각함으로써 국제결제은행(Bank for International Settlements; BIS) 기준 자기자본비율을 제고할 수 있다.
⑦ 주택금융기관의 대출자금의 장기고정화에 따른 유동성 위험과 금리변동에 따른 금리위험이 감소된다.

(2) 저당유동화의 전제조건
저당대부를 위해서는 필요한 자금이 저당시장(mortgage market)에 원활하게 공급되는 것이 매우 중요한데, 이를 위해서는 적어도 저당수익률이 투자자들의 요구수익률보다는 커야 한다.

3. 부동산증권(real estate securities)

(1) 지분증권(equity securities)
부동산투자회사나 개발회사 등이 지분금융을 얻을 목적으로 발행하는 증권을 말한다. 예 REITs, 부동산 뮤추얼펀드

(2) 부채증권(debt securities)
부채금융을 조달할 목적으로 발행하는 증권을 말한다. 예 ABS, MBS

2 자산유동화증권 ·34회

1. 자산유동화증권의 개념과 발행구조

(1) 자산유동화증권(Asset Backed Securities; ABS)**의 개념**
① 자산유동화의 대상이 되는 채권·부동산 기타의 재산권을 유동화자산이라 하며, 이러한 유동화자산을 기초로 하여 자산유동화계획에 따라 발행되는 출자증권·사채·수익증권 기타의 증권 또는 증서를 말한다. 이를 자산담보부증권이라고 한다.
② 금융기관이나 기업들이 많이 활용하고 있는 자산유동화(asset-backed securitization)는 각종 대출채권이나 매출채권, 부동산, 기타 다양한 형태의 자산을 증권형태로 전환하여 자금을 조달하는 방식으로 금융의 증권화(securitization)를 가속화시킨 대표적인 예라 할 수 있다.
③ **근거 법률:** 「자산유동화에 관한 법률」

(2) 자산유동화증권의 발행효과

발행자 측면	① 새로운 자금조달원을 확보하여 자금조달수단이 다양화되고 투자저변이 확대된다. ② 총자산수익률, 자산회전율, 자기자본비용비율 등의 개선을 통하여 재무제표의 개선이 기대된다. ③ 신용위험, 금리위험, 운용과 조달의 불일치에 따른 위험회피기능을 한다. ④ 보유자산 구성상의 개선이 가능하다. ⇨ 포트폴리오(portfolio)
투자자 측면	① 신용도가 높은 새로운 금융상품에 투자할 기회가 획득된다. ② 동일한 신용등급을 가진 증권에 대해 상대적으로 높은 수익률로 투자가 가능하다.

> **⊕ 보충** 자산유동화에 관한 법률
>
> 1. 용어의 정의(자산유동화에 관한 법률 제2조)
>   ① 자산유동화(asset-backed securitization)
>   ㉠ 유동화전문회사[자산유동화업무를 전업(專業)으로 하는 외국법인을 포함한다]가 자산보유자로부터 양도받은 유동화자산을 기초로 유동화증권을 발행하고, 해당 유동화자산의 관리·운용·처분에 따른 수익이나 차입금 등으로 유동화증권의 원리금 또는 배당금을 지급하는 일련의 행위를 말한다.
>   ㉡ 「자본시장과 금융투자업에 관한 법률」에 따른 신탁업자(이하 '신탁업자'라 한다)가 자산보유자로부터 신탁받은 유동화자산을 기초로 유동화증권을 발행하고, 해당 유동화자산의 관리·운용·처분에 따른 수익이나 차입금 등으로 유동화증권의 수익금을 지급하는 일련의 행위를 말한다.

ⓒ 신탁업자가 유동화증권을 발행하여 신탁받은 금전으로 자산보유자로부터 유동화자산을 양도받아 해당 유동화자산의 관리·운용·처분에 따른 수익이나 차입금 등으로 유동화증권의 수익금을 지급하는 일련의 행위를 말한다.
ⓔ 유동화전문회사 또는 신탁업자가 다른 유동화전문회사 또는 다른 신탁업자로부터 양도받거나 신탁받은 유동화자산 또는 유동화증권을 기초로 하여 유동화증권을 발행하고 당초에 양도받거나 신탁받은 유동화자산 또는 유동화증권의 관리·운용·처분에 따른 수익이나 차입금 등으로 자기가 발행한 유동화증권의 원리금·배당금 또는 수익금을 지급하는 일련의 행위를 말한다.
② **유동화자산:** 자산유동화의 대상이 되는 채권(채무자의 특정 여부에 관계없이 장래에 발생할 채권을 포함한다), 부동산, 지식재산권 및 그 밖의 재산권을 말한다.
③ **유동화증권:** 유동화자산을 기초로 하여 자산유동화계획에 따라 발행되는 주권, 출자증권, 사채(社債), 수익증권, 그 밖의 증권이나 증서를 말한다.
④ **유동화전문회사**
  ㉠ **정의:** 「자산유동화에 관한 법률」의 규정에 의하여 설립되어 자산유동화업무를 하는 회사를 말한다.
  ㉡ **회사형태:** 유동화전문회사는 주식회사 또는 유한회사로 한다.
  ㉢ **업무 및 겸업제한:** 유동화전문회사는 자산유동화계획에 따라 업무를 행하며, 동법의 규정에 의한 업무 외의 업무를 영위할 수 없다. 또한 본점 외의 영업소를 설치할 수 없으며, 직원을 고용할 수 없다.

2. **자산유동화계획의 등록(자산유동화에 관한 법률 제3조)**
  ① 유동화전문회사, 신탁업자 및 자산유동화업무를 전업으로 하는 외국법인(이하 '유동화전문회사등')은 자산유동화에 관하여 이 법의 적용을 받으려는 경우 유동화자산의 범위, 유동화증권의 종류, 유동화자산의 관리방법 등이 포함된 자산유동화에 관한 계획(이하 '자산유동화계획')을 금융위원회에 등록하여야 한다. 자산유동화계획을 변경하려는 경우(대통령령으로 정하는 경미한 사항을 변경하려는 경우는 제외)에도 또한 같다.
  ② 유동화전문회사등(신탁업자는 제외)이 등록할 수 있는 자산유동화계획은 유동화자산 및 자산보유자의 수에 관계없이 1개로 한정한다.
  ③ 유동화전문회사등이 등록 또는 변경등록을 하려는 경우에는 금융위원회가 정하여 고시하는 서류를 함께 제출하여야 한다.

3. **자산유동화계획(자산유동화에 관한 법률 제4조)**
  자산유동화계획에는 다음의 사항이 포함되어야 한다.
  ① 유동화전문회사등의 명칭 및 사무소의 소재지
  ② 자산보유자
  ③ 자산유동화계획기간
  ④ 유동화자산의 종류·총액 및 평가내용
  ⑤ 유동화증권의 종류·총액 및 발행조건
  ⑥ 유동화자산의 관리·운용 및 처분
  ⑦ 유동화자산의 관리를 위탁받은 자
  ⑧ 그 밖에 자산유동화에 필요한 사항으로서 대통령령으로 정하는 사항

4. 유동화자산의 양도방식(자산유동화에 관한 법률 제13조)
   유동화자산의 양도는 자산유동화계획에 따라 다음의 방식으로 하여야 한다.
   이 경우 해당 유동화자산의 양도는 담보권의 설정으로 보지 아니한다.
   ① 매매 또는 교환으로 할 것
   ② 유동화자산에 대한 수익권 및 처분권은 양수인이 가질 것. 이 경우 양수인이 해당 자산을 처분할 때에 양도인이 이를 우선적으로 매수할 수 있는 권리를 가지는 경우에도 수익권 및 처분권은 양수인이 가진 것으로 본다.
   ③ 양도인은 유동화자산에 대한 반환청구권을 가지지 아니하고, 양수인은 유동화자산에 대한 대가의 반환청구권을 가지지 아니할 것
   ④ 양수인이 양도된 자산에 관한 위험을 인수할 것. 다만, 해당 유동화자산에 대하여 양도인이 일정 기간 그 위험을 부담하거나 하자담보책임(채권의 양도인이 채무자의 지급능력을 담보하는 경우를 포함한다)을 지는 경우는 제외한다.

2. 부동산개발사업 자산유동화증권(부동산개발 PF ABS)[20]

(1) 부동산개발 PF ABS(Project Financing Asset Backed Securities, 부동산개발사업 자산유동화증권)

① 부동산개발 PF ABS는 부동산개발업체의 개발사업에서 발생하는 수익 등을 기초자산으로 발행되는 자산유동화증권이다. 즉, PF ABS는 부동산 PF대출을 기초로 발행되는 자산유동화증권을 말한다.
② 금융기관이 부동산개발업체에 대출을 실행하고, 이 대출을 유동화전문회사에 매각하여 자산유동화증권을 발행한다.
③ 부동산개발업체가 프로젝트 수익성을 기초로 금융기관에 대출을 신청하면, 대출 후 금융기관은 그들이 보유한 PF대출채권을 기초로 특수목적회사(Special Purpose Company; SPC)*를 통해 PF ABS를 발행하여 투자자에게 판매한다.

(2) 부동산개발 PF ABCP(Project Financing Asset Backed Commercial Paper, 자산담보부 기업어음)

① 자산담보부 기업어음(asset backed commercial paper)은 유동화를 위하여 설립된 유동화전문회사(SPC, 특수목적회사)가 대출채권, 매출채권, 리스채권, 회사채 등 자산을 담보로 발행하는 기업어음(Commercial Paper; CP)*이다.

* **특수목적회사**(Special Purpose Company; SPC)
원래 「상법」상 특수한 목적을 수행하기 위해 일시적으로 만들어지는 일종의 유한회사를 말하지만 ABS를 발행하기 위해 설립된 SPC(자산유동화전문회사)의 근거는 「자산유동화에 관한 법률」이다. 원래 목적을 달성하면 자동으로 해산하기 때문에 일종의 '페이퍼컴퍼니'라고도 할 수 있으며, 최근에는 부동산개발과 같은 특수한 사업목적을 달성하기 위해 일시적으로 설립한 회사까지 SPC로 일컫고 있다.

* **기업어음**(Commercial Paper; CP)
기업이 상거래와 관계없이 단기 자금조달을 목적으로 자기신용에 입각하여 발행하는 만기 1년 이내의 융통어음을 말한다.

---

[20] 전광섭, 「주택금융론」, 부연사, 2007, pp.256~265

*도관체(conduit)
투자나 금융매개체 역할을 하는 회사법인 또는 단체, 즉 회사의 형태가 투자수익을 투자자에게 전달하는 데 국한되는 단순한 투자체(entity)를 말한다. 정부는 도관체와 같은 회사법인 또는 단체에게는 과세하지 않고도 도관체의 수익을 배분받은 회사의 소유주에게 세금을 부과하게 된다.

② PF ABCP의 도관체(conduit)*는 「상법」에 근거해 만들어진 것으로 「자산유동화에 관한 법률」에 의해 만들어진 유동화전문회사가 아니며, 특례도 받을 수 없다.

보충 ABS와 ABCP의 비교

1. ABS와 ABCP의 비교
   ① ABS는 「자산유동화에 관한 법률」에 따라 설립된 SPC를 통해 유동화자산을 기초로 발행된 회사채 형태인 데 반해, ABCP는 「상법」에 따라 설립된 SPC를 통해 발행된 회사채가 아닌 기업어음(CP) 형태라는 점에서 차이가 있다.
   ② ABCP를 이용한 자산유동화의 방법으로는 「자산유동화에 관한 법률」의 적용을 받는 SPC와 「상법」에 근거한 SPC가 있다.[21] 「자산유동화에 관한 법률」상 SPC는 유동화자산의 매입가액 또는 평가가액을 한도로 기업어음은 물론 회사채 형태의 자산유동화증권(ABS)을 발행할 수 있는 데 반해, 「상법」상 SPC의 경우 회사채의 발행한도가 제한되어 있어 주로 기업어음 형태로 발행이 이루어진다.
   ③ ABCP를 만들어낸 주역은 도관체(conduit)인데, 이는 기초자산을 유동화할 때마다 매번 회사를 만들어야 하는 번거로움이 없고 한번 설립만 하면 파이프에서 채권을 뽑아내듯 유동화증권(ABS)을 발행할 수 있는 도관형 구조이다. 다만, 만기가 긴 유동화회사채 발행은 불가능하고 유동화기업어음만 발행할 수 있어 'ABCP 도관체'라고 부른다.[22]
   ④ ABCP의 경우 유동화자산보다 만기가 짧은 ABS를 발행한 뒤 해당 ABS 만기시점부터 유동화자산의 만기시점까지 기존에 발행된 ABS를 상환하는 조건으로 주기적으로 기업어음을 차환발행한다. 여기서 차환이란 빌린 돈을 갚기 위해 새로 돈을 빌리는 것을 말한다.
   ⑤ ABCP는 주로 만기가 돌아온 기존 ABS채권을 상환하는 데 사용되며, 단기 기업어음을 반복해 발행할 수 있다. 이 경우 저금리인 단기 기업어음을 반복 발행해 상대적으로 고금리인 장기 ABS채권의 이자를 상환하게 되므로 유동화전문회사가 금리 차이만큼 차익을 얻을 수 있다.
   ⑥ 기업 입장에선 장·단기 금리 차이 때문에 ABCP는 기존 ABS의 조달금리보다 더 낮은 금리로 자금을 조달할 수 있어 자금조달비용을 줄일 수 있다. 또한 투자자 입장에선 비교적 안정적인 자산을 근거로 발행되며, 3개월 만기의 단기상품이므로 안정성과 유동성을 확보할 수 있다.

---

21) 전광섭, 전게서, p.258
22) 전광섭, 전게서, p.258

2. ABS와 ABCP의 장단점

구분	ABS	ABCP
장점	① 최초 대출자금 조기회수로 대출 여력 확대 ② 위험을 ABS를 인수하는 다른 기관에 분산	① ABS보다 만기가 짧고 조건이 간단하여 발행 및 자금확보에 용이 ② ABS보다 비교적 저금리로 자금을 조달할 수 있음
단점	부실의 여파가 최초 대출기관을 넘어 ABS를 인수한 여러 금융기관에 전파	만기가 해당 프로젝트의 현금흐름보다 짧고 차환발행이 무산될 위험이 존재

(자료: 신영증권 리서치센터)

3 주택저당증권 ・24회 ・27회 ・28회 ・30회 ・32회 ・34회 ・35회 ・36회

1. 주택저당증권의 개념 및 도입배경

(1) 주택저당증권(Mortgage Backed Securities; MBS)**의 개념**

① 주택저당증권 또는 저당담보증권이란 저당대출기관이나 저당회사, 기타 기관투자자 등이 그들이 설정하거나 매입한 저당을 담보로 하여 발행하는 증권을 말하는데, 제1차 대출기관, 제2차 대출기관, 저당담보증권 발행전문회사 등이 발행할 수 있다.[23]

② MBS 제도는 금융기관 등이 주택자금을 대출하고 취득한 주택저당채권을 유동화전문회사 등에 양도하고, 유동화전문회사 등이 이들 자산을 기초로 증권을 발행하여 투자자에게 매각함으로써 주택자금을 조성하는 제도이다.

③ **용어의 정의**(한국주택금융공사법 제2조)
 ㉠ **주택저당채권**: 주택에 설정된 저당권에 의하여 담보된 채권으로서 해당 주택을 구입하거나 건축에 들어간 대출자금 또는 그 대출자금을 상환하기 위한 대출자금에 대한 채권
 ㉡ **주택저당증권**: 주택저당채권을 기초로 하여 발행하는 수익증권
 ㉢ **주택저당채권담보부채권**: 주택저당채권을 담보로 하여 발행하는 채권
 ㉣ **채권유동화**
  ⓐ 주택저당채권을 담보로 하여 주택저당채권담보부채권을 발행하고 그 소지자에게 원리금을 지급하는 행위

---

23) 안정근, 전게서, p.401

> **정리** ABS와 MBS
> 1. ABS(Asset Backed Securities): 대출채권, 매출채권, 부동산 등 모든 자산을 기초로 발행된 증권
> 2. MBS(Mortgage Backed Securities): 여러 자산 중 주택저당대출채권을 기초로 발행된 증권

ⓑ 주택저당채권을 기초로 주택저당증권을 발행하고 그 수익자에게 주택저당채권의 관리·운용 및 처분으로 생긴 수익을 분배하는 행위

ⓒ 학자금대출채권을 기초로 학자금대출증권을 발행하고 그 수익자에게 학자금대출채권의 관리·운용 및 처분으로 생긴 수익을 분배하는 행위

④ ABS는 대출채권, 매출채권, 부동산 등 모든 자산을 기초로 발행된 증권인 데 비해, MBS는 여러 자산 중 주택저당대출채권을 기초로 발행된 증권이다.

⑤ **근거 법률:**「한국주택금융공사법」

(2) 주택저당증권의 도입배경

정부에서는 주택금융 활성화를 위해「자산유동화에 관한 법률」을 제정하여 ABS의 하나로서 주택저당채권 유동화제도를 도입하였다. 또한 유동화중개기관에 정부공신력을 부여함으로써 발행비용 절감과 표준화를 통한 효율성 제고를 위하여 1999년 '한국주택저당채권유동화주식회사(Korea Mortgage Corporation; KoMoCo)'를 설립하였다. 그 후 2004년 3월 1일「한국주택금융공사법」에 의해 설립된 한국주택금융공사(Korea Housing Finance Corporation; KHFC)는 주택신용보증기금과 한국주택저당채권유동화주식회사(KoMoCo)를 합병하여 출범하였다. 한국주택금융공사에서는 주택저당채권 등의 유동화와 주택금융신용보증업무를 수행함으로써 주택금융 등의 장기적·안정적 공급을 촉진하고, 주택저당증권(Mortgage Backed Securities; MBS)을 발행함으로써 제2차 저당시장 발달의 근거를 이루고 있다.

(3) MBS의 발행효과

주택소비자 (차입자)	① 금융기관의 주택대출 여력 확대로 장기·저리의 주택자금 차입 ② 초기 자금부담 없이 소자본으로 주택구입 가능 ③ 차입기회 확대
주택금융기관	① 장기간 묶여 있던 채권의 유동화로 대출 여력 확대 ② 대출채권 매각으로 자기자본비율(BIS) 제고 ③ 중·장기적 주택금융시장의 활성화
투자자	① 작은 위험을 부담하면서 국제수준 이상의 수익률 보장 ② 기존의 단기채권(1~5년채) 상품에서 탈피하여 장기적으로 고정금리 확보 ③ 지급보증에 따른 안정적인 투자 가능
국가정책	① 서민층의 내집마련 지원으로 주택보급률 확대(사회안전망 구축) ② 주택에 대한 사고의 전환유도(투자 ⇨ 이용의 대상)

2. 저당시장의 구조

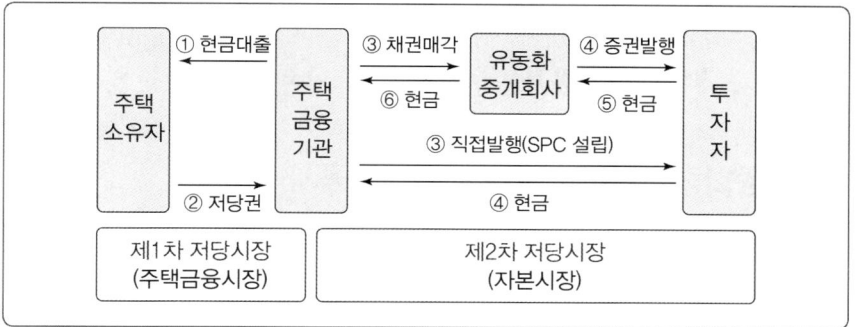

저당시장은 '제1차 저당시장'과 '제2차 저당시장'으로 구분할 수 있다.

(1) 제1차 저당시장

① 제1차 저당시장(primary mortgage market)이란 저당대부를 원하는 수요자와 저당대부를 제공하는 금융기관으로 이루어지는 시장을 말하는데, 주택담보대출시장이라고도 한다. 이는 저당대출을 원하는 수요자와 저당대출을 제공하는 금융기관으로 형성되는 시장을 말하며, 금융기관은 수취한 예금 등으로 주택담보대출을 제공하는 시장이다.

② 제1차 저당대출자들은 설정된 저당을 자신들의 자산포트폴리오 일부로 보유하거나, 자금의 여유가 없을 경우 제2차 저당시장에 팔기도 한다.

(2) 제2차 저당시장

① 제2차 저당시장(secondary mortgage market)은 저당대출기관과 다른 기관투자자들 사이에 저당을 사고파는 시장을 말한다. 이는 특별목적회사(SPC)를 통해 투자자로부터 자금을 조달하여 주택자금 대출기관에 공급해주는 시장을 말한다.

② 제2차 시장에서 제1차 대출기관들은 자신들이 설정한 저당을 팔아 저당대부에 필요한 자금을 조달한다. 즉, 제2차 저당시장은 제1차 저당시장에 자금을 공급하는 역할을 한다.

③ 제2차 시장은 저당대부를 받은 원래 저당차입자(mortgage borrower)와는 아무런 직접적인 관계가 없다.

④ 제2차 저당시장이 존재하지 않는다면 제1차 대출기관은 금방 자금이 부족해져서 저당대부를 할 수 없게 된다. 결국 저당의 유동화에 기여하는 시장은 제2차 저당시장이다.

> **OX 확인문제**
>
> 제1차 저당시장은 저당대부를 원하는 수요자와 저당대부를 제공하는 금융기관으로 이루어지는 시장이다. •11회 ( )
>
> 정답 (○)

> **OX 확인문제**
>
> 제2차 저당시장은 저당대출기관과 다른 기관투자자들 사이에 저당을 사고파는 시장이다. •11회 ( )
>
> 정답 (○)

> **OX 확인문제**
>
> 저당채권이 형성되는 시장은 제1차 저당시장이고, 저당채권이 매매되는 시장은 제2차 저당시장이다. ( )
>
> 정답 (○)

⑤ 제2차 저당시장이 활성화되기 위해서는 주택대출상품과 대출심사기준을 표준화하는 것이 필요하다.
⑥ 선진국의 경우 제2차 저당시장의 발달은 대출기관의 융자 여력을 높여서 주택금융을 활성화하는 데 크게 기여하였다.

3. 유동화중개기관 – 한국주택금융공사

(1) 의의
주택금융 등의 장기적·안정적 공급을 촉진하여 국민의 복지증진과 국민경제의 발전에 이바지함을 목적으로 보금자리론과 적격대출 공급, 주택보증, 유동화증권 발행 등의 업무를 수행하는 준정부기관이다.

(2) 연혁 및 설립목적
한국주택금융공사는 「한국주택금융공사법」에 의해 2004년 3월 1일 설립되었으며, 주택저당채권 등의 유동화와 주택금융 신용보증 업무를 수행함으로써 주택금융 등의 안정적 공급을 촉진하여 국민의 복지증진과 국민경제의 발전에 이바지함을 목적으로 한다.

(3) 한국주택금융공사의 업무
① **보금자리론과 적격대출 공급:** 무주택자가 금리변동 위험 없이 안정적인 대출금 상환이 가능한 10년 이상 장기고정금리 원리금 분할상환 방식의 모기지론인 보금자리론과 적격대출을 공급하고 있다.
② **주택보증 공급:** 국민 주거안정을 위해 금융기관으로부터의 전세자금 및 아파트중도금 대출에 대한 보증서를 발급하며, 주택건설사업자를 대상으로 하는 아파트 건설자금 대출에 대한 주택보증 지원을 하고 있다.
③ **주택연금 공급:** 만 55세 이상을 대상으로 보유하고 있는 주택을 담보로 금융기관으로부터의 종신연금 수령을 보장하는 주택연금 업무를 수행함으로써 노후복지향상에 기여하고 있다.
④ **유동화증권(MBS, MBB) 발행:** 금융기관으로부터 주택저당채권을 양도받아 이를 기초로 유동화증권(MBS, MBB) 발행, 투자자들에게 판매함으로써 채권시장으로부터 장기저리의 자금을 안정적으로 조달하여 대출재원을 획기적으로 확충하고 있다.

정리 한국주택금융공사
1. **특징:** 유동화중개회사 ⇨ 실체상의 회사
2. **근거 법률:** 「한국주택금융공사법」

추가 학자금 대출증권
금융기관이 소정의 자격을 갖춘 대학(원)생에게 등록금 및 생활비 등의 학자금을 대출하여 발생된 채권을 학자금 대출채권이라고 한다. 이 학자금 대출채권을 기초로 발행하는 수익증권을 학자금 대출증권(SLBS)이라고 한다. 학자금 대출 신용보증 및 취급 관련 업무가 한국주택금융공사에서 한국장학재단으로 넘어감에 따라 현재는 한국주택금융공사에서 SLBS를 발행하지 않고 있다.

⊕ 보충 　한국주택금융공사의 유동화증권[24]

주택저당채권 유동화(mortgage securitization) 상품을 통해 한국주택금융공사는 자본시장의 투자자와 주택금융시장의 주택자금대출자 간의 중개역할을 수행한다.

1. 주택저당증권(MBS)과 주택저당채권담보부채권(MBB)
   ① 주택저당증권(Mortgage Backed Securities; MBS)
      ㉠ 의의
         ⓐ 은행 등의 금융회사가 주택구입자에게 주택자금을 대출한 뒤 취득한 주택저당채권을 '기초자산'으로 하여 발행하는 수익증권을 의미한다.
         ⓑ 주택저당채권이란 금융회사가 주택을 담보로 채무자로부터 미래에 대출금을 회수할 수 있는 권리를 말한다.
         ⓒ 은행 등의 금융회사는 주택저당채권을 한국주택금융공사에 양도하고, 한국주택금융공사는 양도받은 주택저당채권을 기초자산으로 하는 수익증권, 즉 MBS를 발행한다.
      ㉡ MBS 제도 운영원리

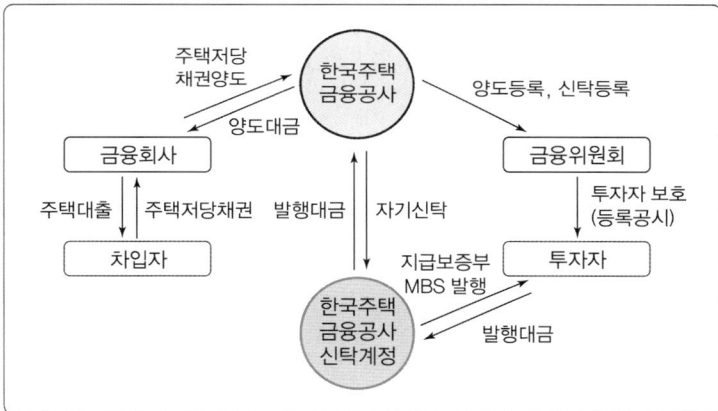

   ② 주택저당채권담보부채권(Mortgage Backed Bond; MBB)
      ㉠ 의의: 최근 유럽에서 많이 발행되고 있는 커버드본드(covered bond)를 말하는데, 금융회사가 주택구입자에게 주택자금을 대출한 뒤 취득한 주택저당채권을 '담보'로 발행하는 채권을 의미한다. 은행 등의 금융회사는 주택저당채권을 한국주택금융공사에 양도하고, 한국주택금융공사는 양도받은 주택저당채권을 담보로 하는 채권, 즉 MBB를 발행한다.

---

[24] http://kmbs.hf.go.kr

ⓛ MBB 제도 운영원리

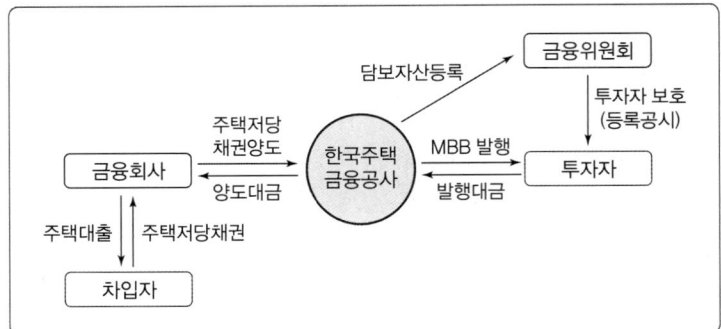

③ **MBS와 MBB의 차이점**: MBS는 주택금융공사가 자기신탁을 설정하여 발행하는 수익증권이고, MBB는 주택금융공사가 신탁설정 없이 직접 발행하는 채권이라는 점에서 차이가 있다.

2. 유동화 거래구조
   ① MBS 유동화 거래구조

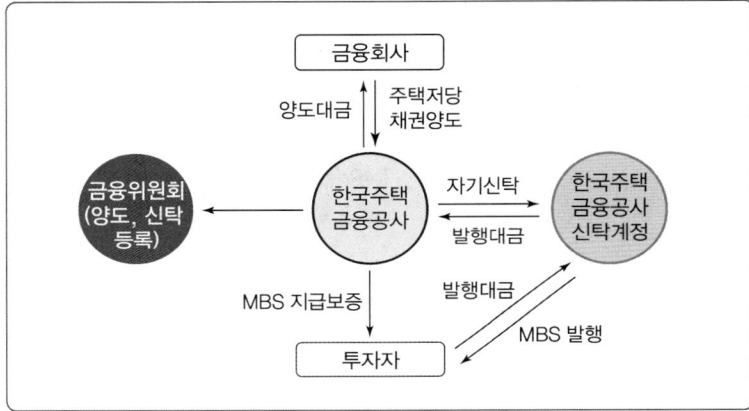

   ㉠ 금융회사로부터 양수한 주택저당채권에 대하여 자기신탁을 설정하여 발행하고 금융위원회에 양도 및 신탁등록
   ㉡ 주택금융공사는 MBS 투자자에게 지급보증을 제공
   ㉢ 주택금융공사는 자기자본의 50배까지 지급보증
   ② MBB 유동화 거래구조

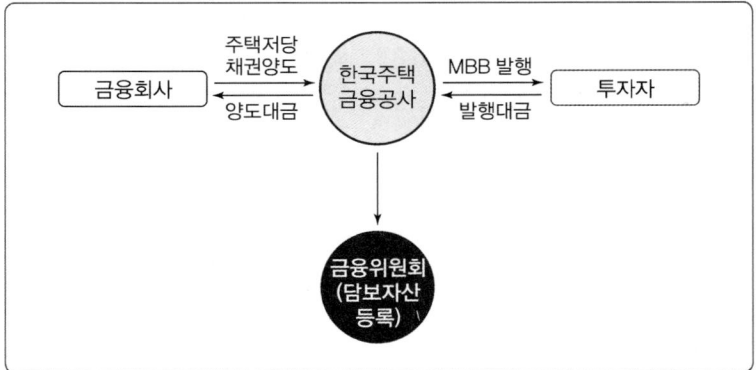

⊙ 금융회사로부터 양수한 주택저당채권을 담보로 발행하고 금융위원회에 담보자산 등록
　　　ⓒ MBB 투자자는 담보가 된 주택저당채권에 대하여 우선변제권(다른 채권자보다 먼저 배당받을 수 있는 권리)을 보유
　　　ⓒ 주택금융공사는 자기자본의 50배까지 MBB 발행

3. MBS와 MBB의 혜택

주택저당채권 유동화에 참여한 주택대출 금융회사는 물론 MBS와 MBB에 투자한 회사 및 개인 모두에게 이익을 주고 있다. 그러나 MBS와 MBB 제도의 가장 큰 장점은 직접 투자에 참여하지 않은 일반국민들에게 주어지는 혜택이 크다는 것이다. MBS와 MBB 발행을 통하여 조성된 재원을 주택구입자금 대출, 전세자금 대출, 중도금 대출, 임대아파트 건설 등에 다시 사용함으로써 일반국민들의 주거안정과 재산형성에 크게 기여하고 있다.

① 주택 구입 수요자가 얻는 혜택
　⊙ **주택자금 차입 용이**: 금융회사의 주택자금 대출재원이 늘어나기 때문에 주택 구입 수요자는 주택자금 차입이 용이해진다. 특히 대부비율(loan to value)이 70%까지 높아져 주택구입 시 자기자금부담이 줄어든다.
　ⓒ **줄어드는 원리금 상환부담**: MBS와 MBB 발행을 통한 장기, 저리, 고정금리 대출자금의 원활한 공급으로 차입자의 원리금 상환부담이 줄어들고, 안정적인 상환계획의 설계가 가능해진다.

② 대출금융기관이 얻는 혜택
　⊙ **신용위험 및 금리변동 위험 감소**: 유동화를 통하여 주택저당채권을 주택금융공사에 양도함으로써 주택대출 보유 시 수반되는 신용위험 및 금리변동 위험이 감소된다.
　ⓒ **BIS 비율 개선**: 주택대출금융회사는 유동화를 통하여 주택저당채권을 주택금융공사에 양도하거나 위험가중치가 0%인 MBS와 MBB로 바꿔 보유함으로써 BIS 비율(BIS가 정한 은행의 위험자산 대비 자기자본비율로 최소 8% 이상을 유지하여야 함)을 높일 수 있다.
　ⓒ **고객기반 확대**: 주택금융공사 유동화 목적부 대출의 경우 LTV가 70%까지 적용됨에 따라 금융회사는 높은 대출한도를 필요로 하는 장기 고정거래 고객을 확보할 수 있다.
　ⓔ **수익구조 다변화**: 금융회사는 유동화를 통하여 채권관리수수료 수익을 획득함으로써 수익구조를 다변화할 수 있다.

③ 투자자가 얻는 혜택
　⊙ **안전한 투자수단**: 국내 신용평가기관으로부터 'AAA 신용등급'을 취득, 주택금융공사가 지급보증(MBS), 또는 직접 채무를 부담(MBB)하며, 주택금융공사의 결산 손실을 정부가 보전해주므로 안전한 투자수단이다.
　ⓒ **높은 유동성**: 발행 즉시 한국거래소에 상장되어 매매 및 현금화가 용이하다.
　ⓒ **다양한 만기구조로 발행**: 다양한 만기구조로 발행되어 투자기관의 다양한 자금수요를 충족할 수 있으며, 특히 중·장기상품의 비율이 높아 보험 및 연·기금의 자금운용에 적합하다.

4. 주택저당증권의 종류[25]

주택저당증권(MBS)은 현금흐름에 대한 지분권을 의미하는 원리금수취권과 주택저당채권집합물(mortgage pool)에 대한 소유권을 누가 가지는가 하는 기준에 따라 지분형, 채권형, 혼합형 세 가지로 나눌 수 있다. 그런데 이것이 주로 주거용 부동산저당을 기초자산으로 발행하는 증권이라면 상업용 부동산저당을 기초자산으로 발행하는 증권도 가능하다. 이처럼 금융기관이 보유한 상업용 부동산 모기지(mortgage)를 기초자산으로 하여 발행하는 증권을 CMBS(Commercial Mortgage Backed Securities)라고 한다.[26]

(1) 지분형 MBS - 이체증권(Mortgage Pass-Through Securities; MPTS)

① **의의:** 주택저당채권집합물(mortgage pool)에 대한 소유권과 원리금수취권을 투자자에게 모두 매각하는 방식이다. 따라서 지분을 나타내는 증권으로서 증권발행자의 자산매각을 통한 자금조달방식에 해당되며, 유동화 기관의 부채로 표시되지 않는다. 이체증권, 저당채권이체증권이라고 한다.

② **특징**
   ㉠ 저당차입자가 매기당 지불하는 원리금상환액 중에서 저당관리에 따른 비용을 공제하고 투자자에게 모두 지불된다. 즉, 주택저당증권의 발행대상이 되는 저당인 모저당(母抵當)의 원리금상환액이 매월 단위로 불입되기 때문에 투자자들은 매월 단위로 원금과 이자를 지급받게 된다. 주택담보대출의 원리금이 회수되면 MPTS의 원리금으로 지급되므로 유동화기관의 자금관리 필요성이 원칙적으로 제거된다.
   ㉡ 발행기관은 주택저당채권집합물에 대한 소유권과 원리금수취권을 투자자에게 모두 이전한다.
   ㉢ 이자율위험과 조기상환위험(만기 전 변제위험), 채무불이행 위험을 투자자가 부담하므로, 높은 위험에 따라 높은 수익이 제공된다.
   ㉣ 발행기관은 저당차입자로부터 받는 원리금상환액을 투자자에게 바로 이체하므로 저당차입자와 MPTS 투자자 간에 현금흐름이 바로 연결된다.

O X 확인 문제

MPTS(Mortgage Pass-Through Securities)는 지분형 증권이다.
• 32회 ( )

정답 (O)

---

25) 조주현, 전게서, pp.201~203
   안정근, 전게서, pp.404~411
   김영곤 외 4인, 「부동산금융론」, 형설출판사, pp.307~310
26) 제24회 공인중개사 기출문제

ⓜ 주택저당채권집합물에 대한 소유권과 원리금수취권은 투자자에게 모두 매각하는 방식이므로 주택저당총액과 MPTS의 발행액이 같게 된다.

(2) 채권형 MBS – 저당담보부채권(Mortgage Backed Bond; MBB)

① **의의**: 원리금수취권과 주택저당채권집합물에 대한 소유권을 발행기관이 가지면서, 저당대출을 담보로 하여 자신의 부채로 채권을 발행해 자금을 조달하는 방식이다. 저당담보부채권, 주택저당담보부채권이라고 한다.

② **특징**

　ⓐ 채권형 주택저당증권으로 발행자의 신용도를 중시하며, 원리금수취권과 주택저당채권집합물에 대한 소유권을 발행기관이 보유한다.

　ⓑ 이자율위험, 조기상환위험(만기 전 변제위험), 채무불이행 위험(원리금납입연체위험 포함)을 발행기관이 부담한다. 따라서 주택저당대출 차입자의 채무불이행이 발생하더라도 MBB에 대한 원리금을 발행자가 투자자에게 지급하여야 한다. 따라서 MBB 투자자 입장에서 MPTS(mortgage pass-through securities)에 비해 현금흐름이 안정적이고 불확실성이 작다는 장점이 있다.

　ⓒ MBB의 투자자(매수자)가 발행기관의 조기상환(만기 전 변제)에 대해 방어할 수 있는 콜방어(call protection)가 인정된다. 콜방어란 저당증권 발행기관의 조기상환에 대하여 증권투자자들이 방어하는 것을 말한다.

　ⓓ 발행기관은 저당차입자로부터 받는 원리금상환액을 투자자에게 바로 이체하지 않고, 자신들이 발행한 MBB에 대해 새로운 원리금을 지불하므로 저당차입자와 MBB 투자자 간에 현금흐름이 바로 연결되지 않는다.

　ⓔ 발행기관의 신용으로 채권을 발행하기 때문에 위험이 발행기관에 집중되어 유통성이 떨어지며, 발행기관은 초과담보를 제공하는 것이 일반적이므로 MBB 발행액은 주택저당총액보다 적다.

(3) 혼합형 MBS – MPTB, CMO

① **의의**: 원리금수취권은 투자자에게 이체되지만, 주택저당채권집합물에 대한 소유권은 발행기관이 가진다.

② **지불이체채권**(Mortgage Pay-Through Bond; MPTB)

　ⓐ **의의**: 발행기관이 주택저당채권집합물에 대한 소유권을 보유하고

O X 확 인 문 제

MBB는 유동화기관이 모기지 풀(mortgage pool)을 담보로 발행하는 지분성격의 증권이다. • 35회
(　)

정답 (×)
MBB는 유동화기관이 모기지 풀(mortgage pool)을 담보로 발행하는 채권성격의 증권이다.

O X 확 인 문 제

MBB 발행자는 초과담보를 제공하지 않는 것이 일반적이다. • 35회
(　)

정답 (×)
MBB 발행자는 초과담보를 제공하는 것이 일반적이다.

투자자에게 원리금수취권을 이전하는 방식으로 다른 조건이 같은 경우 MBB보다 작은 규모의 초과담보가 필요하다. MPTB는 지불이체채권, 지불이체증권, 저당대출자동이체채권이라고 한다.

ⓒ 특징
ⓐ MPTS와 MBB의 혼합형으로 지분형과 채권형이 혼합된 증권이며, 발행자의 재무상태표에 부채로 표시된다.
ⓑ 주택저당채권집합물에 대한 소유권은 발행기관이 보유하고, 원리금수취권은 투자자에게 이전한다.
ⓒ 이자율위험과 조기상환위험(만기 전 변제위험)을 MPTB 투자자가 부담하나 채무불이행 위험은 발행기관이 부담한다.
ⓓ 다른 조건이 같은 경우 MBB보다 작은 규모의 초과담보가 필요하다.

③ **다계층채권**(Collateralized Mortgage Obligation; CMO)
㉠ 의의: 저당채권의 집합을 담보로 발행된 다계층의 채권을 말한다. 위험을 분산하고 다양한 투자욕구를 충족하기 위해 하나의 집합에서 만기와 이자율을 다양화한 여러 가지 종류의 채권을 발행한다. CMO는 다계층채권, 다계층저당증권, 다층저당증권이라고 한다.

㉡ 특징
ⓐ 발행자는 주택저당채권집합물에 대한 소유권을 가지고 이를 담보로 다양한 채권을 발행한다.
ⓑ 조기상환위험은 투자자(증권소유자)가 부담하나 채무불이행 위험은 발행기관이 부담한다.
ⓒ 이체증권(Mortgage Pass-Through Securities; MPTS)과 저당담보부채권(Mortgage Backed Bond; MBB)의 두 가지 성질을 모두 가지고 있다.
ⓓ 다양한 만기구조를 갖고 만기구조별로 수익률이 다르며, 계층선택에 따라 조기상환위험도 달라진다.
ⓔ 주택저당채권집합물(mortgage pool)을 담보로 발행된 총금액을 몇 개 그룹으로 나누는데 이 그룹을 트랜치(tranche)라고 하며, 트랜치별로 다른 이자율이 적용되고 원금의 지급순서도 달라진다.
ⓕ 트랜치별로 적용되는 이자율과 만기가 다른 것이 일반적이다. 따라서 다계층채권(CMO)의 발행자는 동일한 주택저당채권집합물(mortgage pool)에서 상환우선순위와 만기가 다른 다양한 저당담보부증권(MBS)을 발행할 수 있다.

O X 확 인 문 제

MPTB(Mortgage Pay-Through Bond)의 경우, 조기상환위험은 증권발행자가 부담하고, 채무불이행 위험은 투자자가 부담한다. •32회
( )

정답 (×)
MPTB(Mortgage Pay-Through Bond)의 경우, 조기상환위험은 투자자가 부담하고, 채무불이행 위험은 증권발행자가 부담한다.

O X 확 인 문 제

CMO(Collateralized Mortgage Obligation)는 상환우선순위와 만기가 다른 다수의 층(tranche)으로 구성된 증권이다. •32회
( )

정답 (○)

ⓖ 고정이자율이 적용되는 트랜치가 있고, 유동이자율(floating rate)이 적용되는 트랜치도 있다.
ⓗ 장기투자자들이 원하는 콜방어(call protection)를 실현시킬 수 있다.
ⓘ 다계층채권(CMO)에서 선순위 증권의 신용등급은 후순위 증권의 신용등급보다 높다.

■ 주택저당증권의 특성 비교

구분	MPTS	MBB	MPTB	CMO
유형	지분형	채권형	혼합형	혼합형
트랜치 수	1	1	1	여러 개
주택저당채권집합물에 대한 소유권자	투자자	발행자	발행자	발행자
원리금수취자	투자자	발행자	투자자	투자자
조기상환위험 부담자 (만기 전 변제위험)	투자자	발행자	투자자	투자자
채무불이행 위험	투자자	발행자	발행자	발행자
콜방어	불가	가능	-	가능 (장기트랜치에 투자 시)
초과담보	없다	크다	작다	작다
수명(존속기간)	짧다	길다	중간	중간
현금흐름	투자자까지 연결	발행자까지 연결	투자자까지 연결	투자자까지 연결

> **O X 확인문제**
> CMO에서 선순위 증권의 신용등급은 후순위 증권의 신용등급보다 높다. • 20회 ( )
> 정답 (O)
>
> **추가 참여증서**
> (participation certificate)
> 참여증서는 주택저당증권의 또 다른 형태로서 담보가 되는 모저당을 주택저당증권의 형태로 여러 사람이 공동소유하는 것을 말한다.[27]

4 부동산투자회사(REITs) •25회 •26회 •27회 29회 •30회 •33회 •34회 •35회 •36회

1. 부동산투자회사(REITs)의 의의

(1) 부동산투자회사의 의의

① '부동산투자회사(REITs)'란 자산을 부동산에 투자하여 운용하는 것을 주된 목적으로 설립된 회사로서 자기관리 부동산투자회사, 위탁관리 부동산투자회사, 기업구조조정 부동산투자회사를 말한다(부동산투자회사법 제2조 제1호). 즉, 부동산투자회사란 자산을 부동산에 투자하여 운용하는 것을 주된 목적으로 「부동산투자회사법」의 규정에 의하여 설립된 회사를 말한다.

---
27) 정윤·유원상, 「부동산경제론」, 신광문화사, 2010, p.246

② 일반적인 주식회사와는 달리 업무범위, 자산의 운용범위, 차입 등에서 구분되며, 매년 얻는 이익은 내부보유하지 않고 배당하도록 의무화되어 있다. 부동산투자회사는 부동산에 대한 간접투자상품의 일종이며, 지분금융방식에 해당한다. 따라서 투자자는 부동산투자회사의 발행주식에 투자를 하게 되면 부동산에 직접 투자를 하는 것과 유사한 효과를 얻을 수 있다. 즉, 부동산투자회사의 주식에 투자한 자는 투자원금의 손실이 발생할 수도 있고, 배당에 따른 이익과 주식매매차익을 향유할 수도 있다.

③ 일반투자자로부터 자금을 모아 회사의 경영능력으로 수익을 내서 이를 투자자의 출자비율에 따라서 배당하는 일종의 뮤추얼펀드 성격을 지니는 투자기구로서, 세법으로 창출된 일종의 투자도관체라고 할 수 있다.

④ 우리나라의 경우 리츠(Real Estate Investment Trusts; REITs)는 회사형(상법상 주식회사)으로만 설립되어야 하기 때문에 'Real Estate Investment Trusts'를 부동산투자회사라고 번역하고 있다. 리츠(REITs)는 투자자가 금전을 출자한다는 점에서 부동산을 위탁하는 부동산신탁과 구별되며, 투자자가 부동산투자회사 주식에 투자한다는 점에서 수익증권을 구입하는 은행부동산투자신탁과도 구별된다.

(2) 부동산투자회사의 구조28)

리츠(REITs)는 부동산을 증권화한 상품으로, 리츠를 중심으로 부동산시장과 자본시장의 이해당사자들이 상호 연결된다.

■ **자기관리 부동산투자회사의 구조**29)

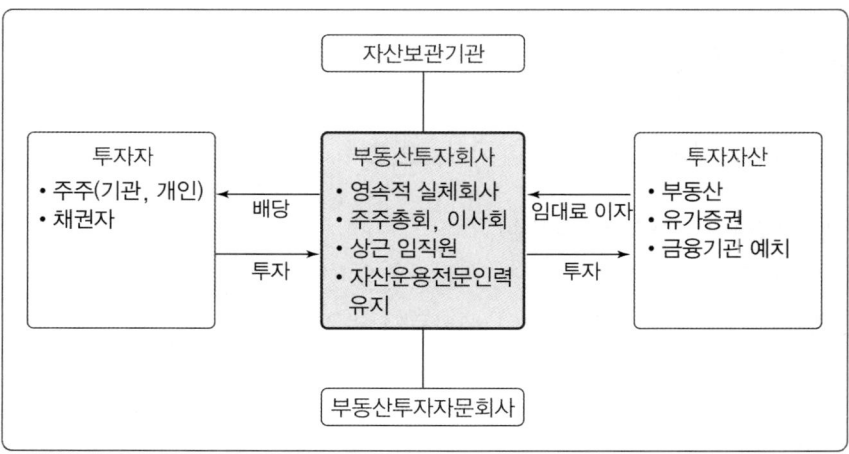

---

28) 박원석·박용규, 「REITs 도입의 영향과 정책과제」, 삼성경제연구소, 2000
29) 박연우, 「부동산시장의 변화와 향후 부동산 집합투자기구의 역할: 자기관리 부동산투자회사 중심으로」, 부동산FOCUS 통권 49호에서 재인용

OX 확인문제

부동산투자회사의 주식에 투자한 자는 투자원금의 손실이 발생하지 않으며, 배당에 따른 이익과 주식매매차익을 향유할 수 있다.
• 18회　　　　　　　　（　）

정답 (×)
부동산투자회사의 주식에 투자한 자는 투자원금의 손실이 발생할 수도 있고, 배당에 따른 이익과 주식매매차익을 향유할 수 있다.

■■ 위탁관리 및 기업구조조정 부동산투자회사의 구조30)

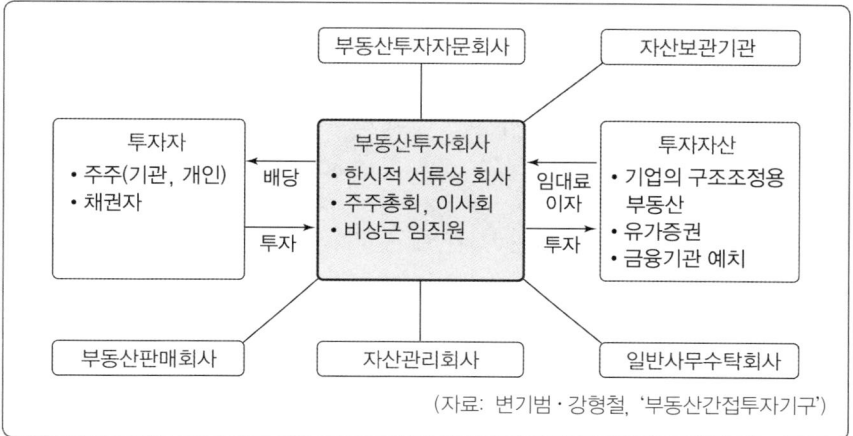

(자료: 변기범·강형철, '부동산간접투자기구')

2. 부동산투자회사(REITs)의 특징31)

(1) 소액투자자에게 투자기회 제공

대형빌딩과 같은 부동산의 지분을 소액단위로 분할·증권화하여 다수의 투자자들에게 주식의 형태로 판매하므로 소액투자자들도 투자에 참여할 수 있는 기회를 제공한다.

(2) 부동산 환금성 상승

부동산을 증권화하여 증권거래소 시장에 상장하므로 주식매매를 통하여 투자자금을 회수할 수 있어 부동산에 직접 투자한 것보다 유동성(환금성)을 높일 수 있다.

(3) 포트폴리오를 통한 위험감소

리츠(REITs)를 통한 투자는 투자대상을 여러 종류의 부동산이나 지역적으로 분산투자하여 한 곳에 집중투자하여 발생하는 위험을 감소시킨다.

(4) 조세혜택

개인과 달리 양도소득세나 종합부동산세에 대해 특례가 있으며, 법인세의 경우 위탁관리 부동산투자회사와 기업구조조정 부동산투자회사는 배당가능이익의 90% 이상을 배당 시 공제 혜택이 있다. 다만, 자기관리 부동산투자회사는 법인세감면 혜택이 없다.

---

30) 박연우, 「부동산시장의 변화와 향후 부동산 집합투자기구의 역할: 자기관리 부동산투자회사 중심으로」, 부동산FOCUS 통권 49호에서 재인용
31) 전광섭, 전게서, pp.178~180
김범석·유한수, 전게서, pp.176~178

(5) 투자수익의 안정성

보유부동산에서 지속적이고 안정적인 임대료수입이 발생하므로 현금흐름이 비교적 안정적이다. 또한 투자대상이 부동산이므로 일반주식에 비해 변동성이 낮은 편이며, 물가가 상승해도 투자가치가 하락하는 위험이 작다.

(6) 부동산관리의 편리성

소유부동산을 전문자산관리회사에 관리를 맡김으로써 부동산에 직접 투자할 경우에 발생할 수 있는 임차인관리, 임대료수입, 건물관리비 등 관리의 어려움이 없어져 편리하다.

(7) 자산운용의 효율성 및 투명성

전문운용회사가 자산운용을 담당하므로 효율성 및 투명성이 높아진다.

3. 「부동산투자회사법」의 개요

(1) 목적

부동산투자회사의 설립과 부동산투자회사의 자산운용 방법 및 투자자 보호 등에 관한 사항을 정함으로써 일반 국민이 부동산에 투자할 수 있는 기회를 확대하고 부동산에 대한 건전한 투자를 활성화하여 국민경제의 발전에 이바지함을 목적으로 한다.

(2) 용어의 정의

① **부동산투자회사**: 자산을 부동산에 투자하여 운용하는 것을 주된 목적으로 설립된 회사로서 다음의 회사를 말한다.
  ㉠ 자기관리 부동산투자회사: 자산운용 전문인력을 포함한 임직원을 상근으로 두고 자산의 투자·운용을 직접 수행하는 회사
  ㉡ 위탁관리 부동산투자회사: 자산의 투자·운용을 자산관리회사에 위탁하는 회사
  ㉢ 기업구조조정 부동산투자회사: 「부동산투자회사법」에서 규정하는 부동산을 투자대상으로 하며 자산의 투자·운용을 자산관리회사에 위탁하는 회사

② **부동산개발사업**: 다음의 어느 하나에 해당하는 사업을 말한다.
  ㉠ 토지를 택지·공장용지 등으로 개발하는 사업
  ㉡ 공유수면을 매립하여 토지를 조성하는 사업
  ㉢ 건축물이나 그 밖의 인공구조물을 신축하거나 재축(再築)하는 사업

O X 확 인 문 제

부동산투자회사란 자산을 부동산에 투자하여 운용하는 것을 주된 목적으로 「부동산투자회사법」의 규정에 의하여 설립된 회사를 말한다. •18회   (   )

정답 (○)

O X 확 인 문 제

위탁관리 부동산투자회사는 자산의 투자·운용업무를 자산관리회사에 위탁하여야 한다.
•21회   (   )

정답 (○)

② 그 밖에 위 ⊙부터 ⓒ까지의 사업과 유사한 사업으로 대통령령으로 정하는 사업
③ **자산관리회사:** 위탁관리 부동산투자회사 또는 기업구조조정 부동산투자회사의 위탁을 받아 자산의 투자·운용업무를 수행하는 것을 목적으로 「부동산투자회사법」에 따라 설립된 회사를 말한다.

(3) 법인격
① 부동산투자회사는 주식회사로 한다.
② 부동산투자회사는 「부동산투자회사법」에서 특별히 정한 경우를 제외하고는 「상법」의 적용을 받는다.
③ 부동산투자회사는 그 상호에 부동산투자회사라는 명칭을 사용하여야 한다.
④ 「부동산투자회사법」에 의한 부동산투자회사가 아닌 자는 부동산투자회사 또는 이와 유사한 명칭(대통령령으로 정하는 외국어문자를 포함한다)을 사용하여서는 아니 된다.

(4) 부동산투자회사의 설립
① 부동산투자회사는 발기설립의 방법으로 하여야 한다.
② 부동산투자회사는 현물출자에 의한 설립을 할 수 없다.

(5) 자기관리 부동산투자회사의 위탁관리 부동산투자회사로의 전환에 관한 특례
자기관리 부동산투자회사는 「상법」에 따른 주주총회의 결의와 국토교통부장관의 영업인가를 받아 위탁관리 부동산투자회사로 전환할 수 있다.

(6) 설립 자본금
① 자기관리 부동산투자회사의 설립 자본금은 5억원 이상으로 한다.
② 위탁관리 부동산투자회사 및 기업구조조정 부동산투자회사의 설립 자본금은 3억원 이상으로 한다.

(7) 발기인
다음의 어느 하나에 해당하는 자는 부동산투자회사의 발기인이 될 수 없다.
① 미성년자·피성년후견인 또는 피한정후견인
② 파산선고를 받고 복권되지 아니한 자

OX 확인문제

부동산투자회사의 설립 자본금은 1억원 이상이다. •22회
( )

정답 (×)
부동산투자회사의 설립 자본금은 자기관리 부동산투자회사의 경우 5억원 이상, 위탁관리 부동산투자회사 및 기업구조조정 부동산투자회사의 경우는 3억원 이상으로 한다.

③ 「부동산투자회사법」 또는 「공인중개사법」, 「부동산 거래신고에 관한 법률」, 「감정평가 및 감정평가사에 관한 법률」, 「자본시장과 금융투자업에 관한 법률」, 「형법」의 관련 조항, 그 밖에 대통령령으로 정하는 금융 관련 법률(이하 '관련 법률')에 따라 벌금형 이상의 형을 선고받고 그 집행이 끝나거나(집행이 끝난 것으로 보는 경우 포함) 면제된 후 5년이 지나지 아니한 자

④ 「부동산투자회사법」 또는 관련 법률에 따라 금고 이상의 형의 집행유예의 선고를 받고 그 유예기간 중에 있는 자

⑤ 「부동산투자회사법」 또는 관련 법률에 따라 영업의 허가·인가 또는 등록 등이 취소된 법인의 임직원이었던 자(그 허가·인가 또는 등록 등의 취소사유의 발생에 관하여 직접적인 책임이 있거나 이에 상응하는 책임이 있는 자로서 대통령령으로 정하는 자만 해당)로서 해당 법인에 대한 취소가 있은 날부터 5년이 지나지 아니한 자

⑥ 「부동산투자회사법」 또는 관련 법률을 위반하여 해임되거나 면직된 후 5년이 지나지 아니한 자

(8) 자기관리 부동산투자회사의 설립보고

① 자기관리 부동산투자회사는 그 설립등기일부터 10일 이내에 대통령령으로 정하는 바에 따라 설립보고서를 작성하여 국토교통부장관에게 제출하여야 한다.

② 자기관리 부동산투자회사는 위 ①에 따른 설립보고서를 제출한 날부터 3개월 후 대통령령으로 정하는 바에 따라 설립 이후의 회사 현황에 관한 보고서를 작성하여 국토교통부장관에게 제출하여야 한다.

③ 자기관리 부동산투자회사는 설립등기일부터 6개월 이내에 국토교통부장관에게 영업인가를 신청하여야 한다.

(9) 영업인가

① 부동산투자회사가 업무를 하려면 부동산투자회사의 종류별로 대통령령으로 정하는 바에 따라 국토교통부장관의 영업인가를 받아야 한다.

② 국토교통부장관은 영업인가 여부를 결정할 때에는 다음의 사항을 확인하여야 한다.
   ㉠ 부동산투자회사가 적합하게 설립되었는지 여부
   ㉡ 사업계획의 타당성 및 적정성
   ㉢ 기업구조조정 부동산투자회사가 적합하게 자산을 구성하였는지 여부

OX 확인문제

자기관리 부동산투자회사는 그 설립등기일부터 30일 이내에 대통령령으로 정하는 바에 따라 설립보고서를 작성하여 국토교통부장관에게 제출하여야 한다.
• 24회 ( )

정답 (×)
자기관리 부동산투자회사는 그 설립등기일부터 10일 이내에 대통령령으로 정하는 바에 따라 설립보고서를 작성하여 국토교통부장관에게 제출하여야 한다.

ⓔ 신주발행계획의 적정성. 다만, 영업인가일부터 3년(프로젝트 부동산투자회사의 경우에는 5년) 이내에 발행하는 신주로 한정한다.

ⓜ 그 밖에 대통령령으로 정하는 사항

③ 국토교통부장관은 영업인가를 하는 경우 경영의 건전성 확보와 투자자 보호에 필요한 조건을 붙일 수 있다.

④ 부동산투자회사는 영업인가 전에는 주주가 아닌 자에게 배정하는 방식으로 신주를 발행할 수 없다.

⑤ 국토교통부장관은 영업인가를 하였을 때에는 그 내용을 관보 및 인터넷 홈페이지 등에 공고하여야 한다.

(10) 등록

① 위 **(9)**에도 불구하고 다음의 요건을 갖춘 위탁관리 부동산투자회사 및 기업구조조정 부동산투자회사가 「부동산투자회사법」에서 규정하는 업무를 하려면 대통령령으로 정하는 바에 따라 국토교통부장관에게 등록하여야 한다.

ⓐ 「부동산투자회사법」에 따라 적법하게 설립되었을 것

ⓑ 위탁관리 부동산투자회사의 경우 「국민연금법」에 따라 설립된 국민연금공단이나 아래 **(14)** ③의 ⓐ에 따른 주주가 단독이나 공동으로 100분의 30 이상을 취득할 것

ⓒ 기업구조조정 부동산투자회사의 경우 「부동산투자회사법」의 기준에 적합하게 자산을 구성할 것

ⓓ 총자산 중 부동산개발사업에 대한 투자비율이 100분의 30을 초과하지 아니할 것

ⓔ 그 밖에 대통령령으로 정하는 요건을 갖출 것

② 위 ①에 따른 등록을 하려는 자는 국토교통부장관에게 등록신청서를 제출하여야 한다.

③ 국토교통부장관은 위 ②에 따른 등록신청서를 접수한 경우에는 그 내용을 검토하여 20일 이내에 등록 여부를 결정하고, 그 결과와 이유를 지체 없이 신청인에게 통지하여야 한다. 이 경우 검토기간에는 아래 ④에 따른 등록신청서 흠결의 보완기간 등 대통령령으로 정하는 기간은 제외한다.

④ 국토교통부장관은 위 ②에 따른 등록신청서에 흠결이 있는 경우 신청인에게 보완을 요구할 수 있다.

⑤ 국토교통부장관은 위 ③에 따라 등록 여부를 결정하는 경우 다음의 어느 하나에 해당하는 사유가 없으면 등록을 거부하여서는 아니 된다.
  ㉠ 위 ①에 따른 등록요건을 갖추지 아니한 경우
  ㉡ 위 ②에 따른 등록신청서를 거짓으로 작성한 경우
  ㉢ 위 ④에 따른 보완 요구를 이행하지 아니한 경우
⑥ 위 **(9)**의 ③부터 ⑤의 영업인가의 규정은 위 ①에 따른 등록에 준용한다. 이 경우 '영업인가'는 '등록'으로 본다.

(11) 최저자본금

영업인가를 받거나 등록을 한 날부터 6개월(부동산투자회사 및 이해관계자 등이 다른 법령에서 정한 방법 및 절차 등을 이행하기 위하여 소요되는 기간으로서 국토교통부장관이 인정하는 기간은 제외한다. 이하 '최저자본금준비기간'이라 한다)이 지난 부동산투자회사의 자본금은 다음에서 정한 금액 이상이 되어야 한다.
① **자기관리 부동산투자회사**: 70억원
② **위탁관리 부동산투자회사 및 기업구조조정 부동산투자회사**: 50억원

(12) 자기관리 부동산투자회사 주요 출자자의 적격성 심사

① 국토교통부장관은 다음의 어느 하나에 해당하는 경우에는 지체 없이 주요 출자자(발행주식 총수의 100분의 5를 초과하여 주식을 소유하는 자를 말함)의 적격성을 심사하여야 한다.
  ㉠ 자기관리 부동산투자회사가 위 **(11)**에 따른 최저자본금을 준비하였음을 확인한 경우
  ㉡ ㉠에 해당하여 주요 출자자의 적격성 심사가 이루어진 이후 주요 출자자가 변경된 경우
② 국토교통부장관은 ①에 따라 주요 출자자의 적격성을 심사하는 경우에는 다음의 요건을 갖추었는지를 확인하여야 한다.
  ㉠ 위 **(7)**의 ②부터 ⑥까지의 어느 하나에 해당하지 아니할 것
  ㉡ 「독점규제 및 공정거래에 관한 법률」 또는 「조세범 처벌법」을 위반하여 벌금형 이상의 형을 선고받고 그 집행이 끝나거나 집행을 받지 아니하기로 확정된 후 5년이 지났을 것
  ㉢ 그 밖에 자금의 출처 및 재무상태 등에 관하여 대통령령으로 정하는 요건에 적합할 것

O X 확 인 문 제

영업인가를 받은 날부터 6개월이 지난 자기관리 부동산투자회사의 최저자본금은 50억원 이상이 되어야 한다. • 22회 ( )

정답 (×)
영업인가를 받은 날부터 6개월이 지난 자기관리 부동산투자회사의 최저자본금은 70억원 이상이 되어야 한다.

O X 확 인 문 제

등록을 한 날부터 6개월이 지난 위탁관리 부동산투자회사 및 기업구조조정 부동산투자회사의 최저자본금은 각각 10억원 이상이 되어야 한다. • 22회 ( )

정답 (×)
등록을 한 날부터 6개월이 지난 위탁관리 부동산투자회사 및 기업구조조정 부동산투자회사의 최저자본금은 각각 50억원 이상이 되어야 한다.

③ 국토교통부장관은 주요 출자자가 위 ②에 따른 요건을 갖추지 못한 경우에는 6개월 이내의 기간을 정하여 해당 주요 출자자에게 발행주식 총수의 100분의 5를 초과하여 소유하는 주식을 처분할 것을 명할 수 있다.

④ 위 ③에 따라 주식을 처분할 것을 명령받은 자는 발행주식 총수의 100분의 5를 초과하여 소유하는 주식에 대하여는 의결권을 행사할 수 없다.

⑤ 국토교통부장관은 위 ①에 따라 적격성을 심사하기 위하여 주요 출자자에게 30일 이내의 기간을 정하여 관련 자료의 제출을 요구할 수 있다. 이 경우 자료의 제출을 요구받은 주요 출자자는 정당한 사유가 없으면 이에 따라야 한다.

⑥ 위 ①에 따른 적격성 심사의 절차 및 방법에 관한 세부적인 사항은 대통령령으로 정한다.

(13) 위탁관리 부동산투자회사의 지점설치 금지

위탁관리 부동산투자회사는 본점 외의 지점을 설치할 수 없으며, 직원을 고용하거나 상근 임원을 둘 수 없다.

(14) 주식의 공모

① 부동산투자회사는 영업인가를 받거나 등록을 하기 전(총자산 중 부동산개발사업에 대한 투자비율이 100분의 30을 초과하는 부동산투자회사의 경우에는 그가 투자하는 부동산개발사업에 관하여 관계 법령에 따른 시행에 대한 인가·허가 등이 있기 전)까지는 발행하는 주식을 일반의 청약에 제공할 수 없다.

② 부동산투자회사는 영업인가를 받거나 등록을 한 날(총자산 중 부동산개발사업에 대한 투자비율이 100분의 30을 초과하는 부동산투자회사의 경우에는 그가 투자한 부동산개발사업에 관하여 관계 법령에 따른 사용승인·준공검사 등을 받은 날을 말함)부터 3년(프로젝트 부동산투자회사의 경우에는 5년) 이내에 발행하는 주식 총수의 100분의 30 이상을 일반의 청약에 제공하여야 한다.

③ 다음의 어느 하나에 해당하는 경우에는 주식을 일반의 청약에 제공하지 아니할 수 있다.

㉠ 부동산투자회사가 영업인가를 받거나 등록을 한 날부터 3년(프로젝트 부동산투자회사의 경우에는 5년) 이내에 국민연금공단이나 그 밖에 대통령령으로 정하는 주주가 단독이나 공동으로 인수 또는 매수한 주식의 합계가 부동산투자회사가 발행하는 주식 총수의 100분의 50 이상인 경우

O X 확인문제

본점 외의 지점을 설치할 수 없으며, 직원을 고용하거나 상근 임원을 둘 수 없다. •36회 (   )

정답 (○)

ⓒ 부동산투자회사의 총자산의 100분의 70 이상을 임대주택으로 구성하는 경우
④ 위 ②에도 불구하고 부동산투자회사는 지역발전 등 공익을 위하여 특정 지역 주민에게 청약을 제공할 필요가 있다고 국토교통부장관이 인정하는 경우에는 청약의 자격을 따로 정할 수 있다.
⑤ 부동산투자회사는 위 ②에 따라 주식을 일반 청약에 제공할 경우 해당 청약에 관한 정보를 부동산투자회사 정보시스템에 공개하여야 한다.
⑥ 위 ② 및 ⑤에서 규정한 사항 외에 청약에 대한 정보공개 기간 및 방법 등 주식의 일반 청약 제공에 필요한 세부사항은 국토교통부령으로 정한다.

(15) 주식의 분산
① 주주 1인과 그 특별관계자는 주식의 공모를 완료한 이후에는 부동산투자회사가 발행한 주식 총수의 100분의 50(이하 '1인당 주식소유한도')을 초과하여 주식을 소유하지 못한다.
② 주주 1인과 그 특별관계자(이하 '동일인')가 위 ①을 위반하여 부동산투자회사의 주식을 소유하게 된 경우 그 주식의 의결권 행사범위는 1인당 주식소유한도로 제한된다.
③ 국토교통부장관은 위 ①을 위반하여 동일인이 1인당 주식소유한도를 초과하여 주식을 소유하는 경우에는 6개월 이내의 기간을 정하여 1인당 주식소유한도를 초과하는 주식을 처분할 것을 명할 수 있다.
④ 위 ③에도 불구하고 국토교통부장관은 동일인이 현물출자로 인하여 1인당 주식소유한도를 초과하여 주식을 소유하는 경우에는 현물출자에 따른 주식의 발행일부터 1년 이상 1년 6개월 이하의 기간을 정하여 1인당 주식소유한도를 초과하는 주식을 처분할 것을 명할 수 있다.

(16) 1인당 주식소유한도의 예외
① 국민연금공단과 그 밖에 대통령령으로 정하는 주주에 대하여는 위 (15)의 ①을 적용하지 아니한다.
② 위 ①에 따라 1인당 주식소유한도를 초과하여 주식을 소유한 경우에는 위 (15)의 ②를 준용한다. 다만, 국민연금공단과 그 밖에 대통령령으로 정하는 주주가 1인당 주식소유한도를 초과하여 주식을 소유한 경우에는 그러하지 아니하다.
③ 부동산투자회사의 총자산의 100분의 70 이상을 임대주택으로 구성하는 경우에는 위 (15)을 적용하지 아니한다.

(17) 현물출자

① 부동산투자회사는 영업인가를 받거나 등록을 하고 위 (11)에 따른 최저자본금 이상을 갖추기 전에는 현물출자를 받는 방식으로 신주를 발행할 수 없다.

② 부동산투자회사의 영업인가 또는 등록 후에 「상법」에 따라 부동산투자회사에 현물출자를 하는 재산은 다음의 어느 하나에 해당하여야 한다.
  ㉠ 부동산
  ㉡ 지상권·임차권 등 부동산 사용에 관한 권리
  ㉢ 신탁이 종료된 때에 신탁재산 전부가 수익자에게 귀속하는 부동산 신탁의 수익권
  ㉣ 부동산소유권의 이전등기청구권
  ㉤ 「공익사업을 위한 토지 등의 취득 및 보상에 관한 법률」에 따라 공익사업의 시행으로 조성한 토지로 보상을 받기로 결정된 권리(대토보상권이라 함)

(18) 자산의 투자·운용방법

① 부동산투자회사는 그 자산을 다음의 어느 하나에 투자하여야 한다.
  ㉠ 부동산
  ㉡ 부동산개발사업
  ㉢ 지상권, 임차권 등 부동산 사용에 관한 권리
  ㉣ 신탁이 종료된 때에 신탁재산 전부가 수익자에게 귀속하는 부동산 신탁 수익권
  ㉤ 증권, 채권
  ㉥ 현금(금융기관의 예금 포함)

② 부동산투자회사는 위 ①에 대하여 다음의 어느 하나에 해당하는 방법으로 투자·운용하여야 한다.
  ㉠ 취득, 개발, 개량 및 처분
  ㉡ 관리(시설운영 포함), 임대차 및 전대차
  ㉢ 부동산개발사업을 목적으로 하는 법인 등 대통령령으로 정하는 자에 대하여 부동산에 대한 담보권 설정 등 대통령령으로 정한 방법에 따른 대출, 예치

OX 확인문제

부동산투자회사는 영업인가 전에 현물출자를 받는 방식으로 신주를 발행할 수 있다. •19회
( )

정답 (×)
부동산투자회사는 영업인가를 받거나 등록을 하고 최저자본금 이상을 갖추기 전에는 현물출자를 받는 방식으로 신주를 발행할 수 없다.

(19) 자기관리 부동산투자회사의 자산운용 전문인력

① 자기관리 부동산투자회사는 그 자산을 투자·운용할 때에는 전문성을 높이고 주주를 보호하기 위하여 대통령령으로 정하는 바에 따라 다음에 따른 자산운용 전문인력을 상근으로 두어야 한다.
  ㉠ 감정평가사 또는 공인중개사로서 해당 분야에 5년 이상 종사한 사람
  ㉡ 부동산 관련 분야의 석사학위 이상의 소지자로서 부동산의 투자·운용과 관련된 업무에 3년 이상 종사한 사람
  ㉢ 그 밖에 ㉠ 또는 ㉡에 준하는 경력이 있는 사람으로서 대통령령으로 정하는 사람*

② 위 ①에 따른 자산운용 전문인력이 되고자 하는 사람은 자산운용에 관한 사전교육을 이수하여야 한다.

(20) 위탁관리 부동산투자회사의 업무 위탁

① 위탁관리 부동산투자회사는 자산의 투자·운용업무는 자산관리회사에 위탁하여야 하고, 주식발행업무 및 일반적인 사무는 대통령령으로 정하는 요건을 갖춘 기관에 위탁하여야 한다.

② 자산관리회사 및 일반사무 등 위탁기관의 업무범위 등 위탁관리 부동산투자회사의 업무 위탁에 필요한 사항은 대통령령으로 정한다.

③ 위탁관리 부동산투자회사와 그 자산의 투자운용업무를 위탁받은 자산관리회사 및 그 특별관계자는 서로 부동산이나 증권의 거래행위를 하여서는 아니 된다. 다만, 주주의 이익을 침해할 우려가 없는 경우로서 대통령령으로 정하는 거래는 그러하지 아니하다.

(21) 자산관리회사의 인가

① 자산관리회사를 설립하려는 자는 다음의 요건을 갖추어 국토교통부장관의 인가를 받아야 한다.
  ㉠ 자기자본(자산총액에서 부채총액을 뺀 가액을 말함)이 70억원 이상일 것
  ㉡ 자산운용 전문인력을 대통령령으로 정하는 수 이상 상근으로 둘 것
  ㉢ 자산관리회사와 투자자 간, 특정 투자자와 다른 투자자 간의 이해상충을 방지하기 위한 체계와 대통령령으로 정하는 전산설비, 그 밖의 물적설비를 갖출 것

② 국토교통부장관은 인가 여부를 결정할 때에는 대통령령으로 정하는 바에 따라 다음의 사항을 확인하여야 한다.

O X 확인문제

감정평가사 또는 공인중개사로서 해당 분야에 3년 이상 종사한 사람은 자기관리 부동산투자회사의 상근 자산운용 전문인력이 될 수 있다. •27회 (　　)

정답 (×)
감정평가사 또는 공인중개사로서 해당 분야에 5년 이상 종사한 사람은 자기관리 부동산투자회사의 상근 자산운용 전문인력이 될 수 있다.

*대통령령으로 정하는 사람
1. 부동산투자회사, 자산관리회사, 부동산투자자문회사, 그 밖에 이에 준하는 부동산관계 회사나 기관 등에서 5년 이상 근무한 사람으로서 부동산의 취득·처분·관리·개발 또는 자문 등의 업무에 3년 이상 종사한 경력이 있는 사람
2. 부동산자산의 투자·운용 업무를 수행하는 외국의 부동산투자회사 또는 이와 유사한 업무를 수행하는 기관에서 5년 이상 근무한 사람으로서 부동산의 취득·처분·관리·개발 또는 자문 등의 업무에 3년 이상 종사한 경력이 있는 사람
3. 투자운용전문인력으로서 국토교통부장관이 정하여 고시하는 사람

㉠ 사업계획의 타당성
㉡ 주주의 구성과 주식인수자금의 적정성
㉢ 자산관리회사의 고유자산과 위탁받은 자산 간의 구분관리계획의 적정성
㉣ 경영진의 전문성 및 경영능력

③ 자산관리회사는 위탁관리 부동산투자회사 및 기업구조조정 부동산투자회사로부터 위탁받은 업무 외의 다른 업무를 겸영(兼營)하여서는 아니 된다. 다만, 다음의 어느 하나에 해당하는 경우에는 그러하지 아니하다.
㉠ 「부동산투자회사법」 또는 다른 법률에 따라 허용된 경우
㉡ 다른 법률에 따라 위 **(18)**의 ①에 대하여 **(18)**의 ②의 어느 하나에서 정하는 업무를 위탁받아 할 수 있는 자로서 투자자 보호에 지장이 없다고 인정되어 인가를 받은 경우
㉢ 위탁받은 자산의 투자·운용과 투자자 보호에 지장이 없는 경우로서 대통령령으로 정하는 경우

④ 설립인가를 받으려는 자는 주식인수 전에 미리 국토교통부장관의 확인을 받아야 한다.

⑤ 국토교통부장관은 위 ①에 따라 설립인가 여부를 결정할 때 경영의 건전성 확보 및 투자자 보호에 필요한 조건을 붙일 수 있다.

⑥ 국토교통부장관은 설립인가를 하였을 때에는 그 내용을 관보 및 인터넷 홈페이지 등에 공고하여야 한다.

⑦ 설립인가의 절차 등에 관하여 필요한 사항은 대통령령으로 정한다.

⑧ 설립인가를 받은 자산관리회사는 그 영업을 영위할 때에는 위 ①의 요건을 유지하여야 하고, 경영건전성을 유지하기 위하여 대통령령으로 정하는 사항을 준수하여야 한다.

⑨ 국토교통부장관은 자산관리회사의 경영건전성 확보를 위하여 대통령령으로 정하는 바에 따라 경영실태 및 위험에 대한 평가를 할 수 있으며, 자산관리회사에 대하여 자본금의 증액 등 경영건전성 확보를 위하여 필요한 조치를 명할 수 있다.

⑩ 자산관리회사의 임원에 관하여는 위 **(7)**, 아래 **(29)** 규정을 준용한다. 이 경우, 위 **(7)**, 아래 **(29)** 외의 부분의 '부동산투자회사'는 '자산관리회사'로 본다.

(22) 자기관리 부동산투자회사의 자산관리회사 설립 특례

자기관리 부동산투자회사가 위 (21)에 따라 자산관리회사를 설립하는 경우 해당 자산관리회사는 위 (21)의 ①에서 정한 요건 외에 다음의 요건을 갖추어 국토교통부장관의 인가를 받아야 한다.

① 자기관리 부동산투자회사가 해당 자산관리회사의 자본금 전부를 출자할 것
② 위탁관리 부동산투자회사 또는 기업구조조정 부동산투자회사로부터 자산의 투자·운용을 위탁받는 경우 공모부동산투자회사가 아닌 위탁관리 부동산투자회사 또는 기업구조조정 부동산투자회사로부터만 자산의 투자·운용을 위탁받는 방식으로 업무를 수행하는 것을 목적으로 설립할 것
③ 그 밖에 자산의 건전한 투자·운용과 투자자 보호를 위해 대통령령으로 정하는 사항

(23) 부동산의 처분에 대한 제한

① 부동산투자회사는 부동산을 취득한 후 5년의 범위에서 대통령령으로 정하는 기간 이내에는 부동산을 처분하여서는 아니 된다. 다만, 다음의 어느 하나의 경우에는 그러하지 아니하다.
　㉠ 부동산개발사업으로 조성하거나 설치한 토지·건축물 등을 분양하는 경우
　㉡ 그 밖에 투자자 보호를 위하여 대통령령으로 정하는 사유가 있는 경우
② 부동산투자회사는 건축물이나 그 밖의 공작물이 없는 토지는 해당 토지에 부동산개발사업을 시행한 후가 아니면 그 토지를 처분하여서는 아니 된다. 다만, 부동산투자회사의 합병, 해산 등 투자자 보호를 위하여 대통령령으로 정하는 경우에는 그러하지 아니하다.
③ 부동산투자회사가 부동산을 취득하거나 처분하는 경우 자기관리 부동산투자회사 또는 자산관리회사는 대통령령으로 정하는 바에 따라 해당 부동산의 현황, 거래가격 등이 포함된 실사보고서(實査報告書)를 작성하여 이를 본점에 갖추어 두어야 한다.

(24) 자산의 구성

부동산투자회사는 최저자본금 준비기간이 끝난 후에는 매 분기 말 현재 총자산의 100분의 80 이상을 부동산, 부동산 관련 증권 및 현금으로 구성하여야 한다. 이 경우 총자산의 100분의 70 이상은 부동산(건축 중인 건축물 포함)이어야 한다.

(25) 회계처리

① 부동산투자회사는 부동산 등 자산의 운용에 관하여 회계처리를 할 때에는 금융위원회가 정하는 회계처리기준에 따라야 한다.
② 금융위원회는 위 ①에 따른 회계처리기준의 제정을 대통령령으로 정하는 바에 따라 민간 회계기준제정기구에 위탁할 수 있다.

(26) 부동산개발사업에 대한 투자

① 총자산은 부동산개발사업에 대한 투자비율을 결의한 주주총회 개최일 전날을 기준으로 하여 직전 분기 말 현재의 대차대조표상의 자산총액을 말한다.
② 부동산개발사업에 대한 투자비율을 산정할 때 건축물을 신축하거나 재축하는 부동산개발사업의 경우에는 부동산투자회사가 소유한 토지의 가액은 총자산에는 포함하여 계산하되, 부동산개발사업의 투자액에서는 제외한다.
③ 부동산투자회사가 부동산개발사업에 투자하려면 개발대상 토지, 개발방법, 그 밖에 대통령령으로 정하는 사항이 포함된 사업계획서를 작성하여 부동산투자자문회사의 평가를 거쳐야 하며, 부동산투자자문회사가 작성한 평가서를 부동산개발사업에 투자하기 1개월 전에 국토교통부장관에게 제출하여야 한다.

> **⊕ 보충** 프로젝트 부동산투자회사에 대한 특례
>
> 1. 프로젝트 부동산투자회사는 부동산개발사업의 시행 및 이와 관련된 업무를 하려면 대통령령으로 정하는 바에 따라 국토교통부장관에게 설립신고를 하여야 한다.
> 2. 설립신고는 부동산투자회사의 설립등기일부터 6개월 이내에 하여야 한다. 이 경우 국토교통부장관은 신고를 받은 날부터 20일 이내에 신고수리 여부를 신고인에게 통지하여야 한다.
> 3. 설립신고를 한 프로젝트 부동산투자회사는 부동산투자회사법 제21조에 따라서 자산의 투자·운용 및 업무를 하여야 한다.

OX 확인문제

부동산투자회사는 최저자본금준비기간이 끝난 후에는 매 분기 말 현재 총자산의 100분의 30 이상을 부동산, 부동산 관련 증권 및 현금으로 구성하여야 한다.
( )

정답 (×)
부동산투자회사는 최저자본금 준비기간이 끝난 후에는 매 분기 말 현재 총자산의 100분의 80 이상을 부동산, 부동산 관련 증권 및 현금으로 구성하여야 한다.

4. 설립신고를 한 프로젝트 부동산투자회사는 부동산개발사업의 사용승인·준공검사 등을 받은 날부터 대통령령으로 정하는 날까지 영업인가를 받거나 등록을 하여야 한다.
5. 설립신고를 한 프로젝트 부동산투자회사는 대통령령으로 정하는 방법과 범위에서 주주가 아닌 자에게 신주를 발행할 수 있다.
6. 설립신고를 한 프로젝트 부동산투자회사는 현물출자, 부동산투자회사의 업무 위탁, 자산관리회사의 주식 취득 제한, 차입·사채발행 및 자산보관의 위탁을 하는 경우 영업인가를 받거나 등록을 한 것으로 본다.
7. 설립신고를 한 프로젝트 부동산투자회사 또는 그 프로젝트 부동산투자회사와 자산의 투자·운용 업무에 관한 위탁계약을 체결한 자산관리회사는 대통령령으로 정하는 바에 따라 사업투자보고서를 국토교통부장관에게 보고하여야 하고, 금융사고 또는 부실자산이 발생하거나 그 밖에 공익 또는 투자자 보호를 위하여 필요한 경우로서 대통령령으로 정하는 사항이 발생하는 경우에는 이를 지체없이 공시하여야 한다.
8. 국토교통부장관은 보고받은 내용이 관계 법령에 위배되거나 부동산투자회사 주주의 권익을 침해한다고 인정하는 경우에는 해당 부동산투자회사 또는 자산관리회사에 그 시정이나 보완을 명할 수 있다.

(27) 배당

① 부동산투자회사는 「상법」에 따른 해당 연도 이익배당한도[자산의 평가손실(직전 사업연도까지 누적된 평가손실을 포함한다)은 고려하지 아니한다]의 100분의 90 이상을 주주에게 배당하여야 한다. 이 경우 「상법」에 따른 이익준비금은 적립하지 아니한다.

② 위 ①에도 불구하고 자기관리 부동산투자회사의 경우 「상법」에 따른 해당 연도 이익배당한도의 100분의 50 이상을 주주에게 배당하여야 하며 「상법」에 따른 이익준비금을 적립할 수 있다. 이 경우 다음의 구분에 따른 방법으로 이익배당을 정한다.

  ㉠ 「상법」에 따른 해당 연도 이익배당한도의 100분의 50 이상 100분의 90 미만으로 이익배당을 정하는 경우: 「상법」에 따른 주주총회의 특별결의

  ㉡ 「상법」에 따른 해당 연도 이익배당한도의 100분의 90 이상으로 이익배당을 정하는 경우: 「상법」에 따른 주주총회의 결의

③ 위탁관리 부동산투자회사가 위 ①에 따라 이익을 배당할 때에는 이익을 초과하여 배당할 수 있다. 이 경우 초과배당금의 기준은 해당 연도 감가상각비의 범위에서 대통령령으로 정한다.

OX 확인문제

부동산투자회사는 「상법」에 따른 해당 연도 이익배당한도의 100분의 70 이상을 주주에게 배당하여야 한다. 이 경우 이익준비금은 적립하지 아니한다. •21회
( )

정답 (×)
부동산투자회사는 「상법」에 따른 해당 연도 이익배당한도의 100분의 90 이상을 주주에게 배당하여야 한다. 이 경우 이익준비금은 적립하지 아니한다.

(28) 차입 및 사채의 발행
① 부동산투자회사는 영업인가를 받거나 등록을 한 후에 자산을 투자·운용하기 위하여 또는 기존 차입금 및 발행사채를 상환하기 위하여 대통령령으로 정하는 바에 따라 자금을 차입하거나 사채를 발행할 수 있다.
② 자금차입 및 사채발행은 자기자본의 2배를 초과할 수 없다. 다만, 주주총회의 특별결의를 한 경우에는 그 합계가 자기자본의 10배를 넘지 아니하는 범위에서 자금차입 및 사채발행을 할 수 있다.

(29) 부동산투자회사의 겸업제한
① 부동산투자회사는 「부동산투자회사법」 또는 다른 법령에 따른 경우를 제외하고는 다른 업무를 하여서는 아니 된다.
② 부동산투자회사의 상근 임원은 다른 회사의 상근 임직원이 되거나 다른 사업을 하여서는 아니 된다.

(30) 미공개 자산운용정보의 이용 금지
다음의 어느 하나에 해당하는 자는 부동산투자회사의 미공개 자산운용정보를 이용하여 부동산 또는 증권을 매매하거나 타인에게 이용하게 하여서는 아니 된다.
① 해당 부동산투자회사의 임직원 또는 대리인
② 주요주주
③ 해당 부동산투자회사와 자산의 투자·운용업무에 관한 위탁계약을 체결한 자
④ 주요주주 또는 해당 부동산투자회사와 자산의 투자·운용업무에 관한 위탁계약을 체결한 자의 대리인 또는 사용인, 그 밖의 종업원

(31) 합병 및 해산
① **합병**: 부동산투자회사는 다음의 요건을 모두 갖춘 경우가 아니면 다른 회사와 합병할 수 없다.
  ㉠ 다른 부동산투자회사를 흡수합병의 방법으로 합병할 것
  ㉡ 합병으로 인하여 존속하는 부동산투자회사와 합병으로 인하여 소멸되는 부동산투자회사가 자기관리 부동산투자회사, 위탁관리 부동산투자회사, 기업구조조정 부동산투자회사 중 같은 종류의 부동산투자회사일 것

O X 확 인 문 제

영업인가를 받거나 등록을 한 후에 자산을 투자·운영하기 위하여 자금을 차입하거나 사채를 발행할 수 없다. • 36회 ( )

정답 (×)
부동산투자회사는 영업인가를 받거나 등록을 한 후에 자산을 투자·운용하기 위하여 또는 기존 차입금 및 발행사채를 상환하기 위하여 대통령령으로 정하는 바에 따라 자금을 차입하거나 사채를 발행할 수 있다.

ⓒ 합병으로 인하여 존속하는 부동산투자회사와 합병으로 인하여 소멸되는 부동산투자회사 중 어느 하나의 부동산투자회사가 주식의 공모를 완료한 부동산투자회사인 경우에는 나머지 부동산투자회사도 주식의 공모를 완료하였을 것

② **해산:** 부동산투자회사는 다음의 어느 하나에 해당하는 사유로 해산한다.
ⓐ 정관으로 정한 존립기간이 끝나거나 그 밖의 해산사유의 발생
ⓑ 주주총회의 해산결의
ⓒ 합병
ⓓ 파산
ⓔ 법원의 해산명령 또는 해산판결
ⓕ 영업인가·등록·특례등록 또는 설립신고의 취소
ⓖ 자기관리 부동산투자회사가 규정 기간 내에 영업인가를 신청하지 아니한 경우
ⓗ 규정을 위반하여 영업인가·등록·특례등록 또는 설립신고의 수리가 거부된 경우
ⓘ 설립 후 18개월(프로젝트 부동산투자회사의 경우 부동산개발사업의 사용승인·준공검사 등을 받은 날부터 대통령령으로 정하는 날) 이내에 영업인가를 받지 못하거나 등록을 하지 못한 경우

(32) 설립등기
① 부동산투자회사의 설립등기는 「상법」에 따른 절차를 마친 날부터 2주 이내에 하여야 한다.
② 설립등기를 신청할 때에는 정관 등 대통령령으로 정하는 서류를 첨부하여야 한다.

(33) 내부통제기준의 제정
① 자기관리 부동산투자회사 및 자산관리회사는 법령을 준수하고 자산운용을 건전하게 하며 주주를 보호하기 위하여 임직원이 따라야 할 기본적인 절차와 기준(내부통제기준)을 제정하여 시행하여야 한다.
② 자기관리 부동산투자회사 및 자산관리회사는 내부통제기준의 준수 여부를 점검하고 내부통제기준을 위반한 경우 이를 조사하여 감사에게 보고하는 준법감시인을 상근으로 두어야 한다.

③ 내부통제기준의 내용, 준법감시인의 요건 및 직무, 그 밖에 필요한 사항은 대통령령으로 정한다.

■ 부동산투자회사 비교

구분	일반리츠(K-REITs)		기업구조조정 리츠(CR-REITs)
	자기관리 부동산투자회사	위탁관리 부동산투자회사	
회사 형태	「상법」상 주식회사		
실체 형태	실체회사(상근 임직원)	명목회사(비상근)	
설립자본금 (최저자본금)	5억원 (70억원)	3억원 (50억원)	
현물출자	영업인가 또는 등록을 하고 최저자본금 갖춘 후 현물출자는 가능		
	※ 부동산 + 지상권, 임차권 등 부동산 사용에 관한 권리, 신탁 수익권 등도 허용		
주식의 분산 (1인당 소유한도)	주식의 공모를 완료한 이후 발행주식의 100분의 50을 초과하지 못함		제한 없음
주식공모	영업인가를 받거나 등록한 날부터 3년 이내에 발행주식 총수의 100분의 30 이상을 일반의 청약에 제공		의무사항 아님
상장	상장요건을 갖춘 후 즉시		
회사의 자산구성	매 분기 말 현재 총자산의 100분의 80 이상을 부동산, 부동산 관련 증권 및 현금으로 구성(총자산의 100분의 70 이상은 부동산으로 구성)		매 분기 말 현재 총 자산의 100분 70 이상을 구조조정 관련된 부동산으로 구성
운용기관	내부조직(상근직원 있음)	자산관리회사에 위탁(상근직원 없음)	
배당	50% 이상 의무 배당	90% 이상 의무 배당(초과배당 가능)	
차입과 사채	자기자본의 2배 초과할 수 없음, 주주총회 특별결의 시 10배 범위에서 가능		
합병제한	같은 종류의 부동산투자회사 간의 흡수합병의 방법으로 합병 가능		
감독기관	국토교통부장관, 금융위원회		
세제혜택	법인세 면제 (×)	90% 이상 배당할 경우 법인세 면제 (○)	

5 부동산펀드

1. 부동산펀드의 의의

개인이나 기관투자자로부터 자금을 모집한 것이 펀드(fund)이고, 부동산과 부동산을 보증한 금융상품에 투자하는 것이 부동산펀드이다. 즉, 부동산펀드란 자산운용회사가 투자자로부터 자금을 모아 부동산에 투자하는 금융상품으로 그 수익을 투자자에게 배당하는 간접투자상품을 말한다. 2004년 「간접투자자산운용법」 제정으로 펀드의 투자대상이 부동산으로 확대됨에 따라 도입되었으나, 2009년 기존의 「간접투자자산운용법」이 폐지되고 「자본시장과 금융투자업에 관한 법률」이 시행됨에 따라 부동산펀드도 이 법의 적용을 받게 되었다.

2. 부동산펀드의 종류

부동산펀드는 운용형태에 따라 대출형, 임대형, 경공매형, 직접개발형으로 구분한다.

(1) 대출형

아파트, 상가 등 개발회사에 자금을 대여해 주고 대출이자로 수익을 얻는 방식이다.

(2) 임대형

빌딩 등을 매입한 후 이를 임대하여 임대수입과 가격상승에 의한 자본이익(capital gain)의 수익을 올리는 방식이다.

(3) 경공매형

법원 등이 하는 경매나 한국자산관리공사 등의 공매 부동산을 매입한 후 임대나 매각으로 수익을 얻는 방식이다.

(4) 직접 개발형

직접 개발에 나서 분양을 하거나 임대를 하여 개발이익을 얻는 방식이다. 만일 해당 건물의 분양이 되지 않는다면 목표수익 달성이 어렵다는 단점이 있다.

3. 부동산펀드의 장단점

부동산펀드는 소액투자가 가능하며, 장기투자를 통한 안정적인 수익을 추구할 수 있다는 장점이 있다. 그러나 원금과 수익이 보장되는 상품이 아니며, 투자 후에도 중도환매가 제한이 되기 때문에 주식이나 채권보다는 현금화가 어렵다는 단점이 있다.

CHAPTER 05 **최신기출문제로 확인!**

01 고정금리대출의 상환방식에 관한 설명으로 <u>틀린</u> 것은? (단, 주어진 조건에 한하며, 다른 조건은 동일함)

• 36회

① 원금균등분할상환방식은 원리금균등분할상환방식에 비해 1회차 원리금상환액이 더 적다.
② 만기일시상환방식은 대출 만기까지 이자만 지급하다가 대출 만기에 대출원금을 일시에 상환하는 방식이다.
③ 원리금균등분할상환방식은 상환기간 중 납입하는 대출 원리금이 일정하다.
④ 원리금균등분할상환방식은 원금균등분할상환방식에 비해 대출채권의 가중평균상환기간이 더 길다.
⑤ 체증식 분할상환방식은 상환기간 초기에는 원리금상환액을 적게 하고 시간의 경과에 따라 늘려가는 방식이다.

| 키워드 | 저당의 상환방식
| 난이도 |
| 해설 | 원금균등분할상환방식은 원리금균등분할상환방식에 비해 1회차 원리금상환액이 더 많다.

02 주택연금(주택담보노후연금) 관련 법령상 주택연금의 보증기관은?

• 33회

① 한국부동산원
② 신용보증기금
③ 주택도시보증공사
④ 한국토지주택공사
⑤ 한국주택금융공사

| 키워드 | 주택연금제도
| 난이도 |
| 해설 | 주택연금(주택담보노후연금) 관련 법령상 주택연금의 보증기관은 한국주택금융공사이다.

정답 01 ① 02 ⑤

03 대출조건이 동일할 경우 대출상환방식별 대출채권의 가중평균상환기간(duration)이 짧은 기간에서 긴 기간의 순서로 옳은 것은?
· 33회

> ㉠ 원금균등분할상환
> ㉡ 원리금균등분할상환
> ㉢ 만기일시상환

① ㉠ ⇨ ㉡ ⇨ ㉢
② ㉠ ⇨ ㉢ ⇨ ㉡
③ ㉡ ⇨ ㉠ ⇨ ㉢
④ ㉡ ⇨ ㉢ ⇨ ㉠
⑤ ㉢ ⇨ ㉡ ⇨ ㉠

키워드 〉 가중평균상환기간(duration)
난이도 〉
해설 〉 보기에서 대출채권의 가중평균상환기간(duration)은 원금균등분할상환이 가장 짧고 만기일시상환이 가장 길다. 따라서 대출조건이 동일할 경우 대출상환방식별 대출채권의 가중평균상환기간(duration)이 짧은 기간에서 긴 기간의 순서로는 원금균등분할상환(㉠) ⇨ 원리금균등분할상환(㉡) ⇨ 만기일시상환(㉢) 순이다.

04 한국주택금융공사의 주택담보노후연금(주택연금)에 관한 설명으로 옳은 것은?
· 35회

① 주택소유자와 그 배우자의 연령이 보증을 위한 등기시점 현재 55세 이상인 자로서 소유하는 주택의 기준가격이 15억원 이하인 경우 가입할 수 있다.
② 주택소유자가 담보를 제공하는 방식에는 저당권 설정등기방식과 신탁등기방식이 있다.
③ 주택소유자가 생존해 있는 동안에만 노후생활자금을 매월 연금방식으로 받을 수 있고, 배우자에게 승계되지 않는다.
④ 「주택법」에 따른 준주택 중 주거목적으로 사용되는 오피스텔의 소유자는 가입할 수 없다.
⑤ 주택담보노후연금(주택연금)을 받을 권리는 양도·압류할 수 있다.

키워드 〉 주택담보노후연금(주택연금)
난이도 〉
해설 〉 ① 주택소유자 또는 배우자의 연령이 한국주택금융공사의 보증을 받기 위해 최초로 주택에 저당권 설정등기를 하는 시점을 기준으로 만 55세 이상인 자로서 소유하는 주택의 공시가격 등이 12억원 이하인 경우 가입할 수 있다.
③ 주택소유자가 생존해 있는 동안에만 노후생활자금을 매월 연금방식으로 받을 수 있고, 배우자에게 승계된다.
④ 「주택법」에 따른 준주택 중 주거목적으로 사용되는 오피스텔의 소유자는 가입할 수 있다(주택법 시행령 제4조 제4호).
⑤ 주택담보노후연금(주택연금)을 받을 권리는 양도·압류할 수 없다(한국주택금융공사법 제43조의6).

정답 03 ① 04 ②

05 주택저당담보부채권(MBB)에 관한 설명으로 옳은 것은? • 35회

① 유동화기관이 모기지 풀(mortgage pool)을 담보로 발행하는 지분성격의 증권이다.
② 차입자가 상환한 원리금은 유동화기관이 아닌 MBB 투자자에게 직접 전달된다.
③ MBB 발행자는 초과담보를 제공하지 않는 것이 일반적이다.
④ MBB 투자자 입장에서 MPTS(mortgage pass-through securities)에 비해 현금흐름이 안정적이지 못해 불확실성이 크다는 단점이 있다.
⑤ MBB 투자자는 주택저당대출의 채무불이행위험과 조기상환위험을 부담하지 않는다.

키워드 > 주택저당증권
난이도 >
해설 > ① 유동화기관이 모기지 풀(mortgage pool)을 담보로 발행하는 채권성격의 증권이다.
② 차입자가 상환한 원리금은 MBB 투자자가 아닌 유동화기관에게 직접 전달된다.
③ MBB 발행자는 초과담보를 제공하는 것이 일반적이다.
④ MBB 투자자 입장에서 MPTS(mortgage pass-through securities)에 비해 현금흐름이 안정적이고 불확실성이 작다는 장점이 있다.

06 프로젝트 금융(project financing)에 관한 설명으로 틀린 것은? • 36회

① 프로젝트 자체의 사업성을 기초로 자금을 조달하는 금융기법이다.
② 비소구 또는 제한적 소구 금융의 특징을 가지고 있다.
③ 해당 프로젝트가 부실화되더라도 대출기관의 채권회수에는 영향이 없다.
④ 다양한 사업주체가 참여하고 이해당사자 간에 위험배분이 가능하다.
⑤ 프로젝트의 사업자금은 일반적으로 에스크로우 계정(escrow account)을 통해 관리한다.

키워드 > 프로젝트 금융(project financing)
난이도 >
해설 > 프로젝트 사업주가 프로젝트 회사를 위해 보증이나 담보제공을 하지 않는다면, 프로젝트 회사가 파산하더라도 금융회사는 프로젝트 사업주에 대해 원리금상환을 청구할 수 없다. 따라서 해당 프로젝트가 부실화되면 대출기관은 채권회수를 하지 못할 수도 있다.

정답 05 ⑤ 06 ③

07 부동산투자회사법령상 위탁관리 부동산투자회사(REITs)에 관한 설명으로 틀린 것은? •36회

① 본점 외의 지점을 설치할 수 없으며, 직원을 고용하거나 상근 임원을 둘 수 없다.
② 자산의 투자·운용업무는 자산관리회사에 위탁하여야 한다.
③ 최저자본금준비기간이 지난 회사의 최저자본금은 50억원 이상이 되어야 한다.
④ 설립자본금은 3억원 이상으로 한다.
⑤ 영업인가를 받거나 등록을 한 후에 자산을 투자·운용하기 위하여 자금을 차입하거나 사채를 발행할 수 없다.

| 키워드 | 부동산투자회사
| 난이도 | ■■■■■
| 해설 | 부동산투자회사는 영업인가를 받거나 등록을 한 후에 자산을 투자·운용하기 위하여 또는 기존 차입금 및 발행 사채를 상환하기 위하여 대통령령으로 정하는 바에 따라 자금을 차입하거나 사채를 발행할 수 있다(부동산투자회사법 제29조).

정답 07 ⑤

CHAPTER 06 부동산개발 및 관리론

▌10개년 출제문항 수

27회	28회	29회	30회	31회
5	3	3	6	5
32회	33회	34회	35회	36회
5	2	5	6	1

↳ 총 40문제 中 평균 약 4.1문제 출제

▌학습전략

- 부동산개발 및 관리론에서는 부동산이용 및 개발, 부동산관리, 부동산마케팅에 대해 학습합니다.
- 부동산개발의 과정 및 위험, 부동산개발의 타당성 분석, 민간의 부동산개발방식, 부동산관리의 방식(자가관리, 위탁관리, 혼합관리), 부동산마케팅의 전략에 대해 묻는 문제가 주로 출제되니 관련 이론을 정리해 두는 것이 좋습니다.

제1절 부동산이용 및 개발

1 부동산이용

부동산이용활동은 토지이용활동과 건물이용활동으로 구분할 수 있으나, 보다 큰 비중을 차지하는 토지이용활동을 중심으로 내용을 살펴보기로 하겠다.

1. 토지이용활동

(1) 토지이용활동의 의의

일반적으로 토지이용활동이란 현실적으로 주어진 여건하에 토지를 그 용도와 이용목적에 따라 활용함으로써 토지의 유용성을 추구하는 행위를 말한다.

(2) 토지이용활동과 최유효이용

토지이용활동의 주체로서 토지자원을 효율적으로 이용하기 위해서는 최유효이용의 원칙이 그 기준이 된다. 특히 부동산은 용도의 다양성이 있기 때문에 다양한 용도 중에 당연히 최유효이용 상태의 가치가 표준이 되어야 한다. 최유효이용은 부동산과 인간의 관계개선을 위한 모든 부동산활동의 행위기준이 되며, 이러한 최유효이용이란 객관적으로 보아 양식과 통상의 이용능력을 보유하는 사람의 합리적·합법적인 최고·최선의 이용을 말한다.

2. 최유효이용과 토지이용의 집약도

(1) 토지이용의 집약도(intensity of land)
토지이용에 있어 단위면적당 투입되는 노동과 자본의 양을 말한다.[1]

$$토지이용의 집약도 = \frac{투입되는\ 노동과\ 자본의\ 양}{단위면적}$$

(2) 집약적 토지이용
① **의의:** 토지이용의 집약도가 높은 토지이용을 의미한다.
② **수확체감의 법칙* 적용:** 집약적 토지이용에는 수확체감의 법칙이 작용하므로 집약도가 높아감에 따라 단위면적당 투입되는 노동·자본의 양에 대한 수익의 비율은 감소한다. 이는 도시의 토지이용에 있어서 건물의 고층화에도 그대로 적용된다.[2]
③ **집약한계:** 투입되는 한계비용이 산출되는 한계수입과 일치되는 데까지 추가투입되는 경우의 집약도이다. 즉, 이윤극대화를 가져오는 토지이용의 집약도이며, 이는 토지이용집약도의 상한선을 의미한다.[3]

(3) 조방적 토지이용
① **의의:** 토지이용의 집약도가 낮은 토지이용을 의미한다.
② **조방한계:** 최적의 조건하에서 겨우 생산비를 감당할 수 있는 산출밖에 얻을 수 없는 집약도이다. 즉, 총수입과 총비용이 일치하는 손익분기점에서의 토지이용집약도이며, 이는 토지이용집약도의 하한선을 의미한다.

(4) 입지잉여[4]
① **의의:** 동일한 산업경영이라도 그 입지조건이 더 양호한 경우에는 특별한 이익을 얻을 수 있는데, 이를 입지잉여라고 한다. 이는 양호한 입지조건의 결과이지 경영자가 우수한 데서 생기는 이익을 말하지 않는다.
② **발생요건:** 어떤 위치의 가치가 한계입지 이상이고 또한 그 위치를 최유효이용할 수 있는 입지주체가 이용하는 경우이어야 발생한다. 즉, 입지조건과 토지이용의 집약도가 같은 경우라도 입지잉여는 모든 산업에 동일하게 생기지 않는다.

---

* **수확체감의 법칙**
하나의 생산요소만을 어느 수준 이상으로 투입하면, 총생산량은 증가하나 추가적인 생산량은 점점 감소하게 된다는 것이다.

O X 확 인 문 제
집약한계란 투입의 한계비용이 한계수입과 일치하는 선까지 투입이 추가되는 경우의 집약도이다. •11회 ( )
정답 (O)

O X 확 인 문 제
조방한계는 총수입과 총비용이 일치하는 손익분기점으로 최적의 조건하에서 겨우 생산비를 감당할 수 있는 산출밖에 얻을 수 없는 집약도이다. •11회 ( )
정답 (O)

정리 토지이용의 상한선과 하한선
토지이용은 집약한계를 상한선, 조방한계를 하한선으로 하여 선택적으로 최유효이용 방안을 모색한다.

---

1) 김태훈, 「부동산학개론」, 범론사, 1996, p.317
2) 김태훈, 전게서, p.318
3) 김태훈, 전게서, p.318
4) 김태훈, 전게서, p.318

③ **입지잉여와 입지조건:** 입지잉여는 입지조건이 나쁠수록 감소하고 좋을수록 증가하는데, 입지조건이 최악에 이르면 입지잉여는 마이너스(-)나 '영(0)'이 되고 입지조건이 최상이면 플러스(+)나 '100'이 된다.

④ **한계입지:** 입지조건이 상대적으로 나쁜 곳으로, 초과수익을 전혀 기대할 수 없는 곳에 입지하는 것을 말한다. 즉, 입지잉여가 '0'이 되는 위치이다.

(5) 지가와 토지이용5)

① **지가와 토지이용의 집약도:** 지가와 토지이용의 관계를 살펴보면, 지가수준이 높은 곳에서는 토지이용이 집약화되고, 지가수준이 낮은 경우에는 토지이용이 조방화된다. 따라서 지가수준이 높은 곳에서는 토지를 집약적으로 이용할 수 있는 입지주체만이 입지할 수 있다.

② **지가와 토지이용의 피드백(feedback) 관계:** 입지잉여가 높은 위치는 한정되어 있으나, 그 위치를 원하는 입지주체는 많으므로 입지경쟁이 유발되며, 지가지불능력이 가장 우수한 입지주체가 집약적 토지이용에 있어서 입지주체가 된다. 입지경쟁이 치열할수록 지가는 높아지고, 지가의 상승은 토지이용을 집약화시킨다. 따라서 지가와 토지이용의 관계에는 피드백 원리가 적용된다.

> **추가 지가와 토지이용**
> 일반적으로 1차 산업보다 2차 산업이 더 집약적이고, 2차 산업보다는 3차 산업이 더 집약적이라고 할 수 있다.

> **보충 방사형 교통망의 개선과 확충이 토지시장에 미치는 영향** • 7회
>
> 방사형 교통망이 개선·확충됨에 따라 다음과 같은 영향을 미친다.
> 1. 도심부에서 외곽에 이르는 지가 경사도는 점차 완화된다.
> 2. 도심부 대비 외곽지역 지가는 상대적으로 상승한다.
> 3. 도심부 지가는 상대적으로 하락한다.
> 4. 도심부 토지이용밀도는 상대적으로 하락한다.
> 5. 외곽지역 전체의 토지사용량은 증가하나, 도심부 대비 외곽지역 지가상승으로 인해 외곽지역에서의 이용주체별 단위토지 사용량은 감소한다.

---

5) 김태훈, 전게서, p.319

3. 토지이용과 지가구배현상(地價勾配現象)

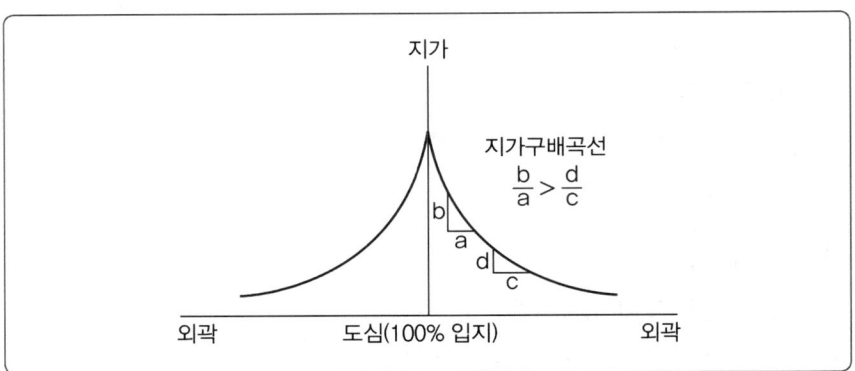

(1) 도시의 지가패턴은 도심이 가장 높고 도심에서 멀어질수록 점점 낮아지는데, 이와 같이 지가가 도심에서 도로를 따라 외곽으로 나갈수록 점점 낮아지는 현상을 지가구배현상이라고 한다.[6]

(2) 도심에서 지가수준이 가장 높은 곳을 100% 입지라고 하는데, 이는 다른 장소에 비하여 고객을 흡인할 수 있는 유인이 크고 접근성이 좋기 때문에 지가수준이 가장 높게 형성된다.

(3) 지가구배현상은 미국의 노스 교수에 의해 토페카 시의 지가조사를 통해 발견되었는데, 도시의 규모 등에 따른 차이가 있어서 일률적으로 말할 수는 없다.
  ① **소도시:** 도심의 지가구조가 비교적 단순하고 도심의 토지이용이 보다 집약적이지만, 교외로 나감에 따라서 급격하게 조방화되기 때문에, 지가수준도 도심에서는 치솟으나 도심에서 벗어나면 급격하게 저하되는 경향을 보인다.
  ② **대도시:** 도심에서 도시의 경계까지 직선적으로 가격수준이 저하되는 것이 아니라, 중간에 여러 도시핵이 있고 그곳에는 다시 변화가도 있어서 지가수준도 다시 높아졌다가 저하되는 현상이 있다.

4. 직·주분리와 직·주접근

(1) 직·주분리
  ① **의의:** 직장과 주거지가 다른 것을 말하는데, 주로 직장을 도심에 두고 있는 근로자가 그 거처를 도심에서 멀리 두는 현상을 말한다.

---

[6] 이창석, 「부동산학개론」, 형설출판사, 2000, pp.257~258

② 원인
　㉠ 도심의 지가상승
　㉡ 도심의 환경악화
　㉢ 도심의 재개발(주택의 철거)
　㉣ 공적 규제
　㉤ 교통의 발달
③ 결과
　㉠ 도심공동화(都心空洞化, doughnut pattern) 현상*이 나타난다.
　㉡ 외곽은 침상도시(寢牀都市, bed town)화된다.
　㉢ 도심고동(都心鼓動)의 비율이 커져, 출퇴근 시 교통혼잡이 발생한다.
　㉣ 외곽지역의 지가가 상승한다.

(2) 직·주접근

① **의의**: 직장과 주거지를 가급적 가까운 곳에 두려는 현상을 말하는데, 이를 회귀(return)현상이라고도 한다.
② 원인
　㉠ 도심의 상대적 지가하락
　㉡ 도심환경의 개선
　㉢ 정책적으로 유도
　㉣ 교통체증의 심화
③ 결과
　㉠ 도심의 주거용 건물이 고층화되는 현상이 나타난다.
　㉡ 도시회춘화 현상*이 나타난다.

5. 한계지(限界地)의 지가법칙

(1) 의의

한계지(a bound land)란 특정의 지점과 시점을 기준으로 한 택지이용의 최원방권(最遠方圈)을 말한다.

(2) 특징

① 한계지는 주로 농경지 등의 용도전환으로 개발되지만 지가형성은 농경지 등의 지가수준과는 무관한 경우가 많다.

---

* **도심공동화(都心空洞化, doughnut pattern) 현상**

도심공동화 현상이란 도심의 거주 인구가 적어지고 외곽에 주택이 증가하여 그 배치 상태가 도넛 모양을 이루는 현상이라고 해서 도넛(doughnut) 현상이라고도 부른다. 이는 인구의 시외 이주로 도심의 상주인구가 감소함으로써 도심의 주·야간 인구차가 커지는 현상을 말한다.

* **도시회춘화 현상** · 13회

도시회춘화(都市回春化) 현상이란 직·주접근 현상과 밀접한 관련이 있는 것으로, 최근 도심의 오래된 건물이 재건축됨에 따라 도심에 거주하는 소득계층이 저소득층에서 중·고소득층으로 유입·대체되는 현상을 말한다.
참고로 젠트리피케이션(gentrification)이란 낙후됐던 구도심이 번성해 중산층 이상의 사람들이 몰리면서, 임대료가 오르고 원주민이 내몰리는 현상을 말한다.

② 한계지는 시외곽이라 하여도 한계외곽의 농지보다는 지가가 높다. 이와 같이 한계지와 그 주변농지의 지가의 차이가 심할 때 이를 '단절지가(斷絕地價)'라고 한다.
③ 한계지의 지가와 도심부의 지가는 상호간 무관하지 않고, 각 한계지의 지가 상호간에도 대체관계가 성립한다.
④ 한계지는 전철과 같은 대중교통수단을 주축으로 하여 연장된다.
⑤ 농경지가 택지화된 한계지의 초기에는 지가의 상승이 빠르다.
⑥ 자가(自家)의 한계지는 차가(借家)의 한계지보다 더욱 택지이용의 원방권에 위치한다.

6. 침입적 토지이용[7]

(1) 의의

일정지역에서 기존의 이용주체가 새로운 인자(因子)의 침입으로 인해 새로운 이용주체로 변화하는 것을 말하는데, 인간생태학이 개발한 침입·계승의 논리를 응용하여 창조적 토지이용을 전개하려는 것이다. 이는 적합적 토지이용과는 다른 차원의 개념이다.

(2) 침입과 계승

① **침입**: 어떤 인구집단 또는 토지이용의 형태에 새로운 이질적인 것이 개입되는 현상이다.
② **계승**: 침입의 결과 새로운 차원의 인구집단 또는 토지이용이 종래의 것을 교체하는 결과를 말한다.

(3) 유의사항

① 침입은 확대적 침입과 축소적 침입으로 구분되는데, 확대적 침입이 통상적이다. 즉, 이는 인근의 규모에 비해 보다 큰 규모의 부동산을 개발하는 침입이다.
② 낮은 지가수준, 강한 흡인력 등은 침입활동을 유발하는 인자라고 할 수 있다.
③ 지가수준이 낮은 곳에 침입적 이용을 함으로써 지가수준을 끌어올릴 수 있다.
④ 침입적 이용에 있어서는 수요층의 매력을 끌 수 있는 강한 흡인력이 있는 개발이어야 효과적이다.

O X 확 인 문 제

침입은 확대적 침입과 축소적 침입으로 구분하는데, 확대적 침입이 통상적이다. ( )

정답 (○)

---

7) 김태훈, 전게서, pp.324~326

⑤ 주로 기존의 영세적인 취락이나 지역에 침입활동이 이루어지며, 때로는 원주민의 저항을 초래하기도 한다.
⑥ 행정적 규제 등으로 인해 침입이 용이하지 않은 경우도 있다.

7. 도시스프롤(urban sprawl) 현상[8]

(1) 의의
도시의 성장·개발현상이 '무질서'하고 '불규칙'하게 '평면적으로 확산'되는 것을 말한다.

(2) 발생원인
개발도상국에서 도시계획이나 토지이용계획의 소홀이 그 발생원인이다.

(3) 유형
① **미국의 유형**
  ㉠ 저밀도 연쇄개발현상: 합리적 밀도수준 이하의 수준을 유지하면서 인접지를 잠식해 가는 현상을 말한다.
  ㉡ 개구리가 뛰는 것처럼 도시에서 중간중간에 상당한 공지를 남기면서 교외로 확산되는 현상이다. ⇨ 비지적(飛地的) 현상
  ㉢ 간선도로를 따라 스프롤이 전개되는 현상이다.

② **일본의 유형**
  ㉠ micro적인 유형: 철도역을 중심으로 반경 2km 정도 범위의 농경지를 잠식하면서 택지화되어 가는 유형을 말한다.
  ㉡ macro적인 유형: micro적인 것이 하나의 단위가 되어 철도를 중심으로 여러 개의 중간역을 형성하면서 스프롤이 연장되어 가는 유형을 말한다.

③ **우리나라의 유형**
  ㉠ 고밀도 연쇄개발현상: 합리적 밀도수준 이상의 수준을 유지하면서 인접지를 잠식해 가는 현상을 말한다. ⇨ 일반적으로 우리나라는 이 유형에 해당한다.
  ㉡ 지역개발을 무질서하게 함으로써 나타나는 현상이다.
  ㉢ 개발허가기준이 기본적인 종합계획을 결한 데서 나타나는 현상이다.

OX 확인문제

도시스프롤(urban sprawl) 현상이란 도시의 성장이 무질서하고 불규칙하게 확산되는 현상이다. •23회 ( )

정답 (○)

---

[8] 김태훈, 전게서, pp.322~324

(4) 특징

① 토지의 최유효이용과 괴리됨으로써 일어나는 현상이다.
② 주거지역에서만 생기는 것이 아니고 상업지역이나 공업지역에서도 발생한다.
③ 산발적인 도시의 확대이고 대도시 외곽부에서 발달하는 무계획적 시가지 현상이다. 따라서 대도시의 도심지보다는 외곽부에서 더욱 발생한다.
④ 도시 외곽부의 팽창인 도시의 평면적 확산이며, 경우에 따라서는 입체 슬럼 형태를 보이기도 한다. ⇨ 입체스프롤
⑤ 스프롤 지대의 지가현상은 지역특성에 따라 다양하며, 예외적인 경우를 제외하면 지가수준은 표준적 이하의 것이다.

2 부동산개발 ·24회 ·25회 ·26회 ·27회 ·28회 ·29회 ·30회 ·31회 ·32회 ·34회 ·35회

1. 부동산개발의 의의 및 과정

(1) 부동산개발의 의의

① 부동산개발이란 타인에게 공급할 목적으로 토지를 조성하거나 건축물을 건축, 공작물을 설치하는 행위로 조성·건축·대수선·리모델링·용도변경 또는 설치되거나 될 예정인 부동산을 공급하는 것을 말한다. 다만, 시공을 담당하는 행위는 제외된다. 또한 '부동산개발업'이란 타인에게 공급할 목적으로 부동산개발을 수행하는 업을 말하며, '부동산개발자'란 부동산개발업을 수행하는 자를 말한다(부동산개발업의 관리 및 육성에 관한 법률 제2조 제2호·제3호).

> **⊕ 보충** 부동산개발(부동산개발업의 관리 및 육성에 관한 법률 제2조 제1호)
>
> 부동산개발이란 다음의 어느 하나에 해당하는 행위를 말한다. 다만, 시공을 담당하는 행위는 제외한다.
> 1. 토지를 건설공사의 수행 또는 형질변경의 방법으로 조성하는 행위
> 2. 건축물을 건축·대수선·리모델링 또는 용도변경하거나 공작물을 설치하는 행위. 이 경우 '건축', '대수선', '리모델링', '용도변경'은 「건축법」의 규정에 따른 '건축', '대수선', '리모델링', '용도변경'을 말한다.

O X 확 인 문 제

부동산개발업의 관리 및 육성에 관한 법령상 건축물을 리모델링 또는 용도변경하는 행위(다만, 시공을 담당하는 행위는 제외한다)는 부동산개발에 포함된다.
·35회 ( )

정답 (○)

② 부동산개발은 인간에게 생활, 작업 및 쇼핑·레저 공간을 제공함을 목적으로 토지를 개량하는 활동을 말한다.9) 이에는 건축에 의한 개량, 조성에 의한 개량의 두 가지가 있다.
  ㉠ **건축에 의한 개량**: 토지 위에 건물이나 다리와 같은 건조물을 세움으로써 토지의 유용성을 증가시키는 것이다. 이는 공간창조와 관계된다.
  ㉡ **조성에 의한 개량**: 정지(整地)작업, 도로공사, 배수공사, 수도의 설치 등과 같이 토지 자체를 개량하는 것이다.

(2) 부동산개발의 분류
① **유형적 개발**: 직접적으로 토지의 물리적 변형을 초래하는 행위로서 건축, 토목사업, 공공사업 등이 이에 속한다.
② **무형적 개발**: 토지의 물리적 변형은 초래하지 않으나 이용상태에 변경을 초래하는 행위로서 용도지역·지구의 지정 또는 변경, 농지전용 등이 이에 해당한다.
③ **복합적 개발**: 토지의 유형·무형의 개발행위가 동시에 이루어지는 경우로서 토지형질변경사업, 도시재개발사업(정비사업), 공업단지조성사업, 도시개발사업 등이 이에 속한다.

```
부동산개발의 분류 ─┬─ 유형적 개발 ─ 협의의 개발 ─┐
                   └─ 무형적 개발              ─┴─ 광의의 개발
```

(3) 부동산개발의 주체10)
① **공적**(공공부문) **주체**(제1섹터): 중앙정부, 지방자치단체, 공사
② **사적**(민간부문) **주체**(제2섹터): 토지소유자(개인, 조합), 기업
③ **제3부문**(제3섹터, 복합주체, 제3개발자): 정부와 민간의 공동개발사업으로 민관합동개발사업*이라고도 한다.

> * **민관합동개발사업**
> 중앙정부나 지방자치단체와 민간기업이 합동으로 개발하는 방식을 말한다.

(4) 부동산개발의 과정11)
① **개발과정의 형태**12): 부동산의 개발진행과정은 개발주체에 따라 다르지만 대체로 다음과 같은 세 가지 형태로 구분된다.

---

9) Larry Wofford, Real Estate(N. Y: John Wiley & Sons), 1983, pp.553~554
10) 김태훈, 전게서, p.594
    방경식, 전게서, pp.574~575
11) 김태훈, 전게서, pp.594~596
12) 방경식, 전게서, pp.581~582

㉠ **기본형**: 가장 많이 이용되는 형태로 계획단계(planning stage), 협의단계(contract negotiation), 계획인가단계(plan authorize), 사업시행단계(implementation), 처분단계(disposal)의 순서로 사업이 진행된다. 이는 사업을 계획대로 진행하면서 통제가 가능하여 위험부담을 줄일 수 있고, 과정이 안정되어 있다.

ⓐ 계획단계 ➡ [ⓑ 협의단계 / ⓒ 계획인가단계] ➡ ⓓ 시행단계 ➡ ⓔ 처분단계

㉡ **시행·처분 병행형**: 사업시행과 처분을 동시에 행하는 형태로서 사업기간이 충분히 보장되어 있지 않거나, 자금의 빠른 조달 등을 목적으로 이용되는 형태이다. 시행과 처분을 동시에 행하기 때문에 사업기간을 단축시킬 수 있다는 장점이 있다.

ⓐ 계획단계 ➡ [ⓑ 협의단계 / ⓒ 계획인가단계] ➡ [ⓓ 시행단계 / ⓔ 처분단계]

㉢ **직렬형**: 다음의 순서로 개발이 진행되는 형태로 과정이 나란히 되어 있어 안정되어 보이나, 일의 과정이 비능률적이어서 가장 적게 이용되는 형태이다.

ⓐ 계획단계 ➡ ⓑ 협의단계 ➡ ⓒ 계획인가단계 ➡ ⓓ 시행단계 ➡ ⓔ 처분단계

② **부동산개발의 과정**[13]

㉠ **아이디어단계(구상단계)**: 모든 부동산개발은 구상으로부터 시작된다.

㉡ **예비적 타당성 분석단계(전실행가능성 분석단계)**: 부동산개발에서 얻은 수익이 비용을 상회할 가치가 있는지를 조사하는 것이다. 즉, 개발사업으로 예상되는 수입과 비용을 개략적으로 계산하여 수익성을 검토하는 것이다. 따라서 개발업자는 사전에 개발비용, 개발에 따른 시장가치, 산출임대료 수익 등을 개괄적으로 조사해 볼 필요가 있다.

추가 **구상의 내용**
1. 어떠한 형태의 공간이 필요한가?
2. 어디에 입지해야 하는가?
3. 현재 가지고 있는 부지를 무슨 용도로 이용해야 하는가?
4. 구상에 맞는 부지를 어떻게 매입해야 하는가?

---

[13] Larry Wofford, Real Estate(N. Y: John Wiley & Sons), 1992, 3rd ed., pp.419~425

ⓒ **부지구입단계**(부지모색과 확보단계): 전실행가능성 분석이 끝났으면, 곧바로 부지의 구입에 착수한다. 만일 구입이 늦어져 토지에 대한 사회적·경제적·행정적 등 제 환경요인이 변화하면 분석을 다시 해야 한다.

ⓔ **타당성 분석단계**(실행가능성 분석 및 디자인단계): 부지가 선택되면 개발업자는 더 세밀한 실행가능성 분석을 하여야 한다. 분석의 내용은 주로 조성공사에 필요한「국토의 계획 및 이용에 관한 법률」·「건축법」등의 공법상 규제분석, 토양구조물 등의 부지분석, 개발 후의 시장분석, 개발비 및 예상수익 등의 재정분석 등을 포함한다.

ⓜ **금융단계**: 택지조성 및 건설자금의 융자 등을 고려하는 국면이다.

ⓗ **건설단계**(택지조성): 물리적인 공간을 창조하는 국면이다. 택지조성의 경우는 토지의 형질을 변경하고 개량하여 택지화한다.

ⓢ **마케팅단계**(분양): 개발사업계획의 성공은 궁극적으로 시장성에 의존한다. 개발사업에 대한 마케팅활동은 개발공간의 임대와 매도, 두 가지 형태가 있다. 특히 임대활동은 개발의 초기단계에서부터 이루어진다.14)

2. 부동산개발의 위험과 투자분석

(1) 부동산개발의 위험분석

부동산개발은 그것이 내포하고 있는 불확실성(부동산개발은 현재에 이루어지지만 수익성은 미래에 나타남) 때문에 위험요소가 개재한다. 부동산개발사업의 위험은 법률적 위험(legal risk), 시장 위험(market risk), 비용위험(cost risk) 등으로 분류할 수 있다.15)

① **법률적 위험부담**16): 개발사업에 있어서 법적 위험은 토지이용규제와 같은 공법적인 측면과 소유권 관계와 같은 사법적인 측면에서 발생할 수 있는 위험을 말한다. 부동산개발사업의 타당성 분석을 함에 있어서 부동산개발에 따르는 공·사법적 위험을 예방하기 위해서는 개발사업의 법률적 타당성 분석을 하는 것이 매우 중요하다. 법률적 위험을 줄이는 하나의 방법은 이용계획이 확정된 토지를 구입하는 것이다.

---

14) 안정근, 전게서, pp.391~320
15) Larry Wofford, Real Estate(N. Y: John Wiley & Sons), 1983, pp.555~559
16) 이원준, 전게서, p.326
    방경식, 전게서, pp.571~572

추가 타당성(실행가능성) 분석
1. 공법상의 규제분석: 법적·행정적으로 개발할 수 있는 공간의 양 및 종류를 결정한다.
2. 부지분석: 토양의 구조물 지지능력 및 건설에 따른 특별문제 등에 대한 정보를 조사한다.
3. 시장분석: 택지조성의 경우는 택지면적·규모 등을, 공간 창조의 경우는 건축면적·방의 수 또는 개발단위, 기대되는 임대료 수익 및 고객이 원하는 형태 등에 대한 정보를 조사한다.
4. 재정분석: 최적이윤을 가져다주는 규모 및 디자인을 결정하는 데 사용된다.

암기 부동산개발의 단계
아이디어단계 ⇨ 예비적 타당성 분석단계 ⇨ 부지구입단계 ⇨ 타당성 분석 및 디자인단계 ⇨ 금융단계 ⇨ 건설단계 ⇨ 마케팅단계

O X 확 인 문 제
부동산개발은 그것이 내포하고 있는 불확실성 때문에 위험요소가 개재한다. (　　)

정답 (○)

② **시장위험부담**17)

　㉠ 부동산시장은 항상 끊임없이 변화하기 때문에 개발업자에게 위험을 증가시킨다. 이와 같이 부동산시장의 불확실성이 개발업자에게 지우는 부담을 시장위험부담이라고 한다. 공사기간 중 이자율의 변화, 시장침체에 따른 공실의 장기화 등은 시장위험으로 볼 수 있다. 개발업자는 건설기간 중이나 완성 후 곧 분양되기를 원하므로 시장의 현 상황과 개발기간 동안의 가능한 변화를 추정해야 한다.

　㉡ 따라서 부동산개발업자는 시장위험을 줄이기 위해 시장연구(market study)와 특정 부동산이 시장에서 변화하는 가격으로 임대되거나 매매될 수 있는 능력이 있는가를 위치·형태·질·양에 따라 연구하는 시장성 연구(marketability study)가 필요하다.

　㉢ 개발기간 중 개발사업의 가치와 시장위험의 관계18): 다음 그림은 개발사업의 가치와 시장위험의 관계를 나타낸 것이다. 개발사업이 완성에 가까워질수록 개발사업의 가치는 커지고 시장위험은 줄어든다. 일반적으로 개발사업의 초기에는 시장위험이 높은데, 사업 착수 전에 매수인 등이 확정된 경우에는 시장위험이 적고 매도가격도 낮아진다.

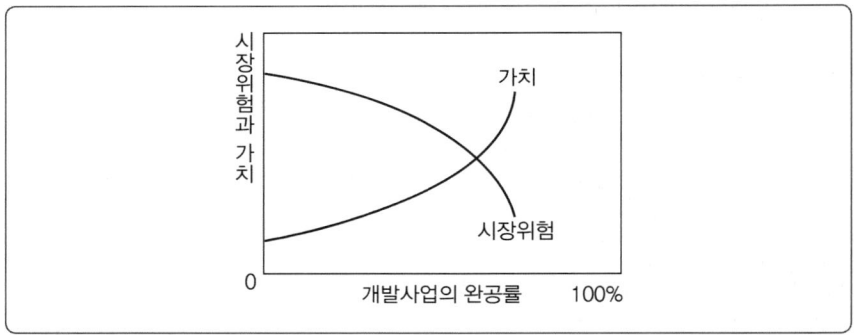

③ **비용위험부담**19): 비용위험이란 개발기간이 예상보다 길어지거나, 예상하지 못한 인플레이션이 발생하는 등의 사유로 비용부담이 증가하는 위험을 말한다. 부동산개발사업으로부터의 적정한 수익획득의 여부는 생산에 투입된 비용에 좌우되는 경우가 많다. 개발기간이 길수록,

---

17) 방경식, 전게서, pp.572~573
　　Larry Wofford, Real Estate(N. Y: John Wiley & Sons), 1992, 3rd ed., pp.416~417
18) Larry Wofford, Real Estate(N. Y: John Wiley & Sons), 1992, 3rd ed., pp.417~418
　　안정근, 전게서, pp.322~323
19) 이원준, 전게서, p.327
　　방경식, 전게서, pp.573~574

인플레이션이 심할수록 위험은 더 커진다. 비용위험을 줄이기 위해 개발업자는 시공사와 최대가격보증계약을 맺기도 한다.

(2) 부동산개발의 투자분석 – 경제적 분석방법[20]

① **편익·비용률**(수익성 지수): 현재가치로 할인한 수익의 합계를 현재가치로 할인한 비용의 합계로 나눈 비율이다. 계획의 타당성을 쉽게 단정할 수 있다는 장점을 지닌다. 즉, 편익·비용률(B/C) >1이면 타당성이 있는 것으로 평가하여 그 계획을 수행함이 바람직하다.

② **순현재가치**: 투자로부터 발생하는 미래의 모든 현금유입액을 적절한 자본비용으로 할인한 현재가치에서 현금유출의 현재가치를 공제한 금액이다.[21] 순현가가 '0'보다 크면 그 사업의 타당성이 있다고 본다.

③ **내부수익률**: 예상된 현금유입의 현가합과 현금유출의 현가합을 서로 같게 만드는 할인율이다. 즉, 내부수익률이란 순현가를 '0'으로 만드는 할인율을 의미한다. 내부수익률이 요구수익률보다 크면 그 사업의 타당성이 있다고 본다.

(3) 부동산개발의 타당성 분석

타당성 분석(妥當性分析)이란 계획하고 있는 개발사업이 투자 자본에 대한 기회비용(투자자의 요구수익률)을 확보할 수 있는가 여부를 분석하는 것을 말한다. 부동산개발사업의 타당성을 분석할 때는 투자사업에 관련이 있는 법률적·경제적·기술적 타당성 분석이 모두 포함되는데, 결국에는 경제적 타당성 분석의 문제로 귀결된다. 즉, 부동산개발사업의 타당성 분석은 해당개발사업에 경제성이 있는가에 대한 분석으로 귀결되므로 일반적으로 경제적 타당성 분석이 가장 중요시되며, 순현가법이나 내부수익률법 등이 투자결정의 준거로 흔히 사용된다. 부동산 타당성은 사업계획에 따른 잠재수익조사를 위해 시장에서 지역·법·사회·행정 및 금융 등의 환경을 검토하는 작업이다.[22] 그러나 타당성 분석에서 유리한 결과가 나왔다고 해서 반드시 사업의 성공을 보장하는 것은 아니다.[23] 개발사업에 대한 타당성 분석결과가 동일한 경우에도 분석된 사업안은 개발업자에 따라 채택될 수도 있고 그렇지 않을 수도 있다. 따라서 개발사업 자체로는 타당성이 있다 또는 없다고 말하기는 곤란하다. 결국 개발사업의 채택

---

20) 이창석, 전게서, p.442
21) 최혁 외, 전게서, p.77
22) 방경식, 전게서, p.217
23) 노태욱, 「부동산개발론」, 부연사, 2002, p.181

추가 최대가격보증계약 (guaranteed maximum price contract)
개발사업에 실제로 든 비용이 계약금액을 초과하더라도 개발업자는 추가적인 비용을 부담하지 않는다는 유형의 계약
1. 장점: 예기치 못한 비용위험을 줄일 수 있다.
2. 단점: 낮은 가격으로 개발사업을 완성하기 어렵다.

O X 확 인 문 제

부동산개발의 타당성 분석은 법률적·경제적·기술적 타당성 분석이 행해지는데, 일반적으로 법률적 타당성 분석이 가장 중요시된다. ( )

정답 (×)
부동산개발의 타당성 분석은 법률적·경제적·기술적 타당성 분석이 행해지는데, 일반적으로 경제적 타당성 분석이 가장 중요시된다.

O X 확 인 문 제

타당성 분석에서 유리한 결과가 나왔다고 해서 반드시 사업의 성공을 보장하는 것은 아니다. ( )

정답 (○)

여부는 타당성 분석의 결과가 개발사업의 목적을 얼마나 충족시켜 주느냐에 달려 있다.

① **부동산분석의 체계:** 부동산분석은 다음과 같은 체계를 가지고 있다.

```
지역경제분석 < 시장분석 < 시장성 분석    <    타당성 분석 < 투자분석
┌─────────────────────────┐  시장자료·  ┌─────────────────┐
│     시장분석(선행)       │  정보의 제공│  경제성 분석(후행)│
└─────────────────────────┘            └─────────────────┘
```

'<'는 포함관계를 표시하는 것으로 시장분석은 지역경제분석을 포함하고, 시장성 분석은 지역경제분석과 시장분석을 포함하며, 투자분석은 모든 분석을 포함하고 있음을 의미한다. 또한 지역경제분석, 시장분석, 시장성 분석은 특정 개발사업의 시장에 초점을, 타당성 분석, 투자분석은 개발업자의 결정에 초점을 두는 연구이다.24)

② **부동산분석의 유형**25)

㉠ **지역경제분석:** 대상 시장지역의 인구, 고용, 소득 등 모든 부동산의 수요와 시장에 영향을 미치는 요인을 분석·확인 및 예측하는 작업을 말하며, 거시적 시장분석의 한 부분이라고 할 수 있다. 부동산시장은 지역시장을 특징으로 하므로 부동산에 대한 분석은 원칙적으로 지역의 인구와 경제로부터 나온다고 할 수 있다.

㉡ **시장분석**(market analysis)

ⓐ 특정 부동산에 대한 시장의 수요와 공급상황을 분석하는 것을 말하는데, 이는 일정지역 시장단위(community, region, nation)에서 특정 유형의 부동산에 대한 수요와 공급을 연구·분석하여 전반적인 가격수준과 이의 동태적 경로를 분석하는 작업을 말한다.

ⓑ 이때 분석시장의 단위는 흔히 상권(trade area)이라고 불리며, 상권의 범위는 개발부동산의 수요 대체성 및 경쟁 부동산의 공간적 분포와 밀접한 관련이 있다. 구체적으로는 투자수익성의 근본적 결정요인인 인구, 가구, 고용, 소득과 부동산이용자(구매자, 임차자)의 심리적 특성을 분석·확인하는 작업과 분양, 임대, 점유(공실)율, 예상 신규공급량 등의 시장상황(거시적 개발 여건)을 확인하는 작업으로 이루어진다.

OX 확인문제

지역경제분석에서는 대상지역의 부동산수요에 영향을 미치는 인구, 고용, 소득 등의 요인을 분석한다. •15회 ( )
정답 (○)

OX 확인문제

시장분석에서는 특정지역이나 부동산유형에 대한 수요, 공급 등을 분석한다. •15회 ( )
정답 (○)

---

24) 안정근, 전게서, p.325
25) 조주현, 전게서, pp.214~216

ⓒ 시장분석에서 시장세분화는 수요자의 특성에 따라, 시장차별화는 공급상품의 특성에 따라 시장을 구분하는 것이다. 즉, 시장세분화란 부동산상품의 소비자를 유사한 특성의 소집단으로 구분하는 것이며, 시장차별화란 부동산상품을 특성에 따라 다른 상품과 구별하는 것이다.

ⓓ 시장분석에서 부동산시장지역(market area)은 부동산의 종류에 따라 달라지며, 물리·사회·법·경제요소에 따라 영향을 받는다.

> **추가** 시장차별화와 시장세분화
> 1. 시장차별화(market disaggregation): 제품의 특성에 따라 대상부동산을 범주화하여 다른 부동산과 구별하는 것이다.
> 2. 시장세분화(market segmentation): 소비자 특성에 따라 가능사용자(potential user)를 범주화하여 다른 사람과 구별하는 것이다.

ⓒ **시장성 분석**(marketability analysis)

ⓐ 의의

ⅰ) 향후 개발될 부동산이 현재나 미래의 시장상황에서 매매되거나 임대될 수 있는지에 대한 경쟁력을 분석하는 것을 말한다.

ⅱ) 시장성 분석은 주어진 입지에서의 개발형태에 따른 수요자의 선호와 경쟁환경을 분석하여 개발사업의 시장흡수율과 분양(임대)실적을 극대화하는 토지의 최유효이용에 대한 연구작업을 말하며, 흔히 시장분석이 한 부분으로 취급된다.

ⅲ) 시장성 분석에서는 인근지역분석과 부지분석을 통하여 미시적 개발환경을 분석하는 작업이 이루어지며, 구체적인 법적 제약조건과 함께 기술적인 검토가 이루어진다.

ⅳ) 구체적으로는 팔릴 수 있는(시장성이 있는) 부동산상품의 특성 확인, 경쟁임대료 및 분양가 확인, 시장에서 공급되어야 할 양, 시장흡수율, 분양에 영향을 미치는 비가격적 요인 및 금융조건의 확인, 목표구매자의 설정, 각 목표시장에서 가장 효과적인 마케팅 전략의 작성과정으로 이루어진다.

ⅴ) 시장성 분석 방법 중 하나로 사용되는 것이 흡수율(absorption rate) 분석이다.[26] 흡수율 분석은 지역별·유형별로 부동산의 질과 양에 대해서 구체적으로 행해진다.[27]

---

26) Larry Wofford, Real Estate(N. Y: John Wiley & Sons), 1992, 3rd ed., pp.416~417
27) 이원준, 전게서, p.326

ⓑ 흡수율 분석
  ⅰ) 의의: 흡수율 분석이란 흡수율이나 흡수시간 등을 분석하여 부동산의 수요와 공급을 구체적으로 조사하는 것을 말한다. 흡수율*이란 시장에 공급된 부동산이 단위시간 동안 시장에서 흡수된 비율을 의미하며, 흡수시간(absorption time)*은 공급된 부동산이 시장에서 전량(또는 일정량) 흡수되는 데 걸린 시간을 말한다. 따라서 흡수율 분석이란 일정기간에 특정한 지역에 공급된 부동산이 얼마의 비율로 흡수되었는가를 분석하는 것을 말하는데,28) 흡수율이 높을수록, 흡수시간이 짧을수록 시장위험이 작다고 볼 수 있다.
  ⅱ) 목적: 흡수율 분석은 부동산시장의 추세파악에 많은 도움을 주는데, 궁극적인 목적은 단순히 과거의 추세를 파악하는 것만이 아니라 이를 기초로 개발사업의 미래의 흡수율을 파악하는 데 목적이 있다.

* 흡수율
시장에 공급된 부동산이 단위시간 동안 시장에서 흡수된 비율이다.

* 흡수시간(absorption time)
공급된 부동산이 시장에서 완전히 흡수될 때까지 걸린 시간이다.

OX 확인 문제
흡수율 분석은 재무적 사업타당성 분석에서 사용했던 주요 변수들의 투입 값을 낙관적, 비관적 상황으로 적용하여 수익성을 예측하는 것을 말한다. •32회
( )

정답 (×)
재무적 사업타당성 분석에서 사용했던 주요 변수들의 투입 값을 낙관적, 비관적 상황으로 적용하여 수익성을 예측하는 것은 민감도 분석에 해당한다. 흡수율 분석은 일정기간에 특정 지역에 공급된 부동산이 얼마의 비율로 흡수되었는가를 분석하는 것을 말하는데, 부동산시장의 추세를 파악하는 데 많은 도움을 준다.

> ➕ 보충 **공실률 분석 · 시장침투율 · 시장포획률**
>
> 1. **공실률 분석**
>   공실률이란 임대 대상부동산이 임대기간 중 임대되지 않고 비어 있는 기간의 비율을 의미한다. 공실률 조사는 부동산시장조사의 핵심사항으로 임차공간이 실제로 임차인들에 의해 어느 정도 사용되고 있는가를 파악하는 것이다. 따라서 공실률 분석은 투자부동산의 안정적인 점유율 결정에 도움을 준다. 사무실의 수요분석에서는 공실률을 조사하여 과잉공급상태에 있는지 그리고 향후 그러한 위험성은 없는지 등을 조사한다. 다른 조건이 동일하다면 임대차기간이 긴 경우가 임대차기간이 짧은 경우에 비해 상대적으로 공실위험을 줄일 수 있다.
> 2. **시장침투율(market penetration)**
>   상가의 경우 신규 상가가 기존의 지역상권에서 시장점유율을 얼마나 차지할 것인가, 혹은 지역독점 상권에서 어느 정도 범위의 소비까지 해당 점포를 이용하게 될 것인가 하는 것을 나타내는 척도이다.
> 3. **시장포획률(market capture)**
>   시장점유(market share)과 유사한 용어로, 특정 수요계층에 대한 전체 매상고 중 해당 부동산이 차지하는 비율을 말한다. 특히 이 개념은 소매점, 서비스업, 레저시설의 개발에 유용하다.

---
28) 안정근, 전게서, p.327
  이원준, 전게서, p.326

ⓔ **타당성 분석**(feasibility analysis): 개발사업에 투자자금을 끌어들일 수 있을 정도로 충분한 수익이 발생하는지 분석하는 것을 말하며, 수익의 규모 자체에는 부차적인 관심이 주어지는 재무적 타당성 분석기법이라고 할 수 있다. 보다 넓은 의미의 타당성 분석은 경제적 타당성과 법적 타당성, 그리고 기술적 타당성으로 구분할 수 있는데, 경제적 타당성이란 준공 후 시장가치(판매가격)가 원가보다 (충분히) 높을 것인가 하는 문제를 다루며, 법적 타당성이란 계획된 대로 건설이 가능한가(법적 허가요건에 합당한가) 하는 문제를 다루고, 기술적 타당성이란 건축, 토목, 상하수도 등 기술적 지원들이 가능한가 하는 문제를 다룬다.

ⓜ **투자분석**(investment analysis): 해당 부동산에 대한 투자 여부, 보유기간, 자금동원방법, 부동산조세, 소유형태, 투자위험도 등을 분석하여 부동산의 취득, 구매, 임차와 관련한 수익극대화를 위한 의사결정을 돕기 위한 분석과정이다.

③ **시장분석과 경제성 분석**: 부동산개발의 타당성 분석의 순서는 개발사업에 대한 시장분석을 먼저 하고, 그다음에 경제성 분석을 실시한다.

㉠ **시장분석**

ⓐ **시장분석의 의의 및 목적**: 시장분석은 부동산의사결정을 지원하기 위한 부동산시장의 동향과 추세를 연구하는 활동을 말한다. 또한 시장분석은 특정 개발사업이 시장에서 채택될 수 있는가를 분석하는 것으로, 개발사업이 안고 있는 물리적·법률적·경제적·사회적 제약조건에 대한 분석이 포함된다. 이는 개발사업에 대한 투자결정을 하는 데 필요한 모든 정보를 제공하는 데 그 목적이 있다.29)

ⓑ **시장분석의 역할**30)

ⅰ) 주어진 부지(敷地)에는 어떤 용도가 적합한가를 결정하는 역할을 한다(적지론).

⇨ 주변의 토지이용이 특정 부지의 용도에 미치는 영향을 입지효과(location effect)라 한다.31)

---

29) Charles H. Wurtzebach, Modern Real Estate, fifth edition(John Wiley & Sons. Inc), 1994, p.679
30) Charles H. Wurtzebach, Modern Real Estate, fifth edition(John Wiley & Sons. Inc), 1994, pp.679~681
이원준, 전게서, p.327
31) 안정근, 전게서, p.329

암기 부동산분석의 순서
1. 시장분석 ⇨ 경제성 분석
2. 지역경제분석 ⇨ 시장분석 ⇨ 시장성 분석 ⇨ 타당성 분석 ⇨ 투자분석

추가 SWOT 분석
SWOT(Strength, Weakness, Opportunity, Threat) 분석은 미국의 알버트 험프리(Albert Humphrey)에 의해 고안된 기법으로 기업 환경(내부·외부환경)을 분석하여 강점(Strength), 약점(Weakness), 기회(Opportunity), 위협(Threat) 요인을 규정하고 이를 토대로 마케팅 전략을 수립하는 기법이다. 즉, 기업의 내부환경을 분석하여 강점과 약점을 발견하고, 외부환경을 분석하여 기회와 위협을 찾아내어 이를 토대로 강점은 살리고 약점은 줄이며, 기회는 활용하고 위협은 억제하는 마케팅 전략을 수립하는 것을 말한다.

OX 확인 문제
시장분석의 목적은 개발사업에 대해 투자결정을 하는 데 필요한 모든 정보를 제공하는 데 있다. ( )

정답 (○)

ⅱ) 특정 용도에는 어떤 부지가 적합한가를 결정하는 역할을 한다(입지론).

ⅲ) 주어진 자본을 투자할 대안을 찾고 있는 투자자를 위해 수행되기도 한다.

ⅳ) 개발사업에 대해서는 물론 기존의 개발사업에 대해서도 행해진다. 일반적으로 개발 착수 전에 이루어지지만, 후속사업이나 계속적인 투자에 대한 의사결정을 위해, 사후 검증 차원에서 이루어지기도 한다.

ⓒ 시장분석의 구성요소[32]

구분	지역분석 (도시분석)	근린분석	부지분석	수요분석	공급분석
개념	특정지역이 어떤 지역적 특성을 가지고 있는가를 분석하는 것을 말한다.	개발대상 부동산이 속해 있는 지역이 어떠한 지역적 특성을 가지고 있는가를 분석하는 것을 말한다.	개발대상 부지 자체를 분석하는 것을 말한다.	개발부동산사업에 대한 유효수요를 추계하기 위해 시장을 분석하는 것을 말한다.	기존의 공급과 미래에 예상되는 공급을 분석하는 것을 말한다.
분석사항	• 국가경제가 지역에 미치는 영향 • 경제기반분석 • 인구분석 • 소득수준 • 교통 • 성장과 개발의 유형	• 지방경제가 부지에 미치는 영향 • 교통의 흐름 • 근린지역 내의 경쟁 • 미래의 경쟁 가능성 • 인구의 특성	• 지역지구제 • 편익시설 • 접근성 • 크기와 모양 • 지형	• 경쟁력 • 인구분석 • 추세분석	• 공실률 및 임대료 추세 • 정부서비스의 유용성 • 건축착공량과 건축허가량 • 도시 및 지역 계획 • 건축비용의 추세 및 금융의 유용성

---

32) Charles H. Wurtzebach, Modern Real Estate, fifth edition(John Wiley & Sons. Inc), 1994, pp.681~690
　　이원준, 전게서, pp.328~330
　　안정근, 전게서, pp.332~337

ⓛ 경제성 분석
  ⓐ 경제성 분석의 의의: 시장분석에서 수집된 자료를 활용하여 개발사업에 대한 수익성을 평가하고, 최종적인 투자결정을 하는 것이다. 시장분석은 특정 개발사업에 대한 채택 가능성을 평가하기 위한 것이지만, 경제성 분석은 특정 개발사업의 수익성 유무를 평가하기 위한 것이다.
  ⓑ 경제성 분석의 역할33)
    ⅰ) 개발사업에 소요되는 총비용을 추계하고 이를 토지부문과 건물을 포함한 개량물부문으로 나눈다.
    ⅱ) 예상 영업소득과 영업경비 등을 분석하여 첫해의 세전현금흐름을 추계한다.
    ⅲ) 전 단계에서 행해진 예상 수지명세서(pro forma)를 확장하여 미래의 세후현금흐름을 계산하고, 이를 현재가치로 환원한다.
    ⅳ) 이상의 분석결과를 기초로 순현가법이나 내부수익률법을 사용하여 최종적인 투자결정을 내린다.

3. 부동산개발사업의 분류

부동산개발사업은 개발형태, 시행방법, 토지취득방식, 개발주체, 개발방식, 민간투자사업방식에 따라 분류할 수 있다.

(1) 개발형태에 따른 분류
① **신개발방식:** 신개발이란 전혀 이용되지 않았던 부동산이나 이용되고 있던 부동산에 대하여 기존과는 다른 새로운 개발을 하는 것을 말한다. 신개발방식에는 택지개발사업, 신도시개발사업 등이 있다.
② **재개발방식:** 재개발이란 기존에 어떠한 용도로 활용되고 있는 부동산이 노후되거나 낙후되어 효율성이 극히 떨어진 경우 새로운 방법으로 다시 개발하여 효율성을 높이는 일련의 활동을 말한다. 재개발방식에는 도시재개발, 주거환경개선사업, 재건축사업, 리모델링사업 등이 있다.

---

33) Charles H. Wurtzebach, Modern Real Estate, fifth edition(John Wiley & Sons. Inc), 1994, p.690
  이원준, 전게서, pp.330~331
  안정근, 전게서, p.338

O X 확 인 문 제

경제성 분석은 시장분석에서 수집된 자료를 활용하여 개발사업에 대한 수익성을 평가하고, 최종적인 투자결정을 하는 것이다. ( )

정답 (O)

암기 아파트 재건축사업 사업성에 긍정적인 영향을 주는 요인과 부정적인 영향을 주는 요인
1. 긍정적인 영향을 주는 요인: 일반분양분의 분양가 상승, 인·허가 시 용적률의 증가, 이주비 대출금리의 하락
2. 부정적인 영향을 주는 요인: 건설자재 가격의 상승, 조합원 부담금 인상, 공사기간의 연장, 대출이자율의 상승, 초기 분양률의 저조, 기부채납의 증가, 매수예정사업부지 가격의 상승

추가 기부채납(寄附採納, land donation)
국가나 지자체가 무상으로 사유재산을 받아들이는 것을 말한다. 즉, 재건축·재개발사업 때 조합은 지자체에 토지나 건물을 지어 일부를 기부채납하는 대신 운영권 보장, 수익원 제공, 용적률 완화, 건폐율 완화 등을 제공받게 된다. 그런데 지자체로부터 똑같은 혜택을 제공받으면서 기부채납이 증가하면 사업주체의 사업성이 떨어지게 되는 경우가 발생한다.

(2) 시행방법에 따른 분류[34]

도시재개발사업의 형태는 시행방법에 따라 보전재개발, 수복재개발, 개량재개발, 철거재개발 등이 있다.

① **보전재개발**(conservation): 도시지역에 아직 노후·불량상태가 발생되지 않았으나, 앞으로 노후·불량화가 야기될 우려가 있을 때 사전에 노후·불량화의 진행을 방지하기 위하여 채택하는 가장 소극적인 도시재개발이다. 보전재개발 방법은 도시의 노후·불량화를 예방함으로써 막대한 자원의 손실을 크게 경감시킬 수 있는 장점이 있기 때문에 현재는 역사적 지구의 보존뿐만이 아니라 노후·불량화 우려가 있는 주거지와 상업·업무지구에까지 확대되고 있다.

② **수복재개발**(rehabilitation): 도시시설 및 건물의 노후·불량상태가 관리나 이용의 부실로 발생된 경우, 본래의 기능을 회복하기 위하여 현재의 대부분 시설을 그대로 보존하면서 노후·불량화의 요인만을 제거시키는 것으로서 소극적인 도시재개발의 대표적인 예이다. 일본에서는 지구수복(地區修復)이라고도 불린다. 이러한 수복재개발 방법은 기존의 토지이용 형태나 목적을 변용할 필요가 없어 경제적이며, 도시의 다양한 기능과 우선순위의 상관관계에 의하여 자연적으로 진행되도록 함으로써 마찰과 피해를 최소화할 수 있는 방법이다.

③ **개량재개발**(improvement): 기존 도시환경의 시설기준 및 구조 등이 현재의 수준에 크게 미달되는 경우, 기존 시설의 확장·개선 또는 새로운 시설의 첨가를 통하여 기존 물리환경의 질적 수준을 높여 도시기능을 제고시키고자 하는 도시재개발의 한 형태이다. 이는 수복재개발의 일종이다.

④ **철거재개발**(redevelopment): 부적당한 기존 환경을 완전히 제거하고 새로운 환경, 즉 시설물로 대체시키는 가장 전형적인 도시재개발의 유형이다. 철거재개발 방법은 그 지구의 기능변신이나 토지이용의 효율화를 위하여 새로운 시설물이 필요하거나 기존 환경의 불량 및 노후상태 등으로 안전위생 및 사회복지에 대한 위해요인이 기존 시설의 완전철거 정비방법을 사용하지 않고서는 제거해 내기가 불가능한 경우 기타의 도시재개발 방법보다 경제적인 경우에만 한정하여 사용되어야 한다.

---

[34] 이창석, 전게서, p.444

> **+ 보충** 도시 및 주거환경정비법령상의 정비사업(도시 및 주거환경정비법 제2조 제2호)
>
> 1. 주거환경개선사업
>   도시저소득 주민이 집단거주하는 지역으로서 정비기반시설이 극히 열악하고 노후·불량건축물이 과도하게 밀집한 지역의 주거환경을 개선하거나 단독주택 및 다세대주택이 밀집한 지역에서 정비기반시설과 공동이용시설 확충을 통하여 주거환경을 보전·정비·개량하기 위한 사업을 말한다.
> 2. 재개발사업
>   정비기반시설이 열악하고 노후·불량건축물이 밀집한 지역에서 주거환경을 개선하거나 상업지역·공업지역 등에서 도시기능의 회복 및 상권활성화 등을 위하여 도시환경을 개선하기 위한 사업을 말한다.
> 3. 재건축사업
>   정비기반시설은 양호하나 노후·불량건축물에 해당하는 공동주택이 밀집한 지역에서 주거환경을 개선하기 위한 사업을 말한다.

(3) 토지취득방식에 따른 분류[35]

토지의 취득방식에 따라 부동산개발방식을 분류하면 단순개발방식, 환지방식, 매수방식, 혼합방식, 기타 등으로 나눌 수 있다.

① **단순개발방식:** 토지형질변경 등 토지소유자에 의한 자력개발을 의미하는 것으로 전통적인 개발방식이다.

② **환지*방식:** 우리나라에서 택지개발의 방법으로 널리 활용되는 도시개발사업의 시행방식이다. 이는 택지화가 되기 전의 토지의 위치·지목·면적·등급·이용도 등 기타 필요사항을 고려하여 택지개발 후 개발된 토지를 토지소유자에게 재분배하는 방식이다. 이 방식은 도시개발사업에서 많이 활용하는데, 이 방식에 따라 개발된 토지의 재분배 설계 시에는 평가식이나 면적식을 적용할 수 있다.

③ **매수방식**(수용방식)**:** 대상토지의 전면매수를 원칙으로 하여 개발하는 방식이기 때문에 사업시행자에 의한 수용절차가 필요하다. '택지개발예정지구의 지정에 의한 택지공영개발사업'이 대표적이다.

④ **혼합방식**(혼용방식)**:** 대상토지를 전면매수 또는 환지하는 방식을 혼용하는 개발방식으로, 「도시개발법」에 의한 도시개발사업, 「주택법」에 의한 대지조성사업 등이 대표적인 예이다.

---

* **환지(換地)**
도시개발사업에 소요된 비용과 공공용지를 제외한 후 도시개발사업 전 토지의 위치·지목·면적 등을 고려하여 토지소유자에게 재분배하는 토지를 말한다.

└ **체비지(替費地)**
도시개발사업에 필요한 경비에 충당하기 위해 환지로 정하지 아니한 토지를 말한다.

추가 환지설계(도시개발법 시행규칙 제27조 제3항)
환지설계는 평가식을 원칙으로 하되, 환지지정으로 인하여 토지의 이동이 경미하거나 기반시설의 단순한 정비 등의 경우에는 면적식을 적용할 수 있다. 이 경우 하나의 환지계획구역에서는 같은 방식을 적용하여야 하며, 입체환지를 시행하는 경우에는 반드시 평가식을 적용하여야 한다.
1. **평가식:** 도시개발사업 시행 전후의 토지의 평가가액에 비례하여 환지를 결정하는 방법을 말한다.
2. **면적식:** 도시개발사업 시행 전의 토지 및 위치를 기준으로 환지를 결정하는 방식을 말한다.

---

[35] 이창석, 전게서, pp.445~446

⑤ 합동·신탁개발방식
  ㉠ 합동개발방식: 토지개발사업에 참여하는 토지소유자와 함께 사업시행자, 재원조달자, 건설업자가 합동으로 택지개발에 착수하기 전에 일정가격으로 대상토지를 전량매수해서 택지로 개발하는 방식이다.
  ㉡ 신탁개발방식: 신탁관계가 토지개발을 목적으로 하여 이루어지는 방식이다.

> **보충** 도시개발법령상의 도시개발사업
>
> 도시개발사업이란 도시개발구역에서 주거, 상업, 산업, 유통, 정보통신, 생태, 문화, 보건 및 복지 등의 기능이 있는 단지 또는 시가지를 조성하기 위하여 시행하는 사업을 말한다(도시개발법 제2조 제1항 제2호). 도시개발사업은 시행자가 도시개발구역의 토지 등을 수용 또는 사용하는 방식이나 환지 방식 또는 이를 혼용하는 방식으로 시행할 수 있다(도시개발법 제21조 제1항).

(4) 개발주체에 따른 분류

부동산 개발을 시행하는 개발주체에 따라 공영개발방식, 민간개발방식, 민관합동개발방식으로 분류할 수 있다.

① **공영개발방식**[36]
  ㉠ 의의: 국가, 지방자치단체나 정부투자기관(공사)이 개발의 주체가 되는 것을 말한다.
  ㉡ 공영개발의 필요성
    ⓐ 시장실패의 수정
      ⅰ) 토지의 자연적 특성과 시장의 구조적 결함 및 외부효과의 존재 등은 시장기구를 통한 토지자원의 최적배분을 어렵게 한다.
      ⅱ) 시장실패(market failure)는 토지시장에 대한 공공개입의 필요성을 강조하고 있다.
    ⓑ 효율성과 형평성의 조화 추구
      ⅰ) 공공개입은 정부가 비효율성을 감소시키고 편익의 최종적인 분배를 더욱 공평하게 하려는 의도에서 출발한다.
      ⅱ) 정부의 토지시장 개입에 나타나는 두 가지 목표(즉, 재화와 서비스 생산에서의 보다 큰 효율성의 추구와 생산물의 분배에서의 보다 큰 형평성의 추구)는 서로 조화를 이루어야 한다.

---

[36] 이원준, 전게서, pp.310~311
이원준, 「부동산컨설팅업 경영과 실무」, 경록, 2002, pp.125~127

ⓒ 공영개발의 기본원칙
  ⓐ **도시의 균형개발 촉진**: 도시의 개발은 기존 도시나 인근도시와 연관시켜 균형 있게 개발함으로써 주민들의 주거생활에 불편을 주지 않도록 추진하여야 한다.
  ⓑ **쾌적한 주거편익시설의 설치**: 교통 및 통신시설, 상하수도, 공원, 의료시설 등 쾌적한 주거편익시설을 설치하여야 한다.
  ⓒ **사유재산권의 보호**: 사업시행자는 개인의 사유재산권을 보호하는 측면에서 충분한 보상과 협의가 이루어질 수 있도록 노력하여야 한다.
  ⓓ **부동산의 공급과 관리**: 공공기관이 개발한 부동산의 공급은 무주택서민에게 저렴한 가격으로 주택을 공급할 수 있도록 국민주택 건설용지와 국민주택 규모 이하의 임대주택용지에 대하여는 조성원가로 공급하여야 한다.

ⓔ 공영개발의 장단점
  ⓐ 장점
    ⅰ) '토지의 계획적 이용'을 통해 토지이용의 효율성을 제고할 수 있다.
    ⅱ) 택지의 대량공급이 가능하다.
    ⅲ) 개발이익의 사회적 환수가 가능하다.
    ⅳ) 공공사업으로 재투자가 가능하다.
    ⅴ) 토지투기를 방지할 수 있으며, 지가안정을 기할 수 있다.
  ⓑ 단점
    ⅰ) 재산권의 상대적 손실감으로 토지소유자의 민원이 발생할 우려가 있다.
    ⅱ) 사업비 전액을 사업시행자가 먼저 투자하므로 시행자의 자금부담이 가중된다.
    ⅲ) 대규모 사업시행 시 방대한 용지보상 지출로 인해 통화량 팽창과 주변지역의 지가상승이 우려된다.

② **민간개발방식**: 민간기업이 시장에서 자유롭게 토지를 취득한 후에 개발하는 방식이다. 이 방식은 자체개발사업, 지주공동사업, 토지신탁개발 그리고 컨소시엄 구성방식이 있다.

③ **민관합동개발방식**: 정부(또는 지방자치단체)와 민간기업이 합동으로 개발하는 방식을 말하는데, 민관합동개발사업이라고도 한다.

(5) 개발방식에 따른 분류[37] – 민간에 의한 부동산개발방식

민간의 부동산개발에서 사업방식은 자체개발사업, 지주공동사업, 토지신탁개발 그리고 컨소시엄 구성방식이 있다. 이 밖에도 일본에서는 차지방식 또는 신차지방식의 개발이 있다.

① **자체개발사업:** 자체개발사업의 사업방식은 토지소유자가 사업기획을 하고 직접 자금조달을 하여 건설을 시행하는 방식이며, 통상적으로 가장 많은 사업의 형태이다. 자금조달은 토지소유자의 보유자금 또는 토지소유자가 차입하여 활용하고, 건설은 토지소유자가 직접 건축 또는 도급발주하여 공사의 진척에 따라 대금을 지급하며, 마케팅은 상권이 양호하고 경험이 많을 경우 토지소유자가 직접 하거나 분양대행을 시킬 수 있다. 이 방식의 장점은 개발사업의 이익이 모두 토지소유자에게 귀속되고, 사업시행자의 의도대로 사업추진이 가능하며, 사업시행의 속도도 빠르다는 것이다. 그러나 단점은 사업의 위험성이 매우 높고, 자금조달의 부담이 크며, 위기관리능력이 요구된다는 것이다.

② **지주공동사업:** 토지소유자와 개발업자가 부동산개발을 공동으로 시행하는 방식으로서, 일반적으로 토지소유자는 토지를 제공하고 개발업자는 개발의 노하우를 제공하여 서로의 이익을 추구하는 형태이다. 지주공동사업의 가장 큰 장점은 불확실하거나 위험도가 큰 부동산개발사업에 대한 위험을 토지소유자와 개발업자 간에 분산할 수 있다는 데 있다.

㉠ **공사비 대물변제형:** 토지소유자가 건설공사의 도급발주 시에 개발업자(건설업체)가 토지소유자의 토지에 건축시공 후 공사비는 준공된 건축물의 일부로 받는 방식이다. 일반적으로 토지소유자가 사업시행자가 되고 개발업자(건설업체)는 시공회사로 참여한다. 공사비에 해당하는 대물부분은 사업약정 시 위치를 사전에 결정하며 대물부분을 원가 위주로 산정함으로써 다른 부분의 분양가보다 낮게 책정하는 것이 일반적이다. 토지소유자는 개발 콘셉트(concept) 및 방향이 분명하고 개발업자는 시공능력과 자금력이 양호하여야 한다.

㉡ **분양금 공사비 지급형:** 토지소유자가 사업을 시행하면서 개발업자(건설업체)에게 공사를 발주하고 공사비의 지급을 분양수입금으로 지급하는 방식이다. 시공회사는 분양수입금에서 공사비를 일정비율

O X 확 인 문 제

토지소유자의 자체사업일 경우 사업시행은 토지소유자가 하지만, 자금조달과 이익귀속의 주체는 건설회사이다. • 16회 ( )

정답 (×)
토지소유자의 자체사업일 경우에는 자금조달, 사업시행, 이익귀속의 주체는 모두 토지소유자이다.

O X 확 인 문 제

자체개발사업은 불확실하거나 위험도가 큰 부동산개발사업에 대한 위험을 토지소유자와 개발업자 간에 분산할 수 있는 장점이 있다. • 24회 ( )

정답 (×)
불확실하거나 위험도가 큰 부동산 개발사업에 대한 위험을 토지소유자와 개발업자 간에 분산할 수 있는 것은 지주공동사업의 가장 큰 장점이다.

O X 확 인 문 제

공사비를 분양금으로 정산하는 사업방식에서는 사업시행은 건설회사가 하지만, 이익은 토지소유자에게 귀속된다. • 16회 ( )

정답 (×)
공사비를 분양금으로 정산하는 사업방식에서는 자금조달은 개발업자가, 사업시행은 토지소유자가 하며, 이익은 토지소유자와 개발업자에게 귀속된다.

---

[37] 조주현, 전게서, pp.265~269

가지고 가며, 대여금에 대해서는 분양수입 중에서 최우선적 변제가 이루어진다. 통상적으로 자금동원능력이 없는 개인이나 법인이 사용하며, 토지소유자는 개발 콘셉트에 대한 분명한 결정, 프로젝트 관리능력이 있어야 한다.

ⓒ **투자자 모집형**: 개발업자가 조합 아파트처럼 투자자로부터 사업자금을 마련하여 사업을 시행하고 투자자에게는 일정의 투자수익 또는 지분을 보장하는 방법이다. 이는 현재 주로 신도시 상업지역의 개발이나 조합주택의 개발에 이용되고 있다. 실제 운영방식은 대개 사업시행자(조합)가 부족 자금에 대해 투자자를 모집하는 방식으로 진행된다. 사업시행 시에 쟁점으로 대두되는 사안은 투자자의 이익 보장과 조합원 간의 이해관계 조정이다.

ⓔ **사업위탁**(사업제안)**형**: 토지소유자가 개발업자에게 사업시행을 의뢰하고, 개발업자는 사업시행에 대한 수수료를 취하는 방식이다. 즉, 토지소유자가 토지소유권을 유지한 채 개발업자에게 사업시행을 맡기고 개발업자는 사업시행에 따른 수수료를 받는 방식이다. 자금의 조달은 토지소유자 또는 개발업자의 주선에 의하여 토지소유자가 조달하며, 개발 후 분양이나 임대를 개발업자가 대행하는 것이 보통이다. 이는 분양보다는 임대형에 유리하고 개발업자도 자금이 풍부해야 한다. 또한 임대수입금으로 차입금을 충분히 상환할 수 있어야 하며 상호 신뢰관계가 구축되어 있어야 한다.

③ **토지신탁형**: 토지소유자로부터 형식적인 소유권을 이전받은 신탁회사가 토지를 개발·관리·처분하여 그 수익을 수익자에게 돌려주는 방식이다. 이는 자신의 토지를 신탁회사에 위탁하여 개발·관리·처분하는 방식이며, 사업위탁방식과 유사하나 가장 큰 차이점은 신탁회사에 형식상의 소유권이 이전된다는 것이다. 토지소유자는 우선 신탁회사에 토지소유권을 신탁을 원인으로 이전하고, 신탁회사는 지주와의 약정에 의해 신탁수익증권을 발행하며, 이후 신탁회사는 금융기관으로부터 자금을 차입하여 건설회사에 공사를 발주한다. 건물이 준공되면 신탁회사가 입주자를 모집하고, 임대수익금에서 제세공과금을 제한 후에 수익증권의 수익자에게 수익을 배당한다. 신탁기간이 종료되면 신탁회사는 토지소유자에게 토지와 건물을 반환한다.

OX 확인문제

토지신탁방식은 토지소유자의 명의로 개발사업이 이루어지며, 신탁회사가 토지를 개발·관리·처분하여 그 수익을 수익자에게 돌려주는 방식이다. •24회 (　　)

정답 (×)
토지신탁방식은 토지소유자로부터 형식적인 소유권을 이전받은 신탁회사가 토지를 개발·관리·처분하여 그 수익을 수익자에게 돌려주는 방식이다.

> **OX 확인 문제**
>
> 대규모 개발사업에서는 법인 간에 컨소시엄을 구성하여 사업을 수행하는 것이 적합하다.
> (   )
>
> 정답 (O)

④ **컨소시엄 구성방식**: 대규모 개발사업에 있어서 사업자금의 조달 또는 상호 기술보완 등의 필요에 의해 법인 간에 컨소시엄을 구성하여 사업을 수행하는 방식이다. 참여회사 중의 하나가 대표회사가 되거나 별도의 연합법인을 설립하여 시행할 수 있다. 이는 사업의 안정성 확보라는 점에서 장점이 있으나, 사업시행에 시간이 오래 걸리고, 출자회사 간 상호 이해조정이 필요하며, 책임의 회피현상이 있을 수 있다는 단점이 있다.

■ 민간의 부동산개발방식

구분		자체개발사업	지주공동사업				토지신탁형	컨소시엄 구성방식
			공사비 대물변제형	분양금 공사비 지급형	투자자 모집형	사업위탁형 (사업제안)		
사업주체	토지소유	토지소유자	토지소유자	토지소유자	사업시행자	토지소유자	신탁회사	토지소유자
	건축시공		개발업자	개발업자	사업시행자	개발업자	신탁회사	컨소시엄 구성회사
	자금조달		개발업자	개발업자	투자자	토지소유자	신탁회사	
	사업시행		토지소유자	토지소유자	사업시행자	개발업자	신탁회사	토지소유자
	이익귀속		토지소유자, 개발업자	토지소유자, 개발업자	토지소유자, 투자자	토지소유자	수익자	토지소유자, 컨소시엄 구성회사
사업내용	정의	토지소유자에 의한 자금조달, 시공, 분양	토지소유자가 공사비를 대물변제	토지소유자가 개발업자 분양금으로 변제	토지소유자나 개발업자가 투자자 모집	토지소유자가 개발업자에게 사업 전 과정을 위탁	토지소유자가 신탁회사에 수수료를 주고 신탁개발	대규모 토지 개발에 시공사가 공동으로 참여
	내용	자금조달 (자기자금, 차입금) 후 시공, 분양	건설회사는 대물 부분을 분양, 임대, 자기사용	기성에 따른 지불이 아닌 분양금에서 지불	투자조합에 의한 투자 후 수익 보장	개발업자는 위탁수수료를 받고 사업시행	신탁회사에 형식상 소유권 이전 후 배당받음	토지소유자와 컨소시엄은 대물 또는 현금정산
	활용	사업성이 좋은 경우	입지가 양호한 경우	현실적으로 많이 활용	테마빌딩	건설사에서 적극 활용	사업성이 좋은 경우	대규모 아파트 및 SOC 사업에 활용
비고		일반적으로 이용됨	시공사와 공사비 산정 문제 발생	대표적 지주공동사업	새로운 유형	소규모 사업에 활용	신탁수수료 협의 문제	지주공동사업과 유사한 형태

> **⊕ 보충** 공동개발방식
>
> 1. 등가교환방식
>   토지소유자가 소유한 토지 위에 개발업자가 자금을 부담하여 건축한 건물의 건축면적을 토지소유자와 개발업자가 전체 투입자금 비율로 나누는 공동사업 유형이다. 즉, 토지소유자가 토지를 제공하고 개발업자가 건물을 건축하여, 그 기여도에 따라 각각 토지·건물의 지분을 가지는 방식이다.
> 2. 차지방식(토지임차방식)
>   ① **종래의 차지방식**: 차지인(借地人)이 토지소유자에게 권리금을 지불한 후 토지소유자의 토지 위에 건물을 건축하여 차지권부 건물로 분양하거나 임대하는 방식이다.
>   ② **신차지방식**: 신차지방식은 개발업자가 토지를 임차하여 개발하는 방식으로서, 차지계약을 체결할 때 권리금을 주고받지 않는다. 차지계약기간 중에는 토지소유자에게 고액의 지대가 지불된다. 차지계약 종료시점에 토지는 무상으로 반환되고, 건물은 시가로 양도된다.
> 3. 기타
>   그 밖에 건설협력금차입방식, 공동빌딩건설방식 등이 있다.

(6) 민간투자사업방식에 따른 분류

① **BTO(Build-Transfer-Operate) 방식**: 사회간접자본시설의 준공과 함께 시설의 소유권이 정부 등에 귀속되지만, 사업시행자가 정해진 기간 동안 시설에 대한 운영권을 가지고 수익을 내는 민간투자사업방식이다. 이는 도로, 터널 등 시설이용자로부터 이용료를 징수할 수 있는 사회기반시설 건설의 사업방식으로 활용되고 있다.

② **BTL(Build-Transfer-Lease) 방식**: 민간이 개발한 시설의 소유권을 준공과 동시에 공공에 귀속시키고 민간은 시설관리운영권을 가지며, 공공은 그 시설을 임차하여 사용하는 민간투자 사업방식이다. 이는 학교 건물, 기숙사, 도서관, 군인 아파트 등의 개발에 활용되고 있다.

■ BTO 방식과 BTL 방식의 비교

추진방식	BTO 방식	BTL 방식
대상시설 성격	최종 수요자에게 사용료 부과로 투자비 회수가 가능한 시설	최종 수요자에게 사용료 부과로 투자비 회수가 어려운 시설
투자비 회수	최종 사용자의 사용료	정부의 시설임대료
사업리스크	민간이 수요위험 부담	민간의 수요위험 배제

③ **BOT(Build-Operate-Transfer) 방식:** 민간사업자가 스스로 자금을 조달하여 시설을 건설하고, 일정기간 소유·운영한 후, 사업이 종료한 때 국가 또는 지방자치단체 등에 시설의 소유권을 이전하는 민간투자사업방식이다.

④ **BLT(Build-Lease-Transfer) 방식:** 사업시행자가 사회간접자본시설을 준공한 후 일정기간 동안 운영권을 정부에 임대하여 투자비를 회수하며, 약정 임대기간 종료 후 시설물을 정부 또는 지방자치단체에 이전하는 민간투자사업방식이다.

⑤ **BOO(Build-Own-Operate) 방식:** 시설의 준공과 함께 사업시행자가 소유권과 운영권을 가지는 민간투자사업방식이다.

4. 부동산개발과 개발권양도제[38]

① 개념

㉠ 개발권양도제(Transferable Development Rights; TDR) 또는 개발권이전제란 개발제한으로 인해 규제되는 보전지역(규제지역)에서 발생하는 토지소유자의 손실을 보전하기 위한 제도이다. 즉, 규제지역 토지소유자의 재산상의 손실을 시장을 통해 해결하려는 제도이다.

㉡ 개발권양도제는 상부의 미이용공간에 직접 시설을 건축하여 이용함이 부적당한 경우, 상부의 미이용공간에 상응하는 용적률의 개발권 등을 인근토지로 양도하여 이용하도록 하는 방법을 말한다.

㉢ 개발권양도제는 현재 우리나라에서 시행되고 있지 않은 제도이다. 그러나 미국의 경우 초기에는 도심지의 역사적 유물 등을 보존하기 위한 목적으로 실시되었으나 최근에는 토지정책의 수단 중 토지이용규제의 한 방법으로 이용되고 있다.

---

38) 서순탁 외, 「국토의 합리적 관리를 위한 개발권분리 방안연구」, 국토연구원, 2000
39) 이창석, 전게서, pp.458~462

② 내용
   ㉠ 부동산소유권에 양도 가능성이 있듯이 부동산개발권에도 양도 가능성이 있도록 한 것이다. 즉, 개발이 제한된 보전지역 내의 토지소유자에게 부여된 개발권을 개발이 가능한 다른 지역의 토지소유자에게 매각하게 하여, 제한지역 내의 토지소유자가 받는 손실을 개발가능지역의 토지소유자가 보상하게 함으로써 손실을 완화시킬 수 있는 제도이다.
   ㉡ 개발권양도제가 실효를 거두려면 개발가능지역의 개발권에 대한 수요가 있어야 하는데, 개발권에 대한 수요가 발생하도록 하기 위해서는 다음과 같은 요건이 전제되어야 한다.
      ⓐ 개발지역에 있어서 토지를 보다 집약적으로 이용하려는 강한 경제적 동기가 팽배하도록 여건을 조성해야 한다.
      ⓑ 개발지역의 지가수준이 높고 토지이용밀도가 강해야 한다.
      ⓒ 개발권의 취득 없이는 토지개발자가 원하는 정도로 토지를 집약적으로 이용할 수 없도록 개발행위가 효과적으로 규제되고 있어야 한다.
      ⓓ 개발지역에서의 개발단위당 취득해야 하는 개발권의 수를 많게 하면 그만큼 개발권에 대한 수요도 커질 것이다. 그런데 개발권당 개발가능지역에서 개발가능한 개발량(전환율)을 적게 해야 취득하는 개발권의 수가 많아질 것이다.

③ 장점
   ㉠ 개발의 부정적인 영향을 감소시키고, 개발을 특정지역에 집중시키므로 공공투자비용을 절감시키는 효과가 있다.
   ㉡ 공공이 부담해야 하는 비용을 절감하면서 규제에 따른 손실의 보전이 이루어진다는 점에 의의가 있다.
   ㉢ 형평성을 높여 용도지역제의 한계를 보완할 수 있다.

④ 문제점
   ㉠ 규제비용 및 시장의 불완전성 문제를 해소하지 못하므로 사회적 효율성은 그리 크지 않다.
   ㉡ 개발권의 배분방식이 사전에 토지가치를 고려하여 이루어지므로 보전지역의 토지소유자에게 상대적으로 유리하다.
   ㉢ 신규주택의 가격을 상승시켜 주택구입자의 부담이 증가한다.

5. 택지개발

(1) 택지개발의 의의 및 목적

① **의의:** 택지의 조성과 공공시설의 정비에 의해 택지를 확보하고 시가지의 개발을 행하는 것이다.

② **목적:** 택지개발은 토지의 이용증진과 주민들의 주거생활 수준향상을 도모하는 데 그 목적이 있다. 또한 도시환경·주거생활 수준의 향상, 토지의 합리적 이용에 목적이 있다. 따라서 택지개발은 도시에 있어서 절대적인 택지 부족에 대응하는 공급사업이며, 도시의 토지문제를 종합적으로 해결하고 도시환경을 순화함과 동시에 합리적인 토지이용을 실현하는 수단이다.

> **⊕ 보충 택지의 의의 및 성숙도**
>
> 1. 택지의 의의
>   택지란 토지이용의 한 형태로서 주택, 점포, 공장, 기타 여러 가지 건물부지로 이용되거나, 이용되는 것이 사회적·경제적·행정적으로 합리적이라고 인정되는 토지를 말한다. 그 용도에 따라서 주거지·상업지·공업지로 구분되는데, 농지나 임지는 택지라고 부르지 않는다.
>
> 2. 택지의 성숙도
>   ① 택지의 성숙도란 택지가 건축할 수 있는 조건을 얼마나 갖추고 있는가에 관한 복합개념이다.
>   ② 성숙도는 개개의 택지에 대한 개념이며, 통상 동일 택지라도 용도가 다르면 그 성숙도에 차이가 있다.
>   ③ 최종 소유자의 관점에서 본다면 미성숙지는 통상 불리하다.
>   ④ 대규모의 개발계획 또는 투기 등의 경우에는 미성숙지를 그 대상으로 하기도 한다. 성숙지란 시간의 낭비 없이 즉시 건축활동 등 소기의 토지이용을 할 수 있는 토지를 말하며, 이때 미성숙이란 택지가 성숙하기까지 상당한 기간·비용이 소요되거나 또는 택지소유비용을 부담해야 하는 경우 등을 말한다.

(2) 택지개발의 필요성(요인)[40]

택지개발의 필요성을 수요 측면과 공급 측면으로 구분하면 다음과 같다.

① **수요 측 요인**(택지수요의 발생요인)

　㉠ 인구의 자연 증가

　㉡ 가구규모의 변화(핵가족화 현상)

　㉢ 도시화 현상(도시의 팽창)

---

[40] 이원준, 전게서, pp.111~114

ⓔ 주거수준의 향상
ⓜ 소득의 향상
ⓗ 가수요 현상
ⓢ 공공용지의 확보 및 주택의 이용전환
② **공급 측 요인**(택지공급의 제약요인)
㉠ 유한한 국토자원
㉡ 그린벨트(greenbelt)의 설정 등으로 토지공급의 제한
㉢ 토지의 세분화 ⇨ 용도지역·지구의 지정
㉣ 고지가 현상

(3) 택지개발의 과정

① **기획 및 사업준비단계:** 기획·사업대상의 용지취득, 토지 및 입지조건에 알맞은 토지이용계획 등 기본계획의 수립, 택지조성공사에 필요한 제 수속을 행하는 과정으로 공사착수 이전까지의 단계이다.
② **조성공사의 시공단계:** 토지의 구획, 형질변경과 공공시설의 설치 또는 변경에 관한 사업을 계획·실시하는 과정을 말한다.
③ **택지의 처분·이용단계:** 조성된 택지를 처분하거나 그 목적에 따라 택지로서 사용·수익이 개시되는 단계이다.
④ **사업종료와 시가화단계:** 택지개발사업의 종료와 더불어 시가화가 진행된다. 즉, 지금까지 자연적 또는 농업적 이용형태이었던 토지가 도시적 이용형태(택지)로 전환된다.

6. 부동산신탁

(1) 신탁의 의의

① **신탁의 개념:** '신탁'이란 신탁을 설정하는 자(위탁자)와 신탁을 인수하는 자(수탁자) 간의 신임관계에 기하여 위탁자가 수탁자에게 특정의 재산(영업이나 저작재산권의 일부를 포함)을 이전하거나 담보권의 설정 또는 그 밖의 처분을 하고 수탁자로 하여금 일정한 자(수익자)의 이익 또는 특정의 목적을 위하여 그 재산의 관리, 처분, 운용, 개발, 그 밖에 신탁 목적의 달성을 위하여 필요한 행위를 하게 하는 법률관계를 말한다(신탁법 제2조).

② **신탁관계인**
   ㉠ **위탁자**: 신탁을 설정하는 자를 말한다.
   ㉡ **수탁자**: 신탁을 인수하는 자로 자산운용을 담당하는 신탁회사를 말한다.
   ㉢ **수익자**: 신탁행위에 따라 신탁이익을 받는 자를 말한다. 수익자는 위탁자가 지정한 제3자가 될 수도 있다.
   ㉣ **신탁재산관리인**: 수탁자를 대신하여 신탁재산을 관리하는 자를 말한다.

(2) 부동산신탁

부동산신탁이란 위탁자(부동산소유자)가 특정한 재산권을 수탁자(부동산신탁회사)에게 이전하거나 기타의 처분을 하고, 수탁자로 하여금 수익자의 이익 또는 특정한 목적을 위하여 그 재산권을 관리·처분하게 하는 법률관계를 말한다. 신탁계약은 수탁자와 위탁자 간에 체결되며 투자자는 위탁자가 발행하는 수익증권을 매입함으로써 수익자가 되어 운용성과를 얻을 수 있게 된다. 부동산신탁은 신탁계약의 내용에 따라 부동산개발, 관리, 처분, 담보 등을 목적으로 하며, 이러한 목적에 따라 토지(개발)신탁, 관리신탁, 처분신탁, 담보신탁 등으로 분류된다.

① **토지(개발)신탁**: 토지신탁 또는 토지개발신탁이란 토지소유자가 토지를 개발하기 위한 목적으로 가입하는 신탁을 말한다. 신탁회사는 신탁계약에 따라 사업비 조달, 시공사 선정 등의 개발사업을 수행한다. 사업이 완료되면 신탁회사는 신탁보수, 비용 등을 정산한 뒤 수익을 수익자에게 지급하는 것으로 신탁계약은 종료된다. 토지신탁은 토지개발사업의 사업비 조달의 주체에 따라 관리형 토지신탁과 차입형 토지신탁으로 구분된다.
   ㉠ **관리형 토지신탁**: 위탁자가 사업비를 조달하는 방식으로 신탁회사의 위험은 낮고 신탁보수율도 낮다.
   ㉡ **차입형 토지신탁**: 신탁회사가 사업비를 조달하는 방식으로 신탁회사는 위험이 크고 신탁보수율도 높다.

② **부동산관리신탁**[41]: 부동산관리신탁은 위탁자가 수탁자와 신탁계약을 체결한 후 부동산을 수탁자에게 소유권 이전 및 신탁등기를 하고나면 수탁자는 신탁재산으로 인수한 부동산을 관리(보존, 개량, 임대 등)하고

---

41) 방경식, 「부동산학개론」, 범론사, 2000, p.561

발생한 수익을 수익자에게 교부하는 신탁이다. 이는 부동산의 소유자가 부동산의 관리서비스를 받기 위한 목적으로 가입하는 것으로 부동산의 소유권관리, 건물수선 및 유지, 임대차관리 등 제반 부동산 관리업무를 신탁회사가 수행하는 방식이다.

㉠ **갑종 관리신탁**(종합관리형): 위탁자가 맡긴 부동산을 종합적으로 관리·운용하여 그 수익을 수익자에게 교부하는 방식이다. 종합적 관리란 부동산의 소유권만 관리하는 것이 아니라 건물의 외형이나 경제적인 측면까지 관리하는 법률·경제·기술적 관리를 말한다.

㉡ **을종 관리신탁**(부분관리형): 일명 명의신탁이라고도 하며, 관리의 일부(소유권 관리)만을 수행하는 것을 말하는데, 보통 소유권의 법률관리만을 한다. 부동산의 '소유권 관리'만 하는 것을 말하므로 '명의신탁'이라고도 한다. 이는 소유권의 법률관리만을 하는 것으로 부동산의 소유권만 신탁회사 앞으로 이전해 놓고 실제적인 관리는 위탁자가 하는 것으로 신탁회사는 단순한 명의대여자일 뿐 아무런 권한이 없다.

③ **부동산처분신탁**: 부동산처분신탁은 위탁자(부동산소유자)가 부동산의 처분을 목적으로 수탁자에게 소유권을 이전하고 수탁자가 신탁재산으로 인수한 부동산을 처분하여 그 처분대금을 수익자에게 교부하는 신탁이다. 이는 권리관계가 복잡하여 처분에 어려움이 있는 부동산이나 부동산의 규모가 큰 고가의 부동산을 효율적으로 처분하기 위해 이용될 수 있다.

④ **부동산담보신탁**: 부동산담보신탁은 위탁자(부동산소유자)가 소유권을 수탁자(신탁회사)에게 이전하고 수탁자(신탁회사)로부터 수익증권을 교부받아 수익증권을 담보로 금융기관에서 대출을 받는 신탁을 말한다. 이 경우 만일 위탁자의 채무불이행 시 신탁회사는 부동산을 처분하여 금융기관에 변제해 주고 잔액은 위탁자에게 돌려주게 된다.

⑤ **분양관리신탁**: 분양관리신탁은 상가 등 건축물 분양의 투명성과 안정성을 확보하기 위하여 신탁회사에게 사업부지의 신탁과 분양에 따른 자금관리업무를 부담시키는 제도이다. 이는 일정규모 이상의 상가, 오피스텔 등을 선분양하는 경우 필요한 신탁으로 부동산 신탁회사가 부동산 소유권 및 분양대금을 보전·관리하게 함으로써 건축물 분양과정의 투명성과 안정성을 확보하여 피분양자를 보호하기 위해 시행되는 제도이다.

7. 토지개발과 토지보존

토지에는 지표수, 산림 등 자연상태로 보존해야 할 토지(현장자원으로서의 토지)와 택지, 상업용지, 공업용지 등으로 개발해야 할 토지(상품자원으로서의 토지)가 있다. 토지자원의 개발은 인간에게 만족을 주지만 자연환경을 파괴하는 결과를 초래하므로 개발과 보존의 조화가 이루어져야 한다(지속가능한 개발).

(1) 현장자원(in site resources)으로서의 토지[42]

생산과정을 거치지 않고 자연상태로 현장에 존재하면서 직접 어떤 효용을 발생시키는 토지, 즉 토지에 어떤 인공적인 노력이 가해짐 없이 자연상태로 존재하면서도 직접적으로 어떤 사회적 이익을 발생시키는 토지를 총칭한다.

예 황무지, 불모지, 삼림, 지표수

(2) 상품자원(commodity resources)으로서의 토지

자연적으로 주어진 토지에 노동과 자본투입을 통한 인위적인 노력을 가함으로써 어떤 사회적 이익을 발생시키는 토지를 총칭한다.

예 택지, 상업용지, 공업용지, 농경지

(3) 특징(양자의 비교)

① 공급 측면
  ㉠ 상품자원으로서의 토지의 공급은 대체재의 동원 및 개발, 기술의 진보 등을 통해 크게 증가할 수 있다. 그러나 현장자원으로서의 토지는 자연적 제약에 의해 그 공급이 한정적이고 대체재도 부족하다.
  ㉡ 상품자원으로서의 토지는 그 대체가 가능한 반면, 현장자원으로서의 토지는 대체재를 구할 수 없으므로 일단 다른 용도로 전용되면 원상태로 복귀가 어렵다. 즉, 결정의 비가역성이 있다.

② 수요 측면: 현장자원으로서의 토지의 수요는 매우 소득탄력적이며, 기술의 진보는 직접적·간접적으로 이 수요를 크게 증가시키는 역할을 한다. 이러한 수요의 측면은 현장자원을 상품자원에 비해 상대적으로 부족하게 만든다. 그 외 소득의 증가, 교육수준의 향상, 여가의 증대, 인구증가 등은 현장자원에 대한 수요를 증가시킨다.

---

[42] 이정전, 「토지경제론」, 박영사, 1988, pp.448~461

③ **시장가격 측면:** 상품자원으로서의 토지는 자유시장에서 수요자와 공급자에 의해 자유롭게 거래되어 사회적 가치를 잘 반영하는 시장가격이 존재하는 반면, 현장자원으로서의 토지는 시장에서 자유롭게 거래된다고 하더라도 공공재적 성격 때문에 거래가격이 사회적 가치를 그대로 반영하지 못한다.

④ 시장기구 체제하에서 현장자원은 상품자원의 개발수요 압력에 지속적으로 잠식될 수밖에 없다. 따라서 현장자원으로서의 토지는 그 사회적 가치에 상응하는 정부의 정책적 배려에 의해 보존되어야 한다. 그러기 위해서는 사회적 가치에 대한 별도의 추정이 있어야 한다.

⑤ 일반적으로 공공재의 수요추정은 매우 어려우며, 현장자원으로서의 토지의 경우에는 결정의 비가역성, 규모의 경제, 선택수요 등으로 수요추정에 있어 어려움이 있다. 이러한 특수한 요인들은 계량화가 매우 어려우며 일반적으로 이에 대한 인식도 부족하여 흔히 수요추정과정에서 무시되기 쉽다.

⑥ 수도권의 개발제한구역(greenbelt)이나 공원녹지의 의의를 단순한 확산억제에 국한시키는 것은 현장자원으로서의 사회적 가치를 과소평가하는 것이다.

8. 도시경제기반이론

(1) 개념

경제기반이론(economic base theory)은 수출기반이론(export base theory)이라고도 하는데, 이는 수출산업인 기반산업을 육성하여 수출을 확대해 나감으로써 지역경제의 성장과 발전을 도모할 수 있다고 보는 이론이다.[43] 즉, 어떤 지역의 기반산업이 활성화되면 비기반산업도 함께 활성화됨으로써 지역경제의 성장과 발전이 유도된다는 이론이다.

(2) 경제기반이론의 특징

① 한 지역의 산업활동을 두 부문, 즉 기반활동과 비기반활동*으로 나누고 있다.
② 기반산업과 비기반산업의 발달이 지역의 경제성장과 발전을 촉진시킨다.
③ 각 공간단위의 경제기반 강화가 지역개발의 중요한 정책수단으로 고려될 수 있다.

---
43) 김수신·고병석, 「지역개발론」, 한국방송대학교 출판부, 2002, pp.53~54

O X 확 인 문 제

경제기반이론은 어떤 지역의 비기반산업이 활성화되면 기반산업도 함께 활성화됨으로써 지역경제의 성장과 발전이 유도된다는 이론이다. ( )

정답 (×)

경제기반이론은 어떤 지역의 기반산업이 활성화되면 비기반산업도 함께 활성화됨으로써 지역경제의 성장과 발전이 유도된다는 이론이다.

* 기반활동과 비기반활동

다른 지역에 재화나 서비스를 수출하는 부문을 수출부문 또는 기반부문(basic sector)이라 하고, 이 부문에서 이루어지는 경제활동을 기반활동(basic activity)이라 한다.
반면, 그 지역 내에 재화와 서비스를 공급하며 기반부문을 지원하는 부문을 비기반부문(non-basic sector)이라 하고, 비기반부문에서 이루어지는 경제활동을 비기반활동(nonbasic activity)이라 한다.

(3) 입지계수 – 기반산업의 판별

도시 및 지역경제학에 의하면 도시의 기능이 그 도시가 고용구조면에서 산업별로 전국 평균 또는 도시 평균에 비하여 몇 %가 전문화되었는지에 따라 결정된다고 한다. 이러한 판별방법을 가능하게 하는 지수를 입지계수(Location Quotient; LQ) 또는 입지상(立地商), 전문화지수(Specialization Coefficient or Index; SI)라고 부른다. 입지계수를 통해 해당 지역 특정 산업의 특화도를 파악할 수 있다.

$$입지계수(LQ) = \frac{A지역의\ X산업구성비}{전국의\ X산업구성비}$$

$$= \frac{\dfrac{A지역\ X산업의\ 고용자\ 수}{A지역\ 전체\ 산업의\ 고용자\ 수}}{\dfrac{전국\ X산업의\ 고용자\ 수}{전국\ 전체\ 산업의\ 고용자\ 수}}$$

$$= \frac{\dfrac{A지역\ X산업의\ 생산액}{A지역\ 전체\ 산업의\ 생산액}}{\dfrac{전국\ X산업의\ 생산액}{전국\ 전체\ 산업의\ 생산액}}$$

- LQ > 1이면, A지역은 X산업 제품을 수출(⇨ 수출기반산업)
- LQ = 1이면, A지역은 X산업 제품을 자급(평균)
- LQ < 1이면, A지역은 X산업 제품을 수입

(4) 경제기반승수

① **의의**: 경제기반승수는 기반산업의 고용인구변화에 대한 지역사회 총고용인구증가의 비율로, 경제기반산업의 고용증가 등이 지역사회 총고용인구증가에 미치는 영향을 예측할 수 있게 한다.

- 지역사회 총고용인구증가 = 경제기반승수 × 기반산업의 고용인구증가
- 경제기반승수 = $\dfrac{지역사회\ 총고용인구증가}{기반산업의\ 인구증가}$

  $= \dfrac{1}{기반산업비율} = \dfrac{1}{1-비기반산업비율}$

예를 들면, 비기반산업비율이 80%라면 경제기반승수는 5이고, 이 경우에 기반산업 고용증가가 100명이라면 지역사회 총고용인구증가는 500명이라 할 수 있다.

정리 입지계수를 통해 해당 지역의 수출기반산업 또는 경제기반산업 여부를 판별할 수 있다.

O X 확 인 문 제

입지계수가 1보다 큰 경우는 수출기반산업으로, 1보다 작은 경우에는 비수출기반산업으로 볼 수 있다. ( )

정답 (O)

O X 확 인 문 제

경제기반승수를 통해 경제기반산업의 고용증가 등이 지역사회 총고용인구증가에 미치는 영향을 알 수 있다. ( )

정답 (O)

② 특징44)
　㉠ 경제기반승수를 통해, 기반산업 수출부문의 고용인구 변화가 지역의 전체 고용인구에 미치는 영향을 예측할 수 있다.
　㉡ 경제기반승수를 통해, 기반산업 수출부문의 고용인구 변화가 지역의 총인구에 미치는 영향을 예측할 수 있다.
　㉢ 경제기반분석은 고용인구 변화가 부동산수요에 미치는 영향을 예측하는 데 사용될 수 있다.
　㉣ 계산이 용이하고 이해가 쉬워 설득력이 있으며, 통계자료가 부족한 경우에도 기반비(base ratio)만 알면 승수효과가 쉽게 예측될 수 있어 적용하기 쉽다. 또한 생산량에 대한 자료가 없어도 고용예측을 통해 경제예측이 가능하다.
　㉤ 생산성의 증가, 입지요인의 변화 등에 따라 기반비와 승수효과가 달라진다는 단점이 있다.

(5) 경제기반이론의 장단점
① 장점
　㉠ 어느 지역의 경제발전을 위해서는 그 지역의 기반부문활동을 파악하고 활성화시켜야 한다는 지역정책 및 개발계획의 방향을 설정하게 한다.
　㉡ 경제기반이론에 의한 지역의 미래고용, 소득 또는 인구의 예측을 통해 지역경제개발의 방향을 설정할 수 있다.
② 단점
　㉠ 사용될 지표를 소득으로 할 것인가, 고용으로 할 것인가 하는 선택의 문제를 야기한다.
　㉡ 기반부문과 비기반부문의 산업구분이 쉽지 않으며, 지역의 범위를 어디까지로 하느냐의 문제가 야기된다.
　㉢ 기반비나 기반승수가 지역의 경제구조가 변화해도 일정하다는 가정은 현실성이 결여되어 있다.
　㉣ 수입부문(import sector)을 무시하고 있으며, 정부지출 또는 비기반부문에 대한 민간투자와 같은 역할을 도외시하고 있다.

---
44) 김수신·고병석, 전게서, pp.55~56

제2절 부동산관리

1 부동산관리의 의의 및 필요성 ·24회 ·25회 ·26회 ·30회

1. 부동산관리의 의의

부동산관리란 부동산을 그 목적에 맞게 최유효이용을 할 수 있도록 부동산의 유지·보존·개량 및 그 운용에 관한 일체의 행위를 말한다. 또한 부동산의 '보존' 및 성질이 변하지 않는 범위 내에서 그 유용성을 증대시키기 위하여 '이용·개량'하는 것을 말한다. 부동산의 유지는 외부적 관리행위로서 부동산의 외형이나 형체를 변화시키지 않고 양호한 상태를 지속시키는 행위를 말한다. 보존이란 관리상의 주의를 계속하면서 부동산의 가치를 증가시키며 부동산의 권리를 확보하고 실태를 파악하는 행위를 말한다. 운용은 부동산소유자 자신이 사용하거나 또는 수익하고 타인에게 이용하게 하여 부동산을 활용하는 등의 행위를 말한다.[45] 부동산관리란 부동산의 '처분'에 대응하는 개념이다.

부동산 보존활동	재산으로서 부동산이 지니는 본래의 상태를 보존함으로써 그 부동산이 가지는 기능을 계속 유지시키고자 하는 노력이다.
부동산 이용활동	부동산이 가지는 기능에 따라 이익을 증대하는 활동이다.
부동산 개량활동	부동산의 법률적·경제적·기술적 하자를 제거하고 부동산의 유용성을 극대화하려는 노력이다.

2. 부동산관리의 필요성

(1) 도시화

인구의 도시집중은 단독주택에서 공동주택으로 주택구조를 변경시켰고, 그로 인하여 공동주택의 전문적인 관리를 필요로 한다.

(2) 건축기술의 발달

도시화와 더불어 대형·고층건물의 수요가 늘게 되고, 이에 부응하여 건축기술의 발달은 전문적인 관리가 아니고는 그 유지가 불가능하게 되었다.

(3) 부재소유자의 요구

도시화가 부동산개발이나 투자를 촉진하게 되어 도시지역의 부동산이

---

45) 이원준, 전게서, pp.705~706

대량으로 임대화되었는데, 이와 같은 부재자의 소유현상은 소유자로 하여금 부동산의 관리를 전문관리인에게 위탁하게 만드는 요인이 되었다.

3. 부동산의 과학적 관리

(1) 과학적 관리론의 의의
과학적 관리론의 대표적인 학자는 테일러(F. W. Taylor)이다. 따라서 과학적 관리론을 '테일러 시스템(Taylor system)' 또는 '테일러리즘(Taylorism)'이라고도 한다. 과학적 관리론은 처음에는 기업경영의 원리로서 발전되었으나 그 후 부동산의 효율적 관리에도 많은 기여를 하였다.

(2) 과학적 관리론의 내용
테일러는 전통적으로 행해져 왔던 비능률적인 주먹구구식 방법을 비판하면서 개개의 노동자가 행하는 작업을 요소별 작업으로 분석·측정하여 잘못된 동작이나 불필요한 동작을 제거한 후, 적당한 여유시간을 가해 통합하는 방법을 택하였다. 이는 과학적 측정에 입각한 연구결과이며, 여기서 얻어진 자료에 의해 작업량과 과업(task)을 설정하는 관리의 과학화를 제창하였다.

4. 부동산관리의 3가지 영역

부동산관리는 시설관리, 재산관리(건물 및 임대차관리), 자산관리 등으로 구분할 수 있는데, 그중 자산관리가 가장 중요하다.

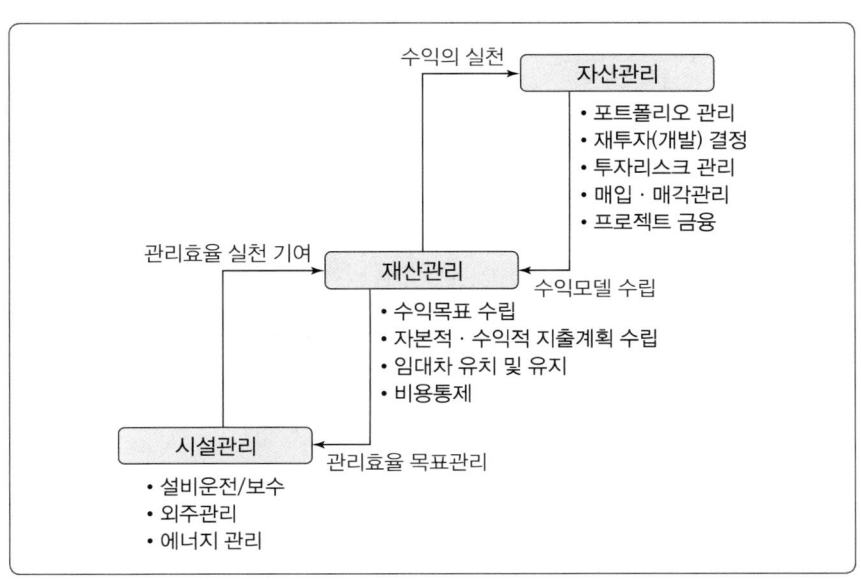

(1) 시설관리

시설관리(facility management)는 단순히 시설의 사용자나 기업의 요구에 따라 각종 부동산시설을 운영·유지하는 형태의 소극적 관리를 말한다. 이는 물리적 유지관리로서 설비의 운전 및 보수, 에너지 관리, 건물 청소관리, 방범·방재 등 보안관리가 이에 해당한다.

(2) 재산관리(건물 및 임대차관리)

재산관리(property management)는 건물 및 임대차관리라고도 하는데, 부동산 보유기간 중에 부동산의 운영수익을 극대화하고 자산가치를 증진시키기 위한 관리를 말한다. 이는 임대 및 수지관리로서 수익목표의 수립, 자본적·수익적 지출계획의 수립, 연간 예산수립, 임대차 유치 및 유지, 비용통제 등을 수행하는 것이다.

(3) 자산관리

자산관리(asset management)는 부동산가치를 증가시킬 수 있는 방법들을 모색함으로써 부동산소유자나 기업의 부(富)를 극대화하려는 적극적인 관리를 말한다. 이는 투자관리로서 포트폴리오 관리, 투자리스크 관리, 부동산의 매입과 매각 관리, 프로젝트 금융 등이 이에 해당한다.

> **O X 확 인 문 제**
> 부동산설비의 운전 및 보수, 부동산의 매입과 매각관리, 에너지 관리, 건물 청소관리, 방범·방재 등 보안관리는 시설관리에 해당한다. •18회 ( )
> 정답 (×)
> 부동산의 매입과 매각관리는 자산관리에 해당한다.

2 부동산관리의 내용(복합적 관리, 광의의 관리) •25회 •26회

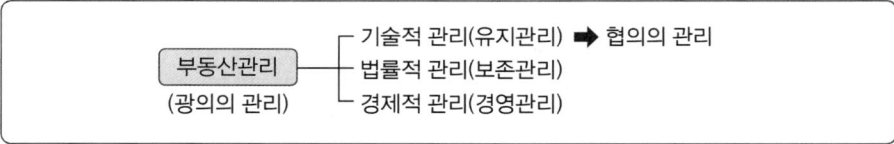

1. 기술적 관리(유지관리)

기술적 관리란 대상부동산에 대한 물리적·기능적인 하자의 발생에 따른 필요한 기술적인 조치 및 이에 대한 사전예방행위(예방적 유지활동)이다.46)

---

46) 김태훈, 전게서, p.338
　 방경식, 전게서, p.526

(1) 토지의 기술적 관리[47]

토지의 관리에서는 모르는 사이에 이웃이 경계를 침범하여 건물을 짓거나 사도(私道)가 되는 경우 등이 있을 수 있으므로 경계표시를 해 두거나 측량을 하여 경계를 확정하고, 사도 방지를 위해 철조망 등을 설치해 두는 방법도 고려해 볼 수 있다. 또 경사지의 대책으로는 옹벽 설치, 배수시설 등을 고려해야 하며, 깨끗한 환경관리를 위해 쓰레기장화 방지대책을 세울 수 있다.

(2) 건물의 기술적 관리[48]

① **위생관리:** 위생관리에는 청소관리, 해충대책 등이 있는데, 위생관리의 양부는 많은 건물을 이용하는 사람들의 건강에 직접적인 영향을 미친다.

② **설비관리:** 건물 내 각종 설비의 기능을 충분히 발휘시켜 건물 내의 환경 조건을 양호한 상태로 유지하기 위해 기구의 운전·보수·정비 및 실내의 온도·습도의 측정 등 기술적 관리를 하는 것을 말한다.

③ **보안관리:** 방범, 방재(防災), 기타 안전대책을 확보하기 위하여 행하는 관리이다. 화재보험, 재해보험 등에 가입하는 것도 보안관리의 하나이다.

④ **보전관리:** 보전관리란 건물의 현상유지, 원상회복 및 예방관리로서 보수작업으로부터 개량행위, 갱신(更新) 등을 포함하는 광의의 유지관리를 말한다.

2. 법률적 관리(보존관리)[49]

법률적 관리란 대상부동산에 대해 행정적 내지 법률적 측면에서 관리하는 것을 말한다. 부동산의 유용성을 보호하고자 하는 법률상의 절차와 처리로서 법적인 보장을 최대한 확보하려는 관리행위이다.

(1) 토지의 법률적 관리

토지관리의 가장 기본이 되는 것은 소유권 등 권리보전을 위한 관리이다.

① **권리관계의 조정:** 부동산에 원인 없는 등기가 존재하거나 목적물과 권리가 다른 경우와 같이 불필요한 권리가 부착되어 있거나 필요한 권리가 결여되어 있는 경우, 조정할 권리를 잘 파악하여 조정한다.

---

47) 김태훈, 전게서, p.345
　　방경식, 전게서, p.552
48) 이원준, 「부동산학원론」, 박영사, 2002, pp.225~228
　　김태훈, 전게서, pp.347~348
　　방경식, 전게서, pp.555~556
49) 김태훈, 전게서, pp.336~346
　　방경식, 전게서, pp.525~554

② **토지 도난에의 대책:** 토지 사기, 불법점유 등을 방지하기 위해 경계표시나 자주 돌보고 있다는 흔적을 보이는 등 토지 도난에의 대책을 세운다.
③ **법률적 이용가치의 개선:** 지목변경 등을 통해 법률적 이용가치를 개선한다.

(2) 건물의 법률적 관리

① **임대차예약:** 소유부동산의 임대차예약을 위한 관리로서, 임대인의 모집을 위하여 광고판의 부착, 공인중개사에게 위탁, DM광고 등을 할 수 있다.
② **임대차계약:** 임차인이 선정되면 현재의 관행에 따라 계약을 하되, 이 계약서에는 임대차기간, 해약예고기간, 임대료의 개정·금지 또는 제한 사항, 보증금, 원상회복 등을 약정한다.
③ **기타 시설이용에 관한 계약:** 주차시설의 이용, 광고시설의 이용 등에 관해 계약을 한다.
④ **권리의 보존·관리:** 소유하고 있는 건물의 권리에 대한 보존·관리를 계속하여야 한다.
⑤ 공법상 규제사항에 관한 관리

3. 경제적 관리(경영관리)[50]

부동산을 활용하여 발생하는 총수익에서 제 비용(관리비)을 뺀 순수익이 합리적으로 산출되고 있는가의 여부를 위해 관리하는 것을 말한다.

(1) 토지의 경제적 관리

나지(裸地)를 이용하기 전 그것을 유효하게 활용하는 방안을 검토해야 한다. 예를 들면, ① 공사장 가건물, ② 모델하우스, ③ 주차공간, ④ 자재하치장, ⑤ 테니스 코트, ⑥ 수하물 취급소 등으로 이용한다.

(2) 건물의 경제적 관리

① **임대건물의 손익분기점 파악:** 손익분기점이란 매상고에서 비용을 빼낸 것이 0이 되는 점, 즉 매상고와 비용이 상계되는 점을 말한다. 임대를 개시하고 있는 건물의 경우는 매년 손익계산서에 의해 손익분기점을 찾아낼 수 있으나, 신축건물의 경우는 사례를 선정하여 수지계산을 할 수 있다.

---

[50] 김태훈, 전게서, pp.336~346
방경식, 전게서, pp.525~554

② **회계관리:** 조세공과금, 보험료 등의 납부관리 등을 효과적으로 관리하는 것이 중요하다.
③ **인력관리:** 건물의 경제적 관리에서는 관리요원을 적재적소에 배치하는 인사관리, 업무분장 등의 인력관리가 중요하다.

■: 부동산관리의 내용

구분	기술적 관리	법률적 관리	경제적 관리
토지	• 경계확정: 경계표시, 측량 • 사도(私道)의 방지: 철조망 설치 • 경사지의 대책: 옹벽 설치, 배수시설 • 쓰레기장화 방지대책	• 권리관계의 조정 • 토지 도난에의 대책 • 법률적 이용가치의 개선: 지목변경 등	• 공사장 가건물 • 모델하우스 • 주차공간 • 자재하치장 • 테니스 코트 • 수하물 취급소
건물	• 위생관리: 청소관리, 해충대책 • 설비관리: 기구의 운전·보수·정비 및 실내의 온도·습도 조정 • 보안관리: 방범·방재 기타 안전대책 • 보전관리: 건물 현상유지 및 개량	• 임대차예약 • 임대차계약 • 기타 시설이용에 관한 계약 • 권리의 보존·관리 • 공법상 규제사항에 관한 관리	• 임대건물의 손익분기점 파악 • 회계관리 • 인력관리

> **OX 확인문제**
> 건물과 부지의 부적응을 개선시키는 활동은 경제적 관리에 해당한다. •21회 ( )
> 정답 (×)
> 건물과 부지의 부적응을 개선시키는 활동은 기술적 관리에 해당한다.

3 부동산관리의 방식[51]) •25회 •26회 •27회 •33회 •34회 •35회

부동산관리방식 중 가장 역사가 오래된 자가관리방식은 근대적인 방식이며, 위탁관리방식은 현대적 의미에서 전문적인 관리방식이다. 이들 방식은 저마다 각기 장단점을 가지고 있으며, 부동산의 용도와 규모, 종류에 따라 달리 적용되고 있다.[52])

1. 자가관리(자영관리·직접관리)[53])

(1) 의의

단독주택, 연립주택, 소규모 공동주택, 작은 면적의 토지 등을 소유자 자신이 직접관리하는 방식으로 부동산소유자가 자기의 부동산을 직접관리하거나 타인에게 임대한 부동산 및 기타 시설물을 직접관리하는 방식이다.

---

51) 이원준, 전게서, pp.222~225
52) 김태훈, 전게서, p.338
53) 김태훈, 전게서, pp.339~340
　방경식, 전게서, pp.533~535
　이창석, 전게서, p.477

(2) 장점

① 자신이 직접관리함으로써 관리비가 절약된다.
② 항상 주의를 집중하여 하자발생을 미연에 방지할 수 있다.
③ 일반주택이나 소규모 부동산에 유효한 관리방법이라 할 수 있다.
④ 기밀유지에 유리하고 의사결정이 신속하며, 친절한 서비스를 제공할 수 있다.
⑤ 항상 부동산에 대한 관심을 갖고 있으므로 종합적이고 보안관리 면에서도 효율적인 관리가 가능하다.
⑥ 소유자가 관리업무에 대한 지시 및 통제권한이 강하다.
⑦ 기술적인 유지와 환경을 양호하게 보존할 수 있다.
⑧ 관리요원의 건물·설비에 대한 애착이 강하다.

(3) 단점

① 소유자가 부동산관리의 전문가가 아닌 경우, 전문성을 발휘할 수 없다.
② 자기소유 부동산의 관리 때문에 직업에 종사하기 어렵다.
③ 관리사무에 안일해지기 쉽고, 적극적 의욕을 결하기 쉽다.
④ 인력관리가 비효율적일 수 있고, 인사정체가 심하다.
⑤ 관리비가 필요 이상으로 상승하고, 불합리하게 지출될 수 있다.

2. 위탁관리(외주관리·간접관리)

(1) 의의 54)

부동산소유자가 직접관리하지 않고 전문업자에게 위탁하여 관리하는 방식으로, 공동주택이나 빌딩관리에 많이 이용되며 관리방식 중 가장 진보된 관리방식이다. 이는 인구의 도시집중으로 인해 고층빌딩의 건축과 주택의 집합화·고층화에 따른 고도의 관리기술의 필요성 때문에 부동산관리의 전문화와 더불어 이 방식의 채용이 점차 증대하는 경향이 있다.

(2) 장점

① 전문분야 외의 사항을 분리함으로써 소유자는 본업에 전념할 수 있다.
② 급여체제나 노무가 단순화된다.
③ 관리업무의 안일화를 방지할 수 있다.

> **O X 확 인 문 제**
> 자가관리방식은 관리하는 각 부분을 종합적으로 운영할 수 있을 뿐만 아니라 기밀유지에도 유리하다. •17회 ( )
> 정답 (○)

---

54) 김태훈, 전게서, pp.340~343
  방경식, 전게서, pp.535~538
  이창석, 전게서, pp.477~478

④ 전문업자를 이용함으로써 합리적이고 편리하며, 전문화된 관리와 서비스를 받을 수 있다.
⑤ 부동산관리를 위탁함으로써 자사의 참모체계를 단순화할 수 있다.
⑥ 부동산관리비용이 저렴하고 안정된다.
⑦ 전문적인 계획관리를 통해 시설물의 노후화를 늦출 수 있으며, 대형건물의 관리에 유용하다.

(3) 단점
① 관리사 또는 전문관리회사의 신뢰도가 의심스럽다.
② 위탁수수료 등에 의한 막대한 관리비가 지출될 수 있다.
③ 전문관리회사의 관리요원에 대한 인사의 이동이 심할 수 있다.
④ 부동산 내의 기밀유지 및 보안이 불완전하다.
⑤ 부동산관리요원들의 부동산설비에 대한 애호정신이 낮다.
⑥ 관리업체가 영리만을 추구할 경우 부실한 관리를 초래할 우려가 있다.
⑦ 각 부분의 종합적 관리가 용이하지 않다.

3. 혼합관리 55)

(1) 의의
부동산의 특성에 따라 일부는 소유자가 직접관리하고 필요한 부분만 전문가에게 위탁하여 관리하는 방식이다. 이는 자가관리와 위탁관리의 장점을 채용한 형태이다.

(2) 장점
① 관리업무에 대한 강한 지도력을 계속 확보하고, 위탁관리의 이점을 이용할 수 있다.
② 부득이한 업무부분만을 위탁관리하므로 자가관리와 위탁관리의 장점을 가져올 수 있다.
③ 자가관리에서 위탁관리로 이행하는 과도기에서 채택할 수 있는 유리한 방식이다.

O X 확 인 문 제

위탁관리방식은 건물관리의 전문성을 통하여 노후화의 최소화 및 효율적 관리가 가능하여 대형 건물의 관리에 유용하다. •25회
( )

정답 (○)

O X 확 인 문 제

관리방식 중 기밀유지 및 보안관리 측면에서는 자가관리보다 위탁관리가 더 유리하다. •16회
( )

정답 (×)
관리방식 중 기밀유지 및 보안관리 측면에서는 자가관리가 위탁관리보다 효과적이다.

---

55) 김태훈, 전게서, pp.343~344
방경식, 전게서, pp.538~539
이창석, 전게서, p.478

(3) 단점

① 자가관리와 위탁관리부분의 책임소재가 불명확하여 전문업자를 충분히 활용할 수 없다.
② 자영관리 종업원과 위탁관리 종업원 사이에 원만한 관계 유지가 어렵다.
③ 운영이 잘못되면 두 가지 방식의 단점만 노출될 수 있다.

■■ 부동산관리의 방식

구분	장점	단점
자가관리	• 직접관리함으로써 관리비가 절약됨 • 항상 주의를 집중하여 하자발생을 미연에 방지함 • 일반주택이나 소규모 부동산에 유효한 관리방법 • 기밀유지에 효과적이고 의사결정이 신속하며, 친절한 서비스를 제공함 • 항상 부동산에 대한 관심을 갖고 있으므로 종합적이고 보안관리 면에서도 효율적인 관리가 가능함 • 소유자가 관리업무에 대해 지시 및 통제 권한이 강함 • 기술적인 유지와 환경을 양호하게 보존 • 관리요원의 건물·설비에 대한 애착이 강함	• 소유자가 부동산관리의 전문가가 아닌 경우, 전문성을 발휘할 수 없음 • 자기소유 부동산의 관리 때문에 직업에 종사하기가 곤란함 • 관리사무에 안일해지기 쉽고, 적극적 의욕을 결하기 쉬움 • 인력관리가 비효율적일 수 있고, 인사 정체가 심함 • 관리비가 필요 이상으로 상승하고, 불합리하게 지출됨
위탁관리	• 전문분야 외의 사항을 분리함으로써 소유자는 본업에 전념할 수 있음 • 급여체제나 노무의 단순화 • 관리업무의 안일화 방지 • 전문업자를 활용함으로써 부동산관리가 합리적으로 이루어짐 • 부동산관리를 위탁함으로써 자사의 참모체계를 단순화할 수 있음 • 부동산관리비용이 저렴하고 안정됨 • 전문적인 계획관리로 시설물의 노후화를 늦추고, 대형건물 관리에 유용함	• 관리사 또는 전문관리회사의 신뢰도가 의심스러움 • 위탁수수료 등으로 막대한 관리비 지출 • 전문관리회사의 관리요원에 대한 인사의 이동이 심할 수 있음 • 부동산 내의 기밀유지 및 보안이 불완전 • 부동산관리요원들의 부동산설비에 대한 애호정신이 낮음 • 관리업체가 영리만을 추구할 경우 부실관리 초래가 우려됨 • 각 부분의 종합적 관리가 용이하지 않음
혼합관리	• 관리업무에 대한 강한 지도력을 계속 확보하고, 위탁관리의 이점을 이용할 수 있음 • 부득이한 업무부분만을 위탁관리하므로 자가관리와 위탁관리의 장점을 가져올 수 있음 • 자가관리에서 위탁관리로 이행하는 과도기에서 채택할 수 있는 유리한 방식	• 자가관리와 위탁관리부분의 책임소재가 불명확하여 전문업자를 충분히 활용할 수 없음 • 자영관리 종업원과 위탁관리 종업원 사이에 원만한 관계 유지가 어려움 • 운영이 잘못되면 두 가지 방식의 단점만 노출될 수 있음

OX 확인문제

혼합관리방식은 필요한 부분만 선별하여 위탁하기 때문에 관리의 책임소재가 분명해지는 장점이 있다. •25회 (   )

정답 (×)
혼합관리는 자가관리와 위탁관리부분의 책임소재가 불명확하여 전문업자를 충분히 활용할 수 없다는 단점이 있다.

4 부동산관리활동 ·26회 ·30회 ·35회

1. 임대차활동[56]

임대차를 통해 수입을 확보하는 것을 말하는데, 이는 부동산관리활동 중 가장 중요한 기초활동이다.

(1) 임차인의 선정

① **의의:** 임대차활동은 대상부동산에 맞는 임차인들을 선정하는 데서 시작된다.

② **임차인 선정기준:** 주거용 부동산은 다른 입주자와 얼마나 어울리는가 하는 '유대성'을, 매장용 부동산은 얼마나 수입을 올릴 수 있는가 하는 '가능매상고'를, 사무실용이나 공업용 부동산은 대상부동산의 임대공간이 임차목적에 얼마나 잘 맞는가 하는 '적합성'을 임차인 선정기준으로 한다. 특히 매장용 부동산에서는 업종이 서로 겹치지 않도록 적절히 배합을 해야 개별 임차인뿐만 아니라 전체의 수익이 극대화되므로 임차인 혼합(tenant mix)이 중요하다.

③ **중요 임차인의 선정:** 쇼핑센터나 대규모 사무실 건물 등은 사전에 유명 백화점이나 유명회사의 지점 등의 중요 임차인(key tenant, 중요 임차자)을 확보하여야 한다. 중요 임차인은 한 곳에 위치를 정하면 잘 이동하지 않으므로 정박임차인(anchor tenant, 정박임차자)이라고도 한다. 특히 정박임차인들에 의해 나머지 군소임차인(minor tenant, 군소임차자)들의 입지가 결정되는 경우가 많다.[57]

(2) 임대차계약

부동산관리자는 가능임차인이 대상부동산에 맞다고 판단되면 임대차계약을 체결하게 된다.

OX 확인문제

매장용 부동산에서는 업종이 서로 겹치지 않도록 적절히 배합을 해야 개별 임차인뿐만 아니라 전체의 수익이 극대화되므로 임차인 혼합(tenant mix)이 중요하다. ( )

정답 (○)

---

56) 안정근, 전게서, pp.530~531
57) 안정근, 전게서, p.319

(3) 임대차 유형(임대료 결정방법)

임대료를 결정하는 방법은 총임대차, 순임대차, 비율임대차로 나눌 수 있다.

① 총임대차

의의	임차인이 임대인에게 지불한 지불임대료에서 부동산운영에 관련된 부동산세금, 보험료 등의 제 비용을 지불하는 방법을 말한다.
적용	주거용 부동산

② 순임대차

의의		임차인은 임대인에게 순수한 임대료만을 지불하고, 나머지 비용은 임차인과 임대인의 사전협상에 의해 지불하는 방법을 말한다.
적용		공업용 부동산
종류	1차 순임대차	순수한 임대료 이외에 편익시설에 대한 비용, 부동산세금까지를 임차인이 지불하는 방법을 말한다. ⇨ '순임대차'라고만 하면 1차 순임대차를 의미함
	2차 순임대차	1차 순임대차의 항목 이외에 보험료까지 지불하는 방법을 말한다.
	3차 순임대차	2차 순임대차의 항목 이외에 유지수선비까지 지불하는 방법을 말한다. ⇨ 가장 일반적으로 사용

③ 비율임대차

의의	임차인의 총수입 중에서 일정비율을 임대료로 지불하는 방법을 말한다.
적용	매장용 부동산
내용	손익분기점 매출액 이하이면 기본임대료만 부담하고, 손익분기점 매출액을 초과하는 매출액에 대하여 일정 임대료율을 적용한 추가임대료를 가산하는 방식이다. **기본임대료 + 추가임대료 = 연 임대료**

2. 임대료의 수집

임대료 수집(rent collection)은 부동산관리자가 월마다 주기적으로 해야 하는 일상적인 활동에 해당한다.

O X 확 인 문 제

비율임대차(percentage lease)는 임차자 총수입의 일정비율을 임대료로 지불하는 것을 말한다.
• 22회 ( )

정답 (○)

3. 대상부동산의 유지활동

분류	유지활동	내용
일상적 유지활동 (routine maintenance)	정기적 유지활동	청소하기, 쓰레기 치우기, 잔디깎기, 소독 등과 같이 일상적으로 늘 수행하는 유지활동을 말한다.
예방적 유지활동 (preventive maintenance)	사전적 유지활동	시설이나 장비 등이 제 기능을 효율적으로 발휘하기 위하여 수립된 유지계획에 따라 문제가 발생하기 전에 행하는 유지활동을 말한다.
대응적 유지활동 (responsive maintenance)	사후적 유지활동	문제가 발생하고 난 후에 행하는 유지활동을 말한다(= 수정적 유지활동).

5 건물의 내용연수와 연수사이클 · 26회

1. 건물의 내용연수58)

건물의 내용연수(life)란 건물이 유용성을 지속할 수 있는 내구연한을 말하며, 이는 관리자의 태도, 시공상태, 입지조건 및 관리방법에 따라 달라진다. 건물의 내용연수는 조세부과, 부동산중개 및 부동산평가활동에 필요하다. 내용연수에는 물리적 내용연수, 기능적 내용연수, 경제적 내용연수 그리고 행정적 내용연수가 있다.

(1) 물리적 내용연수

건물의 사용으로 인해 생긴 마멸 및 파손, 시간의 경과 또는 풍우 등의 자연적 작용에 의해 생기는 노후화 또는 지진, 화재 등의 우발적 사건에 의해 생기는 손상 등에 따라 사용이 불가능하게 될 때까지의 버팀연수를 말한다.

(2) 기능적 내용연수

건물이 기능적으로 유효한 기간이다. 건물과 부지의 부적응, 설계의 불량, 형식의 구식화, 설비의 부족과 불량, 건물의 외관·디자인 등이 기능적 내용연수와 관계된다.

---

58) 방경식, 전게서, pp.539~542

OX 확인문제

부동산 유지·관리상의 문제가 발생한 후 처리하면 고비용의 지출, 임차인의 불편 등을 야기하므로 예방적 유지·관리를 강화할 필요가 있다. · 16회 ( )

정답 (○)

OX 확인문제

대응적 유지활동은 시설 등이 본래의 기능을 발휘하는 데 장애가 없도록 유지계획에 따라 시설을 교환하고 수리하는 사전적 유지활동을 의미한다. · 22회 ( )

정답 (×)

예방적 유지활동에 대한 내용이다. 대응적 유지활동은 문제가 발생하고 난 후에 행하는 유지활동을 말하는데, 사후적 유지활동, 수정적 유지활동이라고도 한다.

OX 확인문제

법정 내용연수와 경제적 내용연수는 경우에 따라 물리적 내용연수보다 길다. · 10회 ( )

정답 (×)

대개 물리적 내용연수가 법정 내용연수와 경제적 내용연수보다 길다.

OX 확인문제

물리적 내용연수란 건물 이용으로 인한 마멸 및 파손, 시간의 경과 등으로 생기는 노후화 때문에 사용이 불가능하게 될 때까지 버팀연수이다. · 22회 ( )

정답 (○)

(3) 경제적 내용연수

경제적 수명이 다하기까지의 버팀연수이다. 인근지역의 변화, 인근환경과 건물의 부적합, 부근의 다른 건물과 비교한 시장성 감퇴 등에 의해 경제적 수명이 다하기까지의 연수를 말한다.

(4) 행정적 내용연수

법·제도나 행정적 조건에 의하여 건물의 수명이 다하기까지의 기간을 말한다. 이는 철거 및 세법의 규정에 따라 결정된다. 특히 세법의 규정에 의한 내용연수를 법정 내용연수라고 한다.

2. 건물의 연수사이클[age(life) cycle][59]

건물은 신축이 완료된 순간부터 그 유용성과 가격이 감퇴되기 시작한다. 이와 같이 건물이 완공되어 그 내용연수가 전부 만료하여 철거되기까지 공통적인 국면과 규칙적인 현상이 있는데, 이것을 건물의 연수(age)사이클 또는 생애주기, 수명(life)사이클이라고 한다.

(1) 전개발단계

앞으로 건물이 건축될 용지의 상태에 있는 단계를 말한다. 전개발단계에서는 처음으로 건물이 신축되는 용지도 있고, 택지이용의 전환에 따라 기존 건물이 철거되고 새 건물이 건설될 용지도 있다. 이 단계에서 취하여야 할 사항으로는 다음과 같은 것이 있다.

① 건축계획 및 건축 후의 관리계획
② 도시계획상의 규제 및 고층건물에 대한 공적인 규제
③ 건축설계사, 부동산평가사, 공인중개사, 공인회계사, 세무사, 권리분석사 등의 활용
④ **시장조사**: 다음과 같은 것에 유의해야 한다.
  ㉠ 주변 건물의 임대상황
  ㉡ 수요의 추세 및 특징
  ㉢ 유사성이 있는 건물의 신축동향
  ㉣ 정부의 시책 및 그 변화
  ㉤ 경쟁관계에 있는 건물의 설비·운영·관리 등의 분석
  ㉥ 적정한 투자규모의 결정

O X 확 인 문 제

주변 건물의 임대상황이나 유사성이 있는 건물의 신축동향은 전개발단계에서 특히 유의해야 한다.
( )

정답 (O)

---

59) 방경식, 전게서, pp.546~548

(2) 신축단계

건물이 완성된 단계를 말한다.
① 신축된 건물의 기능이 사전계획과 완전히 부합하는 일은 많지 않다.
② 일반적으로 건물의 유용성은 이 단계에서 가장 높이 나타난다.

(3) 안정단계(중년단계)

신축단계의 모든 이익이 사라지고 건물이 본격적·장기적으로 안정되는 단계이다. 이 단계는 건물이 존속하는 기간 중에서 가장 장기간에 이른다.
① 이 단계의 관리상태에 따라 건물수명의 장단이 결정된다. 즉, 관리상태가 좋으면 안정단계가 상당히 연장된다.
② 기술적 상태에 대한 세밀한 검사와 관리가 실시되면 건물의 기능적 하자를 최소로 줄여 준다.
③ 특정인에게 같은 용도로 장기간 임대하는 경우에는 경제적 임대료의 수준을 유지하도록 노력한다.
④ 층 단위의 임대와 실 단위의 임대에 대한 장단점의 검토를 요한다.
⑤ 임대료의 정기적인 재평가 및 재조정, 임차인의 이용상태 등 필요한 제 반사항에 대한 배려가 있어야 한다.
⑥ 만일 건물의 시설이나 구조를 일부 개조·수선 등을 하여야 하는 경우 이 단계에서 하는 것이 효과적이다.

(4) 노후단계

건물의 물리적·기능적 상태가 급격히 악화되기 시작하는 단계이다.
① 설비의 낙후, 외관의 악화, 보다 낮은 수준의 임차인이 들어서는 것 등으로 측정 가능하다.
② 약 15년 정도 지속된다.
③ 건물의 기능개선 등을 목적으로 새로운 투자를 한다면, 문제를 더욱 어렵게 만드는 수도 있다.
④ 대부분의 소유자는 새로운 개량비의 지출을 억제하는 대신 건물 자체를 교체할 계획을 세우는 것이 통상적이다.
⑤ 새로운 임대차계약을 체결함에 있어 기간 등 계약조건이 후일의 교체에 지장이 없도록 배려하여야 한다.

OX 확인문제

건물의 물리적 유용성이 가장 높게 나타나는 단계는 신축단계이다. •22회 ( )

정답 (○)

OX 확인문제

건물의 시설이나 구조를 일부 개조·수선 등을 하여야 하는 경우, 안정단계에서 하는 것이 효과적이다. ( )

정답 (○)

(5) 완전폐물단계

① 건물의 설비 등이 쓸모가 거의 없어져 건물의 경제적 가치가 거의 없어지는 단계이다. 따라서 건물의 교체를 전제로 전개발단계를 향하여 모든 일이 전개된다. 이 단계에서 다음과 같은 경우는 건물을 교체하는 것이 순조롭지 못하다.
　㉠ 택지 조건이 나빠져서 새로운 수요에 맞는 교체가 불가능한 경우
　㉡ 경제적·사회적 요인이 변화하여 새로운 건물에 대한 수요가 미미한 경우
　㉢ 정부의 시책, 도시계획, 기타 객관적 요인에 변화가 있는 경우
② 건물의 교체결정은 물리적·기능적인 마멸의 정도에 따르는 것이 당연하지만 경제적인 측면에서도 타당성이 있어야 한다. 즉, 교체된 새 건물의 가격이 현존 건물의 가격과 교체하는 데 소요되는 비용을 합산한 것보다 많아야 함은 당연한 논리이다.

제3절 부동산마케팅

1 부동산마케팅의 의의와 분류

1. 부동산마케팅의 의의

① 부동산마케팅은 부동산상품을 수요자의 욕구에 맞게 상품을 개발하고 가격을 결정한 후 시장에서 유통·촉진·판매를 관리하는 일련의 과정이다. 즉, 부동산마케팅이란 부동산 활동주체가 소비자나 이용자의 욕구를 파악하고 창출하여 자신의 목적을 달성시키기 위해 시장을 정의하고 관리하는 과정이라 할 수 있다. 부동산 마케팅은 부동산에 대한 필요를 만족시켜 주기 위해 지향하는 인간활동이며 물적 부동산, 부동산서비스, 부동산증권의 세 가지 유형의 부동산제품을 사고, 팔고, 임대차하는 것이다.

OX 확인문제

부동산마케팅은 부동산에 대한 소비자 및 고객의 태도와 행동을 형성·유지·변경하게 만드는 제반활동이다. (　　)

정답 (O)

② 부동산마케팅이란 유효수요를 갖춘 소비자들이 해당 부동산에 대해 원하는 속성을 종합적으로 반영하여 부동산을 개발하고(제품 전략), 이를 대상 소비자들의 능력에 맞는 가격에 공급하며(가격 전략), 좋은 조건의 융자를 활용하고(유통 전략), 널리 알려서 관심을 끌도록 함으로써 분양을 촉진(판매촉진 전략)하고 수익을 극대화하는 과정이라고 할 수 있다.[60]

2. 부동산마케팅의 분류[61]

(1) 토지·건물 공급마케팅

① **주거용 부동산마케팅:** 단독주택·아파트 및 기타 주거시설의 판매나 임대를 개발 또는 조장하기 위하여 노력하는 활동이다.
② **업무용 부동산마케팅:** 공장·점포·사무실·창고 같은 비주거용 부동산을 개발·판매 또는 임대하기 위하여 노력하는 활동이다.
③ **토지투자마케팅:** 투자 목적으로 토지를 개발하고 판매하기 위하여 노력하는 활동이다.

(2) 서비스마케팅

중개·평가·권리분석·금융·관리·상담 등 부동산서비스업 분야에서 각각 그들의 서비스를 개발·판매하기 위해 노력하는 활동이다.

(3) 부동산임대마케팅

사무실·토지·공장·점포·별장·창고 등 각종 부동산의 임대를 개발 또는 조장하기 위한 활동이다.

(4) 부동산정책마케팅

부동산정책의 개발과 홍보를 위한 공중관계활동이다.

---

60) 조주현, 전게서, pp.270~271
61) 김태훈, 전게서, pp.544~546
   방경식, 전게서, pp.196~198

2 부동산마케팅과 환경[62]

1. 거시환경

거시환경에는 자연환경과 인문환경이 있는데 인문환경에는 경제적·기술적 환경, 정치적·행정적 환경, 사회적·문화적 환경이 있다.

(1) 자연환경

쾌적한 자연환경을 강조한 마케팅은 설득력이 좋은 것이 보통이다.

(2) 인문환경

경제적·기술적 환경, 정치적·행정적 환경, 사회적·문화적 환경 등이 있다.

① **경제적·기술적 환경:** 국내저축, 투자수준, 국제수지상태, 재정 및 금융상태, 물가, 임금 및 세부담 등의 경제상태는 개인의 가처분소득에 영향을 주고, 이것은 부동산의 수급에 영향을 미쳐 부동산가격에 영향을 준다. 기술혁신은 투자설비를 증가시키고, 부동산 전반에 수요를 증대시켜 마케팅 기회를 창조한다.

② **정치적·행정적 환경:** 부동산기업에 대해 기회를 창조하게 함과 동시에 억제를 하는 강력한 역할을 한다.

③ **사회적·문화적 환경:** 부동산마케팅은 각 소비자와 의뢰인의 행동, 소비자의 각종 그룹, 사회계층 및 조직의 행태를 취급하게 된다.

2. 미시환경

(1) 경쟁업자

부동산기업은 이익을 발생시키는 시장점유율의 비율을 높이기 위해서 동업종의 업자와 경쟁한다.

(2) 공중

기업목적을 달성하는 데 실질적 또는 잠재적으로 이해관계를 가지는 집단이다.

---

62) 이원준, 전게서, pp.163~165
　　방경식, 전게서, pp.198~202

(3) 정부

적극적인 행정작용을 통해 부동산기업에 호의적인 영향을 미치는 다음과 같은 기회적 역할을 하기도 한다.
① 택지의 조성과 분양에 기여한다.
② 소비자에게 교육과 정보를 제공해 준다.
③ 서비스를 창출한다.

3 부동산마케팅 관리과정

1. 부동산마케팅 관리과정의 개념

부동산기업이 환경적응과정에서 행하는 마케팅활동의 관리적 과정이다.

2. 부동산마케팅 관리

(1) 기획
최적의 수단으로 목표를 성취할 수 있도록 장래에 취할 행동을 위한 일단의 결정을 준비하는 과정이다.

(2) 조직화
조직의 목표를 달성하고 인적·물적 자원을 조성하기 위하여 역할·권한을 형식상으로 구성하는 것을 말한다.

(3) 통제
현재의 집행을 측정하는 과정이며, 사전에 결정된 목표에 대한 지침이다.

4 부동산마케팅의 전략[63] · 25회 · 26회 · 27회 · 28회 · 31회 · 32회 · 33회 · 34회 · 35회 · 36회

마케팅이론과 관련하여 부동산마케팅은 3가지 차원에서 접근이 가능하다. 첫째, 공급자의 전략차원으로서 표적시장을 선점하거나 틈새시장을 점유하는 시장점유마케팅을 들 수 있다.
둘째, 소비자행동이론의 차원으로서 소비자의 행태적·심리적 측면에서 등장하는 고객점유마케팅이 있다.

---

63) 조주현, 전게서, pp.271~273

셋째, 최근 새로이 대두되고 있는 공급자와 소비자의 상호작용을 중요시하는 관계마케팅을 들 수 있다. 부동산시장이 공급자 우위에서 수요자 우위의 시장으로 전환되면 마케팅의 중요성이 더욱 증대된다.

1. 시장점유 마케팅 전략

시장점유 마케팅 전략이란 부동산 공급자가 부동산시장을 점유하기 위한 전략으로 STP 전략, 4P Mix 전략이 있다. 이는 공급자 측면의 접근으로 목표시장을 선점하거나 점유율을 높이는 것을 말한다.

(1) STP 전략

STP란 시장세분화(Segmentation), 표적시장(Target), 차별화(Positioning)를 표상하는 약자로서 전통적인 전략의 하나이다.

① **시장세분화**(Segmentation) **전략:** 수요자(고객) 집단을 인구경제학적 특성에 따라 세분하고, 그 세분된 시장을 대상으로 상품의 판매지향점을 분명히 하는 전략을 말한다. 즉, 이는 부동산시장에서 마케팅활동을 수행하기 위하여 구매자(고객)의 집단을 세분하는 것이다.

② **표적시장**(Target market) **선정 전략:** 세분화된 수요자 집단에서 경쟁상황과 자신의 능력을 고려하여 가장 자신 있는 수요자 집단을 찾아내는 것을 말한다. 즉, 이는 세분화된 시장 중에서 부동산기업이 표적으로 삼아 마케팅활동을 수행하는 시장을 말한다. 표적시장은 세분화된 시장 중 가장 좋은 시장기회를 제공해 줄 수 있는 특화된 시장이다. 표적시장의 선점에 있어서는 세분화된 시장에서 자신의 상품과 일치되는 수요자 집단을 확인하거나, 선정된 표적집단으로부터 신상품을 기획하는 일이 중요하다.

③ **차별화**(Positioning) **전략:** 동일한 표적시장을 가지는 다양한 공급경쟁자들 사이에서 자신의 상품을 어디에 위치시킬 것인가 하는 전략을 말한다. 즉, 차별화 전략은 표적시장에서 고객의 욕구를 파악하여 경쟁제품의 차별성을 가지도록 제품 개념을 정하고 소비자의 지각 속에 적절히 위치시키는 것이다.

O X 확 인 문 제

시장점유 전략은 수요자 측면의 접근으로 목표시장을 선점하거나 점유율을 높이는 것을 말한다.
• 33회 ( )

정답 (×)
시장점유 전략은 공급자 측면의 접근으로 목표시장을 선점하거나 점유율을 높이는 것을 말한다.

O X 확 인 문 제

STP 전략에서 STP는 시장세분화(Segmentation), 표적시장 선정(Targeting), 동반자관계(Partnership)로 구성된다.
• 36회 ( )

정답 (×)
STP전략에서 STP는 시장세분화(Segmentation), 표적시장 선정(Targeting), 차별화(Positioning)로 구성된다.

(2) 4P Mix 전략

제품(Product), 가격(Price), 유통경로(Place), 판매촉진(Promotion)의 제 측면에 있어서 차별화를 도모하는 전략을 말하며, 상업용 부동산의 마케팅 등에서 많이 사용되고 있다.

① **제품(Product) 전략:** 구조물과 부대시설 및 배치에 있어 경쟁력을 가질 수 있도록 하는 전략이다. 예를 들면, 단지 내 자연친화적인 실개천 설치, 거주자 라이프스타일을 반영한 평면 설계, 보안설비의 디지털화, 지상 주차장의 지하화, 아파트 1층에 단독정원 설치 등이 이에 해당한다.

② **가격(Price) 전략:** 품질에 비해서 저렴하도록 하며, 표적수요자의 자금 동원능력과 금융을 연계하여 구성되어야 한다.

③ **유통경로(Place) 전략:** 직접 분양 또는 분양대행사를 효과적으로 이용하는 방안으로 구성되며, 부동산 중개업소를 적극적으로 활용하는 것은 대표적인 유통경로 전략에 해당한다.

④ **판매촉진(Promotion) 전략:** 대부분의 매체를 통하여 일반대중에게 전달하는 판촉활동으로서 수요자의 관심을 끌기 위한 전략이다. 이는 표적시장의 반응을 빠르고 강하게 자극·유인하기 위한 전략을 말한다. 예를 들면, 아파트 모델하우스 방문고객을 대상으로 경품을 제공하거나 주택청약자를 대상으로 추첨을 통해 벽걸이TV, 양문형 냉장고 등을 제공하는 것이 이에 해당한다.

2. 고객점유 마케팅 전략

고객점유 마케팅 전략이란 소비자의 구매의사 결정과정의 각 단계에서 소비자와의 심리적인 접점을 마련하고 전달하려는 메시지의 취지와 강약을 조절하는 전략을 말한다. 이는 전통적인 시장점유마케팅은 공급자의 일방적인 접근이었다는 반성으로부터 소비자를 중심으로 한 마케팅 패러다임이 도입되기 시작하였으며, 부동산시장의 경우에는 콘도, 오피스텔과 같은 유행성 상품의 시대에서 소비자의 심리를 이해하고 소비자와의 다양한 접점을 창출하려는 고객지향적 시도들이 이루어지고 있다. 고객점유 마케팅 전략은 주의(Attention), 관심(Interest), 욕망(Desire), 행동(Action)으로 이어지는 AIDA(Attention, Interest, Desire, Action) 원리를 적용하여 소비자의 욕구를 충족시키기 위한 마케팅 전략이다.

O X 확인문제

아파트의 차별화를 위해 커뮤니티 시설에 헬스장, 골프 연습장을 설치하는 방안은 4P Mix 전략 중 가격(Price) 전략에 해당한다.
• 32회 ( )

정답 (×)
아파트의 차별화를 위해 커뮤니티 시설에 헬스장, 골프 연습장을 설치하는 방안은 4P Mix 전략 중 제품(Product) 전략에 해당한다.

O X 확인문제

부동산 중개업소를 적극적으로 활용하는 것은 부동산마케팅 4P (Product, Price, Place, Promotion) 전략 중 유통경로(Place) 전략에 해당한다. • 27회 ( )

정답 (○)

추가 바이럴 마케팅 (viral marketing)
SNS, 블로그 등 다양한 매체를 통해 브랜드나 제품에 대해 입소문을 내게 하여 마케팅효과를 극대화시키는 마케팅 방식이다.

정리 AIDA의 원리
1. 주의(Attention): 신문광고, 점두광고, 모델하우스
2. 관심(Interest): 제시, 궁금증 해소
3. 욕망(Desire): 의견교환, 셀링포인트
4. 행동(Action): 클로징(closing) 유도

3. 관계마케팅 전략

관계마케팅 전략이란 공급자와 소비자의 상호작용을 중요시하여 양자 간 장기적·지속적인 관계 유지를 주축으로 하는 마케팅 전략이다. 이는 고객과 공급자의 관계를 일회적이 아닌 지속적인 관계로 유지함으로써 마케팅 효과를 도모하는 전략이다. 또한 부동산마케팅에 있어서 이는 '브랜드'의 문제와 연관된다. 아파트, 주거형 오피스텔 등에서는 이미 다양한 개념의 브랜드가 출현하고 있고, 한 지역에서의 해당 브랜드의 성공은 다른 지역에도 파급되는 경향을 보이고 있다.

5 부동산마케팅믹스 전략 · 25회 · 32회

마케팅믹스(marketing mix)란 마케팅의 목적을 효과적으로 달성하기 위해, 마케팅활동에 관련된 여러 수단이나 마케팅 요소 및 제도를 더욱 효과적인 형태로 짜 맞추는 일이다. 즉, 마케팅믹스는 마케팅 목표의 효과적인 달성을 위하여 이용하는 마케팅 구성요소인 4P(Place, Product, Price, Promotion)의 조합을 말한다. 이는 간단히 기업이 표적시장에 도달하기 위해 이용하는 마케팅요소의 조합이라고 할 수 있다.

1. 마케팅 전략기준

(1) 내적 일관성
마케팅 목표와 마케팅 전략의 상호 관계와 적합성을 의미한다.

(2) 외적 일관성
시장경향, 법규제 상태 및 경쟁 등의 외부환경의 변화에 대해 예측성과 적응성을 요구한다.

(3) 자원력
자금·인력 및 시설 등으로 구성되나, 이러한 제 자원이 마케팅 목적달성을 위하여 유효하게 작용하기도 하고, 환경변화에 따른 위험과 기회에 적응할 수 있는 능력이 문제가 되기도 한다.

(4) 시간
마케팅 목표와 전략을 명확히 하는 것으로 시간적 측면이 문제가 된다.

O X 확인문제
관계마케팅 전략은 고객과 공급자의 관계를 일회적이 아닌 지속적인 관계로 유지함으로써 마케팅효과를 도모하는 전략이다.
· 36회 ( )
정답 (○)

O X 확인문제
관계마케팅 전략이란 고객과 공급자 간의 지속적인 관계를 유지하여 마케팅효과를 도모하는 전략이다. · 32회 ( )
정답 (○)

O X 확인문제
마케팅믹스란 기업이 표적시장에 도달하기 위해 이용하는 마케팅에 관련된 여러 요소들의 조합으로 정의할 수 있다. · 25회 ( )
정답 (○)

(5) 위험도
위험요소의 분석과 그 충격에 대한 분석을 행하여야 한다.

2. 부동산마케팅믹스의 구성요소[64]

마케팅믹스의 구성요소에는 마케팅 전략을 핵심으로 4가지(4Ps) 서브믹스로 이루어진다. 즉, 공급장소(place) 믹스(입지선정과 토지확보), 상품 및 서비스(products) 믹스(상품계획), 가격(price) 믹스(가격 전략), 판매촉진(promotion) 및 커뮤니케이션 전략(의사소통 전략) 등으로 구성된다.

(1) 입지선정과 토지확보
부동산기업이 활동을 하려면 가장 먼저 계획해야 할 일이 사업대상지역의 선정, 즉 입지선정이며 그다음으로 토지를 확보하는 일이다.

(2) 상품계획
상품계획 시 고려할 사항으로는 ① 품질, ② 설계, ③ 입지조건, ④ 상표 등이 있으며, 상품개발 전략으로는 ① 공업화와 규격표준화, ② 상품의 차별화, ③ 시장의 세분화, ④ 상품의 다양화, ⑤ 상품의 고급화 등이 있다.

(3) 가격 전략
① 매가(賣價)정책
  ㉠ 가격수준정책
    ⓐ **시가정책**: 각 기업이 경쟁업자와 동일한 가격으로 하든가 또는 경쟁사의 가격을 추종해야 할 경우 4P Mix의 가격 전략으로 취하는 가격정책이다.
    ⓑ **저가정책**: 단위면적당 가격을 낮게 책정함으로써 소비자로 하여금 구매력이 생기게 하여 다수의 고객을 확보하는 정책으로 장기적인 면에서 이익을 확보하려는 정책이다.
    ⓒ **고가정책**: 단기에 우수한 고객층을 빨리 파악하여 가능한 한 위험을 최소화하려는 경우에 이용된다.
  ㉡ 가격신축정책
    ⓐ **단일가격정책**: 부동산을 동일 조건으로 가정하고 단위면적당 가격을 모든 고객에게 동일한 가격으로 제공하는 방법이다.

---
[64] 김태훈, 전게서, pp.556~565
방경식, 전게서, pp.264~272

> **정리** 마케팅믹스의 구성요소
> 1. 공급장소(place) 믹스
> 2. 상품 및 서비스(products) 믹스
> 3. 가격(price) 믹스
> 4. 판매촉진(promotion) 및 커뮤니케이션 전략

> **추가** 적응가격 전략
> 동일하거나 유사한 제품으로 다양한 수요자들의 구매를 유입하고, 구매량을 늘리도록 유도하기 위하여 가격을 다르게 하여 판매하는 것을 말한다.

> **O X 확 인 문 제**
> 마케팅믹스의 가격관리에서 시가정책은 위치, 방위, 층, 지역 등에 따라 다른 가격으로 판매하는 정책이다. •25회
> ( )
> **정답** (×)
> 마케팅믹스의 가격관리에서 위치, 방위, 층, 지역 등에 따라 다른 가격으로 판매하는 정책은 신축가격정책이다.

ⓑ **신축가격정책**: 부동산기업이 같은 자재·시공·설비를 한 경우라도 다른 가격으로 파는 방법으로, 위치, 방위, 층, 지역 등에 따라 다른 가격으로 판매하는 정책이다.

ⓒ **유인 및 할부정책**
  ⓐ 할인정책
    ⅰ) **현금할인**: 판매대금을 신속히 지급하는 고객에게 제시하는 가격인하정책으로 불황 시에 흔히 사용되는 방법이다.
    ⅱ) **특별할인**: 자사 회사원의 사기 앙양을 위하여 특별할인으로 분양해 주거나 국가유공자 등에게 특별할인하여 주는 방법이다.
  ⓑ **할부정책**: 토지의 대단위거래나 고가부동산의 거래 시에 흔히 쓰인다.

② **매가(賣價) 결정**
  ㉠ **원가기준법**: 생산원가에 일정 마진을 더해서 원가를 결정하는 방식이다.
  ㉡ **수요·공급분석법**: 상품생산에 들어간 생산비보다도 수요와 공급에 의해 가격을 결정하는 방식이다.
  ㉢ **경쟁상품기준법**: 자사상품과 경쟁회사의 상품이 시장에서 판매되고 있을 때, 경쟁회사의 판매를 기준으로 경쟁회사의 상품·시장구조, 기타 비가격적 요인의 강약을 비교하여 매가를 결정하는 방법이다.

(4) 의사소통 전략
① 홍보
② 광고
③ **판매촉진**: 판매촉진수단은 다음 3가지로 나뉜다.
  ㉠ **소비자촉진수단**: 견본주택, 경품, 하자보수, 작은 가구의 제공 등
  ㉡ **거래촉진수단**: 구매공제금, 무료상품, 협동광고 등
  ㉢ **판매원 촉진수단**: 상여금, 경진대회, 판매원집회 등
④ **인적 판매**: 구입을 유도하기 위해 고객 및 예상고객과 직접 접촉할 때 판매원이 기울이는 여러 가지 노력을 말한다.

추가 **셀링포인트(selling point, 판매소구점)**
1. 개념: 상품으로서 부동산이 지니는 여러 특징 중 구매자(고객)의 욕망을 만족시켜 주는 특징을 말한다.
2. 내용 – 복합개념의 접근
   - 법률적 측면: 소유권의 진정성, 토지이용의 공법상 규제 내용, 세법의 내용 등
   - 경제적 측면: 부동산의 가격이나 임대료의 적정성, 부동산에 대한 수급동향, 경기순환 등
   - 기술적 측면: 주택의 설비, 기초 등의 양호 여부, 동선(動線)의 합리성 여부

6 부동산광고

1. 부동산광고의 의의

(1) 부동산광고의 정의
부동산광고란 ① 광고주의 의도에 따라, ② 대중이 행동하도록, ③ 부동산 의사결정을 도와주는, ④ 비대인적 설득 및 정보전달을 꾀하는 일로, ⑤ 유료이다.

(2) 부동산광고의 기능
시장에 상품을 소개하고 고객에게 정보를 제공함으로써 수요를 자극하고, 결과적으로 부동산판매의 목적을 달성함에 있다.

(3) 부동산광고의 특성
① **광고의 양면성**: 수요자와 공급자가 동시에 광고의 주체가 된다. 즉, 팔 사람과 살 사람을 모두 대상으로 하며, 양자 모두가 광고주체가 된다.
② **광고내용의 개별성**: 부동산의 개별성으로 인하여 광고내용은 개별적이고, 광고방법은 제한적이다.
③ **부동산시장의 제한성**
  ㉠ 지역적 제한성: 부동산의 물적 유통이 불가능하며, 견본 제시가 어렵고, 진열을 할 수 없다.
  ㉡ 시간적 제한성: 거래가 성립되면 더 이상 광고의 필요성이 사라진다.

> **● 보충** 부동산광고의 규제
>
> 광고는 「독점규제 및 공정거래에 관한 법률」에 의해 규제되었으나 현재는 동법에 규정된 표시·광고 관련 제도의 미비점을 보완하여 1999년 2월 5일 제정한 「표시·광고의 공정화에 관한 법률」(1999. 7. 1. 시행)에 의해 규제되고 있다.

2. 부동산광고의 분류[65]

(1) 광고목적에 따른 분류

① **기업광고**: 일반대중으로 하여금 부동산업무에 대한 호의적인 이미지를 부각시키고, 기업의 우수성이나 공헌도를 알림으로써 기업 그 자체에 대해서 호의적인 태도나 좋은 이미지를 가지도록 하는 광고이다.

② **특정광고**: 특정 부동산의 매매나 임대차를 촉진시키기 위한 광고로서 부동산업자의 광고는 대부분 여기에 속한다.

③ **계몽광고**: 부동산과 부동산업자에 대한 일반인의 오해를 없애고, 부동산의 중요성을 인식시키거나 또는 부동산에 관한 지식을 제공할 목적으로 하는 광고이다.

(2) 광고매체에 따른 분류

① **신문광고**
  ㉠ **안내광고**: 공간의 제약을 받기 때문에 한정된 광고란에 많은 정보를 넣어야 하므로, 약어를 이용하는 경우가 대부분이다.
  ㉡ **전시광고**: 안내광고보다 공간이 넓기 때문에 캐치프레이즈나 사진, 상세한 설명문 등을 자유로이 이용할 수 있을 뿐만 아니라 주목률이 큰 요일·면 등을 선택할 수가 있다.

② **점두광고**: 점포의 간판·색채 등 점포의 외부를 매체로 이용하는 광고로 상당한 효과를 나타내는 경우가 많다.

③ **다이렉트 메일**(DM) **광고**: 안내엽서 등 우송에 의한 방법, 신문지 사이에 끼워 넣는 방법 등 광고형식이 자유롭고 대상을 선택할 수 있는 장점이 있으나, 비용이 많이 들고 명부관리가 어렵다.

④ **TV·라디오 광고**: 많은 고객에게 순간적으로 알릴 수 있으며 신뢰성이 크다는 장점이 있으나, 비용이 많이 들기 때문에 대규모 분양 시에 이용하는 경우가 많다.

⑤ **노벨티**(novelty) **광고**: 개인 또는 가정에서 이용되는 실용적·장식적인 소형 물건을 광고매체로 이용하는 방법이다. 즉, 볼펜, 재떨이 등에 상호, 전화번호 등을 표시하는 방법이다.

⑥ **교통 광고**: 전철, 버스 등 대중교통수단의 차내 광고, 역 구내의 간판광고, 기업이 운영하는 자동차에 기업명을 기재하여 알리는 광고 등이다.

---

[65] 이원준, 전게서, pp.143~150
방경식, 전게서, pp.242~251

⑦ **업계의 출판물 광고:** 부동산업계의 출판물을 이용하는 광고이다.
⑧ 기타 간판, 포스터, 게시판 등의 광고매체

3. 효과적인 부동산광고 방법[66]

(1) 광고예산의 편성
① **전년도 매상고기준법:** 전년도 실적에 달하는 매상을 올리려면 올해도 작년만큼 광고비를 지불해야 한다는 방식이다.
② **매년정액법:** 익년도의 경기예측에 관계없이 매년 정액의 광고비를 지출하는 방법이다.
③ **현황기준법:** 판매원의 수, 사무소의 입지 및 현재시장의 현황 등을 고려하여야 하는 방법이다.
④ **이익백분율법:** 이익액 비율을 기준으로 이에 일정의 백분율을 곱하여 광고예산을 설정하는 방법이다.
⑤ **지불능력기준법:** 기업이 지불할 수 있는 자금 및 재무능력의 범위 내에서 광고예산을 결정하는 방법이다.
⑥ **경쟁자기준법:** 경쟁업자와 대등한 지위를 유지하기 위하여 경쟁업자의 광고비 지출액에 대응하는 광고예산을 설정하는 방법이다.

(2) 효과적인 광고
경기가 나쁠 때에는 광고를 적극적으로 하여 매출액을 올리고, 매상이 신장될 때는 광고를 조금 줄이는 것이 좋다.

(3) 광고매체의 선택[애드믹스(Ad. mix)]
애드믹스란 광고주가 현재 및 잠재고객에게 메시지를 전달하기 위하여 사용할 수단을 선정하는 것이다. 동업자의 경쟁·제반 여건 등을 충분히 고려해서 일단 광고예산이 짜여지면, 광고효과지수의 크기에 따라 신문광고·팸플릿·TV 광고 순으로 광고비를 책정하면 된다. 그러나 애드믹스가 절대적인 것은 아니므로 제반 여건을 고려하여야 한다.

---

[66] 이원준, 전게서, pp.151~155
방경식, 전게서, pp.251~262

CHAPTER 06 최신기출문제로 확인!

01 부동산개발사업에 관한 설명으로 틀린 것은? • 35회

① 부동산개발의 타당성분석 과정에서 시장분석을 수행하기 위해서는 먼저 시장지역을 설정하여야 한다.
② 부동산개발업의 관리 및 육성에 관한 법령상 건축물을 리모델링 또는 용도변경하는 행위(다만, 시공을 담당하는 행위는 제외한다)는 부동산개발에 포함된다.
③ 민간투자사업에 있어 민간사업자가 자금을 조달하여 시설을 건설하고 일정기간 소유 및 운영을 한 후 국가 또는 지방자치단체에게 시설의 소유권을 이전하는 방식은 BOT(Build-Operate-Transfer) 방식이다.
④ 부동산개발의 유형을 신개발방식과 재개발방식으로 구분하는 경우, 도시 및 주거환경정비법령상 재건축사업은 재개발방식에 속한다.
⑤ 개발사업의 방식 중 사업위탁방식과 신탁개발방식의 공통점은 토지소유자가 개발사업의 전문성이 있는 제3자에게 토지소유권을 이전하고 사업을 위탁하는 점이다.

| 키워드 | 민간투자사업방식 |
| 난이도 | ■■■■ |
| 해설 | 사업위탁방식은 토지소유자가 토지소유권을 유지한 채 개발업자에게 사업시행을 맡기고 개발업자는 사업시행에 따른 수수료를 받는 방식이다. 반면에 신탁개발방식은 토지소유자로부터 형식적인 소유권을 이전받은 신탁회사가 토지를 개발·관리·처분하여 그 수익을 수익자에게 돌려주는 방식이다.
따라서 토지소유자가 개발사업의 전문성이 있는 제3자에게 위탁하여 개발사업을 진행한다는 점에서 유사하나, 가장 큰 차이점은 사업위탁방식은 토지소유자가 토지소유권을 유지한 채 개발사업이 진행되나 신탁개발방식은 신탁회사에 형식상의 소유권이 이전된다는 점이다. |

02 다음에 해당하는 「도시 및 주거환경정비법」상의 정비사업은? • 35회

> 도시저소득 주민이 집단거주하는 지역으로서 정비기반시설이 극히 열악하고 노후·불량건축물이 과도하게 밀집한 지역의 주거환경을 개선하거나 단독주택 및 다세대주택이 밀집한 지역에서 정비기반시설과 공동이용시설 확충을 통하여 주거환경을 보전·정비·개량하기 위한 사업

① 자율주택정비사업
② 소규모재개발사업
③ 가로주택정비사업
④ 소규모재건축사업
⑤ 주거환경개선사업

정답 01 ⑤ 02 ⑤

> 키워드 〉 부동산개발
> 난이도 〉 ■■□□□
> 해설 〉 「도시 및 주거환경정비법」상의 주거환경개선사업은 도시저소득 주민이 집단거주하는 지역으로서 정비기반시설이 극히 열악하고 노후·불량건축물이 과도하게 밀집한 지역의 주거환경을 개선하거나 단독주택 및 다세대주택이 밀집한 지역에서 정비기반시설과 공동이용시설 확충을 통하여 주거환경을 보전·정비·개량하기 위한 사업을 말한다.

03 사회기반시설에 대한 민간투자법령상 BOT(Build-Operate-Transfer) 방식에 대한 내용이다. ( )에 들어갈 내용을 〈보기〉에서 옳게 고른 것은?
• 34회

사회기반시설의 (㉠)에 일정기간 동안 (㉡)에게 해당 시설의 소유권이 인정되며 그 기간이 만료되면 (㉢)이 (㉣)에 귀속되는 방식이다.

─〈보기〉─
ⓐ 착공 후
ⓑ 준공 후
ⓒ 사업시행자
ⓓ 국가 또는 지방자치단체
ⓔ 시설소유권
ⓕ 시설관리운영권

① ㉠ - ⓐ, ㉡ - ⓒ, ㉢ - ⓔ, ㉣ - ⓓ
② ㉠ - ⓐ, ㉡ - ⓒ, ㉢ - ⓔ, ㉣ - ⓒ
③ ㉠ - ⓐ, ㉡ - ⓓ, ㉢ - ⓕ, ㉣ - ⓒ
④ ㉠ - ⓑ, ㉡ - ⓒ, ㉢ - ⓔ, ㉣ - ⓓ
⑤ ㉠ - ⓑ, ㉡ - ⓓ, ㉢ - ⓕ, ㉣ - ⓒ

> 키워드 〉 민간투자사업방식
> 난이도 〉 ■■■□□
> 해설 〉 사회기반시설에 대한 민간투자법령상 BOT(Build-Operate-Transfer) 방식은 사회기반시설의 '준공 후' 일정기간 동안 '사업시행자'에게 해당 시설의 소유권이 인정되며 그 기간이 만료되면 '시설소유권'이 '국가 또는 지방자치단체'에 귀속되는 방식이다(사회기반시설에 대한 민간투자법 제4조 제3호).

정답 03 ④

04 부동산관리방식을 관리주체에 따라 분류할 때, 다음 설명에 모두 해당하는 방식은? • 35회

- 소유와 경영의 분리가 가능하다.
- 대형건물의 관리에 더 유용하다.
- 관리에 따른 용역비의 부담이 있다.
- 전문적이고 체계적인 관리가 가능하다.

① 직접관리 ② 위탁관리
③ 자치관리 ④ 유지관리
⑤ 법정관리

키워드〉 부동산관리
난이도〉 ■■■□
해설〉 부동산관리방식 중 위탁관리방식은 다음의 특징이 있다.

- 소유와 경영의 분리가 가능하며, 관리의 전문성과 효율성을 제고할 수 있다.
- 전문업자의 관리서비스를 통해 전문적이고 체계적인 관리가 가능하다.
- 건물설비의 고도화에 대응할 수 있으며, 대형건물의 관리에 더 유용하다.
- 관리에 따른 용역비의 부담이 있다.
- 기밀유지에 어려움이 있다.

05 부동산마케팅에서 4P 마케팅믹스(Marketing Mix) 전략의 구성요소를 모두 고른 것은? • 35회

㉠ Price(가격) ㉡ Product(제품)
㉢ Place(유통경로) ㉣ Positioning(차별화)
㉤ Promotion(판매촉진) ㉥ Partnership(동반자관계)

① ㉠, ㉡, ㉢, ㉣ ② ㉠, ㉡, ㉢, ㉤
③ ㉡, ㉢, ㉤, ㉥ ④ ㉡, ㉣, ㉤, ㉥
⑤ ㉢, ㉣, ㉤, ㉥

키워드〉 부동산마케팅의 전략
난이도〉 ■■■□
해설〉 부동산마케팅에서 4P 마케팅믹스(Marketing Mix) 전략의 구성요소는 제품(Product), 가격(Price), 유통경로(Place), 판매촉진(Promotion)의 제 측면에 있어서 차별화를 도모하는 전략을 말한다.

정답 04 ② 05 ②

06 부동산마케팅에 관한 설명으로 틀린 것은?
·36회

① 4P Mix 전략에서 4P는 제품(Product), 가격(Price), 유통경로(Place), 판매촉진(Promotion)을 말한다.
② 관계마케팅 전략은 고객과 공급자의 관계를 일회적이 아닌 지속적인 관계로 유지함으로써 마케팅효과를 도모하는 전략이다.
③ 고객점유 마케팅 전략에서 AIDA는 주의(Attention), 관심(Interest), 욕구(Desire), 행동(Action)의 과정을 의미한다.
④ STP 전략에서 STP는 시장세분화(Segmentation), 표적시장 선정(Targeting), 동반자관계(Partnership)로 구성된다.
⑤ STP 전략에서 시장세분화는 부동산시장에서 마케팅활동을 수행하기 위하여 고객의 집단을 세분하는 것이다.

키워드	부동산마케팅의 전략
난이도	■■■□□
해설	STP 전략에서 STP는 시장세분화(Segmentation), 표적시장 선정(Targeting), 차별화(Positioning)로 구성된다.

정답 06 ④

memo

memo

memo

memo

memo

에듀윌 직영학원에서 합격을 수강하세요

언제나 전문 학습 매니저와 상담이 가능한 안내데스크

고품질 영상 및 음향 장비를 갖춘 최고의 강의실

재충전을 위한 카페 분위기의 아늑한 휴게실

에듀윌의 상징 노란색의 환한 학원 입구

에듀윌 직영학원 대표전화

공인중개사 학원 02)815-0600	공무원 학원 02)6328-0600	편입 학원 02)6419-0600
주택관리사 학원 02)815-3388	소방 학원 02)6337-0600	부동산아카데미 02)6736-0600
전기기사 학원 02)6268-1400		

공인중개사학원 바로가기

합격하고 꼭 해야 할 것 1

에듀윌 공인중개사
동문회 특권

1. 에듀윌 공인중개사 합격자 모임

2. 동문회 인맥북
업계 최대 네트워크

3. 개업 축하 선물

4. 온라인 커뮤니티
부동산 정보 실시간 공유

5. 오프라인 커뮤니티

지부/기수 정기모임

6. 공인중개사 취업박람회

7. 동문회 주최 실무 특강

8. 프리미엄 복지혜택
숙박/자기계발/의료 및 소식지 무료 구독
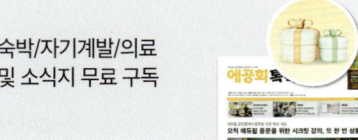

9. 마이오피스
동문 사무소 등록/조회

10. 동문회와 함께하는 사회공헌활동

※ 본 특권은 회원별로 상이하며, 예고 없이 변경될 수 있습니다.

에듀윌 공인중개사 동문회 | dongmun.eduwill.net
문의 | 1600-6700

합격하고 꼭 해야 할 것 2

에듀윌 부동산 아카데미 강의 듣기

성공 창업의 필수 코스
부동산 창업 CEO 과정

1 튼튼 창업 기초
- 창업 입지 컨설팅
- 중개사무 문서작성
- 성공 개업 실무TIP

2 중개업 필수 과정
- 실전창업과 계약서 작성
- 부동산 IT 마케팅 실무
- 부동산 토지(공법) 실무
- 부동산 상가 중개 실무
- 재개발/재건축 실무
- 부동산 세금 실무

3 성공창업 특별 과정
- 부동산 중개영업 실무
- 빌딩 중개 실무
- 중개사고방지 실무
- 사장분석 및 투자 정책
- 부동산 경매 실무

4 실전 계약서 작성 과정
- 계약서 작성 실습(주거, 상가)
- 계약서 작성 실습(토지)

부동산으로 성장하는
컨설팅 전문가 과정

1 토지, 개발 분야
- 부동산 디벨로퍼 과정
- 토지 전문가 과정
- 생활풍수 과정

2 AI, 마케팅 분야
- IT 마케팅 과정
- AI 자동화 과정
- AI 네이버 과정
- AI 빅데이터 과정

3 중개영업 분야
- 상위 1% 중개영업 과정

4 입지분석 컨설팅
- GIS 빅데이터 컨설팅

중개에서 실전 투자로
경매, 투자 과정

1 경매 분야
- 포커스 경매 과정
- 이거다 경매 과정
- 경매 임장 과정

2 빌딩, 투자 분야
- 빌딩 전문가 과정
- 소액 투자 임장 과정

3 테마 특강
- 재개발/재건축 특강
- 부동산 대출 특강
- 부동산 세법 특강

에듀윌 부동산 아카데미 | uland.eduwill.net
문의 | 온라인 강의 1600-6700, 학원 강의 02)6736-0600

꿈을 현실로 만드는
에듀윌

DREAM

공무원 교육
- 선호도 1위, 신뢰도 1위! 브랜드만족도 1위!
- 합격자 수 2,100% 폭등시킨 독한 커리큘럼

자격증 교육
- 9년간 아무도 깨지 못한 기록 합격자 수 1위
- 가장 많은 합격자를 배출한 최고의 합격 시스템

직영학원
- 검증된 합격 프로그램과 강의
- 1:1 밀착 관리 및 컨설팅
- 호텔 수준의 학습 환경

종합출판
- 온라인서점 베스트셀러 1위!
- 출제위원급 전문 교수진이 직접 집필한 합격 교재

어학 교육
- 토익 베스트셀러 1위
- 토익 동영상 강의 무료 제공

콘텐츠 제휴 · B2B 교육
- 고객 맞춤형 위탁 교육 서비스 제공
- 기업, 기관, 대학 등 각 단체에 최적화된 고객 맞춤형 교육 및 제휴 서비스

부동산 아카데미
- 부동산 실무 교육 1위!
- 상위 1% 고소득 창업/취업 비법
- 부동산 실전 재테크 성공 비법

학점은행제
- 99%의 과목이수율
- 17년 연속 교육부 평가 인정 기관 선정

대학 편입
- 편입 교육 1위!
- 최대 200% 환급 상품 서비스

국비무료 교육
- '5년우수훈련기관' 선정
- K-디지털, 산대특 등 특화 훈련과정
- 원격국비교육원 오픈

에듀윌 교육서비스 **AI 교육** AI 프롬프트 연구소/AI CLASS(ChatGPT/AICE/노선 AI/중개업 AI 등) **공무원 교육** 9급공무원/소방공무원/계리직공무원 **자격증 교육** 공인중개사/주택관리사/손해평가사/감정평가사/노무사/전기기사/경비지도사/검정고시/소방설비기사/소방시설관리사/사회복지사1급/대기환경기사/수질환경기사/건축기사/토목기사/직업상담사/청소년상담사/전기기능사/산업안전기사/산업위생관리기사/건설안전기사/위험물산업기사/위험물기능사/설비보전기사/에너지관리기사/유통관리사/물류관리사/행정사/한국사능력검정/한경TESAT/매경TEST/KBS한국어능력시험/실용글쓰기/국제무역사/무역영어 **어학 교육** 토익 교재/토익 동영상 강의 **금융/IT/비즈니스** 전산세무회계/ERP정보관리사/재경관리사/정보처리기사/컴퓨터활용능력/SQLD/ADsP **대학 편입** 편입 영어·수학/연고대/의약대/경찰대/논술/면접 **직영학원** 공무원학원/소방학원/공인중개사 학원/주택관리사 학원/전기기사 학원/편입학원 **종합출판** 공무원·자격증 수험교재 및 단행본 **학점은행제** 교육부평가인정기관 원격평생교육원(사회복지사2급/경영학/CPA) **콘텐츠 제휴·B2B 교육** 교육 콘텐츠 제휴/기업 맞춤 자격증 교육/대학취업역량 강화 교육 **부동산 아카데미** 부동산 창업CEO/부동산 경매 마스터/부동산 컨설팅 **주택취업센터** 실무 특강/실무 아카데미 **국비무료 교육(국비교육원)** 전기기능사/전기(산업)기사/소방설비(산업)기사/IT(빅데이터/자바프로그램/파이썬)/게임그래픽/3D프린터/실내건축디자인/웹퍼블리셔/그래픽디자인/영상편집(유튜브) 디자인/온라인 쇼핑몰광고 및 제작(쿠팡, 스마트스토어)/전산세무회계/컴퓨터활용능력/ITQ/GTQ/직업상담사

교육문의 **1600-6700** www.eduwill.net

· 2022 소비자가 선택한 최고의 브랜드 공무원·자격증 교육 1위 (조선일보) · 2023 대한민국 브랜드만족도 공무원·자격증·취업·학원·편입·부동산 실무 교육 1위 (한경비즈니스) · 2017/2022 에듀윌 공무원 과정 최종 환급자 수 기준 · 2023년 성인 자격증, 공무원 직영학원 기준 · YES24 공인중개사 부문, 2025 에듀윌 공인중개사 이영방 필살키 부동산학개론 (2025년 9월 월별 베스트) 그 외 다수 · YES24 한국산업인력공단 부문, 2025 에듀윌 산업안전기사 필기 한권끝장 (2025년 7월 월별 베스트) 그 외 다수 · 교보문고 취업/수험서부문, 2025 에듀윌 공기업 코레일 한국철도공사 실전모의고사 9+2+4회(2025년 2월 1일~2월 28일, 인터넷 월간 베스트) 그 외 다수 · 알라딘 시사/상식 부문, 2025 최신판 에듀윌 취업 공기업 기출 일반상식 (2025년 6월 5주 주별 베스트) 그 외 다수 · YES24 컴퓨터활용능력 부문, 2024 컴퓨터활용능력 1급 필기 초단기끝장(2023년 10월 3~4주 주별 베스트) 그 외 다수 · YES24 신규자격증 부문, 2025 에듀윌 SQL 개발자 SQLD 2주끝장+무료특강(2025년 7월 월별 베스트) 그 외 다수 · YES24 eBook 부문, 2025 에듀윌 취업 SKCT SK그룹 종합역량 통합 기본서 (2025년 4월 2주 주별 베스트) 그 외 다수 · YES24 국어 외국어사전영어 토익/TOEIC 기출문제/모의고사 분야 베스트셀러 1위 (에듀윌 토익 READING RC 4주끝장 리딩 종합서, 2022년 9월 4주 베스트) · 에듀윌 토익 교재 입문-실전 인강 무료 제공 (2022년 최신 강좌 기준/109강) · 2024년 종강반 중 모든 평가항목 정상 참여자 기준, 99% (평생교육원 기준) · 2008년~2024년까지 234만 누적수강학점으로 과목 운영 (평생교육원 기준) · 에듀윌 국비교육원 구로센터 고용노동부 지정 "5년우수훈련기관" 선정 (2023~2027) · KRI 한국기록원 2016, 2017, 2019년 공인중개사 최다 합격자 배출 공식 인증 (2025년 현재까지 업계 최고 기록)

2026
에듀윌 공인중개사
기본서 1차

부동산학개론 下

차례

PART 1 부동산학 총론

CHAPTER 01 | 부동산학 서설
제1절 부동산학의 이해 · 16
제2절 부동산학의 연구대상과 연구분야 · 19
제3절 부동산학의 이념 · 22
제4절 부동산활동과 현상 · 24

CHAPTER 02 | 부동산의 개념과 분류
제1절 부동산의 개념 · 31
제2절 부동산의 유형 및 분류 · 44

CHAPTER 03 | 부동산의 특성
제1절 토지의 특성 · 59
제2절 건물의 특성 · 68

CHAPTER 02 | 부동산시장론
제1절 부동산시장 · 123
제2절 입지 및 공간구조론 · 143

CHAPTER 03 | 부동산정책론
제1절 부동산문제 · 191
제2절 부동산정책 · 198

CHAPTER 04 | 부동산투자론
제1절 부동산투자이론 · 238
제2절 부동산투자분석 및 기법 · 264

CHAPTER 05 | 부동산금융론(부동산금융 · 증권론)
제1절 부동산금융 · 295
제2절 부동산증권 · 329

PART 2 부동산학 각론

CHAPTER 01 | 부동산경제론
제1절 부동산의 수요 · 공급이론 · 76
제2절 부동산의 경기변동이론 · 105

CHAPTER 06 | 부동산개발 및 관리론
제1절 부동산이용 및 개발 · 369
제2절 부동산관리 · 406
제3절 부동산마케팅 · 420

PART 3 　 부동산 감정평가론

CHAPTER 01 | 감정평가의 기초이론
제1절　감정평가의 개요　　　　　　　446
제2절　감정평가의 분류　　　　　　　449
제3절　감정평가의 원칙과 특징　　　　455
제4절　감정평가 관련 법령과 용어 정의　456

CHAPTER 02 | 부동산가격이론
제1절　부동산가격(가치)의 일반이론　　462
제2절　가치형성요인　　　　　　　　　470
제3절　지역분석과 개별분석　　　　　　478
제4절　부동산가격(가치)의　　　　　　488
　　　　제 원칙(부동산평가의 원리)

CHAPTER 03 | 감정평가의 방식
제1절　감정평가 3방식의 개요　　　　　504
제2절　원가방식(비용접근법)　　　　　　507
제3절　비교방식(시장접근법)　　　　　　524
제4절　수익방식(소득접근법)　　　　　　538
제5절　물건별 감정평가　　　　　　　　555
제6절　감정평가의 절차　　　　　　　　560

CHAPTER 04 | 부동산가격공시제도
제1절　지가의 공시　　　　　　　　　　573
제2절　주택가격의 공시　　　　　　　　585
제3절　비주거용 부동산가격의 공시　　　595

PART 3 부동산 감정평가론

최근 10개년 출제비중

16%

제36회 출제비중

15%

CHAPTER별 10개년 출제비중 & 출제키워드

CHAPTER	10개년 출제비중	BEST 출제키워드
01 감정평가의 기초이론	14.1%	감정평가 관련 용어
02 부동산가격이론	10.9%	부동산가격과 가치, 지역분석과 개별분석, 부동산가격 제 원칙
03 감정평가의 방식	59.4%	감정평가방식과 시산가액 조정, 원가법, 재조달원가의 계산, 거래사례비교법, 수익환원법, 물건별 감정평가
04 부동산가격공시제도	15.6%	표준지공시지가, 개별공시지가, 표준주택가격, 개별주택가격

* 여러 CHAPTER의 개념을 묻는 복합문제이거나, 법률이 개정 및 제정된 경우 분류 기준에 따라 수치가 달라질 수 있습니다.

제37회 시험 학습전략

부동산 감정평가론은 꾸준히 약 6~7문제씩 평이한 난도로 출제되고 있어 시험에서 점수를 획득하는데 도움이 되는 부분입니다. 제36회 시험에서는 6문제가 출제되었습니다. 특히 CHAPTER 03 감정평가의 방식 부분의 출제비중이 높으므로 이 부분은 정확히 학습해놓는 것이 좋습니다. 이 부분에서의 계산문제는 2문제 정도 출제되는데, 비교적 쉬운 정형화된 문제로 출제되므로 점수획득에 유리한 부분입니다.

CHAPTER 01 감정평가의 기초이론

10개년 출제문항 수

27회	28회	29회	30회	31회
1		1	1	1

32회	33회	34회	35회	36회
1	1	1	1	1

↳ 총 40문제 中 평균 약 0.9문제 출제

학습전략
- 감정평가의 기초이론에서는 감정평가의 개요, 분류, 원칙과 특징에 대해 학습합니다.
- 감정평가 관련된 용어의 정의와 감정평가의 분류에 대해 묻는 문제가 주로 출제되니 관련 이론을 정리해 두는 것이 좋습니다.

제1절 감정평가의 개요

1 감정평가의 개념 · 25회

감정평가란 토지 등의 경제적 가치를 판정하여 그 결과를 가액(價額)으로 표시하는 것을 말한다(감정평가 및 감정평가사에 관한 법률 제2조 제2호).

① '토지 등'이란 "토지 및 그 정착물, 동산, 그 밖에 대통령령으로 정하는 재산과 이들에 관한 소유권 외의 권리를 말한다(감정평가 및 감정평가사에 관한 법률 제2조 제1호)."라고 정의하고 있다. 따라서 감정평가의 대상물은 토지를 비롯한 부동산, 동산, 기타 재산(저작권·산업재산권·어업권·양식업권·광업권 및 그 밖의 물권에 준하는 권리, 공장재단과 광업재단, 입목, 자동차·건설기계·선박·항공기 등 관계 법령에 따라 등기하거나 등록하는 재산, 유가증권) 등이다.
② '경제적 가치를 판정'이란 대상물건의 교환가치·시장가치를 판단하고 측정한다는 것이다.
③ '그 결과를 가액으로 표시하는 것'이란 대상물건의 교환가치·시장가치를 판단하고 측정한 결과를 구체적으로 화폐금액으로 표시한다는 것을 의미한다.

2 부동산 감정평가의 필요성

① 부동산시장은 부동산이 지니는 자연적·인문적 특성 때문에 구체성과 합리성의 결여로 인하여 전문가에 의한 적정가치 제시가 필요하다.
② 부증성으로 인하여 공급이 제한되므로 수요·공급에 의한 균형가격의 성립이 어렵다.
③ 부동산가격(가치)은 가치형성요인, 즉 사회적·경제적·행정적 요인이 매우 복잡하고 다양하여 항상 변동하고 있으므로 부동산에는 적정한 가치가 형성되지 못하며, 합리적인 가치형성을 저해하는 요인이 많다.
④ 개별성으로 인하여 일물일가(一物一價)의 법칙이 성립되기 어렵다.
⑤ 부동산은 국토성과 환경성, 용도의 다양성 및 경제적 비중 등으로 인해 사회성과 공공성을 갖고 있어 부동산의 가치판단에 높은 윤리성이 요구되기 때문이다.
⑥ 용도의 다양성으로 인하여 전문가가 최유효이용상태를 상정하여 부동산의 가치를 추계해야 하기 때문이다.

3 부동산 감정평가의 기능[1]

1. 부동산의 정책적 기능

주로 공적 부동산활동과 관계를 가지고 있으며, 부동산이 지니는 객관적 가치를 평가하여 부동산정책의 효율적 수행을 가능하게 하는 기능을 말한다.

(1) 부동산의 효율적 이용·관리

부동산의 객관적 가치를 평가하는 것은 부동산의 최유효이용의 방법을 선택하는 기준을 설정하는 것이므로 이미 평가된 평가선례·공시지가 등으로 지역분석을 할 수 있고, 사업계획에 반영하는 등 부동산의 이용·관리를 가능하게 한다.

(2) 적정한 가격의 유도

감정평가사에 의해 평가된 부동산가격(가치)은 비정상적인 가격의 형성을 억제함으로써 부동산가격(가치)의 적정화에 이바지한다. 또한 지가상승의 억제기능을 발휘하기도 한다.

---

[1] 김천경 외, 「감정평가이론과 실무」, 박문각, 1997, pp.32~33

(3) 합리적 손실보상

공공사업을 위하여 사유재산권을 침해하는 경우에 적정한 가치를 평가함으로써 합리적이고 적정한 손실보상이 이루어질 수 있도록 한다.

(4) 과세의 합리화

부동산 감정평가액은 조세의 기초가 되며, 따라서 감정평가는 일반국민의 재산권을 적정하게 평가함으로써, 조세주체로 하여금 재산권의 가치에 따른 정당한 조세의 부과를 가능하게 한다.

2. 일반경제적 기능

불완전경쟁시장인 부동산시장의 결함을 보완함으로써 부동산자원의 효율적 배분과 경제적 유통질서의 확립에 기여하는 기능을 말한다.

(1) 부동산자원의 효율적 배분

감정평가는 부동산시장의 불완전함을 보완함으로써 적정가치를 산정하여 부동산자원의 효율적 배분을 가능하게 한다.

(2) 거래질서 확립 및 유지

감정평가는 부동산의 공정한 가격을 설정함으로써 매매·임대차, 담보설정, 경매 등 여러 가지 거래활동을 합리적이고 능률적으로 처리하도록 하는 기능을 한다.

(3) 의사결정의 판단기준 제시

감정평가의 결과는 계획의 타당성 분석기준을 제시하며, 주택의 구매나 다른 부동산에 대한 투자결정 등의 의사결정에 대한 판단기준으로서의 역할을 한다.

■ 부동산의 정책적 기능과 일반경제적 기능

부동산의 정책적 기능	일반경제적 기능
부동산이 지니는 객관적 가치를 평가하여 부동산정책의 효율적 수행을 가능하게 하는 기능	불완전경쟁시장인 부동산시장의 결함을 보완함으로써 부동산자원의 효율적 배분과 경제적 유통질서의 확립에 기여하는 기능
① 부동산의 효율적 이용·관리 ② 적정한 가치의 유도 ③ 합리적 손실보상 ④ 과세의 합리화	① 부동산자원의 효율적 배분 ② 거래질서 확립 및 유지 ③ 의사결정의 판단기준 제시

4 부동산 감정평가의 목적[2]

감정평가활동은 목적에 따라 가치추계적 평가와 비가치추계적 평가로 구분할 수 있다. 가치추계적 평가(valuation)는 대상부동산의 시장가치를 평가하는 것이며, 비가치추계적 평가(evaluation)는 대상부동산의 가치추계 이외에도 비용·편익분석, 경제기반분석, 타당성 분석, 토지이용분석, 현금흐름분석 등을 행하는 것이다. 비가치추계적 평가가 보다 전문적인 지식이 요구된다.

제2절 감정평가의 분류

1 제도 및 정책상의 분류

1. 평가주체에 따른 분류

(1) 공적 평가

공적 기관에 의해 평가가 수행되는 제도이다. 예 독일의 평가위원회

(2) 공인평가

국가 또는 공공단체로부터 일정한 자격을 부여받은 개인에 의해 평가가 수행되는 제도이다. 예 한국, 미국, 일본의 감정평가제도

2. 평가의뢰의 동기에 따른 분류 – 강제성 여부에 따른 분류

(1) 필수적 평가(의무적 평가)

일정한 사유가 있으면 반드시 관련 평가기관이 행하는 평가를 받아야 하는 것을 말한다. 예 공시지가 공시, 각종 조세의 부과, 도시계획사업의 시행, 토지의 수용 등의 평가

(2) 임의적 평가

이해관계인이 강제적 구속 없이 자유의사에 따라 임의로 의뢰하여 행하여지는 평가를 말한다. 일반적인 거래목적의 평가가 대표적이다.

---

[2] 정영철 외, 「감정평가론」, 부연사, 2000, pp.18~19

3. 평가주체의 사람 수에 따른 분류

(1) 단독평가
한 사람이 평가의 주체가 되어 행하는 평가이다.
① **장점**: 신속하고 경제적이다.
② **단점**: 부동산의 각 부문에 대한 전문지식과 경험을 고루 발휘하지 못하거나, 객관적 타당성을 결하기 쉽다.

(2) 공동평가(합의제 평가)
다수인이 평가의 주체가 되어 공동으로 행하는 평가이다.
① **장점**: 객관적인 타당성이 높다.
② **단점**: 신속하지 못하고 비경제적이다.

2 업무기술에 따른 분류 ·26회 ·30회 ·35회

1. 감정평가의 전제조건에 따른 분류

(1) 현황평가
대상부동산의 상태·구조·이용방법·환경·점유·제한물권의 부착 등의 현황을 그대로 평가하는 것을 말한다. 즉, 이는 대상부동산이 있는 상태대로 가치를 평가하는 것을 말한다. 감정평가는 기준시점에서의 대상물건의 이용상황(불법적이거나 일시적인 이용은 제외) 및 공법상 제한을 받는 상태를 기준으로 한다(감정평가에 관한 규칙 제6조 제1항).

> **한눈에 보기** 기준시점과 기준가치
>
> 1. 기준시점
>   대상물건의 감정평가액을 결정하는 기준이 되는 날짜를 말한다(감정평가에 관한 규칙 제2조 제2호). 기준시점은 대상물건의 가격조사를 완료한 날짜로 한다. 다만, 기준시점을 미리 정하였을 때에는 그 날짜에 가격조사가 가능한 경우에만 기준시점으로 할 수 있다(감정평가에 관한 규칙 제9조 제2항).
> 2. 기준가치
>   감정평가의 기준이 되는 가치를 말한다(감정평가에 관한 규칙 제2조 제3호).

(2) 조건부평가
부동산가격(가치)의 증감요인이 되는 새로운 상황의 발생을 상정하여 그 조건이 성취되는 경우를 전제로 부동산을 평가하는 것을 말한다.

추가 현황기준 원칙
「감정평가에 관한 규칙」에서는 조건부 감정평가가 남용되는 것을 방지하기 위하여 대상물건의 현황을 기준으로 감정평가를 하도록 규정하고 있다.

OX 확인문제
기준시점은 대상물건의 가격조사를 완료한 날짜로 한다. 다만, 기준시점을 미리 정하였을 때에는 그 날짜로 하여야 한다. ·35회
( )

정답 (×)
기준시점은 대상물건의 가격조사를 완료한 날짜로 한다. 다만, 기준시점을 미리 정하였을 때에는 그 날짜에 가격조사가 가능한 경우에만 기준시점으로 할 수 있다.

이 경우 전제조건의 실현가능성, 합리성, 객관성, 합법성 등을 요하므로 상당한 제약이 따른다.

(3) 기한부평가
장래에 도달할 확실한 일정시점을 기준으로 한 평가로서 그 시점에서의 가치를 상정하여 평가하는 것을 말한다. 통상 기한부평가와 조건부평가는 병행되는 경우가 많다(분양시점이 확실한 아파트 평가에 적용).

(4) 소급평가
과거 어느 시점을 기준시점으로 하여 부동산가격(가치)을 평가하는 것을 말한다. 「감정평가에 관한 규칙」 제9조 제2항에는 "기준시점은 대상물건의 가격조사를 완료한 날짜로 한다. 다만, 기준시점을 미리 정하였을 때에는 그 날짜에 가격조사가 가능한 경우에만 기준시점으로 할 수 있다."라고 규정함으로써 소급평가를 인정하고 있다(토지수용 등에 수반한 보상평가와 민사·형사사건의 유력한 증거로서의 평가).

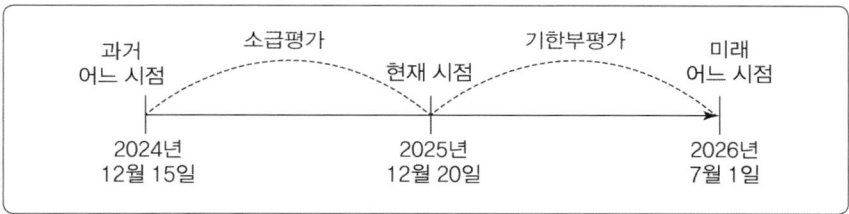

> **보충** 현황기준 원칙(감정평가에 관한 규칙 제6조)
>
> 1. 원칙
>   감정평가는 기준시점에서의 대상물건의 이용상황(불법적이거나 일시적인 이용은 제외) 및 공법상 제한을 받는 상태를 기준으로 한다.
> 2. 예외
>   ① 감정평가법인등은 다음의 어느 하나에 해당하는 경우에는 기준시점의 가치형성요인 등을 실제와 다르게 가정하거나 특수한 경우로 한정하는 조건(감정평가조건)을 붙여 감정평가할 수 있다.
>   ㉠ 법령에 다른 규정이 있는 경우
>   ㉡ 의뢰인이 요청하는 경우
>   ㉢ 감정평가의 목적이나 대상물건의 특성에 비추어 사회통념상 필요하다고 인정되는 경우
>   ② 감정평가법인등은 감정평가조건을 붙일 때에는 감정평가조건의 합리성, 적법성 및 실현가능성을 검토해야 한다. 다만, 법령에 다른 규정이 있는 경우에는 그렇지 않다.
> 3. 감정평가법인등은 감정평가조건의 합리성, 적법성이 결여되거나 사실상 실현 불가능하다고 판단할 때에는 의뢰를 거부하거나 수임을 철회할 수 있다.

O X 확 인 문 제

기준시점은 대상물건의 가격조사를 완료한 날짜로 하나 기준시점을 미리 정하였을 때에는 그 날짜에 가격조사가 가능한 경우에만 기준시점으로 할 수 있다.
( )

정답 (○)

추가 일시적인 이용

일시적인 이용이란 관련 법령에 따라 국가나 지방자치단체의 계획이나 명령 등으로 부동산을 본래의 용도로 이용하는 것이 일시적으로 금지되거나 제한되어 다른 용도로 이용하고 있거나 부동산의 주위 환경 등으로 보아 현재의 이용이 임시적인 것으로 인정되는 이용을 말한다.

O X 확 인 문 제

감정평가법인등은 법령에 다른 규정이 있는 경우에는 기준시점의 가치형성요인 등을 실제와 다르게 가정하거나 특수한 경우로 한정하는 조건을 붙여 감정평가할 수 있다. •36회 ( )

정답 (○)

2. 평가의 목적이 어디에 있는가에 따른 분류

(1) 공익평가
평가결과가 공익을 목적으로 하는 평가이다. 표준지공시지가 평가, 보상평가 등과 같은 필수적 평가가 이에 속한다.

(2) 사익평가
평가결과가 사익을 목적으로 하는 평가이다. 담보평가, 일반거래를 위한 평가 등이 이에 속한다.

(3) 법정평가
법규에서 정한 대로 행하는 평가이다. 공공용지 수용 시 평가, 과세평가 등이 있다(표준지공시지가 평가, 수용 시 보상평가 등).

3. 전문성에 따른 분류

(1) 1차 수준의 평가
가장 낮은 수준의 지식과 정보를 요하는 평가를 말한다. 부동산의 소유자나 투자자 등이 부동산의 매매나 투자 등을 위해 스스로 행하는 평가이다.

(2) 2차 수준의 평가
감정평가사가 아닌 부동산 관련 업무에 종사하는 자(공인중개사, 건축업자, 금융기관의 부동산업무 종사자, 부동산 관련 공무원 등)가 자신의 업무와 관련하여 행하는 평가이다.

(3) 3차 수준의 평가
부동산평가에 대한 공인된 능력을 인정받는 전문가인 감정평가사에 의한 평가를 말한다.

4. 평가사의 소속 여부에 따른 분류

(1) 참모평가
평가사가 독립된 평가활동을 하여 대중에게 서비스를 제공하는 것이 아니라 주로 그들의 고용주 또는 고용기관의 업무를 위하여 행하는 평가를 말한다.

(2) 수시적 평가

부동산의 평가를 전업으로 삼지 않으나, 특별히 고도의 전문지식이 필요한 경우에 각 분야의 전문가로 구성되는 일시적인 감정평가를 말한다.

3 평가기법상의 구분에 따른 분류 •27회 •30회

- 원칙: 개별평가
- 예외: 일괄평가·구분평가·부분평가

1. 개별평가

감정평가는 대상물건마다 개별로 하여야 한다(감정평가에 관한 규칙 제7조 제1항).

2. 일괄평가

(1) 의의

둘 이상의 대상물건이 일체로 거래되거나 대상물건 상호간에 용도상 불가분의 관계가 있는 경우에는 일괄하여 감정평가할 수 있다(감정평가에 관한 규칙 제7조 제2항).

(2) 적용

하나의 획지가 여러 개의 필지가 되는 경우나 물건 상호간에 용도상 불가분의 관계가 있는 주물과 종물, 토지와 건물이 일체로 거래가 되는 경우와 같은 것이다.

3. 구분평가

(1) 의의

하나의 대상물건이라도 가치를 달리하는 부분은 이를 구분하여 감정평가할 수 있다(감정평가에 관한 규칙 제7조 제3항).

O X 확 인 문 제

둘 이상의 대상물건이 일체로 거래되거나 대상물건 상호간에 용도상 불가분의 관계가 있는 경우에는 일괄하여 감정평가할 수 있다. •36회   (   )

정답 (○)

(2) 적용

빌딩의 임대료를 평가하는 경우에 각 층별로 구분하여 평당 임대료를 산출할 때나, 대로변에 접한 토지에 있어서 전면(상업용지)과 후면(주거용지)의 평가 시 등에 적용한다.

4. 부분평가

(1) 의의

일체로 이용되고 있는 대상물건의 일부분에 대하여 감정평가하여야 할 특수한 목적이나 합리적인 이유가 있는 경우에는 그 부분에 대하여 감정평가할 수 있다(감정평가에 관한 규칙 제7조 제4항).

(2) 적용

복합부동산에 있어서 건물과 결합하여 이용되는 것을 전제로 한 토지만의 감정평가를 하는 경우가 이에 해당한다. 또한 1필의 토지 일부분이 도시계획시설에 저촉되어 수용될 경우 저촉부분에 대해 보상평가를 하는 것은 부분평가에 해당한다.

> **보충 독립평가**
>
> 1. 의의
>   부동산이 토지 및 건물 등이 결합되어 구성되어 있는 경우에 그 구성부분인 토지만을 독립된 부동산[나지(裸地), 일본에서는 갱지]으로 규정하여 평가하는 것을 말한다. 이는 토지 위에 건물이 있음에도 그것이 없는 것으로 전제하거나, 제한물권 등이 설정되어 있는 경우에도 없는 것으로 보아 평가하는 일종의 조건부평가라 할 수 있다.
> 2. 적용실례
>   복합부동산의 경우에 나지 상정 후 토지의 가치만을 구하는 경우가 이에 해당한다. 이는 토지에 대한 건물의 영향(건부감가, 건부증가)을 고려하지 않은 일종의 조건부평가라 할 수 있다. 건물의 철거, 제한물권의 해제를 조건으로 하는 경우 등이 이에 해당한다.

O X 확 인 문 제

복합부동산의 경우, 지상에 건물이 있는 상태로 토지만을 평가하는 것은 부분평가에 해당한다.
( )

정답 (O)

제3절 감정평가의 원칙과 특징

1 부동산평가의 특별원칙[3]

(1) 능률성의 원칙

감정평가활동에 있어서 능률성이란 일정한 기간 동안에 필요로 하는 비용, 노력 등을 투입하여 얼마의 산출을 얻었는가의 비율로 측정될 수 있다. 이 원칙이 강조하는 것은 평가활동은 물론 그에 대비하는 노력, 평가이론의 개발 및 그 전달과정도 고도로 능률적이라야 한다는 것이다.

(2) 안전성의 원칙

거래상에 있어서 특히 문제되는 원칙으로 권리상의 흠이나 물건의 손상 여부 등 합리적 유지를 위하여 주의를 요하는 원칙을 말한다. 이 경우 능률성과 안전성은 상호 견제의 관계가 성립되는데, 안전성을 강조하다 보면 능률성이, 능률성을 강조하다 보면 안전성이 결여되기 쉽다. 안전성에 대한 판단은 부동산의 복합개념에 따라 법률적·경제적·기술적 안전성에 근거를 둔다.

(3) 전달성의 원칙

평가활동에 있어서 사회성과 공공성이 특히 강조되므로 일정한 과정을 거쳐 얻어 낸 결과를 대외적으로 정확하고 신속하게 전달하려는 기술로서 중요시되고 있다. 즉, 이는 감정평가사의 평가과정과 그 결론을 외부에 발표·설득하는 기술을 강조하는 원칙이다.

> **추가** 부동산활동의 일반원칙과 특별원칙
> 부동산활동의 일반원칙으로는 능률성의 원칙, 안전성의 원칙, 경제성의 원칙 등을 들 수 있으나, 부동산평가의 특별원칙에는 경제성의 원칙이 포함되지 않는다.
> **예** 감정평가의 특별원칙은 능률성의 원칙, 안전성의 원칙, 전달성의 원칙 등이 강조된다.

2 부동산평가의 특징

(1) 과학성과 기술성

과학성은 여러 가지 방법에 대한 검증·고찰·추측을 통하여 체계화된 지식으로 보아야 하며, 기술성은 체계화된 지식을 해당 실무활동에 응용하는 숙련 또는 기교라고 말할 수 있다.

---

[3] 김천경 외, 전게서, pp.146~147

(2) 전문성

부동산의 평가활동은 부동산중개활동에 비해 보다 높은 전문성이 요구되며, 따라서 평가사는 고도의 전문지식과 경험을 가지고 있어야 한다.

(3) 윤리성

부동산평가활동은 사회적으로 책임의식을 요하게 되므로 높은 윤리성이 강조된다.

(4) 공간활동성

부동산평가는 수평공간, 공중공간, 지중공간의 3차원 공간을 대상으로 하는 공간활동이다.

제4절 감정평가 관련 법령과 용어 정의

• 25회 • 29회 • 31회 • 32회 • 34회 • 35회 • 36회

1. 감정평가 관련 법규의 용어 정의

(1) 적정가격

토지, 주택 및 비주거용 부동산에 대하여 통상적인 시장에서 정상적인 거래가 이루어지는 경우 성립될 가능성이 가장 높다고 인정되는 가격을 말한다(부동산 가격공시에 관한 법률 제2조 제5호).

(2) 감정평가업

타인의 의뢰에 따라 일정한 보수를 받고 토지등의 감정평가를 업(業)으로 행하는 것을 말한다(감정평가 및 감정평가사에 관한 법률 제2조 제3호).

(3) 감정평가법인등

「감정평가 및 감정평가사에 관한 법률」 제21조에 따라 사무소를 개설한 감정평가사와 동법 제29조에 따라 인가를 받은 감정평가법인을 말한다(감정평가 및 감정평가사에 관한 법률 제2조 제4호).

2. 「감정평가에 관한 규칙」의 용어 정의(감정평가에 관한 규칙 제2조)

(1) 시장가치
감정평가의 대상이 되는 토지등(대상물건)이 통상적인 시장에서 충분한 기간 동안 거래를 위하여 공개된 후 그 대상물건의 내용에 정통한 당사자 사이에 신중하고 자발적인 거래가 있을 경우 성립될 가능성이 가장 높다고 인정되는 대상물건의 가액(價額)을 말한다.

(2) 기준시점
대상물건의 감정평가액을 결정하는 기준이 되는 날짜를 말한다.

(3) 기준가치
감정평가의 기준이 되는 가치를 말한다.

(4) 가치형성요인
대상물건의 경제적 가치에 영향을 미치는 일반요인, 지역요인 및 개별요인 등을 말한다.

(5) 원가법
대상물건의 재조달원가에 감가수정(減價修正)을 하여 대상물건의 가액을 산정하는 감정평가방법을 말한다.

(6) 적산법(積算法)
대상물건의 기초가액에 기대이율을 곱하여 산정된 기대수익에 대상물건을 계속하여 임대하는 데 필요한 경비를 더하여 대상물건의 임대료(賃貸料, 사용료를 포함)를 산정하는 감정평가방법을 말한다.

(7) 거래사례비교법
대상물건과 가치형성요인이 같거나 비슷한 물건의 거래사례와 비교하여 대상물건의 현황에 맞게 사정보정(事情補正), 시점수정, 가치형성요인 비교 등의 과정을 거쳐 대상물건의 가액을 산정하는 감정평가방법을 말한다.

(8) 임대사례비교법
대상물건과 가치형성요인이 같거나 비슷한 물건의 임대사례와 비교하여 대상물건의 현황에 맞게 사정보정, 시점수정, 가치형성요인 비교 등의 과정을 거쳐 대상물건의 임대료를 산정하는 감정평가방법을 말한다.

(9) 공시지가기준법

「감정평가 및 감정평가사에 관한 법률」 제3조 제1항 본문에 따라 감정평가의 대상이 된 토지(대상토지)와 가치형성요인이 같거나 비슷하여 유사한 이용가치를 지닌다고 인정되는 표준지(비교표준지)의 공시지가를 기준으로 대상토지의 현황에 맞게 시점수정, 지역요인 및 개별요인 비교, 그 밖의 요인의 보정(補正)을 거쳐 대상토지의 가액을 산정하는 감정평가방법을 말한다.

(10) 수익환원법(收益還元法)

대상물건이 장래 산출할 것으로 기대되는 순수익이나 미래의 현금흐름을 환원하거나 할인하여 대상물건의 가액을 산정하는 감정평가방법을 말한다.

(11) 수익분석법

일반기업 경영에 의하여 산출된 총수익을 분석하여 대상물건이 일정한 기간에 산출할 것으로 기대되는 순수익에 대상물건을 계속하여 임대하는 데 필요한 경비를 더하여 대상물건의 임대료를 산정하는 감정평가방법을 말한다.

(12) 감가수정

대상물건에 대한 재조달원가를 감액하여야 할 요인이 있는 경우에 물리적 감가, 기능적 감가 또는 경제적 감가 등을 고려하여 그에 해당하는 금액을 재조달원가에서 공제하여 기준시점에 있어서의 대상물건의 가액을 적정화하는 작업을 말한다.

(13) 적정한 실거래가

「부동산 거래신고 등에 관한 법률」에 따라 신고된 실제 거래가격(거래가격)으로서 거래 시점이 도시지역(국토의 계획 및 이용에 관한 법률 제36조 제1항 제1호에 따른 도시지역)은 3년 이내, 그 밖의 지역은 5년 이내인 거래가격 중에서 감정평가법인등이 인근지역의 지가수준 등을 고려하여 감정평가의 기준으로 적용하기에 적정하다고 판단하는 거래가격을 말한다.

(14) 인근지역

감정평가의 대상이 된 부동산(대상부동산)이 속한 지역으로서 부동산의 이용이 동질적이고 가치형성요인 중 지역요인을 공유하는 지역을 말한다.

(15) 유사지역

대상부동산이 속하지 아니하는 지역으로서 인근지역과 유사한 특성을 가지는 지역을 말한다.

(16) 동일수급권(同一需給圈)

대상부동산과 대체·경쟁 관계가 성립하고 가치형성에 서로 영향을 미치는 관계에 있는 다른 부동산이 존재하는 권역(圈域)을 말하며, 인근지역과 유사지역을 포함한다.

CHAPTER 01 최신기출문제로 확인!

01 「감정평가에 관한 규칙」에 규정된 내용으로 **틀린** 것은? • 35회

① 기준시점은 대상물건의 가격조사를 완료한 날짜로 한다. 다만, 기준시점을 미리 정하였을 때에는 그 날짜로 하여야 한다.
② 감정평가법인등은 법령에 다른 규정이 있는 경우에는 기준시점의 가치형성요인 등을 실제와 다르게 가정하거나 특수한 경우로 한정하는 조건을 붙여 감정평가할 수 있다.
③ 둘 이상의 대상물건이 일체로 거래되거나 대상물건 상호간에 용도상 불가분의 관계가 있는 경우에는 일괄하여 감정평가할 수 있다.
④ 하나의 대상물건이라도 가치를 달리하는 부분은 이를 구분하여 감정평가할 수 있다.
⑤ 일체로 이용되고 있는 대상물건의 일부분에 대하여 감정평가하여야 할 특수한 목적이나 합리적인 이유가 있는 경우에는 그 부분에 대하여 감정평가할 수 있다.

[키워드] 감정평가 관련 용어
[난이도]
[해설] 기준시점은 대상물건의 가격조사를 완료한 날짜로 한다. 다만, 기준시점을 미리 정하였을 때에는 그 날짜에 가격조사가 가능한 경우에만 기준시점으로 할 수 있다(감정평가에 관한 규칙 제9조 제2항).

02 「감정평가에 관한 규칙」에 규정된 내용으로 **틀린** 것은? • 34회

① 수익분석법이란 대상물건의 기초가액에 기대이율을 곱하여 산정된 기대수익에 대상물건을 계속하여 임대하는 데에 필요한 경비를 더하여 대상물건의 임대료를 산정하는 감정평가방법을 말한다.
② 가치형성요인이란 대상물건의 경제적 가치에 영향을 미치는 일반요인, 지역요인 및 개별요인 등을 말한다.
③ 감정평가법인등은 법령에 다른 규정이 있는 경우에는 기준시점의 가치형성요인 등을 실제와 다르게 가정하거나 특수한 경우로 한정하는 조건을 붙여 감정평가할 수 있다.
④ 일체로 이용되고 있는 대상물건의 일부분에 대하여 감정평가하여야 할 특수한 목적이나 합리적인 이유가 있는 경우에는 그 부분에 대하여 감정평가할 수 있다.
⑤ 감정평가법인등은 법령에 다른 규정이 있는 경우에는 대상물건의 감정평가액을 시장가치 외의 가치를 기준으로 결정할 수 있다.

정답 01 ① 02 ①

[키워드] 감정평가 관련 용어

[난이도] ■■□□□

[해설] 대상물건의 기초가액에 기대이율을 곱하여 산정된 기대수익에 대상물건을 계속하여 임대하는 데에 필요한 경비를 더하여 대상물건의 임대료를 산정하는 감정평가방법은 적산법이다(감정평가에 관한 규칙 제2조 제6호). 수익분석법이란 일반기업 경영에 의하여 산출된 총수익을 분석하여 대상물건이 일정한 기간에 산출할 것으로 기대되는 순수익에 대상물건을 계속하여 임대하는 데에 필요한 경비를 더하여 대상물건의 임대료를 산정하는 감정평가방법을 말한다(감정평가에 관한 규칙 제2조 제11호).

03 「감정평가에 관한 규칙」에 규정된 내용으로 **틀린** 것은? • 36회

① 감정평가법인등은 법령에 다른 규정이 있는 경우에는 대상물건의 감정평가액을 시장가치 외의 가치를 기준으로 결정할 수 있다.
② 적산법이란 일반기업 경영에 의하여 산출된 총수익을 분석하여 대상물건이 일정한 기간에 산출할 것으로 기대되는 순수익에 대상물건을 계속하여 임대하는 데에 필요한 경비를 더하여 대상물건의 임대료를 산정하는 감정평가방법을 말한다.
③ 둘 이상의 대상물건이 일체로 거래되거나 대상물건 상호간에 용도상 불가분의 관계가 있는 경우에는 일괄하여 감정평가할 수 있다.
④ 임대사례비교법이란 대상물건과 가치형성요인이 같거나 비슷한 물건의 임대사례와 비교하여 대상물건의 현황에 맞게 사정보정, 시점수정, 가치형성요인 비교 등의 과정을 거쳐 대상물건의 임대료를 산정하는 감정평가방법을 말한다.
⑤ 감정평가법인등은 법령에 다른 규정이 있는 경우에는 기준시점의 가치형성요인 등을 실제와 다르게 가정하거나 특수한 경우로 한정하는 조건을 붙여 감정평가할 수 있다.

[키워드] 감정평가 관련 용어

[난이도] ■■■□□

[해설] '적산법'이란 대상물건의 기초가액에 기대이율을 곱하여 산정된 기대수익에 대상물건을 계속하여 임대하는 데에 필요한 경비를 더하여 대상물건의 임대료를 산정하는 감정평가방법을 말한다(감정평가에 관한 규칙 제2조 6호).
'수익분석법'이란 일반기업 경영에 의하여 산출된 총수익을 분석하여 대상물건이 일정한 기간에 산출할 것으로 기대되는 순수익에 대상물건을 계속하여 임대하는 데에 필요한 경비를 더하여 대상물건의 임대료를 산정하는 감정평가방법을 말한다(감정평가에 관한 규칙 제2조 11호).

[정답] 03 ②

CHAPTER 02 부동산가격이론

10개년 출제문항 수

27회	28회	29회	30회	31회
1	1		1	

32회	33회	34회	35회	36회
1	1	1		1

→ 총 40문제 中 평균 약 0.7문제 출제

학습전략

- 부동산가격이론에서는 부동산가격(가치)의 일반이론, 가치형성요인, 지역분석과 개별분석, 부동산가격(가치)의 제 원칙에 대해 학습합니다.
- 부동산가격과 가치, 지역분석과 개별분석, 부동산가격 제 원칙에 대해 묻는 문제가 주로 출제되니 관련 이론을 정리해 두는 것이 좋습니다.

제1절 부동산가격(가치)의 일반이론

1 부동산가격(가치)의 본질 · 25회

1. 부동산가격(가치)의 의의

부동산가격(가치)은 부동산의 소유에서 비롯되는 장래의 이익에 대한 현재가치이다.[1] 즉, 시장가치(market value)를 말한다. 부동산가격(가치)과 소유권은 불가분의 관계에 있고, 부동산가격(가치)은 권리 위에 바탕을 둔 소유권의 가치라고도 할 수 있다.

2. 가치와 가격

(1) 가격과 가치의 개념

① **가격**: 대상부동산에 대한 교환의 대가로 실제 지불된 금액으로, 과거의 값이다. 즉, 특정 부동산에 대한 교환의 대가로서 매수인이 지불한 금액이다.

---

1) AIREA, Appraisal Terminology and Handbook, 1962, p.192

② **가치:** 대상부동산에 대한 장래 기대되는 편익의 현재가치이며, 현재의 값이다. 즉, 가치는 효용에 중점을 두며, 장래 기대되는 편익은 금전적인 것뿐만 아니라 비금전적인 것을 포함할 수 있다.

■ 가격과 가치

가격(price)	가치(value)
특정 부동산에 대한 교환의 대가로 시장에서 매도자와 매수자 간에 지불된 실거래액	장래 기대되는 유·무형의 편익을 현재가치로 환원한 값
대상부동산에 대한 과거의 값 ⇨ 중개사가 전문가	대상부동산에 대한 현재의 값 ⇨ 평가사가 전문가
시장수급작용으로 거래당사자 사이에 제안된 값	가격 ± 오차
객관적·구체적인 개념	주관적·추상적인 개념
주어진 시점에서 대상부동산에 대한 가격은 하나임	가치는 무수히 많음 ⇨ 가치의 다원적 개념

(2) 가격과 가치의 관계

① 가격의 기초는 가치이다.

② 가치가 화폐를 매개로 하여 표현된 것이 가격이다.

③ 가격은 원칙적으로 수요·공급에 따라 변동한다. 따라서 일시적으로 가격은 가치로부터 괴리될 수도 있다. 수요가 공급을 초과하면 가격은 가치 이상이 되고, 수요가 공급에 미달될 때는 가격은 가치 이하로 떨어진다. 그러나 장기적으로 본다면 가치와 가격은 일치한다.[2]

⇨ 가격의 파라미터적(parameteric) 기능

> 가치 = 가격 ± 오차

④ 부동산의 가치가 상승하면 가격도 상승한다.

---

[2] 정영철 외, 전게서, p.138

2 부동산가격(가치)의 기능

1. 부동산가격(가치)의 파라미터적(parameteric) 기능

자유경쟁에 의하여 결정된 재화의 가격은 소비자와 생산자의 행동을 결정하는 중요한 지표가 된다. 그러나 부동산은 부증성으로 인해 공급이 완전 비탄력적이므로 가격이 변해도 공급을 창출하지 못한다. 따라서 부동산은 균형가격의 성립이 어렵고, 수요·공급의 자동조절기능이 작용하지 않으므로 감정평가사에 의한 평가가격이 파라미터적 기능을 대신하는 것이다. 즉, 부동산시장은 불완전경쟁시장이지만 부동산가격은 일반적으로 시장에서 경쟁에 의해 결정되므로 소비자와 생산자가 의사결정을 하는 데 중요한 지표의 기능을 한다.

2. 부동산가격(가치)의 자원배분기능

부동산가격(가치)은 부증성으로 인해 공급을 창출하지는 못하지만 감정평가사에 의한 평가액이 선택의 지표가 됨으로써 수요자의 행동을 결정하게 하므로 자원배분의 기능을 하게 된다.

3. 감정평가가격의 잠재가격으로서의 기능

잠재가격이란 그 재화의 기회비용을 올바르게 반영한 가격을 말하는데, 부동산의 현실적인 가격은 기회비용을 올바르게 반영하지 못하지만, 감정평가사에 의한 평가가치는 기회비용을 반영하는 잠재가격의 기능을 하게 된다.

3 부동산가격(가치)의 특징

① 부동산가격은 일반적으로 교환의 대가인 가액과 용익의 대가인 임료로 구분되며, 가액과 임료는 원본과 과실의 관계이다. 보통 협의는 가액만을 의미하고, 광의는 임료까지를 통칭하는 의미가 된다.
② 부동산에 관한 소유권, 기타 권리·이익의 가격이지 물건 자체에 대한 물리적 가격은 아니다. 즉, 부동산의 가격은 그 부동산의 소유권, 임차권 등의 권리의 대가 또는 경제적 이익의 대가를 말한다. 또한 두 가지 이상의 권리가 동일 부동산에 있을 때에는 그 각각의 권리에 가격을 정할 수 있다.

O X 확 인 문 제

두 가지 이상의 권리가 동일 부동산에 있을 때에는 그 각각의 권리에 가치가 형성될 수 있다.
• 21회 ( )

정답 (O)

여기에서 권리란 물권과 채권을 포함하는 것이며, 이익이란 제도적으로는 권리로 확립되어 있지 않으나 사회적 관행 등에 의해서 일종의 권리로 볼 수 있는 것으로, 예를 들면 권리금 등을 말한다.

③ 부동산가격은 장기적인 고려하에 형성되며 항상 변동의 과정에 있다. 이는 부동산의 내용연수가 장기간이고 부동산이 속한 지역의 사회적·경제적·행정적 위치가 항상 변하기 때문이다. 따라서 감정평가 시 평가의 기준시점을 명시하여야 하며, 시점수정을 해야 하는 이론적 근거가 된다. 또한 예측의 원칙과 변동의 원칙을 적용하여야 한다.

④ 부동산가격은 자연적 특성으로 인하여 불완전시장에서 가격이 형성되고, 거래당사자의 개인적인 동기나 특수한 사정이 개입되기 쉽다. 부동산가격은 구체적 시장에서 '일물일가의 법칙'에 따라 정상적인 균형가격이 성립되기가 어렵고, 불완전한 시장으로 인해 평가활동에 있어서 전문적인 소양이 필요하게 된다. 감정평가에 있어서 사례자료를 정상화시키는 사정보정의 이유도 바로 여기에 있다.

⑤ 해당 지역 및 다른 부동산과의 상호작용에 의하여 가격이 결정된다.

⑥ 부동산은 장기간 이용되므로 장기간 수익을 올릴 수 있다.

> **O X 확인문제**
> 부동산의 가치는 장기적인 고려하에 형성되며 항상 변동의 과정에 있다. ( )
> 정답 (○)

4 부동산가격(가치)의 이중성

부동산가격(가치)은 수요와 공급의 관계에 의하여 결정되고, 일단 가격이 결정되면 반대로 가격이 수요와 공급에 영향을 주고 수요와 공급을 조절한다. 즉, 대상부동산의 가격(가치)은 그 부동산의 효용, 상대적 희소성, 유효수요의 상호 결합에 의해 결정되고 일단 가격(가치)이 결정되면 그 가격(가치)이 반대로 효용, 상대적 희소성, 유효수요에 영향을 미쳐서 수요와 공급을 조절한다는 것이다. 이를 부동산가격(가치)의 이중성이라 하는데, 여기에는 피드백(feedback) 원리가 작용한다.

5 부동산가격(가치)의 종류(가격의 다원설) ·30회 ·33회

부동산가격(가치)은 시장가치, 보상가치, 담보가치, 과세가치 등이 있다. 이처럼 여러 종류의 가치가 있는데, 그중에서 중심이 되는 것은 시장가치이다.[3]

---

[3] Stanley L. McMichael, McMichael's Appraising Manual(4th ed.), Prentice Hall Inc., Englewood Cliffs N. J., 1968, p.10

1. 시장가치(market value)

(1) 의의
대상물건(감정평가의 대상이 되는 토지 등)이 통상적인 시장에서 충분한 기간 거래를 위하여 공개된 후 그 대상물건의 내용에 정통한 당사자 사이에 신중하고 자발적인 거래가 있을 경우 성립될 가능성이 가장 높다고 인정되는 대상물건의 가액(價額)을 말한다(감정평가에 관한 규칙 제2조 제1호).

(2) 시장가치의 조건
① 대상물건의 시장성
② 통상적인 시장
③ 출품기간의 합리성
④ 거래의 자연성
⑤ 당사자의 정통성

(3) 시장가치기준의 원칙
대상물건에 대한 감정평가액은 시장가치를 기준으로 결정한다(감정평가에 관한 규칙 제5조 제1항).

(4) 시장가치 외의 가치를 기준으로 감정평가
① 감정평가법인등은 다음의 어느 하나에 해당하는 경우에는 대상물건의 감정평가액을 시장가치 외의 가치를 기준으로 결정할 수 있다(감정평가에 관한 규칙 제5조 제2항).

> ㉠ 법령에 다른 규정이 있는 경우
> ㉡ 감정평가 의뢰인이 요청하는 경우
> ㉢ 감정평가의 목적이나 대상물건의 특성에 비추어 사회통념상 필요하다고 인정되는 경우

② 감정평가법인등은 위 ①에 따라 시장가치 외의 가치를 기준으로 감정평가할 때에는 다음의 사항을 검토해야 한다. 다만, 법령에 다른 규정이 있는 경우에는 그렇지 않다(감정평가에 관한 규칙 제5조 제3항).

> ㉠ 해당 시장가치 외의 가치의 성격과 특징
> ㉡ 시장가치 외의 가치를 기준으로 하는 감정평가의 합리성 및 적법성

추가 「감정평가에 관한 규칙」에서 규정하고 있는 원칙
1. 현황기준 원칙
2. 개별물건기준 원칙
3. 시장가치기준 원칙

O X 확 인 문 제
대상물건에 대한 감정평가액은 원칙적으로 시장가치를 기준으로 결정한다. • 33회 ( )
정답 (○)

O X 확 인 문 제
감정평가법인등은 법령에 다른 규정이 있는 경우에는 대상물건의 감정평가액을 시장가치 외의 가치를 기준으로 결정할 수 있다. • 36회 ( )
정답 (○)

O X 확 인 문 제
감정평가법인등은 감정평가 의뢰인이 요청하여 시장가치 외의 가치를 기준으로 감정평가할 때에는 해당 시장가치 외의 가치의 성격과 특징을 검토하지 않는다. • 33회 ( )
정답 (×)
감정평가법인등은 감정평가 의뢰인이 요청하여 시장가치 외의 가치를 기준으로 감정평가할 때에는 해당 시장가치 외의 가치의 성격과 특징을 검토해야 한다.

③ 감정평가법인등은 시장가치 외의 가치를 기준으로 하는 감정평가의 합리성 및 적법성이 결여(缺如)되었다고 판단할 때에는 의뢰를 거부하거나 수임(受任)을 철회할 수 있다(감정평가에 관한 규칙 제5조 제4항).

2. 가치의 다원적 개념[4]

한 시점에서 대상부동산의 가격(price)은 하나이지만, 가치(value)는 다양하다는 것을 가치의 다원적 개념이라고 하며, 이를 김영진 교수는 가격다원설이라 하였다.

(1) 사용가치
대상부동산이 특정한 용도로 사용되었을 때 가질 수 있는 가치를 말한다.

(2) 투자가치
대상부동산이 특정한 투자자에게 부여하는 주관적 가치이다. 근대 평가이론에서 사용되고 있는 시장가치(market value)는 애덤 스미스(Adam Smith)의 교환가치에, 투자가치(investment value)는 그의 사용가치에 이론적 기반을 두고 있다.

(3) 보상가치
국가나 공공단체 등이 공익목적의 공공사업 시행을 위해 대상부동산을 매수·수용하는 경우 평가하는 가치이다.

(4) 담보가치
은행 등이 장래 채무불이행 시 대출자와 차입자 간 설정된 담보물에 대한 상환가능가치를 말한다.

(5) 과세가치
조세부과를 목적으로 하는 것으로, 정부나 지방자치단체에서 조세를 부과하는 데 사용되는 가치이다.

(6) 보험가치
보험금 등을 산정하기 위해 사용되는 가치이다.

(7) 공익가치(공공가치)
부동산의 최고·최선의 이용이 보전이나 보존과 같은 공공목적의 비경제적 이용에 있을 때 대상부동산이 지니는 가치를 말한다.

---
[4] 정영철 외, 전게서, pp.141~142

(8) 장부가치(재고가치)

대상부동산의 당초의 취득가격에서 법적으로 허용되는 방법에 의한 감가상각분을 제외한 장부상의 잔존가치를 의미한다.

6 부동산가격(가치)의 발생요인 ·24회

부동산가격(가치)은 일반재화와 마찬가지로 시장에서의 수요와 공급의 원칙에 기초한다. 수요를 결정하는 요소인 효용(유용성)과 유효수요, 공급을 결정하는 요소인 상대적 희소성의 상호작용에 의해 발생하게 되는데, 이를 부동산의 가격(가치) 발생요인이라 한다. 부동산의 가치는 효용, 상대적 희소성, 유효수요 중 하나에 의해 발생하는 것이 아니라 가치발생요인들의 상호 결합에 의해 발생한다. 또한 다음 절에서 설명하는 가치형성요인은 부동산가격(가치) 발생요인에 영향을 미친다. 시장에서 부동산에 대한 가치가 형성되고, 사람들이 이에 기꺼이 대가를 지불하기 위해서는 가치발생요인들이 구비되어야 하는데, 이에는 다음과 같은 것이 있다.

1. 부동산의 효용(utility, 유용성)

효용(유용성)은 인간의 필요나 욕구를 만족시켜 줄 수 있는 재화의 능력을 말한다. 즉, 부동산의 효용은 수익성과 쾌적성 등을 통해 인간의 욕구를 만족시키는 정도를 말하는 것이다. 이는 부동산의 인문적 특성에서 파생하는 것으로 수요 측면에 영향을 미치는 요인에 해당한다. 부동산의 유용성(효용)은 용도의 차이에 따라 주거지는 쾌적성·편리성, 즉 도심으로의 통근가능성 등으로, 공업지는 비용절감과 입지선정에서 오는 생산성, 상업지와 농업지는 수익성 등으로 표현할 수 있다. 대상부동산의 물리적 특성뿐 아니라 토지이용규제 등과 같은 공법상의 제한 및 소유권의 법적 특성도 대상부동산의 효용에 영향을 미친다.

(1) 쾌적성(amenities)

① 의의: 주로 주거용 부동산에 해당되는 것으로서, 어떤 주택을 소유하고 생활함으로써 느끼는 정신적 만족도를 의미한다. 이에 생활의 편리성이 부가되면 최고의 주거용 부동산이 된다고 볼 수 있다.

OX 확인문제

부동산가치는 효용, 상대적 희소성, 유효수요 등의 요인이 결합하여 발생한다. ·24회 (   )

정답 (○)

② **쾌적성이 부동산가치에 미치는 영향:** 쾌적성은 부동산이 지니는 상대적 희소성, 부동산에 관한 유효수요 등과 함께 부동산의 가치를 생성시키는 하나의 요인이다. 쾌적성은 그 나라의 사회적·경제적 수준이 향상됨에 따라 높이 평가되는 경향이 있으며, 대도시에는 이미 경관 좋은 쾌적한 고지대가 저지대에 비하여 쾌적성을 보다 더 인정받고 있다.

(2) 수익성

① **의의:** 수익을 발생하는 능력을 말하는데, 부동산 감정평가에 있어 대상 부동산이 기업용 또는 임대용인 경우에 최유효이용을 판정하는 지표가 된다.

② **수익성의 기준:** 상업용 부동산의 수익성은 매상고, 공업용 부동산은 생산비, 임대용 부동산은 임대순수익을 기준으로 수익성을 판단한다.

(3) 생산성

공업용 부동산에서 효용성은 생산성(비용성)으로 나타나는데, 생산성이란 생산을 위해 투입된 생산요소와 그 결과 생산된 생산량의 비율을 말한다. 즉, 생산성이 높다는 말은 적은 비용으로 많은 생산을 한다는 것을 의미한다.

2. 부동산의 상대적 희소성

상대적 희소성은 인간의 욕망에 비해 욕망의 충족수단이 질적·양적으로 한정되어 있어서 부족한 상태를 말한다. 부동산은 용도적 관점에서 대체성이 인정되고 있기 때문에 절대적 희소성이 아닌 상대적 희소성을 가지고 있다. 즉, 부동산에 대한 수요에 비해 공급이 부족하다는 것으로 부동산자원도 경제재이며 인간의 욕망에 비해 한정된 자원이므로 그 욕구의 충족수단이 질적·양적으로 유한하여 부족한 상태에 있는 것을 의미한다. 이는 공급 측면에 영향을 미치는 요인에 해당한다. 이러한 상태하에서 해결하여야 할 경제문제가 발생하므로 희소성이란 개념은 중요한 것이 된다.

3. 부동산에 대한 유효수요

유효수요는 대상부동산을 구매하고자 하는 욕구로, 지불능력(구매력)을 필요로 한다. 즉, 수요란 구매력이 있는 수요, 즉 유효수요이어야 하며, 이는 효용·희소성과 함께 합리적인 가치발생요인을 나타내는 요소라 할 수 있다.

O X 확 인 문 제

상대적 희소성은 인간의 욕망에 비해 욕망의 충족수단이 질적·양적으로 한정되어 있어서 부족한 상태를 말한다. • 22회
( )

정답 (O)

여기서 구매력(purchasing power)은 경제적인 개념으로 부동산을 구입할 수 있는 지불능력을 말하는데, 지역과 시기에 따라 변화하며 부동산의 가격수준의 높고 낮음에 따라서 영향을 받는다. 따라서 부동산의 가치평가에 있어서는 구매력의 분석 또는 그 변동에 관한 관찰이 중요시되어야 하며, 그러한 노력은 주어진 가격수준을 전제로 하여야 한다. 수요 측면에 영향을 미치는 요인에 해당한다.

4. 부동산의 이전성(transferability)

부동산의 이전성(양도가능성)이란 부동산의 물리적인 이동이나 경제적 측면의 이전을 말하는 것이 아니라, 법률적 측면에서 권리의 이전이 가능해야 한다는 것이다. 따라서 이전성은 경제적인 측면이 아닌 법률적인 측면에서의 가치발생요인이다. 다만, 공공용 부동산 등 이전성이 없는 부동산도 가치를 지니므로 이전성은 이미 발생된 부동산가격(가치)을 증감시키는 요인으로 보는 견해도 있다.

제2절 가치형성요인

부동산가격(가치)은 ① 부동산의 효용, ② 상대적 희소성, ③ 부동산에 대한 유효수요 등 가격(가치) 발생요인의 상호작용에 의해 결정되는데, 이러한 가격(가치) 발생요인에 영향을 주는 요인을 가치형성요인이라고 한다.5) 구체적으로 가치형성요인이란 대상물건의 경제적 가치에 영향을 미치는 일반요인, 지역요인 및 개별요인 등을 말한다(감정평가에 관한 규칙 제2조 제4호). 부동산은 자연적·인문적 특성으로 인하여 가치형성과정이 복잡 다양하고 계속적으로 변화해 가는 과정 중에 있으며, 가치형성요인의 상호작용에 의하여 부동산가격(가치)이 결정된다. 또한 가치형성요인은 여러 요인의 상호작용 결과에 의하여 형성되므로 항상 변동한다는 유동성의 특성과 가치형성요인은 독립적으로 결정되는 것이 아니라 여러 요인이 유기적으로 관련하여 가치를 형성하고 있다는 상호의존성의 특성을 가지고 있다.6)

---

5) 根岸照南, 不動産鑑定評價の基礎知識(東京: 東榮堂, 1972), p.45
建部好治, 土地價格形成の理論(東京: 東洋經濟新報社, 1977), p.37
6) 최태규, 전게서, p.132

OX 확인문제

부동산가치형성요인은 부동산가격(가치) 발생요인에 영향을 미친다. ( )

정답 (○)

OX 확인문제

가치형성요인이란 대상물건의 경제적 가치에 영향을 미치는 일반요인, 지역요인 및 개별요인 등을 말한다. •32회 ( )

정답 (○)

추가 유동성과 상호의존성

1. 유동성(dynamic): 가치형성요인이 부동산가치에 미치는 영향은 그 요인을 이루는 각 현상의 변동에 따라 항상 변동의 과정에 있으므로 동태적 파악이 필요하다.
2. 상호의존성(combined): 부동산가치형성의 요인들은 독립하여 개별적으로 작용하는 것이 아니라 서로 유기적인 관련성을 갖고 상호 유기적인 관련하에 작용한다.

1 일반(적)요인[7]

일반(적)요인이란 부동산 전반에 영향을 미치는 요인을 말한다. 즉, 일반경제 사회에 있어서 부동산의 위치, 활동, 가격수준 등에 영향을 미치는 전반적인 요인을 말한다. 이는 사회적 요인, 경제적 요인, 행정적 요인으로 구분하며, 이러한 제 요인은 부동산가격(가치)에 상호 유기적으로 작용한다.

1. 사회적 요인

부동산가격(가치)에 영향을 미치는 부동산의 사회적 환경요인을 말한다.

① 인구의 상태
② 가족구성 및 가구분리의 상태
③ 도시형성 및 공공시설의 정비상태
④ 교육 및 사회복지 등의 수준
⑤ 부동산거래 및 사용·수익의 관행
⑥ 건축양식 등의 상태
⑦ 정보화 진전의 상태

2. 경제적 요인

부동산가격(가치)에 영향을 미치는 부동산의 경제적 환경요인을 말한다.

① 소비·저축·투자 및 국제수지의 상태
② 재정 및 금융 등의 상태
③ 물가·임금·고용 등의 상태
④ 세부담의 상태
⑤ 기술혁신 및 산업구조의 상태
⑥ 교통체계의 상태
⑦ 국제화의 상태

O X 확인문제

부동산거래 및 사용·수익의 관행은 사회적 요인에 해당한다.
( )

정답 (O)

O X 확인문제

기술혁신 및 산업구조의 상태는 경제적 요인에 해당한다. •2회
( )

정답 (O)

---

7) 방경식, 전게서, pp.287~290
김태훈, 전게서, pp.421~423

3. 행정적 요인

부동산가격(가치)에 영향을 미치는 부동산의 행정적 환경요인을 말한다.

> ① 토지제도
> ② 토지의 이용계획 및 규제의 상태
> ③ 택지 및 주택에 관한 시책의 상태
> ④ 토지 및 건축물의 구조·방재(防災) 등에 관한 시책의 상태
> ⑤ 부동산가격(가치)과 임대료에 관한 규제
> ⑥ 부동산에 관한 세제의 상태
> ⑦ 부동산가격공시제도

OX 확인문제

부동산에 관한 세제의 상태는 경제적 요인에 해당한다. •2회
( )

정답 (×)
부동산에 관한 세제의 상태는 행정적 요인이다.

2 지역(적)요인[8]

어떤 지역 내의 부동산가격(가치)에만 영향을 미치는 요인, 즉 지역분석을 할 때 유의할 요인을 말한다. 이는 자연적 조건과 일반적 요인의 상관결합으로 구성되며, 대상지역의 규모와 특성을 형성하고 그 지역에 속하는 부동산가격(가치) 수준을 형성하는 요인이다.

1. 주택지평가의 지역요인

(1) 기상상태

일조, 온도, 습도, 풍우 등의 기상상태는 주거지역에 있어서의 쾌적성을 좌우하는 요인이다.

(2) 사회적 환경

거주자의 직업, 직장, 지위, 소득수준, 재산, 연령 등은 그 지역의 사회적 환경의 양부(良否)에 상당한 영향을 미친다.

(3) 가로의 폭·포장 등의 상태

주택지의 가로의 폭, 포장상태, 보·차도 구분, 배치, 계통 등은 지역의 유용성에 큰 영향을 미친다. 특히 가로의 폭은 너무 넓지도, 좁지도 않고 적정해야 한다.

---

[8] 이원준, 「부동산학원론」, 박영사, 2002, pp.554~619

(4) 도심과의 거리 및 교통수단의 상태

도심과의 거리(여기서는 주로 시간적 거리를 의미)와 도심에 이르는 대중교통 수단의 상태 및 운행의 빈도 등이 그 지역의 유용성에 영향을 미친다.

(5) 상점가의 배치상태

상점가의 배치상태는 그 지역의 규모, 발전·개발패턴 등에 따른 차이도 있지만, 일반적으로는 지역의 모든 지점에서의 접근성이 좋도록 배치되어 있어야 한다.

(6) 상하수도, 가스, 전기 등의 공급·처리시설의 상태

(7) 학교·공원·병원 등의 배치상태

학교·공원·병원 등 공익시설의 배치상태가 좋으면, 주거지의 유용성이 높아진다.

(8) 위험·혐오시설 등의 유무

지역에 어떤 위험시설이나 혐오시설 등이 자리잡고 있는 경우에는 그 지역의 쾌적성 또는 안전성을 저해하는 요인이 되어 불리하다.

(9) 재해발생의 위험성

지역은 홍수나 침수, 사태 등의 위험성이 없어야 한다.

(10) 공해발생의 상태

대기오염, 수질오염, 소음, 진동, 지반침하, 악취 등으로 인한 공해는 주민의 육체적·정신적 건강에도 영향을 미친다.

(11) 획지의 면적과 배치 및 이용 등의 상태

지역 내 획지의 표준적 크기, 배치관계, 동질성 등의 적합관계, 이용상태 등은 지역의 품위나 유용성을 판단하는 하나의 기준이 된다.

(12) 지역의 자연적 환경

지역의 조망·경관 등 지역의 자연적 환경은 쾌적성을 좌우하는 중요한 조건이다.

(13) 지역의 규모

인근지역의 규모는 별로 크지 않은 것이 통상이지만, 광역적 지역의 규모·기능·구성내용 등은 인근지역의 유용성에 상당한 영향을 미친다.

(14) 토지이용에 관한 공법상의 규제상태

2. 상업지 평가의 지역요인

(1) 배후지 및 고객의 질과 양
상업활동의 매상고는 배후지의 인구, 면적, 소득수준, 고객의 양, 기타 고객의 구매력에 따라 영향을 받는다.

(2) 고객의 교통수단의 상태

(3) 영업의 종류 및 경쟁의 상태

(4) 해당 지역 경영자들의 창의력과 자본력
상업지역의 경영자들의 풍부한 창의력과 자본력에 따라 상업활동에 대한 수익성이 좌우되고, 다시 대상지역의 번영에도 영향을 미친다. 또한 수익성의 차이는 대상지역의 부동산가격(가치)에도 영향을 미친다.

(5) 번영의 정도 및 성쇠의 상태

① 해당 상업지역의 번화가
② 상가 성장의 외형적 흐름
③ 소매점포의 기업화 등
④ 점포건설용지 등
⑤ 입지경쟁의 특징

(6) 토지이용에 관한 공법상 규제의 정도

3. 공업지 평가의 지역요인

① 제품의 판매시장 및 원재료 구입시장과의 위치관계
② 간선도로·항만·철도 등 수송시설의 정비상태
③ 동력자원 및 용·배수에 관한 비용
④ 노동력 확보의 난이
⑤ 연관산업과의 위치관계
⑥ 온도·습도·풍설 등 기상의 상태
⑦ 수질의 오탁(汚濁)·대기오염 등 공해발생의 위험성
⑧ 행정상의 조장 및 규제의 정도

4. 농업지역의 지역요인

① 일조·온도·습도·풍우 등의 기상의 상태
② 기복·고저 등 지세의 상태
③ 토양의 양부(良否)
④ 수리 및 수질의 상태
⑤ 소비지와의 거리 및 수송시설의 상태
⑥ 집하지와 출하시장의 관계
⑦ 홍수·사태 등 재해발생의 위험성
⑧ 취락과의 위치관계
⑨ 행정상의 조장 및 규제의 정도

5. 임업지역의 지역요인

① 임도 등의 상태
② 일조·온도·습도 등의 상태
③ 표고(標高)·지세 등의 자연상태
④ 토층의 상태
⑤ 행정상의 조장 및 규제의 정도

3 개별(적)요인

대상부동산의 가치에만 영향을 미치는 요인, 즉 개별분석을 할 때 유의해야 할 요인을 말한다. 이는 대상부동산의 특수한 상태·조건 등 개별성이 가치형성에 영향을 미치는 요인이라 할 수 있다. 부동산의 감정평가를 행함에 있어서 지역요인에 대해서는 지역분석을 하여 가격수준을 파악한 후, 개별요인에 대해서는 개별분석을 하여 가격을 판정한다.

1. 주택지 평가의 개별적 요인

(1) 주거지 획지의 면적·형상·일조·건습

획지는 인근환경 등을 기준으로 하여 적정한 면적을 갖는 것이 유리하고, 택지는 형상에 따라서 유용성 및 가용률에 상당한 차이가 생긴다.

(2) 주거지 교통시설에의 거리

해당 지역에 아무리 좋은 교통시설이 있어도 해당 획지로부터의 접근성이 나쁘다면 큰 도움이 되지 않는다.

(3) 획지의 고저, 각획지(角劃地), 기타 접면가로와의 관계

주거지는 가로보다 다소 높은 것이 무방하나, 가로보다 낮으면 쾌적성 등이 문제가 된다. 각획지나 접면가로가 인근의 광장 등에 연결되어 있는 경우에는 쾌적성의 면에서 유리한 점도 있으나, 교통량이 많아 차량 등의 소음으로 방해가 될 수도 있다.

(4) 공급·처리시설의 상태 및 접근의 정도

(5) 접면가로의 계통·구조 등의 상태

(6) 인접부동산 등 주위의 상태(부동산의 환경성)

(7) 공공시설 등에의 접근의 정도

(8) 상점가와의 접근의 정도

2. 상업지 평가의 개별적 요인

(1) 획지의 고저·각획지·기타 접면가로와의 관계

① 상업지는 가로보다 높으면 고객이 접근하기 어렵기 때문에 매상고에 마이너스(-) 요인이 된다.

② 각획지는 상품전시효과를 높일 수 있어 상업지로서 유리할 뿐만 아니라 각획지의 크기에 따라 교통량이 많고, 노폭이 알맞게 크며, 점포가 특출할수록 눈에 잘 띄어 수익성이 좋다.

③ 상업지의 형상에 있어서는 정방형이나 장방형의 것이 삼각형과 부정형의 획지에 비해 유용성이 높으므로 그 가격도 높다.

■ 각획지(角劃地)

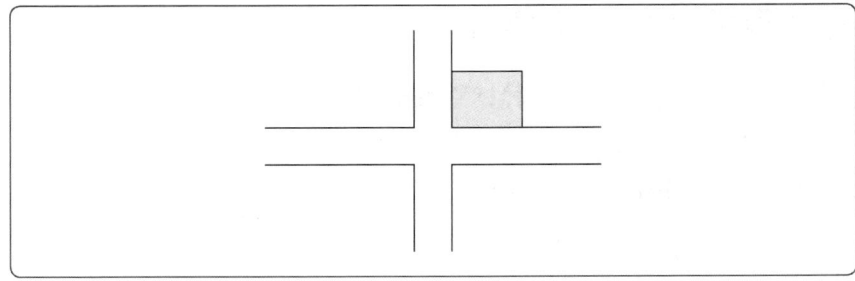

(2) 접면가로의 계통·구조 등의 상태 및 그 위치관계

① 상업지의 접면가로는 터미널, 역, 항구, 공항 등 교통인구가 많이 모이는 곳이 유리하다.
② 주거지역에 위치한 상업지의 가로는 도폭이 약 10m 전후이면 가장 적당하다.
③ 커브를 이루는 가로는 바깥쪽보다 안쪽이 유리하고, 터미널·역·정류장이 있는 곳은 오른쪽이, 비탈길은 아래쪽이, 동서로 된 가로는 서쪽이 일반적으로 유리하다.
④ 가로의 길이가 500m 이상의 직선인 경우에는 상가로서 불리하며, 100m 이내에서 끊어지는 경우도 불리하다.

(3) 고객의 통행패턴 및 적합성

① 상업지 내의 상가로의 경제적 조건
② 대상 상업지의 배후지 또는 상권
③ 상업지 내 점포의 입지적 유형

(4) 번화가에의 접근성(거리 등)

(5) 인접부동산 등 주위의 상점·부동산 등의 상태

3. 공업지평가의 개별적 요인

① 면적·형상 및 지반
② 항만·철도·간선도로 등 수송시설과의 위치관계
③ 용·배수 등의 공급·처리시설 정비의 필요성

4. 토지와 건물에 관한 개별적 요인

(1) 토지에 관한 개별적 요인

① 위치·면적·지세·지질·지반
② 획지의 접면 폭·깊이·형상
③ 일조·통풍·건습
④ 고저·각지·접면가로와의 관계
⑤ 접면가로의 구조·계통

⑥ 공공시설·상업시설 등과의 접근의 정도
⑦ 상하수도 등의 공급·처리시설 유무 및 이용의 난이
⑧ 위험시설·혐오시설과의 접근의 정도
⑨ 공·사법상의 규제

(2) 건물에 관한 개별적 요인

① 건물의 면적·높이·구조·재질
② 설계·설비 등의 양부
③ 시공의 질과 양
④ 공·사법상의 규제
⑤ 건물과 환경의 적합상태

제3절 지역분석과 개별분석

1 지역분석 ·27회 ·30회 ·32회 ·34회 ·36회

1. 의의

지역분석은 지역요인을 분석하는 작업으로 이는 구체적으로 인근지역의 표준적 이용을 판단하여, 그 지역 내의 부동산에 대한 가격수준을 판정하는 작업이다. 즉, 대상부동산이 어떤 지역에 속하며, 지역특성이 무엇이며, 전반적으로 지역특성이 지역 내 부동산가치 형성에 어떠한 영향을 미치는가를 분석하는 것이다.

2. 지역분석의 필요성 및 순서

(1) 지역분석의 필요성

부동산의 가격(가치)은 지역과 관계없이 독립하여 형성되는 것이 아니라 그 지역적 특성에 따라 전반적으로 영향을 받기 때문에 대상부동산의 적정가치를 판정하는 데에는 지역분석이 필요하다.

① 부동산은 지리적 위치의 고정성이 있으므로 부동산의 가격(가치)은 지역성의 영향을 받게 된다.

② 대상부동산이 속한 지역은 다른 지역과 구별되는 지역적 특성을 가진다. 이 특성은 대상부동산의 가격수준에 전반적인 영향을 주는 지역요인이 그 바탕이 된다는 것이다.
③ 지역분석을 함으로써 해당 지역의 특성 및 표준적 이용* 상태를 파악할 수 있게 된다.
④ 해당 지역의 표준적 이용상태와 대상부동산의 상호관계를 밝혀 주게 된다. 즉, 지역적 특성은 그 지역의 일반적이고 표준적 이용에 의하여 구체적으로 나타나며, 이 표준적 이용은 대상부동산의 최유효이용을 판정하는 유력한 표준이 된다는 것 등이다.
⑤ 지역은 대상부동산의 가격에 전반적으로 영향을 미치며, 또한 이 지역은 고정적인 것이 아니라 항상 변동하고 있다는 것이다.
⑥ 감정평가에 이용할 사례자료의 수집범위가 밝혀진다.

* **표준적 이용**
그 지역적 특성에 가장 적합한 합리적인 이용방법을 말하며, 인근지역의 특성에 의한 일반적·평균적인 이용방법이다.

O X 확 인 문 제

지역분석의 결과로 그 지역의 표준적 이용을 파악할 수 있다.
• 20회 ( )

정답 (O)

(2) 지역분석의 순서
① 대상부동산은 어떠한 지역에 관련되는가를 분석한다.
② 대상부동산과 관련되는 해당 지역의 지역적 특성은 어떠한가를 분석한다.
③ 해당 지역의 지역적 특성이 평가대상 부동산의 가치형성에 어떠한 영향을 미칠 것인가를 분석한다.

3. 지역분석의 대상[9]

지역분석은 인근지역, 유사지역 및 동일수급권을 대상으로 한다.

(1) 인근지역(neighbourhood)
① **의의**: 인근지역이란 대상부동산(감정평가의 대상이 된 부동산)이 속한 지역으로서 부동산의 이용이 동질적이고 가치형성요인 중 지역요인을 공유하는 지역을 말한다(감정평가에 관한 규칙 제2조 제13호). 따라서 인근지역의 부동산은 용도적으로 공통성이 있고, 기능면에서 동질성이 있으며, 상호 대체경쟁관계에 있다고 할 수 있다.
② **특성**
㉠ 인근지역의 지역특성은 대상부동산의 가치형성에 직접 영향을 미친다.

O X 확 인 문 제

인근지역이란 대상부동산이 속한 지역으로서 부동산의 이용이 동질적이고 가치형성요인 중 개별요인을 공유하는 지역을 말한다. • 36회 ( )

정답 (X)
인근지역이란 대상부동산이 속한 지역으로서 부동산의 이용이 동질적이고 가치형성요인 중 지역요인을 공유하는 지역을 말한다.

---
[9] 김천경 외, 전게서, pp.150~161

ⓒ 인근지역 내 부동산은 대상부동산과 상호 대체·경쟁의 관계에 있고, 동일한 가격수준을 가진다.
ⓒ 인근지역 내 부동산은 대상부동산과 용도적·기능적으로 동질성을 가진다.
㉣ 인근지역은 그 지역의 특성을 형성하는 지역요인의 추이, 동향에 따라 변화하게 된다. 따라서 인근지역의 사회적·경제적·행정적 위치는 고정적인 것이 아니라 유동적인 것이다.
㉤ 인근지역의 지역요인은 '성장기 ⇨ 성숙기 ⇨ 쇠퇴기 ⇨ 천이기 ⇨ 악화기'라는 인근지역의 사이클 패턴(cycle pattern)을 가지면서 변화한다.

③ **인근지역의 조건**
㉠ 대상부동산이 속해 있는 지역의 일부분일 것
ⓒ 도시·농촌과 같은 종합형태의 지역사회보다 작은 지역일 것
ⓒ 일상생활과 관련하여 특정한 토지용도를 중심으로 집중된 형태일 것
㉣ 인근지역의 지역특성이 대상부동산의 가치형성에 직접 영향을 미칠 것

④ **인근지역의 경계와 범위**
㉠ 인근지역의 경계와 범위는 그 이용상태에 따라 물리적으로 명백하게 구분되는 경우도 있고, 그렇지 못한 경우도 있다. 즉, 인근지역은 하천 등 자연적 경계와 토지 행정규제 등 공법상 규제에 의해 지역범위가 획정될 수도 있다.
ⓒ 물리적으로 명백하지 못한 지역의 경계나 범위는 주로 표준적인 이용을 중심으로 판단한다. 따라서 표준적 이용의 동질적인 범위가 인근지역의 범위가 된다고 볼 수 있다.
ⓒ 인근지역의 범위가 지나치게 확대되면 가격수준의 판정이 어려워질 수 있고, 지나치게 축소되면 사례자료를 구하기가 어려워진다. 그러나 사례자료의 신빙성은 높아진다.
㉣ 인근지역의 범위는 고정적·경직적인 것이 아닌 유동적·가변적이다.

⑤ **인근지역의 지역분석**
㉠ 인근지역의 지역분석이란 인근지역을 대상으로 해서 지역분석을 하는 것을 말한다. 즉, 해당 지역을 구성하는 부동산의 일반적·표준적인 이용상태와 미래의 동향 등을 명백히 하여 그 지역의 가격수준을 판정하는 것이다.

OX 확인문제
인근지역의 범위는 고정적·경직적인 것이 아니라 유동적·가변적이다. •21회　(　)
정답 (O)

ⓒ 가격수준을 판정하기 위해서는 인근지역과 함께 인근지역 주변의 다른 지역의 지역요인도 동시에 분석하고, 그 지역적 특성과 동일수급권 내에 있는 유사지역의 지역적 특성과 비교·분석함으로써 인근지역의 상대적 위치를 비교할 수 있다.

ⓒ 인근지역의 지역분석은 지역분석 중 가장 큰 비중을 차지하는데, 부동산의 지역분석은 첫째 대상부동산이 속하는 용도지역의 판단, 둘째 인근지역의 지역분석, 셋째 인근지역과 동일수급권 내의 다른 유사지역과의 상관분석 등의 순서로 이루어진다. 또한 부동산의 지역분석에서 말하는 용도지역이란 「국토의 계획 및 이용에 관한 법률」상의 용도지역과 꼭 일치하지 않는다는 것을 유의해야 한다.10)

⑥ **인근지역의 수명현상**(cycle pattern)11)
  ㉠ 의의 및 전제조건
    ⓐ 의의: 인근지역의 수명현상을 생태학적 측면에서 파악하여 각 국면의 여러 가지 현상의 특징을 나타낸 것이다. 지역변화단계와 사회적·경제적 영향은 토지이용의 형태를 결정하고 각 단계별로 지가상승·하락의 과정을 거친다. 또한 도시성장이 빠르면 지역변화도 빠르게 움직인다.
    ⓑ 전제조건: 지역이 하나의 개발계획에 의해 동시에 개발되어야 하고, 지역에 동질성이 있어야 한다.
  ㉡ **성장기**(개발기, 가치상승단계)
    ⓐ 의의: 성장기는 개발기라고도 하며, 어떤 지역이 새로 개발되거나 과거 존재하던 건물이 새로운 건물로 교체됨으로써 지역의 변화가 달라지는 시기이다. 어느 지역이 처음 형성되어 발전되어 가는 과정을 말하는 것으로 분당, 일산, 평촌, 중동 등 신도시처럼 처음으로 지역이 개발되거나 때로는 성동구의 불량주택 재개발 및 중구의 도심재개발과 같은 경우도 있다. 통상적으로 하나의 신도시(new town) 개발에 소요되는 기간은 15~20년 정도이고, 작은 도시는 수년 정도인 경우도 있다.
    ⓑ 특징
      ⅰ) 지역 내의 입지경쟁이 치열하고, 지역기능이 새로이 형성된다.

---

10) 이원준, 「부동산감정평가」, 한국경제신문사, 1994, p.79
11) 김천경 외, 전게서, pp.154~158

OX 확인문제

성장기에는 지가가 상승하고 새로 입주하는 주민의 교육수준이 높고 젊은 계층이 많으며, 지역 내의 입지경쟁이 치열하고, 투기현상이 개재되기 쉽다. •12회
( )

정답 (○)

ⅱ) 투기현상이 개재되기 쉽다.
ⅲ) 지가상승이 비교적 높고, 성장기 초기에는 개발계획단계, 개발사업 착수단계, 개발사업 완성단계의 3단계에 따라 변동하는 경향이 있다.
ⅳ) 입주하는 주민의 교육수준이 높고 젊은 계층이 많다.
ⅴ) 성숙기에 비해 단위기간당 주민들의 유동이 많다.

ⓒ **성숙기**(가치안정단계)
ⓐ 의의: 성숙기는 지역개발이 진행됨에 따라 지역은 점차 안정화되어 가고, 지역의 기능이 자리잡혀 가는 단계를 말한다. 성숙기간은 지역의 크기, 지역 내 거주자의 경제적 수준에 따라 다양하지만 일반적으로 20~25년이 질적으로 안정되어 있는 기간으로 알려져 있다.
ⓑ 특징
ⅰ) 입지경쟁은 안정되고, 부동산의 가격수준, 지역기능이 최고가 된다.
ⅱ) 지가는 안정되나 가벼운 상승을 나타내며, 주민들의 유동이 많지 않다.
ⅲ) 지역주민의 사회적·경제적 수준은 최고로 높다.
ⅳ) 지역적 기능은 큰 변화 없이 일정한 개성을 가진다.

ⓔ **쇠퇴기**(가치하락단계 - 초기하락기)
ⓐ 의의: 쇠퇴기는 시간이 흐름에 따라 지역의 건물이 점차 노후화하기 시작하여 새로운 건축은 불리하게 된다. 지가는 낮아지며, 지역기능이 감소하는 단계로서, 지역의 경제적 내용연수가 다 되어가는 시기이다. 기간은 약 40~50년 정도이다.
ⓑ 특징
ⅰ) 개발기나 성숙기에 들어온 높은 계층의 주민들이 다른 지역으로 이동한다.
ⅱ) 지가상승률은 저하되며, 중고부동산의 거래가 부동산시장의 중심을 이룬다.
ⅲ) 사회적·경제적 수준이 낮은 주민들이 이주해 온다.
ⅳ) 지역에 따라서는 재개발이 이루어진다.
ⅴ) 지역의 건물은 관리비와 유지비가 급격히 증가한다.

ⓜ 천이기(가치하락단계 – 명백하락기)
  ⓐ 의의: 천이기는 거주자가 주택을 팔고 교외로 나가려는 경향과 새로운 계층의 거주자들의 입주수요에 따라 소득수준이 낮은 주민으로 바뀌는 단계이다.
  ⓑ 특징
    ⅰ) 저소득층 주민의 활발한 전입으로 수요가 자극되어 가벼운 지가상승을 보인다.
    ⅱ) 이러한 순환적 상태는 지역이 악화상태에 이를 때까지 소유자의 이동에 따라 반복된다.
    ⅲ) 필터링(filtering)현상이 활발해진다.
    ⅳ) 천이기에서 재개발이 일어나면 악화기가 도래하지 않을 수도 있다.
ⓗ 악화기(가치하락단계 – 가속하락기): 쇠퇴기와 천이기의 기간 중 재개발 등 지역에 대한 개선의 노력이 없으면 지역은 계속적으로 악화되어 악화기에 이른다. 즉, 슬럼(slum)화 직전의 단계를 말한다.

■ 인근지역의 수명현상

성장기 (가치상승단계)	신개발, 재개발	• 약 15~20년 • 지역기능 급변 • 지가의 상승 높음 • 투기현상이 개재됨 • 입지경쟁 치열 • 성숙기에 비해 주민들의 유동이 많음 • 입주민: 젊고 교육수준이 높음
성숙기 (가치안정단계)	안정기	• 약 20~25년 • 지역기능 최고 • 지가수준 최고 • 지가안정 또는 가벼운 상승 • 입지경쟁 안정 • 주민의 유동이 적음 • 입주민: 사회적·경제적 수준 최고

> [정리] 인근지역의 수명현상 – 3단계설과 5단계설[12]
> 1. 3단계설: 가치상승단계 ⇨ 가치안정단계 ⇨ 가치하락단계(초기하락기, 명백하락기, 가속하락기, 부동산방기기)
> 2. 5단계설: 성장기 ⇨ 성숙기 ⇨ 쇠퇴기 ⇨ 천이기 ⇨ 악화기

---

12) 안정근, 「부동산평가이론」, 법문사, 2004, pp.202~208

쇠퇴기 (초기하락기)	노후화	• 약 40~50년 • 건물의 경제적 내용연수 경과 • 중고부동산이 거래의 중심 • 하향여과현상 시작 • 관리비와 유지비가 급격히 증가 • 지가하락 • 재개발 시작 • 입주민: 사회적·경제적 수준 낮음
천이기 (명백하락기)	과도기	• 하향여과현상 활발 • 가벼운 지가상승 • 재개발 활발 • 입주민: 저소득층의 활발한 유입
악화기 (가속하락기)	소생기	• 슬럼(slum)화 직전 • 지가 최저 수준 • 반달리즘(vandalism) • 재개발 마지막

(2) 유사지역

① **의의**: 유사지역이란 대상부동산이 속하지 아니하는 지역으로서 인근지역과 유사한 특성을 갖는 지역을 말한다(감정평가에 관한 규칙 제2조 제14호). 지역분석에서 사용되는 유사지역은 특성이 인근지역과 유사하여 인근지역과 가격 면에서 대체관계가 성립될 수 있는 지역을 말한다. 이는 대상부동산이 속하지 않은 지역이다.

② **특성**: 유사지역은 대상부동산이 속한 인근지역과 지리적 위치는 다르나 물리적·경제적 및 인구상태로 보아 용도적·기능적으로 유사하여 지역구성요소가 동질적인 것으로 볼 수 있다. 따라서 이는 거리의 원근 개념이 아니라 용도적 관점과 지가형성의 일반적 여러 요인이 인근지역과 유사하여 인근지역과 대체성이 있고 상호 경쟁관계가 있는 지역을 말한다. 따라서 인근지역과 동일수급권 내 유사지역은 지리적으로 인접할 필요는 없으나, 그 지역 내 부동산 상호간에 대체·경쟁관계가 성립하여 가치형성에 영향을 미치는 지역이다.

③ **유사지역의 분석**

㉠ 감정평가에 있어서 인근지역에서 사례자료를 구하기 어려울 때, 유사지역의 사례자료는 인근지역의 사례자료와 함께 감정평가에 활용된다.

ⓒ 감정평가에 있어서 유사지역의 사례자료를 활용할 때는 개별분석과 개별요인의 비교에 앞서 인근지역과 유사지역의 지역분석과 지역요인을 비교·검토하여야 한다.

(3) 동일수급권(동일한 시장지역)

① **의의**: 동일수급권(同一需給圈, market area)이란 대상부동산과 대체·경쟁관계가 성립하고 가치형성에 서로 영향을 미치는 관계에 있는 다른 부동산이 존재하는 권역(圈域)을 말하며, 인근지역과 유사지역을 포함한다(감정평가에 관한 규칙 제2조 제15호). 즉, 인근지역을 포함하고, 인근지역과 상호관계에 있는 유사지역이 존재하는 공간적 범위이다. 따라서 인근지역과 유사지역을 포함하는 광역적인 지역, 대상부동산과 대체관계가 성립되는 권역, 가격 면에서 상호 경쟁관계에 있는 권역, 사례에 관한 자료수집의 최원방권이라 할 수 있다. 동일수급권 내의 부동산 상호간에는 대체·경쟁·의존·보완관계가 있다.

② **동일수급권의 파악**[13]

ⓐ **의의**: 대상부동산과 대체·경쟁관계가 성립하고, 그 가치형성에 영향을 미치는 다른 부동산이 존재하는 범위를 판단하는 것을 말한다. 동일수급권의 지역적 범위는 부동산의 종별·성격·규모를 적절히 판정하여 정해야 한다.

ⓑ **용도지역별 동일수급권의 범위**

　ⓐ **주거지**: 일반적으로 주거지의 동일수급권은 도심으로 통근이 가능한 지역의 범위와 일치하는 경향이 있으며, 지역적 선호도에 따라 그 범위가 좁아지기도 한다. 즉, 인간의 출생과 생육, 지역적 선호도, 사회적 지위, 명성 등에 따라 대체관계가 성립하여 범위가 좁아지기도 한다. 주거지의 동일수급권은 특히 지역적 선호도에 따라 확대·축소될 수 있다. 그러나 소문난 고급주택가는 다른 지역과의 대체성이 적으므로 동일수급권의 범위가 비교적 좁다. 여기에서 통근거리의 측정에 있어서는 보통 실측거리, 시간거리, 운임거리, 의식거리 등이 기준이 된다.

OX 확인문제

동일수급권은 인근지역을 포함하고, 인근지역과 상호관계에 있는 유사지역이 존재하는 공간적 범위이다. •21회 ( )

정답 (○)

OX 확인문제

동일수급권 내의 부동산 상호간에는 대체·경쟁·의존·보완관계가 있으므로 동일수급권에는 둘 이상의 유사지역이 존재할 수 있다. ( )

정답 (○)

---

13) 김천경 외, 전게서, pp.159~161

ⓑ **상업지**: 상업지의 동일수급권은 상업배후지를 기초로 상업수익에 관한 대체성을 갖는 지역의 범위와 일치하는 경향이 있다. 소규모 점포지가 주로 있는 보통상업지의 동일수급권은 일반적으로 좁은 것이 보통이지만, 고도상업지의 동일수급권은 서울·인천·부산 등을 포함하는 광역적인 범위에 미치는 경우도 있다.

ⓒ **공업지**: 중소공업지의 동일수급권은 일반적으로 제품생산의 효율성과 판매비용의 경제성이 대체성을 갖는 지역의 범위와 일치하는 경향이 있다. 그러나 대규모 공업지의 동일수급권은 전국적인 규모까지 확대되는 경향이 있다.

ⓓ **농지**: 농지에 대한 동일수급권은 해당 농지에 대하여 농업경영이 가능한 거리의 범위와 일치하게 되며, 그 범위는 통근 경작이 가능한 거리의 약 2배를 반경으로 하는 원내지역이 된다.

ⓔ **임지**: 임지에 대한 동일수급권은 농지의 경우와 유사하나, 지역요인이 개별요인보다 중요하고 통근 경작의 빈도가 낮다.

ⓕ **이행지**: 이행지의 동일수급권은 일반적으로 이행될 것으로 보이는 토지 종별의 동일수급권과 일치하는 경향이 있다. 즉, 이행 후의 종별에 따라서 동일수급권을 판정한다. 다만, 성숙도가 낮은 경우(이행이 완만한 경우)에는 이행 전의 토지 종별의 동일수급권과 일치하는 경향이 있다.

ⓖ **후보지**: 후보지의 동일수급권은 일반적으로 전환될 것으로 보이는 토지의 종별 동일수급권과 일치하는 경향이 있다. 즉, 전환 후의 종별에 따라서 동일수급권을 판정한다. 다만, 성숙도가 낮은 경우(전환이 완만한 경우)에는 전환 전의 토지 종별의 동일수급권과 일치하는 경향이 있다.

> **OX 확인문제**
> 후보지의 동일수급권은 일반적으로 전환 후의 토지의 종별 동일수급권과 일치하는 경향이 있다.
> • 16회   (   )
> 정답 (O)

2 개별분석 • 27회 • 30회 • 32회 • 34회 • 36회

1. 의의

개별분석이란 대상부동산의 개별적 요인을 분석하여 최유효이용을 판단하는 것을 말한다. 또한 개별분석은 대상부동산의 개별적 요인을 분석하여 대상부동산의 가격을 판정하는 작업이다. 부동산 감정평가에 있어 개별분석이 중요시되는 이유는, 부동산의 가격(가치)은 그 부동산의 최유효이용

> **OX 확인문제**
> 대상부동산의 최유효이용을 판정하기 위해 개별분석이 필요하다. • 36회   (   )
> 정답 (O)

을 전제로 하며, 파악되는 가격(가치)을 기준으로 해당 부동산의 최유효이용을 판정하기 때문이다. 개별분석은 개별적 요인의 작용상태가 어떤 것인가를 분석·검토함으로써 대상부동산의 지역적 특성에 적합한 최유효이용의 판정이 가능하다.

2. 지역분석과 개별분석의 관계

① 개별부동산의 최유효이용 판정은 인근지역의 지역적 특성의 제약하에 있으므로 개별분석에 있어서는 인근지역의 표준적 이용과의 상관관계를 명백히 하여야 한다.
② 개별분석은 고립적인 분석이 아니며, 작업의 선후관계로는 지역분석이 선행되고 그 결과에 따라 개별분석이 행해진다.
③ 부동산의 감정평가액을 구할 때에는 먼저 지역분석을 통하여 인근지역의 가격수준을 파악하고, 그 가격수준 중에 있는 개개 부동산의 가격을 판단하여야 한다.
④ 지역분석은 표준적 이용의 현상과 장래의 동향을 명확히 하고, 개별분석은 대상부동산의 개별요인을 분석하여 최유효이용을 판정하는 것이다.
⑤ 지역분석은 전체적·광역적인 개념인 데 비하여, 개별분석은 부분적·국지적인 개념이다.
⑥ 지역분석은 적합의 원칙과 관련이 있고, 개별분석은 균형의 원칙과 관련이 있다.

■ 지역분석과 개별분석

구분	지역분석	개별분석
분석순서	선행분석	후행분석
분석내용	가치형성의 지역요인을 분석	가치형성의 개별요인을 분석
분석범위	대상지역 (대상지역에 대한 전체적·광역적·거시적 분석)	대상부동산 (대상부동산에 대한 부분적·국지적·구체적·미시적 분석)
분석방법	전반적 분석	개별적 분석
분석기준	표준적 이용	최유효이용
가격관련	가격수준	가격
가치원칙	적합의 원칙	균형의 원칙

OX 확인문제

개별분석보다 지역분석을 먼저 실시하는 것이 일반적이다.
• 36회 ( )

정답 (○)

OX 확인문제

해당 지역 내 부동산의 표준적 이용과 가격수준 파악을 위해 지역분석이 필요하다. • 36회 ( )

정답 (○)

정리 지역분석과 개별분석
1. 지역분석 ⇨ 표준적 이용 … '가격수준'을 판정
2. 개별분석 ⇨ 최유효이용 … '가격'을 판정

3. 개별분석에 있어서 최유효이용의 판정기준[14]

부동산의 최유효이용의 판정에서는 다음과 같은 사항을 유의하여야 한다.

> ① 일반적인 양식과 통상의 이용능력을 가진 사람의 이용방법일 것(보편성)
> ② 합리적·합법적인 이용방법일 것(합법성)
> ③ 사용·수익이 장래의 상당기간 지속될 수 있는 이용방법일 것(계속성)
> ④ 효용을 충분히 발휘하는 시점이 예측할 수 없는 장래가 아닐 것(예측가능성)
> ⑤ 객관적으로 인정되는 표준적인 이용방법일 것(객관성)
> ⑥ 합리적인 이용방법은 내부적·외부적으로 적합할 것(균형성·적합성)

4. 개별분석에 있어서 최유효이용의 판정방법[15]

부동산의 최유효이용의 판정에서는 다음과 같은 내용을 유의하여 종합적인 판단을 하여야 한다.

> ① 대상부동산의 최유효이용은 무엇인가?
> ② 대상부동산의 현재 이용은 최유효이용 상태인가?
> ③ 만일 그렇다면 앞으로도 계속될 것인가?
> ④ 만일 최유효이용이 아니면 최유효이용 상태로 전환이 가능한가?
> ⑤ 전환이 가능하다면 전환에 소요되는 비용은 얼마나 되는가?

제4절 부동산가격(가치)의 제 원칙(부동산평가의 원리)

1 부동산가격(가치)의 제 원칙의 의의

부동산가격(가치)의 제 원칙(부동산평가의 원리)이란 부동산의 가격이 어떻게 형성되고 유지되는지 그 법칙성을 찾아내어 평가활동의 지침으로 삼으려는 행동기준이다.[16] 가격의 제 원칙은 각각 서로 고립되어 작용하는 원칙이 아니라, 서로 직·간접의 연관을 가진 하나의 체계를 형성하고 있다.

---

14) 최태규, 전게서, p.236
15) 최태규, 전게서, p.237
16) 방경식, 전게서, p.297

2 부동산가격(가치)의 제 원칙의 특성[17]

1. 부동산의 자연적·인문적 특성 반영

부동산의 자연적·인문적 특성으로 인해 부동산가치의 형성이 일반재화의 그것과는 구별되는 현상을 갖게 된다. 따라서 부동산가치 형성과정의 법칙성을 추출한 가치 제 원칙이 당연히 부동산의 자연적·인문적 특성을 반영하는 것이다.

2. 상호 유기적 연관성

가치형성요인은 상호 유기적인 관련성을 갖고 있는데, 이를 반영하여 가치 제 원칙도 상호 유기적인 연관성을 맺고 있다.

3. 최유효이용의 기준성

부동산가격(가치)의 제 원칙은 최유효이용의 원칙을 가장 중추적인 원칙으로 하고, 각 원칙들은 서로 직접적·간접적으로 연계되어 있다.

■ 부동산가격(가치) 제 원칙의 체계[18]

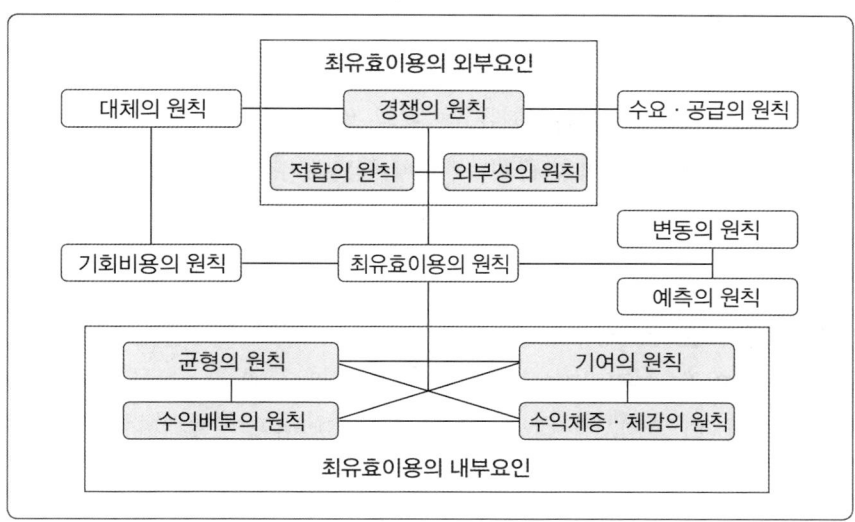

---
17) 전영주 외, 「감정평가이론」, 부연사, 1997, p.184
18) 전병식 외, 「부동산학개론」, 박문각, 1999, p.552

3 부동산가격(가치)의 제 원칙 – 부동산평가의 원리

•26회 •28회

1. 시간의 원칙

(1) 변동의 원칙(변화의 원칙)

① **의의 및 성립근거:** 부동산의 가격(가치)도 일반재화와 마찬가지로 가치형성요인의 변화에 따라 상호 인과관계의 변동과정에서 형성된다는 원칙이다. 즉, 재화의 가격이 그 가치형성요인의 변화에 따라 달라지는 것으로, 부동산의 가격도 사회적·경제적·행정적 요인이나 부동산 자체가 가지는 개별요인에 따라 지속적으로 변동한다는 원칙이다. 이는 부동산의 개별요인·지역요인의 변화와 함께 부동산가격(가치)도 변동한다는 것이며, 따라서 가치형성요인의 분석, 지역요인의 분석, 개별요인의 분석이 동태적으로 이루어져야 한다는 것을 강조하고 있다. 결국 부동산가격(가치)의 변동요인은 과거의 추이, 현재의 작용, 미래의 동향을 동태적으로 파악하여야 한다는 원칙이다. 변동의 원칙은 부동산의 자연적 특성인 영속성과 인문적 특성인 용도의 다양성, 위치의 가변성 등을 성립근거로 한다.

② **관련 원칙:** 예측의 원칙, 최유효이용의 원칙과 관련되어 있다. 과거의 변동을 기초로 미래를 예측하므로 예측의 원칙과 관련이 있으며, 변동의 연속선상에서는 최유효이용의 원칙과 관련이 있다.

③ **감정평가활동과의 관계:** 시간의 경과에 따라 부동산가격(가치)의 변동요인과 가변성에 유의해야 하며, 감정평가에 있어서 기준시점을 명확히 하여야 하는데,19) 이는 시점수정의 이론적 근거가 된다.

(2) 예측의 원칙(예상·기대의 원칙)

① **의의 및 성립근거:** 부동산의 가격(가치)이 해당 부동산의 장래의 수익성이나 쾌적성에 대한 예측의 영향을 받아서 결정된다는 원칙이다. 예측의 원칙에 의해 부동산의 가치란 장래 기대되는 편익을 현재가치로 환원한 값이라고 정의할 수 있다.

② **관련 원칙:** 변동의 원칙, 최유효이용의 원칙과 관련이 있다.

---
19) 鑑定評價理論硏究會(編),「要說不動産鑑定評價基準」, 東京: 住宅新報社, 1991, p.64

③ **감정평가활동과의 관계:** 지역분석에서 지역특성의 변화·추이, 비교방식에서 사례가격과 대상가격의 비교·검토, 수익방식에서 순수익, 환원이율의 결정 등과 밀접한 관련을 가진다.

2. 내부의 원칙

(1) 균형의 원칙(비례의 원칙)
① **의의 및 성립근거:** 부동산의 유용성(수익성 또는 쾌적성)이 최고도로 발휘되기 위해서는 그 내부구성요소의 결합상태가 균형을 이루고 있어야 한다는 원칙이다. 여기에서 내부구성요소란 생산요소의 결합비율, 토지이용상태, 건물 내적 조화와 균형 등을 말한다.
② **관련 원칙:** 기여의 원칙, 최유효이용의 원칙과 관련이 있다. 구성요소 간의 균형이 수익획득과정을 통하여 부동산가격(가치)에 어느 정도 기여하였는가, 그리고 균형의 정도가 최유효이용에 적합한가를 판단할 수 있으므로 기여의 원칙, 최유효이용의 원칙과 관련이 깊다. 또한 기여의 원칙은 균형의 원칙에 선행하는 원칙이다.
③ **감정평가활동과의 관계:** 균형의 원칙이 성립되는 점에서는 초과나 부족투자가 없고 최대이익이 확보되는 상태에 있으므로 높은 가격으로 감정해야 한다. 대상부동산의 내부구성요소 간의 불균형 시 기능적 감가요인의 파악에 지침이 된다.

(2) 기여의 원칙(공헌, 한계생산의 원칙)
① **의의 및 성립근거:** 부동산의 각 구성요소가 각각 기여하여 부동산 전체의 가격이 형성된다는 원칙이다. 즉, 부동산가격(가치)은 부동산 각 구성요소의 가격에 대한 공헌도에 따라 영향을 받는다는 원칙이다. 부동산의 어느 부분이 전체 수익에 어느 정도 공헌하는가에 대한 부분과 전체와의 관계에 관한 원칙이다. 또한 부동산의 추가투자의 적부 판단 등에 가장 유용하게 이용될 수 있는 가치원칙이다. 기여의 원칙은 부동산의 구성요소가 전체에 기여하는 정도가 가장 큰 사용방법을 선택해야 한다는 점에서 용도의 다양성, 병합·분할의 가능성 등이 그 성립근거가 된다.
② **관련 원칙:** 수익체증·체감의 원칙, 균형의 원칙, 최유효이용의 원칙과 관련이 있다.
③ **감정평가활동과의 관계:** 추가투자의 가격에 대한 공헌도를 충분히 고려함으로써 부동산 감정평가를 활용하여야 한다.

O X 확인문제

균형의 원칙은 구성요소의 결합에 대한 내용으로, 균형을 이루지 못하는 과잉부분은 원가법을 적용할 때 경제적 감가로 처리한다.
• 26회 ( )

정답 (×)
균형의 원칙은 구성요소의 결합에 대한 내용으로, 균형을 이루지 못하는 과잉부분은 원가법을 적용할 때 기능적 감가로 처리한다.

(3) 수익체증·체감의 원칙

① **의의 및 성립근거:** 부동산의 단위투자액을 계속적으로 증가시키면, 이에 따라 총수익은 증가되지만 증가되는 단위투자액에 대응하는 수익은 점차 증가하다가 일정한 수준을 넘으면 점차 감소하게 된다는 원칙을 말한다. 이는 수확체감의 법칙에 근거한다.

    ㉠ **의의:** 건물의 한계효용 계층이란 토지의 이용을 입체적으로 판단할 때 적용되는 토지공간 입체이용률의 원리가 건물의 고층화를 통해 나타나는 현상이다. 그런데 건물의 고층화를 제한하는 규제사항으로는 법률적·경제적·기술적 측면 등에서 나타나고 있다는 점을 고려해야 한다. 여기서 말하는 건물의 한계효용 계층이란 주로 경제적 측면에서 볼 때 건물의 고층화를 제한하는 적정한 층수를 말한다.

    ㉡ **근거:** 이러한 건물의 한계효용 계층의 원리는 부동산가격(가치)의 여러 원칙 중 '수익체증·체감의 원칙'과 '토지공간 입체이용률'의 원리에 근거를 두고 있다는 것에 유의해야 한다.

    ㉢ **적용상 중요성:** 한계효용 계층은 부동산의 현실적인 이용가치의 적정성과 추가투자의 적정 여부 판단, 평가활동에 있어서 최유효이용의 판정에 지침이 된다.

② **관련 원칙:** 기여의 원칙, 균형의 원칙, 최유효이용의 원칙과 관련이 깊다. 부동산수익의 한계점은 구성요소의 균형을 찾는 데 중요한 역할을 하므로 균형의 원칙과 어느 부분의 투자가 해당 부동산 전체 수익에 어느 정도 기여하였는가를 판단하는 기여의 원칙, 그리고 투자의 한계점을 제시하여 부동산의 최유효이용 판정의 지침이 되므로 최유효이용의 원칙과 관련된다.

③ **감정평가활동과의 관계:** 감정평가 시 투자행위의 합리성 여부가 가격에 미치는 영향도를 충분히 고려하여야 한다.

(4) 수익배분의 원칙(잉여생산성의 원칙)

① **의의 및 성립근거:** 토지·자본·노동 및 경영의 각 생산요소에 의하여 발생하는 총수익은 이들 제 요소에 분배되는데, 자본·노동 및 경영에 분배된 몫 이외의 잔여액(잉여생산성)은 그 분배가 정당하게 행하여지는 한 토지에 귀속된다는 원칙이다. 토지에 대한 분배가 최종적으로 행하여지는 이유는, 토지는 다른 생산요소와는 달리 토지의 자연적 특성이 지리적 위치의 고정성인 데 연유한다. 반면, 토지 이외의 다른 생산

O X 확 인 문 제

수익배분의 원칙이란 토지가치는 자본과 노동의 비용을 지불하고 남은 잉여소득에 의해서 결정된다는 평가원칙이다. (　)

정답 (○)

암기 **추가투자의 적부 판단과 관련이 있는 원칙**
1. 기여의 원칙
2. 수익체증·체감의 원칙
3. 균형의 원칙
4. 수익배분의 원칙

요소는 유동성이 있어서 평균수준의 분배가 없으면 유리한 다른 곳으로 이동하기 때문에 기업의 존속을 위협하게 된다.

② **관련 원칙:** 기여의 원칙, 수익체증·체감의 원칙, 균형의 원칙, 최유효이용의 원칙과 관련이 있다.

③ **감정평가활동과의 관계:** 수익방식 중 토지잔여법, 건물잔여법의 이론적 근거가 된다.

3. 외부의 원칙

(1) 적합의 원칙(조화의 원칙)

① **의의 및 성립근거:** 부동산의 유용성(수익성 또는 쾌적성)이 최고도로 발휘되기 위하여는 그 부동산이 속한 지역의 환경에 적합하여야 한다는 원칙이다. 이는 부동산의 입지와 인근환경의 영향을 고려하는 원칙으로 부동산의 지역성 또는 부동성에서 이론적 근거를 찾을 수 있다. 부동산은 그 부동산이 속한 지역의 특성에 따라 가격(가치)에 영향을 받으므로 대상부동산이 지역에 적합하면 유용성과 가격(가치)이 높아진다. 즉, 주택은 주거지역에, 공장은 공업지역에, 상점은 상업지역에 위치하여야 유용성이 최고도로 발휘된다는 가치원칙이다.

② **전진의 원칙과 후퇴의 원칙**
   ㉠ **전진의 원칙**(progress principle): 고가주택들만 있는 곳에 저가주택을 수선하면 값이 오르는 것을 말한다.
   ㉡ **후퇴의 원칙**(regression principle): 저가주택들만 있는 곳에 고급주택을 지었다면 적합의 원칙에 어긋나 대체로 가격(가치)이 낮게 평가된다는 것이다.

③ **관련 원칙:** 최유효이용의 원칙, 경쟁의 원칙과 관련이 있다.

④ **감정평가활동과의 관계:** 부동산과 환경의 적합성의 판단에 있어서는 그 부동산이 속한 인근지역의 표준적 이용을 명확하게 할 필요가 있는데, 이는 지역분석에 의해 행해진다.

(2) 외부성의 원칙

① **의의:** 대상부동산의 가치가 외부적 요인에 의해 영향을 받는다는 평가원칙이다. 외부적 요인이 대상부동산의 가치에 긍정적인 효과를 미칠 때 외부경제, 부정적인 효과를 미칠 때 외부불경제라고 한다.

② **관련 원칙:** 적합의 원칙과 관련이 있다.

O X 확 인 문 제

수익배분의 원칙은 토지잔여법의 성립근거가 된다. ( )

정답 (○)

O X 확 인 문 제

부동산이 주위환경과 어울리지 않아서 오는 감가는 경제적 감가에 해당하며, 적합의 원칙과 관련이 있다. ( )

정답 (○)

③ **외부성의 원칙과 적합의 원칙**
  ㉠ **공통점**: 두 원칙 모두 대상부동산과 주위환경의 조화를 강조한다는 점에서는 같다.
  ㉡ **차이점**: 적합의 원칙은 지역성에 따른 이용이나 용도의 적합성을 말하며, 시장수요에 중점을 두고 있는 데 비해, 외부성의 원칙은 사회적·경제적·행정적 외부요인의 변화에 중점을 두고 있는 점에서 차이가 있다. 그러나 두 원칙은 구분하여 판단할 것이 아니라 대상부동산에 대하여 동시에 판단하여야 할 것이다.

(3) 경쟁의 원칙

① **의의 및 성립근거**: 초과이윤은 경쟁을 야기하며, 경쟁은 결국 초과이윤을 감소 또는 소멸시킨다는 원칙이다. 즉, 부동산의 가격도 경쟁에 의해 결정되며, 경쟁이 있으므로 초과이윤이 소멸되고 대상부동산은 그 가격에 적합한 가격을 갖게 된다는 원칙이다. 부동산의 자연적 특성에 의하여 지리적 위치는 고정되어 있고, 부증성으로 인해 물리적 절대량이 증가하지 않으므로 공급자 경쟁보다는 수요자 경쟁이 강하게 나타난다. 부동산가격(가치)은 용도 면에서 대체가 가능한 다른 부동산과의 경쟁에 의해서도 결정되며, 대체가능성이 약할수록 가격(가치)은 높아지는 경향이 있다.

② **관련 원칙**: 대체의 원칙, 수요·공급의 원칙, 최유효이용의 원칙과 관련이 있다.

③ **감정평가활동과의 관계**: 대상부동산이 불완전경쟁하에 있으면 초과이윤이 아직 존재하므로 높게, 완전경쟁하에 있으면 초과이윤이 소멸되므로 낮게 평가되어야 한다.

4. 기타 원칙

(1) 수요·공급의 원칙

① **의의 및 성립근거**: 부동산의 특성으로 인하여 제약을 받지만 부동산가격(가치)도 기본적으로 수요와 공급의 상호관계에 의하여 결정된다는 원칙이다. 이는 부증성의 특성으로 인하여 부동산공급의 양은 절대적으로 한정되어 있으나, 일정한 지역(일정한 기간 동안)에서의 택지의 조성·주택의 신축·용도의 다양성 등을 통하여 공급량의 증감이 가능하다는 논리에 근거한다. 수요·공급 면에서의 부동산가격(가치)은 피드

백(feedback) 원리에 의한 부동산가격(가치)의 이중성의 이론적 근거가 된다.

② **관련 원칙:** 경쟁의 원칙, 대체의 원칙, 변동의 원칙, 예측의 원칙과 관련되어 있다.

　㉠ 수요 측면에서 수요자가 선택의 과정에서 물건 간에 초과이윤이 있는 것은 경쟁의 원칙에 의해 초과이윤을 소멸시키며, 비용과 효용을 비교하는 과정에서 대체의 원칙이 활용된다.

　㉡ 공급 측면에서도 공급자의 생산자 균형과정에서 물건 간의 대체, 경쟁의 관계가 성립되므로 대체의 원칙, 경쟁의 원칙과 관련이 있다.

　㉢ 수요·공급 측면에서 현재의 수요와 공급은 장래의 동향을 반영하는 것이므로 변동의 원칙 및 예측의 원칙과 밀접한 관련이 있다.

③ **감정평가활동과의 관계**

　㉠ 부동산의 감정평가에 있어서 부동산의 자연적 특성인 개별성으로 인해 대체가 불가능하나 용도·기능 면에서는 대체가 가능하다. 단, 공급은 부증성이란 제약하에서 적용되고 있다.

　㉡ 가치형성요인 중 경제적 요인, 즉 국민소득·저축 등은 경제현상의 분석지침으로 활용된다.

　㉢ 수요·공급의 동향은 지역요인이므로 비교방식 적용 시 지역요인 비교에 착안하여야 하며, 원가방식의 적용 시 재조달원가 산정에 있어서 대체의 원칙이 적용된다.

(2) 대체의 원칙

① **의의 및 성립근거:** 부동산의 가격(가치)은 대체가 가능한 다른 부동산이나 재화의 가격과의 상호 영향으로 형성된다는 원칙이다. 이는 대체성 있는 2개 이상의 재화가 존재할 때 그 재화의 가격은 서로 관련되어 이루어진다는 것으로, 유용성이 동일할 때는 가장 가격이 싼 것을 선택하게 된다는 원칙을 말한다. 따라서 동일한 효용을 가진 여러 부동산 중에서 가격이 가장 낮은 것이 선택되고, 이 가격이 다른 부동산의 가격형성에 영향을 미친다는 원칙이다. 대체관계가 성립하기 위해서는 부동산 상호간 또는 부동산과 일반재화 상호간에 용도, 효용, 가격 등에서 동일성 또는 유사성이 있어야 한다. 부동산은 자연적 특성으로 인해 물리적으로는 비대체적이나 이용 측면의 대체는 가능하므로 그 지역 내의 다른 부동산과 대체·경쟁·의존·보완 등 상호관계를 갖고 있다.

O X 확 인 문 제

대체의 원칙은 대체성 있는 2개 이상의 재화가 존재할 때 그 재화의 가격은 서로 관련되어 이루어진다는 원칙으로, 유용성이 동일할 때는 가장 가격이 싼 것을 선택하게 된다. •23회　　(　　)

정답 (○)

② **관련 원칙:** 수요·공급의 원칙, 경쟁의 원칙과 관련되어 있다.
③ **감정평가활동과의 관계:** 부동산 감정평가 3방식(원가방식, 비교방식, 수익방식) 모두의 이론적 근거가 되며, 감정평가상에서의 대체란 용도·기능·가격 면에서의 대체를 의미한다.
④ **3방식과의 관계**
  ㉠ 원가방식과의 관계: 효용성이 동일한 부동산을 신규로 조달할 수 있을 때, 기존의 부동산가격(가치)은 재조달원가를 상한으로 정해진다. 재조달원가를 간접법에 의해 구하는 경우 대체 가능한 경쟁적인 부동산의 재조달원가에서 구해야 하며, 직접법의 적용 시에도 경쟁적인 부동산의 재조달원가와 비교하여야 한다.
  ㉡ 비교방식과의 관계: 대체의 원칙에 의해 대체성 있는 부동산의 가격(가치)은 상호 접근하여 경쟁과정을 통해 형성되므로 비교방식의 근거를 이룬다.
  ㉢ 수익방식과의 관계: 기존의 부동산가격(가치)은 그 부동산에서 발생되는 순수익과 동등한 순수익을 기대할 수 있는 대체부동산을 취득하기 위한 투자액과 일치하게 되므로 수익방식의 이론적 근거가 된다. 순수익·환원이율을 구할 때, 간접법은 수익사례를 통한 대상부동산과 사례부동산의 대체를 전제로 한다.

(3) 기회비용의 원칙

① **의의:** 어떤 투자대상의 가치평가를 그 투자대상의 기회비용에 의하여 평가한다는 원칙이다. 기회비용이란 어떤 대안을 선택함으로 인하여 포기한 다른 대안들 중 최선의 것을 말한다. 이는 실제 지불된 비용이 아니라 계산된 비용, 인식된 비용이다. 도심지역의 공업용지가 동일한 효용을 가지고 있는 외곽지역의 공업용지보다 시장가격이 더 높은 현상은 기회비용의 원칙에 의해 설명 가능하다.
② **관련 원칙:** 대체의 원칙과 관련이 있다.

5. 최유효(최고·최선)이용의 원칙

(1) 의의

최유효이용(최유효사용)의 원칙이란 부동산가격(가치)은 최유효이용을 전제로 파악되는 가격을 표준으로 하여 형성된다는 원칙이다. 이는 부동산에만 적용되는 원칙으로서, 가치 제 원칙 중 가장 중추적인 기능을 담당한다.

OX 확인 문제

최유효이용의 원칙은 부동산의 가치는 최유효이용을 전제로 파악되는 가치를 표준으로 하여 부동산가치가 형성된다는 원칙이다.
( )

정답 (○)

(2) 최유효이용의 정의

최유효이용이란 객관적으로 보아 양식과 통상의 이용능력을 가진 사람이 부동산을 합법적이고 합리적이며 최고·최선의 방법으로 이용하는 것을 말한다.20) 최유효이용은 대상부동산의 물리적 채택가능성, 합리적이고 합법적인 이용, 최고수익성을 기준으로 판정할 수 있다. 특히 특정인에 의한 특별한 이용은 최유효이용의 개념에서 제외된다.

(3) 최유효이용이 강조되는 근거

최유효이용이 강조되는 근거는 용도의 다양성에 있다. 즉, 부동산은 용도의 다양성이 있기 때문에 다양한 용도 중 최유효이용방법이 표준이 되어야 한다는 것이다.

(4) 최유효이용의 원칙이 지켜져야 하는 이유

① 부증성으로 인하여 일어난 토지문제 발생의 방지
② 토지의 사회성·공공성의 최대 발휘
③ 공공복지를 증대하기 위한 능률적인 토지정책의 강구
④ 부동산 경영주체의 이윤극대화
⑤ 부동산을 이용하는 주체인 인간의 효율적 욕구충족

(5) 최유효이용의 원칙과 분석

최유효이용분석이란 지역분석과 개별분석을 통하여 대상부동산이 최대의 가치를 창출할 수 있는 용도를 찾아내는 작업이다.

① **나지의 최유효이용**
  ㉠ 나지의 최유효이용은 토지가 나지상태이거나 건축물을 철거하여 나지상태로 만들 것을 상정하여 출발한다. 이러한 가정으로 시장 내의 가격을 결정짓는 용도를 분명히 할 수 있으며, 감정평가사는 비교 가능한 부동산을 선정하고 이를 기준으로 가치를 평가하게 된다. 감정평가 시 토지와 그에 대한 건물 사이의 가격배분을 실시하는 경우가 많으므로 나지상태를 상정한 경우의 최유효이용의 분석은 흔히 행해지고 있다.
  ㉡ 부동산의 최유효이용에 대한 합당한 관측 결과 최유효이용의 변화가 가까운 시일 내에 이루어질 것으로 예측된다면 현재 최유효이용은 임시이용이 된다. 나지가 아닌데도 나지로 상정하고 최유효이용

---

20) 鑑定評價理論研究會(編), 「要說不動産鑑定評價基準」, 東京: 住宅新報社, 1991, p.65
감정평가실무기준 – 국토교통부(2014)

을 결정하는 경우가 있는데, 이러한 경우 감정평가사는 토지에 건축물이 세워져 있다고 하더라도 나지상태에서 현재의 건물과 같은 용도·크기·질·기능의 건물을 지을 것인가를 고려해 보아야 한다. 즉, 토지의 현재 용도가 최유효이용이 아닐 수도 있는 것이다. 이런 경우 토지는 보다 더 집약적으로 이용될 수도 있는 것이다. 예를 들어, 나지로 상정된 어떤 토지의 최유효이용이 15층짜리 건물이지만 현재 그곳에는 6층짜리 건물이 들어서 있는 경우이다.

② **건부지의 최유효이용**: 건부지의 최유효이용은 건부지의 이용을 개선의 측면에서 살펴본 것이다. 예를 들어, 30년 된 상가건물을 현재 그대로 놓아 둘 것인가 아니면 수리 확장을 하거나 축소할 것인가 또는 다른 집약적 방법을 택할 것인가를 검토하여 최유효이용 방법을 찾는 것이다. 즉, 건부지의 최유효이용을 분석함에 있어서는 개선에 따른 자본적 지출과 개선 후의 수익성을 살펴보아야 한다.

③ **특수상황의 최유효이용 분석**

㉠ **단일이용**: 일반적으로 특정 토지의 최유효이용은 인근지역의 일반적인 용도와 일치하거나 유사한 경우가 많다. 그러나 인근지역의 일반적인 용도와는 전혀 다른데도 최유효이용이 될 수 있다. 해당 용도가 지역에 단 한 개밖에 없다고 하더라도 시장수요에 따라 최유효이용이 될 수도, 그렇지 않을 수도 있다.[21] 특정 토지의 용도가 인근지역의 일반적인 용도와는 전혀 다른데도 최유효이용이 될 수 있는 이유 중의 하나는 부동산의 개별성 때문이다.

㉡ **중도적 이용**: 중도적 이용(interim use)이란 가까운 장래에 대상부동산의 새로운 최유효이용이 도래할 것으로 예상될 때 그 대기과정 중에 있는 현재의 이용을 말한다. 이행적 이용, 잠정적 이용, 일시적 이용, 과도적 이용 등으로 표현하기도 한다. 대상부동산이 중도적 이용에 있는 경우는 제합사용의 원칙(일치성 이용의 원칙)을 적용하여 평가하여야 한다.

㉢ **투기적 이용**(speculative use): 투기적 이용의 경우에는 불확실성이 높기 때문에 최유효이용을 판단하기가 쉽지 않다. 따라서 특정한 최유효이용을 상정하여 판정하는 것이 아니라 장래의 일반적인 유형을 상정하여 판단한다.

---

21) 안정근, 「부동산평가강의」, 법문사, 2007, p.94

㉣ **초과토지와 잉여토지**: 초과토지는 기존의 개량물을 최유효이용으로 이용할 경우 이용범위를 넘는 필요 이상의 넓은 토지를 의미하며, 특정한 용도로 분리되어 사용될 수 없을 경우에는 초과토지의 범주에 들어가지 않는다. 잉여토지는 독립적으로 분리되어 사용될 수 없고, 별도의 최유효이용을 가지지 못하는 부가적인 토지를 의미한다.[22]

(6) 최유효이용의 판정기준

최유효이용은 대상부동산의 물리적 채택 가능성, 합리적이고 합법적인 이용, 최고수익성을 기준으로 판정할 수 있다. 구체적으로 다음과 같다.

① **합리적 이용이어야 한다**: 가까운 장래에 합리적으로 가능한 이용을 말하는 것으로 투기목적의 비합리적 이용, 장래에 불확실한 이용 등은 최유효이용에 해당하지 않는다.

② **합법적 이용이어야 한다**: 지역지구제, 「건축법」상 규제, 환경기준이나 생태기준 등에 적합한 이용이어야 한다.

③ **물리적 채택 가능성이 있어야 한다**: 합리적·합법적 이용뿐 아니라 물리적으로 가능한 이용이어야 한다.

④ **최대수익의 실현 가능성이 있어야 한다**: 합리적·합법적·물리적으로 채택 가능성이 있는 대안 중에서 해당 이용이 최고의 수익을 창출할 수 있음이 시장의 자료에 의해 증명될 수 있는 이용이어야 한다.

■■ **최유효이용의 판정기준**

구분		최유효이용의 판정기준	조건
최선의 이용	합리적 이용	투기목적의 이용, 먼 장래의 불확실한 이용이 배제된 현재 또는 가까운 장래에 실질적인 수요가 있는 이용방법으로 경제적으로 타당성이 있는 이용	필요 조건
	합법적 이용	지역지구제, 건축법규, 환경기준 등 법적으로 허용되는 용도	
	물리적 채택 가능성	자연적 조건 및 건축공법의 적용 가능성	
최고의 이용	최고의 수익, 최고의 가치를 창출하는 이용		충분 조건

---

22) 안정근, 전게서, p.113, p.455

(7) 최유효이용의 판정요령[23]

대상부동산에 대한 최유효이용을 판정함에 있어서 부동산의 인문적 특성 중 용도의 다양성이 존재하므로 대상부동산을 어떤 용도로 사용하는 것이 가장 바람직하고 최유효이용이 될 수 있는가를 발견하는 것이 감정평가사가 해야 하는 일이다. 특히 현재보다는 미래의 최대수익을 발생시킬 수 있는 방법으로 부동산을 이용하는 것을 전제로 해야 한다.

(8) 최유효이용의 원칙과 관련 원칙

① **가격 제 원칙의 토대(바탕)가 되는 원칙**: 변동의 원칙, 예측의 원칙
② **시간의 원칙**: 변동의 원칙, 예측의 원칙
③ **대상부동산의 내부적 구성요소와 관련되는 원칙**: 균형의 원칙, 기여의 원칙, 수익체증·체감의 원칙, 수익배분의 원칙
④ **대상부동산의 외부적 사정에 관련되는 원칙**: 적합의 원칙, 경쟁의 원칙, 외부성의 원칙

> **OX 확인문제**
> 가격 제 원칙의 토대가 되는 원칙은 예측의 원칙과 변동의 원칙이다. ( )
> 정답 (O)

(9) 감정평가 3방식과의 관계

부동산 감정평가 3방식의 이론적 근거가 된다.

(10) 최유효이용 원칙의 중요성

최유효이용의 원칙은 모든 거래활동을 함에 있어 전제가 되는 원칙이기 때문에 정확한 부동산의 감정에 있어 반드시 필요한 원칙인 것이다. 따라서 감정평가사는 대상부동산의 가치를 평가하는 데 있어 최유효이용의 원칙을 반드시 적용해야 하는 것이다. 그러나 부동산의 현실적인 이용방법이 반드시 최유효이용이 되는 것은 아니다.

■ 가치원칙의 감정평가활동에의 적용

가치원칙	감정평가활동에의 적용
① 변동의 원칙(변화의 원칙)	기준시점의 근거
② 예측의 원칙(예상·기대의 원칙)	순수익의 산정
③ 균형의 원칙(비례의 원칙)	개별분석의 기준, 기능적 감가
④ 기여의 원칙(공헌, 한계생산의 원칙)	추가투자의 적부 판정
⑤ 수익체증·체감의 원칙	추가투자의 적부 판정
⑥ 수익배분의 원칙(잉여생산성의 원리)	토지잔여법의 이론적 근거
⑦ 적합의 원칙(조화의 원칙)	지역분석의 기준, 경제적 감가
⑧ 외부성의 원칙	지역분석의 기준, 경제적 감가

---

23) 홍길성, 「신부동산감정평가이론」, 범론사, 1990, pp.159~161
   김천경 외, 전게서, pp.120~122

⑨ 경쟁의 원칙	-
⑩ 수요·공급의 원칙	가격의 이중성
⑪ 대체의 원칙	3방식 성립(간접법)의 이론적 근거
⑫ 기회비용의 원칙	평가가격은 잠재가격
⑬ 최유효(최고·최선)이용의 원칙	가장 중추적인 기능, 가치평가의 기준
➕ 적합사용(일치성 있는 이용)의 원칙	용도상의 일체성, 시계열적 일치성

4 일반재화의 가격원칙과 부동산가격(가치)원칙의 관계

1. 부동산가격(가치)에만 적용되는 원칙

가격원칙은 일반경제원칙에 그 기초를 두나, 부동산 특유의 시장을 반영하여 일반경제원칙과 다른 작용의 형태도 볼 수 있는데, 이에는 다음과 같은 것이 있다.

① 최유효이용의 원칙
② 적합의 원칙
③ 외부성의 원칙

2. 일반재화의 가격원칙과 동일하게 적용되는 원칙

① 대체의 원칙
② 수익체증·체감의 원칙
③ 기여의 원칙

3. 부동산의 특성으로 인하여 일반재화의 가격원칙과 달리 적용되는 원칙[24]

① **수요·공급의 원칙**: 균형성립 곤란, 수요에 강한 의존성, 공급의 비탄력성
② **경쟁의 원칙**: 수요의 의존성
③ **예측의 원칙**: 영속성으로 장기적 배려 필요
④ **변동의 원칙**: 지역·개별요인의 변화
⑤ **균형의 원칙**: 용도의 다양성으로 균형파괴 가능성
⑥ **수익배분의 원칙**: 부동성으로 잔여수익 분배

---

[24] 조성희 외, 전게서, p.90

CHAPTER 02 최신기출문제로 확인!

01 「감정평가에 관한 규칙」상 시장가치기준에 관한 설명으로 틀린 것은? •33회

① 대상물건에 대한 감정평가액은 원칙적으로 시장가치를 기준으로 결정한다.
② 감정평가법인등은 법령에 다른 규정이 있는 경우에는 대상물건의 감정평가액을 시장가치 외의 가치를 기준으로 결정할 수 있다.
③ 감정평가법인등은 대상물건의 특성에 비추어 사회통념상 필요하다고 인정되는 경우에는 대상물건의 감정평가액을 시장가치 외의 가치를 기준으로 결정할 수 있다.
④ 감정평가법인등은 감정평가 의뢰인이 요청하여 시장가치 외의 가치를 기준으로 감정평가할 때에는 해당 시장가치 외의 가치의 성격과 특징을 검토하지 않는다.
⑤ 감정평가법인등은 시장가치 외의 가치를 기준으로 하는 감정평가의 합리성 및 적법성이 결여(缺如)되었다고 판단할 때에는 의뢰를 거부하거나 수임(受任)을 철회할 수 있다.

키워드 시장가치기준

난이도 ■■■■■

해설 감정평가법인등은 감정평가 의뢰인이 요청하여 시장가치 외의 가치를 기준으로 감정평가할 때에는 해당 시장가치 외의 가치의 성격과 특징을 검토해야 한다.

> 시장가치기준 원칙(감정평가에 관한 규칙 제5조)
> 1. 대상물건에 대한 감정평가액은 시장가치를 기준으로 결정한다.
> 2. 감정평가법인등은 위 1.에도 불구하고 다음의 어느 하나에 해당하는 경우에는 대상물건의 감정평가액을 시장가치 외의 가치를 기준으로 결정할 수 있다.
>   ㉠ 법령에 다른 규정이 있는 경우
>   ㉡ 감정평가 의뢰인이 요청하는 경우
>   ㉢ 감정평가의 목적이나 대상물건의 특성에 비추어 사회통념상 필요하다고 인정되는 경우
> 3. 감정평가법인등은 위 2.에 따라 시장가치 외의 가치를 기준으로 감정평가할 때에는 다음의 사항을 검토해야 한다. 다만, 위 2. ㉠의 경우에는 그렇지 않다.
>   ㉠ 해당 시장가치 외의 가치의 성격과 특징
>   ㉡ 시장가치 외의 가치를 기준으로 하는 감정평가의 합리성 및 적법성
> 4. 감정평가법인등은 시장가치 외의 가치를 기준으로 하는 감정평가의 합리성 및 적법성이 결여(缺如)되었다고 판단할 때에는 의뢰를 거부하거나 수임(受任)을 철회할 수 있다.

정답 01 ④

02 감정평가 과정상 지역분석 및 개별분석에 관한 설명으로 <u>틀린</u> 것은? • 36회

① 대상부동산의 최유효이용을 판정하기 위해 개별분석이 필요하다.
② 유사지역이란 대상부동산이 속하지 아니하는 지역으로서 인근지역과 유사한 특성을 갖는 지역을 말한다.
③ 개별분석보다 지역분석을 먼저 실시하는 것이 일반적이다.
④ 해당 지역 내 부동산의 표준적 이용과 가격수준 파악을 위해 지역분석이 필요하다.
⑤ 인근지역이란 대상부동산이 속한 지역으로서 부동산의 이용이 동질적이고 가치형성요인 중 개별요인을 공유하는 지역을 말한다.

| 키워드 | 지역분석과 개별분석
| 난이도 |
| 해설 | 인근지역이란 대상부동산이 속한 지역으로서 부동산의 이용이 동질적이고 가치형성요인 중 지역요인을 공유하는 지역을 말한다(감정평가에 관한 규칙 제2조 13호).

03 감정평가 과정상 지역분석 및 개별분석에 관한 설명으로 옳은 것은? • 34회

① 동일수급권(同一需給圈)이란 대상부동산과 대체·경쟁 관계가 성립하고 가치 형성에 서로 영향을 미치는 관계에 있는 다른 부동산이 존재하는 권역(圈域)을 말하며, 인근지역과 유사지역을 포함한다.
② 지역분석이란 대상부동산이 속해 있는 지역의 지역요인을 분석하여 대상부동산의 최유효이용을 판정하는 것을 말한다.
③ 인근지역이란 대상부동산이 속한 지역으로서 부동산의 이용이 동질적이고 가치형성요인 중 개별요인을 공유하는 지역을 말한다.
④ 개별분석이란 대상부동산의 개별적 요인을 분석하여 해당 지역 내 부동산의 표준적 이용과 가격수준을 판정하는 것을 말한다.
⑤ 지역분석보다 개별분석을 먼저 실시하는 것이 일반적이다.

| 키워드 | 지역분석과 개별분석
| 난이도 |
| 해설 | ② 지역분석이란 대상부동산이 속해 있는 지역의 지역요인을 분석하여 해당 지역 내 부동산의 표준적 이용과 가격수준을 판정하는 것을 말한다.
③ 인근지역이란 대상부동산이 속한 지역으로서 부동산의 이용이 동질적이고 가치형성요인 중 지역요인을 공유하는 지역을 말한다.
④ 개별분석이란 대상부동산의 개별적 요인을 분석하여 대상부동산의 최유효이용을 판정하는 것을 말한다.
⑤ 개별분석보다 지역분석을 먼저 실시하는 것이 일반적이다.

정답 02 ⑤ 03 ①

CHAPTER 03 감정평가의 방식

10개년 출제문항 수

27회	28회	29회	30회	31회
3	5	4	3	5
32회	33회	34회	35회	36회
3	4	3	5	3

→ 총 40문제 中 평균 약 3.8문제 출제

학습전략

- 감정평가의 방식에서는 감정평가 3방식, 즉 원가방식·비교방식·수익방식에 대해 주로 학습합니다.
- 감정평가방식과 시산가액조정, 원가법, 거래사례비교법, 수익환원법, 적산가액의 계산, 공시지가기준법, 물건별 감정평가에 대해 묻는 문제가 주로 출제되니 관련 이론을 정리해 두는 것이 좋습니다.

제1절 감정평가 3방식의 개요

1 가격의 3면성

부동산의 경제적 가치를 판정하는 데에는 다음과 같은 비용성·시장성·수익성의 3가지 측면이 작용한다. 이를 가격의 3면성이라고 한다. 비용성(⇨ 공급 측면)이란 '어느 정도의 비용이 투입되어 만들어진 물건인가'를 의미한다. 시장성(⇨ 수요·공급 측면)이란 '어느 정도의 가격으로 시장에서 거래가 이루어지고 있는가'를 의미한다. 수익성(⇨ 수요 측면)이란 '그 물건을 이용함으로써 어느 정도의 수익이나 편익을 얻을 수 있는가'를 의미한다.

비용성·시장성·수익성의 측면에서 구한 가격은 대체·경쟁 등의 관계를 통하여 동일하게 된다. 이와 같은 등가성(等價性)의 의견을 밝힌 최초의 학자는 마샬(A. Marshall)이다.

2 감정평가방식과 시산가액의 조정

• 24회 • 26회 • 27회 • 28회 • 29회 • 30회 • 33회

1. 감정평가방식

(1) 의의

가격의 3면성은 감정평가 3방식에 성립근거를 제공하고 있다.1) 원가방식은 비용성에, 비교방식은 시장성에, 수익방식은 수익성에 그 근거를 두고 있는 것이다. 감정평가방식을 적용하여 구하여진 가액을 시산가액, 임료를 시산임료라 한다.2) 그런데 미국을 포함한 여러 나라에서는 임대료를 구하는 방식이 특별히 정해져 있지는 않다.3) 시산가액을 감정평가액으로 확정하기 위해서는 시산가액 조정*(reconciliation of value indication)이라는 작업이 필요하다.4)

> *시산가액 조정
> 3방식을 적용시켜 도출한 대상부동산의 각각의 추계치를 시산가액이라고 하며, 시산가액의 조정이란 3방식에 의하여 구한 시산가액 또는 시산임료를 상호 관련시켜 재검토함으로써 시산가액 상호간의 격차를 조정하는 작업을 말한다.

(2) 원가방식(비용성)

원가방식이란 원가법 및 적산법 등 비용성의 원리에 기초한 감정평가방식을 말한다. 비용접근법(cost approach)이라고도 한다.
① 부동산의 시산가액을 구하는 방법 ⇨ 원가법
② 부동산의 시산임료를 구하는 방법 ⇨ 적산법

(3) 비교방식(시장성)

비교방식이란 거래사례비교법, 임대사례비교법 등 시장성의 원리에 기초한 감정평가방식 및 공시지가기준법을 말한다. 시장접근법(market approach)이라고도 한다.
① 부동산의 시산가액을 구하는 방법 ⇨ 거래사례비교법
② 부동산의 시산임료를 구하는 방법 ⇨ 임대사례비교법
③ 일반적인 토지의 감정평가방법 ⇨ 공시지가기준법

> **O X 확 인 문 제**
>
> 「감정평가에 관한 규칙」에 의하면 거래사례비교법은 감정평가방식 중 비교방식에 해당되나, 공시지가기준법은 비교방식에 해당되지 않는다. • 33회 ( )
>
> 정답 (×)
> 거래사례비교법, 임대사례비교법 등 시장성의 원리에 기초한 감정평가방식 및 공시지가기준법은 감정평가방식 중 비교방식에 해당된다.

(4) 수익방식(수익성)

수익방식이란 수익환원법 및 수익분석법 등 수익성의 원리에 기초한 감정평가방식을 말한다. 소득접근법(income approach)이라고도 한다.

---

1) 大野喜久之輔(共), 「新鑑定評價基準の硏究」, 文雅堂, 1977, p.163
   文脇惇, 「不動産鑑定評價要說」, 稅務經理協會, 1976, p.64
2) 이창석 외, 「부동산감정평가론」, 형설출판사, 1998, p.161
3) 文脇惇, 「不動産鑑定評價要說」, 稅務經理協會, 1976, p.65
4) 방경식, 전게서, p.321

① 부동산의 시산가액을 구하는 방법 ⇨ 수익환원법
② 부동산의 시산임료를 구하는 방법 ⇨ 수익분석법

■ 감정평가의 3방식과 6방법

가격의 3면성	3방식	특징	평가조건	6방법	시산가액 및 시산임료
비용성	원가방식 (비용접근법)	공급가격	시산가액	원가법	적산가액
			시산임료	적산법	적산임료
시장성	비교방식 (시장접근법)	균형가격 (수요·공급가격)	시산가액	거래사례비교법 (매매사례비교법)	비준가액
			시산임료	임대사례비교법	비준임료
수익성	수익방식 (소득접근법)	수요가격	시산가액	수익환원법	수익가액
			시산임료	수익분석법	수익임료

2. 감정평가방법의 적용 및 시산가액 조정

(1) 감정평가방법의 적용

감정평가법인등은 「감정평가에 관한 규칙」 제14조부터 제26조까지의 규정에서 대상물건별로 정한 감정평가방법(주된 방법)을 적용하여 감정평가해야 한다. 다만, 주된 방법을 적용하는 것이 곤란하거나 부적절한 경우에는 다른 감정평가방법을 적용할 수 있다(감정평가에 관한 규칙 제12조 제1항).

(2) 시산가액 조정

① 감정평가법인등은 대상물건의 감정평가액을 결정하기 위하여 위 **(1)**에 따라 어느 하나의 감정평가방법을 적용하여 산정한 시산가액을 「감정평가에 관한 규칙」 제11조의 감정평가방식 중 다른 감정평가방식에 속하는 하나 이상의 감정평가방법(이 경우 공시지가기준법과 그 밖의 비교방식에 속한 감정평가방법은 서로 다른 감정평가방식에 속한 것으로 본다)으로 산출한 시산가액과 비교하여 합리성을 검토해야 한다. 다만, 대상물건의 특성 등으로 인하여 다른 감정평가방법을 적용하는 것이 곤란하거나 불필요한 경우에는 그렇지 않다(감정평가에 관한 규칙 제12조 제2항).

② 감정평가법인등은 위 ①에 따른 검토 결과 위 **(1)**에 따라 산출한 시산가액의 합리성이 없다고 판단되는 경우에는 주된 방법 및 다른 감정평가방법으로 산출한 시산가액을 조정하여 감정평가액을 결정할 수 있다 (감정평가에 관한 규칙 제12조 제3항).

제2절 원가방식(비용접근법)

■ 원가법

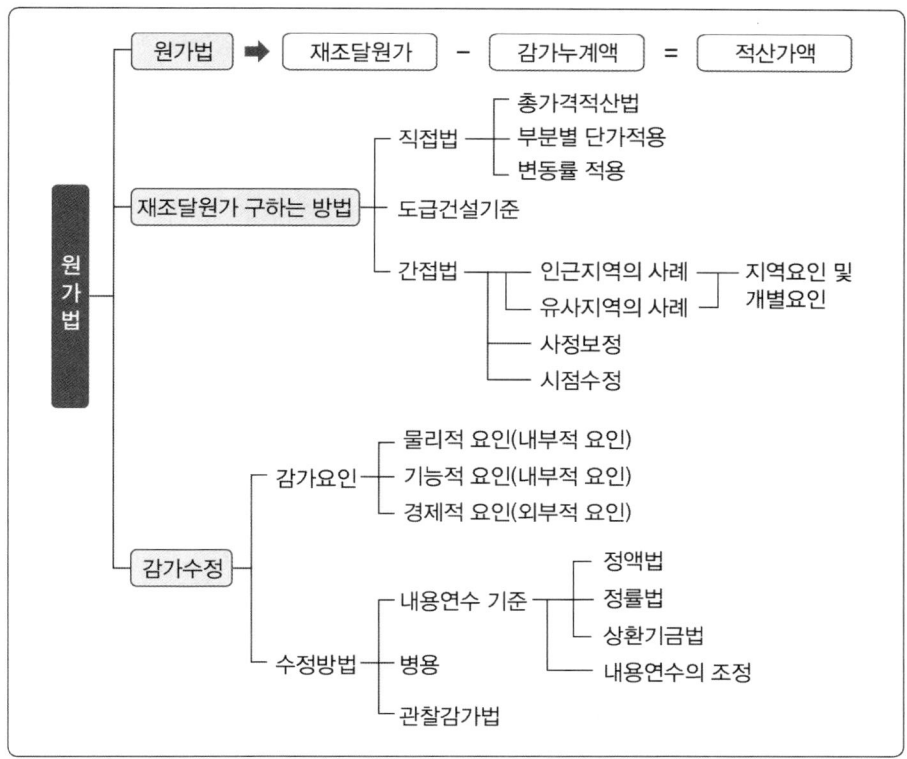

1 원가법 •25회 •28회 •29회 •31회 •32회 •33회 •34회 •35회 •36회

1. 원가법의 의의 및 성립근거

(1) 원가법(原價法)의 의의

원가법이란 대상물건의 재조달원가에 감가수정(減價修正)을 하여 대상물건의 가액을 산정하는 감정평가방법을 말한다(감정평가에 관한 규칙 제2조 제5호). 이는 대상부동산의 가치는 감가상각(감가수정)된 가치와 동일하다는 개념이다. 원가법에 따라 산정된 가액을 적산가액이라 한다.

적산가액 = 재조달원가 − 감가누계액
↓
감가수정

> **추가 원가법**
> 일본에서는 복성식 평가법이라고 하고 있으나 「감정평가에 관한 규칙」에서는 원가법이라는 명칭을 사용하고 있다.

> **OX 확인문제**
> 원가법이란 대상물건의 재조달원가에 감가수정을 하여 대상물건의 가액을 산정하는 감정평가방법을 말한다. •32회 ( )
> 정답 (○)

(2) 적용대상

① 원가법은 기업회계의 감가상각원리를 도입한 것으로 재조달원가 및 감가수정을 적정히 행할 수 있는 모든 상각자산(신축건물, 거래사례가 없는 교회, 공공건물)에 적용이 가능하다.
② 토지의 경우 부증성의 특성으로 재생산이 불가능하므로 재조달원가를 파악하기가 곤란하여 원칙적으로 적용할 수 없으나,5) 예외적으로 비준가액으로 결정하기 곤란한 조성지 또는 매립지인 경우 적용하기도 한다.

(3) 성립근거

① 원가법은 비용성의 사고방식에 근거하고 있는데, 이는 고전학파의 생산비이론에서 영향을 받았다.6) 재화의 가격은 그 재화를 생산하는 데 투입된 생산비에 의해 결정된다는 것으로 공급자 가격의 성격을 가진다.
② 원가법은 투입된 비용이 곧 가치라는 고전학파의 생산비가치설과 장기적으로 볼 때 시장가격은 정상적인 생산비에 일치한다는 마샬의 가치이론적인 측면에서 근거를 찾을 수 있다.7)

2. 재조달원가 – 재생산비용

(1) 재조달원가의 의의

대상물건을 기준시점에 재생산하거나 재취득하는 데 필요한 적정원가의 총액을 말한다. 재조달원가는 대상물건을 일반적인 방법으로 생산하거나 취득하는 데 드는 비용으로 하되, 제세공과금 등과 같은 일반적인 부대비용을 포함한다.

(2) 재조달원가의 종류8)

① **복제원가**(reproduction cost, 재생산비용, 복조원가): 기준시점 현재 대상부동산과 동일하거나 유사한 자재를 사용하여 신규의 복제부동산을 재조달 또는 재생산하는 데 소요되는 물리적 측면의 원가를 말한다.

OX 확인문제

재조달원가는 대상물건을 일반적인 방법으로 생산하거나 취득하는 데 드는 비용으로 하되, 제세공과금은 제외한다. •35회
( )

정답 (×)
재조달원가는 대상물건을 일반적인 방법으로 생산하거나 취득하는 데 드는 비용으로 하되, 제세공과금 등과 같은 일반적인 부대비용을 포함한다.

---

5) AIREA, Appraisal Terminology and Handbook, Chicago, 1962, p.44
6) 文脇惇, 「不動産鑑定評價要說」, 稅務經理協會, 1976, p.66
7) 김천경 외, 전게서, p.219
  최태규, 전게서, p.379
8) 최태규, 전게서, p.379
  전영주 외, 전게서, p.391

② **대치원가**(replacement cost, 대체비용): 기준시점 현재 대상부동산과 자재·설계·공법 등이 유사하여, 기능 면과 효용 면에서 동일성을 갖는 부동산을 신규로 대치하는 데 소요되는 효용 측면의 원가를 말한다.

③ **복제원가와 대치원가의 비교**

㉠ 복제원가는 물리적 측면의 동일성을, 대치원가는 효용 측면의 동일성을 강조한다는 점에서 구별된다.

㉡ 이론적으로 복제원가보다 대치원가가 설득력이 있다. 왜냐하면 중고건물의 경우 자재·양식·설계·공법이 바뀌므로 동일한 효용을 갖는 것이면 되고, 수요자 역시 물리적 구조가 유사하다는 점보다는 동일한 효용을 갖는 현대적 감각의 부동산을 선호한다는 점 등 때문이다.

㉢ 실무상으로는 대치원가보다는 복제원가를 채택하는 것이 더 정확한 가액을 구할 수 있다. 왜냐하면 대치원가는 서로 다른 품목끼리 비교하므로 물리적 감가의 파악이 어려운 데다가 대치원가의 효용은 직접 구하기가 어렵고 간접적으로만 구할 수 있기 때문이다.

(3) 재조달원가의 산정기준

① **건물의 재조달원가**: 대상건물을 일반적인 방법으로 건축하는 데 드는 비용을 기준으로 산정하는 것을 원칙으로 한다. 따라서 건물의 재조달원가는 자가건설이든 도급건설이든 도급건설에 준하여 처리한다. 건물의 재조달원가의 산정은 일반적인 도급방식에 의한 표준적인 도급건설비용에, 건설기간 중 도급인이 별도로 부담한 통상적인 부대비용을 합산한 금액으로 계산한다.

> 건물의 재조달원가 = 표준적 도급건설비용 + 통상부대비용

㉠ **표준적 도급건설비용**: 직접 공사비(시멘트, 철근, 목재, 근로자 임금 등)와 간접 공사비(설계비, 감리비 등), 수급인의 적정이윤을 합산한 것이다.

㉡ **통상부대비용**: 도급인이 별도로 부담하는 등기비용, 건설기간 중의 소요자금이자 및 감독비나 조세공과금 등을 말하는 것이다.

추가 대치원가와 기능적 감가

대치원가로 적산가액을 구하는 경우 기능적 감가를 행하지 않는다. 왜냐하면 대치원가란 효용 측면의 원가로 대상부동산과 동일한 효용을 기준으로 하므로 기능적 감가를 행하는 경우 이중감가가 되기 때문이다. 그러나 기능적 결함에 따른 사실적인 비용은 포함한다.

OX 확인문제

대치원가를 이용하여 재조달가를 산정할 경우 물리적·경제적 감가수정은 필요하지만 기능적 감가수정은 고려하지 않는다. • 17회 ( )

정답 (○)

OX 확인문제

자가건설의 경우 재조달원가는 도급건설한 경우에 준하여 처리한다. • 17회 ( )

정답 (○)

---

9) 김천경 외, 전게서, pp.221~223
최태규, 전게서, pp.379~380

② **토지의 재조달원가**
- ⊙ 토지는 부증성으로 재생산이 불가능하므로, 재조달원가에 기초하여 평가하는 원가법은 기성 시가지의 경우 원칙적으로 적용하지 않는다.
- ⓒ 조성지·매립지·개간지·간척지 등과 같이 비교표준지나 거래사례가 존재하지 않아 비준가액으로 결정함이 곤란한 경우에는 원가법에 의한 적산가액을 적용할 수 있다.
  - ➕ 수익을 목적으로 하는 토지의 경우는 수익환원법에 의한 수익가액으로 결정할 수 있다.

(4) 재조달원가의 산정방법[10]

① **직접법**: 대상부동산으로부터 직접 재조달원가를 구하는 방법을 말한다. 즉, 대상부동산의 구성부분별 또는 전체를 직접 조사하여 직접 공사비를 구하고 여기에 간접 공사비, 수급인의 적정이윤 및 통상의 부대비용 등을 가산하여 재조달원가를 구하는 방법을 말한다.

- ⊙ **총량조사법**(총가격적산법): 대상부동산의 전반에 대한 자재량과 노동량을 조사한 후 이에 기준시점 현재의 단가를 곱하여 적산한 가격(직접 공사비)에 간접 공사비 및 수급인의 적정이윤, 기타 부대비용을 가산하여 재조달원가를 구하는 방법이다.
- ⓒ **구성단위법**(부분별 단가적용법): 대상부동산에 소요된 사용자재의 종별·품등·시공의 양과 질을 파악하여 이에 맞는 지붕·기둥·벽·마루·기초·바닥 등의 구성부분별로 표준단가를 먼저 구한 후, 이 단가를 해당 면적이나 수량별로 곱하여 총공사비를 구하고 이에 간접 공사비, 수급인의 적정이윤, 도급인이 부담할 통상의 부대비용을 가산하여 재조달원가를 구하는 방법이다.
- ⓒ **비용지수법**(변동률적용법): 대상부동산에 대하여 실제의 건설비를 명세별(종별·품등·수량·시간·단가 등)로 명백히 파악할 수 있는 경우에 이 명세를 분석하여 적정히 보정한 건설비에 건설시점 이후 기준시점까지의 변동률을 곱하여(시점수정하여) 재조달원가를 구하는 방법이다.

> **추가** 재조달원가의 산정방법
>
> 재조달원가의 산정방법에는 직접법과 간접법이 있는데, 직접법은 대상부동산으로부터 직접 재조달원가를 구하는 방법을 말하며, 간접법은 대상부동산과 유사한 부동산의 재조달원가를 비교, 대상부동산의 재조달원가를 간접적으로 구하는 방법을 말한다. 직접법에는 총량조사법(총가격적산법), 구성단위법(부분별 단가적용법) 등이 있으며, 간접법에는 단위비교법, 비용지수법(변동률 적용법) 등이 있다. 재조달원가를 구할 때 직접법과 간접법을 병용할 수 있다.

---

[10] 김천경 외, 전게서, pp.225~226

② **간접법:** 대상부동산과 유사한 부동산의 재조달원가를 비교, 대상부동산의 재조달원가를 간접적으로 구하는 방법이다. 이 경우 유사부동산은 대상부동산과 상호 대체·경쟁의 관계에 있는 지역, 즉 인근지역 또는 동일수급권 내의 유사지역에 있는 비교 가능한 물건이어야 한다. 이때 시점수정·지역요인·개별적 제 요인 등의 비교를 하여야 한다. 간접법은 단위비교법과 비용지수법(변동률적용법)으로 나뉘는데, 비용지수법(변동률적용법)은 직접법에서도 사용된다. 재조달원가를 구할 때 직접법과 간접법은 필요한 경우에 병용할 수 있다.

> **⊕ 보충** **단위비교법**[11]
>
> 1. 의의
>   평방미터(m^2)나 입방미터(m^3)와 같은 총량적 단위를 기준으로 비용을 산출하는 방법으로 실제적으로 가장 널리 사용된다. 부동산의 유형별로 그 지역사회의 가장 전형적인 표준건물을 설정해 두고, 대상부동산이 주어질 때마다 서로 비교해 비용을 추계한다. 이때 비용에 사용되는 자료는 최근의 것으로서 시장으로부터 충분히 지지될 수 있어야 한다.
> 2. 장단점
>   ① 사용하기가 간편하고 시간과 비용이 적게 든다.
>   ② 산출된 비용추계치도 용이하게 검증이 가능하다.
>   ③ 건축실무에 관해 기술적 지식이 없이도 가능하다.
>   ④ 다소 부정확하기는 하나 평가목적으로는 사용이 가능하다.

3. 감가수정

(1) 의의

감가수정이란 대상물건에 대한 재조달원가를 감액하여야 할 요인이 있는 경우에 물리적 감가, 기능적 감가 또는 경제적 감가 등을 고려하여 그에 해당하는 금액을 재조달원가에서 공제하여 기준시점에 있어서의 대상물건의 가액을 적정화하는 작업을 말한다(감정평가에 관한 규칙 제2조 제12호).

---

[11] 조성희 외, 전게서, p.461

(2) 감가수정의 이론적 근거[12]

감가수정은 최유효이용에 미달되는 부분에 대한 감액분이므로 최유효이용의 원칙과 관련이 있으며, 물리적 감가요인은 과거의 시간경과에 따른 것으로 변동의 원칙과, 내적 구성부분의 감가수정인 기능적 감가는 균형의 원칙과, 외부적합 여부를 판단하는 경제적 감가요인은 적합의 원칙과, 잔존내용연수의 판단은 예측의 원칙과 관련이 깊다.

(3) 감가수정과 감가상각의 차이

평가목적의 감가수정과 회계목적의 감가상각은 다음과 같은 점에서 구별된다.

■ **감가수정과 감가상각의 차이점**[13] • 16회 • 18회

구분	감가수정	감가상각
용어	감정평가	기업회계·세무회계
목적	기준시점에서의 현존가격의 적정화(경제적 가치산정), 시장가치를 구함	비용배분·자본의 유지회수, 정확한 원가계산, 진실한 재정상태를 파악함
적용	① 재조달원가를 기초로 함 ② 경제적 내용연수를 기초로 하되 장래 보존연수에 중점을 둠 ③ 관찰감가법이 인정됨 ④ 물리적·기능적·경제적 감가요인 모두 취급 ⑤ 잔가율이 물건에 따라 다른 개별성이 있음 ⑥ 감가에 있어 시장성을 고려함 ⑦ 감가액이 실제감가와 일치함 ⑧ 비상각자산인 토지에도 인정되는 경우가 있음	① 취득원가(장부가격)를 기초로 함 ② 법정 내용연수를 기초로 하되 경과연수에 중점을 둠 ③ 관찰감가법이 인정되지 않음 ④ 물리적·기능적 감가요인만 취급 ⑤ 잔가율이 일정함 ⑥ 시장성을 고려하지 않음 ⑦ 감가액이 실제의 감가와 일치하지 않음 ⑧ 상각자산에만 인정됨

(4) 감가의 요인[14]

① 부동산의 건설 또는 취득일부터 시간의 경과나 사용 등으로 인해 그 경제적 가치 및 효용이 감소되는 요인을 말한다. 감가의 요인은 물리적 요인, 기능적 요인, 경제적 요인 및 법률적 요인으로 세분할 수 있으며,

---

추가 3방식과 감가상각

감가상각에 대한 관점도 원가방식에서는 대상부동산에 대한 가치손실, 경과연수에 대한 감가, 실제발생감가를 의미하며, 과거에 대한 감가이다. 그러나 수익방식에서는 잔존연수에 대한 감가, 투하된 자본의 회수를 위한 의제 감가(fictional depreciation)를 의미하며, 감가상각률은 자본회수율이 된다. 비교방식에서는 별도로 감가상각을 언급하지 않고 거래사례의 수정작업의 일부로 이해한다.

OX 확인문제

감가수정은 경제적 내용연수를 기초로 하되 장래 보존연수에 중점을 두나, 감가상각은 법정 내용연수를 기초로 하되 경과연수에 중점을 둔다. ( )
정답 (O)

OX 확인문제

감가상각은 관찰감가를 인정하지 않으나, 감가수정은 관찰감가를 인정한다. • 16회 ( )
정답 (O)

---

12) 최태규, 전게서, p.382
13) 김천경 외, 전게서, pp.227~228
   정영철 외, 전게서, p.284
   백영준 외, 전게서, p.186
   김삼식 외, 전게서, p.221
14) 김천경 외, 전게서, pp.228~230
   조성희 외, 전게서, pp.458~459

이들 감가요인들은 각기 독립해서 작용하는 것이 아니라 상호 관련되어 영향을 미친다. 즉, 물리적 감가는 기능적 감가를 가져오며 다시 경제적 감가에 반영된다. 따라서 감가수정을 실시함에 있어서 이러한 여러 감가의 요인에 따른 감가는 각각 개별적으로 산정할 수 있으나 실무상 여러 요인을 일체로 하여 감가액을 산정하는 경우가 많다. 특히 물리적·기능적 요인에 의한 감가는 치유 가능 또는 치유 불가능한 감가*에 해당하며, 경제적 요인에 의한 감가는 치유 불가능한 감가에 해당한다.

㉠ **물리적 감가요인**: 대상물건의 물리적 상태 변화에 따른 감가요인으로 내부적 요인에 의한 감가에 해당한다. 물리적 감가는 정상적 이용에 의한 마모나 훼손, 구성요소의 충격, 정상적인 시간의 경과 등에 의해 발생한다.15) 즉, 대상부동산 사용에 따른 마멸 및 파손, 시간의 경과에서 오는 손모, 자연적 작용에 의하여 생기는 노후화 및 우발적 사고로 인한 손상 등이 물리적 감가요인이다.

㉡ **기능적 감가요인**: 대상물건의 기능적 효용 변화에 따른 감가요인으로 내부적 요인에 의한 감가에 해당한다. 기능적 감가는 구조, 자재 또는 설계상의 결함에 의해서 발생한다.16) 즉, 건물과 부지의 부적응, 설계의 불량, 형식의 구식화, 설비의 부족 및 능률의 저하 등에 의한 기능적 진부화 등이 기능적 감가요인이다. 이는 외부적 감가와는 반대로 부동산 내부에 감가의 원인이 있다.

㉢ **경제적 감가요인**: 인근지역의 경제적 상태, 주위환경, 시장상황 등 대상물건의 가치에 영향을 미치는 경제적 요소들의 변화에 따른 감가요인으로 외부적 요인에 의한 감가에 해당한다. 이에는 부동산의 경제적 부적응, 즉 인근지역의 쇠퇴, 부동산과 부근환경의 부적합, 해당 부동산과 부근의 다른 부동산의 비교에 있어서 시장성의 감퇴 등을 들 수 있다. 즉, 경제적 감가란 대상부동산 자체와는 상관없이 어떤 외부적 힘에 의해 발생하는 가치손실분을 말한다.18)

㉣ **법률적 감가요인**: 소유권 및 등기 등의 하자 여부, 지역지구제의 위반 등으로 인한 가치의 손실을 들 수 있다. 특히 법률적 요인에 의한 감가는 경제적 요인에 의한 감가와 함께 외부적 요인에 의한 감가에 해당한다.

---

15) 임재만(역), 「The Appraisal of Real Estate, (11th. ed.)」, 감정평가연구원, 1997, p.50
16) 임재만(역), 전게서, p.50
17) 임재만(역), 전게서, p.51
18) 임재만(역), 전게서, p.51

***치유(회복) 가능한 감가와 치유(회복) 불가능한 감가**
치유 가능한 감가란 감가요인 치유에 따라 추가되는 보수비용보다 보수 이후의 가치증가분이 큰 경우를 말하며, 치유 불가능한 감가란 보수비용보다 가치증가분이 작은 경우를 말한다.

O X 확 인 문 제
감가수정에서 대상물건에 대한 재조달원가를 감액할 요인이 있는 경우에는 물리적 감가, 기능적 감가, 경제적 감가 등을 고려한다. •33회 (　　)

정답 (O)

추가 경제적 감가
대상부동산 자체와는 상관없이 외부적인 힘에 의한 가치의 손실로 외부적 요인에 의한 감가에 해당한다. 외부적 감가는 시장에서의 공급과잉 또는 자금조달비용의 상승과 같은 경제적 요인과 불량한 부지의 위치 등과 같은 위치적 요인에 의해 발생한다.17)

② 감가요인은 물리적 요인, 기능적 요인, 경제적 요인, 법률적 요인으로 구분되는데 물리적·기능적 요인은 내부적 요인에 해당하고, 경제적·법률적 요인은 외부적 요인에 해당한다. 이들 제 요인은 독립적이 아니라 상호 관련하여 복합적으로 작용한다.

■ 감가의 요인

종류		감가요인	하자
내부적 요인	물리적 감가요인	• 사용으로 인한 마멸 및 파손 • 시간의 경과에 따른 노후화 • 재해 등의 우발적인 사고로 인한 손상 • 기타 물리적 하자	치유 가능 또는 치유 불가능한 하자
	기능적 감가요인 (균형의 원칙)	• 건물과 부지의 부적응(⇨ 균형의 원칙 ×) • 형식의 구식화 • 설계의 불량 • 설비의 부족 및 능률의 저하 　⇨ 기술혁신, 경제발전 등과 유관하며 시대와 유행에 뒤떨어짐	
외부적 요인	경제적 감가요인 (적합의 원칙)	• 부동산과 그 부근 환경의 부적합 　(⇨ 적합의 원칙 ×) • 인근지역의 쇠퇴 • 대상부동산의 시장성 감퇴	치유 불가능한 하자
	법률적 감가요인	• 소유권 등의 하자 • 소유권등기의 불완전 • 공·사법상의 규제 위반	–

(5) 감가수정의 방법

감가수정액을 대상부동산으로부터 직접 구하는 직접법과 유사부동산으로부터 구하는 간접법으로 구분되는데, 이 중 내용연수에 의한 방법, 관찰감가법, 분해법 등은 직접법에, 시장추출법, 임대료 손실환원법 등은 간접법에 해당한다. 특히 내용연수에 의한 방법은 이론감가액을 구하는 것이고, 관찰감가법이나 분해법 등은 실제감가액을 구하는 방법에 해당한다.

■ 감가수정의 방법

구분	감가수정의 방법	특징
직접법	내용연수에 의한 방법(정액법, 정률법, 상환기금법)	이론감가액
	관찰감가법	실제감가액
	분해법	
간접법	시장추출법	–
	임대료 손실환원법	

① **내용연수에 의한 방법**[연수-수명법(age-life method)]: 감가수정을 할 때에는 경제적 내용연수를 기준으로 한 정액법, 정률법 또는 상환기금법 중에서 대상물건에 가장 적합한 방법을 적용하여야 한다. 감가수정이 적절하지 아니한 경우에는 물리적·기능적·경제적 감가요인을 고려하여 관찰감가 등으로 조정하거나 다른 방법에 따라 감가수정할 수 있다.

㉠ 내용연수의 의의 및 종류

ⓐ 의의: 내용연수란 감가상각자산의 수명을 말하는데, 이에는 물리적 내용연수와 경제적 내용연수가 있다.

ⓑ 종류

ⅰ) 물리적 내용연수: 부동산을 정상적으로 관리한 경우에 물리적으로 존속 가능할 것으로 예측되는 기간을 말하는 순수한 기술적 개념이다. 너무 장기간이 되어 감가수정의 기준으로 삼기에는 부적당하다.

ⅱ) 경제적 내용연수: 경제적·기술적 복합개념으로 부동산의 유용성(효용성)이 지속되어 경제적 수익의 발생이 예상되는 사용가능한 기간을 말한다. 따라서 건물의 경제적 내용연수는 건물이 부동산가치에 기여하는 전 기간을 뜻한다.[19] 일반적으로 내용연수라 하면 경제적 내용연수를 의미하며, 물리적 내용연수보다 그 기간이 짧다. 감가수정과 관련된 내용연수는 경제적 내용연수를 의미하며, 경제적 내용연수에 의하는 경우에도 경과연수보다 잔존내용연수에 중점을 두어야 한다.

ⓒ 내용연수의 조정[20]: 동일한 내용연수의 부동산이라도 건축방법, 관리 및 유지 상태 등에 따라 감가의 정도가 달라진다. 이와 같이 감가의 개별성이 작용하므로 어떤 건물의 내용연수나 감가율을 일률적으로 처리하는 것은 현실적 타당성을 결하게 되는 경우가 많다. 따라서 내용연수의 조정이 필요하게 된다.

---

19) 임재만(역), 전게서, p.46
20) 김천경 외, 전게서, pp.231~232

> **O X 확 인 문 제**
>
> 감가수정과 관련된 내용연수는 경제적 내용연수가 아닌 물리적 내용연수를 의미한다. •33회
> ( )
>
> **정답** (×)
> 감가수정과 관련된 내용연수는 물리적 내용연수가 아닌 경제적 내용연수를 의미한다.

| 추가 | **실제경과연수법**(실제연수법, actual age method)
경제적 내용연수에 실제경과연수만큼 감가수정하는 방법이다.

| 추가 | **유효경과연수법**(유효연수법, effective age method)
실제경과연수가 아니라 증·개축을 고려한 유효경과연수를 고려하여 감가수정을 행하는 방법이다.

| 추가 | **장래내용연수법**(미래수명법, future-life method)
유효경과연수는 알 수 없으나 잔존내용연수를 알 수 있는 경우, 실제경과연수와 잔존내용연수의 합을 전체내용연수로 삼아 감가수정을 행하는 방법이다.

─ O X 확 인 문 제 ─

정액법은 대상부동산의 감가형태가 매년 일정액씩 감가된다는 가정하에 부동산의 감가총액을 단순한 경제적 내용연수로 평분하여 매년의 상각액으로 삼는 방법이다. •1회 (   )

정답 (○)

─ O X 확 인 문 제 ─

정액법에서는 감가누계액이 경과연수에 정비례하여 증가한다. •32회 (   )

정답 (○)

ⓓ **실제경과연수와 유효경과연수**: 경과연수의 경우 실제로 경과한 연수를 실제경과연수, 건물의 상태에 따라 조정된 경과연수를 유효경과연수라 한다. 즉, 유효경과연수란 실제적인 경과연수가 아니고 기준시점에서의 상태와 효용에 의해 판정되는 것으로서, 신축 후부터 기준시점에 이르기까지 감가의 기준이 되며, 대상부동산의 유지·관리상태에 크게 좌우되므로 실제경과연수와 같은 경우도 있으며 길거나 짧은 경우도 있다.

> ┌ 실제경과연수: 실제로 경과된 내용연수
> └ 유효경과연수: 조정된 내용연수
> ┌ 실제잔존연수: 실제로 남은 내용연수
> └ 유효잔존연수: 조정된 내용연수

ⓔ **내용연수의 조정방법**[21]: 내용연수와 경과연수 및 장래보존연수의 관계를 실무상 조정해야 할 경우가 많으며, 이 경우 실제경과연수보다 장래의 수익이 중시된다.

ⓛ **내용연수에 의한 감가수정방법**: 내용연수에 의한 감가수정방법은 정액법, 정률법, 상환기금법이 있으며, 내용연수는 경제적 내용연수를 의미한다.

ⓐ **정액법**(straight line method)

ⅰ) **의의**: 대상부동산의 감가형태가 매년 일정액씩 감가된다는 가정하에 부동산의 감가총액을 단순한 경제적 내용연수로 평분하여 매년의 상각액으로 삼는 방법으로, 감가누계액이 경과연수에 정비례하여 증가하므로 직선법 또는 균등상각법이라고도 한다.

ⅱ) 산정방법

> • 매년 감가액 = $\dfrac{\text{재조달원가} - \text{잔존가액}}{\text{경제적 내용연수}}$
> • 감가누계액 = 매년 감가액 × 경과연수
> • 적산가액 = 재조달원가 − 감가누계액

ⅲ) **특징**: 건물이나 구축물 등의 평가에 적용되며, 감가누계액이 경과연수에 정비례한다.

---

[21] 전영주 외, 전게서, pp.403~404
조성희 외, 전게서, pp.485~486

ⅳ) 장점: 계산이 간단하고 용이하다.
ⅴ) 단점: 실제의 감가액과 일치하지 않는다. 따라서 감정평가액을 구하기 위해서는 관찰감가법의 병용이 필요하게 된다.

ⓑ **정률법**(equal percentage method)
  ⅰ) 의의: 대상부동산의 가치가 매년 일정한 비율로 감가된다는 가정하에 매년 말 부동산의 잔존가액에 일정한 상각률을 곱하여 매년의 상각액을 산출하는 방법이다. 즉, 매년 말의 상각잔고에 대하여 정률을 곱하여 상각액을 산출하는 것이므로 상각이 진행됨에 따라 잔고는 감소하고, 상각률은 불변인데도 상각액은 점차 감소한다. 따라서 잔고점감법, 체감상각법이라고도 한다.22)
  ⅱ) 산정방법

  - 매년 감가액 = 전년 말 가격 × 감가율(정률)
  - 감가누계액 = 재조달원가 × $[1-(1-\text{매년 감가율})^m]$
  - 적산가액 = 재조달원가 × (전년 대비 잔가율)^m
    = 재조달원가 × $(1-\text{매년 감가율})^m$

  m: 경과연수

  ⅲ) 특징: 기계와 기구·선박 등 동산의 평가에 적용되며, 상각액은 첫해가 가장 크고, 재산의 가치가 체감됨에 따라 상각액도 체감된다.
  ⅳ) 장점: 능률이 높은 초기에 많이 감가하여 안전하게 자본을 회수할 수 있다.
  ⅴ) 단점: 매년의 감가액이 서로 다르므로 일정한 표준감가액을 정할 수 없다.

ⓒ **상환기금법**(償還基金法, sinking fund method)
  ⅰ) 의의: 감가수정방법 중 건물 등의 내용연수가 만료하는 때의 감가누계상당액과 그에 대한 복리계산의 이자상당액분을 포함하여 해당 내용연수로 상환하는 방법이다. 이를 감채기금법 또는 기금적립법이라고도 한다.
  ⅱ) 특징: 상각액은 복리이율에 의한 축적이자 때문에 정액법보다 적고, 적산가액은 정액법의 경우보다 많다.

O X 확 인 문 제

정률법에서는 매년 감가율이 감소함에 따라 감가액이 감소한다.
• 32회 ( )

정답 (×)

정률법에서는 매년 감가율이 일정하나 감가액은 점차 감소한다.

O X 확 인 문 제

정률법은 기계와 기구 등 동산의 평가에 적용되며, 상각액은 첫해가 가장 크고, 재산의 가치가 체감됨에 따라 상각액도 체감한다.
• 1회 ( )

정답 (○)

O X 확 인 문 제

상환기금법은 건물 등의 내용연수가 만료될 때 감가누계상당액과 그에 대한 복리계산의 이자상당액분을 포함하여 당해 내용연수로 상환하는 방법이다. • 32회
( )

정답 (○)

---

22) 백영준 외, 전게서, p.192

iii) 장점
- 경제이론에 기초한 시간·비용·이자기능에 따른 것이므로 논리적이다.
- 장래의 감가액을 산출하는 경우에 적합한 방법으로서 기계의 성능가치의 평가에 적용되는 경우가 많다.

iv) 단점: 매년의 감가액을 작게 하는 대신 그 감가액에 대한 이자로 보충되므로 그 이자를 자본환원한 액만큼 대상부동산을 과대하게 평가할 우려가 있다.

> **한눈에 보기**   **적산가액과 감가누계액의 크기**
>
> 1. 감가누계액이 큰 순서(초기)
>   정률법 > 정액법 > 상환기금법
> 2. 평가액(적산가액)이 큰 순서
>   ① 초기: 상환기금법 > 정액법 > 정률법
>   ② 말기: 상환기금법 > 정액법 = 정률법

② 관찰감가법(관찰상태법)
   ㉠ 의의: 내용연수나 감가율의 산정 없이 대상부동산의 전체 또는 구성부분에 대하여 실태를 조사하여 물리적·기능적·경제적 감가요인과 감가액을 직접 관찰하여 구하는 방법이다.
   ㉡ 장점: 대상부동산의 개별적인 상황이 세밀하게 관찰되어 감가수정에 반영된다.
   ㉢ 단점: 감정평가사의 개별적인 능력이나 주관에 좌우되기 쉽고, 외관상으로 관찰할 수 없는 기술적 하자를 간과하기 쉽다.

③ 분해법
   ㉠ 의의: 대상부동산에 대한 감가요인을 물리적·기능적·경제적 요인으로 세분한 후, 이에 대한 감가액을 각각 별도로 측정하고 이것을 전부 합산하여 감가수정액을 산출하는 방법을 분해법 또는 내구성 분해방식이라고 한다.23) 여기에서 감가수정액이 발생감가(accrued depreciation)인 것이다. 즉, 발생감가란 기준시점의 재조달원가(복제원가 또는 대치원가)와 기존 건축물의 시장가치의 차이가 된다.24)

---

23) 임재만(역), 전게서, p.50
24) 전영주 외, 전게서, p.408

O X 확 인 문 제

관찰감가법은 감정평가사의 개별적인 능력이나 주관에 좌우되기 쉽고, 외관상으로 관찰할 수 없는 기술적인 하자를 간과하기 쉽다.   ( )

정답 (O)

  © **장점**: 대상부동산의 개별적인 상태가 세밀하게 관찰되어 감가수정에 반영된다.
  © **단점**: 감정평가사의 개별적인 능력이나 주관개입이 쉽고, 물리적 감가와 기능적 감가를 정확하게 구분하기 어렵다는 단점이 있다.
 ④ **시장추출법**(market extraction method): 대상부동산과 유사한 사례 부동산을 비교·조정하여 감가수정을 하는 방법이다. 이는 거래사례가 풍부한 부동산에 적용되는 방법이며, 거래사례가 풍부하지 못한 경우는 적용이 어렵다는 단점이 있다.
 ⑤ **임대료 손실환원법**(capitalization of rent loss): 감가요인이 존재하는 부동산과 그렇지 않은 부동산 간에 임대료의 차이가 있다고 보고, 감가요인으로부터 발생하는 임대료 손실을 직접법이나 총수익승수분석법으로 환원하여 감가수정을 하는 방법이다. 이는 관찰감가법이나 분해법에 포함하여 사용되는 방법이다.

4. 원가법의 장단점[25]

(1) 장점

① 건물·기계장치·재생산이 가능한 물건 등 상각자산에 널리 적용될 수 있다.
② 기업합병 시의 재평가나 고정자산의 재평가, 기타 기업회계처리에 관한 경우 또는 공공·공익에 쓰이는 부동산의 평가 등에 효과적인 방법이다.
③ 시장성이 없는 부동산이나 수익성이 없는 부동산(공공용 부동산 등) 및 기타 가액으로 평가할 경우에 활용된다.
④ 비용성 원리에 따라 원가에 근거하므로 비교적 이론적인 작업이며, 감정평가사의 주관이 개재될 여지가 적어 감정평가사에 의한 평가액의 격차도 비교적 적다.
⑤ 조성지·매립지 등의 토지평가에 유효하며, 신축건물의 경우 감가수정을 할 필요가 없으므로 유용하다.

---

25) 김천경 외, 전게서, p.244
  이창석 외, 전게서, p.200
  최태규, 전게서, p.385

(2) 단점

① 토지와 같이 재생산이 불가능한 자산에는 적용이 어렵다.
② 재조달원가에만 치중하므로 대상부동산에 대한 시장성 및 수익성이 반영되지 못한다.
③ 건축물 등 구조물을 평가할 때, 외부에서 관찰이 불가능한 부분이 있으므로 감가수정이 어려운 점이 있다.
④ 재조달원가나 감가상당액을 파악하는 데 기술적 어려움이 많다.

2 적산법

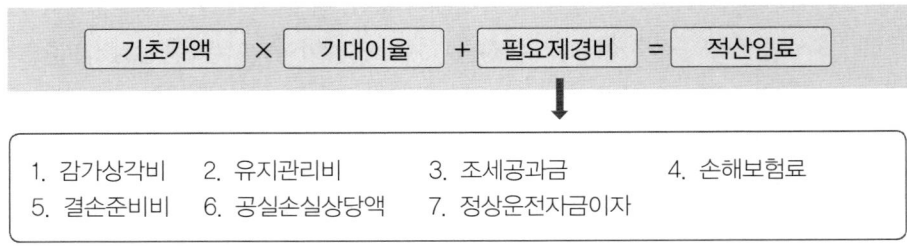

1. 적산법의 의의 및 적용대상[26]

(1) 의의

적산법(積算法)이란 대상물건의 기초가액에 기대이율을 곱하여 산정된 기대수익에 대상물건을 계속하여 임대하는 데에 필요한 경비를 더하여 대상물건의 임대료(사용료 포함)를 산정하는 감정평가방법을 말한다(감정평가에 관한 규칙 제2조 제6호). 적산법에 따라 산정된 임대료를 적산임료라 한다.

> 적산임료 = (기초가액 × 기대이율) + 필요제경비

(2) 적용대상

대부분 비준임료나 수익임료로 평가가 용이하지 않은 비시장성·비수익성 물건에 적용되며 건물의 사용료 평가에 적용된다. 대부분 과거에서 기준시점 현재까지의 임대료평가가 다수를 차지하는 쟁송목적의 임대료평가에 있어서 적산임료가 적용되는 경우가 많다.[27]

OX 확인문제

적산법이란 일반기업 경영에 의하여 산출된 총수익을 분석하여 대상물건이 일정한 기간에 산출할 것으로 기대되는 순수익에 대상물건을 계속하여 임대하는 데에 필요한 경비를 더하여 대상물건의 임대료를 산정하는 감정평가방법을 말한다. • 36회 (   )

정답 (O)

---

26) 김천경 외, 전게서, p.249
27) 최태규, 전게서, p.405

2. 적용방법[28]

(1) 기초가액

① **의의**: 적산법을 적용하여 적산임료를 구하는 데 기초가 되는 대상물건의 원본가치를 말한다.

② **기초가액 산정방법**: 기초가액은 비교방식이나 원가방식으로 산정한다. 적산법은 부동산의 재조달원가에 착안하는 원가방식에 의한 방법이므로 적산법의 적용에 있어서의 기초가액은 대상부동산의 재조달에 소요되는 원가에 착안하여 구해진 적산가액으로 함이 타당하다. 그러나 기성 시가지의 토지와 같이 원가법의 적용이 곤란한 부동산에 대해서는 거래사례비교법을 적용하여 구해진 비준가액을 기초가액으로 삼을 수 있다.

③ **기초가액 산정 시 유의점**
  ㉠ **수익가액의 부적용**: 수익환원법에 의한 수익은 적산법에 의한 수익이 바로 그 자체이므로 임료에서 다시 임료를 구하는 결과가 되므로 수익환원법에 의하여 기초가액을 구해서는 안 된다.
  ㉡ **계약감가를 고려한 가격**: 기초가액은 임료의 기준시점에서 대상물건이 갖는 가액이지만, 반드시 대상물건의 최유효이용을 전제로 하는 경제가치는 아니고 임대차계약 내용이나 조건에 알맞은 사용을 전제로 한 가액이다.

④ **기초가액과 시장가치**[29]
  ㉠ **의의**: 기초가액은 기준시점에서 적산법을 적용하여 적산임료를 구하는 데 기초가 되나, 시장가치는 통상적인 시장에서 형성되는 가치를 적정하게 표시한다.
  ㉡ **구하는 방법**: 기초가액은 적산가액이 원칙이나 비준가액을 참작하여 구할 수 있고, 시장가치는 적산가액, 비준가액, 수익가액을 비교·조정하여 구한다.
  ㉢ **최유효이용의 전제 여부**: 기초가액은 계약내용·조건에 따라 최유효이용에 미달된 때에는 이에 따른 계약감가가 고려되나, 시장가치는 최유효이용을 전제로 하여 표준으로 잔존내용연수 전(全) 기간에 대한 대상물 전체의 가치이다.

---

[28] 김천경 외, 전게서, pp.250~251
[29] 전영주 외, 전게서, pp.429~430
  최태규, 전게서, pp.408~409
  김삼식 외, 전게서, pp.231~232

ⓔ 대상기간: 기초가액은 계약내용의 해당 부분에 대한 계약기간에 한하여 성립되는 데 반해, 시장가치는 물건 전체에 대해 경제적 잔존내용연수 전 기간에 걸쳐 적용되는 가치이다.
ⓜ 대상물건의 범위: 가격산정의 기초가 되는 부동산의 범위는 기초가액은 임대되는 해당 부분이고, 시장가치는 부동산 전체이다.

■ 기초가액과 시장가치

구분	기초가액	시장가치
의의	기준시점에서 적산임료를 구하는 데 기초가 되는 가액	통상적인 시장에서 형성되는 가치를 적정하게 표시하는 가치
구하는 방법	적산가액과 비준가액을 참작하여 구함	적산가액, 비준가액, 수익가액을 비교·조정하여 구함
최유효이용의 전제 여부	계약내용·조건에 따라 미달된 때에는 이에 따른 계약감가가 고려된 가액	최유효이용을 전제로 파악되는 가치
대상기간	계약내용의 해당 부분에 대한 계약기간에 한해 성립	물건 전체에 대해 잔존내용연수 전 기간에 걸쳐 적용되는 가치
대상물건의 범위	임대되는 해당 부분	부동산 전체

(2) 기대이율

① **의의**: 임대차에 제공되는 대상물건을 취득하는 데에 투입된 자본에 대하여 기대되는 임대수익의 비율을 말한다.

$$기대이율 = \frac{순수익}{투입자본} = \frac{임대료 - 필요제경비}{기초가액}$$

② 부동산투자에 대한 기대보수율인 기대이율은 금융시장에서의 이자율과도 밀접한 관련을 가진다. 따라서 수익환원법에서의 환원이율과 유사한 성격을 지니며, 구하는 방법도 환원이율을 구하는 방법과 유사하나 성격 면에서 엄격히 구별된다.

(3) 필요제경비[30]

임차인이 사용·수익할 수 있도록 임대인이 대상물건을 적절하게 유지·관리하는 데에 필요한 비용을 말한다. 필요제경비에는 감가상각비, 유지관리비, 조세공과금, 손해보험료, 대손준비금(결손준비비), 공실손실상당액, 정상운영자금이자 등이 포함된다. 이때 임대인은 필요제경비를 임료에 포함시켜 임차인에게 전가함으로써 투자수익을 확보하게 된다.

---

[30] 김천경 외, 전게서, pp.252~254

① **감가상각비:** 대상부동산이 건물 등의 상각자산인 경우에는 물리적·기능적·경제적으로 감가되어 간다. 감가상각비는 부동산의 성격에 따라서 정액법·정률법·상환기금법을 이용하여 구한다.

② **유지관리비:** 부동산의 유용성을 적정하게 유지·회복하여 임료 등을 받기 위해 필요한 비용을 말한다. 일반적으로 수선비·유지비·관리비로 구분되며, 그 내용으로는 인건비, 수도광열비, 청소비, 기계설비 정비비, 영선수선비, 기타 비용이 있다. 그러나 이들 가운데 수도광열비, 냉난방비, 청소비, 승강기비, 주차장비 등은 필요경비로서의 임료에 포함시킬 것이 아니라 임료와는 별도의 공익비 및 부가사용료로 처리하는 것이 합리적이라 할 수 있다.

③ **조세공과:** 필요제경비에 계상되어야 하는 조세공과는 재산세·도시계획세·수익자 부담금 등 해당 임대자산에 부과되는 세금을 말하며, 임대인의 사업상의 수익에 부과되는 세금, 즉 법인세·소득세 등 개인 또는 법인에 부과되는 세액은 대상부동산에 직접 귀속되는 것이 아니므로 조세공과에 포함해서는 안 된다.

④ **손해보험료:** 건물 등의 건축물에 대한 화재보험, 기계·보일러 등의 손해보험료로, 여기에는 소멸성 보험료와 비소멸성 보험료가 있다. 필요제경비에 가산할 것은 소멸성 보험의 연간불입액을 기준으로 한다.32)

⑤ **결손준비비**(대손준비금): 임차인의 임료 지불의무 불이행에 따른 결손의 위험부담을 전보하기 위하여 표준적인 일정액을 계상하는 것이다. 따라서 임대보증금 등의 일시금이 수수된 경우에는 결손의 전보(塡補)가 이미 담보되어 있는 것이므로 결손준비비를 계상할 필요성이 없다.

⑥ **공실 등에 의한 손실상당액:** 건물의 신축 후 임대 시까지의 공실, 중도해약 기타 계약만료로 인한 공가·공실 등의 손실을 보전하기 위한 비용을 말한다. 단, 언제나 만실이 예상되면 계상할 필요가 없다.

⑦ **정상운전자금이자:** 임대업을 하기 위하여 소요되는 정상적인 운전자금에 대한 이자를 말하는 것으로서, 고정자산세의 일시납입, 종업원에 대한 일시상여금의 지급 등에 사용되는 자금 등을 포함한다. 그러나 대상부동산의 일부를 구성하는 자금이자, 1년 이상의 장기차입금이자, 임대인의 자기자금 이자상당액은 이에 포함해서는 안 된다.

추가 수선비·유지비·관리비

1. **인건비:** 관리상 필요한 직원의 급료, 제 수당, 상여금 등
2. **수도광열비:** 전등, 동력, 공기조절 등에 필요한 전기료, 연료비, 수도료
3. **청소비:** 청소와 위생관계 물품에 소요되는 비용 및 외주청소비
4. **기계설비 정비비:** 냉난방설비, 전기설비, 통신설비, 승강기설비 등의 유지수선비 및 외주 보수 또는 정기검사비 등
5. **영선수선비**(營繕修繕費): 외벽, 내벽, 천장, 바닥 등의 보수 또는 교환비용
6. **기타 비용:** 사무관계 비품비, 용품비, 잡비 기타

추가 공익비와 부가사용료

1. **공익비:** 부동산의 공공부분에 소요되는 비용으로 공통비, 공용부분관리비 등을 말한다. 여기에는 공용부분의 수도광열비·위생비·공용설비비·공용안전관리비 등이 있다.31)
2. **부가사용료:** 건물 및 부지의 일부를 임대할 때, 통상 전용부분에 관계되는 가스료·전기료·수도료·난방비·냉방비·환기료 등을 임차인이 직접 공급자·가스회사 등에 지불하지 아니하고, 건물 등의 임대인에게 지불하는 것을 말한다.

---

31) 김천경 외, 전게서, p.253
32) 정영철 외, 전게서, p.351

3. 적산법의 장단점[33]

(1) 장점
① 임대사례가 없는 부동산의 임대료 산정에 유용하다.
② 기초가액과 기대이율에 착안하므로 논리적이다.

(2) 단점
① 기성 시가지의 수익성 물건이나 경기변동이 심한 경우의 임대료 등은 현실적인 임대료가 반영되지 않는다.
② 시장성의 반영이 어려워 수익을 목적으로 하는 물건에는 활용될 수 없다.
③ 적정한 기대이율과 기초가액의 산정이 용이하지 않다.

제3절 비교방식(시장접근법)

1 거래사례비교법 •24회 •28회 •29회 •31회 •33회 •35회

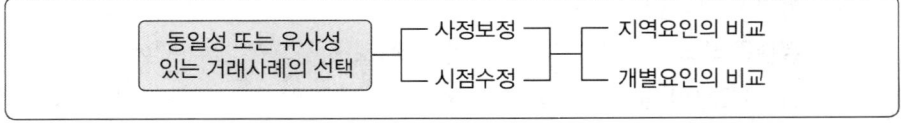

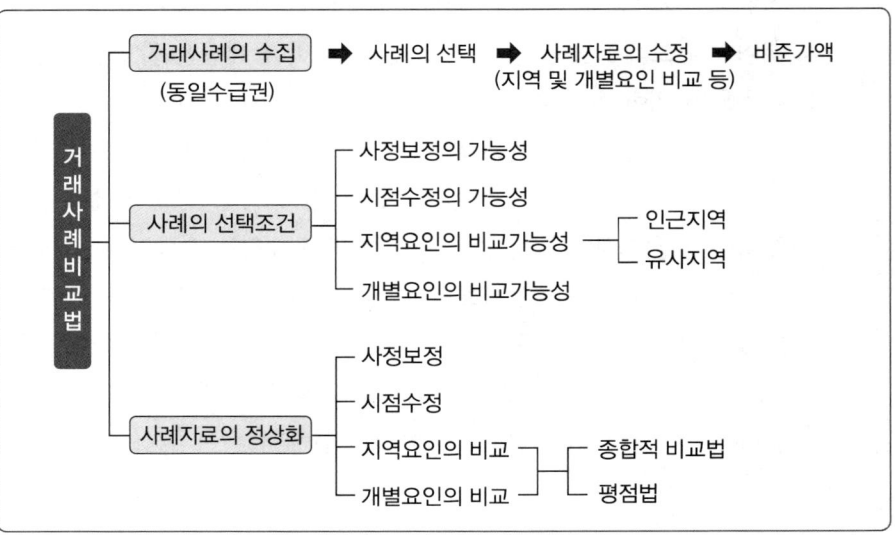

---
33) 최태규, 전게서, p.406
   김삼식 외, 전게서, p.234

> 비준가액 = 사례가격 × (사정보정치 × 시점수정치 × 지역요인 비교치 × 개별요인 비교치 × 면적)

1. 의의

거래사례비교법이란 대상물건과 가치형성요인이 같거나 비슷한 물건의 거래사례와 비교하여 대상물건의 현황에 맞게 사정보정(事情補正), 시점수정, 가치형성요인 비교 등의 과정을 거쳐 대상물건의 가액을 산정하는 감정평가방법을 말한다(감정평가에 관한 규칙 제2조 제7호). 또한 이는 거래사례부동산과 감정평가 대상부동산에 대한 품등·시점 등을 비교·대조해서 부동산의 가격(가치)을 구하고자 하는 실증적 방법이다. 거래사례비교법에 따라 산정된 가액을 비준가액이라 한다. 비준가액은 수요·공급가격의 성격을 가진다.

2. 이론적 근거

(1) 시장성의 사고방식

인근지역 또는 동일수급권 내의 유사지역에 있어서의 대상부동산과 유사한 부동산의 거래가 행해지는 경우에 시장에서의 다수의 실제거래사례를 기준으로 한 가액산출방법이므로 시장성에 근거하고 있다.

(2) 대체의 원칙

인근지역 또는 동일수급권 내의 유사지역에 있는 거래사례부동산과 대상부동산에 대한 품등·시점 등을 비준하여 대상부동산의 가격(가치)을 구하려는 실증적인 방법이므로 대체의 원칙에 근거한다.

3. 가격(가치) 제 원칙과의 관계

① 인근지역 또는 동일수급권 내의 유사지역에 있는 거래사례부동산으로부터 대상부동산의 가격(가치)을 산출하므로 대체의 원칙과 관련이 있다.
② 대체성이 있는 물건 상호간에는 수요·공급과 경쟁의 과정을 통해 가격(가치)이 형성되며, 그 가격은 상호작용을 통해 일치하려는 경향이 있으므로 수요·공급의 원칙, 경쟁의 원칙과 관련이 있다.

OX 확인문제

거래사례비교법이란 대상물건과 가치형성요인이 같거나 비슷한 물건의 거래사례와 비교하여 대상물건의 현황에 맞게 사정보정, 시점수정, 가치형성요인 비교 등의 과정을 거쳐 대상물건의 가액을 산정하는 감정평가방법을 말한다. •32회 ( )

정답 (O)

③ 토지와 건물 사이에 균형의 원칙과 기여의 원칙은 배분법의 이론적 근거가 되며, 부동산과 환경의 관계에서는 적합의 원칙과 외부성의 원칙이, 사례부동산과 대상부동산의 최유효이용 판단이 필수적으로 행해지므로 최유효이용의 원칙이 근거가 된다.

4. 적용방법[34]

(1) 거래사례의 수집 및 선택

거래사례비교법에서 대상부동산을 평가하기 위해서는 어떤 사례를 채택하느냐가 중요하다.[35] 거래사례비교법으로 감정평가할 때에는 거래사례를 수집하여 적정성 여부를 검토한 후, 다음의 요건을 모두 갖춘 하나 또는 둘 이상의 적절한 사례를 선택하여야 한다.

> ① 거래사례가 정상이라고 인정되는 사례나 정상적인 것으로 보정이 가능한 사례
> ② 기준시점으로 시점수정이 가능한 사례
> ③ 대상물건과 위치적 유사성이나 물적 유사성이 있어 지역요인·개별요인 등 가치형성요인의 비교가 가능한 사례

즉, 거래사례는 사정보정의 가능성, 시점수정의 가능성, 위치의 유사성, 물적 유사성을 고려하여 선택하여야 한다.

① **사정보정의 가능성**: 거래사례는 관계자의 특수한 사정, 또는 개별적 동기가 개재되기 쉽기 때문에 특수한 사정이 개재되지 않은 거래사례가 있으면 그것을 선택하고, 그렇지 못할 경우에는 시장가치로 보정(補正)이 가능한 것이어야 한다. 즉, 거래사례에 특수한 사정이나 개별적 동기가 포함되지 않은 사례를 선택하여야 하며, 그러한 사례가 없는 경우에는 시장가치로의 사정보정이 가능한 것을 선택하여야 한다. 따라서 거래사례를 수집하는 경우에는 이러한 특수한 사정 등의 개입 여부를 고려하여야 한다.

---

[34] 김천경 외, 전게서, pp.269~273
[35] Byrl N. Boyce & William N. Kinnard, Appraising Real Property, Lexington Books, Massachusetts Toronto, 1984, pp.167~170

② **시점수정의 가능성**(시간적 유사성)
   ㉠ 시점수정의 가능성이란 시간적 유사성을 뜻하며, 대상물건의 기준시점과 유사한 시점의 거래사례일수록 효과적이다. 여기서 시점수정이란 평가대상의 기준시점을 보정하는 것이 아니라 거래시점과 기준시점의 불일치를 보정하는 작업을 말한다.
   ㉡ 부동산의 가격(가치)은 변동의 원칙에 의하여 끊임없이 변동하므로 사례부동산의 거래시점과 대상부동산의 기준시점 사이에는 시간적 불일치가 생긴다. 즉, 대상부동산의 기준시점과 동일한 시점에서 거래된 사례가 바람직하나 현실적으로 기준시점이 다른 경우가 많으며, 이 경우 해당 사례가격을 기준시점의 가격으로 수정하여야 한다.
   ㉢ 시점수정의 가능성 여부는 시간적 장단뿐만 아니라 가격변동을 일으킨 가치형성요인 자료를 통하여 결정하여야 한다. 이때 사례부동산의 거래시점과 기준시점 간의 시간적 범위가 너무 길면 시점수정을 해도 정확한 가치추계가 어렵게 되며, 시간적 범위가 너무 짧으면 분석에 포함되는 거래사례의 수가 적게 되어 신뢰성이 문제가 된다.

③ **지역요인의 비교가능성**(위치의 유사성): 지역요인의 비교는 거래사례가 속한 지역의 표준적 이용과 대상부동산이 속한 지역의 표준적 이용을 기준으로 비교하여야 한다. 이때 거래사례는 위치에 있어서 대상물건과 동일성 또는 유사성이 있는 지역 내에 소재되는 거래사례를 선택하여야 한다. 즉, 거래사례는 인근지역이나 유사지역 내의 사례, 즉 동일수급권 내의 거래사례로서 지역요인의 비교가 가능한 사례자료를 수집하여야 한다.

④ **개별요인의 비교가능성**(물적 유사성): 개별요인의 비교가능성이란 물적 유사성을 뜻하며, 대상물건과 개별요인의 비교가 가능해야 하며, 거래사례는 대상물건과 상호 대체·경쟁의 관계가 성립되고 가격은 상호 관련이 유지되어야 한다는 것이다. 따라서 토지의 경우에는 부동산의 종별(택지·농지·후보지)과 유형(건부지·나지) 등, 건물의 경우에는 구조·구성자재·용도·설비 등의 동일성 내지 유사성에 유의해야 한다. 다만, 사례부동산의 어느 부분만이 대상부동산과 유사성을 갖는 경우에는 원칙적으로 비교성은 없으나, 배분법에 의한 비율방식과 공제방식에 의하여 조정이 가능할 경우에는 사례자료로서 선택할 수 있다.

O X 확 인 문 제

지역요인의 비교는 거래사례가 속한 지역의 표준적 이용과 대상부동산이 속한 지역의 표준적 이용을 기준으로 비교하여야 한다.
• 9회 ( )

정답 (O)

> **⊕ 보충** 대표성이 있는 거래사례의 선택
>
> 1. 거래사례비교법에서 거래사례의 선택은 거래사례의 분포 및 거래내용을 검증(verification)하여 선택하여야 하는데, '대표성이 있는 거래사례'를 선택하는 일이 중요하다. 사례선택 시 대표성이 없는 거래사례를 선택한다면 아무리 사례자료의 정상화 작업을 잘한다고 할지라도 정확한 시장가치를 산정할 수가 없기 때문이다.
> 2. 거래사례의 선택 시에 시장에 대한 합리적인 지식과 정보를 가진 매수인과 매도인 사이에 자유롭고 공개된 협상에 의해 거래되었을 경우의 사례를 '대표성이 있는 거래사례'라고 하며, 그렇지 못한 사례를 '대표성이 없는 거래사례'라고 한다.
> 3. 시장을 대표할 수 없는 '대표성이 없는 거래사례'에는 법원의 경매에 의한 매매사례, 수용에 의한 매매사례, 용도지역이 변경될 것을 예상해서 매수했으나 그렇지 못했던 매매사례, 거래당사자가 모두 정부기관인 매매사례 등이 있다.

(2) 사례자료의 정상화[36]

① **사정보정**(매매상황 및 조건에 대한 수정)

㉠ 의의: 사정보정이란 거래사례에 특수한 사정이나 개별적 동기가 반영되어 있거나 거래당사자가 시장에 정통하지 않은 등 수집된 거래사례의 가격이 적절하지 못한 경우에는 그러한 사정이 없었을 경우의 적절한 가격수준으로 정상화하는 것을 말한다.

㉡ 사정보정 시 유의점

ⓐ 사정보정작업에는 일정한 법칙이나 기준이 없으므로, 평가주체의 고도의 전문지식과 풍부한 경험 및 정확한 판단력에 의거하여 거래사례자료의 내용에 따라 개별적으로 처리하여야 한다.

ⓑ 사정보정은 거래당사자간의 비정상적인 거래에 대한 보정이므로 보정 시 증액 또는 감액해야 할 사정을 정확하게 판단해야 한다.[37]

ⓒ 특별한 사정이 개입되지 않은 거래사례(대표성이 있는 거래사례)이거나 표준지공시지가를 기준으로 평가할 경우는 사정보정을 하지 않아도 된다.

OX 확인문제

특별한 사정이 개입되지 않은 거래사례이거나 표준지공시지가를 기준으로 평가할 경우는 사정보정을 하지 않아도 된다. ( )

정답 (○)

추가 비교방식과 감가수정

유효수요에 근거를 두고 시장성의 원리에 입각한 비교방식은 사례부동산과의 비교과정에서 감가요인이 이미 반영되어 있어 감가수정이 필요치 않다.

---

[36] 김천경 외, 전게서, pp.269~279
[37] 최태규, 전게서, p.357

ⓒ 사정보정의 산정
　ⓐ 대상부동산만 보정을 요하는 경우(사례부동산의 가격은 시장가치)

$$\text{사정보정치} = \frac{\text{대상부동산}}{\text{사례부동산}} = \frac{100 \pm \alpha(\%)}{100}$$

α: 사정개입의 정도(%)

　ⓑ 사례부동산만 보정을 요하는 경우(대상부동산에서 구하는 가격은 시장가치)

$$\text{사정보정치} = \frac{\text{대상부동산}}{\text{사례부동산}} = \frac{100}{100 \pm \alpha(\%)}$$

α: 사정개입의 정도(%)

　ⓒ 대상부동산과 사례부동산 모두가 보정을 요하는 경우

$$\text{사정보정치} = \frac{\text{대상부동산}}{\text{사례부동산}} = \frac{\text{사정의 개입}}{\text{사정의 개입}} = \frac{100 \pm \alpha(\%)}{100 \pm \alpha(\%)}$$

α: 사정개입의 정도(%)

② **시점수정**(시장상황에 대한 수정)
　㉠ 의의: 거래사례의 거래시점과 대상물건의 기준시점이 불일치하여 가격수준의 변동이 있을 경우에는 거래사례의 가격을 기준시점의 가격수준으로 수정하는 작업을 말한다.
　㉡ **시점수정의 방법**: 시점수정은 사례물건의 가격변동률로 한다. 다만, 사례물건의 가격변동률을 구할 수 없거나 사례물건의 가격변동률로 시점수정하는 것이 적절하지 않은 경우에는 지가변동률·건축비지수·임대료지수·생산자물가지수·주택가격동향지수 등을 고려하여 가격변동률을 구할 수 있다.

거래사례가격 × 시점수정치 = 기준시점으로 시점수정된 거래사례가격

　　ⓐ 지수법

$$\text{시점수정치} = \frac{\text{기준시점의 지수}}{\text{거래시점의 지수}}$$

O X 확인문제

시점수정은 시장상황에 대한 수정을 말한다. ( )

정답 (O)

ⓑ 변동률 적용법

$$시점수정치 = (1 \pm R)^n$$

- R: 1전화기간의 가치변동률
- n: 가치변동의 회전횟수
- *1회전기간(回轉期間): 원래의 사례가격에 가치변동액이 가산되는 기간
- *가치변동의 회전횟수: 원래의 사례가격에 가치변동액이 가산되는 횟수

ⓒ 시점수정 시 유의점
　ⓐ 시점수정 후의 가격은 기준시점으로 시점수정된 사례부동산의 가격이 된다.
　ⓑ 거래시점을 알 수 없으면 시점수정을 할 수 없으므로 거래사례로 선택할 수 없다.
　ⓒ 기준시점과 거래시점이 동일하면 시점수정을 하지 않아도 된다. 또한 기준시점과 거래시점이 달라도 시장상황이 변하지 않아 가치가 불변이라면 시점수정을 하지 않아도 된다.

③ **지역요인 및 개별요인의 비교**38)
　㉠ 거래사례와 대상물건 간에 종별·유형별 특성에 따라 지역요인이나 개별요인 등 가치형성요인에 차이가 있는 경우에는 이를 각각 비교하여 대상물건의 가치를 개별화·구체화하여야 한다.
　㉡ 지역요인 및 개별요인의 비교에 있어서 사례부동산이 유사지역 내의 것인 경우에는 사례부동산과 대상부동산의 지역요인을 비교하여 지역격차를 수정한 후, 다시 개별요인을 비교하여 개별격차를 수정하여야 한다.
　㉢ 사례부동산이 인근지역 내의 것일 때에는 지역요인은 동일하므로 개별요인만을 비교하여 그 개별격차를 수정하여야 한다. 따라서 수집·정리된 거래사례 등의 부동산이 표준지의 인근지역에 있는 경우에는 개별요인만을 비교하고, 동일수급권 안의 유사지역에 있는 경우에는 지역요인 및 개별요인을 모두 비교한다.

O X 확 인 문 제

거래시점을 알 수 없으면 시점수정을 할 수 없으므로 거래사례로 선택할 수 없다. （　）

정답 (O)

O X 확 인 문 제

거래사례를 인근지역에서 구했다면 지역요인은 동일하므로 개별요인만을 비교하면 된다. （　）

정답 (O)

O X 확 인 문 제

지역요인은 비교하지 않는 경우도 있지만, 개별요인 비교는 반드시 하여야 한다. （　）

정답 (O)

---

38) 김천경 외, 전게서, pp.273~280

ⓔ 지역요인 및 개별요인의 비교방법에는 종합적 비교법과 평점법이 있다.
　ⓐ **종합적 비교법**: 거래사례부동산이 소재하는 지역과 대상부동산이 소재하는 지역 또는 사례부동산과 대상부동산을 종합적으로 분석·비교하는 방법을 말한다.
　ⓑ **평점법**: 획지조건·가로조건·접근조건·환경조건·법적 규제 및 기타 조건 등의 비교항목을 설정하여, 항목별로 거래사례부동산이 소재하는 지역과 대상부동산이 소재하는 지역 또는 사례부동산과 대상부동산을 분석·비교하는 방법을 말한다.
ⓜ **배분법**(allocation & abstraction method)
　ⓐ **의의**: 대상부동산과 같은 유형의 부분을 포함하는 복합부동산의 거래사례를 선택하고, 대상부동산과 같은 유형 이외의 부분의 가치를 공제하여, 대상부동산의 유형에 관계되는 부분을 사례자료로 채택하는 것을 말한다.
　ⓑ **이론적 근거**: 생산요소인 토지와 건물 사이에는 어떤 균형을 이루는 구성비율이 존재하는 경향이 있으므로, 이러한 구성비율의 적용에 있어서 균형의 원칙 및 기여의 원칙이 배분법의 이론적 근거가 된다.
　ⓒ 구분
　　ⅰ) **공제방식**(abstraction method): 복합부동산의 거래사례의 가격에서 대상부동산과 다른 유형에 해당하는 부분의 가격을 공제하여 대상부동산과 같은 유형만을 활용하는 방식이다.
　　ⅱ) **비율방식**(allocation method): 복합부동산에 대하여 각 구성부분의 가격의 비율이 사례가격, 신규투자액 등에 의하여 판명되어 있을 경우에 해당 사례의 사례가격에 대상부동산과 같은 유형부분의 구성비율을 곱하여 대상부동산과 같은 유형의 사례자료를 구하는 방식이다.

5. 거래사례비교법의 장단점

(1) 장점
① 대체의 원칙에 이론적 근거를 두므로 현실성이 있고 실증적이며, 설득력이 있다.
② 토지의 평가에 주로 적용되고 3방식 중 중추적 역할을 하며, 실무에 많이 사용된다.
③ 동산, 과수원, 자동차 등 거의 모든 자산의 평가에 널리 활용된다.
④ 이해하기 쉽고 간편하다.

(2) 단점
① 거래가 잘 성립되지 않는 대저택, 빌딩, 시장성이 없는 교회, 학교 등에는 적용이 곤란하다.
② 감정평가사의 지식·경험·숙련도에 따라 감정평가액의 편차가 크다.
③ 사정보정이나 시점수정 등이 반드시 정확하지 아니한 경우가 있다.
④ 비과학적이다.
⑤ 극단적인 호황·불황의 국면에서는 적용이 곤란하다.[39]
⑥ 거래사례가격은 어디까지나 과거의 역사적 가격이다.
⑦ 부동산시장이 불완전한 경우, 투기적 요인의 개재는 거래사례의 신뢰성이 문제가 된다.
⑧ 금융조건 여하에 따라 거래당사자간의 매매조건도 차이가 난다.

OX 확인 문제
거래사례비교법은 대체의 원칙에 이론적 근거를 두므로 현실성이 있고 실증적이며, 설득력이 있으나 비과학적이라는 단점이 있다.
( )
정답 (○)

---

[39] P. F. Went, Real Estate Appraisal, New York, 1956, p.253

2 임대사례비교법

비준임료 = 사례임료 × (사정보정치 × 시점수정치 × 지역요인 비교치 × 개별요인 비교치 × 면적)

1. 임대사례비교법의 의의 및 성립근거

(1) 의의

임대사례비교법이란 대상물건과 가치형성요인이 같거나 비슷한 물건의 임대사례와 비교하여 대상물건의 현황에 맞게 사정보정, 시점수정, 가치형성요인 비교 등의 과정을 거쳐 대상물건의 임대료를 산정하는 감정평가방법을 말한다(감정평가에 관한 규칙 제2조 제8호). 임대사례비교법에 따라 산정된 임대료를 비준임료라 한다.

(2) 성립근거

임대사례비교법은 비교방식 중 임료를 구하는 것이므로 거래사례비교법과 마찬가지로 시장성의 사고방식과 대체의 원칙에 근거하며 기타의 적용원리도 유사하다.

(3) 특징

인근지역 또는 동일수급권 내의 유사지역에서 대상부동산과 유사한 임대차 등이 행해지는 경우에 유효하며, 임대차 등의 사례가 적은 대저택이나 교회, 농촌지역 등의 부동산에는 적용이 곤란하다.

2. 적용방법

(1) 임대사례의 수집 및 선택

임대사례비교법으로 감정평가할 때에는 임대사례를 수집하여 적정성 여부를 검토한 후, 다음의 요건을 모두 갖춘 하나 또는 둘 이상의 적절한 임대사례를 선택하여야 한다.
① 임대차 등의 계약내용이 같거나 비슷한 사례
② 임대차 사정이 정상이라고 인정되는 사례나 정상적인 것으로 보정이 가능한 사례
③ 기준시점으로 시점수정이 가능한 사례

> **OX 확인문제**
>
> 임대사례비교법이란 대상물건과 가치형성요인이 같거나 비슷한 물건의 임대사례와 비교하여 대상물건의 현황에 맞게 사정보정, 시점수정, 가치형성요인 비교 등의 과정을 거쳐 대상물건의 임대료를 산정하는 감정평가방법을 말한다. • 36회 ( )
>
> 정답 (○)

④ 대상물건과 위치적 유사성이나 물적 유사성이 있어 지역요인·개별요인 등 가치형성요인의 비교가 가능한 사례

(2) 임대사례의 정상화

① **사정보정**: 임대사례에 특수한 사정이나 개별적 동기가 반영되어 있거나 임대차 당사자가 시장에 정통하지 않은 등 수집된 임대사례의 임료가 적절하지 못한 경우에는 사정보정을 통해 그러한 사정이 없었을 경우의 적절한 임료 수준으로 정상화하여야 한다.

② **시점수정**: 임대사례의 임대시점과 대상물건의 기준시점이 불일치하여 임료 수준의 변동이 있을 경우에는 임대사례의 임료를 기준시점의 임료 수준으로 시점수정하여야 한다.

③ **지역요인과 개별요인의 비교**
   ㉠ 임대사례와 대상물건 간에 종별·유형별 특성에 따라 지역요인이나 개별요인 등 임료의 형성에 영향을 미치는 여러 요인에 차이가 있는 경우에는 이를 각각 비교하여 대상물건의 임료를 개별화·구체화하여야 한다.
   ㉡ 임대사례가 유사지역의 것일 때는 인근지역과 유사지역의 지역요인을 비교하여 그 지역격차를 판정해야 하고, 개별요인을 비교하여 개별적인 임료 수준의 격차를 판정하여야 한다. 그러나 임대사례가 인근지역의 것일 때는 개별적 요인만 비교하여 개별적인 임료 수준을 판정해야 한다.
   ㉢ 비교방법에는 거래사례비교법에서 언급한 종합적 비교법·평점법이 활용되며, 임대사례가 복합부동산일 경우에는 배분법을 적용한다.

(3) 임대사례비교법 적용 시 유의사항[40]

① 부동산의 임대료도 항상 변동의 과정에 있으므로 변동의 원칙이 적용된다. 따라서 기준시점의 확정이 중요한데, 임대료의 기준시점은 임대개시시점으로 한다.
② 임대료는 계약의 내용·조건·명목 여하에 관계없이 최근에 임대계약을 신규로 체결하고 임대가 개시된 초회에 지급되는 실질임료를 기준으로 하여야 한다.
③ 면적비교에 있어 건물의 층별 효용도가 다른 것은 그 효용도를 감안한다.

추가 **임대사례비교법에서 시점수정**
시점수정은 사례물건의 임대료 변동률로 한다. 다만, 사례물건의 임대료 변동률을 구할 수 없거나 사례물건의 임대료 변동률로 시점수정하는 것이 적절하지 않은 경우에는 사례물건의 가격변동률·임대료지수·생산자물가지수 등을 고려하여 임대료 변동률을 구할 수 있다.

O X 확 인 문 제
임대료는 계약의 내용·조건·명목 여하에 관계없이 최근에 임대계약을 신규로 체결하고 임대가 개시된 초회에 지급되는 실질임료를 기준으로 하여야 한다.
( )
정답 (O)

---

[40] 이창석 외, 전게서, pp.191~192

3. 임료의 의의 및 종류[41]

(1) 의의

임료란 원본에 대한 과실로서 사용·수익, 즉 용익의 대가를 말한다. 즉, 부동산의 소유권을 이전하지 않고, 다만 사용권이나 수익권을 타인에게 위임하여 그 대가를 받는 것을 말한다.

(2) 종류

① **실질임료:** 임대차계약에 있어서 종류 및 명목 여하를 불문하고 임차인이 임대인에게 지불하는 임대료 산정기간 중의 모든 경제적 대가를 말한다. 평가에 있어 임대료의 산정에는 이 실질임료가 기준이 된다. 실질임료는 순임료와 필요제경비로 구성된다.

② **지불임료:** 임차인이 임대인에게 각 지급시기에 지불하는 임대료를 말한다. 지불임료는 실질임료에서 예금적 성격의 일시금 운용익, 선불적 성격의 일시금 상각액·미상각액 운용익을 공제하여 구한다.

③ **순임료:** 실질임료에서 필요제경비를 공제하여 산정되는 금액을 말한다. 순임료에는 예금적 성격의 일시금 운용익, 선불적 성격의 일시금 상각액·미상각액 운용익과 실질임료의 일부를 구성하는 공익비 및 부가사용료의 실비초과분이 포함된다.

■ 임료의 구성

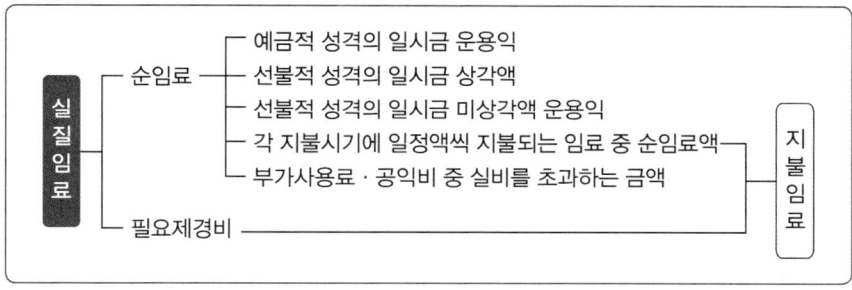

> **추가 선불적·예금적 성격의 일시금[42]**
> 1. **임대료의 선불적 성격을 갖는 일시금:** 일반적으로 부동산 임대차 등의 계약 시 수수되는 일시금으로 권리금·사글세 등을 말하는데, 이는 계약기간이 만료되어도 반환하지 않는 일시금이다.
> 2. **임대료의 예금적 성격을 갖는 일시금:** 임차인의 임차료 등에 대해 채무불이행이 없는 한 임대기간 만료 후 임차인에게 반환하는 일시금으로 보증금 등이 있다.
> 3. **일시금의 운용이율:** 일시금의 성격, 임대계약 내용, 임대대상부동산의 종류와 성격, 국·공·사채의 이율, 금융기관의 대출이율, 장기예금의 금리 등을 비교하여 결정한다.

(3) 신규임료와 계속임료[43]

일반적으로 임대료의 평가는 신규 임대차계약에 의한 신규임료와 임대차가 계속 중인 경우 현 임대료를 개정하여 구하는 계속임료가 있다.

---

41) 김천경 외, 전게서, pp.32~33
홍길성, 전게서, pp.555~566
윤창구, 「감정평가론」, 범론사, 1987, pp.199~202
42) 전영주 외, 전게서, p.344
43) 김천경 외, 전게서, pp.619~621
이창석 외, 전게서, pp.192~195

① **신규임료:** 신규로 임대차 등의 계약을 체결할 때 구하는 임대료를 말한다. 즉, 신규임료는 임대차계약의 개시시점에 있어서 대상부동산의 사용·수익에 수반되는 경제적 이익에 부응하는 임대료이다.
② **계속임료:** 계속 중인 임대차계약에 수반하여 현행 임대료를 개정하는 경우에 구하는 임대료를 말한다. 계속임료의 평가방법으로는 차액배분법, 이율법, 슬라이드법, 임대사례비교법, 소득(수익)분석법 등이 있다.

4. 임대사례비교법의 장단점[44]

임대사례비교법의 장단점은 거래사례비교법과 유사하다.

(1) 장점
① 임대사례가 존재하는 거의 모든 임대차물건에 적용될 수 있어 활용도가 높다.
② 실제 각종 토지 및 복합부동산과 동산의 임대료 산정에 널리 이용한다.

(2) 단점
① 시장성이 없는 물건, 거래가 희소한 물건 등 특수한 물건의 임대료 산정에는 적용하기가 어렵다.
② 비교방식이 갖는 한계인 주관성으로 경험과 숙련의 정도에 따라 임대료의 격차가 크다.
③ 부동산의 가치가 급격히 상승하는 경우에는 가격과 임대료는 적정한 비율을 형성하지 못하여 대상부동산의 적정한 경제가치를 반영하지 못하게 된다.

3 공시지가기준법 ·24회 ·25회 ·26회 ·30회 ·32회 ·34회 ·36회

1. 의의

공시지가기준법이란 「감정평가 및 감정평가사에 관한 법률」 제3조 제1항에 따라 대상토지(감정평가의 대상이 된 토지)와 가치형성요인이 같거나 비슷하여 유사한 이용가치를 지닌다고 인정되는 표준지(비교표준지)의 공시지가를 기준으로 대상토지의 현황에 맞게 시점수정, 지역요인 및 개별요인

---

44) 전영주 외, 전게서, p.381
최태규, 전게서, p.376

비교, 그 밖의 요인의 보정(補正)을 거쳐 대상토지의 가액을 산정하는 감정평가방법을 말한다(감정평가에 관한 규칙 제2조 제9호).

2. 공시지가기준법의 적용

감정평가법인등은 공시지가기준법에 따라 토지를 감정평가할 때에 다음의 순서에 따라야 한다(감정평가에 관한 규칙 제14조 제2항).

(1) 비교표준지 선정

인근지역에 있는 표준지 중에서 대상토지와 용도지역, 이용상황, 주변환경 등이 같거나 비슷한 표준지를 선정하여야 한다. 다만, 인근지역에 적절한 표준지가 없는 경우에는 인근지역과 유사한 지역적 특성을 가지는 동일수급권 안의 유사지역에 있는 표준지를 선정할 수 있다.

(2) 시점수정

「부동산 거래신고 등에 관한 법률」에 따라 국토교통부장관이 조사·발표하는 비교표준지가 있는 시·군·구의 같은 용도지역 지가변동률을 적용하여야 한다. 다만, 다음의 경우에는 그러하지 아니하다.

① 같은 용도지역의 지가변동률을 적용하는 것이 불가능하거나 적절하지 아니하다고 판단되는 경우에는 공법상 제한이 같거나 비슷한 용도지역의 지가변동률, 이용상황별 지가변동률 또는 해당 시·군·구의 평균 지가변동률을 적용한다.

② 지가변동률을 적용하는 것이 불가능하거나 적절하지 아니한 경우에는 「한국은행법」에 따라 한국은행이 조사·발표하는 생산자물가지수에 따라 산정된 생산자물가상승률을 적용한다.

(3) 지역요인 비교

(4) 개별요인 비교

(5) 그 밖의 요인 보정

대상토지의 인근지역 또는 동일수급권 내 유사지역의 가치형성요인이 유사한 정상적인 거래사례 또는 평가사례 등을 고려한다.

제4절 수익방식(소득접근법)

1 수익환원법 ·24회 ·28회 ·30회 ·32회 ·33회 ·35회

1. 의의[45]

(1) 수익환원법이란 대상물건이 장래 산출할 것으로 기대되는 순수익이나 미래의 현금흐름을 환원하거나 할인하여 대상물건의 가액을 산정하는 감정평가방법을 말한다(감정평가에 관한 규칙 제2조 제10호). 수익환원법에 따라 산정된 가액을 수익가액이라 한다.

$$수익가액 = \frac{순수익}{환원(이)율} = \frac{총수익 - 총비용}{환원(이)율}$$

(2) 이론적 근거

수익환원법은 소득접근법이라고도 한다. 이는 수익성의 사고방식에 기초를 두고 있으며, 수익이 발생하는 물건을 대상으로 하므로 수익성이 없는 교육용·주거용·공공용 부동산의 평가에는 적용할 수 없다.

(3) 가격(가치)의 제 원칙과의 관계

① 부동산가격의 제 원칙 중 예측 및 변동의 원칙은 부동산의 현재보다 장래의 활용 및 변화가능성을 고려한다는 점에서 수익환원법의 토대가 된다.

② 수익가액을 구하는 데 기초가 되는 순수익은 최유효이용의 상태에 있는 것을 원칙으로 하므로 최유효이용의 원칙이 작용한다.

③ 토지잔여법에 의한 순수익 산정은 수익배분의 원칙과 관련이 있으며, 순수익을 간접법에 의해 다른 부동산으로부터 산정한 경우는 대체의 원칙과 관련이 있다.

---

[45] 임재만(역), 전게서, pp.142~145, pp.199~296
　　김형수, 「월간감평」, 회경사, 2001. 7, p.259
　　김동각, 「월간감평」, 회경사, 2001. 10, pp.284~285
　　안정근 외, 「부동산학개론」, 법문사, 2004, pp.678~681

2. 환원방법

수익환원법으로 감정평가할 때에는 직접환원법이나 할인현금흐름분석법 중에서 감정평가목적이나 대상물건에 적절한 방법을 선택하여 적용한다. 다만, 부동산의 증권화와 관련한 감정평가 등 매기의 순수익을 예상해야 하는 경우에는 할인현금흐름분석법을 원칙으로 하고 직접환원법으로 합리성을 검토한다.

① 직접환원법은 단일기간의 순수익을 적절한 환원율로 환원하여 대상물건의 가액을 산정하는 방법을 말한다.
② 할인현금흐름분석법은 대상물건의 보유기간에 발생하는 복수기간의 순수익(현금흐름)과 보유기간 말의 복귀가액에 적절한 할인율을 적용하여 현재가치로 할인한 후 더하여 대상물건의 가액을 산정하는 방법을 말한다.

3. 순수익

(1) 의의

순수익이란 대상물건을 통하여 일정기간에 획득할 총수익에서 그 수익을 발생시키는 데 소요되는 경비를 공제한 금액, 즉 순영업소득을 말한다.

(2) 순수익(순영업소득)의 산정

① 대상물건에 귀속하는 적절한 수익으로서 유효총수익에서 운영경비를 공제하여 산정한다.
② 유효총수익은 다음의 사항을 합산한 가능총수익에 공실손실상당액 및 대손충당금을 공제하여 산정한다.

> ㉠ 보증금(전세금) 운용수익
> ㉡ 연간 임대료
> ㉢ 연간 관리비 수입
> ㉣ 주차수입, 광고수입, 그 밖에 대상물건의 운용에 따른 주된 수입

③ 운영경비는 다음의 사항을 더하여 산정한다.

> ㉠ 용역인건비 · 직영인건비
> ㉡ 수도광열비
> ㉢ 수선유지비
> ㉣ 세금 · 공과금

ⓜ 보험료
ⓗ 대체충당금
ⓢ 광고선전비 등 그 밖의 경비

■ 운영경비(operating expenses) 포함 항목과 불포함 항목

포함 항목	불포함 항목
• 건물 유지수선비 • 수익자 부담금 • 건물분 재산세 등 보유와 관련된 각종 제세공과금 • 화재보험료 등 건물유지·보수와 관련된 손해보험료	• 취득세 • 공실 및 대손충당금 • 부채서비스액 • 소득세, 법인세 • 감가상각비

> **OX 확인문제**
> 취득세, 공실 및 대손충당금, 부채서비스액, 소득세·법인세, 감가상각비 등은 순영업소득을 계산할 때 영업경비에 포함되지 않는 항목이다. •25회 (　)
> 정답 (○)

> **추가 수익환원법과 감가상각**
> 수익환원법에서 감가상각은 부동산의 경제적 내용연수 동안 매년 발생할 것으로 예상되는 가치손실로 이미 발생한 감가상각이 아니며, 감가상각비는 영업경비로 취급되지 않는다.

> ＊ **환원(이)율(자본환원율)**
> 순수익을 자본환원하는 이율로서, 부동산의 원본가치에 대한 순수익의 비율을 말한다.
> 자본수익률(rate of return on capital)과 자본회수율(rate of return of capital)의 합으로 구성된다. 이때 자본수익률은 이자율, 할인율, 기대이율을 의미한다. 따라서 환원이율(자본환원율)은 '자본수익률 + 자본회수율', '할인율 + 자본회수율', '이자율 + 자본회수율' 등으로 나타낼 수 있다.

④ 할인현금흐름분석법의 적용에 따른 복귀가액은 보유기간 경과 후 초년도의 순수익을 추정하여 최종환원율로 환원한 후 매도비용을 공제하여 산정한다.

4. 환원율과 할인율의 산정

(1) <u>직접환원법에서 사용할 환원율은 시장추출법으로 구하는 것을 원칙으로 한다.</u> 다만, 시장추출법의 적용이 적절하지 않은 때에는 요소구성법, 투자결합법, 유효총수익승수에 의한 결정방법, 시장에서 발표된 환원율* 등을 검토하여 조정할 수 있다.

$$\text{환원(이)율 (자본환원율)} = \frac{\text{순수익}}{\text{원본가치}} \times 100(\%) = \frac{\text{순영업소득}}{\text{부동산가치}} \times 100(\%)$$

- 토지의 자본환원율 = 자본수익률 ⇨ 토지는 영속성으로 자본회수율이 0이므로
- 건물의 자본환원율 = 자본수익률 + 자본회수율(상각률)
- 자본회수율(상각률) = $\dfrac{1}{\text{경제적 잔존내용연수}}$

(2) 할인현금흐름분석법에서 사용할 할인율은 투자자조사법(지분할인율), 투자결합법(종합할인율), 시장에서 발표된 할인율 등을 고려하여 대상물건의 위험이 적절히 반영되도록 결정하되 추정된 현금흐름에 맞는 할인율을 적용한다.

(3) 복귀가액 산정을 위한 최종환원율은 환원율에 장기위험 프리미엄·성장률·소비자물가상승률 등을 고려하여 결정한다.

(4) 자본환원율[capitalization rate, 환원(이)율]

① 부동산자산이 창출하는 순영업소득을 부동산의 가격으로 나눈 비율이다.
② 부동산자산이 창출하는 순영업소득을 자본환원율로 나누어 자산가격을 산정할 때 사용된다.
③ 자본환원율이 낮을수록 자산가격은 높게 평가되고 자본환원율이 높을수록 자산가격은 하락한다.
④ 자본환원율이 상승하면 부동산자산의 가격이 하락 압력을 받으므로 신규개발사업 추진이 어려워진다.
⑤ 자본환원율은 자본의 기회비용, 프로젝트의 투자위험, 자산가격 상승에 대한 투자자들의 기대를 반영한다.
  ㉠ 자본의 기회비용을 반영하므로, 자본시장에서 시장금리가 상승하면 자본환원율도 함께 상승한다.
  ㉡ 프로젝트의 투자위험이 높아지면 자본환원율도 상승한다.
  ㉢ 자산가격 상승에 대한 투자자들의 기대가 더 좋을수록 더 많은 투자자들이 임대료를 위해 부동산에 투자할 것이며, 자본환원율은 하락할 것이다.
⑥ 자본환원율은 서로 다른 유형별, 지역별 부동산시장을 비교하여 분석하는 데 활용될 수 있다. 부동산시장이 균형을 이루더라도 자산의 유형, 위치 등 특성에 따라 자본환원율이 서로 다른 부동산들이 존재할 수 있다.

5. 환원(이)율(자본환원율)을 구하는 방법[46]

환원(이)율(자본환원율)을 구하는 방법에는 시장추출법, 조성법, 투자결합법, 엘우드(Ellwood)법, 부채감당법 등이 있다.

(1) 시장비교방식(시장추출법)

① **의의 및 이론적 근거**: 시장비교방식은 대상부동산과 유사한 최근의 거래사례로부터 직접 자본환원율을 추정하는 방법을 말한다.
② **장단점**
  ㉠ 장점: 시장성에 근거하므로 실증적이고 설득력이 높다.
  ㉡ 단점: 과거의 사례가격과 순수익에 근거하므로 장래에 대한 투자자의 기대를 반영하기 어렵다.

OX 확 인 문 제

시장추출법은 대상부동산과 유사한 최근의 매매사례로부터 자본환원율을 찾아낸다. •25회
( )

정답 (○)

---

[46] 김천경 외, 전게서, pp.300~317
최태규, 전게서, pp.426~433

(2) 요소시장 구성방식(조성법)

① **의의**: 대상부동산에 관한 위험을 여러 가지 구성요소로 분해하고, 개별적인 위험에 따라 위험할증률을 더해 감으로써 자본환원율을 구하는 방법이다.

> 환원(이)율 = 순수이율* ± 부동산투자활동의 위험률

② **장단점**
  ㉠ **장점**: 이론적인 타당성이 있다.
  ㉡ **단점**: 감정평가사의 주관개입 여지가 많고, 저당금융이 환원이율에 미치는 영향을 고려하지 못한다.47)

(3) 투자결합법(이자율 합성법)48)

투자결합법은 대상부동산에 대한 투자자본과 그것의 구성비율을 결합하여 환원이율을 구하는 방법이다. 물리적 투자결합법과 금융적 투자결합법으로 구분되는데, 일반적으로 투자결합법이라고 하면 후자만을 가리킨다.

① **물리적 투자결합법**
  ㉠ **의의**: 물리적 투자결합법에 의하면 소득을 창출하는 부동산의 능력이 토지와 건물이 서로 다르며, 분리될 수 있다는 가정에 근거하여 환원이율을 구하는 방법이다.

  > 환원(이)율 = (토지환원이율 × 토지가치구성비) + (건물환원이율 × 건물가치구성비)

  ㉡ **장단점**: 부동산에서 발생하는 수익은 전체 부동산의 결합에 의해 발생되므로 물리적 구성부분에 따라서 구분이 불가능하다. 또한 토지수익률과 자본수익률이 서로 다른 부동산은 최유효이용에 미달된다는 점에서 비판을 받고 있다.

② **금융적 투자결합법**
  ㉠ **의의**: 지분과 저당의 구성비율에 각각 지분환원율과 저당환원율을 곱하고, 이를 합산하여 환원(이)율을 구하는 방법이다.

  > 환원(이)율 = (지분환원율 × 지분비율) + (저당환원율 × 저당비율)

---

47) 최태규, 전게서, p.429
48) 최태규, 전게서, pp.429~431

이때 지분환원율은 지분투자액에 대한 세전현금흐름의 비율인 지분배당률(equity dividend rate)을 사용하고, 저당환원율은 저당상수를 사용한다.

ⓒ **장단점**: 이 방법은 요소구성법이나 시장추출법에 비하면 금융적 결합 측면에서 접근하나, 엘우드(Ellwood)법과 비교하면 지분형성분을 고려하지 않고 단순히 지분환원율과 저당환원율을 가중평균하는 방법이기 때문에 적용상 제약이 있다. 또한 부동산의 가치변화가 환원이율에 미치는 영향을 고려하지 못한다.

(4) 저당지분방식(Ellwood법)49)

① **의의**

ⓐ 저당지분방식(mortgage equity method) 또는 엘우드(Ellwood)법은 매 기간 동안의 (세전)현금흐름, 기간 말 부동산의 가치상승 또는 하락분, 보유기간 동안의 지분형성분*의 세 요소가 자본환원율에 미치는 영향으로 구성되어 있다. 이 방법에서 부동산가치는 저당가치와 지분가치의 합으로 구한다.

ⓑ 엘우드법은 금융적 투자결합법의 이론을 더욱 발전시킨 것이다. 엘우드는 수익성 부동산의 자본환원율은 대상부동산의 물리적 특성에 의해서가 아니라 금융적 특성에 의해서 결정되어야 한다고 주장하고 있다. 다만, 금융적 투자결합법과 달리 지분환원율은 지분수익률(equity yield rate)을 사용하고, 저당환원율은 동일하게 저당상수를 사용한다.

➕ 지분배당률과 지분수익률에 대해서는 부동산투자론 부분 참조

② **장점**

ⓐ 저당대부의 금융조건이나 부동산가치의 변화가 환원이율에 미치는 영향을 고려한다.

ⓑ 부동산에 투자하는 경우 투자자는 타인자본(저당)을 통해 자기자금을 증식시키는 것이 일반적이므로 시장형태에 잘 부합하고 있다.

---

49) 홍길성, 전게서, pp.463~475
허장식, 「감정평가이론」, 서울고시사, 1992, pp.354~362
이창석 외, 전게서, p.269
김삼식 외, 전게서, p.245
부동산감정평가 통권 12호, 부동산연구사, 1993. 3, pp.119~128
최태규, 전게서, pp.431~432
50) 안정근 외, 전게서, p.690

---

* **지분형성분**
  (equity build-up)
  원금상환분은 기간 말의 지분복귀액의 일부로서 기간 말의 누적된 원금상환분을 지분형성분이라고 한다. 즉, 보유기간 동안 저당대부에 대한 원금과 이자를 정기적으로 지불함으로 인해서, 기간 말에 지분투자자 몫으로 돌아가는 지분가치의 증가분을 말한다.50)

O X 확 인 문 제

엘우드(Ellwood)법은 매 기간 동안의 현금흐름, 기간 말 부동산의 가치증감분, 보유기간 동안의 지분형성분의 세 요소가 자본환원율에 미치는 영향으로 구성되어 있다. ( )

정답 (O)

ⓒ 대상부동산의 전형적인 보유기간 동안만 소득을 추계하기 때문에 잔존 경제적 내용연수 동안 추계하는 기존의 방법보다는 정확하다.

③ 단점
 ㉠ 환원이율 산정에 있어 지분투자자 위주이다.
 ㉡ 세전현금흐름을 환원대상소득으로 하므로 세금이 부동산가치에 미치는 영향 등을 고려하지 못한다.

(5) 부채감당법(Gettel법)[51]

① 의의: 부채감당법(負債堪當法, debt coverage method)은 저당투자자의 입장에서 부채감당률에 근거하여 환원이율을 구하는 방법을 말한다.

$$\text{부채감당률} = \frac{\text{순영업소득}}{\text{부채서비스액}} = \frac{\text{순영업소득}}{\text{저당대부액} \times \text{저당상수}}$$

$$= \frac{\text{순영업소득}}{\text{부동산가치} \times \text{대부비율} \times \text{저당상수}}$$

$$\text{환원(이)율} = \frac{\text{순영업소득}}{\text{부동산가치}}$$

$$\text{환원(이)율} = \text{부채감당률} \times \text{대부비율} \times \text{저당상수}$$

② 장단점
 ㉠ 장점: 객관적이고 간편하게 환원이율을 구할 수 있다.
 ㉡ 단점: 대부비율이 작을 때에는 산정이 곤란하며, 부채감당률·대부비율·저당상수는 모두 대출자가 저당조건으로 중요시하는 요소들이라는 점에서 대출자의 입장에 치우치고 있다.

(6) 자본자산가격 결정모형(Capital Asset Pricing Model; CAPM)

자본자산가격 결정모형(CAPM)은 마코위츠(H. Markowitz)의 위험자산과 무위험자산 간의 포트폴리오를 통한 균형시장하에서 자본자산(금융자산)의 균형가격 결정모형이다.[52]

O X 확 인 문 제

환원이율을 구하는 방법 중 부채감당법(Gettel법)은 저당투자자 입장에서 환원이율을 구하는 방법이다. ( )

정답 (○)

O X 확 인 문 제

부채감당법에서 환원이율은 '부채감당률 × 대부비율 × 저당상수'를 통해 구한다. ( )

정답 (○)

---

51) 김삼식 외, 전게서, p.249
 이우영, 전게서, p.589
 최태규, 전게서, p.432
52) 김태훈, 「부동산학사전」, 부연사, 2003, pp.660~661

6. 수익환원법의 장단점[53]

(1) 장점
① 임대용 부동산이나 기업용 부동산 등 수익성 부동산의 평가에 유용하다.
② 장래 발생할 것으로 기대되는 순수익의 기준시점에 있어서의 현재가치를 구하는 것이므로 논리적이며 이론적이다.
③ 안정된 시장 아래서 자료가 정확하면 그 가치가 정확하게 산정되고, 감정평가사의 주관이 개입될 여지가 적다.

(2) 단점
① 주거용·교육용·공공용 부동산과 같이 수익이 없거나 수익을 파악하기 곤란한 비수익성 부동산에는 적용하기가 어렵다.
② 수익에만 치중하기 때문에 수익에 차이가 없는 부동산은 건물의 신·구로 인한 평가액의 차이가 없어진다. 그러나 최근에는 환원이율의 조정으로 건물의 신·구에 따른 불합리한 점을 해결하고 있다.
③ 부동산시장이 불안정한 곳에서는 순수익이나 환원이율을 적정하게 파악하는 것이 곤란하다.
④ 대상부동산이 최유효이용 상태가 아니거나 비수익성 부동산(비업무용 자산)이 포함된 경우에는 과소평가될 우려가 있다.

> **● 보충** 소득접근법
>
> 1. 소득접근법의 분류
>   ① 환원대상소득에 따른 분류: 총소득을 환원대상소득으로 삼는 방법에는 총소득승수법(총수익승수법)이 있고, 순영업소득을 환원대상소득으로 삼는 방법에는 전통적 소득접근법, 잔여환원법 등이 있다. 그리고 세전현금흐름을 환원대상소득으로 삼는 방법에는 저당지분환원법이 있으며, 세후현금흐름을 환원대상소득으로 삼는 방법에는 할인현금흐름분석법(DCF법)이 있다.
>
> ■■ 환원대상소득에 따른 분류
>
> | 환원대상소득 | 구분 | 시장가치 추계 |
> |---|---|---|
> | (가능/유효)총소득 | 총소득승수법 | 부동산가치 = 총소득 × 총소득승수 |
> | 순영업소득 | 전통적 소득접근법 | 부동산가치 = $\dfrac{순영업소득}{환원이율}$ |
> | | 잔여환원법 | 부동산가치 = 토지가치 + 건물가치 |
> | 세전현금흐름 | 저당지분환원법 | 부동산가치 = 지분가치 + 저당가치 |
> | 세후현금흐름 | 할인현금흐름분석법 | 부동산가치 = 지분가치 + 저당가치 |

---
53) 이창석 외, 전게서, pp.256~257
  김천경 외, 전게서, pp.333~334

② **대상소득기간에 따른 분류**: '한 해'의 안정화된 순영업소득을 환원이율로 환원 또는 할인하여 대상부동산의 가치를 구하는 방법에는 전통적 소득접근법과 잔여환원법이 있다. '여러 해'의 미래소득을 현재가치로 환원 또는 할인하여 대상부동산의 가치를 구하는 방법에는 저당지분환원법과 할인현금흐름분석법이 있다.54)

■ 대상소득기간에 따른 분류

대상소득기간	구분	수익률
한 해의 소득 (income)	전통적 소득접근법	소득률
	잔여환원법	
여러 해의 소득 (yield)	저당지분환원법	수익률
	할인현금흐름분석법	

③ **자본회수방법에 따른 분류**: 자본회수방법에 따라 감가상각에 의한 자본회수방법과 보유기간 말 재매도가치에 의한 자본회수방법으로 나뉘며, 감가상각에 의한 자본회수방법에는 직선법, 연금법, 상환기금법 등이 있다.

■ 자본회수방법에 따른 분류

자본회수방법	구분	내용
감가상각을 통한 자본회수	직선법(직선환원법)	• 경제적 내용연수기간 보유 • 감가상각을 통한 자본회수 ⇨ 별도로 자본회수율 고려 필요(자본회수율=감가상각률)
	연금법(평준연금환원법)	
	상환기금법(감채기금환원법)	
기간 말 재매도가치로 자본회수	저당지분환원법	• 일정기간(전형적 보유기간) 보유 • 기간 말 재매도가치로 자본회수 ⇨ 별도로 자본회수율 고려 불필요
	할인현금흐름분석법	

■ 소득률과 수익률55)

> 미국의 평가기준에 의하면 수익률(受益率, rate of return)은 소득률(所得率, income rate)과 수익률(收益率, yield rate)로 분류할 수 있다. 그러나 일본의 평가기준에서는 이를 구분하지 않고 자본환원율이란 용어를 통일적으로 사용하고 있다.
> 1. **소득률(所得率, income rate)**
>   한 해 또는 여러 해의 평균소득과 이에 상응하는 부동산가치 사이의 관계를 나타낸다. 종합환원율이나 지분배당률이 이에 해당한다.
> 2. **수익률(收益率, yield rate)**
>   각각의 현재가치를 구하기 위해 연속적인 개별소득에 적용되는 비율이다. 이는 자본에 대한 수익률로서 보통 연간 복리로 표현한다. 이자율, 할인율, 내부수익률, 지분수익률 등이 이에 해당한다.

---

54) 안정근, 「부동산평가강의」, 법문사, 2007, p.327
55) 임재만(역), 전게서, pp.135~136
  안정근, 전게서, pp.453~455

2. 전통적 소득접근법[56]

① 순수익(순영업소득)[57]
　㉠ 의의: 대상물건을 통하여 일정기간에 획득할 총수익에서 그 수익을 발생시키는 데 소요되는 경비를 공제한 금액을 말한다. 순수익은 일반적으로 연간을 단위로 하며, 대상부동산에 귀속하는 적정한 수익이어야 한다.
　㉡ 순수익의 요건[58]
　　ⓐ 보통·일반적인 이용으로 산출되는 수익이어야 한다.
　　ⓑ 계속적·규칙적으로 발생하는 수익이어야 한다.
　　ⓒ 안전·확실한 수익이어야 한다.
　　ⓓ 합법적 또는 합리적으로 발생하는 수익이어야 한다.
　㉢ 순수익의 산정: 순수익은 임대수입을 기초로 한 임대용 부동산의 순수익과 기업활동의 결과로서 얻어진 기업부동산의 순수익으로 분류된다.
　　ⓐ 임대용 부동산: 임대수입에서 제 경비(운영경비)를 공제하여 구한다.

$$순수익 = 임대수입 - 제\ 경비$$

　　ⓑ 기업용 부동산: 매출액에서 제 비용(매출원가, 판매비, 일반관리비, 정상운전자금 이자상당액 등)을 공제하여 구한다.

$$순수익 = 매상수입 - 제\ 비용$$

② 환원이율(자본환원율)
　㉠ 의의: 순수익을 자본환원하는 이율로서, 부동산의 원본가치에 대한 순수익의 비율을 말한다. 이것은 대상부동산의 전 내용연수기간 동안의 최유효이용을 전제로 한 이율로서, 순수익을 자본화시키는 매개역할을 담당한다.

$$환원이율 = \frac{순수익}{원본가치} \times 100$$

　㉡ 환원이율의 종류
　　ⓐ 개별환원이율과 종합환원이율
　　　ⅰ) 개별환원이율: 부지와 건물의 환원이율이 서로 다른 경우에 각각의 환원이율을 말한다.
　　　ⅱ) 종합환원이율: 부동산의 순수익이 건물과 부지에 함께 작용하여 산출된 경우에 토지와 건물의 가치구성비율과 개별환원이율을 곱하여 산출한 가중평균치를 말한다.

---

[56] 윤창구, 전게서, pp.136~144
　　김대수, 「신부동산감정평가론」, 형설출판사, 1984, pp.173~174
　　이창석 외, 전게서, pp.271~289
　　김천경 외, 전게서, pp.300~317
[57] 김천경 외, 전게서, p.289
[58] 김천경 외, 전게서, pp.289~290

ⓑ 상각 전 환원이율과 상각 후 환원이율
  ⅰ) 상각 전 환원이율: 감가상각비를 포함한 순수익의 원본가치에 대한 비율이다.
  ⅱ) 상각 후 환원이율: 감가상각비를 포함하지 않는 순수익의 원본가치에 대한 비율이다.

$$상각\ 전\ 환원이율 = 상각\ 후\ 환원이율 + 상각률$$

ⓒ 세공제 전 환원이율과 세공제 후 환원이율: 세(稅)란 일반적인 조세공과를 말하는 것이 아니고 법인세·소득세를 의미한다. 즉, 재산세·수익자 부담금 등을 말하는 것은 아니다.

③ **자본회수방법**
  ㉠ 직접법
    ⓐ 대상부동산의 순수익의 상각률을 별도로 고려하지 않고, 환원이율로 직접 수익환원하여 수익가액을 구하는 방법이다.
    ⓑ 대지·농지·염전 등과 같이 내용연수가 무한하여 순수익이 영구적인 물건에 적용하므로 투하자본에 대한 회수[59]가 불필요하다. 또한 상각률은 고려되지 않으므로 상각 전후의 구별이 없다.
      ➕ 자본의 회수(return of capital)라는 용어는 투자자본의 회수를 말한다. 자본을 회수할 때까지 자본을 이용하는 데 대해 받는 부가적인 수익인 자본에 대한 수익(return on capital)과는 구별하여야 한다.

$$수익가액 = \frac{순수익}{환원이율}$$

  ㉡ 직선법(직선환원법, 직선회수법)
    ⓐ 대상부동산의 순수익(순영업소득)을 상각률을 가산한 환원이율로 수익환원하여 수익가액을 구하는 방법이다.
    ⓑ 건물·구축물·공작물·기계장치 등과 같이 내용연수가 유한하고, 수익발생 물건이 감가 또는 소모되어 투하자본에 대한 회수가 고려되어야 하는 경우에 적용된다. 단기 임대차부동산에 주로 적용된다.
    ⓒ 매 기간마다 대상부동산의 순수익이 감소하며, 재투자를 고려하지 않기 때문에 회수하는 상각액이 이자를 발생시키지 않는다.
    ⓓ 순수익이 상각 전인 경우는 감가상각비가 순수익에 포함되어 있으므로 환원이율에 건물 등의 상각률을 가산하여야 한다. 그러나 순수익이 상각 후인 경우는 감가상각비가 순수익에 포함되어 있지 않으므로 환원이율에 건물 등의 상각률을 가산해서는 안 된다. 왜냐하면 이중으로 상각되기 때문이다.

$$• 수익가액 = \frac{(상각\ 전)\ 순수익}{(상각\ 후)\ 환원이율 + 상각률}$$

$$• 상각률 = \frac{1}{잔존내용연수}$$

---
[59] 임재만(역), 전게서, p.137

ⓒ 연금법(평준연금환원법, Inwood방식)
ⓐ 대상물건이 토지와 건물, 기타 상각자산과 결합되어 구성된 경우, 부동산의 임대나 기업경영에 따른 상각 전 순수익에 상각 후 환원이율과 잔존내용연수를 기초로 한 복리연금현가율을 곱하여 수익가액을 구하는 방법이다.
ⓑ 내용연수 만료 후에도 재투자에 의하여 계속 동일한 정도의 순수익 발생이 기대되는 슈퍼마켓, 어업권, 임대용 부동산 등에 적용된다. 장기임대차부동산에 주로 적용된다.
ⓒ 매 기간마다 대상부동산의 순수익이 일정하며, 자본회수율(상각률)은 안전율(축적이율*)이 아닌 (상각 후) 환원이율(자본수익률)을 사용한다.

ⓓ 상환기금법(감채기금환원법, Hoskold방식)
ⓐ 대상물건이 토지와 건물, 기타 상각자산과 결합되어 구성된 경우, 부동산의 임대나 기업경영에 따른 상각 전 순수익에 상각 후의 환원이율, 축적이율 및 잔존 내용연수를 기초로 한 수익현가율을 곱하여 수익가액을 구하는 방법이다.
ⓑ 매 기간마다 대상부동산의 순수익은 일정하며, 자본회수율은 안전율을 사용한다.
ⓒ 매년 회수되는 상각액이 일정한 이율(축적이율)로서 이자를 산출하는 것을 전제로 하는 점에서 연금법과 같으나, 상환기금법은 환원이율과 축적이율의 두 가지 이율이 쓰이는 데 반하여, 연금법은 환원이율의 한 가지 이율을 쓰는 점에서 다르다.
ⓓ 축적이율은 일반적으로 환원이율보다 낮으므로, 결국 환원이율만 사용하는 연금법으로 평가한 수익가액이 상환기금법에 의하여 구한 수익가액보다 높다. 따라서 이 방법은 안전성을 위하여 광산 등과 같은 유한수익을 발생시키는 자산의 평가에 많이 사용된다.

■ 환원방법 비교

구분	직접법	직선법	연금법	상환기금법
적용	비상각자산	상각자산		
적용대상	대지, 농지, 염전	건물, 구축물	슈퍼마켓, 어업권, 임대용 부동산	광산, 광업권
수식	순수익/환원이율	상각 전 순수익 / (상각 후 환원이율+상각률)		
자본회수 방법	자본회수 불필요	자본회수 필요(상각률 적용)		
		정액법으로 상각	환원이율만 사용	환원이율과 축적이율 사용
		회수하는 상각액이 이자를 발생시키지 않음	환원이율로 이자 발생	축적이율로 이자 발생
부동산가치		직접법 > 연금법 > 상환기금법 > 직선법		

* **축적이율**[60]
상환기금법으로 수익가액을 구하는 방법에서는, 매년의 상각액을 환원이율처럼 이율로 이자를 낳게 하려는, 말하자면 내용연수가 도래할 때까지 축적된 상각액과 그 이자의 합계액으로 수익을 계속적으로 환원시키려는 것이다. 이와 같이 매년의 상각액에 대하여 종합환원이율과 따로 별도의 이율로 이자를 낳게 하려는 이율을 축적이율이라고 한다.

정리 **수익방식에 의한 부동산 가치(수익가액)의 크기**
연금법 > 상환기금법 > 직선법

---

60) 김천경 외, 전게서, p.327

3. 잔여환원법
① **의의**: 순수익이 복합부동산에서 발생하는 경우 건물(또는 부지)에 귀속되는 순수익을 파악할 수 있을 때, 전체 순수익에서 건물(또는 부지)에 속하는 순수익을 공제함으로써 다른 재산인 부지(또는 건물)에 귀속할 순수익을 구하는 방법을 말한다. 이는 건물투자액의 적정 여부나 건부감가액을 파악하는 데 유용한 방법이다.

② **이론적 근거**: 수익배분의 원칙과 최유효이용의 원칙이 성립근거가 된다. 토지가 노동·자본 등 생산요소와 결합되어 있을 때 이익배분은 먼저 노동과 자본에 배분되고 잔여액이 토지의 잔여수익으로 배분되는데, 이는 최유효이용의 상태에서의 잔여수익인 것을 말한다.

③ **구분**
  ㉠ 토지잔여법: 복합부동산의 전체 순수익에서 토지 이외의 부분에 귀속되는 순수익을 공제함으로써 토지에 귀속되는 순수익을 구하는 방법을 말한다.
  ㉡ 건물잔여법: 건물 및 부지로 구성된 복합부동산의 순수익에서, 부지에 귀속하는 순수익을 공제하여 대상건물의 순수익(상각 전)을 구하는 방법이다.
  ㉢ 부동산잔여법: 토지잔여법과 건물잔여법의 한계를 보완하기 위해 개량된 방법으로 부동산의 전체 순수익을 특정 기간에 대한 환원이율로 환원하는 방법이다.

4. 저당지분환원법 [61]
① **의의**: 저당지분환원법은 엘우드(L. Ellwood)에 의하여 1959년에 개발된 기법이다. 이는 투자자의 관심이 지분수익의 극대화에 있다고 보고 부동산의 가치를 지분가치와 저당가치로 구분하여 매 기간 지분소득의 현가와 기간 말 지분복귀액의 현가, 저당가치의 합으로 부동산의 가치를 구하는 방법이다.

② **이론적 가정** [62]
  ㉠ 전형적인 저당조건: 대부분의 투자자들은 자기자본과 타인자본을 혼합해서 부동산을 매수한다.
  ㉡ 전형적인 보유기간: 전형적인 투자자들은 부동산을 경제적 내용연수 동안 보유하는 것이 아니라 비교적 짧은 기간만 보유한다.
  ㉢ 자본회수: 기간 말 재매도가치로 자본회수하므로 매 기간의 순영업소득에서 별도의 자본회수를 하지 않으며, 별도로 자본회수율도 고려하지 않는다.
  ㉣ 투자자들은 부동산의 가치가 하락할 것인지 또는 상승할 것인지에 대한 가능성을 판단하고, 대상부동산에 지불할 가치를 결정한다.
  ㉤ 대상부동산의 가치는 그 부동산 전체가 창출하는 수익률보다는 지분투자자가 받게 되는 지분수익률에 더 많은 영향을 받고 있다.
  ㉥ 지분투자자가 향유하는 수익은 매 기간의 순영업소득에서 지분투자자의 몫으로 돌아오는 지분수익, 보유기간 말에 실현될 것이 예상되는 대상부동산의 가치증감, 보유기간 동안의 원금상환으로 인한 지분형성분으로 구분한다.

---

[61] 이우영, 전게서, pp.597~601 / 조성희 외, 전게서, pp.590~597

③ 시장가치63)
대상부동산의 시장가치는 지분가치와 저당가치의 합으로 구한다.

> 부동산가치 = 지분가치 + 저당가치
> = (매 기간 세전현금흐름의 현가액 + 기간 말 세전지분 복귀액의 현가) + 저당가치

㉠ 지분가치: 매 기간 지분소득(세전현금흐름)의 현가합과 기간 말 세전지분복귀액의 현재가치를 합하여 구한다.
㉡ 저당가치: 저당투자자인 대출자가 향유하는 모든 금전적 이익을 현재가치로 환원한 것을 말하는데, 대출기관이 받게 되는 매 기간 원금과 이자, 기간 말 미상환저당잔금 등을 저당수익률로 할인하여 현재가치를 구한다. 이때 구한 저당가치가 언제나 원래의 저당대부액과 일치하지는 않는다. 기간 중 원금이 상환되고 이자율이 변함에 따라 저당가치도 변하기 때문이다.

④ 저당지분환원법의 장단점
㉠ 장점
  ⓐ 시장 형태에 잘 부합되고 있으며, 미래에 대한 투자자들의 전망을 충분히 반영할 수 있다.
  ⓑ 대상부동산의 전형적인 보유기간 동안만 소득을 추계하기 때문에 잔존 경제적 내용연수 동안 소득을 추계하는 기존의 방법보다 정확하다.
㉡ 단점
  ⓐ 시장가치가 저당대부의 금융조건에 따라 달라진다.
  ⓑ 세금이 부동산가치에 미치는 영향을 고려하고 있지 않다.

5. 할인현금흐름분석법64)
① 의의: 할인현금흐름분석법(Discount Cash Flow; DCF)은 수익환원법의 대표적인 예로서 매 기간 기대되는 현금흐름을 현재가치로 환원하여 대상부동산의 시장가치를 구하는 방법이며, 순영업소득 모형, 세전현금흐름 모형과 세후현금흐름 모형이 있다. 할인현금흐름분석법이라고 하면 보통은 세후현금흐름 모형을 말한다.
  ➕ 사실상 전통적 소득접근법과 잔여환원법은 순영업소득 모형, 저당지분환원법은 세전현금흐름 모형의 한 형태이므로 포괄적으로 보면 모두 할인현금흐름분석법의 한 형태에 해당한다고 볼 수 있다.
② 내용: 부동산의 가치는 순영업소득에서 부채서비스액과 영업소득세를 공제한 세후현금흐름과 보유기간 말 세후지분복귀액을 지분수익률로 할인해 현가를 구하고 이에 저당가치를 더함으로써 구한다.

> 부동산가치 = 지분가치 + 저당가치
> = (매 기간 세후현금흐름의 현가액 + 기간 말 세후지분 복귀액의 현가) + 저당가치

O X 확 인 문 제

저당지분환원법에서는 환원대상 소득으로 순영업소득이 아닌 세전현금흐름을 할인하여 부동산가치를 구한다. ( )

정답 (○)

O X 확 인 문 제

할인현금흐름분석법에서는 세후현금흐름을 환원대상소득으로 한다. ( )

정답 (○)

---

62) 조성희 외, 전게서, pp.591~592 / 이우영, 전게서, pp.597~598
63) 조성희 외, 전게서, pp.591~592 / 이우영, 전게서, pp.598~599

③ 평가
  ㉠ 세금효과까지 고려하기 때문에 투자자의 행태에 부합한다.
  ㉡ 부동산의 투자분석에 유용하다.
  ㉢ 매 기간의 현금흐름 추계, 부동산가치의 변화예측 등에 평가사의 주관개입의 여지가 있다.
  ㉣ 세금에 따라 부동산의 가치가 변한다.

■ 잔여환원법과 저당지분환원법, 할인현금흐름분석법의 비교[65]

구분	잔여환원법	저당지분환원법	할인현금흐름분석법
보유기간	건물의 경제적 내용연수 기간	단기간 보유	
자본회수	감가상각으로 자본회수	재매도가치로 자본회수	
환원소득	순영업소득	세전현금흐름	세후현금흐름
수익률	소득률(한 해의 소득)	수익률(여러 해의 소득)	
세금효과	고려하지 않음	고려하지 않음	고려함
구성요소	토지, 건물의 순영업소득	순영업소득에서의 지분수익, 보유기간 말의 가치증감분, 보유기간 동안의 지분형성분	
가치변화	고려하지 않음	고려함	
저당조건	저당조건 차이와 무관	저당조건 차이가 영향을 줌	
부동산 가치	부동산가치 = 토지가치 + 건물가치	부동산가치 = 지분가치 + 저당가치	

➕ **자본회수방법에 따른 자본회수율의 형태**

전통적 소득접근법과 잔여환원법은 토지가치는 불변이지만 시간이 지남에 따라 건물가치는 하락한다고 가정한다.[66] 이는 대상부동산의 물리적 가치(토지, 건물의 가치)를 평가하는 기법으로 건물의 경우 투하된 자본을 매년의 순수익(순영업소득)에서 자본회수(감가상각)해야만 순수한 자본수익을 구할 수 있다고 본다. 따라서 자본회수율은 항상 양(+)이 된다. 반면, 저당지분환원법과 할인현금흐름분석법은 보유기간 말에 재매도를 통해 투하된 자본을 회수하는 것으로 가정한다. 따라서 기간 말 재매도가치와 기간 초 매수가치의 관계에 따라 자본회수율은 양(+)이 될 수도 음(-) 또는 영(0)이 될 수도 있다.[67]

1. 매수가치 > 재매도가치이면 자본회수율 > 0
2. 매수가치 = 재매도가치이면 자본회수율 = 0
3. 매수가치 < 재매도가치이면 자본회수율 < 0

---

64) 이우영, 전게서, pp.601~604
    조성희 외, 전게서, pp.598~600
65) Shenkel, William M., Modern Real Estate Appraisal(New York: McGraw-Hill, 1978), p.279
66) 안정근, 「부동산평가강의」, 법문사, 2007, p.329
67) 안정근, 전게서, p.330

2 수익분석법

1. 의의 및 성립근거

(1) 의의

수익분석법이란 일반기업경영에 의하여 산출된 총수익을 분석하여 대상물건이 일정한 기간에 산출할 것으로 기대되는 순수익에 대상물건을 계속하여 임대하는 데에 필요한 경비를 더하여 대상물건의 임대료를 산정하는 감정평가방법을 말한다(감정평가에 관한 규칙 제2조 제11호). 수익분석법에 따라 산정된 임대료를 수익임료라 한다. 일정한 기간이란 통상적인 임대기간이므로 1년 또는 1개월 단위로 쓰인다.

> 수익임료 = 순수익 + 필요제경비

(2) 성립근거

수익성의 사고방식에 기초하며, 순수익은 각 생산요소의 유기적 결합에 의해 발생되는 것이므로 그 기여도에 따라 임금, 이자, 지대 등으로 수익이 배분되므로 수익배분의 원칙에 그 근거를 두고 있다.[68]

2. 적용방법

(1) 순수익

대상물건의 총수익에서 그 수익을 발생시키는 데 드는 경비(매출원가, 판매비 및 일반관리비, 정상운전자금이자, 그 밖에 생산요소 귀속수익 등을 포함)를 공제하여 산정한 금액을 말한다.

(2) 필요제경비

필요제경비에는 대상물건에 귀속될 감가상각비, 유지관리비, 조세공과금, 손해보험료, 대손준비금 등이 포함된다.

O X 확인문제

수익분석법이란 대상물건이 장래 산출할 것으로 기대되는 순수익이나 미래의 현금흐름을 환원하거나 할인하여 대상물건의 가액을 산정하는 감정평가방법을 말한다. •32회 ( )

정답 (×)

대상물건이 장래 산출할 것으로 기대되는 순수익이나 미래의 현금흐름을 환원하거나 할인하여 대상물건의 가액을 산정하는 감정평가방법은 수익환원법이다.

---

68) 최태규, 전게서, p.421

3. 적용범위

일반기업경영에 의한 기업용 부동산에만 적용되며, 주거용 부동산이나 임대용 부동산은 수익분석법의 적용대상이 아니다.[69]

4. 수익환원법과 수익분석법의 비교

구분	수익환원법	수익분석법
유사점	순수익을 기준으로 가액 또는 임료를 산정하는 수익방식에 의한 평가방법	
순수익의 산정기간	전 내용연수 동안 장기적으로 발생	임대차기간 동안의 단기간에 발생
최유효이용 여부	최유효이용 상태를 전제로 한 순수익	임대차의 계약내용이나 조건에 맞는 순수익
감가상각비·조세 포함 여부	상각 전후, 세공제 전후의 순수익	항상 상각 후, 세공제 전 순수익
적용대상	기업용·임대용 부동산에 적용	기업용 부동산에만 적용

5. 수익분석법의 장단점[70]

(1) 장점

① 수익배분의 원칙을 이론적 근거로 하여 일반기업경영의 수익분석을 행한 것이므로 논리적이다.
② 대상부동산에 귀속하는 순수익을 적정하게 구하는 경우에 유효한 방법이다.

(2) 단점

① 기업용 부동산이 아닌 경우에 적용이 불가능하다.
② 순수익 파악이 곤란한 경우에는 신뢰성 있는 수익임료를 구하기 어렵다.
③ 일반경기변동이나 산업추이 동향(특히 금리와 임금수준 등의 변화) 등의 변화로 순수익의 파악이 곤란한 경우에는 신뢰성 있는 결과를 기대하기 어렵다.

---

69) 최태규, 전게서, p.423
70) 이창석 외, 전게서, p.292
　　김천경 외, 전게서, p.339

제5절　물건별 감정평가

• 25회 • 26회 • 28회 • 31회 • 34회 • 35회 • 36회

1 토지의 감정평가(감정평가에 관한 규칙 제14조)

(1) 감정평가법인등은 토지를 감정평가할 때에는 공시지가기준법을 적용해야 한다.
(2) 감정평가법인등은 공시지가기준법에 따라 토지를 감정평가할 때에 다음의 순서에 따라야 한다.
　① **비교표준지 선정**: 인근지역에 있는 표준지 중에서 대상토지와 용도지역, 이용상황, 주변환경 등이 같거나 비슷한 표준지를 선정한다. 다만, 인근지역에 적절한 표준지가 없는 경우에는 인근지역과 유사한 지역적 특성을 갖는 동일수급권 안의 유사지역에 있는 표준지를 선정할 수 있다.
　② **시점수정**: 「부동산 거래신고 등에 관한 법률」에 따라 국토교통부장관이 조사·발표하는 비교표준지가 있는 시·군·구의 같은 용도지역 지가변동률을 적용한다. 다만, 다음의 경우에는 그러하지 아니하다.
　　㉠ 같은 용도지역의 지가변동률을 적용하는 것이 불가능하거나 적절하지 아니하다고 판단되는 경우에는 공법상 제한이 같거나 비슷한 용도지역의 지가변동률, 이용상황별 지가변동률 또는 해당 시·군·구의 평균 지가변동률을 적용한다.
　　㉡ 지가변동률을 적용하는 것이 불가능하거나 적절하지 아니한 경우에는 「한국은행법」에 따라 한국은행이 조사·발표하는 생산자물가지수에 따라 산정된 생산자물가상승률을 적용한다.
　③ 지역요인 비교
　④ 개별요인 비교
　⑤ **그 밖의 요인 보정**: 대상토지의 인근지역 또는 동일수급권 내 유사지역의 가치형성요인이 유사한 정상적인 거래사례 또는 평가사례 등을 고려한다.
(3) 감정평가법인등은 적정한 실거래가를 기준으로 토지를 감정평가할 때에는 거래사례비교법을 적용해야 한다.
(4) 감정평가법인등은 토지를 감정평가할 때에는 위 (1)부터 (3)까지의 규정을 적용하되, 해당 토지의 임대료, 조성비용 등을 고려하여 감정평가할 수 있다.

O X 확 인 문 제

토지의 평가는 대상토지와 동일 또는 유사한 표준지의 공시지가를 선택하고, 시점수정 등 필요한 조정을 하여야 한다. • 18회
(　)

정답 (○)

2 건물의 감정평가(감정평가에 관한 규칙 제15조)

감정평가법인등은 건물을 감정평가할 때에 원가법을 적용해야 한다.

3 토지와 건물의 일괄감정평가(감정평가에 관한 규칙 제16조)

감정평가법인등은 「집합건물의 소유 및 관리에 관한 법률」에 따른 구분소유권의 대상이 되는 건물부분과 그 대지사용권을 일괄하여 감정평가하는 경우 등 토지와 건물을 일괄하여 감정평가할 때에는 거래사례비교법을 적용해야 한다. 이 경우 감정평가액은 합리적인 기준에 따라 토지가액과 건물가액으로 구분하여 표시할 수 있다.

4 산림의 감정평가(감정평가에 관한 규칙 제17조)

① 감정평가법인등은 산림을 감정평가할 때에 산지와 입목(立木)을 구분하여 감정평가해야 한다. 이 경우 입목은 거래사례비교법을 적용하되, 소경목림(小徑木林: 지름이 작은 나무·숲)인 경우에는 원가법을 적용할 수 있다.
② 감정평가법인등은 산지와 입목을 일괄하여 감정평가할 때에 거래사례비교법을 적용해야 한다.

5 과수원의 감정평가(감정평가에 관한 규칙 제18조)

감정평가법인등은 과수원을 감정평가할 때에 거래사례비교법을 적용해야 한다.

6 공장재단 및 광업재단의 감정평가(감정평가에 관한 규칙 제19조)

① 감정평가법인등은 공장재단을 감정평가할 때에 공장재단을 구성하는 개별물건의 감정평가액을 합산하여 감정평가해야 한다. 다만, 계속적인 수익이 예상되는 경우 등 일괄하여 감정평가하는 경우에는 수익환원법을 적용할 수 있다.

O X 확 인 문 제

건물의 주된 감정평가방법은 원가법이다. •35회 ( )

정답 (○)

O X 확 인 문 제

「집합건물의 소유 및 관리에 관한 법률」에 따른 구분소유권의 대상이 되는 건물부분과 그 대지사용권을 일괄하여 감정평가하는 경우의 주된 감정평가방법은 거래사례비교법이다. •35회
( )

정답 (○)

O X 확 인 문 제

산지와 입목을 일괄하여 감정평가할 때에는 거래사례비교법을 적용해야 한다. •18회 ( )

정답 (○)

② 감정평가법인등은 광업재단을 감정평가할 때에 수익환원법을 적용해야 한다.

7 자동차 등의 감정평가(감정평가에 관한 규칙 제20조)

① 감정평가법인등은 자동차를 감정평가할 때에 거래사례비교법을 적용해야 한다.
② 감정평가법인등은 건설기계를 감정평가할 때에 원가법을 적용해야 한다.
③ 감정평가법인등은 선박을 감정평가할 때에 선체·기관·의장(艤裝)별로 구분하여 감정평가하되, 각각 원가법을 적용해야 한다.
④ 감정평가법인등은 항공기를 감정평가할 때에 원가법을 적용해야 한다.
⑤ 감정평가법인등은 위 ①부터 ④까지에도 불구하고 본래 용도의 효용가치가 없는 물건은 해체처분가액으로 감정평가할 수 있다.

8 동산의 감정평가(감정평가에 관한 규칙 제21조)

① 감정평가법인등은 동산을 감정평가할 때에는 거래사례비교법을 적용해야 한다. 다만, 본래 용도의 효용가치가 없는 물건은 해체처분가액으로 감정평가할 수 있다.
② ①에도 불구하고 기계·기구류를 감정평가할 때에는 원가법을 적용해야 한다.

9 임대료의 감정평가(감정평가에 관한 규칙 제22조)

감정평가법인등은 임대료를 감정평가할 때에 임대사례비교법을 적용해야 한다.

10 무형자산의 감정평가(감정평가에 관한 규칙 제23조)

① 감정평가법인등은 광업권을 감정평가할 때에 광업재단의 감정평가액에서 해당 광산의 현존시설 가액을 빼고 감정평가해야 한다. 이 경우 광산의 현존시설 가액은 적정 생산규모와 가행조건(稼行條件) 등을 고려하여 산정하되 과잉유휴시설을 포함하여 산정하지 않는다.

O X 확 인 문 제

임대료를 감정평가할 때에 적산법을 적용해야 한다. • 26회
( )

정답 (×)
임대료를 감정평가할 때에 임대사례비교법을 적용해야 한다.

② 감정평가법인등은 어업권을 감정평가할 때에 어장 전체를 수익환원법에 따라 감정평가한 가액에서 해당 어장의 현존시설 가액을 빼고 감정평가해야 한다. 이 경우 어장의 현존시설 가액은 적정 생산규모와 어업권 존속기간 등을 고려하여 산정하되 과잉유휴시설을 포함하여 산정하지 않는다.
③ 감정평가법인등은 영업권, 특허권, 실용신안권, 디자인권, 상표권, 저작권, 전용측선이용권(專用側線利用權), 그 밖의 무형자산을 감정평가할 때에 수익환원법을 적용해야 한다.

11 유가증권 등의 감정평가(감정평가에 관한 규칙 제24조)

(1) 감정평가법인등은 주식을 감정평가할 때에 다음의 구분에 따라야 한다.
① **상장주식**(거래소에서 거래가 이루어지는 등 시세가 형성된 주식으로 한정): 거래사례비교법을 적용한다.
② **비상장주식**(상장주식으로서 거래소에서 거래가 이루어지지 아니하는 등 형성된 시세가 없는 주식 포함): 해당 회사의 자산·부채 및 자본 항목을 평가하여 수정재무상태표를 작성한 후 기업가치(기업체의 유·무형의 자산가치)에서 부채의 가치를 빼고 산정한 자기자본의 가치를 발행주식 수로 나눈다.
(2) 감정평가법인등은 채권을 감정평가할 때에 다음의 구분에 따라야 한다.
① **상장채권**(거래소에서 거래가 이루어지는 등 시세가 형성된 채권): 거래사례비교법을 적용한다.
② **비상장채권**(거래소에서 거래가 이루어지지 아니하는 등 형성된 시세가 없는 채권): 수익환원법을 적용한다.
(3) 감정평가법인등은 기업가치를 감정평가할 때에 수익환원법을 적용해야 한다.

12 소음 등으로 인한 대상물건의 가치하락분에 대한 감정평가(감정평가에 관한 규칙 제25조)

감정평가법인등은 소음·진동·일조침해 또는 환경오염 등으로 대상물건에 직접적 또는 간접적인 피해가 발생하여 대상물건의 가치가 하락한 경우 그 가치하락분을 감정평가할 때에 소음 등이 발생하기 전의 대상물건의 가액 및 원상회복비용 등을 고려해야 한다.

13 그 밖의 물건의 감정평가(감정평가에 관한 규칙 제26조)

감정평가법인등은 「감정평가에 관한 규칙」 제14조부터 제25조까지에서 규정되지 아니한 대상물건을 감정평가할 때에 이와 비슷한 물건이나 권리 등의 경우에 준하여 감정평가해야 한다.

14 조언·정보 등의 제공(감정평가에 관한 규칙 제27조)

감정평가법인등이 토지 등의 이용 및 개발 등에 대한 조언이나 정보 등의 제공에 관한 업무를 수행할 때에 이와 관련한 모든 분석은 합리적이어야 하며 객관적인 자료에 근거해야 한다.

15 그 밖의 감정평가 기준(감정평가에 관한 규칙 제28조)

「감정평가에 관한 규칙」에서 규정하는 사항 외에 감정평가법인등이 감정평가를 할 때 지켜야 할 세부적인 기준은 국토교통부장관이 정하여 고시한다.

제6절 감정평가의 절차

• 27회

1 감정평가의 절차

■ 감정평가의 절차 개관

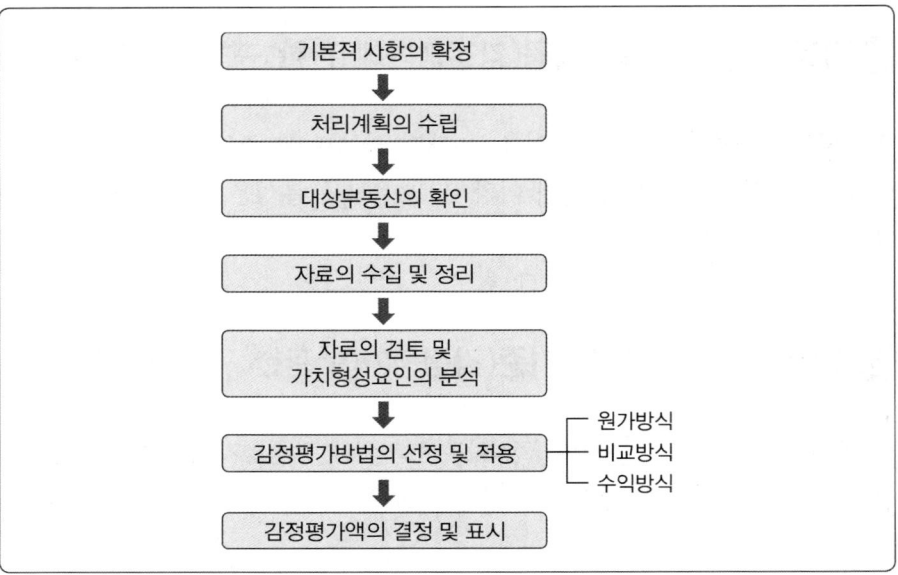

감정평가법인등은 다음의 순서에 따라 감정평가를 해야 한다. 다만, 합리적이고 능률적인 감정평가를 위하여 필요할 때에는 순서를 조정할 수 있다(감정평가에 관한 규칙 제8조).

① 기본적 사항의 확정
② 처리계획 수립
③ 대상물건 확인
④ 자료수집 및 정리
⑤ 자료검토 및 가치형성요인의 분석
⑥ 감정평가방법의 선정 및 적용
⑦ 감정평가액의 결정 및 표시

2 감정평가의 실시[71] • 30회 • 33회

1. 기본적 사항의 확정(감정평가에 관한 규칙 제9조)

(1) 감정평가법인등은 감정평가를 의뢰받았을 때에는 의뢰인과 협의하여 다음의 사항을 확정해야 한다.

> ① 의뢰인
> ② 대상물건
> ③ 감정평가 목적
> ④ 기준시점
> ⑤ 감정평가 조건
> ⑥ 기준가치
> ⑦ 관련 전문가에 대한 자문 또는 용역에 관한 사항
> ⑧ 수수료 및 실비에 관한 사항

(2) 기준시점은 대상물건의 가격조사를 완료한 날짜로 한다. 다만, 기준시점을 미리 정하였을 때에는 그 날짜에 가격조사가 가능한 경우에만 기준시점으로 할 수 있다.

(3) 감정평가법인등은 필요한 경우 관련 전문가에 대한 자문 등을 거쳐 감정평가할 수 있다.

2. 처리계획의 수립

기본적인 사항이 확정되면, 대상부동산의 내용과 규모에 따른 자료수집의 범위와 일정 등에 대하여 구체적인 처리계획을 수립하여야 한다.

3. 대상물건의 확인(감정평가에 관한 규칙 제10조)

(1) 감정평가법인등이 감정평가를 할 때에는 실지조사를 하여 대상물건을 확인해야 한다.

(2) 감정평가법인등은 위 (1)에도 불구하고 다음의 어느 하나에 해당하는 경우로서 실지조사를 하지 않고도 객관적이고 신뢰할 수 있는 자료를 충분히 확보할 수 있는 경우에는 실지조사를 하지 않을 수 있다.

---

71) 김천경 외, 「감정평가이론과 실무」, 박문각, 1997, pp.395~419

O X 확인문제

신뢰할 수 있는 자료가 있는 경우에는 평가대상물건에 대한 실지조사를 생략할 수 있다. • 17회
( )

정답 (○)

① 천재지변, 전시·사변, 법령에 따른 제한 및 물리적인 접근 곤란 등으로 실지조사가 불가능하거나 매우 곤란한 경우
② 유가증권 등 대상물건의 특성상 실지조사가 불가능하거나 불필요한 경우

4. 자료의 수집 및 정리

(1) 확인자료

대상부동산의 물적 확인 및 권리양태의 확인에 필요한 자료이다.

예 등기부등본, 각종 지적공부(토지대장, 임야대장, 지적도, 임야도, 수치지적부 등), 토지 또는 건물 등의 도면·사진, 매매계약서

(2) 요인자료

대상부동산의 가치형성요인에 관련되는 자료로 일반적 제 요인에 관한 일반자료, 지역요인에 관한 지역자료와 개별적 제 요인에 관한 개별자료로 구분된다.

(3) 사례자료

각종 거래사례, 임대사례, 수익사례, 감정평가선례, 거래희망가액 등이 있다.

5. 자료의 검토 및 가치형성요인의 분석

(1) 자료의 검토

대상부동산에 대한 자료수집 및 정리가 끝나면 수집된 자료가 감정평가활동에 필요하고 충분한 자료인가 또는 자료의 신빙성 여부는 어떠한가 등 자료에 대한 적격성을 재검토하여야 한다.

(2) 가치형성요인의 분석

수집된 자료에 의하여 가치형성에 영향을 미치는 일반적 제 요인(사회적·경제적·행정적 요인)과 개별적 제 요인을 분석함과 동시에 지역분석 및 개별분석을 통하여 대상부동산의 최유효이용을 판정하여야 한다.

6. 감정평가방식(감정평가에 관한 규칙 제11조)

감정평가법인등은 다음의 감정평가방식에 따라 감정평가를 한다.

(1) 원가방식
원가법 및 적산법 등 비용성의 원리에 기초한 감정평가방식

(2) 비교방식
거래사례비교법, 임대사례비교법 등 시장성의 원리에 기초한 감정평가방식 및 공시지가기준법

(3) 수익방식
수익환원법 및 수익분석법 등 수익성의 원리에 기초한 감정평가방식

7. 감정평가방법의 적용 및 시산가액 조정(감정평가에 관한 규칙 제12조)

① 감정평가법인등은 「감정평가에 관한 규칙」 제14조부터 제26조까지의 규정에서 대상물건별로 정한 감정평가방법(주된 방법)을 적용하여 감정평가해야 한다. 다만, 주된 방법을 적용하는 것이 곤란하거나 부적절한 경우에는 다른 감정평가방법을 적용할 수 있되, 그 사유를 감정평가서에 기재하여야 한다(규칙 제13조 제3항 제1호).

② 감정평가법인등은 대상물건의 감정평가액을 결정하기 위하여 위 ①에 따라 어느 하나의 감정평가방법을 적용하여 산정한 시산가액(試算價額)을 「감정평가에 관한 규칙」 제11조의 감정평가방식 중 다른 감정평가방식에 속하는 하나 이상의 감정평가방법(이 경우 공시지가기준법과 그 밖의 비교방식에 속한 감정평가방법은 서로 다른 감정평가방식에 속한 것으로 봄)으로 산출한 시산가액과 비교하여 합리성을 검토해야 한다. 다만, 대상물건의 특성 등으로 인하여 다른 감정평가방법을 적용하는 것이 곤란하거나 불필요한 경우에는 그렇지 않되 그 사유를 감정평가서에 기재하여야 한다.

③ 감정평가법인등은 위 ②에 따른 검토 결과 위 ①에 따라 산출한 시산가액의 합리성이 없다고 판단되는 경우에는 주된 방법 및 다른 감정평가방법으로 산출한 시산가액을 조정하여 감정평가액을 결정할 수 있다.

O X 확 인 문 제

「감정평가에 관한 규칙」에 의하면 감정평가법인등은 대상물건별로 정한 감정평가방법(이하 '주된 방법'이라 함)을 적용하여 감정평가 하되, 주된 방법을 적용하는 것이 곤란하거나 부적절한 경우에는 다른 감정평가방법을 적용할 수 있다. • 33회 (   )

정답 (○)

④ 시산가액을 조정할 때에는 감정평가 목적, 대상물건의 특성, 수집한 자료의 신뢰성, 시장상황 등을 종합적으로 고려하여 각 시산가액에 적절한 가중치를 부여하여 감정평가액을 결정(주된 방법이 아닌 다른 감정평가방법으로 산정한 가액 등으로 감정평가액을 결정하는 경우를 포함)하여야 한다.

8. 감정평가서의 작성(감정평가에 관한 규칙 제13조)

(1) 감정평가법인등은 「감정평가 및 감정평가사에 관한 법률」 제6조에 따른 감정평가서(전자문서 및 전자거래기본법에 따른 전자문서로 된 감정평가서를 포함한다)를 의뢰인과 이해관계자가 이해할 수 있도록 명확하고 일관성 있게 작성해야 한다.

(2) 감정평가서에는 다음의 사항이 포함되어야 한다.

> ① 감정평가법인등의 명칭
> ② 의뢰인의 성명 또는 명칭
> ③ 대상물건(소재지, 종류, 수량, 그 밖에 필요한 사항)
> ④ 대상물건 목록의 표시근거
> ⑤ 감정평가 목적
> ⑥ 기준시점, 조사기간 및 감정평가서 작성일
> ⑦ 실지조사를 하지 않은 경우에는 그 이유
> ⑧ 시장가치 외의 가치를 기준으로 감정평가한 경우에는 「감정평가에 관한 규칙」 제5조 제3항 각 호의 사항. 다만, 같은 조 제2항 제1호의 경우에는 해당 법령을 적는 것으로 갈음할 수 있다.
> ⑨ 감정평가조건을 붙인 경우에는 그 이유 및 「감정평가에 관한 규칙」 제6조 제3항의 검토사항. 다만, 같은 조 제2항 제1호의 경우에는 해당 법령을 적는 것으로 갈음할 수 있다.
> ⑩ 감정평가액
> ⑪ 감정평가액의 산출근거 및 결정 의견
> ⑫ 전문가의 자문 등을 거쳐 감정평가한 경우 그 자문 등의 내용
> ⑬ 그 밖에 「감정평가에 관한 규칙」이나 다른 법령에 따른 기재사항

(3) 감정평가액의 산출근거 및 결정 의견 내용에는 다음의 사항을 포함해야 한다. 다만, 부득이한 경우에는 그 이유를 적고 일부를 포함하지 아니할 수 있다.

> ① 적용한 감정평가방법 및 시산가액 조정 등 감정평가액 결정 과정
> ② 거래사례비교법으로 감정평가한 경우 비교거래사례의 선정 내용, 사정보정한 경우 그 내용 및 가치형성요인을 비교한 경우 그 내용
> ③ 공시지가기준법으로 토지를 감정평가한 경우 비교표준지의 선정내용, 비교표준지와 대상토지를 비교한 내용 및 그 밖의 요인을 보정한 경우 그 내용
> ④ 재조달원가 산정 및 감가수정 등의 내용
> ⑤ 적산법이나 수익환원법으로 감정평가한 경우 기대이율 또는 환원율(할인율)의 산출근거
> ⑥ 일괄감정평가, 구분감정평가 또는 부분감정평가를 한 경우 그 이유
> ⑦ 감정평가액 결정에 참고한 자료가 있는 경우 그 자료의 명칭, 출처와 내용
> ⑧ 대상물건 중 일부를 감정평가에서 제외한 경우 그 이유

(4) 감정평가법인등은 「감정평가 및 감정평가사에 관한 법률」 제6조에 따라 감정평가서를 발급하는 경우 그 표지에 감정평가서라는 제목을 명확하게 적어야 한다.

(5) 감정평가법인등은 감정평가서를 작성하는 경우 「감정평가 및 감정평가사에 관한 법률」 제33조 제1항에 따른 한국감정평가사협회가 정하는 감정평가서 표준 서식을 사용할 수 있다.

> **⊕ 보충** **감정평가법인등의 의무와 적용범위**
>
> 1. **감정평가법인등의 의무(감정평가에 관한 규칙 제3조)**
>   감정평가법인등은 다음의 어느 하나에 해당하는 경우에는 감정평가를 해서는 안 된다.
>   ① 자신의 능력으로 업무수행이 불가능하거나 매우 곤란한 경우
>   ② 이해관계 등의 이유로 자기가 감정평가하는 것이 타당하지 않다고 인정되는 경우
> 2. **적용범위(감정평가에 관한 규칙 제4조)**
>   감정평가법인등은 다른 법령에 특별한 규정이 있는 경우를 제외하고는 「감정평가에 관한 규칙」으로 정하는 바에 따라 감정평가해야 한다.

CHAPTER 03 최신기출문제로 확인!

01 원가법에서의 재조달원가에 관한 설명으로 틀린 것은? • 35회

① 재조달원가란 대상물건을 기준시점에 재생산하거나 재취득하는 데 필요한 적정원가의 총액을 말한다.
② 총량조사법, 구성단위법, 비용지수법은 재조달원가의 산정방법에 해당한다.
③ 재조달원가는 대상물건을 일반적인 방법으로 생산하거나 취득하는 데 드는 비용으로 하되, 제세공과금은 제외한다.
④ 재조달원가를 구성하는 표준적 건설비에는 수급인의 적정이윤이 포함된다.
⑤ 재조달원가를 구할 때 직접법과 간접법을 병용할 수 있다.

키워드 > 원가법
난이도 >
해설 > 재조달원가는 대상물건을 일반적인 방법으로 생산하거나 취득하는 데 드는 비용으로 하되, 제세공과금 등과 같은 일반적인 부대비용을 포함한다.

02 감가수정에 관한 설명으로 옳은 것을 모두 고른 것은? • 33회

㉠ 감가수정과 관련된 내용연수는 경제적 내용연수가 아닌 물리적 내용연수를 의미한다.
㉡ 대상물건에 대한 재조달원가를 감액할 요인이 있는 경우에는 물리적 감가, 기능적 감가, 경제적 감가 등을 고려한다.
㉢ 감가수정방법에는 내용연수법, 관찰감가법, 분해법 등이 있다.
㉣ 내용연수법으로는 정액법, 정률법, 상환기금법이 있다.
㉤ 정률법은 매년 일정한 감가율을 곱하여 감가액을 구하는 방법으로 매년 감가액이 일정하다.

① ㉠, ㉡
② ㉡, ㉢
③ ㉢, ㉣
④ ㉡, ㉢, ㉣
⑤ ㉢, ㉣, ㉤

키워드 > 감가수정
난이도 >
해설 > ㉠ 감가수정과 관련된 내용연수는 물리적 내용연수가 아닌 경제적 내용연수를 의미한다.
㉤ 정률법은 매년 일정한 감가율을 곱하여 감가액을 구하는 방법으로 매년 감가액은 점차 감소한다.

정답 01 ③ 02 ④

03 다음 자료를 활용하여 원가법으로 산정한 대상건물의 시산가액은? (단, 주어진 조건에 한함) • 34회

- 대상건물 현황: 철근콘크리트조, 단독주택, 연면적 250m²
- 기준시점: 2023.10.28.
- 사용승인일: 2015.10.28.
- 사용승인일의 신축공사비: 1,200,000원/m²(신축공사비는 적정함)
- 건축비지수(건설공사비지수)
  - 2015.10.28.: 100
  - 2023.10.28.: 150
- 경제적 내용연수: 50년
- 감가수정방법: 정액법
- 내용연수 만료 시 잔존가치 없음

① 246,000,000원
② 252,000,000원
③ 258,000,000원
④ 369,000,000원
⑤ 378,000,000원

키워드 원가법에서 정액법

난이도

해설 경과연수가 8년이고 사용승인일의 신축공사비는 1,200,000원/m²이므로 300,000,000원(= 1,200,000원 × 250m²)이고, 건축비지수에 의한 시점수정치가 1.5(= 150/100)이므로
- 재조달원가 = 300,000,000원 × 1.5 = 450,000,000원
내용연수 만료 시 잔존가치가 없으므로
- 매년의 감가액 = $\dfrac{450,000,000원}{50년}$ = 9,000,000원
- 감가누계액 = 9,000,000원 × 8년(경과연수) = 72,000,000원
따라서 시산가액(적산가액) = 450,000,000원 − 72,000,000원 = 378,000,000원이다.

정답 03 ⑤

04 다음 자료를 활용하여 거래사례비교법으로 산정한 토지의 비준가액은? (단, 주어진 조건에 한함) · 33회

- 대상토지: A시 B구 C동 350번지, 150m²(면적), 대(지목), 주상용(이용상황), 제2종 일반주거지역(용도지역)
- 기준시점: 2022.10.29.
- 거래사례
  - 소재지: A시 B구 C동 340번지
  - 200m²(면적), 대(지목), 주상용(이용상황)
  - 제2종 일반주거지역(용도지역)
  - 거래가격: 800,000,000원
  - 거래시점: 2022.06.01.
- 사정보정치: 0.9
- 지가변동률(A시 B구, 2022.06.01.~2022.10.29.): 주거지역 5% 상승, 상업지역 4% 상승
- 지역요인: 거래사례와 동일
- 개별요인: 거래사례에 비해 5% 열세
- 상승식으로 계산

① 533,520,000원　　② 538,650,000원
③ 592,800,000원　　④ 595,350,000원
⑤ 598,500,000원

> 키워드　거래사례비교법
> 난이도
> 해설　거래사례가격은 800,000,000원에 거래되었으며, 사례토지의 면적이 200m²이고, 대상토지의 면적은 150m²이므로 $\frac{150}{200}$이다. 사정보정치는 0.9이며, 주거지역의 지가상승률은 5%이므로 시점수정치는 1.05이다. 지역요인은 거래사례와 동일 지역요인은 비교하지 않아도 되며, 대상토지는 거래사례에 비해 5% 열세하므로 개별요인 비교치는 0.95이다.
>
> 따라서 800,000,000원 × $\frac{150}{200}$ × 0.9 × 1.05 × 0.95 = 538,650,000원이 된다.

정답 04 ②

05 다음 자료를 활용하여 공시지가기준법으로 산정한 대상토지의 단위면적당 시산가액은? (단, 주어진 조건에 한함)

• 34회

- 대상토지 현황: A시 B구 C동 120번지, 일반상업지역, 상업용
- 기준시점: 2023.10.28.
- 표준지공시지가(A시 B구 C동, 2023.01.01.기준)

기호	소재지	용도지역	이용상황	공시지가(원/m²)
1	C동 110	준주거지역	상업용	6,000,000
2	C동 130	일반상업지역	상업용	8,000,000

- 지가변동률(A시 B구, 2023.01.01.~2023.10.28.)
  - 주거지역: 3% 상승
  - 상업지역: 5% 상승
- 지역요인: 표준지와 대상토지는 인근지역에 위치하여 지역요인 동일함
- 개별요인: 대상토지는 표준지 기호 1에 비해 개별요인 10% 우세하고, 표준지 기호 2에 비해 개별요인 3% 열세함
- 그 밖의 요인 보정: 대상토지 인근지역의 가치형성요인이 유사한 정상적인 거래사례 및 평가사례 등을 고려하여 그 밖의 요인으로 50% 증액 보정함
- 상승식으로 계산할 것

① 6,798,000원/m²
② 8,148,000원/m²
③ 10,197,000원/m²
④ 12,222,000원/m²
⑤ 13,860,000원/m²

키워드 공시지가기준법

난이도

해설 먼저 표준지는 대상토지와 동일한 기호 2 일반상업지역의 공시지가 8,000,000원/m²으로 한다. 표준지공시지가를 기준으로 평가하므로 사정보정은 필요가 없다. 제시된 자료에 의하면 표준지공시지가는 8,000,000원/m², 시점수정치는 상업지역 지가상승률이 5%이므로 $\frac{105}{100}$ = 1.05이며, 대상토지는 표준지의 인근지역에 소재하므로 지역요인을 비교할 필요가 없다.

개별요인 비교치는 표준지 기호 2로 $\frac{97}{100}$ = 0.97이다. 주어진 조건 이외의 그밖의 요인은 50% 증액보정을 하므로 1.5이다.

따라서 8,000,000원/m² × 1.05 × 0.97 × 1.5 = 12,222,000원/m²이 된다.

정답 05 ④

06 다음 자료에서 수익방식에 의한 대상부동산의 시산가액 산정 시 적용된 환원율은? (단, 연간 기준이며, 주어진 조건에 한함)

• 35회

> - 가능총수익(PGI): 50,000,000원
> - 공실손실상당액 및 대손충당금: 가능총수익(PGI)의 10%
> - 운영경비(OE): 가능총수익(PGI)의 20%
> - 환원방법: 직접환원법
> - 수익방식에 의한 대상부동산의 시산가액: 500,000,000원

① 7.0% ② 7.3%
③ 8.0% ④ 8.1%
⑤ 9.0%

키워드 〉 수익환원법
난이도 〉 ■■■■
해설 〉 직접환원법에 의한 환원(이)율을 구하기 위해서는 먼저 순영업소득을 구해야 한다.

가능총소득		50,000,000원
− 공실 및 대손충당금	−	5,000,000원(= 50,000,000원 × 0.1)
유효총소득		45,000,000원
− 영업경비	−	10,000,000원(= 50,000,000원 × 0.2)
순영업소득		35,000,000원

따라서 환원(이)율 = $\dfrac{순영업소득}{부동산가치}$ = $\dfrac{35,000,000원}{500,000,000원}$ × 100(%) = 7%(0.07)가 된다.

07 다음 자료를 활용하여 산정한 대상부동산의 수익가액은? (단, 연간 기준이며, 주어진 조건에 한함)

• 33회

> - 가능총소득(PGI): 44,000,000원
> - 공실손실상당액 및 대손충당금: 가능총소득의 10%
> - 운영경비(OE): 가능총소득의 2.5%
> - 대상부동산의 가치구성비율: 토지(60%), 건물(40%)
> - 토지환원율: 5%, 건물환원율: 10%
> - 환원방법: 직접환원법
> - 환원율 산정방법: 물리적 투자결합법

① 396,000,000원 ② 440,000,000원
③ 550,000,000원 ④ 770,000,000원
⑤ 792,000,000원

정답 06 ① 07 ③

| 키워드 | 수익환원법 |

해설

가능총소득	44,000,000원
− 공실손실상당액 및 대손충당금	− 4,400,000원(= 44,000,000원 × 0.1)
유효총소득	39,600,000원
− 영업경비	− 1,100,000원(= 44,000,000원 × 0.025)
순영업소득	38,500,000원

또한 토지환원율이 5%, 건물환원율이 10%이며, 토지가액 : 건물가액 = 60% : 40%이므로 물리적 투자결합법으로 환원(이)율을 산정하면
환원(이)율 = (5% × 0.6) + (10% × 0.4) = 7%(0.07)이다.

따라서 수익가액 = $\dfrac{순영업소득}{환원(이)율}$ = $\dfrac{38,500,000원}{0.07}$ = 550,000,000원이 된다.

08 「감정평가에 관한 규칙」상 대상물건별로 정한 감정평가방법(주된 감정평가방법)에 관한 설명으로 옳은 것을 모두 고른 것은?

• 35회

㉠ 건물의 주된 감정평가방법은 원가법이다.
㉡ 「집합건물의 소유 및 관리에 관한 법률」에 따른 구분소유권의 대상이 되는 건물부분과 그 대지사용권을 일괄하여 감정평가하는 경우의 주된 감정평가방법은 거래사례비교법이다.
㉢ 자동차와 선박의 주된 감정평가방법은 거래사례비교법이다. 다만, 본래 용도의 효용가치가 없는 물건은 해체처분가액으로 감정평가를 할 수 있다.
㉣ 영업권과 특허권의 주된 감정평가방법은 수익분석법이다.

① ㉠, ㉡
② ㉡, ㉣
③ ㉠, ㉡, ㉢
④ ㉠, ㉡, ㉣
⑤ ㉠, ㉢, ㉣

| 키워드 | 물건별 감정평가 |

해설 ㉢ 자동차의 주된 감정평가방법은 거래사례비교법이나 선박을 감정평가할 때에 선체·기관·의장(艤裝)별로 구분하여 감정평가하되, 각각 원가법을 적용해야 한다. 다만, 본래 용도의 효용가치가 없는 물건은 해체처분가액으로 감정평가를 할 수 있다.
㉣ 영업권과 특허권의 주된 감정평가방법은 수익환원법이다.

정답 08 ①

09 「감정평가에 관한 규칙」상 대상물건과 대상물건별로 정한 감정평가방법(주된 방법)의 연결이 옳은 것은 모두 몇 개인가?

• 36회

- 광업재단 – 원가법
- 기업가치 – 수익환원법
- 건물 – 원가법
- 자동차 – 원가법
- 항공기 – 거래사례비교법
- 임대료 – 수익환원법
- 과수원 – 수익환원법

① 2개
② 3개
③ 4개
④ 5개
⑤ 6개

키워드 > 물건별 감정평가

해설 > 「감정평가에 관한 규칙」상 대상물건과 대상물건별로 정한 감정평가방법은 광업재단 – 수익환원법, 항공기 – 원가법, 기업가치 – 수익환원법, 임대료 – 임대사례비교법, 건물 – 원가법, 과수원 – 거래사례비교법, 자동차 – 거래사례비교법이다.
따라서 연결이 옳은 것은 '기업가치 – 수익환원법', '건물 – 원가법' 2개이다.

정답 09 ①

04 | 부동산가격공시제도

10개년 출제문항 수

27회	28회	29회	30회	31회
1	1	1	1	1

32회	33회	34회	35회	36회
1	1	1	1	1

↳ 총 40문제 中 평균 약 1문제 출제

학습전략

- 부동산가격공시제도에서는 표준지공시지가, 개별공시지가, 주택가격의 공시, 비주거용 부동산가격의 공시에 대해 주로 학습합니다.
- 표준지공시지가와 개별공시지가의 차이, 주택가격의 공시에서 단독주택가격과 공동주택가격의 공시방법의 차이에 대해 묻는 문제가 주로 출제되므로 관련 이론을 정리해 두는 것이 좋습니다.

「부동산 가격공시에 관한 법률」은 부동산의 적정가격(適正價格)* 공시에 관한 기본적인 사항과 부동산 시장·동향의 조사·관리에 필요한 사항을 규정함으로써 부동산의 적정한 가격형성과 각종 조세·부담금 등의 형평성을 도모하고 국민경제의 발전에 이바지함을 목적으로 한다(부동산 가격공시에 관한 법률 제1조). 부동산가격공시제도는 정부가 간접적으로 부동산시장에 개입하는 수단이다.

> *적정가격(適正價格)
> 토지, 주택 및 비주거용 부동산에 대하여 통상적인 시장에서 정상적인 거래가 이루어지는 경우 성립될 가능성이 가장 높다고 인정되는 가격을 말한다.

제1절 지가의 공시

공시지가에는 감정평가사에 의해 조사·평가되어 국토교통부장관이 결정·공고하는 표준지공시지가와, 시·군·구 공무원이 표준지공시지가를 기준으로 지가를 산정하여 시·군·구청장이 결정·공고하는 개별공시지가가 있다.[1]

---

1) 백영준 외, 전게서, p.305

1 표준지공시지가 ·24회 ·25회 ·26회 ·28회 ·29회 ·30회 ·34회 ·36회

1. 공시지가(公示地價)의 의의

(1) 의의

① 표준지공시지가란 국토교통부장관이 토지이용상황이나 주변 환경, 그 밖의 자연적·사회적 조건이 일반적으로 유사하다고 인정되는 일단의 토지 중에서 선정한 표준지에 대하여 매년 공시기준일 현재의 단위면적당 적정가격을 조사·평가하여 중앙부동산가격공시위원회의 심의를 거쳐 공시한 가격을 말한다(부동산 가격공시에 관한 법률 제3조 제1항).

② 표준지공시지가는 매년 공시기준일 현재의 단위면적당 적정가격을 조사·평가하고, 중앙부동산가격공시위원회*의 심의를 거쳐 이를 공시하여야 한다. 여기에서 단위면적은 1제곱미터로 하며, 적정가격이란 토지, 주택 및 비주거용 부동산에 대하여 통상적인 시장에서 정상적인 거래가 이루어지는 경우 성립될 가능성이 가장 높다고 인정되는 가격을 말한다.

(2) 표준지공시지가의 공시기준일

공시기준일은 1월 1일로 한다. 다만, 국토교통부장관은 표준지공시지가 조사·평가인력 등을 고려하여 부득이하다고 인정하는 경우에는 일부 지역을 지정하여 해당 지역에 대한 공시기준일을 따로 정할 수 있다.

2. 표준지공시지가의 공시(부동산 가격공시에 관한 법률 제3조)

① 국토교통부장관은 토지이용상황이나 주변 환경, 그 밖의 자연적·사회적 조건이 일반적으로 유사하다고 인정되는 일단의 토지 중에서 선정한 표준지에 대하여 매년 공시기준일 현재의 단위면적당 적정가격(표준지공시지가)을 조사·평가하고, 중앙부동산가격공시위원회의 심의를 거쳐 이를 공시하여야 한다.

② 국토교통부장관은 표준지공시지가를 공시하기 위하여 표준지의 가격을 조사·평가할 때에는 대통령령으로 정하는 바에 따라 해당 토지 소유자의 의견을 들어야 한다.

③ 표준지의 선정·공시기준일, 공시의 시기, 조사·평가기준 및 공시절차 등에 필요한 사항은 대통령령으로 정한다.

---

* 중앙부동산가격공시위원회
표준지공시지가, 표준주택가격, 공동주택가격, 비주거용 표준부동산가격, 비주거용 집합부동산가격 등의 조사·평가 및 이의신청에 대한 심의를 하는 국토교통부장관 소속의 위원회이다.

OX 확인문제
표준지공시지가의 공시기준일은 1월 1일로 한다. 다만, 국토교통부장관은 표준지공시지가 조사·평가인력 등을 고려하여 부득이하다고 인정하는 경우에는 일부 지역을 지정하여 해당 지역에 대한 공시기준일을 따로 정할 수 있다. ·36회 ( )
정답 (O)

■: **표준지공시지가 결정절차**

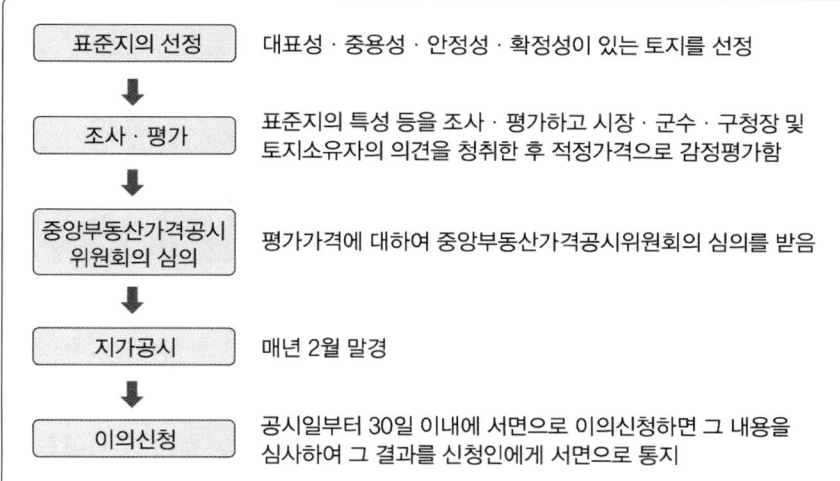

(1) 표준지의 선정·조사·평가

① **표준지의 선정**

㉠ 표준지 선정의 의의

ⓐ 표준지란 공시지가의 선정대상이 되는 토지를 말한다.

ⓑ 표준지란 일정한 지역마다 그 지역의 토지들을 대표할 수 있는 표준적 이용이나 규모가 되는 토지이다.

ⓒ 국토교통부장관은 표준지를 선정할 때에는 일단(一團)의 토지 중에서 해당 일단의 토지를 대표할 수 있는 필지의 토지를 선정하여야 한다.

ⓓ 표준지 선정 및 관리에 필요한 세부기준은 중앙부동산가격공시위원회의 심의를 거쳐 국토교통부장관이 정한다.

ⓔ 지역분석을 통해 세분되어진 인근지역마다 이 지역을 대표하는 토지를 표준지로 한다. 지역분석은 표준지의 선정을 위한 전 단계로서의 성격을 지닌다.2)

㉡ 표준지의 선정기준

ⓐ 표준지를 선정하기 위한 일반적인 기준은 다음과 같다.

ⅰ) **지가의 대표성**: 표준지 선정 단위구역* 내에서 지가수준을 대표할 수 있는 토지 중 인근지역 내 가격의 층화를 반영할 수 있는 표준적인 토지

*** 표준지 선정 단위구역**
동일한 용도지역 내에서 가격수준 및 토지이용상황 등을 고려하여 표준지의 선정범위를 구획한 구역을 말한다.

---

2) 이창석 외, 「감정평가 및 보상법론」, 형설출판사, 1997, pp.89~90

ii) **토지특성의 중용성**: 표준지 선정 단위구역 내에서 개별토지의 토지이용상황·면적·지형지세·도로조건·주위환경 및 공적규제 등이 동일 또는 유사한 토지 중 토지특성 빈도가 가장 높은 표준적인 토지

iii) **토지용도의 안정성**: 표준지 선정 단위구역 내에서 개별토지의 주변이용상황으로 보아 그 이용상황이 안정적이고 장래 상당기간 동일 용도로 활용될 수 있는 표준적인 토지

iv) **토지구별의 확정성**: 표준지 선정 단위구역 내에서 다른 토지와 구분이 용이하고 위치를 쉽게 확인할 수 있는 표준적인 토지

ⓑ 특수토지 또는 용도상 불가분의 관계를 형성하고 있는 비교적 대규모의 필지를 일단지로 평가할 필요가 있는 경우에는 표준지로 선정하여 개별공시지가의 산정기준으로 활용될 수 있도록 하되, 토지형상·위치 등이 표준적인 토지를 선정한다.

ⓒ 국가 및 지방자치단체에서 행정목적상 필요하여 표준지를 선정하여 줄 것을 요청한 특정지역이나 토지에 대해서는 지역특성을 고려하여 타당하다고 인정하는 경우에는 표준지를 선정할 수 있다.

ⓒ **표준지 선정의 제외대상**

ⓐ 국·공유의 토지는 표준지로 선정하지 아니한다. 다만, 「국유재산법」상 일반재산인 경우와 국·공유의 토지가 여러 필지로서 일단의 넓은 지역을 이루고 있어 그 지역의 지가수준을 대표할 표준지가 필요한 경우에는 국·공유의 토지를 표준지로 선정할 수 있다.

ⓑ 한 필지가 둘 이상의 용도로 이용되고 있는 토지는 표준지로 선정하지 아니한다. 다만, 부수적인 용도의 면적과 토지의 효용가치가 경미한 경우에는 비교표준지로의 활용목적을 고려하여 표준지로 선정할 수 있다.

② **표준지공시지가의 조사·평가**

㉠ 국토교통부장관이 표준지공시지가를 조사·평가하는 경우에는 인근 유사토지의 거래가격·임대료 및 해당 토지와 유사한 이용가치를 지닌다고 인정되는 토지의 조성에 필요한 비용추정액, 인근지역 및 다른 지역과의 형평성·특수성, 표준지공시지가 변동의 예측 가능성 등 제반사항을 종합적으로 참작하여야 한다.

ⓛ 국토교통부장관이 표준지공시지가를 조사·평가하는 경우 참작하여야 하는 사항의 기준은 다음과 같다.

> ⓐ 인근 유사토지의 거래가격 또는 임대료의 경우: 해당 거래 또는 임대차가 당사자의 특수한 사정에 의하여 이루어지거나 토지거래 또는 임대차에 대한 지식의 부족으로 인하여 이루어진 경우에는 그러한 사정이 없었을 때에 이루어졌을 거래가격 또는 임대료를 기준으로 할 것
> ⓑ 해당 토지와 유사한 이용가치를 지닌다고 인정되는 토지의 조성에 필요한 비용추정액의 경우: 공시기준일 현재 해당 토지를 조성하기 위한 표준적인 조성비와 일반적인 부대비용으로 할 것

ⓒ 국토교통부장관이 표준지공시지가를 조사·평가할 때에는 업무실적, 신인도(信認度) 등을 고려하여 둘 이상의 감정평가법인등에게 이를 의뢰하여야 한다. 다만, 지가변동이 작은 경우 등 대통령령으로 정하는 기준에 해당하는 표준지에 대해서는 하나의 감정평가법인등에 의뢰할 수 있다. 이때 지가변동이 작은 경우 등 대통령령으로 정하는 기준에 해당하는 표준지란 다음의 요건을 모두 갖춘 지역의 표준지를 말한다.

> ⓐ 최근 1년간 읍·면·동별 지가변동률이 전국 평균 지가변동률 이하인 지역
> ⓑ 개발사업이 시행되거나 「국토의 계획 및 이용에 관한 법률」에 따른 용도지역 또는 용도지구가 변경되는 등의 사유가 없는 지역

ⓔ 국토교통부장관은 개별공시지가의 산정을 위하여 필요하다고 인정하는 경우에는 표준지와 산정대상 개별 토지의 가격형성요인에 관한 표준적인 비교표(토지가격비준표)를 작성하여 시장·군수 또는 구청장에게 제공하여야 한다.

ⓜ 표준지에 건물 또는 그 밖의 정착물이 있거나 지상권 또는 그 밖의 토지의 사용·수익을 제한하는 권리가 설정되어 있을 때에는 그 정착물 또는 권리가 존재하지 아니하는 것으로 보고 표준지공시지가를 평가하여야 한다.

③ **표준지공시지가의 조사·평가보고서 작성**

ⓐ 표준지공시지가 조사·평가를 의뢰받은 감정평가법인등은 표준지공시지가 및 그 밖에 국토교통부령으로 정하는 사항을 조사·평가

> **추가** 표본지와 지가변동률
> 표본지란 지가변동률 조사·산정 대상 지역에서 행정구역별·용도지역별·이용상황별로 지가변동을 측정하기 위하여 선정한 대표적인 필지를 말한다.

한 후 국토교통부령으로 정하는 바에 따라 조사·평가보고서를 작성하여 국토교통부장관에게 제출해야 한다.
ⓒ 감정평가법인등이 조사·평가보고서를 작성하는 경우에는 미리 해당 표준지를 관할하는 특별시장·광역시장·특별자치시장·도지사 또는 특별자치도지사(이하 '시·도지사') 및 시장·군수·구청장의 의견을 들어야 한다.
ⓒ 시·도지사 및 시장·군수·구청장은 의견 제시 요청을 받은 경우에는 요청받은 날부터 20일 이내에 의견을 제시해야 한다. 이 경우 시장·군수 또는 구청장은 시·군·구 부동산가격공시위원회의 심의를 거쳐 의견을 제시해야 한다.
ⓔ 표준지공시지가는 제출된 보고서에 따른 조사·평가액의 산술평균치를 기준으로 한다.
ⓜ 국토교통부장관은 제출된 보고서에 대하여 「부동산 거래신고 등에 관한 법률」에 따라 신고한 실제 매매가격(실거래신고가격) 및 「감정평가 및 감정평가사에 관한 법률」에 따른 감정평가 정보체계 등을 활용하여 그 적정성 여부를 검토할 수 있다.
ⓗ 국토교통부장관은 검토 결과 부적정하다고 판단되거나 조사·평가액 중 최고평가액이 최저평가액의 1.3배를 초과하는 경우에는 해당 감정평가법인등에게 보고서를 시정하여 다시 제출하게 할 수 있다.
ⓢ 국토교통장관은 제출된 보고서의 조사·평가가 관계 법령을 위반하여 수행되었다고 인정되는 경우에는 해당 감정평가법인등에게 그 사유를 통보하고, 다른 감정평가법인등 2인에게 대상 표준지공시지가의 조사·평가를 다시 의뢰해야 한다. 이 경우 표준지 적정가격은 다시 조사·평가한 가액의 산술평균치를 기준으로 한다.

(2) 표준지공시지가의 공시 및 이의신청

① **표준지공시지가 공시사항**(부동산 가격공시에 관한 법률 제5조, 영 제10조)

> ㉠ 표준지의 지번
> ㉡ 표준지의 단위면적(1제곱미터)당 가격
> ㉢ 표준지의 면적 및 형상
> ㉣ 표준지 및 주변토지의 이용상황
> ㉤ 지목

ⓑ 용도지역
ⓢ 도로상황
ⓞ 그 밖에 표준지공시지가 공시에 필요한 사항

② **표준지공시지가의 열람**(부동산 가격공시에 관한 법률 제6조): 국토교통부장관은 표준지공시지가를 공시한 때에는 그 내용을 특별시장·광역시장 또는 도지사를 거쳐 시장·군수 또는 구청장(지방자치단체인 구의 구청장)에게 송부하여 일반인이 열람할 수 있게 하고, 대통령령으로 정하는 바에 따라 이를 도서·도표 등으로 작성하여 관계 행정기관 등에 공급하여야 한다.

③ **표준지공시지가에 대한 이의신청**(부동산 가격공시에 관한 법률 제7조)
  ㉠ 표준지공시지가에 이의가 있는 자는 그 공시일부터 30일 이내에 서면(전자문서 포함)으로 국토교통부장관에게 이의를 신청할 수 있다.
  ㉡ 국토교통부장관은 이의신청기간이 만료된 날부터 30일 이내에 이의신청을 심사하여 그 결과를 신청인에게 서면으로 통지하여야 한다. 이 경우 국토교통부장관은 이의신청의 내용이 타당하다고 인정될 때에는 해당 표준지공시지가를 조정하여 다시 공시하여야 한다.

④ **표준지공시지가의 적용**(부동산 가격공시에 관한 법률 제8조): 지가 산정의 주체가 지가 산정의 목적을 위하여 지가를 산정할 때에는 그 토지와 이용가치가 비슷하다고 인정되는 하나 또는 둘 이상의 표준지의 공시지가를 기준으로 토지가격비준표를 사용하여 지가를 직접 산정하거나 감정평가법인등에 감정평가를 의뢰하여 산정할 수 있다. 다만, 필요하다고 인정할 때에는 산정된 지가를 지가 산정의 목적에 따라 가감(加減) 조정하여 적용할 수 있다.
  ㉠ 지가 산정의 주체
    ⓐ 국가 또는 지방자치단체
    ⓑ 「공공기관의 운영에 관한 법률」에 따른 공공기관
    ⓒ 그 밖에 대통령령으로 정하는 공공단체
  ㉡ 지가 산정의 목적
    ⓐ 공공용지의 매수 및 토지의 수용·사용에 대한 보상
    ⓑ 국유지·공유지의 취득 또는 처분
    ⓒ 그 밖에 대통령령으로 정하는 지가의 산정

OX 확인문제

표준지공시지가에 이의가 있는 자는 그 공시일로부터 30일 이내에 서면(전자문서를 포함한다)으로 국토교통부장관에게 이의를 신청할 수 있다. •36회
( )

정답 (○)

> **보충** 표준지 평가기준

1. 적정가격 기준평가
   ① 표준지의 평가가격은 일반적으로 해당 토지에 대하여 통상적인 시장에서 정상적인 거래가 이루어지는 경우 성립될 가능성이 가장 높다고 인정되는 가격(적정가격)으로 결정하되, 시장에서 형성되는 가격자료를 충분히 조사하여 표준지의 객관적인 시장가치를 평가한다.
   ② 특수토지 등 시장성이 없거나 거래사례 등을 구하기가 곤란한 토지는 해당 토지와 유사한 이용가치를 지닌다고 인정되는 토지의 조성에 필요한 비용추정액 또는 임료 등을 고려한 가격으로 평가하거나, 해당 토지를 인근지역의 주된 용도의 토지로 보고 위 ①에 따라 평가한 가격에 그 용도적 제한이나 거래제한의 상태 등을 고려한 가격으로 평가한다.

2. 실제용도 기준평가
   표준지의 평가는 공부상의 지목에도 불구하고 공시기준일 현재의 이용상황을 기준으로 평가하되, 일시적인 이용상황은 이를 고려하지 아니한다.

3. 나지 상정 평가
   표준지의 평가에 있어서 그 토지에 건물이나 그 밖의 정착물이 있거나 지상권 등 토지의 사용·수익을 제한하는 사법상의 권리가 설정되어 있는 경우에는 그 정착물 등이 없는 토지의 나지상태를 상정하여 평가한다.

4. 공법상 제한상태 기준평가
   표준지의 평가에 있어서 공법상 용도지역·지구·구역 등 일반적인 계획제한사항뿐만 아니라 도시계획시설 결정 등 공익사업의 시행을 직접 목적으로 하는 개별적인 계획제한사항이 있는 경우에는 그 공법상 제한을 받는 상태를 기준으로 평가한다.

5. 개발이익 반영평가
   ① 표준지의 평가에 있어서 개발이익은 공익사업의 계획 또는 시행이 공고 또는 고시됨으로 인한 지가의 증가분, 공익사업의 시행에 따른 절차로서 행하여진 토지이용계획의 설정 변경 해제 등으로 인한 지가의 증가분과 그 밖에 공익사업의 착수에서 준공까지 그 시행으로 인한 증가분을 반영하여 평가한다. 다만, 그 개발이익이 주위환경 등의 사정으로 보아 공시기준일 현재 현실화·구체화되지 아니하였다고 인정되는 경우에는 그러하지 아니하다.
   ② 개발이익을 반영함에 있어서 공익사업시행지구 안에 있는 토지는 해당 공익사업의 단계별 성숙도 등을 고려하여 평가하되, 인근지역 또는 동일수급권 안의 유사지역에 있는 유사용도 토지의 지가수준과 비교하여 균형이 유지되도록 하여야 한다.

6. 일단지의 평가
   ① 용도상 불가분의 관계에 있는 2필지 이상의 일단의 토지(일단지) 중에서 대표성이 있는 1필지가 표준지로 선정된 때에는 그 일단지를 1필지의 토지로 보고 평가한다. 여기에서 '용도상 불가분의 관계'란 일단지로 이용되고 있는 상황이 사회적·경제적·행정적 측면에서 합리적이고 해당 토지의 가치형성 측면에서도 타당하다고 인정되는 관계에 있는 경우를 말한다.

② 개발사업시행예정지는 공시기준일 현재 관계 법령에 따른 해당 사업계획의 승인이나 「공익사업을 위한 토지 등의 취득 및 보상에 관한 법률」에 따른 사업인정이 있기 전에는 이를 일단지로 보지 아니한다.
③ 2필지 이상의 토지에 하나의 건축물(부속건축물 포함)이 건립되어 있거나 건축 중에 있는 토지와 공시기준일 현재 나지상태이나 건축허가 등을 받고 공사를 착수한 때에는 토지소유자가 다른 경우에도 이를 일단지로 본다.
④ 2필지 이상의 일단의 토지가 조경수목재배지, 조경자재제조장, 골재야적장, 간이창고, 간이체육시설용지(테니스장, 골프연습장, 야구연습장 등) 등으로 이용되고 있는 경우로서 주위환경 등의 사정으로 보아 현재의 이용이 일시적인 이용상황으로 인정되는 경우에는 이를 일단지로 보지 아니한다.
⑤ 일단으로 이용되고 있는 토지의 일부가 용도지역 등을 달리하는 등 가치가 명확히 구분되어 둘 이상의 표준지가 선정된 때에는 그 구분된 부분을 각각 일단지로 보고 평가한다.

7. **평가방식의 적용**
① 표준지의 평가는 거래사례비교법, 원가법 또는 수익환원법의 3방식 중에서 해당 표준지의 특성에 가장 적합한 평가방식 하나를 선택하여 행하되, 다른 평가방식에 따라 산정한 가격과 비교하여 그 적정 여부를 검토한 후 평가가격을 결정한다.
② 일반적으로 시장성이 있는 토지는 거래사례비교법으로 평가한다. 다만, 새로이 조성 또는 매립된 토지는 원가법으로 평가할 수 있으며, 상업용지 등 수익성이 있는 토지는 수익환원법으로 평가할 수 있다.
③ 시장성이 없거나 토지의 용도 등이 특수하여 거래사례 등을 구하기가 현저히 곤란한 토지는 원가법에 따라 평가하거나, 해당 토지를 인근지역의 주된 용도의 토지로 보고 거래사례비교법에 따라 평가한 가격에 그 용도적 제한이나 거래제한의 상태 등을 고려한 가격으로 평가한다. 다만, 그 토지가 수익성이 있는 경우에는 수익환원법으로 평가할 수 있다.
④ 표준지의 평가가격을 원가법에 따라 결정할 경우에는 다음과 같이 한다. 다만, 특수한 공법을 사용하여 토지를 조성한 경우 등 해당 토지의 조성공사비가 평가가격 산출 시 적용하기에 적정하지 아니한 경우에는 인근 유사토지의 조성공사비를 참작하여 적용할 수 있다.

[조성 전 토지의 소지가격+(조성공사비 및 그 부대비용+취득세 등 제세공과금+적정이윤)] ÷ 해당 토지의 면적 ≒ 평가가격

3. 표준지공시지가의 효력

표준지공시지가는 토지시장에 지가정보를 제공하고 일반적인 토지거래의 지표가 되며, 국가·지방자치단체 등이 그 업무와 관련하여 지가를 산정하거나 감정평가법인등이 개별적으로 토지를 감정평가하는 경우에 기준이 된다(부동산 가격공시에 관한 법률 제9조).

(1) 토지시장의 지가정보 제공
표준지공시지가는 토지시장에 지가정보를 제공한다.

(2) 일반적인 토지거래의 지표
표준지공시지가는 일반적인 토지거래의 지표가 된다.

(3) 국가 등에 의한 지가산정의 기준
표준지공시지가는 국가·지방자치단체가 업무와 관련하여 지가를 산정하는 경우에 그 기준이 된다.

(4) 개별토지의 평가기준
표준지공시지가는 감정평가법인등이 개별적으로 토지를 감정평가하는 경우에 그 기준이 된다. 즉, 표준지공시지가는 보상 등을 위한 지가산정의 기준이 되고, 또한 전문평가인이 타인의 의뢰에 의하여 지가를 산정·감정평가하는 경우에도 기준이 된다.

2 개별공시지가 ·24회 ·26회 ·27회 ·28회 ·30회 ·31회 ·34회 ·36회

1. 의의

개별공시지가란 시장·군수 또는 구청장이 국세·지방세 등 각종 세금의 부과, 그 밖의 다른 법령에서 정하는 목적을 위한 지가산정에 사용되도록 하기 위하여 시·군·구 부동산가격공시위원회*의 심의를 거쳐 결정·공시한 매년 공시지가의 공시기준일 현재 관할 구역 안의 개별토지의 단위면적당 가격을 말한다(부동산 가격공시에 관한 법률 제10조 제1항). 개별공시지가의 단위면적은 1제곱미터로 한다.

OX 확인문제

표준지공시지가는 토지시장에 지가정보를 제공하고 일반적인 토지거래의 지표가 되며, 국가·지방자치단체 등이 그 업무와 관련하여 지가를 산정하거나 감정평가법인등이 개별적으로 토지를 감정평가하는 경우에 기준이 된다. ·36회 ( )

정답 (○)

*시·군·구 부동산가격공시위원회

개별공시지가, 개별주택가격, 비주거용 개별부동산가격 등의 조사·평가 및 이의신청에 대한 심의를 하는 시장·군수 또는 구청장 소속의 위원회이다.

2. 개별공시지가의 결정·공시 및 이의신청

(1) 개별공시지가의 결정·공시(부동산 가격공시에 관한 법률 제10조)

① 시장·군수 또는 구청장은 국세·지방세 등 각종 세금의 부과, 그 밖의 다른 법령에서 정하는 목적을 위한 지가산정에 사용되도록 하기 위하여 시·군·구 부동산가격공시위원회의 심의를 거쳐 매년 공시지가의 공시기준일 현재 관할 구역 안의 개별토지의 단위면적당 가격(개별공시지가)을 결정·공시하고, 이를 관계 행정기관 등에 제공하여야 한다.

② 위 ①에도 불구하고 표준지로 선정된 토지, 조세 또는 부담금 등의 부과 대상이 아닌 토지, 그 밖에 대통령령으로 정하는 토지에 대하여는 개별공시지가를 결정·공시하지 아니할 수 있다. 이 경우 표준지로 선정된 토지에 대하여는 해당 토지의 표준지공시지가를 개별공시지가로 본다.

③ 시장·군수 또는 구청장은 매년 5월 31일까지 개별공시지가를 결정·공시하여야 한다.

④ 시장·군수 또는 구청장은 공시기준일 이후에 분할·합병 등이 발생한 토지에 대하여는 대통령령으로 정하는 날*을 기준으로 하여 개별공시지가를 결정·공시하여야 한다.

⑤ 시장·군수 또는 구청장이 개별공시지가를 결정·공시하는 경우에는 해당 토지와 유사한 이용가치를 지닌다고 인정되는 하나 또는 둘 이상의 표준지의 공시지가를 기준으로 토지가격비준표를 사용하여 지가를 산정하되, 해당 토지의 가격과 표준지공시지가가 균형을 유지하도록 하여야 한다.

⑥ 시장·군수 또는 구청장은 개별공시지가를 결정·공시하기 위하여 개별토지의 가격을 산정할 때에는 그 타당성에 대하여 감정평가법인등의 검증을 받고 토지소유자, 그 밖의 이해관계인의 의견을 들어야 한다. 다만, 시장·군수 또는 구청장은 감정평가법인등의 검증이 필요 없다고 인정되는 때에는 지가의 변동상황 등 대통령령으로 정하는 사항을 고려하여 감정평가법인등의 검증을 생략할 수 있다.

⑦ 시장·군수 또는 구청장이 위 ⑥에 따른 검증을 받으려는 때에는 해당 지역의 표준지의 공시지가를 조사·평가한 감정평가법인등 또는 대통령령으로 정하는 감정평가실적 등이 우수한 감정평가법인등에 의뢰하여야 한다.

---

* **대통령령으로 정하는 날**
1. 1월 1일부터 6월 30일까지의 사이에 사유가 발생한 토지: 그 해 7월 1일
2. 7월 1일부터 12월 31일까지의 사이에 사유가 발생한 토지: 다음 해 1월 1일

OX 확인문제

시장·군수 또는 구청장은 공시기준일 이후에 분할·합병 등이 발생한 토지에 대하여는 그 사유가 발생한 시기에 따라 그 해 6월 1일 또는 다음 해 1월 1일을 기준으로 하여 개별공시지가를 결정·공시하여야 한다. •36회
( )

정답 (×)

시장·군수 또는 구청장은 공시기준일 이후에 분할·합병 등이 발생한 토지에 대하여는 그 사유가 발생한 시기에 따라 그 해 7월 1일 또는 다음 해 1월 1일을 기준으로 하여 개별공시지가를 결정·공시하여야 한다.

⑧ 국토교통부장관은 지가공시 행정의 합리적인 발전을 도모하고 표준지공시지가와 개별공시지가와의 균형유지 등 적정한 지가형성을 위하여 필요하다고 인정하는 경우에는 개별공시지가의 결정·공시 등에 관하여 시장·군수 또는 구청장을 지도·감독할 수 있다.

(2) 개별공시지가를 공시하지 아니할 수 있는 토지

① 시장·군수 또는 구청장은 다음의 어느 하나에 해당하는 토지에 대해서는 개별공시지가를 결정·공시하지 아니할 수 있다.

> ㉠ 표준지로 선정된 토지
> ㉡ 농지보전부담금 또는 개발부담금 등의 부과대상이 아닌 토지
> ㉢ 국세 또는 지방세 부과대상이 아닌 토지(국공유지의 경우에는 공공용 토지만 해당한다)

② 시장·군수 또는 구청장은 위 ①에도 불구하고 다음의 어느 하나에 해당하는 토지에 대해서는 개별공시지가를 결정·공시하여야 한다.

> ㉠ 관계 법령에 따라 지가 산정 등에 개별공시지가를 적용하도록 규정되어 있는 토지
> ㉡ 시장·군수 또는 구청장이 관계 행정기관의 장과 협의하여 개별공시지가를 결정·공시하기로 한 토지

(3) 개별공시지가 공시기준일을 다르게 할 수 있는 토지

개별공시지가 공시기준일을 다르게 할 수 있는 토지는 다음의 어느 하나에 해당하는 토지로 한다.

> ① 「공간정보의 구축 및 관리 등에 관한 법률」에 따라 분할 또는 합병된 토지
> ② 공유수면매립 등으로 「공간정보의 구축 및 관리 등에 관한 법률」에 따라 신규등록이 된 토지
> ③ 토지의 형질변경 또는 용도변경으로 「공간정보의 구축 및 관리 등에 관한 법률」에 따른 지목변경이 된 토지
> ④ 국유·공유에서 매각 등에 따라 사유(私有)로 된 토지로서 개별공시지가가 없는 토지

OX 확인문제

시장·군수 또는 구청장은 표준지로 선정된 토지에 대해서는 개별공시지가를 결정·공시하지 아니할 수 있다. •28회 ( )

정답 (○)

(4) 개별공시지가의 이의신청(부동산 가격공시에 관한 법률 제11조)

① 개별공시지가에 대하여 이의가 있는 자는 개별공시지가의 결정·공시일부터 30일 이내에 서면으로 시장·군수 또는 구청장에게 이의를 신청할 수 있다.

② 시장·군수 또는 구청장은 위 ①에 따라 이의신청기간이 만료된 날부터 30일 이내에 이의신청을 심사하여 그 결과를 신청인에게 서면으로 통지하여야 한다. 이 경우 시장·군수 또는 구청장은 이의신청의 내용이 타당하다고 인정될 때에는 해당 개별공시지가를 조정하여 다시 결정·공시하여야 한다.

③ 개별공시지가에 대하여 이의신청을 하려는 자는 이의신청서에 이의신청 사유를 증명하는 서류를 첨부하여 해당 시장·군수 또는 구청장에게 제출하여야 한다.

④ 시장·군수 또는 구청장은 이의신청을 심사하기 위하여 필요할 때에는 감정평가법인등에게 검증을 의뢰할 수 있다.

> **추가 개별공시지가의 정정**
> 시장·군수 또는 구청장은 개별공시지가에 틀린 계산, 오기, 표준지 선정의 착오, 그 밖에 대통령령으로 정하는 명백한 오류가 있음을 발견한 때에는 지체 없이 이를 정정하여야 한다.

3. 개별공시지가의 활용

개별공시지가는 토지 관련 국세의 부과기준과 지방세의 과세시가표준액의 조정자료로 활용됨은 물론 개발부담금 등 각종 부담금의 부과기준으로 쓰인다.3)

제2절 주택가격의 공시4)

단독주택은 표준주택과 개별주택으로 구분하여 공시하는데, 단독주택 중 대표성이 인정되는 주택을 표준주택으로 선정하여 적정가격을 조사·산정하여 국토교통부장관이 공시하고, 그 외 개별주택은 시장·군수·구청장이 국토교통부장관이 공시한 표준주택가격을 기준으로 개별주택가격을 조사·산정하여 공시한다. 아파트, 연립, 다세대 등 공동주택은 표준주택과 개별주택으로 구분하지 않으며 한국부동산원에서 조사·산정하여 국토교통부장관이 가격을 공시한다.

---

3) 백영준 외, 전게서, p.407
4) 국토교통부, 2007년도 부동산가격공시에 관한 연차보고서(2012. 8)

1 단독주택가격의 공시 ·24회 ·25회 ·26회 ·27회 ·28회 ·32회 ·33회 ·35회

단독주택가격은 표준주택과 개별주택으로 구분하여 공시한다.

1. 표준주택가격의 공시

(1) 표준주택가격의 의의

표준주택가격이란 국토교통부장관이 용도지역, 건물구조 등이 일반적으로 유사하다고 인정되는 일단의 단독주택 중에서 선정한 표준주택에 대하여 매년 공시기준일 현재의 적정가격을 조사·산정하여 중앙부동산가격공시위원회의 심의를 거쳐 공시한 가격을 말한다(부동산 가격공시에 관한 법률 제16조 제1항).

(2) 표준주택가격의 선정 및 기준

① **표준주택의 선정**
  ㉠ 국토교통부장관은 표준주택을 선정할 때에는 일반적으로 유사하다고 인정되는 일단의 단독주택 중에서 해당 일단의 단독주택을 대표할 수 있는 주택을 선정하여야 한다.
  ㉡ 표준주택 선정 및 관리에 필요한 세부기준은 중앙부동산가격공시위원회의 심의를 거쳐 국토교통부장관이 정한다.

② **표준주택의 선정기준:** 표준주택은 다음의 일반적인 기준을 종합적으로 반영하여 선정하여야 한다.
  ㉠ 토지
    ⓐ 지가의 대표성: 표준주택 선정 단위구역* 내에서 지가수준을 대표할 수 있는 토지 중 인근지역 내 가격의 층화를 반영할 수 있는 표준적인 토지
    ⓑ 토지특성의 중용성: 표준주택 선정 단위구역 내에서 개별토지의 토지이용상황·대지면적·지형지세·도로조건·주위환경 및 공적규제 등이 동일 또는 유사한 토지 중 토지특성빈도가 가장 높은 표준적인 토지
    ⓒ 토지용도의 안정성: 표준주택 선정 단위구역 내에서 개별토지의 주변이용상황으로 보아 그 이용상황이 안정적이고 장래 상당기간 동일 용도로 활용될 수 있는 표준적인 토지

O X 확 인 문 제

부동산 가격공시에 관한 법령에 의하면 국토교통부장관은 표준주택에 대하여 매년 공시기준일 현재 적정가격을 조사·산정하고, 시·군·구 부동산가격공시위원회의 심의를 거쳐 이를 공시하여야 한다. ·33회 ( )

정답 (×)
국토교통부장관은 표준주택에 대하여 매년 공시기준일 현재 적정가격을 조사·산정하고, 중앙부동산가격공시위원회의 심의를 거쳐 이를 공시하여야 한다.

* **표준주택 선정 단위구역**
동일한 용도지역 내에서 주택가격수준 및 건물구조 등을 고려하여 표준주택의 선정범위를 구획한 구역을 말한다.

ⓓ **토지구별의 확정성**: 표준주택 선정 단위구역 내에서 다른 토지와 구분이 용이하고 위치를 쉽게 확인할 수 있는 표준적인 토지
ⓛ 건물
ⓐ **건물가격의 대표성**: 표준주택 선정 단위구역 내에서 건물가격 수준을 대표할 수 있는 건물 중 인근지역 내 가격의 층화를 반영할 수 있는 표준적인 건물
ⓑ **건물특성의 중용성**: 표준주택 선정 단위구역 내에서 개별건물의 구조·용도·연면적 등이 동일 또는 유사한 건물 중 건물특성 빈도가 가장 높은 표준적인 건물
ⓒ **건물용도의 안정성**: 표준주택 선정 단위구역 내에서 개별건물의 주변이용상황으로 보아 건물로서의 용도가 안정적이고 장래 상당기간 동일 용도로 활용될 수 있는 표준적인 건물
ⓓ **외관구별의 확정성**: 표준주택 선정 단위구역 내에서 다른 건물과 외관구분이 용이하고 위치를 쉽게 확인할 수 있는 표준적인 건물
③ 그 외에도 국가 및 지방자치단체에서 행정목적상 필요하여 표준주택을 선정하여 줄 것을 요청한 특정지역이나 단독주택에 대해서는 지역특성을 고려하여 타당하다고 인정하는 경우에는 표준주택을 선정할 수 있다.

(3) 표준주택가격의 조사·산정

① 국토교통부장관은 표준주택가격을 조사·산정하고자 할 때에는 「한국부동산원법」에 따른 한국부동산원에 의뢰한다. 표준주택가격 조사·산정을 의뢰받은 한국부동산원은 표준주택가격 및 그 밖에 국토교통부령으로 정하는 사항을 조사·산정한 후 표준주택가격 조사·산정보고서를 작성하여 국토교통부장관에게 제출하여야 한다.
② 국토교통부장관이 표준주택가격을 조사·산정하는 경우에는 인근 유사 단독주택의 거래가격·임대료 및 해당 단독주택과 유사한 이용가치를 지닌다고 인정되는 단독주택의 건설에 필요한 비용추정액, 인근지역 및 다른 지역과의 형평성·특수성, 표준주택가격 변동의 예측 가능성 등 제반사항을 종합적으로 참작하여야 한다. 국토교통부장관이 표준주택가격을 조사·산정하는 경우 참작하여야 하는 사항의 기준은 다음과 같다.

> **OX 확인문제**
>
> 부동산 가격공시에 관한 법령에 의하면 국토교통부장관은 표준주택가격을 조사·산정하고자 할 때에는 감정평가법인등 또는 한국부동산원에 의뢰한다. •33회
> ( )
>
> 정답 (×)
> 국토교통부장관은 표준주택가격을 조사·산정하고자 할 때에는 한국부동산원에 의뢰한다.

> ⊙ 인근 유사 단독주택의 거래가격 또는 임대료의 경우: 해당 거래 또는 임대차가 당사자의 특수한 사정에 의하여 이루어지거나 단독주택거래 또는 임대차에 대한 지식의 부족으로 인하여 이루어진 경우에는 그러한 사정이 없었을 때에 이루어졌을 거래가격 또는 임대료를 기준으로 할 것
> ⓒ 해당 단독주택과 유사한 이용가치를 지닌다고 인정되는 단독주택의 건축에 필요한 비용추정액의 경우: 공시기준일 현재 해당 단독주택을 건축하기 위한 표준적인 건축비와 일반적인 부대비용으로 할 것

③ 국토교통부장관은 개별주택가격의 산정을 위하여 필요하다고 인정하는 경우에는 표준주택과 산정대상 개별주택의 가격형성요인에 관한 표준적인 비교표(주택가격비준표)를 작성하여 시장·군수 또는 구청장에게 제공하여야 한다.

④ 표준주택에 전세권 또는 그 밖에 단독주택의 사용·수익을 제한하는 권리가 설정되어 있을 때에는 그 권리가 존재하지 아니하는 것으로 보고 적정가격을 산정하여야 한다.

> **⊕ 보충** 표준주택 산정기준
>
> 1. 적정가격 기준 산정
>   표준주택의 산정가격은 해당 표준주택에 대하여 통상적인 시장에서 정상적인 거래가 이루어지는 경우 성립될 가능성이 가장 높다고 인정되는 적정가격으로 결정하되, 시장에서 형성되는 가격자료를 충분히 조사하여 표준주택의 객관적인 시장가치를 산정한다.
> 2. 실제용도 기준 산정
>   표준주택가격의 산정은 공부상의 용도에도 불구하고 공시기준일 현재의 실제용도를 기준으로 산정하되, 일시적인 이용상황은 고려하지 아니한다.
> 3. 사법상 제한상태 배제 상정 산정
>   표준주택가격의 산정에서 전세권 등 그 표준주택의 사용·수익을 제한하는 사법상의 권리가 설정되어 있는 경우에는 그 사법상의 권리가 설정되어 있지 아니한 상태를 상정하여 산정한다.
> 4. 공법상 제한상태 기준 산정
>   표준주택가격의 산정은 「국토의 계획 및 이용에 관한 법률」 등에 따른 제한이 있는 경우에는 제한받는 상태를 기준으로 산정한다.
> 5. 두 필지 이상에 걸쳐 있는 주택가격의 산정
>   ① 두 필지 이상에 걸쳐 있는 주택(부속건물 포함)은 대지면적을 합산하여 하나의 주택부지로 산정한다.
>   ② 주택 부속토지가 인접토지와 용도상 불가분의 관계*에 있는 경우에는 인접토지를 포함하여 하나의 주택부지로 산정한다.

* 용도상 불가분의 관계
주택 부속토지가 이용되고 있는 상황이 사회적·경제적·행정적 측면에서 합리적이고 해당 주택의 가치형성 측면에서도 타당하다고 인정되는 관계에 있는 경우를 말한다.

6. 필지의 일부가 대지인 주택가격의 산정
   필지의 일부가 대지인 주택은 그 대지면적만을 주택부지로 산정한다. 다만, 대지면적 이외의 토지의 이용상황을 고려하여 산정한다.
7. 산정방식의 적용
   ① 시장성이 있는 표준주택은 인근 유사 단독주택의 거래가격 등을 고려하여 토지와 건물 일체의 가격으로 산정한다.
   ② 시장성이 없거나 주택의 용도 등이 특수하여 인근 유사 단독주택의 거래가격을 고려하는 것이 곤란한 주택은 유사 단독주택의 건설에 필요한 비용추정액 또는 임대료 등을 고려하여 가격을 산정한다.
   ③ 위 ②에 따른 비용추정액은 공시기준일 현재 해당 표준주택과 유사한 이용가치를 지닌다고 인정되는 단독주택의 건설에 필요한 표준적인 건축비와 일반적인 부대비용 및 부속토지가격 수준으로 한다.
   ④ 표준주택가격을 위 ① 또는 ②에 따라 산정한 경우에는 다른 하나 이상의 산정방법으로 산출한 가액과 비교하여 합리성을 검토하여야 한다. 다만, 대상주택의 특성 등으로 인하여 다른 산정방법을 적용하는 것이 곤란한 경우에는 조사·산정보고서에 그 사유를 기재하여야 한다.

(4) 표준주택가격 공시(부동산 가격공시에 관한 법률 제16조)

① **표준주택가격 공시:** 국토교통부장관은 용도지역, 건물구조 등이 일반적으로 유사하다고 인정되는 일단의 단독주택 중에서 선정한 표준주택에 대하여 매년 공시기준일 현재의 적정가격(표준주택가격)을 조사·산정하고, 중앙부동산가격공시위원회의 심의를 거쳐 이를 공시하여야 한다.

② **표준주택가격의 공시기준일:** 표준주택가격의 공시기준일은 1월 1일로 한다. 다만, 국토교통부장관은 표준주택가격 조사·산정인력 및 표준주택 수 등을 고려하여 부득이하다고 인정하는 경우에는 일부 지역을 지정하여 해당 지역에 대한 공시기준일을 따로 정할 수 있다.

③ **표준주택가격의 공시사항**

   ㉠ 표준주택의 지번
   ㉡ 표준주택가격
   ㉢ 표준주택의 대지면적 및 형상
   ㉣ 표준주택의 용도, 연면적, 구조 및 사용승인일(임시사용승인일 포함)
   ㉤ 지목
   ㉥ 용도지역
   ㉦ 도로 상황
   ㉧ 그 밖에 표준주택가격 공시에 필요한 사항

④ 표준주택가격의 이의신청
  ㉠ 표준주택가격에 이의가 있는 자는 그 공시일부터 30일 이내에 서면(전자문서 포함)으로 국토교통부장관에게 이의를 신청할 수 있다.
  ㉡ 국토교통부장관은 이의신청기간이 만료된 날부터 30일 이내에 이의신청을 심사하여 그 결과를 신청인에게 서면으로 통지하여야 한다. 이 경우 국토교통부장관은 이의신청의 내용이 타당하다고 인정될 때에는 해당 표준주택가격을 조정하여 다시 공시하여야 한다.

2. 개별주택가격의 공시

(1) 개별주택가격의 의의

개별주택가격이란 시장·군수 또는 구청장이 시·군·구 부동산가격공시위원회의 심의를 거쳐 결정·공시한 매년 표준주택가격의 공시기준일 현재 관할 구역 안의 개별주택의 가격을 말한다(부동산 가격공시에 관한 법률 제17조 제1항).

(2) 개별주택가격의 공시 및 이의신청

① 개별주택가격의 결정·공시
  ㉠ 시장·군수 또는 구청장은 시·군·구 부동산가격공시위원회의 심의를 거쳐 매년 표준주택가격의 공시기준일 현재 관할 구역 안의 개별주택의 가격(개별주택가격)을 결정·공시하고, 이를 관계 행정기관 등에 제공하여야 한다.
  ㉡ 다만, 표준주택으로 선정된 단독주택, 그 밖에 대통령령으로 정하는 단독주택에 대하여는 개별주택가격을 결정·공시하지 아니할 수 있다. 이 경우 표준주택으로 선정된 주택에 대하여는 해당 주택의 표준주택가격을 개별주택가격으로 본다.
  ㉢ 시장·군수 또는 구청장은 매년 4월 30일까지 개별주택가격을 결정·공시하여야 한다.
  ㉣ 시장·군수 또는 구청장은 공시기준일 이후에 토지의 분할·합병이나 건축물의 신축 등이 발생한 경우에는 대통령령으로 정하는 날*을 기준으로 하여 개별주택가격을 결정·공시하여야 한다.
  ㉤ 시장·군수 또는 구청장이 개별주택가격을 결정·공시하는 경우에는 해당 주택과 유사한 이용가치를 지닌다고 인정되는 표준주택가격을 기준으로 주택가격비준표를 사용하여 가격을 산정하되, 해당 주택의 가격과 표준주택가격이 균형을 유지하도록 하여야 한다.

O X 확 인 문 제

표준주택으로 선정된 단독주택, 그 밖에 대통령령으로 정하는 단독주택에 대하여는 개별주택가격을 결정·공시하지 아니할 수 있다. • 32회 ( )

정답 (O)

* **대통령령으로 정하는 날**
1. 1월 1일부터 5월 31일까지의 사이에 사유가 발생한 단독주택: 그 해 6월 1일
2. 6월 1일부터 12월 31일까지의 사이에 사유가 발생한 단독주택: 다음 해 1월 1일

ⓑ 시장·군수 또는 구청장은 개별주택가격을 결정·공시하기 위하여 개별주택의 가격을 산정할 때에는 표준주택가격과의 균형 등 그 타당성에 대하여 대통령령으로 정하는 바에 따라 한국부동산원의 검증을 받고 토지소유자, 그 밖의 이해관계인의 의견을 들어야 한다. 다만, 시장·군수 또는 구청장은 한국부동산원의 검증이 필요 없다고 인정되는 때에는 주택가격의 변동상황 등 대통령령으로 정하는 사항을 고려하여 한국부동산원의 검증을 생략할 수 있다.
ⓢ 국토교통부장관은 공시행정의 합리적인 발전을 도모하고 표준주택가격과 개별주택가격과의 균형유지 등 적정한 가격형성을 위하여 필요하다고 인정하는 경우에는 개별주택가격의 결정·공시 등에 관하여 시장·군수 또는 구청장을 지도·감독할 수 있다.

② **개별주택가격의 공시사항**
  ㉠ 개별주택의 지번
  ㉡ 개별주택가격
  ㉢ 개별주택의 용도 및 면적
  ㉣ 그 밖에 개별주택가격 공시에 필요한 사항

③ **개별주택가격을 공시하지 아니할 수 있는 단독주택**
  ㉠ 시장·군수 또는 구청장은 다음의 어느 하나에 해당하는 단독주택에 대해서는 개별주택가격을 결정·공시하지 아니할 수 있다.

  > ⓐ 표준주택으로 선정된 단독주택
  > ⓑ 국세 또는 지방세 부과대상이 아닌 단독주택

  ㉡ 다만, 시장·군수 또는 구청장은 다음의 어느 하나에 해당하는 단독주택에 대해서는 개별주택가격을 결정·공시하여야 한다.

  > ⓐ 관계 법령에 따라 단독주택의 가격 산정 등에 개별주택가격을 적용하도록 규정되어 있는 단독주택
  > ⓑ 시장·군수 또는 구청장이 관계 행정기관의 장과 협의하여 개별주택가격을 결정·공시하기로 한 단독주택

④ **개별주택가격 공시기준일을 다르게 할 수 있는 단독주택:** 개별주택가격 공시기준일을 다르게 할 수 있는 단독주택은 다음의 어느 하나에 해당하는 단독주택으로 한다.

> ㉠ 「공간정보의 구축 및 관리 등에 관한 법률」에 따라 그 대지가 분할 또는 합병된 단독주택
> ㉡ 「건축법」에 따른 건축·대수선 또는 용도변경이 된 단독주택
> ㉢ 국유·공유에서 매각 등에 따라 사유로 된 단독주택으로서 개별주택가격이 없는 단독주택

⑤ **개별주택가격의 이의신청**
㉠ 개별주택가격에 대하여 이의가 있는 자는 개별주택가격의 결정·공시일부터 30일 이내에 서면으로 시장·군수 또는 구청장에게 이의를 신청할 수 있다.
㉡ 시장·군수 또는 구청장은 ㉠에 따라 이의신청기간이 만료된 날부터 30일 이내에 이의신청을 심사하여 그 결과를 신청인에게 서면으로 통지하여야 한다. 이 경우 시장·군수 또는 구청장은 이의신청의 내용이 타당하다고 인정될 때에는 해당 개별주택가격을 조정하여 다시 결정·공시하여야 한다.

추가 개별주택가격의 정정
시장·군수 또는 구청장은 개별주택가격에 틀린 계산, 오기, 표준지 선정의 착오, 그 밖에 대통령령으로 정하는 명백한 오류가 있음을 발견한 때에는 지체 없이 이를 정정하여야 한다.

2 공동주택가격의 공시 ·24회 ·26회 ·27회 ·32회 ·33회

1. 공동주택가격의 의의

공동주택가격이란 국토교통부장관이 공동주택에 대하여 매년 공시기준일 현재의 적정가격을 조사·산정하여 중앙부동산가격공시위원회의 심의를 거쳐 공시한 가격을 말한다(부동산 가격공시에 관한 법률 제18조 제1항).

2. 공동주택가격의 결정·공시(부동산 가격공시에 관한 법률 제18조)

(1) 공동주택가격 조사·산정
① 국토교통부장관은 공동주택가격을 공시하기 위하여 그 가격을 산정할 때에는 대통령령으로 정하는 바에 따라 공동주택소유자와 그 밖의 이해관계인의 의견을 들어야 한다.

OX 확인문제
부동산 가격공시에 관한 법령에 의하면 표준공동주택가격은 개별공동주택가격을 산정하는 경우에 그 기준이 된다. ·33회
( )
정답 (×)
공동주택은 표준주택가격과 개별주택가격으로 구분하지 않는다.

② 국토교통부장관은 공시기준일 이후에 토지의 분할·합병이나 건물의 신축 등이 발생한 경우에는 대통령령으로 정하는 날*을 기준으로 하여 공동주택가격을 결정·공시하여야 한다.

③ 국토교통부장관이 공동주택가격을 조사·산정하는 경우에는 인근 유사 공동주택의 거래가격·임대료 및 해당 공동주택과 유사한 이용가치를 지닌다고 인정되는 공동주택의 건설에 필요한 비용추정액, 인근지역 및 다른 지역과의 형평성·특수성, 공동주택가격 변동의 예측 가능성 등 제반사항을 종합적으로 참작하여야 한다. 국토교통부장관이 공동주택가격을 조사·산정하는 경우 참작하여야 하는 사항의 기준은 다음과 같다.

> ⊙ 인근 유사 공동주택의 거래가격 또는 임대료의 경우: 해당 거래 또는 임대차가 당사자의 특수한 사정에 의하여 이루어지거나 공동주택거래 또는 임대차에 대한 지식의 부족으로 인하여 이루어진 경우에는 그러한 사정이 없었을 때에 이루어졌을 거래가격 또는 임대료를 기준으로 할 것
> ⓒ 해당 공동주택과 유사한 이용가치를 지닌다고 인정되는 공동주택의 건설에 필요한 비용추정액의 경우: 공시기준일 현재 해당 공동주택을 건축하기 위한 표준적인 건축비와 일반적인 부대비용으로 할 것

④ 국토교통부장관이 공동주택가격을 조사·산정하고자 할 때에는 한국부동산원에 의뢰한다.

⑤ 공동주택에 전세권 또는 그 밖에 공동주택의 사용·수익을 제한하는 권리가 설정되어 있을 때에는 그 권리가 존재하지 아니하는 것으로 보고 적정가격을 산정하여야 한다.

(2) 공동주택가격 공시

① 국토교통부장관은 공동주택에 대하여 매년 공시기준일 현재의 적정가격(공동주택가격)을 조사·산정하여 중앙부동산가격공시위원회의 심의를 거쳐 공시하고, 이를 관계 행정기관 등에 제공하여야 한다.

② 다만, 대통령령으로 정하는 바에 따라 국세청장이 국토교통부장관과 협의하여 공동주택가격을 별도로 결정·고시하는 경우는 제외한다.

③ 국토교통부장관은 매년 4월 30일까지 공동주택가격을 산정·공시하여야 한다.

④ 국토교통부장관은 공동주택가격 공시사항을 공고일부터 10일 이내에 행정안전부장관, 국세청장, 시장·군수 또는 구청장에게 제공하여야 한다.

---

* **대통령령으로 정하는 날**
1. 1월 1일부터 5월 31일까지의 사이에 사유가 발생한 공동주택: 그 해 6월 1일
2. 6월 1일부터 12월 31일까지의 사이에 사유가 발생한 공동주택: 다음 해 1월 1일

(3) 공동주택가격의 공시기준일

공동주택가격의 공시기준일은 1월 1일로 한다. 다만, 국토교통부장관은 공동주택가격 조사·산정인력 및 공동주택의 수 등을 고려하여 부득이하다고 인정하는 경우에는 일부 지역을 지정하여 해당 지역에 대한 공시기준일을 따로 정할 수 있다.

(4) 공동주택가격 공시기준일을 다르게 할 수 있는 공동주택

공동주택가격 공시기준일을 다르게 할 수 있는 공동주택은 다음의 어느 하나에 해당하는 공동주택으로 한다.

> ① 「공간정보의 구축 및 관리 등에 관한 법률」에 따라 그 대지가 분할 또는 합병된 공동주택
> ② 「건축법」에 따른 건축·대수선 또는 용도변경이 된 공동주택
> ③ 국유·공유에서 매각 등에 따라 사유로 된 공동주택으로서 공동주택가격이 없는 주택

(5) 공동주택가격의 공시사항

① 공동주택의 소재지·명칭·동·호수
② 공동주택가격
③ 공동주택의 면적
④ 그 밖에 공동주택가격 공시에 필요한 사항

3. 공동주택가격의 이의신청

① 공동주택가격에 이의가 있는 자는 그 공시일부터 30일 이내에 서면(전자문서 포함)으로 국토교통부장관에게 이의를 신청할 수 있다.
② 국토교통부장관은 이의신청기간이 만료된 날부터 30일 이내에 이의신청을 심사하여 그 결과를 신청인에게 서면으로 통지하여야 한다. 이 경우 국토교통부장관은 이의신청의 내용이 타당하다고 인정될 때에는 해당 공동주택가격을 조정하여 다시 공시하여야 한다.

3 주택가격 공시의 효력

① 표준주택가격은 국가·지방자치단체 등이 그 업무와 관련하여 개별주택가격을 산정하는 경우에 그 기준이 된다.
② 개별주택가격 및 공동주택가격은 주택시장의 가격정보를 제공하고, 국가·지방자치단체 등이 과세 등의 업무와 관련하여 주택의 가격을 산정하는 경우에 그 기준으로 활용될 수 있다.

제3절 비주거용 부동산가격의 공시

1 비주거용 일반부동산가격의 공시

비주거용 일반부동산가격은 비주거용 표준부동산가격과 비주거용 개별부동산가격으로 구분하여 공시한다.

1. 비주거용 표준부동산가격의 공시

(1) 비주거용 표준부동산가격의 의의

비주거용 표준부동산가격이란 국토교통부장관이 용도지역, 이용상황, 건물구조 등이 일반적으로 유사하다고 인정되는 일단의 비주거용 일반부동산 중에서 선정한 비주거용 표준부동산에 대하여 매년 공시기준일 현재의 적정가격을 조사·산정하여 중앙부동산가격공시위원회의 심의를 거쳐 공시한 가격을 말한다(부동산 가격공시에 관한 법률 제20조 제1항).

(2) 비주거용 표준부동산가격의 선정

① 국토교통부장관은 비주거용 표준부동산을 선정할 때에는 일단의 비주거용 일반부동산 중에서 해당 일단의 비주거용 일반부동산을 대표할 수 있는 부동산을 선정하여야 한다. 이 경우 미리 해당 비주거용 표준부동산이 소재하는 시·도지사 및 시장·군수·구청장의 의견을 들어야 한다.
② 비주거용 표준부동산의 선정 및 관리에 필요한 세부기준은 중앙부동산가격공시위원회의 심의를 거쳐 국토교통부장관이 정한다.

OX 확인문제

개별주택가격 및 공동주택가격은 주택시장의 가격정보를 제공하고, 국가·지방자치단체 등이 과세 등의 업무와 관련하여 주택의 가격을 산정하는 경우에 그 기준으로 활용될 수 있다. • 35회
( )

정답 (○)

추가 비주거용 부동산
주택을 제외한 건축물이나 건축물과 그 토지의 전부 또는 일부를 말하며 다음과 같이 구분한다.
1. **비주거용 집합부동산**: 「집합건물의 소유 및 관리에 관한 법률」에 따라 구분소유되는 비주거용 부동산
2. **비주거용 일반부동산**: 비주거용 집합부동산을 제외한 비주거용 부동산

(3) 비주거용 표준부동산가격의 조사·산정

① 국토교통부장관은 비주거용 표준부동산가격을 조사·산정하려는 경우 감정평가법인등 또는 대통령령으로 정하는 부동산가격의 조사·산정에 관한 전문성이 있는 자에게 의뢰한다.

② 국토교통부장관이 비주거용 표준부동산가격을 조사·산정하는 경우에는 인근 유사 비주거용 일반부동산의 거래가격·임대료 및 해당 비주거용 일반부동산과 유사한 이용가치를 지닌다고 인정되는 비주거용 일반부동산의 건설에 필요한 비용추정액 등을 종합적으로 참작하여야 한다. 국토교통부장관이 비주거용 표준부동산가격을 조사·산정하는 경우 참작하여야 하는 사항의 기준은 다음과 같다.

> ㉠ 인근 유사 비주거용 일반부동산의 거래가격 또는 임대료의 경우: 해당 거래 또는 임대차가 당사자의 특수한 사정에 의하여 이루어지거나 비주거용 일반부동산거래 또는 임대차에 대한 지식의 부족으로 인하여 이루어진 경우에는 그러한 사정이 없었을 때에 이루어졌을 거래가격 또는 임대료를 기준으로 할 것
> ㉡ 해당 비주거용 일반부동산과 유사한 이용가치를 지닌다고 인정되는 비주거용 일반부동산의 건설에 필요한 비용추정액의 경우: 공시기준일 현재 해당 비주거용 일반부동산을 건설하기 위한 표준적인 건설비와 일반적인 부대비용으로 할 것

③ 국토교통부장관은 비주거용 개별부동산가격의 산정을 위하여 필요하다고 인정하는 경우에는 비주거용 표준부동산과 산정대상 비주거용 개별부동산의 가격형성요인에 관한 표준적인 비교표(비주거용 부동산가격비준표)를 작성하여 시장·군수 또는 구청장에게 제공하여야 한다.

④ 비주거용 표준부동산가격의 조사·산정을 의뢰받은 자(비주거용 표준부동산가격 조사·산정기관)는 비주거용 표준부동산가격 및 그 밖에 국토교통부령으로 정하는 사항을 조사·산정한 후 국토교통부령으로 정하는 바에 따라 비주거용 표준부동산가격 조사·산정보고서를 작성하여 국토교통부장관에게 제출하여야 한다.

⑤ 비주거용 표준부동산가격 조사·산정기관은 조사·산정보고서를 작성하는 경우에는 미리 해당 부동산 소재지를 관할하는 시·도지사 및 시장·군수·구청장의 의견을 들어야 한다.

⑥ 시·도지사 및 시장·군수·구청장은 의견 제시 요청을 받은 경우에는 요청받은 날부터 20일 이내에 의견을 제시하여야 한다. 이 경우 시장·군수 또는 구청장은 시·군·구 부동산가격공시위원회의 심의를 거쳐 의견을 제시하여야 한다.

⑦ 비주거용 일반부동산에 전세권 또는 그 밖에 비주거용 일반부동산의 사용·수익을 제한하는 권리가 설정되어 있을 때에는 그 권리가 존재하지 아니하는 것으로 보고 적정가격을 조사·산정하여야 한다.

⑧ 그 밖의 비주거용 표준부동산가격의 조사·산정에 필요한 세부기준은 국토교통부장관이 정한다.

(4) 비주거용 표준부동산가격의 공시

① **비주거용 표준부동산가격의 공시:** 국토교통부장관은 용도지역, 이용상황, 건물구조 등이 일반적으로 유사하다고 인정되는 일단의 비주거용 일반부동산 중에서 선정한 비주거용 표준부동산에 대하여 매년 공시기준일 현재의 적정가격(비주거용 표준부동산가격)을 조사·산정하고, 중앙부동산가격공시위원회의 심의를 거쳐 이를 공시할 수 있다.

② **비주거용 표준부동산가격의 공시기준일:** 비주거용 표준부동산가격의 공시기준일은 1월 1일로 한다. 다만, 국토교통부장관은 비주거용 표준부동산가격 조사·산정인력 및 비주거용 표준부동산의 수 등을 고려하여 부득이하다고 인정하는 경우에는 일부 지역을 지정하여 해당 지역에 대한 공시기준일을 따로 정하여 고시할 수 있다.

③ **비주거용 표준부동산가격의 공시사항**

> ㉠ 비주거용 표준부동산의 지번
> ㉡ 비주거용 표준부동산가격
> ㉢ 비주거용 표준부동산의 대지면적 및 형상
> ㉣ 비주거용 표준부동산의 용도, 연면적, 구조 및 사용승인일(임시사용승인일을 포함)
> ㉤ 지목
> ㉥ 용도지역
> ㉦ 도로 상황
> ㉧ 그 밖에 비주거용 표준부동산가격 공시에 필요한 사항

④ 비주거용 표준부동산가격의 이의신청
  ㉠ 비주거용 표준부동산가격에 이의가 있는 자는 그 공시일부터 30일 이내에 서면(전자문서 포함)으로 국토교통부장관에게 이의를 신청할 수 있다.
  ㉡ 국토교통부장관은 이의신청기간이 만료된 날부터 30일 이내에 이의신청을 심사하여 그 결과를 신청인에게 서면으로 통지하여야 한다. 이 경우 국토교통부장관은 이의신청의 내용이 타당하다고 인정될 때에는 해당 비주거용 표준부동산가격을 조정하여 다시 공시하여야 한다.

2. 비주거용 개별부동산가격의 공시

(1) 비주거용 개별부동산가격의 의의
비주거용 개별부동산가격이란 시장·군수 또는 구청장이 시·군·구 부동산가격공시위원회의 심의를 거쳐 결정·공시한 매년 비주거용 표준부동산가격의 공시기준일 현재 관할 구역 안의 비주거용 개별부동산의 가격을 말한다(부동산 가격공시에 관한 법률 제21조 제1항).

(2) 비주거용 개별부동산가격의 공시 및 이의신청
① 비주거용 개별부동산가격의 결정·공시
  ㉠ 시장·군수 또는 구청장은 시·군·구 부동산가격공시위원회의 심의를 거쳐 매년 비주거용 표준부동산가격의 공시기준일 현재 관할 구역 안의 비주거용 개별부동산가격을 결정·공시할 수 있다.
  ㉡ 다만, 대통령령으로 정하는 바에 따라 행정안전부장관 또는 국세청장이 국토교통부장관과 협의하여 비주거용 개별부동산의 가격을 별도로 결정·고시하는 경우는 제외한다.
  ㉢ 시장·군수 또는 구청장은 비주거용 개별부동산가격을 결정·공시하려는 경우에는 매년 4월 30일까지 비주거용 개별부동산가격을 결정·공시하여야 한다.
  ㉣ 시장·군수 또는 구청장은 공시기준일 이후에 토지의 분할·합병이나 건축물의 신축 등이 발생한 경우에는 대통령령으로 정하는 날*을 기준으로 하여 비주거용 개별부동산가격을 결정·공시하여야 한다.

* **대통령령으로 정하는 날**
1. 1월 1일부터 5월 31일까지의 사이에 사유가 발생한 비주거용 일반부동산: 그 해 6월 1일
2. 6월 1일부터 12월 31일까지의 사이에 사유가 발생한 비주거용 일반부동산: 다음 해 1월 1일

ⓜ 시장·군수 또는 구청장이 비주거용 개별부동산가격을 결정·공시하는 경우에는 해당 비주거용 일반부동산과 유사한 이용가치를 지닌다고 인정되는 비주거용 표준부동산가격을 기준으로 비주거용 부동산가격비준표를 사용하여 가격을 산정하되, 해당 비주거용 부동산의 가격과 비주거용 표준부동산가격이 균형을 유지하도록 하여야 한다.

ⓗ 시장·군수 또는 구청장은 비주거용 개별부동산가격을 결정·공시하기 위하여 비주거용 일반부동산의 가격을 산정할 때에는 비주거용 표준부동산가격과의 균형 등 그 타당성에 대하여 비주거용 표준부동산가격의 조사·산정을 의뢰받은 자 등 대통령령으로 정하는 자의 검증을 받고 비주거용 일반부동산의 소유자와 그 밖의 이해관계인의 의견을 들어야 한다. 다만, 시장·군수 또는 구청장은 비주거용 개별부동산가격에 대한 검증이 필요 없다고 인정하는 때에는 비주거용 부동산가격의 변동상황 등 대통령령으로 정하는 사항을 고려하여 검증을 생략할 수 있다.

ⓢ 국토교통부장관은 공시행정의 합리적인 발전을 도모하고 비주거용 표준부동산가격과 비주거용 개별부동산가격과의 균형유지 등 적정한 가격형성을 위하여 필요하다고 인정하는 경우에는 비주거용 개별부동산가격의 결정·공시 등에 관하여 시장·군수 또는 구청장을 지도·감독할 수 있다.

② **비주거용 개별부동산가격의 공시사항**

> ㉠ 비주거용 부동산의 지번
> ㉡ 비주거용 부동산가격
> ㉢ 비주거용 개별부동산의 용도 및 면적
> ㉣ 그 밖에 비주거용 개별부동산가격 공시에 필요한 사항

③ **행정안전부장관 또는 국세청장이 비주거용 개별부동산가격을 결정·고시하는 경우:** 행정안전부장관 또는 국세청장이 비주거용 개별부동산가격을 별도로 결정·고시하는 경우는 행정안전부장관 또는 국세청장이 그 대상·시기 등에 대하여 미리 국토교통부장관과 협의한 후 비주거용 개별부동산가격을 별도로 결정·고시하는 경우로 한다.

④ **비주거용 개별부동산가격을 공시하지 아니할 수 있는 비주거용 일반부동산**

㉠ 시장·군수 또는 구청장은 다음의 어느 하나에 해당하는 비주거용 일반부동산에 대해서는 비주거용 개별부동산가격을 결정·공시하지 아니할 수 있다.

> ⓐ 비주거용 표준부동산으로 선정된 비주거용 일반부동산
> ⓑ 국세 또는 지방세 부과대상이 아닌 비주거용 일반부동산
> ⓒ 그 밖에 국토교통부장관이 정하는 비주거용 일반부동산

㉡ 다만, 시장·군수 또는 구청장은 다음의 어느 하나에 해당하는 비주거용 일반부동산에 대해서는 비주거용 개별부동산가격을 공시한다.

> ⓐ 관계 법령에 따라 비주거용 일반부동산의 가격산정 등에 비주거용 개별부동산가격을 적용하도록 규정되어 있는 비주거용 일반부동산
> ⓑ 시장·군수 또는 구청장이 관계 행정기관의 장과 협의하여 비주거용 개별부동산가격을 결정·공시하기로 한 비주거용 일반부동산

⑤ **비주거용 개별부동산가격 공시기준일을 다르게 할 수 있는 비주거용 일반부동산**: 비주거용 개별부동산가격 공시기준일을 다르게 할 수 있는 비주거용 일반부동산은 다음의 어느 하나에 해당하는 부동산으로 한다.

> ㉠ 「공간정보의 구축 및 관리 등에 관한 법률」에 따라 그 대지가 분할 또는 합병된 비주거용 일반부동산
> ㉡ 「건축법」에 따른 건축·대수선 또는 용도변경이 된 비주거용 일반부동산
> ㉢ 국유·공유에서 매각 등에 따라 사유로 된 비주거용 일반부동산으로서 비주거용 개별부동산가격이 없는 비주거용 일반부동산

⑥ **비주거용 개별부동산가격의 이의신청**

㉠ 비주거용 개별부동산가격에 대하여 이의가 있는 자는 비주거용 개별부동산가격의 결정·공시일부터 30일 이내에 서면으로 시장·군수 또는 구청장에게 이의를 신청할 수 있다.

㉡ 시장·군수 또는 구청장은 위 ㉠에 따라 이의신청기간이 만료된 날부터 30일 이내에 이의신청을 심사하여 그 결과를 신청인에게 서면으로 통지하여야 한다. 이 경우 시장·군수 또는 구청장은 이의신청의 내용이 타당하다고 인정될 때에는 해당 비주거용 개별부동산가격을 조정하여 다시 결정·공시하여야 한다.

2 비주거용 집합부동산가격의 공시

1. 비주거용 집합부동산가격의 의의

비주거용 집합부동산가격이란 국토교통부장관이 비주거용 집합부동산에 대하여 매년 공시기준일 현재의 적정가격을 조사·산정하여 중앙부동산가격공시위원회의 심의를 거쳐 공시한 가격을 말한다(부동산 가격공시에 관한 법률 제22조 제1항).

2. 비주거용 집합부동산가격의 결정·공시

(1) 비주거용 집합부동산가격 조사·산정

① 국토교통부장관은 비주거용 집합부동산가격을 공시하기 위하여 비주거용 집합부동산의 가격을 산정할 때에는 대통령령으로 정하는 바에 따라 비주거용 집합부동산의 소유자와 그 밖의 이해관계인의 의견을 들어야 한다.

② 국토교통부장관은 공시기준일 이후에 토지의 분할·합병이나 건축물의 신축 등이 발생한 경우에는 대통령령으로 정하는 날*을 기준으로 하여 비주거용 집합부동산가격을 결정·공시하여야 한다.

③ 국토교통부장관이 비주거용 집합부동산가격을 조사·산정하는 경우에는 인근 유사 비주거용 집합부동산의 거래가격·임대료 및 해당 비주거용 집합부동산과 유사한 이용가치를 지닌다고 인정되는 비주거용 집합부동산의 건설에 필요한 비용추정액 등을 종합적으로 참작하여야 한다.

④ 국토교통부장관은 비주거용 집합부동산가격을 조사·산정할 때에는 한국부동산원 또는 대통령령으로 정하는 부동산가격의 조사·산정에 관한 전문성이 있는 자에게 의뢰한다.

⑤ 비주거용 집합부동산가격을 조사·산정할 때 그 비주거용 집합부동산에 전세권 또는 그 밖에 비주거용 집합부동산의 사용·수익을 제한하는 권리가 설정되어 있는 경우에는 그 권리가 존재하지 아니하는 것으로 보고 적정가격을 산정하여야 한다.

> *대통령령으로 정하는 날
> 1. 1월 1일부터 5월 31일까지의 사이에 사유가 발생한 비주거용 집합부동산: 그 해 6월 1일
> 2. 6월 1일부터 12월 31일까지의 사이에 사유가 발생한 비주거용 집합부동산: 다음 해 1월 1일

(2) 비주거용 집합부동산가격의 공시

① 국토교통부장관은 비주거용 집합부동산에 대하여 매년 공시기준일 현재의 적정가격(비주거용 집합부동산가격)을 조사·산정하여 중앙부동산가격공시위원회의 심의를 거쳐 공시할 수 있다. 이 경우 시장·군수 또는 구청장은 비주거용 집합부동산가격을 결정·공시한 경우에는 이를 관계 행정기관 등에 제공하여야 한다.

② 국토교통부장관은 비주거용 집합부동산가격을 산정·공시하려는 경우에는 매년 4월 30일까지 비주거용 집합부동산가격을 산정·공시하여야 한다.

(3) 비주거용 집합부동산가격의 공시기준일

비주거용 집합부동산가격의 공시기준일은 1월 1일로 한다. 다만, 국토교통부장관은 비주거용 집합부동산가격 조사·산정인력 및 비주거용 집합부동산의 수 등을 고려하여 부득이하다고 인정하는 경우에는 일부 지역을 지정하여 해당 지역에 대한 공시기준일을 따로 정할 수 있다.

(4) 비주거용 집합부동산가격 공시기준일을 다르게 할 수 있는 비주거용 집합부동산

비주거용 집합부동산가격 공시기준일을 다르게 할 수 있는 비주거용 집합부동산은 다음의 어느 하나에 해당하는 부동산으로 한다.

> ① 「공간정보의 구축 및 관리 등에 관한 법률」에 따라 그 대지가 분할 또는 합병된 비주거용 집합부동산
> ② 「건축법」에 따른 건축·대수선 또는 용도변경이 된 비주거용 집합부동산
> ③ 국유·공유에서 매각 등에 따라 사유로 된 비주거용 집합부동산으로서 비주거용 집합부동산가격이 없는 비주거용 집합부동산

(5) 행정안전부장관 또는 국세청장이 비주거용 집합부동산가격을 결정·고시하는 경우

행정안전부장관 또는 국세청장이 비주거용 집합부동산가격을 별도로 결정·고시하는 경우는 행정안전부장관 또는 국세청장이 그 대상·시기 등에 대하여 미리 국토교통부장관과 협의한 후 비주거용 집합부동산가격을 별도로 결정·고시하는 경우로 한다.

(6) 비주거용 집합부동산가격의 공시사항

① 비주거용 집합부동산의 소재지·명칭·동·호수
② 비주거용 집합부동산가격
③ 비주거용 집합부동산의 면적
④ 그 밖에 비주거용 집합부동산가격 공시에 필요한 사항

3. 비주거용 집합부동산가격의 이의신청

① 비주거용 집합부동산가격에 이의가 있는 자는 그 공시일부터 30일 이내에 서면(전자문서 포함)으로 국토교통부장관에게 이의를 신청할 수 있다.
② 국토교통부장관은 이의신청기간이 만료된 날부터 30일 이내에 이의신청을 심사하여 그 결과를 신청인에게 서면으로 통지하여야 한다. 이 경우 국토교통부장관은 이의신청의 내용이 타당하다고 인정될 때에는 해당 비주거용 집합부동산가격을 조정하여 다시 공시하여야 한다.

3 비주거용 부동산가격공시의 효력

① 비주거용 표준부동산가격은 국가·지방자치단체 등이 그 업무와 관련하여 비주거용 개별부동산가격을 산정하는 경우에 그 기준이 된다.
② 비주거용 개별부동산가격 및 비주거용 집합부동산가격은 비주거용 부동산시장에 가격정보를 제공하고, 국가·지방자치단체 등이 과세 등의 업무와 관련하여 비주거용 부동산의 가격을 산정하는 경우에 그 기준으로 활용될 수 있다.

CHAPTER 04 최신기출문제로 확인!

01 부동산 가격공시에 관한 법령에 규정된 내용으로 옳은 것은? • 33회

① 국토교통부장관이 표준지공시지가를 조사·평가할 때에는 반드시 둘 이상의 감정평가법인등에게 의뢰하여야 한다.
② 표준지공시지가의 공시에는 표준지의 지번, 표준지의 단위면적당 가격, 표준지의 면적 및 형상, 표준지 및 주변토지의 이용상황, 그 밖에 대통령령으로 정하는 사항이 포함되어야 한다.
③ 국토교통부장관은 표준주택에 대하여 매년 공시기준일 현재 적정가격을 조사·산정하고, 시·군·구 부동산가격공시위원회의 심의를 거쳐 이를 공시하여야 한다.
④ 국토교통부장관은 표준주택가격을 조사·산정하고자 할 때에는 감정평가법인등 또는 한국부동산원에 의뢰한다.
⑤ 표준공동주택가격은 개별공동주택가격을 산정하는 경우에 그 기준이 된다.

> 키워드 부동산가격공시제도
> 난이도
> 해설 ① 국토교통부장관이 표준지공시지가를 조사·평가할 때에는 업무실적, 신인도(信認度) 등을 고려하여 둘 이상의 「감정평가 및 감정평가사에 관한 법률」에 따른 감정평가법인등에게 이를 의뢰하여야 한다. 다만, 지가변동이 작은 경우 등 대통령령으로 정하는 기준에 해당하는 표준지에 대해서는 하나의 감정평가법인등에 의뢰할 수 있다(부동산 가격공시에 관한 법률 제3조 제5항).
> ③ 국토교통부장관은 표준주택에 대하여 매년 공시기준일 현재 적정가격을 조사·산정하고, 중앙부동산가격공시위원회의 심의를 거쳐 이를 공시하여야 한다.
> ④ 국토교통부장관은 표준주택가격을 조사·산정하고자 할 때에는 한국부동산원에 의뢰한다.
> ⑤ 공동주택은 표준주택가격과 개별주택가격으로 구분하지 않는다.

정답 01 ②

02 부동산 가격공시에 관한 법령에 규정된 내용으로 틀린 것은? • 34회

① 표준지공시지가는 토지시장에 지가정보를 제공하고 일반적인 토지거래의 지표가 되며, 국가·지방자치단체 등이 그 업무와 관련하여 지가를 산정하거나 감정평가법인등이 개별적으로 토지를 감정평가하는 경우에 기준이 된다.
② 국토교통부장관이 표준지공시지가를 조사·산정할 때에는 「한국부동산원법」에 따른 한국부동산원에게 이를 의뢰하여야 한다.
③ 표준지공시지가에 이의가 있는 자는 그 공시일부터 30일 이내에 서면(전자문서를 포함한다)으로 국토교통부장관에게 이의를 신청할 수 있다.
④ 시장·군수 또는 구청장이 개별공시지가를 결정·공시하는 경우에는 해당 토지와 유사한 이용가치를 지닌다고 인정되는 하나 또는 둘 이상의 표준지의 공시지가를 기준으로 토지가격비준표를 사용하여 지가를 산정하되, 해당 토지의 가격과 표준지공시지가가 균형을 유지하도록 하여야 한다.
⑤ 표준지로 선정된 토지에 대하여는 개별공시지가를 결정·공시하지 아니할 수 있다. 이 경우 표준지로 선정된 토지에 대하여는 해당 토지의 표준지공시지가를 개별공시지가로 본다.

키워드 〉 부동산가격공시제도
난이도 〉
해설 〉 국토교통부장관이 표준지공시지가를 조사·평가할 때에는 업무실적, 신인도(信認度) 등을 고려하여 둘 이상의 「감정평가 및 감정평가사에 관한 법률」에 따른 감정평가법인등에게 이를 의뢰하여야 한다. 다만, 지가 변동이 작은 경우 등 대통령령으로 정하는 기준에 해당하는 표준지에 대해서는 하나의 감정평가법인등에 의뢰할 수 있다(부동산 가격공시에 관한 법률 제3조 제5항).
국토교통부장관은 표준주택가격을 조사·산정하고자 할 때에는 「한국부동산원법」에 따른 한국부동산원에 의뢰한다(부동산 가격공시에 관한 법률 제16조 제4항).

정답 02 ②

03 부동산 가격공시에 관한 법령상 부동산 가격공시제도에 관한 내용으로 틀린 것은? • 35회

① 표준주택으로 산정된 단독주택, 국세 또는 지방세 부과대상이 아닌 단독주택에 대하여는 개별주택가격을 결정·공시하지 아니할 수 있다.
② 표준주택가격은 국가·지방자치단체 등이 그 업무와 관련하여 개별주택가격을 산정하는 경우에 그 기준이 된다.
③ 개별주택가격 및 공동주택가격은 주택시장의 가격정보를 제공하고, 국가·지방자치단체 등이 과세 등의 업무와 관련하여 주택의 가격을 산정하는 경우에 그 기준으로 활용될 수 있다.
④ 개별주택가격에 이의가 있는 자는 그 결정·공시일로부터 30일 이내에 서면(전자문서를 포함한다)으로 시장·군수 또는 구청장에게 이의를 신청할 수 있다.
⑤ 시장·군수 또는 구청장은 공시기준일 이후에 토지의 분할·합병이나 건축물의 신축 등이 발생한 경우에는 대통령으로 정하는 날을 기준으로 하여 공동주택가격을 결정·공시하여야 한다.

키워드 > 부동산가격공시제도
난이도 >
해설 > 국토교통부장관은 공시기준일 이후에 토지의 분할·합병이나 건축물의 신축 등이 발생한 경우에는 대통령령으로 정하는 날을 기준으로 하여 공동주택가격을 결정·공시하여야 한다(부동산 가격공시에 관한 법률 제18조 제4항).

04 「부동산 가격공시에 관한 법률」에 규정된 내용으로 틀린 것은? • 32회

① 국토교통부장관은 표준주택가격을 조사·산정하고자 할 때에는 한국부동산원에 의뢰한다.
② 표준주택가격은 국가·지방자치단체 등이 그 업무와 관련하여 개별주택가격을 산정하는 경우에 그 기준이 된다.
③ 표준주택으로 선정된 단독주택, 그 밖에 대통령령으로 정하는 단독주택에 대하여는 개별주택가격을 결정·공시하지 아니할 수 있다.
④ 개별주택가격 및 공동주택가격은 주택시장의 가격정보를 제공하고, 국가·지방자치단체 등이 과세 등의 업무와 관련하여 주택의 가격을 산정하는 경우에 그 기준으로 활용될 수 있다.
⑤ 개별주택가격 및 공동주택가격에 이의가 있는 자는 그 결정·공시일부터 30일 이내에 서면(전자문서를 포함한다)으로 시장·군수 또는 구청장에게 이의를 신청할 수 있다.

키워드 > 부동산가격공시제도
난이도 >
해설 > 개별주택가격에 이의가 있는 자는 그 결정·공시일부터 30일 이내에 서면(전자문서를 포함한다)으로 시장·군수 또는 구청장에게 이의를 신청할 수 있고, 공동주택가격에 이의가 있는 자는 그 공시일부터 30일 이내에 서면(전자문서를 포함한다)으로 국토교통부장관에게 이의를 신청할 수 있다.

정답 03 ⑤ 04 ⑤

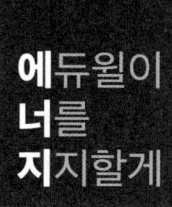

삶의 순간순간이
아름다운 마무리이며
새로운 시작이어야 한다.

– 법정 스님

여러분의 작은 소리
에듀윌은 크게 듣겠습니다.

본 교재에 대한 여러분의 목소리를 들려주세요.
공부하시면서 어려웠던 점, 궁금한 점,
칭찬하고 싶은 점, 개선할 점, 어떤 것이라도 좋습니다.

에듀윌은 여러분께서 나누어 주신 의견을
통해 끊임없이 발전하고 있습니다.

에듀윌 도서몰 book.eduwill.net
• 부가학습자료 및 정오표: 에듀윌 도서몰 → 도서자료실
• 교재 문의: 에듀윌 도서몰 → 문의하기 → 교재(내용, 출간) / 주문 및 배송

2026 공인중개사 1차 기본서 부동산학개론

발 행 일	2025년 11월 21일 초판
편 저 자	이영방
펴 낸 이	양형남
펴 낸 곳	(주)에듀윌
I S B N	979-11-360-3981-1
등록번호	제25100-2002-000052호
주 소	08378 서울특별시 구로구 디지털로34길 55 코오롱싸이언스밸리 2차 3층

* 이 책의 무단 인용·전재·복제를 금합니다.

www.eduwill.net
대표전화 1600-6700